Zeitreise

Berlin

9/10

Andreas Dambor
Heiner Flues
Helmut Heimbach
Arno Höfer
Klaus Leinen
Ulrich von Sanden
Hans Steidle
Alfred Weißenfels
Klaus Wilmes

Ernst Klett Schulbuchverlag Leipzig
Leipzig Stuttgart Düsseldorf

Zeitreise 9/10

Geschichtliches Unterrichtswerk
für die Realschule

Ausgabe für Berlin

Verfasser:	Andreas Dambor
	Heiner Flues
	Helmut Heimbach
	Arno Höfer
	Klaus Leinen
	Ulrich von Sanden
	Dr. Hans Steidle
	Alfred Weißenfels
	Klaus Wilmes
Kartenbearbeitung:	Justus Perthes Verlag Gotha GmbH
Kartenredaktion:	Willi Stegner
Grafiken:	Rudolf Hungreder, Leinefelden-Echterdingen
	Veronika Richter, Köln
Einbandgestaltung:	Manfred Muraro

1. Auflage   A 1 $^{5\ \ 4\ \ 3}$ | 2005   2004

Alle Drucke dieser Auflage können im Unterricht nebeneinander benutzt werden, sie sind untereinander unverändert. Die letzte Zahl bezeichnet das Jahr dieses Druckes.
© Ernst Klett Schulbuchverlag Leipzig GmbH, Leipzig 2001. Alle Rechte vorbehalten.
Internetadresse: http://www.klett-verlag.de.

Redaktion der Ausgabe Berlin: Petra Bauersfeld, Elke Fleiter

Satz: Steffen Hahn Satz & Repro GmbH, Kornwestheim; Ernst Klett Schulbuchverlag Leipzig GmbH, Leipzig
Druck: Aprinta, Wemding
ISBN 3-12-419040-8

Zeitreise — Ein Wegweiser durch dein Buch

Zahlreiche Bilder, Karten und Texte findest du in der „Zeitreise". Sie zeigen dir, auf welch unterschiedlichen Wegen man etwas über die Geschichte erfahren kann, welche Möglichkeiten es gibt, sich mit ihr zu beschäftigen und sie darzustellen. Folgende Hinweise können dir helfen mit der „Zeitreise" umzugehen:

ADS

Jedes der acht Kapitel hat eine Leitfarbe; du findest sie als farbigen Balken oben auf jeder Seite. Ein Kapitel beginnt mit zwei Seiten, die wir *Auftaktdoppelseite (ADS)* nennen. An Bildern, Karten und Texten auf der ADS kannst du erkennen, worum es auf den folgenden Themenseiten geht.

VT

Wer war Asterix?

3 Die Hinkelsteine

M 3

Texte, die in dieser Schrift gedruckt sind, nennen wir *Verfassertexte (VT)*. Sie informieren dich über geschichtliche Sachverhalte und werden durch Zwischenüberschriften, wie du sie links am Rand siehst, gegliedert. Schulbuchautoren (meist Lehrerinnen und Lehrer) haben sie geschrieben – allerdings nicht immer im gleichen Stil. Auch daran erkennst du, wie unterschiedlich Geschichte dargestellt werden kann.

Dieses Geschichtsbuch enthält Quellen (z. B. Texte, Urkunden, Bilder) und andere Materialien (z. B. Schaubilder, Karten), die unsere Autorinnen und Autoren zusammengestellt haben. Wir haben auf jeder Themenseite alle *Materialien* mit Überschriften versehen und sie durchnummeriert (mit großen Ziffern, immer in der Leitfarbe des jeweiligen Kapitels). Wenn im VT oder in Fragen auf Materialien verwiesen wird, sind diese mit „M" abgekürzt, z.B. M 3. Wie du mit den Materialien umgehst, lernst du natürlich im Unterricht. Aber auch das Buch gibt dir Hilfestellungen dazu:

Arbeiten (fast) wie ein Historiker

> **So kannst du die Materialien der „Zeitreise" befragen**
> Auf diesem farbigen Hintergrund findest du die Texte, die zeigen, wie man an bestimmte Materialien (Quellentexte, Bilder, Karten u.a.) herangehen kann um ihnen Informationen zu entlocken. Auch im Inhaltsverzeichnis und im Register am Ende des Buches werden diese Elemente hervorgehoben.

Dieses Zeichen markiert auf den Themenseiten die *Aufgaben, Fragen und Anregungen*. Sie geben dir Hinweise, wie du dich – allein oder gemeinsam mit Mitschülerinnen und Mitschülern – mit den Materialien und Texten beschäftigen kannst. Außerdem erhaltet ihr Tipps, welche eigenen Beiträge ihr zum Thema leisten könnt: Collagen gestalten, Museen besuchen, Rollen spielen, erzählen, Streitgespräche durchführen, Leute befragen …

Obelix
dicker Freund von Asterix

Auf vielen Seiten bekommst du neue, schwierige oder wichtige Begriffe in einem *Mini-Lexikon* kurz erläutert. Im VT werden sie *kursiv* hervorgehoben. Diese und andere Begriffe findest du auch in einem *Verzeichnis der Namen, Sachen und Begriffe* (Register) am Ende des Buches erklärt.

– Auf einen Blick –

LeseEcke

Die letzte Doppelseite jedes Kapitels bietet eine *Zusammenfassung* der wesentlichen Inhalte dieses Kapitels, dazu meist eine kurze Zeittafel. Außerdem findest du dort eine *LeseEcke*, in der wir Auszüge aus Jugendbüchern zum Thema des Kapitels abdrucken.

Dieses Symbol erscheint oben rechts auf den so genannten *Projektseiten*. Hier machen die Autorinnen und Autoren Vorschläge, was ihr noch zum Thema machen könnt – allein, in der Gruppe oder mit der ganzen Klasse. Häufig gibt es dabei auch Anregungen zu Aktivitäten außerhalb des Klassenzimmers.

Inhalt

Ein Wegweiser durch dein Buch 491
Inhalt 492

Wirtschaft, Staat und Gesellschaft im deutschen Kaiserreich 494
 1 Durch Kriege zur Reichsgründung 496
 2 Das Deutsche Reich – eine konstitutionelle Monarchie 498
 3 Politische Parteien entstehen 500
 4 Bismarck: „eiserner Kanzler" – kluger Diplomat? 502
 5 Vom Umgang mit Minderheiten 504
 6 „Frau Regierungsrat" und ihr „Mädchen für alles" – die Gesellschaft im Kaiserreich ... 506
 7 Kinder im Berufsleben – ein Beispiel 508
  Schriftsteller schreiben Geschichte(n) – Wie man Jugendbücher befragt
 8 Der Staat – ein Kasernenhof? 510
Projekt: Schule wie zu Kaisers Zeiten 512
 9 Frauen auf dem Weg in die Emanzipation ... 514
 10 Mit Automobil und Luftschiff in eine neue Zeit 516
 11 Die „gute alte Zeit" – war sie wirklich gut? 518
 12 Im Rausch des Sieges – Nationalismus als neue Gefahr 520
Auf einen Blick/LeseEcke 522

Imperialismus – europäische Staaten und ihre Kolonien 524
 1 Weltwirtschaft der europäischen Rivalen 526
 2 Warum wollen Europäer Kolonien? 528
 3 Afrika – „herrenloses Land" 530
 4 Das Deutsche Reich als Kolonialmacht 532
 5 Der Globus – in der Hand der „überlegenen Rasse" 536
 6 Die Folgen des Imperialismus – zum Beispiel Afrika 538
Auf einen Blick/LeseEcke 540

Schlachtfeld Europa – der Erste Weltkrieg .. 542
 1 Krisenherde und Bündnissysteme 544
 2 Auf dem Weg in die Katastrophe 546
 3 „Die Waffen nieder" 548
 4 Der Krieg als Mittel der Politik 550
 5 Kriegsschauplatz Europa 552
Projekt: Schauplatz der Geschichte – Verdun ... 554
 6 „Siegfrieden" oder Verständigungsfrieden ... 556
 7 Verlierer des Krieges 558
 8 Kriegerdenkmäler – vom Umgang mit Geschichte 560
  Denkmäler als Zeitzeugen
Auf einen Blick/LeseEcke 562

USA und Sowjetunion – die neuen Weltmächte 564
 1 Die USA treten in die Weltpolitik ein 566
 2 Von den „Goldenen Zwanzigern" in die Depression der Dreißiger 568
 3 Land der unbegrenzten Möglichkeiten 570
 4 ... oder der unüberwindbaren Gegensätze? .. 572
Projekt: „American Way of Life" – ein Modell für die Welt? 574
 5 Russland auf dem Weg zum Industriestaat ... 576
 6 1917 – zwei Revolutionen in einem Jahr 578
 7 Alle Macht dem Volk? 580
 8 Kommunistischer Aufbau 582
 9 Stalinistischer Terror und „Tauwetter" 584
Projekt: Stalin schreibt seine eigene Geschichte .. 586
  Bilder machen Geschichte
Auf einen Blick/LeseEcke 588

Die Weimarer Republik – Demokratie ohne Demokraten? 590
 1 Die verdrängte Niederlage 592
 2 Eine Meuterei mit revolutionären Folgen ... 594
 3 Der Kampf um den neuen Staat 596
 4 Weimar – die erste deutsche Demokratie 598
 5 Frieden ohne Versöhnung 600
 6 Das Krisenjahr 1923 602
 7 Die „Goldenen Zwanziger" 604
 8 „Bauhaus" und „Neue Sachlichkeit" 606
 9 Neue Chancen für Frauen? 608
Projekt: Befragung – Demokratie in Deutschland auf dem Prüfstand 610
 10 Eine Krise der Wirtschaft – eine Krise der Demokratie 612
 11 Ein „legaler" Weg zur Macht? 616
 12 Warum scheiterte die erste Demokratie in Deutschland? 618
  Plakate als ein Mittel der politischen Auseinandersetzung
Auf einen Blick/LeseEcke 620

Europa brennt: Faschistische Diktaturen, nationalsozialistische Herrschaft 622
 1 In Italien – Faschisten führen in die Diktatur ... 624
 2 Faschistische Bewegungen – nicht nur in Italien und Deutschland 626

3 Auf dem Weg in den „Führerstaat" 628
4 Mit Terror gegen anders Denkende 630
5 Zustimmung und Verführung 632
6 Jugend unterm Hakenkreuz 636
7 Frauen im NS-Staat 640
8 Dann mussten sie den gelben Stern tragen .. 642
9 Als die Synagogen brannten 644
10 Die „Vernichtung unwerten Lebens" – systematischer Massenmord 646
11 Der Frieden wird verkündet – der Krieg vorbereitet 648
12 Der Krieg in Europa – Völkervernichtung 650
13 Holocaust – Shoa 652
Projekt: „Schindlers Liste" – ein Film zum Holocaust 654
14 Widerstand – damals lebensgefährlich, heute beispielgebend? 656
15 Weltkrieg – totaler Krieg 660
16 Sich erinnern – notwendig, aber nicht immer leicht 662
Projekt: Rechtsradikalismus heute 664
Auf einen Blick / LeseEcke 666

Konflikte und Friedensbemühungen in der Welt seit 1945 .... **668**
1 In Hiroshima beginnt die atomare Bedrohung der Welt 670
2 Der Traum von der Einen Welt – Gründung der Vereinten Nationen 672

Der Ost-West-Konflikt
3 USA und UdSSR – die neuen Weltmächte am Beginn des Ost-West-Konflikts 674
4 Blockbildung in Ost und West 676
5 Die Guten und die Bösen – Feindbilder im Kalten Krieg 680
6 Krisen im sozialistischen Lager 682
==Erzählte Geschichte – Oral History==
7 Weltweite Konfrontation – die Stellvertreterkriege der Großen 686
8 Wie kann der Frieden bewahrt werden? 688
Projekt: Die Angst war gesamtdeutsch 690
9 Niedergang einer Supermacht 692
10 Das Ende des Kalten Krieges – was kommt danach? 694

Der israelisch-arabische Konflikt
11 Wem gehört Palästina? 696
==Wir bearbeiten einen Konflikt als Fallstudie==
12 Die Entstehung des Staates Israel 698
13 Ein Regionalkonflikt wird zum Weltkonflikt 700
14 (K)ein Frieden für Palästina? 702
15 Brücken über Gräben bauen – Frieden jenseits des Hasses 706
16 Wasser – eine Zeitbombe für den Nahen Osten? 710

Der Nord-Süd-Konflikt
17 Armut und Unterentwicklung – Konfliktfelder der Weltpolitik 712
18 Probleme des „Nordens" – Probleme des „Südens" 714
19 Agenda 21 – ein Überlebensprogramm für „Nord" und „Süd"? 716
20 Eine neue Weltgesellschaft? 718
21 Blauhelm-Soldaten in den Krisengebieten der Erde 720
Auf einen Blick / LeseEcke 722

Deutschland und Europa – Entwicklungen seit 1945 .... **724**
Die Deutschen und ihr Staat
1 Der Fall der Mauer 726
2 Nach der Kapitulation – Leben in Trümmern 728
3 Flucht, Vertreibung und Zwangsumsiedlung 732
4 Die Siegermächte behandeln die Deutschen verschieden 734
5 Ist die Teilung Deutschlands noch aufzuhalten? 736
6 Die doppelte Staatsgründung 738
7 Deutschland im Westen – die Bundesrepublik 740
8 Deutschland im Osten – die DDR 742
9 Zwei Staaten – eine Nation? 744
10 „Gastarbeiter", „Vertragsarbeiter", Aussiedler – Fremde in Deutschland? 746
11 Frauen in Ost und West 748
Projekt: Rock in Ost und West – wie Rockmusik die Zeiten spiegelt 752
12 Die doppelten Deutschen – Ost gegen West im Sport 754
13 Herausforderung der Systeme – Opposition in Ost und West 756
14 Westeutsche Außenpolitik im Zeichen der Versöhnung 760
15 Berlin – Brennpunkt der Geschichte 762
16 Die Wiedervereinigung 766
17 Deutschland nach der Wende 768
18 Für mich bedeutet die Einheit 770
19 Die Region Berlin-Brandenburg 772

Europa auf dem Weg zur Einigung
20 Westeuropa – Stationen der Einigung 774
21 Ein sozialistisches Europa? 776
22 Wie groß soll das „Haus Europa" werden? .. 778
23 Europa – eine gute Sache? 780
==Demoskopie kann über die Meinung von Zeitzeugen Auskunft geben==
Auf einen Blick / LeseEcke 782

Verzeichnis der Namen, Sachen und Begriffe 784

Wirtschaft, Staat und Gesellschaft im deutschen Kaiserreich

Berlin um die Jahrhundertwende – Hauptstadt und Zentrum von Wirtschaft und Technik (zeitgenössische Postkarte, handkoloriert).

Bilder wie dieses „Militair-Ehrenblatt" zum Andenken an den Deutsch-Französischen Krieg von 1870/71 hingen noch vor 90 Jahren millionenfach in deutschen Wohnzimmern. Es zeigt, wie die Herrschenden gerne gesehen werden wollten.

Auf dem Weg zum deutschen Kaiserreich 1864–1871

Im Salon einer wohlhabenden Familie
(zeitgenössisches Gemälde aus dem Kaiserreich).

„Die Obdachlosen Berlins vor dem Asyl"
(Holzstich, 1883, nach einer Zeichnung von Ernst Hosang).

1 Durch Kriege zur Reichsgründung

1 Königgrätz in Böhmen *(Ausschnitt aus dem Gemälde von Christian Sell, einem Augenzeugen). Nach dem Sieg über Österreich am 3. Juli 1866 reitet der preußische König Wilhelm I. mit dem Kronprinzen an seiner Seite über das Schlachtfeld; dahinter Bismarck, links Generalstabschef von Moltke.*

Dualismus bezeichnet die Rivalität mächtiger Staaten um die Vorherrschaft im 18. und 19. Jahrhundert zwischen Österreich und Preußen.

Auf dem Weg zur Einheit

Die Revolutionäre von 1848/49 hatten in erster Linie für Freiheit und Demokratie gekämpft. Gleichzeitig sollte die nationale Einheit Deutschlands erreicht werden. Nach dem Scheitern der Revolution führte ein ganz anderer Weg zur Gründung des Deutschen Reiches.

1862 berief der preußische König Otto von Bismarck zum Ministerpräsidenten. Bismarck wollte die Einheit Deutschlands unter preußischer Führung und kalkulierte dabei einen Krieg ein. Deshalb ließ er das preußische Heer zur modernsten und schlagkräftigsten Armee in Europa aufrüsten.

1864 wollte Dänemark die Herzogtümer Schleswig und Holstein seinem Staatsgebiet einverleiben. Darüber kam es zum Krieg gegen Preußen und Österreich. Als diese die Herzogtümer nach dem gewonnenen Krieg gemeinsam verwalteten, entstanden Meinungsverschiedenheiten, die Bismarck geschickt zu einem Krieg gegen Österreich nutzte. Bei Königgrätz in Böhmen siegte 1866 das überlegene Heer Preußens. Nun konnte Bismarck die deutschen Staaten nördlich des Mains unter preußischer Führung im Norddeutschen Bund vereinen. Der *Dualismus* zwischen den Führungsmächten in Deutschland war so zugunsten Preußens entschieden.

Krieg gegen Frankreich

Der französische Kaiser war im Krieg von 1866 neutral geblieben. Sozusagen als Gegenleistung beanspruchte er nun linksrheinische Gebiete für Frankreich. Das nutzte Bismarck geschickt aus: Er schloss mit den süddeutschen Staaten, die sich durch Frankreich bedroht fühlten, ein „Schutz- und Trutzbündnis". Als 1870 ein Verwandter des preußischen Königs den spanischen Thron besteigen sollte, fühlte sich Frankreich bedroht. Der französische Botschafter konnte schließlich vom Preußenkönig einen Verzicht erreichen. In dieser Situation veränderte Bismarck ein Telegramm des preußischen Königs derart, dass es zur Kriegserklärung Frankreichs an Preußen führte. Frankreich wurde von den Truppen Preußens und der süddeutschen Staaten geschlagen.

Der Weg zur Einheit Deutschlands war damit frei. Am 18. Januar 1871 riefen die deutschen Fürsten den preußischen König in Versailles zum Kaiser aus. Frankreich musste eine hohe Kriegsentschädigung zahlen und Elsass-Lothringen abtreten.

So sahen es die Deutschen ...

In Deutschland wurde die Einigung in einem starken Staat begeistert gefeiert, für viele war ein lang gehegter Traum in Erfüllung gegangen. Dass es eine Reichsgründung „von oben", durch die Fürsten, aber ohne Beteiligung des Volkes war, ging im Siegestaumel unter.

... und so die Franzosen

Ganz anders die Empfindungen in Frankreich: Die Niederlage und die Ausrufung des Kaiserreiches ausgerechnet im Schloss von Versailles betrachtete man als große Schmach. Die Abtretung Elsass-Lothringens sahen die Franzosen als Raub an, der nach Revanche verlangte. Auf beiden Seiten verfestigte sich das Bild vom „Erbfeind", den es misstrauisch zu beobachten und in die Schranken zu weisen galt.

Wirtschaft, Staat und Gesellschaft im deutschen Kaiserreich

2 Über das Verhältnis zu Österreich äußerte sich Bismarck 1856:
Nach der Wiener Politik ist einmal Deutschland zu eng für uns beide. Solange ein ehrliches Arrangement [Vereinbarung] über den Einfluss eines jeden
5 in Deutschland nicht getroffen und ausgeführt ist, pflügen wir beide denselben streitigen Acker. (...) Der deutsche Dualismus hat seit Karl V. in jedem Jahrhundert regelmäßig durch einen gründli-
10 chen inneren Krieg seine gegenseitigen Beziehungen reguliert, und auch in diesem Jahrhundert wird kein anderes als dieses Mittel die Uhr der Entwicklung auf ihre richtige Stunde stellen können.

3 Vor preußischen Abgeordneten erklärte Bismarck schon 1862:
Nicht auf Preußens Liberalismus sieht Deutschland, sondern auf seine Macht. Preußen muss seine Kraft zusammenfassen und zusammenhalten auf den
5 günstigen Augenblick, der schon einige Male verpasst ist. Preußens Grenzen (...) sind zu einem gesunden Staatsleben nicht günstig; nicht durch Reden und Majoritätsbeschlüsse werden die großen
10 Fragen der Zeit entschieden – das ist der große Fehler von 1848 gewesen –, sondern durch Eisen und Blut.

4 Über die Reichsgründung schrieb der Philosoph Rudolf Eucken 1922 in seinen Lebenserinnerungen:
Hatten wir bis dahin die Einigung Deutschlands vom gemeinsamen Willen des ganzen Volkes erwartet, so wurde uns nun jene Leistung von oben her
5 entgegengebracht. Die Einzelnen hatten kaum etwas Eigenes zu tun, sondern nur sich willfährig der gebotenen Gestaltung einzufügen. Die überwiegende Mehrzahl folgte dieser Richtung: Es wirkte wohltu-
10 end und befestigend, dass sich aus dem wirren Getriebe der Parteien (...) eine feste Hand [Bismarck] hervorhob und ein deutliches Ziel vorhielt. (...)
Anderen aber (...) erschien die Wendung
15 als zu äußerlich, als zu einseitig militärisch und wirtschaftlich. Auch ich selbst (...) hatte gehofft, dem äußeren Aufschwung würde auch ein innerer entsprechen und es würde das Leben mehr
20 in Selbsttätigkeit gestellt werden.

5 Ausrufung König Wilhelms I. von Preußen zum deutschen Kaiser im Schloss von Versailles am 18. Januar 1871 (Gemälde von Anton von Werner, 1885; Friedrichsruh, Bismarck-Museum). Vor den Stufen in weißer Uniform Bismarck, der neue Reichskanzler, und Moltke, der preußische Generalstabschef. Im Hintergrund: Kriegsminister von Roon, den der Maler auf Wunsch des Kaisers in das Bild aufgenommen hatte, obwohl er wegen Krankheit nicht teilnehmen konnte. Der Großherzog von Baden bringt ein „Hoch auf Kaiser Wilhelm" aus. – Welche Personen hebt der Maler besonders hervor? Welche gesellschaftlichen Gruppen sind auf seinem Gemälde vertreten, welche nicht?

6 Deutschlands Zukunft: „Kommt es unter einen Hut? Ich glaube, es kommt eher unter eine Pickelhaube!"
So stand es 1864 in der satirischen Zeitschrift „Kladderadatsch". – Erkläre die Karikatur. Schlage im Lexikon nach, was eine Pickelhaube ist.

1 Beschreibe die zwei Wege zur Reichsgründung: 1848/49 und 1864–1871.
2 Sprecht über die Art, wie Bismarck seine politischen Ziele durchsetzte (VT, M1, M2, M3).
3 Wodurch wurde das deutsch-französische Verhältnis nach 1871 besonders belastet? Was hatte das zur Folge?
4 Sucht in einer Bibliothek nach Informationen über das weitere Schicksal Elsass-Lothringens bis heute.

2 Das Deutsche Reich – eine konstitutionelle Monarchie

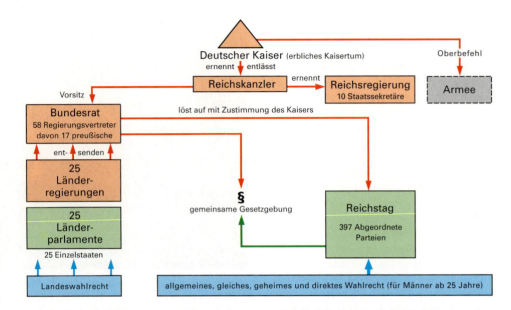

1 Die Verfassung des Deutschen Reiches von 1871 (Schaubild). – Welche Aufgaben haben die einzelnen Gewalten? Wie gelangen die Abgeordneten in ihre Ämter, wie der Reichskanzler und die Regierung?

Mehrheitswahlrecht
In jedem Wahlkreis gewinnt der Kandidat, der die Mehrheit der Stimmen erringt. Die Stimmen der anderen Kandidaten gehen verloren. Nach diesem Recht wurde ab 1871 gewählt. Das britische Parlament z. B., das Unterhaus, wird heute noch nach diesem Verfahren gewählt.

Verhältniswahlrecht
Nach dem Verhältniswahlrecht werden die Wahlen in der Bundesrepublik Deutschland durchgeführt: Die Sitze im Parlament werden nach dem Anteil der Wählerstimmen an die einzelnen Parteien vergeben; auf diese Weise geht keine Stimme verloren.

Das Deutsche Reich war nicht vom Volk, sondern von den regierenden Fürsten gegründet worden. Staatsrechtlich war es ein Bund aus 25 Einzelstaaten. Darin hatte Preußen ein deutliches Übergewicht, denn es umfasste fast zwei Drittel des Reichsgebietes und der -bevölkerung. Zudem war der preußische Ministerpräsident gleichzeitig auch Reichskanzler.

Dieses wichtige Amt hatte von 1871 bis 1890 Otto von Bismarck inne. Als Reichskanzler war er Regierungschef und Vorsitzender des Bundesrats. Kein Parlamentsbeschluss konnte ihn stürzen, denn der Kanzler wurde allein vom Kaiser ernannt oder entlassen.

Die Vertretung des Volkes

Bismarcks Innenpolitik führte oft zu Konflikten mit dem Reichstag. Die Abgeordneten konnten ihn zwar nicht absetzen. Trotzdem musste der Kanzler im Parlament eine Mehrheit für seine Politik suchen, denn der Reichstag besaß das Recht den Staatshaushalt zu verabschieden.

Bismarck dachte nur geringschätzig über das Parlament und die politischen Parteien, die sich inzwischen gebildet hatten. Er verschaffte sich im Reichstag Mehrheiten, indem er die Parteien gegeneinander ausspielte. Dabei bezeichnete er seine Gegner als „Reichsfeinde". Seine negative Einstellung übertrug sich auf viele Deutsche. Für sie war der Reichstag nur eine „Schwatzbude" und in den Parteien sahen sie eigensüchtige Gruppen, die mit ihrem Gezänk die Ruhe und Ordnung, ja sogar die Sicherheit des Reiches gefährdeten.

Dabei waren die Bürger nun über ihre Abgeordneten, die sie nach dem *Mehrheitswahlrecht* gewählt hatten, zum ersten Mal an politischen Entscheidungen beteiligt. Doch das sahen viele nicht. Tatsächlich machte der Reichstag im Laufe der Jahre immer mehr von seinen Befugnissen Gebrauch.

Noch heute sind sich die Historikerinnen und Historiker nicht darüber einig, inwieweit die Verfassung von 1871 ein wichtiger Schritt auf dem Weg zur Demokratie war.

Wahlrecht in Preußen

In Preußen galt für den Landtag ein eigenes Wahlrecht, das so genannte Dreiklassenwahlrecht: Zur 1. Klasse, der Klasse der Bestverdienenden, gehörten z. B. um 1850 4,7 % aller Wahlberechtigten. Sie wählten genauso viele Abgeordnete wie die 2. oder 3. Klasse. Aber zur 3. Klasse gehörten 82,7 % aller Wähler.

498

Wirtschaft, Staat und Gesellschaft im deutschen Kaiserreich

2 Die Verfassung von 1871 aus der Sicht zweier Historiker:
a) Der Bielefelder Historiker Hans-Ulrich Wehler (1985):
Das Hauptgewicht ruht bei dem Begriff der konstitutionellen Monarchie auf dem Substantiv, nicht auf dem Adjektiv. Und um eine „Königsherrschaft" handelte es sich durchaus. Der preußische Monarch kontrollierte nicht nur im Hegemonialstaat [Preußen], der zwei Drittel des Reiches ausmachte, die drei Säulen des absolutistischen Staates: Heer, Bürokratie und Diplomatie, sondern auch als Reichsmonarch den Verwaltungsapparat der neuen Reichsbehörden, das Militär und die Außenpolitik. In dieses [geheime Machtzentrum] gelang es dem Reichstag niemals wirklich einzudringen.

b) Der Münchner Historiker Thomas Nipperdey (1992):
Die Monarchie im Reich war nicht mehr absolutistisch oder halb-absolutistisch. Sie war konstitutionell (…). Sie war an die Verfassung, die rechtsstaatlichen Normen, die Mitwirkung des Parlaments gebunden, an die Form der Regierung durch Beamten-Minister oder den einen Reichskanzler, der die politisch-moralische „Verantwortung" für das Handeln von Monarch und Regierung vor der Öffentlichkeit (…) übernahm.

3 In einer Wahlkampfbroschüre schrieb August Bebel, Reichstagsabgeordneter der Sozialdemokratischen Arbeiterpartei, im Jahre 1874:
Das durch „Blut und Eisen" mühsam zusammengeschweißte „Reich" ist kein Boden für bürgerliche Freiheit, geschweige denn für soziale Gleichheit. (…) Wir glauben nicht, dass das allgemeine Wahlrecht ein Heilmittel oder eine Wünschelrute ist, durch die das arbeitende Volk das Glück sich herbeiführen kann. Wir glauben auch nicht, dass es ihm unter den heutigen Verhältnissen gelingen wird, die Machtverhältnisse umzugestalten. Und dennoch muss das arbeitende Volk das angeführte Mittel als das einzige benutzen, welches ihm augenblicklich gegeben ist, um seine Stimme zu erheben, für seine vorenthaltenen Rechte einzutreten.

4 Über eine Wahl zum Reichstag erzählte man sich folgende Anekdote:
Ein ostpreußischer Gutsherr ließ alle seine Knechte gemeinsam zur Wahl fahren. Unterwegs erhielt jeder von ihnen seinen Wahlzettel in einem geschlossenen Umschlag; er brauchte ihn nur noch in die Urne zu werfen. Als ein Knecht nachsehen wollte, welche Partei angekreuzt war, erhielt er vom Vorarbeiter eine Ohrfeige mit der Bemerkung: „Du Dummkopf, weißt du denn nicht, dass es sich hier um eine geheime Wahl handelt?"

5 „Die Hebung des Mittelstandes – warum gilt ein Reicher bei den preußischen Wahlen mehr als hundert Unbemittelte? Aus schwerwiegenden Gründen!" (Zeichnung von F. Jüttner in den „Lustigen Blättern", 1893).

1 Benenne die demokratischen Elemente in der Verfassung des Deutschen Reiches (M1).
2 Beschreibe Bismarcks Stellung im neuen Reich (VT, M1).
3 Worin unterscheiden sich die Auffassungen der beiden Historiker (M2)?
4 Überlegt, was die Anekdote (M4) aussagt über die Lebensverhältnisse der Menschen in Ostpreußen und über die Bedeutung alter Denkweisen im neuen Staat.
5 Beschreibe die Karikatur M5 und versuche sie mithilfe des VT zu erklären.

3 Politische Parteien entstehen

Linke	linke	Mitte	rechte	Rechte
„Demokraten" und „Republikaner"		„Liberale"		„Konservative"
▪ Republik mit parlamentarischer Regierung ▪ Erweiterung der Volksrechte (Gesetzgebung) ▪ Verfassung		▪ mehr Freiheit ▪ parlamentarische Monarchie ▪ Verfassung	▪ mehr Freiheit ▪ konstitutionelle Monarchie ▪ Verfassung	▪ Stärkung der Monarchie ▪ Stärkung des Föderalismus ▪ minimale Macht des Parlaments
Einheit Deutschlands				

1 *Politische Richtungen, die Mitte des 19. Jahrhunderts in Deutschland entstanden, zeigt dieses Schaubild.*

2 *Demonstrantin für das Frauenwahlrecht (Foto, um 1911).*

Aus Interessengruppen ...

1848 waren in die Frankfurter Nationalversammlung noch keine Vertreter von Parteien gewählt worden, wie wir sie heute kennen. Aber es bildeten sich bereits unterschiedliche Gruppierungen heraus. Abgeordnete mit ähnlichen politischen und gesellschaftlichen Zielen schlossen sich zusammen und saßen in der Paulskirche als Gruppe beieinander. Bald bezeichnete man sie nach ihrer Sitzordnung als „Linke", „Mitte" oder „Rechte". Die Abgrenzungen zwischen den Gruppen waren jedoch nicht starr. Ein Wechsel von Abgeordneten je nach Diskussionsgegenstand kam häufig vor.

... entstehen politische Parteien

Nach dem Scheitern der Revolution 1849 wurde die Bildung von politischen Vereinen und Arbeiterorganisationen erneut verboten. Erst nach 1860 kam es zur Gründung erster Parteien: Ihre politischen Vorstellungen fassten sie in Grundsatzprogrammen zusammen, womit sie Anhänger und Wähler warben. Sie vertraten nicht wie heutige Parteien breite Bevölkerungsschichten, sondern eher die Interessen kleiner Gruppen. Entsprechend groß waren die Gegensätze zwischen ihren Programmen und bei ihren Anhängern. Nur die Sozialistische Arbeiterpartei Deutschlands (seit 1890 Sozialdemokratische Partei Deutschlands, SPD) war straff organisiert und hatte zahlreiche Mitglieder.

Die übrigen Parteien hatten über das ganze Land verteilt einflussreiche Vertreter, die vor allem vor Wahlen aktiv wurden um Kandidaten zu nominieren oder Wähler zur Stimmabgabe zu bewegen. Politisch engagierte Katholiken gründeten eine eigene Partei: Das so genannte „Zentrum" band den katholischen Bevölkerungsanteil unabhängig von der Schichtzugehörigkeit an sich.

Daneben organisierten sich auch regionale Minderheiten wie Dänen, Polen, Elsässer oder Lothringer, die um mehr Rechte im Staat kämpften.

Das Parteiensystem

Die Konservativen unterstützten die Monarchie und entwickelten sich zur Interessenvertretung der Landwirtschaft und des Mittelstandes. Das Dreiklassenwahlrecht sicherte ihnen vor allem in Preußen eine starke Stellung. Die Liberalen spalteten sich bereits 1866 in einen rechten, mehr national orientierten und einen linken, mehr demokratisch orientierten Flügel. Sie fanden ihre Wähler in sehr unterschiedlichen Schichten – Bildungsbürgertum, Großindustrie, gehobener Mittelstand. Nach anfänglichen Erfolgen verloren sie wohl auch wegen ihrer häufigen Auseinandersetzungen untereinander immer mehr Wähler.

Mit der SPD, die bis 1890 verboten war, ging es stetig bergauf: 1912 gewann sie die Mehrheit der Mandate bei der Reichstagswahl.

Wirtschaft, Staat und Gesellschaft im deutschen Kaiserreich

Und die Frauen?

Schon 1848 hatte die Leipzigerin Luise Otto-Peters die erste Frauenbewegung in Deutschland ins Leben gerufen und eine bessere Schul- und Berufsausbildung für Frauen und Mädchen gefordert. Daraufhin verbot 1850 das preußische Vereinsgesetz Frauen ausdrücklich die Mitgliedschaft in politischen Vereinen. 1865 entstand dann auf Initiative von Luise Otto-Peters der „Allgemeine Deutsche Frauenverein", der schnell auf über 10 000 Mitglieder anwuchs. Andere Frauenvereine folgten (s. S. 514/515).

Immer wieder jedoch wurden die Anliegen der Frauen im „Männer-Staat" zurückgewiesen, ihre Vereine verboten. Erst 1908 durften Frauen Mitglieder von Parteien oder Gewerkschaften werden. 1914 waren etwa 175 000 Frauen Mitglieder von Parteien, 210 000 gehörten einer Gewerkschaft an. Nach jahrzehntelangen Kämpfen erhielten die Frauen nach dem Ende des Ersten Weltkrieges 1918 das Wahlrecht.

3 Auszüge aus Wahlprogrammen:

a) Zentrum (1870):
Erhaltung der verfassungsmäßig anerkannten Selbstständigkeit und der Rechte der Kirche (...). Für das ganze deutsche Vaterland ein Bundesstaat (...). Erhaltung und Förderung eines kräftigen Mittelstandes.

b) SPD im Erfurter Programm (1891):
Der Kampf der Arbeiterklasse gegen die kapitalistische Ausbeutung ist notwendigerweise ein politischer Kampf. Die Arbeiterklasse kann ihre (...) Kämpfe nicht führen (...) ohne politische Rechte. (...) [Deshalb] bekämpft sie in der heutigen Gesellschaft (...) jede Art der Ausbeutung und Unterdrückung.

c) Deutsch-Konservative (1892):
Staat und Kirche sind von Gott verordnete Einrichtungen; ein Zusammenwirken beider ist die notwendige Vorbedingung zur Gesundung unseres Volkslebens.

d) Allgem. Deutscher Frauenverein (1905):
Zulassung der Frauen zu verantwortlichen Ämtern in Gemeinde und Staat, vor allem solchen, die zu den Interessen der Frauen in besonders naher Beziehung stehen [Mädchenschulwesen, staatliche und kommunale Sozialpolitik, Arbeiterinnenfrage] (...).
Beseitigung der vereinsrechtlichen Beschränkungen der Frau.
Teilnahme der Frauen am kirchlichen, kommunalen und politischen Wahlrecht.

e) Fortschrittliche Volkspartei (1910):
Allgemeines, gleiches, direktes und geheimes Wahlrecht für die Volksvertretungen des Reiches und der Einzelstaaten. Berücksichtigung der Minderheiten.

f) Nationalliberale (1911):
Die Nationalliberale Partei sieht die Größe unseres Reiches nur durch eine starke, machtbewusste Politik gesichert. Sie verlangt eine feste Vertretung unserer nationalen Interessen nach außen und nach innen.

4 Das Arbeiter-Evangelium (Ausschnitt aus einem Gemälde von Jens Birkholm, 1900). Ein Redner spricht auf einer sozialdemokratischen Versammlung. Rechts im Hintergrund ist die Büste von Karl Marx zu sehen, darunter sitzen Polizeibeamte; sie sollten die Versammlung bei der ersten ungesetzlichen Äußerung auflösen. – Wie hat der Maler den Redner dargestellt, wie die Zuhörer? Beachtet auch den Titel des Gemäldes.

1 Stelle dar, wie die Parteien entstanden sind (VT, M 1).
2 Vergleiche die Auszüge aus den Parteiprogrammen (M 3) miteinander. Stelle unterschiedliche Ziele und Forderungen heraus. Welche Bevölkerungsschichten sollten angesprochen werden?
3 Gibt es die Einteilung in rechts und links auch heute noch? Welche Parteien werden zu welcher Seite gerechnet?
4 Welche Rolle spielen die Parteien heute in unserem Staat? Welche Parteien von damals sind verschwunden, welche sind neu?

4 Bismarck: „eiserner Kanzler" – kluger Diplomat?

1 „Das preußische Christkindchen" (zeitgenössische Karikatur zum Sozialistengesetz).

2 Otto von Bismarck (1815–1898).

Die Sozialdemokratie – eine Feindin der Gesellschaft?

Nach Gründung der SPD forderten ihre Führer eine grundlegende Veränderung der bestehenden Gesellschaft. Bismarck glaubte aber nicht, dass dies nur auf friedlichem Weg geschehen sollte. 1878 wurden kurz nacheinander zwei Mordanschläge auf den Kaiser verübt. Diese scheiterten zwar, dienten aber Bismarck und Teilen der Presse als Vorwand die Sozialdemokraten zu beschuldigen. Der Reichstag beschloss noch im selben Jahr das „Gesetz gegen die gemeingefährlichen Bestrebungen der Sozialdemokratie" um möglichst viele Arbeiter dem Einfluss der SPD zu entziehen.

Den Sozialdemokraten wurde jede öffentliche Arbeit verwehrt, Versammlungen und Zeitungen wurden verboten. Die SPD selbst wurde nicht verboten und durfte auch weiterhin an den Reichstagswahlen teilnehmen. Doch konnte die Polizei nun Verdächtige ohne triftige Gründe überwachen, ihre Wohnungen durchsuchen, sie festnehmen oder sogar aus dem Land weisen. Dies alles band aber viele Arbeiter nur noch stärker an die Sozialdemokratie.

Mit verschiedenen Sozialgesetzen versuchte Bismarck die Arbeiter wieder stärker für den Staat zu gewinnen. Zwischen 1883 und 1889 wurden die Kranken-, Unfall-, Invaliditäts- und Altersversicherung als Pflichtversicherungen geschaffen, in die Arbeitgeber und Arbeitnehmer gemeinschaftlich einzahlten. Dieses in den Grundzügen bis heute gültige Sozialversicherungssystem galt als Vorbild für viele andere Staaten.

Mit Gesetzen gegen Minderheiten

Noch vor den Sozialdemokraten hatte Bismarck mit den Katholiken eine vermeintlich „bedrohliche" Minderheit im Staat ausgemacht. Als sich deren Partei, das Zentrum, mit anderen Parteien zu einer Koalition zusammenschloss, sah Bismarck die innere Einigkeit im Reich bedroht. Er schaffte es, mehrere Gesetze und Bestimmungen gegen die katholische Kirche in Deutschland durchzusetzen. Dies ließen sich das Zentrum und die katholische Kirche nicht widerspruchslos gefallen und so standen sich Staat und Kirche in vielen Fragen unversöhnlich gegenüber. Als Bismarck erkannte, dass er seine Ziele so nicht erreichen konnte, brach er diesen Streit, auch als „Kulturkampf" bezeichnet, ab.

Viele Bündnisse – viele Freunde?

Nach der Reichsgründung, während des Krieges und dem folgenden Wirtschaftsaufschwung sahen einige Nachbarstaaten besorgt auf die entstehende Großmacht Deutschland. Bismarck versuchte vor allem die Furcht vor weiteren deutschen Eroberungen zu beschwichtigen. Er versicherte, Deutschland wolle sich nicht vergrößern und in Zukunft seine Position nur durch Bündnisse sichern.

Um einen Krieg an mehreren Fronten gegen Deutschland zu verhindern, schuf er ein kompliziertes Bündel von Verträgen und Bündnissen. Ihm half dabei, dass die meisten Großmächte noch nicht in festen Bündnissystemen zusammengeschlossen waren.

Wirtschaft, Staat und Gesellschaft im deutschen Kaiserreich

Jahr	Bündnis	Bündnispartner	Bündniszweck
1879 bis 1918	Zweibund	D–Ö/U	gegen Angriff auf Deutschland oder Österreich-Ungarn
1881 bis 1887	Dreikaiserbündnis	D–Ö/U–R	Verringerung der Spannungen zwischen Österreich-Ungarn und Russland, Verhindern eines Zusammengehens Österreich-Ungarns oder Russlands mit Frankreich im Fall eines französischen Angriffs auf Deutschland
1882 bis 1914	Dreibund	D–Ö/U–I	gegenseitige Hilfszusage im Fall eines nicht provozierten Angriffs Frankreichs auf einen der drei Bündnispartner
1887 bis 1890	Rückversicherungsvertrag	D–R	gegenseitiges Neutralitätsabkommen mit „ganzgeheimem" Zusatzprotokoll als Ersatz für das Dreikaiserbündnis

Jahr	Bündnis	Bündnispartner	Bündniszweck
1887	Mittelmeerabkommen	GB–I	Garantie des Status quo (gegenwärtiger Zustand) im Mittelmeer- und Balkanraum
1887	Orientdreibund	GB–I–Ö/U	

4 *Die Bündnisse des Deutschen Reiches* oben: Bündnisse des Deutschen Reiches unten: Vom Deutschen Reich geförderte Bündnisse

3 *Bismarck befürchtete die Einmischung der katholischen Kirche* in innere Angelegenheiten des Staates. Deshalb erließ er die folgenden Gesetze:
1871 Aufnahme des „Kanzelparagraphen" ins Strafgesetzbuch, der es den Geistlichen verbietet, staatliche Angelegenheiten in der Predigt zu behandeln.
1872 Im Schulaufsichtsgesetz wird in Preußen die geistliche Schulinspektion aufgehoben und öffentliche wie private Schulen unter staatliche Aufsicht gestellt.
1872 Verbot des Jesuitenordens.
1873 Für die Übernahme eines geistlichen Amtes werden das Reifezeugnis eines deutschen Gymnasiums, das Studium an einer deutschen Universität und ein so genanntes Kulturexamen in Geschichte, Philosophie und deutscher Literatur verlangt.
1874 Nur noch die staatliche Beurkundung von Taufe, Trauung oder Todesfall ist rechtsgültig (Standesamt).
1875 Im „Brotkorbgesetz" werden der katholischen Kirche die staatlichen Geldzuwendungen gesperrt.
1875 In Preußen verbietet das Klostergesetz alle Orden (Ausnahme: Krankenpflege).

5 *Gedenkplakette zum Ende des „Sozialistengesetzes"* im Jahr 1890. Als deutlich war, dass das „Sozialistengesetz" seine Ziele nicht erfüllt hatte, wurde es 1890 nicht mehr verlängert. – Beschreibe anhand der Inschrift auf der Plakette, wie viele Sozialdemokraten diesen Schritt empfanden.

1 Untersuche die Karikatur M 1. Beschreibe das Bild möglichst genau und vergleiche die Aussage des Bildes mit seinem Titel.
2 Überlege, welche Ziele Bismarck mit seiner Außenpolitik verfolgte (VT, M4). Diskutiert, was er sich von diesen Bündnissen erhoffte und was er zu vermeiden suchte.
3 Erkläre die Gründe und Vorstellungen Bismarcks, die ihn bewegten gegen die Sozialdemokratie und die katholische Kirche vorzugehen (VT). Beurteile die dazu getroffenen Maßnahmen (M3, M5).

5 Vom Umgang mit Minderheiten

1 Die Ausweisung aus Preußen 1885/86 (Ausschnitt aus einem Gemälde von Wojciech Kossak, 1909). – Versucht aus der Art, wie der Künstler die Personen dargestellt hat, Hinweise auf seine Einstellung zum Thema des Bildes abzuleiten.

polnische Teilungen
Die Großmächte Russland, Preußen und Österreich teilten Ende des 18. Jahrhunderts das Königreich Polen unter sich auf. Polen verschwand von der Landkarte. Erst 1916 wurde ein neuer polnischer Staat gegründet.

Minderheiten im Deutschen Reich
Durch die kleindeutsche Reichsgründung 1871 ergab sich die Situation, dass auf deutschem Boden mehrere Millionen nicht deutschsprachiger Untertanen – Polen, Dänen, Franzosen – lebten. Wie ging man damals mit Minderheiten um?

Am Rande der Gesellschaft: Polen ...
Allein in Preußen lebten seit den *polnischen Teilungen* mehr als zwei Millionen Polen, die ihre Kultur und Nationalität nicht aufgeben wollten. Gegen sie setzte nun eine Politik der Unterdrückung und Diskriminierung ein. Gesetze zwangen sie, zuerst in den Schulen, später auch im Umgang mit Behörden oder vor Gericht, nur noch Deutsch zu sprechen. Um den Einfluss der polnischen Geistlichen einzudämmen wurde diesen die Schulaufsicht entzogen. Die Geistlichen organisierten daraufhin den Widerstand gegen die staatliche Willkür und brachten vielerorts sogar die Bauern dazu, sich dem Protest anzuschließen.

Bismarck reagierte darauf mit harten Maßnahmen. 1885 ließ er schließlich über 30 000 Menschen aus den Grenzgebieten ausweisen. Außerdem versuchte er polnische Güter aufzukaufen und dort preußische Bauern anzusiedeln. Dagegen wehrten sich die Polen aber erfolgreich. Endgültig zu „Bürgern zweiter Klasse" wurden sie durch ein Gesetz von 1908, das die Enteignung größerer Güter gegen Entschädigung erlaubte.

... und die Juden
Diskriminierung und Ausgrenzung von Juden gab es in Europa seit dem Mittelalter. Die preußischen Reformen hoben mit der Judenemanzipation zwar die wirtschaftlichen und rechtlichen Einschränkungen für Juden auf; sie wurden formal als Staatsbürger anerkannt. Doch große Teile der Bevölkerung hatten weiterhin Vorurteile gegen Juden.

Im Deutschen Reich kam es ab 1873 zu einer Wirtschaftskrise. Wie fast immer in Notzeiten, suchten auch jetzt viele nach Sündenböcken, denen sie die Schuld für die schlechte Lage geben konnten. Sie fanden sie in einer kleinen Gruppe wirtschaftlich erfolgreicher Juden. Zwar waren diese für die Krise nicht verantwortlich, aber die Vorurteile wurden so wieder belebt.

Jetzt entflammte eine neue Form der Judenfeindschaft, der Antisemitismus. Er basierte auf der wissenschaftlich nicht haltbaren so genannten „Rassenlehre": Nach ihr wurde die semitische (= jüdische) Rasse als minderwertig bezeichnet; sie sei der „arischen" oder „germanischen" Rasse unterlegen. Antisemiten folgerten, dass Juden keine Deutschen seien, und sprachen ihnen die Gleichberechtigung als Bürger ab.

Der Antisemitismus wurde in dieser Zeit gesellschaftsfähig und besonders in nationalistischen und konservativen Kreisen gepflegt. Diese Gruppen gründeten sogar antisemitische Verbände und kleinere Parteien, die antijüdische Forderungen in ihr Programm aufnahmen. Selbst Kaiser Wilhelm II. gab den Juden für viele Missstände in Politik und Gesellschaft öffentlich die Schuld. Um diesen Benachteiligungen zu entgehen wollte ein Teil der Juden in Palästina einen eigenen jüdischen Staat gründen.

2 Aus dem „Konservativen Handbuch" von 1894:

Immer allgemeiner wird die Klage, dass der Jude, sei es als Wucherer und Ausbeuter oder umgekehrt als sozialdemokratischer Agitator, vorzugsweise immer
5 dort zu finden sei, wo man an der Zersetzung und Vernichtung unseres Volkstums arbeitet. [Man hört,] dass er im wirtschaftlichen Leben weniger durch schaffende Tätigkeit als durch erlaubte
10 oder unerlaubte Übervorteilung anderer die Mittel gewinne, die in seinen gewandten Händen dann eine doppelt wirksame Waffe in einem weiteren Daseinskampf werden. [Außerdem sagt
15 man,] dass er in den höheren Berufen, in der Rechtsanwaltschaft, in der Medizin, in der Literatur, im Zeitungs- und Theaterwesen durch rücksichtslose Hingabe an den Erwerbsinstinkt die gewissenhafteren
20 Mitbewerber schädige (...) und dass bei seiner geringen Neigung zum Aufgehen im Deutschtum seine wachsende wirtschaftlich-soziale Macht zu einer immer ernsteren Gefahr für unsere
25 nationale Entwicklung und Eigenart heranwachse.

3 „Es stinkt, es stinkt."

Ein jüdisches Mädchen und seine Freundin kommen in den 1870er-Jahren in eine christliche Strickschule. Sie berichten über den ersten Tag:

Vor Hebamme Borneller machten wir einen Knicks (...), denn sie war Respektsperson (...). Aber wir fühlten uns unsicher unter ca. 50 Mädchen von 6–14
5 Jahren, die alle mit dem Strickzeug bewaffnet dasaßen. Kein Wort wurde gesprochen (...), nur die Stricknadeln hörte man. Nach und nach atmeten wir etwas freier in diesem großen Schulsaal, in
10 dem nie ein jüdisches Mädchen zuvor gesessen hatte. Als wir uns ein wenig erholt hatten (...), da ertönte durch die Stille (...) eine sehr laute Stimme: „Borneller, es stinkt, es stinkt." Borneller tat, als
15 hörte sie nicht. Da schrie die ganze Mädchenschar zusammen: „Borneller, das ham die Judde getan, das ham die Judde getan."
Weder wir noch sonst ein jüdisches
20 Mädchen ging je wieder in die Strickschule.

4 Über den „Deutschen Ostmarkenverein", der die angeblich bedrohten deutschen Interessen in den Ostprovinzen schützen sollte, schrieb der Publizist Georg Wagner 1899:

Es ist wohl noch nicht da gewesen, dass eine herrschende Nation, die eine geschlossene Masse von etwa 50 Millionen Menschen bildet, die über das stärkste,
5 bestausgebildete Heer der Gegenwart verfügt, deren Beamte in den angeblich bedrohten Landesteilen sämtliche Ämter besetzt halten – dass eine solche Nation einen „Schutzverein" gründet gegen ei-
10 ne kaum 2½ Millionen zählende Minorität [Minderheit], gegen ein Völkchen, das unter absoluter Botmäßigkeit jener herrschenden Nation lebt.

5 Antisemitismus auf Postkarten:
Auch so wurden Juden in Wort und Bild diskriminiert (Postkarte vom 16. Juni 1917 aus dem böhmischen Kurort Karlsbad). Das Wortspiel „Cohnsorten" verspottet den bei Juden häufig vorkommenden Namen Cohn (oben). Die Postkarte von 1901 aus Frankfurt/Main zeigt eine weitere Form von Judenfeindschaft.

1 Die Polen wurden von staatlicher Seite diskriminiert. Schildere die Maßnahmen und ihre Begründung (VT, M 1). Welche Argumente hält Georg Wagner dagegen (M 4)?
2 Wie wurde die Benachteiligung der Juden in der Öffentlichkeit begründet (VT)? Welche Gründe kann man in M 2 „zwischen den Zeilen" finden?
3 Erkläre, mit welchen Methoden die beiden jüdischen Mädchen in der Strickschule ausgegrenzt wurden (M 3).
4 Beschreibt und erklärt die Karikatur auf der Postkarte (M 5).
5 Diskutiert: Antisemitismus in der Karikatur – das ist doch nur Spaß?

6 „Frau Regierungsrat" und ihr „Mädchen für alles" – die Gesellschaft im Kaiserreich

1 „Bitt' schön, wenn der Herr Hund vielleicht nicht alles aufessen kann ...", lautet die Unterschrift dieser Karikatur. Th. Th. Heine zeichnete sie 1896 unter dem Titel „Eine unverschämte Person" für die Zeitschrift „Simplicissimus". Hier begegnen uns zwei Schichten der wilhelminischen Zeit. – Was sagt die Zeichnung über die Gesellschaft im Kaiserreich aus? Zu welcher Schicht gehören die Personen und woran kannst du das erkennen?

soziale Schicht/ soziale Schichtung
Dies ist ein moderner Begriff, mit dem gesellschaftliche Unterschiede dargestellt werden. Menschen, die gemeinsame Merkmale wie Beruf, Einkommen, Bildung usw. aufweisen, kann man einer sozialen Schicht zuordnen. Meist wird eine grobe Einteilung in Ober-, Mittel- und Unterschicht vorgenommen.

„Die da oben"

Das Reich von 1871 war von der Adels*schicht* gegründet worden und somit waren auch fast alle staatlichen Schaltstellen von Adligen besetzt. Erwerbstätigkeit lehnten diese als nicht standesgemäß ab. Stammten sie aus altem Adel, genossen sie größtes Ansehen und bekleideten die höchsten Ämter bei Hofe und in der Armee. Nur wenige investierten in Fabriken und wurden Unternehmer. Der Adel hob sich durch einen besonderen Lebensstil von der übrigen Gesellschaft ab. Auch Fabrikanten, Großkaufleute und Bankiers bauten sich Villen im Ausmaß kleiner Schlösser und führten ein luxuriöses Leben.

Neben solche „Besitzbürger" traten verstärkt die „Bildungsbürger". Diese strebten mit Bildung und Fleiß nach dem gleichen gesellschaftlichen Ansehen, wie es die „Besitzbürger" bereits genossen. Als Ingenieure, leitende Angestellte oder höhere Beamte machten sie Karriere oder gingen in die freien und künstlerischen Berufe. Ihre Wohnungen lagen bevorzugt in der Stadtmitte in der Nähe von Ämtern, Geschäften und Theatern und boten Platz für kleine Gesellschaften.

Normalerweise verfügten die Familien auch über Personal, das von der Hausherrin beaufsichtigt wurde. Die „Dame des Hauses" hatte viele gesellschaftliche Verpflichtungen. War sie z. B. die Gattin eines höheren Beamten, musste sie regelmäßig Abendgesellschaften für Vorgesetzte, Kollegen oder Freunde ihres Mannes vorbereiten. Solche Abende waren wichtig für das Ansehen der Familie und auch für die berufliche Karriere.

Die breite Mittelschicht

Die Mittelschicht bestand aus Bauern, Kaufleuten und Handwerkern, mittleren Beamten und Angestellten in Industriebetrieben. Diese Familien verfügten meist über ein ausreichendes Einkommen, oft aber nur durch eisernes Sparen. Sie waren häufig bestrebt ihren Kindern, zumindest den Jungen, durch bessere Ausbildung einen sozialen Aufstieg zu ermöglichen oder „nach oben" zu heiraten.

„Die da unten"

In den Städten entstanden in der Mitte des 19. Jahrhunderts Fabriken und Arbeiterviertel. Dorthin zogen immer mehr Menschen, die auf dem Land keine sichere Existenz mehr hatten. Die Arbeiterfamilien lebten oft in erbärmlichen Verhältnissen auf engstem Raum. Für ihre harte Arbeit erhielten sie nur einen Hungerlohn und waren bei Krankheit und anderen Notlagen nicht abgesichert.

Mädchen aus den Arbeiterfamilien oder vom Land arbeiteten häufig als Dienstpersonal. Als „Mädchen für alles" mussten sie die Wohnung sauber halten, waschen, bügeln und auf die Kinder aufpassen. Ihr Arbeitstag dauerte bis zu 16 Stunden und sie hatten oft nur zwei Sonntagnachmittage im Monat frei. Wehren konnten sich die jungen Frauen dagegen kaum. Denn zum einen hatten sie oft keine Ausbildung und konnten keine oder nur schlecht bezahlte Arbeit finden. Und zum anderen waren sie auf gute Beurteilungen ihrer „Herrschaften" in ihrem Gesindebuch angewiesen.

Wirtschaft, Staat und Gesellschaft im deutschen Kaiserreich

4 **Standesunterschiede:** links oben: **Mitglieder höchster Adelsfamilien** bei einer Tauffeier (Foto, 1906); links unten: **„Herr Leutnant" erzählt** in einem großbürgerlichen Salon Geschichten aus seinem Soldatenleben (Gemälde von Temple, 1890); rechts oben: **Kleinbürgerliche Familie** am Wohnzimmertisch (Foto, 1911); rechts unten: **Arbeiterfamilie in der Wohnküche,** die oft auch noch als Schlafraum genutzt wurde (Foto, Berlin, 1907). – Versucht aus den Bildern herauszulesen, worauf man Wert legte oder stolz war. Es sind gestellte Fotos: Was wollen die Abgebildeten zeigen? Beachtet die Ausstattung der Räume.

2 Aus der preußischen Gesindeordnung von 1810, die erst 1918 aufgehoben wurde:
§ 73 Allen häuslichen Einrichtungen und Anordnungen der Herrschaft muss das Gesinde sich unterwerfen.
§ 74 Ohne Vorwissen und Genehmigung der Herrschaften darf es sich auch in eigenen Angelegenheiten vom Hause nicht entfernen.
§ 77 Reizt das Gesinde die Herrschaft durch ungebührliches Betragen zum Zorn und wird in selbigem von ihr mit Scheltworten oder geringen Tätlichkeiten behandelt, so kann es dafür keine gerichtliche Genugtuung fordern.

3 Ein Dienstmädchen berichtet bei einer Befragung um 1900:
Aufbleiben musste man im Sommer sehr oft, wenn die Herrschaften im Garten saßen bis spät in die Nacht, dann musste man noch Gläser, Flaschen, Decken und sonst was in die Wohnung tragen. (…) Auch bis nach Mitternacht hat man oft warten müssen, wenn die Herrschaften anderweit eingeladen waren; da musste man sehr aufpassen, wenn der Wagen hielt, damit die hohen Herrschaften nicht schließen oder klingeln mussten.
Zudem gaben viele Angestellte an, dass sie auf dem so genannten „Hängeboden" oder unter der Treppe schlafen mussten.

5 Schilder als Spiegel gesellschaftlicher Ordnung. Das obere Schild weist den Weg zur Hintertreppe. Diese führte meist direkt zur Küche, dem Arbeitsplatz und häufig auch Wohnraum des Dienstpersonals.

1 Beschreibe mit Schlagworten die Rollenverteilung innerhalb der Gesellschaft des Kaiserreichs (VT, M 1, M 4, M 5). Vergleiche mit der heutigen Situation.
2 Beschreibe die Lebensumstände eines Dienstmädchens (VT, M 2, M 3, M 5).
3 Ein 15-jähriges Dienstmädchen hat gegen Mitternacht beim Abräumen nach der Gesellschaft einen Teller fallen lassen. Spielt die Szene mit mehreren: Dame des Hauses, Hausherr, Köchin, …

7 Kinder im Berufsleben – ein Beispiel

1 unten: Titelblatt von „Umsonst geht nur die Sonne auf"

2 Titelblatt eines Kochbuches von 1875

Oft regen die unterschiedlichen Epochen der Geschichte Schriftsteller an, Jugendbücher mit historischem Hintergrund zu verfassen, so auch die Autorin Els Pelgrom. Sie wurde 1934 in Arnheim geboren. Nach ihrer Schulzeit arbeitete sie als Lehrerin und freie Schriftstellerin.

In ihrem Buch „Umsonst geht nur die Sonne auf" erzählt sie die Geschichte der elfjährigen Fine Ende des 19. Jahrhunderts. Nachdem ihr Vater sich verletzt hatte, gibt es für Fines Familie nicht mehr genug zu essen. Fine muss eine Stelle als Dienstmädchen in der nahe gelegenen Stadt im Haus reicher Leute annehmen.

3 „Umsonst geht nur die Sonne auf" – ein Ausschnitt aus Els Pelgroms Buch. Die Hauptfigur Fine hat gerade ihre neue Stelle im Haus einer reichen Familie angetreten. Vieles hier ist ihr neu und fremd. An einige Veränderungen muss sie sich erst noch gewöhnen:

Das Haus von Dr. Allersma stand in einer ruhigen Straße. (…) Langsam schob Fine das Gartentor auf. (…) An der Hintertür war (…) eine Glocke. Ehe sie noch wusste, was sie tat, hatte sie daran gezogen. Eine Frau mit vorgebundener Schürze und weißem Häubchen auf dem Kopf machte auf. (…) Dann musste Fine mit Gesche [dem Dienstmädchen] ins Esszimmer um den Frühstückstisch abzudecken. Fine erschrak, als sie ins Esszimmer kam. Sie hatte nicht erwartet, dass dort Leute waren. Zwei junge Mädchen saßen da, die kurz aufschauten und Fine zunickten. Aber sie sprachen kein Wort. Es waren Fräulein Adele und Fräulein Emilie, die Töchter von Dr. Allersma. Die eine schaute mit gelangweiltem Gesicht aus dem Fenster und die andere blätterte in einer Zeitschrift. Fine hatte noch nie so schöne Mädchen gesehen. Sie hatten herrliche Kleider an voller Bänder und Verzierungen. (…)

Den ganzen Tag waren sie an der Arbeit und die Stunden flogen nur so dahin. Gesche erzählte, dass sie jeden Tag schon vor dem Frühstück den Salon und das Esszimmer fertig hatte. Sie musste die Fußböden sauber machen, Staub wischen und aufräumen. Später am Morgen kamen die Schlafzimmer dran. Und wenn der Herr Doktor seine Besuche machte, war die Praxis an der Reihe. Dazwischen machte sie die Treppen und Flure. Und dann die Küche. (…) Und den ganzen Tag achtete sie darauf, dass in den Zimmern die Öfen nicht ausgingen. (…) An diesem Abend (…) war sie [Fine] so müde, dass ihr die Hände zitterten. Das fand sie seltsam. Zu Haus auf dem Land hatte sie oft den ganzen langen Tag gearbeitet. Aber sie wusste nicht, dass man von vielen neuen Eindrücken eher

Wirtschaft, Staat und Gesellschaft im deutschen Kaiserreich

müde wird als von einem Tag schwerer
45 Arbeit. (…)

Nun konnte sie auch selbst ins Bett gehen. Es war halb elf. In der Spülküche boten zwei Türen Zugang zu einem kleinen quadratischen Loch. Es sah aus wie ein
50 großer Schrank, denn ein Fenster gab es nicht. Das war das Kämmerchen der beiden Dienstboten. (…)

Jeden Tag trug Gesche eine kleine Leiter herum, wenn sie die Zimmer sauber
55 machte. Und jeden Tag stieg sie hinauf und wischte die Rahmen von den Bildern ab. Und auch die Leisten der Türen. „Weshalb tust du das dauernd?", fragte Fine. „Das sieht doch kein Mensch, wenn
60 dort ein bisschen Staub liegt." (…)

Eines Tages trat Frau Allersma in das Zimmer, in dem Gesche und Fine gerade an der Arbeit waren. Frau Allersma trug weiße Handschuhe. Sie raffte ihre Röcke
65 und stieg auf das Leiterchen. Mit einem weißen Finger wischte sie über den Rahmen eines Bildes. Danach setzte sie den Kneifer [ein Brillenglas, das mit einer Fassung versehen war und an einer
70 Schnur am Hals getragen werden konnte] auf die Nase und sah nach, ob der Handschuh staubig geworden war.

Gesche zwinkerte Fine hinter dem Rücken von Frau Allersma zu. Ohne ein
75 Wort zu sagen verließ diese das Zimmer. (…) Ein paar Tage später geschah noch etwas. Auf den Brettern des Bettes von Frau Allersma, unter der untersten Matratze, sah Fine einen Reichstaler. (…)
80 „Das ist für dich bestimmt", sagte Gesche. (…) Fine hatte nichts begriffen. Weshalb sollte Frau Allersma ihr einen Reichstaler schenken? Und weshalb steckte sie ihn dann in das Bett? Fine ver-
85 diente einen Gulden fünfzig die Woche. Am ersten Mai sollte sie ihren Lohn bekommen für all die Wochen, die sie dann gearbeitet hatte.

Gesche nahm ihr den Reichstaler ab.
90 Sie legte ihn auf die Spiegelkommode. „Dumme Gans!", sagte sie. „Dachtest du wirklich, hier kriegst du was geschenkt? Nein, Kind, das Geld legt die gnädige Frau unten in ihr Bett um festzustellen,
95 ob du wirklich ehrlich bist und es nicht heimlich einsteckst. Und außerdem weiß sie dann, dass wir die Matratzen auch tatsächlich umgedreht haben."

Schriftsteller schreiben Geschichte(n) – Wie man Jugendbücher befragt

Jugendbücher sind, wie der Name schon sagt, vor allem für jugendliche Leser geschrieben. Wie alle anderen literarischen Werke wurden auch sie vom Autor ausgedacht. Häufig wirken die beschriebenen Personen und Handlungen auf den Leser jedoch wirklicher als Menschen, die wir aus Geschichtsbüchern und Berichten von Historikern kennen. So können wir die Gefühle, Träume, Sehnsüchte, Hoffnungen und Enttäuschungen der Menschen mithilfe dieser Bücher oft viel besser verstehen und einordnen.

Jugendbücher dienen vor allem dem Lesespaß und der Unterhaltung. Als historische Quellen können wir diese Texte nicht betrachten und nutzen. Dennoch könnt ihr, wenn ihr die Texte gründlich und kritisch lest, aus ihnen erfahren, wie die Menschen zu einer bestimmten Zeit gelebt und gearbeitet haben.

Allerdings ist es sehr schwierig herauszufinden, ob die Beschreibungen der Autoren dem vergangenen Geschehen ähneln oder freie Erfindungen des Schriftstellers sind. Die folgenden Fragen und Anregungen können euch dabei helfen diese Schwierigkeiten zu meistern.

– Sucht in Lexika, Fachbüchern und vielleicht im Internet nach Informationen zum Autor, zu seiner Herkunft, zu wichtigen Erlebnissen und Ereignissen in seinem Leben: Wer ist der Autor? Wann und wo hat er gelebt? Kann er das Geschriebene selbst erlebt haben oder nicht?
– Informiert euch auch über die geschichtliche Epoche, in der die Erzählung spielt.
– Wie wirkt die Erzählung auf euch? Ist sie sehr wirklichkeitsnah geschrieben oder gibt es viele Übertreibungen, Träume oder Spott?
– Welche Hinweise oder Fingerzeige gibt es, die vielleicht auf historische Vorbilder der beschriebenen Personen in der Erzählung hinweisen?
– Vergleicht die Personen und Ereignisse in der Erzählung mit Informationen über die beschriebene Zeit. Nutzt dazu auch euer Geschichtsbuch und andere Werke. Diskutiert dann, was an dieser Episode wirklichkeitsnah und was erfunden sein könnte.

1 Bearbeitet den Textauszug (M3) mithilfe der Anregungen der Methoden-Checkliste. Diskutiert eure Ergebnisse.
2 Ergänze den Text aus dem Jugendbuch mit den Eindrücken aus dem vorigen Kapitel.
3 Beschreibe das Titelblatt des Kochbuches (M2) und beurteile, ob es den im Jugendbuch beschriebenen Erlebnissen von Fine entspricht. Suche entsprechende Textstellen zu Bildausschnitten.
4 Es ist sicher schwierig eine gute Geschichte zu erfinden. Versucht es trotzdem einmal. Einige Anregungen für Ideen können auch historische Quellen liefern, die über das Leben der Menschen berichten. Schreibt beispielsweise einen Text über das Leben von Kindern in einer Arbeiterfamilie. Informationen bekommt ihr auf den Seiten 506/507.

8 Der Staat – ein Kasernenhof?

1 *Kaiser Wilhelm II. und seine Familie* (farbige Postkarte, 1906). *Die Personen wurden vom Fotografen in Position gestellt; sie sollen dem Betrachter eine bestimmte Vorstellung von der kaiserlichen Familie vermitteln. – Beschreibt, wie die kaiserliche Familie von der Bevölkerung gesehen werden wollte.*

Die Schule der Nation

Dieses Bild der kaiserlichen Familie zeigt Wilhelm II. so, wie er sich nach außen am liebsten darstellte.

Viele Deutsche waren davon beeindruckt. Sie hängten sich solche Bilder nicht nur in ihre Wohnzimmer, sondern träumten auch davon des „Kaisers Rock" tragen zu dürfen. Nach drei siegreichen Kriegen genoss das Militär höchstes Ansehen (s. ADS Mitte). Manöver arteten zu regelrechten Volksfesten aus, denn die bunten Uniformen und die Militärmusik lockten Tausende an.

Die Armee galt als Schule der Nation. Hier sollte der junge Rekrut nicht nur den Umgang mit der Waffe lernen, sondern auch absoluten Gehorsam, äußerste Disziplin und zackiges Benehmen. Dafür durfte er sich als Angehöriger eines „herausgehobenen" Standes fühlen.

Viele Bürger nahmen hohe Kosten auf sich um ihren Söhnen die Offizierslaufbahn zu ermöglichen. Besonders stolz waren sie, wenn diese in einem Regiment mit vielen adligen Offizieren dienten. Wer auch nur als Leutnant der Reserve abging, genoss schon hohes Ansehen und hatte viele Vorteile im Berufsleben.

Der Kasernenhofton

Ehemalige Unteroffiziere brauchten sich um ihre Zukunft nicht zu sorgen. Sie hatten nach zwölfjähriger Dienstzeit Anspruch auf eine kleine Beamtenstelle bei der Bahn, der Post oder der Polizei. Ihren militärischen Befehlston behielten sie meist bei, wenn sie als Vertreter der Obrigkeit mit dem Bürger sprachen.

Auch in der Schule herrschte ein strenger Ton. Die Schülerinnen und Schüler hatten zu lernen und zu gehorchen. Alles geschah zackig und nach festen Regeln, mit wenig Lob und häufigen Strafen (s. S. 512/513).

Das Militärische fand man auch beim Spiel wieder, vor allem bei den Jungen. Viele besaßen Uniformen und Spielzeugwaffen. Zinnsoldaten, Bilderbücher oder Sammelalben, Modelle von Kriegsschiffen und Kanonen waren beliebte Geschenke.

Wohin man sah, überall Uniformen: Selbst Zivilpersonen trugen gerne uniformähnliche Kleidungsstücke und Kopfbedeckungen. Kaum ein Junge, der nicht sonntags im Matrosenanzug, kaum ein Mädchen, das nicht im blauen oder weißen Matrosenkleid herumlief.

Mit den Augen unserer Zeit gesehen, wirken Bilder aus dem Kaiserreich oft steif, komisch oder lächerlich – je nach dem Blickwinkel. Das 19. Jahrhundert hatte andere Werte, insbesondere, was Uniformen, Orden und Titel betraf – und das war nicht nur in Deutschland so.

Wirtschaft, Staat und Gesellschaft im deutschen Kaiserreich

2 Über die Militarisierung der Gesellschaft sagte der sozialdemokratische Abgeordnete Wendel 1914 im Reichstag:
Die geschichtliche Entwicklung Deutschlands hat es mit sich gebracht, dass die bürgerliche Klasse [adlige Lebensformen nachahmt] und militarisiert worden ist. („Sehr gut!" bei den Sozialdemokraten). Nicht der ehrenwerte Bürger ist das vielfach gangbare Ideal für die Mittelklasse des deutschen Volkes, sondern der schneidige Herr „von" mit dem aufgedrehten Schnurrbart (Heiterkeit). Ein junger Kaufmann will bei uns nicht aussehen wie ein junger Kaufmann, sondern womöglich wie ein Leutnant in Zivil. (Heiterkeit). Und ein Jüngling allerbürgerlichster Herkunft schafft sich, wenn er Ehrgeiz hat, zunächst ein Monokel an und dann diesen imponierenden königlich preußischen Schnarrton (Heiterkeit).

3 „Eine luxuriöse Kaserne" nannte der Franzose Henri Didon Berlin im Jahr 1884:
Die Kaserne, die Schule: das ist es, was dem fremden Beobachter zuerst in die Augen fällt, das ist das ganze Deutschland der Gegenwart. (…) Es gibt kein Land, in welchem der Militarismus stärker organisiert und die Wissenschaft allgemeiner gepflegt wird. Man sehe nur Berlin: überall der Soldat. Wir in Frankreich verbergen die Uniformen, in Deutschland zeigt man sie, wo immer man es kann. Uns scheint die Uniform eine unbequeme Last; sie tragen sie steif und stolz (…). Die germanische Rasse (…) kritisiert nicht, sie gehorcht. Dieses Phänomen beobachtet man in der Politik wie in der Schule.

4 Verhaltensregeln für den Reserveoffizier – aus einem Handbuch von 1911:
Die Standesehre und ihr Hochhalten ist auch im „Beurlaubtenstande" [für den Offizier] eine Notwendigkeit (…), um seine hohen Aufgaben, Verteidigung von Thron und Vaterland gegen äußere und innere Feinde, mit Erfolg lösen zu können. (…) Der Offizier soll ein wahrer Christ (…) sein und dieser Gesinnung auch durch den Kirchenbesuch öffentlich Ausdruck verleihen. Der Reserveoffizier (…) wirkt auf seine Umgebung in demselben Sinne günstig ein und erfüllt auf diese Weise zugleich auch eine hohe aktive Standespflicht neben seiner ihm obliegenden Christenpflicht. (…) Dass der Reserveoffizier zu den staatserhaltenden, königstreuen Parteien gehört, ist wohl selbstverständlich.

5 Der schönste Mann im Staat (Postkarte, um 1910). Solche Darstellungen, die es in vielen Varianten gab, werfen ein bezeichnendes Licht auf die Erziehungsziele des wilhelminischen Zeitalters. – Welche Vorbilder und Werte der Gesellschaft ahmen die Kinder nach?

6 „Herr Leutnant tragen das Monokel im Bad?" – „Äh, befürchte sonst für einen Zivilisten gehalten zu werden." (Karikatur von J. B. Engl, 1897)

7 „Es ist erreicht." Auf diesem Ausschnitt aus einer Postkarte von 1900 besitzt der Student alle Attribute des Militärs.

1. Worin drückt sich das Selbstverständnis der Offiziere im Kaiserreich aus (M 4, M 6)?
2. Versucht mithilfe aller Materialien dieser Doppelseite den Begriff Militarismus zu erklären. Vergleicht eure Ergebnisse. Schlagt dann die Definition in einem Lexikon nach.
3. Wie bewertest du den Militarismus der Kaiserzeit (M 2, M 3)?
4. Welche Gefahren siehst für eine Gesellschaft, in der das Militär eine übergeordnete Rolle spielt?

Projekt

Schule wie zu Kaisers Zeiten

Wie Schule heute abläuft, wisst ihr aus eigener Erfahrung. Aber wie war es vor 100 Jahren? Die Materialien geben euch einen ersten Einblick in den damaligen Schulalltag. Sucht euch Themenschwerpunkte heraus, die euch interessieren. Teilt dann die Klasse in Gruppen auf, die sich die Teilthemen erarbeiten und am Ende die Ergebnisse ihrer Nachforschungen der Klasse vorstellen. Ihr könnt auch nach weiterführenden Quellen, z. B. in Büchereien, suchen. Bedenkt bei einem Vergleich „früher – heute", dass der Schulbetrieb damals im Kaiserreich ein großer Fortschritt war.

Unterricht um 1880 – Jann Berghaus, Schüler aus Ostfriesland, erinnert sich:
[In Religion] wurde viel auswendig gelernt, oft recht mechanisch. Eines der größeren Mädchen las z. B. aus dem Gesangbuch eine Zeile des betreffenden Liedes laut vor, die ganze Klasse sprach im Chor nach. War ein Gesangsvers zu Ende, fing man von vorne an. (...) Der Deutschunterricht war im Wesentlichen auf Schreib- und Leseübungen beschränkt. Das Schönschreiben im Schreibheft nahm einen recht weiten Raum ein. Der Unterricht war aber nicht Klassen- oder Abteilungsunterricht, sondern jeder übte für sich. (...) Der Leseunterricht selbst verlief in mechanischen Bahnen. Oben wurde zu lesen angefangen; nach der Reihe las jedes Kind einen Satz. Die Schwächeren zählten an den Punkten ab, was für sie herauskam, und bereiteten ihren Satz vor, damit sie nicht unangenehm auffielen. (...)
Jedes Kind rechnete für sich aus dem Rechenbuch. Die Kontrolle, ob eine Aufgabe richtig gerechnet war, ergab sich aus den beigefügten Antworten, die auf den letzten Seiten des Buches zu finden waren. Wollte das Richtige nicht herauskommen, fragten die kleineren die größeren Schüler um Beistand und im äußersten Falle ging man ans Pult zum Lehrer.

Disziplin im Unterricht –
„Die Praxis der Volksschule", ein Leitfaden für Lehrerinnen und Lehrer, 1880:
Damit jede Störung des Unterrichts unmöglich werde, hat der Lehrer (...) darauf zu halten, dass
a) alle Schüler anständig, gerade, mit dem Rücken angelehnt und in Reihen hintereinander sitzen, damit der Lehrer alle übersehen kann;
b) jedes Kind seine Hände geschlossen auf die Schultafel legt, damit alle Neckereien und Spielereien auf der Tafel, alle ungehörigen und unsittlichen Beschäftigungen unter derselben unmöglich [sind];
c) die Füße parallel nebeneinander auf den Boden gestellt werden (...);
d) sämtliche Schüler dem Lehrer fest ins Auge schauen.
(...) Alle breiten Auseinandersetzungen und langen Reden müssen wegfallen; hier muss ein Wink des Auges (...) oder der einzige (ruhig gesprochene) Ausruf: „Achtung!" oder „Sitzen!" genügen. (...) Gibt der Lehrer z. B. zum Heraufnehmen des Lesebuches (...) das Zeichen „Eins", dann erfassen die Kinder das unter der Schultafel liegende Buch; beim Zeichen „Zwei" erheben sie das Buch über die Schultafel; bei „Drei" legen sie es geräuschlos auf die Schultafel nieder, den Blick wieder, wie früher, unverwandt und fest auf den Lehrer gerichtet.

Erziehung zur Ordnung – was der Christliche Schulbote von 1863 empfahl:
Sind nicht (...) die Leute, die nichts Ordentliches treiben wollen, die sich von ihrer Neigung zur Trägheit und zum Müßiggang leiten lassen, am ersten geneigt, Unruhe zu machen und sich gegen die bestehende Ordnung aufzulehnen? So kann denn die Schule ohne Zweifel, indem sie ihre Schüler zum Fleiß und zur Ordnung anhält, ganz wesentlich dazu beitragen, dass aus der Jugend ein Geschlecht von treuen, fleißigen und ordnungsliebenden Untertanen heranwachse.

Schule in Preußen. Oft lernten bis zu 70 Kinder in einem Schulzimmer von etwas über 50 m².

	Schulkinder	Lehrer
1831	1 917 934	22 905
1852	2 583 565	28 862
1871	3 900 655	47 059
1891	4 916 476	71 731
1911	6 572 074	117 164

Unterricht um 1900 (Schulwandbild,

Wirtschaft, Staat und Gesellschaft im deutschen Kaiserreich

„Staatsbürgerkunde" (Karikatur von Th. Th. Heine 1910/11). Er gab der Zeichnung folgenden Text: „An den preußischen Schulen soll ab jetzt ein neues Unterrichtsfach Staatsbürgerkunde eingeführt werden. Es ist wohl selbstverständlich, dass der Unterricht von Schutzleuten erteilt wird."

Rechenaufgabe:
Unser allergnädigster König und Kaiser Wilhelm I. wurde am 22. März 1797 geboren. Wie alt war derselbe
a) beim Antritt der Regierung am 7. Jan. 1861? – b) am Tage des Sieges bei Königgrätz, dem 3. Juli 1866?
c) am Tage des Sieges bei Sedan, dem 2. Sept. 1870? – d) bei der Annahme der Kaiserkrone am 18. Jan. 1871?

Kaisergeburtstag in der Schule – ein Lesestück:
Am 27. Januar feiern wir den Geburtstag unseres Kaisers. Da lassen wir die Bücher zu Hause und gehen in Festtagskleidern zur Schule (…) An den Wänden sind Girlanden und kleine Fähnchen befestigt. Auf dem Pulte steht zwischen schönen Blumen das Bild des Kaisers. Wenn wir gebetet haben, erzählt uns der Lehrer vom Kaiser. Er heißt Wilhelm der Zweite; er wohnt in Berlin in einem schönen, großen Hause, das ist sein Schloss. Als er noch klein war, hat er, wie andere Kinder, gern gespielt, am liebsten ein Soldatenspiel. Später musste er tüchtig lernen. Er war immer fleißig und seinen Eltern gehorsam. Jetzt ist er ein starker und mächtiger Herrscher, den alle Menschen ehren und lieben. Er hat aber auch alle seine Untertanen von Herzen lieb und tut ihnen viel Gutes.
Aufmerksam hören wir dem Lehrer zu. Wenn er aufhört zu erzählen, rufen wir mit lauter Stimme: „Unser Kaiser lebe hoch! Hoch! Hoch!" Dann singen wir das Lied „Der Kaiser ist ein lieber Mann" und darauf dürfen wir nach Hause gehen.

Aus dem Programm des Allgemeinen Deutschen Frauenvereins 1905:
Die Frauenbewegung vertritt die Ansicht, dass die Mädchenbildung in ihrer gegenwärtigen Verfassung weder der Persönlichkeitsentfaltung der Frau noch ihren späteren häuslichen, beruflichen und bürgerlichen Aufgaben genügend Rechnung trägt. Sie verlangt von Staat und Gemeinden die Bestätigung des gleichen Interesses für die Bildung der Mädchen wie für die Knaben. Im Einzelnen stellt sie folgende Forderungen:
a) obligatorische Fortbildungsschulen für alle aus der Volksschule entlassenen Mädchen;
b) eine Reorganisation der höheren Mädchenschulen, durch welche diese, unbeschadet ihrer dem Wirkungskreis der Frau entsprechenden Besonderheit, den höheren Knabenschulen gleichwertig wird. Den Mädchen muss die Möglichkeit gegeben werden an den Berechtigungen der höheren Lehranstalten teilzunehmen.

Schule wie zu Kaisers Zeiten

1. Wie wurde damals in der Schule unterrichtet? Gestaltet selbst eine typische Unterrichtsstunde der damaligen Zeit. Sucht euch ein Thema, das in die Zeit des Kaiserreiches passt. Bedenkt die Zahl der Schüler und Lehrer. Beachtet die Disziplin im Unterricht, die Rolle des Lehrers. Fragt eure Eltern oder Großeltern nach ihren Erfahrungen und Erlebnissen in der Schule. Auch dabei werdet ihr Unterschiede zu euren Schulerfahrungen feststellen.
2. Sucht in eurem Wohnort oder in der nächsten Stadt nach Schulgebäuden aus der Zeit vor 1914. Befragt ältere Leute, Lehrer, den Hausmeister nach der Geschichte der Schule, erkundigt euch auf dem Schul- oder Bauamt. Macht Fotos oder Zeichnungen. Fasst eure Ergebnisse in einer Wandzeitung zusammen und stellt sie anderen Klassen vor.
3. Vielleicht ist in eurer Nähe ein Schulmuseum. Dort kann man ausprobieren, wie Schule früher ablief. Da gibt es enge, alte Bänke, Federkiele und Tinte in Fässern, Schiefertafeln, Griffel, eine „Eselsbank" und …
4. Findet heraus, wie sich die Bildungsziele für Mädchen und Jungen unterschieden. Stellt z. B. in einer Collage zusammen, wie ihre berufliche und gesellschaftliche Zukunft aussehen sollte. Diskutiert darüber.

9 Frauen auf dem Weg in die Emanzipation

1 *Arbeiterinnenversammlung* („Illustrierte Zeitung", Leipzig 1890, Holzstich nach einer Zeichnung von Carl Koch).

Gleiche Bildungschancen

Ein Ereignis erregte 1896 in Berlin ungewöhnliche Aufmerksamkeit. Sechs Mädchen legten an einem staatlichen Gymnasium die Abiturprüfung ab. Sie hatten sich an einer privaten Mädchenschule darauf vorbereitet. „Das Prüfungsergebnis war für die Öffentlichkeit eine große Überraschung. Alle Schülerinnen bestanden mit gutem Erfolg", schrieb ihre Lehrerin Helene Lange. Die Überraschung verwundert nicht. Jahrzehntelang hatten Gelehrte behauptet, Frauen seien weit geringer begabt als Männer und folglich zu einer höheren Bildung gar nicht fähig. Sie durften weder Gymnasien noch Universitäten besuchen. Wenn sie dennoch studieren wollten, gingen sie nach Zürich oder Paris. Erst nach der Jahrhundertwende konnten Frauen an deutschen Universitäten studieren und staatlich anerkannte Prüfungen ablegen: zuerst 1900 in Freiburg und Heidelberg, zuletzt 1908 in Preußen. Endlich war ein Ziel erreicht, für das fortschrittliche Frauen seit über einem halben Jahrhundert gekämpft hatten.

Selbstverwirklichung durch Arbeit

Eine solche Frau war Luise Otto-Peters, 1819 als Tochter eines wohlhabenden sächsischen Beamten geboren. Schon in der Revolution von 1848/49 hatte sie eine „Frauenzeitung" gegründet und Gleichberechtigung für Frauen gefordert. Nach der Revolution wurde auch die junge Frauenbewegung unterdrückt. Erst 1865 kam es zur Gründung des „Allgemeinen Deutschen Frauenvereins", Vorsitzende wurde Luise Otto-Peters. Für Frauen der Mittelschicht gleiche Bildungs- und Berufschancen wie den Männern zu erkämpfen war das Hauptziel. Für bürgerliche Frauen galt bisher eine Betätigung außerhalb des Hauses als unschicklich. Am ehesten vereinbar mit dem weiblichen Rollenbild waren Berufe wie Lehrerin oder Gesellschafterin. Doch eine Heirat war dann ausgeschlossen. Neue Entwicklungen in der Wirtschaft begünstigten in der Folgezeit das Streben nach beruflicher Gleichberechtigung: Industriebetriebe vergrößerten ihre Verwaltungen, die Post richtete Fernsprechdienste ein, Kaufhäuser wurden gegründet. 1907 arbeiteten mehr als 1,2 Millionen Frauen in den neuen Dienstleistungsberufen. Karriere und höherer Verdienst blieben aber meist den Männern vorbehalten.

Kampf um das Frauenwahlrecht

Für Arbeiterfrauen und -töchter war Erwerbstätigkeit selbstverständlich. Aus wirtschaftlicher Not mussten sie meist ungelernte und damit schlecht bezahlte Arbeit annehmen. Als Fabrikarbeiterinnen, Kellnerinnen, Ammen oder Dienstmädchen arbeiteten sie 11 bis 14 Stunden am Tag. Verheiratete Frauen mussten zudem noch für Kinder und Haushalt sorgen. Starb der Mann, litten sie trotz Fabrik- oder Heimarbeit oft Not. Diese Frauen schlossen sich in der proletarischen Frauenbewegung zusammen, deren führende Vertreterin Clara Zetkin war. Sie kämpften für den Zehn-Stunden-Tag und den Arbeiterinnenschutz, für bessere Volksschulen und Mädchenbildung, für das Frauenwahlrecht und gegen den Militarismus. Als wichtigsten Unterschied zur bürgerlichen Frauenbewegung stellte Clara Zetkin heraus, dass diese „einen Kampf gegen die Männer der eigenen Klasse führe, während die Proletarierinnen im Verein mit den Männern ihrer Klasse für die Abschüttelung der Kapitalherrschaft kämpften".

Emanzipation
Das Streben der Frauen nach vollständiger Gleichberechtigung: rechtlich, wirtschaftlich und politisch (vgl. auch S. 500/501).

Wirtschaft, Staat und Gesellschaft im deutschen Kaiserreich

2 *links:* **Luise Otto-Peters** *(Holzstich, 1892) schrieb als Publizistin unter dem Pseudonym Otto Stern. 1849/50 gab sie die „Frauenzeitung für höhere weibliche Interessen" heraus, 1861 gründete sie mit ihrem Mann die „Mitteldeutsche Volkszeitung".*
rechts: **Clara Zetkin** *(Foto, 1912) leitete 1891–1916 die sozialdemokratische Frauenzeitschrift „Die Gleichheit". 1919 schloss sie sich der Kommunistischen Partei Deutschlands an, die sie von 1919 bis 1933 im Reichstag vertrat.*

3 Eine Gewerkschaftsfunktionärin
schrieb 1913:
Die Familienpflichten legen den Arbeiterinnen, besonders den verheirateten, auch für die Zukunft noch schwere Fesseln an, die erst in derjenigen Gesell-
5 schaftsform verschwunden sein werden, die wir als Sozialisten anstreben. (…)
Es gehört immer noch zu den Seltenheiten, dass Frauen sich um ehrenamtliche Posten in der Verwaltung [der Gewerk-
10 schaften] bewerben; deshalb müssen sich die Männer auch erst daran gewöhnen in der gleichbefähigten Frau die gleichberechtigte Kollegin zu sehen. Jedenfalls sind auch in dieser Beziehung
15 die Ansichten schon ganz andere geworden als in den ersten Zeiten der Arbeiterinnenbewegung.

4 Der „Ratgeber für den Guten Ton" *war um die Jahrhundertwende weit verbreitet. Er wollte Hinweise für die rechte Lebensführung geben:*
Treten Differenzen mit dem Manne ein, wie sie auch wohl in der besten Ehe nicht ausbleiben, so suche die Frau sich vor allen Dingen zu beherrschen und dem Gat-
5 ten unterzuordnen. (…)
Ja das Haus ist der Frau eigentlicher Wirkungskreis, ihr von der Natur bestimmt, denn Frau und Mutter zu sein ist des Weibes naturgemäße Bestimmung.

5 Aufruf zum Frauentag. *Er wurde 1911 zum ersten Mal von Frauen in Deutschland, Dänemark, der Schweiz und den USA gefeiert. 1918 erhielten die Frauen in Deutschland das aktive und passive Wahlrecht. – Welcher Teil der Frauenbewegung könnte mit diesem Plakat (Entwurf: Karl Maria Stadler) geworben haben?*

1 Vergleicht die Ziele der bürgerlichen und der proletarischen Frauenbewegung (VT, M1, M2, M3, M5).
2 Erstellt eine statistische Übersicht, welche Berufswünsche Schülerinnen eurer Klasse bzw. Schule haben und vergleicht mit den beruflichen Möglichkeiten von 1900.

10 Mit Automobil und Luftschiff in eine neue Zeit

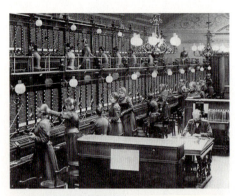

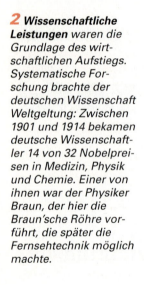

1 Fernsprechvermittlung um 1900 in Berlin (Foto).

2 Wissenschaftliche Leistungen waren die Grundlage des wirtschaftlichen Aufstiegs. Systematische Forschung brachte der deutschen Wissenschaft Weltgeltung: Zwischen 1901 und 1914 bekamen deutsche Wissenschaftler 14 von 32 Nobelpreisen in Medizin, Physik und Chemie. Einer von ihnen war der Physiker Braun, der hier die Braun'sche Röhre vorführt, die später die Fernsehtechnik möglich machte.

Die alte Gesellschaft

Häufig wird das Deutsche Reich von 1871 auch als Bismarck-Staat bezeichnet. Der Adel stand an der Spitze der Gesellschaftsordnung. Adlige besetzten nicht nur fast alle Schlüsselstellungen in Staat, Verwaltung, Diplomatie und Militär. Der Adel gab auch für die Menschen aus den bürgerlichen Schichten das Vorbild ab, nach dem sie den eigenen Lebensstil und die gesellschaftlichen Umgangsformen ausrichteten.

Die neue Wirtschaft

Dennoch waren die Vorrechte des Adels nicht mehr zeitgemäß. Um 1900 war Deutschland bereits zur erfolgreichsten Industriemacht Europas aufgestiegen. Fabriken, Banken und Handelsgesellschaften des Bürgertums prägten fortan die Wirtschaft. Im Reichstag setzten bürgerliche und adlige Unternehmer ihre Interessen durch. Eine billige Einfuhr von Getreide oder Stahl wurde durch Schutzzölle verhindert. Dadurch stiegen beispielsweise die Brotpreise, was besonders die ärmeren Bevölkerungsschichten traf – deren politischer Einfluss aber stark eingeschränkt war.

Fortschritt in der Wissenschaft

Wer Berlin 1871 und dann wieder 1910 besucht hätte, der wäre sicherlich aus dem Staunen nicht heraus gekommen. Elektrische Straßenbahnen, Busse und Autos, die ohne Pferde scheinbar von allein fuhren, Maschinen mit Elektromotoren, elektrische Glühlampen und sogar Telefone lösten eine Begeisterung unter den Menschen und einen wahren Boom an Erfindungen aus. Elektromotoren lösten die Dampfmaschine überall dort ab, wo kleine Maschinen angetrieben werden mussten. Große Elektrounternehmen wie Siemens arbeiteten bald in mehreren Ländern, sogar in den USA, und beschäftigten 1914 bereits mehr als 65 000 Menschen. Immer mehr Produkte „made in Germany" wurden in alle Welt exportiert und genossen oft einen guten Ruf.

Gleichzeitig entstanden an vielen Universitäten und Unternehmen moderne Labore, in denen Forscher nun ganz gezielt an Verbesserungen und Neuerungen arbeiteten. Doch nicht nur für die Industrie waren ihre Ergebnisse bedeutend. Besonders in der Medizin gab es rasante Fortschritte. Viele Krankheiten, wie Diphtherie, Lepra und die Pest wurden erforscht und oft geeignete Medikamente gefunden.

Robert Koch entdeckte 1892 die Erreger von Cholera und Tuberkulose. Allerdings konnte erst 1944 ein wirksames Medikament entwickelt werden. 1895 entdeckte Wilhelm Conrad Röntgen die später nach ihm benannte Strahlung, die die Diagnose vieler Erkrankungen erst möglich machte. Durch diese wissenschaftlichen Erkenntnisse konnten bis heute viele Krankheiten besiegt werden.

Wirtschaft, Staat und Gesellschaft im deutschen Kaiserreich

4 Der Potsdamer Platz in Berlin (Foto, 1914). Hier konnten bereits technische Neuerungen bestaunt werden, die es in vielen Teilen Deutschlands so noch nicht gab.

5 Die Glühlampe wurde um 1880 von dem US-Amerikaner Thomas Edison erfunden.

6 Den ersten Telefonapparat stellte Philipp Reis um 1861 vor.

3 Werbeplakat der Deutschen Luftschifffahrtsaktiengesellschaft (um 1910). Im Jahr 1900 baute Graf Ferdinand von Zeppelin das erste, nach ihm benannte, Luftschiff. Mit diesen „fliegenden Zigarren" wurden schon bald Passagiere bis nach Nordamerika transportiert. Das größte je gebaute Luftschiff hatte eine Länge von 245 Metern und erreichte eine Höchstgeschwindigkeit von 125 km/h.

7 links: **Werbung der Firma Opel** für ihr neues Spitzenmodell (Plakat, 1902). Das erste Automobil war 1886 von Carl Benz gebaut worden.

1. Erstelle mithilfe von Lexika, Fachbüchern oder CD-ROMs eine Übersicht über weitere wichtige Erfindungen zwischen 1871 und 1914.
2. Ergründe, welche Veränderungen sich in der Gesellschaft dieser Zeit vollzogen haben und wer davon besonders profitierte (VT).
3. Stelle dir vor, du arbeitest um 1910 in Berlin. Schreibe einen Brief an deine Familie, die auf dem Land lebt, und berichte von den neuesten technischen Errungenschaften (VT, M 4, M 7).
4. Stelle positive und negative Auswirkungen des Fortschritts in Deutschland zusammen. Greife dafür auf dein Wissen über die Zeit der Industrialisierung zurück.

11 Die „gute alte Zeit" – war sie wirklich gut?

1 „Gnädigste, darf ich bitten?" (Ausschnitt aus einer Postkarte, 1903). In der Tanzschule wurden vornehme Tänze und feine Umgangsformen gelehrt, wichtig für ein Leben in der bürgerlichen Gesellschaft. Vor allem die Damen erschienen in „großer Toilette" (modischer Aufmachung).

Noch heute betrachten Deutsche gelegentlich die Kaiserzeit als die „gute alte Zeit" – als ein Bier noch einen Groschen und die Zigarre zwei Pfennig kostete, als man noch mit Zwanzigmarkstücken aus echtem Gold bezahlen konnte, als Deutschland zu den Großmächten gehörte und ein Kaiser noch glanzvoll von Berlin aus über sein Volk herrschte, dem er „herrliche Zeiten" versprach. Waren sie wirklich so glanzvoll, die Jahre am Anfang des 20. Jahrhunderts?

Dass es breite Schichten gab, für die das tägliche Leben ein harter Existenzkampf war, habt ihr in Bildern und Texten erfahren. Das betraf vor allem die Industriearbeiter in den Städten und die Mägde und Knechte auf dem Land. Diese Gruppen lebten eher am Rande der Gesellschaft.

Zwang zur Anpassung

Das Leben im Kaiserreich war stark von gesellschaftlichen Zwängen geprägt. Das galt für die Erwachsenen wie für die Kinder: Wer artig seinen Diener oder Knicks machte, stundenlang Klavier übte und fleißig in der Schule lernte, bekam Anerkennung. Disziplin und Anpassung galten besonders für die Mitglieder der aufstrebenden bürgerlichen Mittelschicht als oberste Werte.

Kritische Bürger forderte dies zum Widerspruch heraus: gegen den Obrigkeitsstaat und seine politische und gesellschaftliche Ordnung. Trotz staatlicher Zensur wandten sich Zeitschriften mit respektlosen Karikaturen und bissigen Artikeln gegen Adelsdünkel und übertriebenen Patriotismus. Heftig kämpften die Journalisten auch gegen die selbstherrliche Art vieler Beamter an, die die Bürgerinnen und Bürger oft genug in militärisch strenger Form abkanzelten.

Gesellschaft und Familie

Der Befehlston übertrug sich oft auch auf die Familie, in der nach den Vorstellungen der Zeit der Ehemann und Vater regierte. Bei allen Unterschieden zwischen den gesellschaftlichen Schichten war sich die große Mehrheit der Bevölkerung doch einig in der Beurteilung der Frauenrolle. Sie war geprägt von den drei großen „K" – Kinder, Küche, Kirche.

In bürgerlichen Kreisen wurde der Frau hohe Wertschätzung entgegengebracht. Gleichzeitig war der Lebensbereich der Frauen eingeschränkt. Sie wurden sehr eng an Haus und Kinder gebunden und gesellschaftlichen Verpflichtungen unterworfen. In der Öffentlichkeit hatten sie sich standesgemäß zu benehmen. Sie mussten sich mit der Bildung zufrieden geben, die die Männergesellschaft für sie vorsah.

In der Unterschicht war die Rollenverteilung anders: Hier gab es den „alleinigen Ernährer" der Familie nicht mehr, deshalb mussten die Kinder und – soweit möglich – auch die Frauen mitarbeiten. Gerade sie waren doppelt belastet, brachten meist drei oder mehr Kinder zur Welt und hatten die Last der schweren Hausarbeit zu tragen: mit ganzen Tagen in der Waschküche, mit Näh-, Stopf- und Flickarbeiten. Viele waren häufig krank, alterten schnell und starben früh. Ihren Kindern blieb der Zugang zum Gymnasium versperrt; damit gab es auch kaum sozialen Aufstieg.

Wirtschaft, Staat und Gesellschaft im deutschen Kaiserreich

5 Empfang eines hohen Gastes auf dem Bahnhof einer Kleinstadt. Dies ist zwar ein Standfoto aus dem 1931 gedrehten Spielfilm „Der Stolz der dritten Kompanie", aber es gibt typische Verhaltensweisen aus der Zeit des Kaiserreichs fast authentisch wieder. – Beschreibe Haltung und Kleidung der abgebildeten Personen.

2 Die tägliche Nahrung einer Familie im Thüringer Wald, die in den 1870er-Jahren in Heimarbeit Spielzeug herstellte:
Die Nahrung besteht meist aus Kartoffeln, die in allen Gestalten auf den Tisch kommen. Man nimmt sie am Morgen zum Zichorien-Aufguss [Kaffee-Ersatz]
5 oder der „Kaffeebrühe" und genießt als zweites Frühstück Brot mit Kaffee. Zu Mittag gibt es allerlei Kartoffelspeisen, dazu wird ein Hering geholt oder etwas Fett vom Metzger. Die Ärmsten müssen
10 statt des Herings mit der Salzlake vorlieb nehmen, worin er eingepökelt ist, und nennen das „Heringsbrühe". Fleisch wird selten gegessen. (…) Zur Vesper wird wiederum Kaffeebrühe genommen
15 oder sie holen vom Metzger ganze Häfen [Tonschüsseln] „Wurstsuppe", wie sie das Wasser nennen, worin die Würste gekocht werden, und darein schneiden sie Kartoffelstücke. „Kartoffeln in der
20 Früh, zu Mittag in der Brüh, des Abends mitsamt dem Kleid – Kartoffeln in Ewigkeit", lautet der Vers, in welchem sie ihre Tafelgrüße zusammenfassen.

3 Aus dem Bürgerlichen Gesetzbuch in der Fassung vom 18. August 1896:
§ 1354: Dem Manne steht die Entscheidung in allen das gemeinschaftliche Leben betreffenden Angelegenheiten zu; er bestimmt insbesondere Wohnort und
5 Wohnung. (…)
§ 1355: Die Frau erhält den Familiennamen des Mannes.
§ 1356: Die Frau ist, unbeschadet der

4 Polizeiliche Hausdurchsuchung bei einer Arbeiterfamilie (zeitgenössische Darstellung). Zwischen 1878 und 1890 versuchte Bismarck mit dem Sozialistengesetz die Organisationen der Arbeiter zu zerschlagen (s. S. 502/503). Sozialdemokraten waren für ihn „Reichsfeinde".

Vorschriften des § 1354, berechtigt und
10 verpflichtet, das gemeinschaftliche Hauswesen zu leiten. Zu Arbeiten im Hauswesen und im Geschäft des Mannes ist die Frau verpflichtet, soweit eine solche Tätigkeit nach den Verhältnissen, in de-
15 nen die Ehegatten leben, üblich ist.

1 Schreibe einen kurzen Text zu den Bildern auf dieser Doppelseite und zeige auf, inwiefern sie Schattenseiten der „guten alten Zeit" beleuchten (M1, M5, M4).
2 „Das Kaiserreich war für Wohlhabende eine angenehme Zeit, aber …" (M1, M2). Ergänze.
3 Diskutiert die Frauenrolle im Kaiserreich (VT, M3).

12 Im Rausch des Sieges – Nationalismus als neue Gefahr

1 *„Der Kaiser steht wieder am Deutschen Eck in Koblenz"* (Neue Rheinische Zeitung vom 3. September 1993). Das Standbild ist nicht mehr original erhalten. Ein Koblenzer Bürger hat der Stadt den Nachguss geschenkt.

Nationalismus
Übersteigerter Stolz auf die Leistungen und Werte des eigenen Volkes. Andere Völker werden dabei oft gering geschätzt.

Lange erregte ein Reiterstandbild die Gemüter der Koblenzer Bürger. Nach fast 50 Jahren sollte Kaiser Wilhelm I. an seinen Platz am Deutschen Eck zurückkehren. Wie überall in Deutschland hatten ihn die Sieger des Zweiten Weltkrieges als ein Symbol des deutschen *Nationalismus* zerstören lassen. Warum errichtete man vor hundert Jahren solche heute umstrittenen Standbilder?

Der Stolz auf die Einheit
Der Sieg von 1871 erfüllte die meisten Deutschen mit Genugtuung: Die Franzosen hatten schließlich unter Ludwig XIV. und Napoleon Kriege gegen deutsche Staaten geführt und meist gewonnen. Die Stärke der preußischen Waffen, Bismarcks kalt berechnende Diplomatie und Moltkes militärische Führungsgabe bewunderten nun auch die, die Preußen vor allem als Unterdrücker der Freiheitsrechte gesehen hatten. Die im Krieg Gefallenen galten als Helden, die für Deutschlands Einheit gestorben waren. Ihnen errichtete man bald überall Denkmäler, die mit Schwertern, Kanonen und Siegesadlern geschmückt wurden.

Symbole nationaler Stärke
Geschichtsdenkmäler wurden schon in der Antike zur Erinnerung an politische Ereignisse oder berühmte Männer aufgestellt. Im 19. Jahrhundert dienten Denkmäler in Deutschland meist zur Verherrlichung von militärischen Siegen oder Personen, die man als erinnerungswürdig ansah. In Kirchen oder auf Friedhöfen wurden Namenstafeln für die im Krieg Gefallenen aufgestellt. In ganz Deutschland bildeten sich nach 1871 vaterländische Vereine, die das Andenken an die Einigungskriege pflegten; im Geschichtsunterricht wurden Wilhelm I. und Bismarck zu Heldengestalten; viele Städte errichteten ihnen Denkmäler. Bismarck unterstützte diese Entwicklung, weil sie das neu geschaffene Reich im Bewusstsein der Bürger festigte. Wenn die Mehrheit glaubte, „das Reich" bringe Sicherheit, Glück und Zufriedenheit, dann fiel es nicht so sehr ins Gewicht, dass die Idee von der Freiheit des Einzelnen dagegen zurücktrat.

Nationalistische Tendenzen
Eine entscheidende Wende trat in den 90er-Jahren ein, als Wilhelm II., der Enkel Wilhelms I., mit seiner Politik durchzusetzen versuchte, dass Deutschland als Führungsmacht in Europa anerkannt wurde. Während man bisher an Nationalfeiertagen gern das patriotische Lied „Die Wacht am Rhein" (s. M 2) gesungen hatte, überwog jetzt das Deutschlandlied. Die Betonung lag dabei meist auf dem Vers „Deutschland, Deutschland über alles", der nun einen anderen Klang als in der Zeit des Vormärz bekam. Reden zu nationalen Gedenktagen, aber noch mehr Stammtischdebatten gipfelten bald in dem Anspruch, Deutschland müsse Weltmacht werden.

Nationalistische Tendenzen gab es in vielen Staaten Europas – wenn auch nicht so ausgeprägt wie im wilhelminischen Deutschland. In Frankreich förderte die Niederlage gegen Deutschland den Nationalismus. Radikale Franzosen forderten in den 80er-Jahren offen den Krieg gegen Deutschland um Elsass-Lothringen zurückzugewinnen.

Wirtschaft, Staat und Gesellschaft im deutschen Kaiserreich

3 Der Kyffhäuser, eine Bergkette südlich des Harzes, wurde berühmt durch eine Barbarossa-Sage: Angeblich sitzt hier der Stauferkaiser Friedrich I. Barbarossa (links) so lange, bis Deutschland wieder seine starke Hand braucht. Diese verbreitete Hoffnung auf die Wiederkunft des Kaisers war wohl in dem Wunsch der Menschen nach einer starken Zentralgewalt und einem Leben ohne Kriege begründet. Das wilhelminische Kaiserreich nutzte dies und 1896 wurde das über 80 m hohe Denkmal (rechts) eingeweiht, das ein riesiges Reiterstandbild Wilhelms I. krönt. Dass er Barbarossa – am Fuße des Monuments – weit überragt, soll ihn sozusagen als den wiedergeborenen Barbarossa ausweisen.

2 Max Schneckenburger: „Die Wacht am Rhein" (1840):

1. Es braust ein Ruf wie Donnerhall,
   wie Schwertgeklirr und Wogenprall:
   „Zum Rhein, zum Rhein, zum deutschen Rhein!
5 Wer will des Stromes Hüter sein?"
   Lieb Vaterland, magst ruhig sein,
   fest steht und treu die Wacht am Rhein!
2. Durch Hunderttausend zuckt es schnell,
10 und aller Augen blicken hell;
   der deutsche Jüngling, fromm und stark,
   beschirmt die heilge Landesmark!
   Lieb Vaterland, magst ruhig sein,
15 fest steht und treu die Wacht am Rhein!
5. „Solang ein Tropfen Blut noch glüht,
   noch eine Faust den Degen zieht
   und noch ein Arm die Büchse spannt,
   betritt kein Feind hier deinen Strand!"
20 Lieb Vaterland, magst ruhig sein,
   fest steht und treu die Wacht am Rhein!
6. Der Schwur erschallt, die Woge rinnt,
   die Fahnen flattern hoch im Wind:
   „Am Rhein, am Rhein, am deutschen
25 Rhein,
   wir alle wollen Hüter sein!"
   Lieb Vaterland, magst ruhig sein,
   fest steht und treu die Wacht am Rhein!

4 „Warnung an Frankreich" (Postkarte von 1913). Der „deutsche Michel" sitzt hier vor dem Panorama des Niederwald- und des Völkerschlachtdenkmals. – Beschreibt und erläutert die Postkarte.

1 Die Denkmäler (M 1 und M 3) sind auch ein Zeichen für den Nationalismus der Kaiserzeit. Versuche dies zu erklären.
2 Untersucht M 2 und das Deutschlandlied: Wann sind die Lieder entstanden und welche Ereignisse waren zu dieser Zeit wichtig? Welche Aussagen werden in den Texten gemacht? Gibt es Wörter, die sich wiederholen? Erklärt dies.

Auf einen Blick

1871
Gründung des Deutschen Reiches unter Preußens Führung; deutscher Kaiser: Wilhelm I.

ab 1878
„Sozialistengesetz"; Kampf gegen die Sozialdemokratie

ab 1883
Sozialgesetze

1888
Wilhelm II. neuer Kaiser

1890
Entlassung Bismarcks

1900
Bürgerliches Gesetzbuch (BGB)

1914
Beginn des Ersten Weltkrieges

Die Gesellschaft des Kaiserreichs – Orientierung an veralteten Werten

Mit der Reichsgründung 1871 ging für viele Menschen ein lang gehegter Wunsch in Erfüllung: Der erste deutsche Nationalstaat war entstanden, der außer Österreich alle deutschen Staaten vereinte.

Manche waren aber auch enttäuscht über die Staatsgründung „von oben" unter preußischer Führung durch Bismarck. Sie hätten lieber die liberalen Forderungen der Revolutionäre von 1848 verwirklicht gesehen. Damit hätte vor allem der Reichstag als Vertretung der Bürger mehr Einfluss bekommen.

So hatte Bismarck die Verfassung ganz auf Kaiser und Reichskanzler zugeschnitten. Der Reichstag und seine Parteien konnten zwar an der Gesetzgebung mitwirken und den Staatshaushalt verabschieden, gewannen jedoch erst im Laufe der Zeit mehr Einfluss auf die Politik.

Das Bild der Gesellschaft war zwiespältig: Um 1900 war Deutschland ein moderner Industriestaat, in dem immer größer werdende Teile des Bürgertums durch Bildung und geschäftlichen Erfolg einen angesehenen Platz in der Gesellschaft einnahmen. Trotzdem hatten die alten adligen Führungsschichten nach wie vor das Sagen. Nur wenige schafften den Sprung in diese Kreise.

Der Mittelstand arbeitete sich durch Fleiß und bessere Bildung empor und fand Aufstiegsmöglichkeiten in der wachsenden Industrie. Auch hier strebten viele nach staatlichen Titeln und Orden um ihr gesellschaftliches Ansehen zu verbessern. Höchstes Ansehen genoss das Militär. Wer seine Dienstzeit als Reserveleutnant beendete, hatte auch bessere berufliche Chancen.

Auch für die unteren Schichten verbesserten sich die Lebensbedingungen. Die Löhne stiegen langsam an und staatliche Gesetze sorgten bei Krankheit, Invalidität oder im Alter für etwas mehr Sicherheit. Zudem fanden immer mehr Menschen Arbeitsplätze im Staatsdienst, bei Post, Bahn oder Polizei – zumeist bei schmalem Gehalt. Aber das war wenigstens sicher – und man trug eine Uniform!

Die Einheit nach innen und die machtvolle Stellung inmitten der anderen Länder Europas machten viele Bürger stolz auf das Erreichte. Bei manchen Menschen verwandelte sich dieser Stolz, den die „Weltmachtpolitik" Wilhelms II. auslöste, in Überheblichkeit und Nationalismus.

Telefonistin im Berliner Fernsprechamt (Foto, 1906)

Wie erging es Frauen und Mädchen?

Mädchen aus der Unterschicht erhielten in der Regel keine Ausbildung und mussten schon früh in der Fabrik arbeiten; Aufstiegschancen gab es für sie praktisch nicht. Als erwachsene Frauen waren sie mit Haushalt, Kindern und häufiger Erwerbsarbeit überlastet.

Im Bürgertum erzog man die Mädchen dazu, eine „gute" Hausfrau und Mutter zu werden; höhere Bildung war meist nur für Jungen möglich. Gegen Ende des 19. Jahrhunderts entstanden für Frauen aus der Mittelschicht neue Berufe als Sekretärin oder Telefonistin. Für wenige Frauen gab es nach 1900 auch die Möglichkeit zum Studium und damit zu akademischen Berufen.

Wirtschaft, Staat und Gesellschaft in deutschen Kaiserreich

Willi Fährmann gibt seinem Buch „Es geschah im Nachbarhaus" (Arena-Verlag, 1999) den Untertitel „Die Geschichte eines gefährlichen Verdachtes und einer tapferen Freundschaft". Der Verdacht richtet sich gegen den jüdischen Viehhändler Waldhoff. Dummheit und Hass auf jemanden, der „anders" ist (Jude), führt zu blinder Verfolgung und zum wirtschaftlichen Ruin der ganzen Familie. Nur Karl Ulpius hält zu seinem Freund Sigi, dem Sohn des Viehhändlers. Die Geschichte, von der wir hier die ersten Seiten abdrucken, beruht auf einem Fall, der sich kurz vor 1900 in einer Kleinstadt am Niederrhein tatsächlich zugetragen hat.

Der Junge saß auf der Treppenstufe. Einen Augenblick spielten seine Finger noch mit den kleinen Steinchen. Plötzlich schlossen sich die Hände zu Fäusten.
5 Er hob den Kopf.

„Jean?", flüsterte er. Doch das Mädchen lief bereits weiter. (…) Sigi warf die Steinchen auf das Pflaster, sprang auf, stürzte an den Frauen vorbei, rannte zum
10 „Goldenen Apfel" und schlüpfte in den schmalen Flur, der längs durch das ganze Haus führte. (…) Dort kegelte Vater mit den Nachbarn. Sigi riss die Tür auf. Stimmengewirr und Tabaksqualm schlugen
15 ihm ins Gesicht. Seine Augen gewöhnten sich an das trübe Licht. Niemand beachtete ihn. Vater saß am Ende des breiten Tisches. (…) Sigi drängte sich durch den schmalen Raum zu ihm hin.

20 „Was willst du?", fragte der Vater verstimmt. Er liebte es nicht, dass Sigi sich zu den Männern gesellte. Der Junge beugte sich zu ihm und sprach leise auf ihn ein. „Was gibt es?" Als der Junge
25 immer noch flüsterte, sagte er laut: „Sigi, du weißt, dass ich nicht gut hören kann. Sprich laut und deutlich." Der Ärger stand ihm im Gesicht. Sigi schluckte und stieß dann hervor:

30 „Jean Seller ist tot. Erstochen worden ist er. Er liegt in Schyffers Scheune."
„Tot?"
In die plötzliche Stille hinein donnerte die Kugel gegen die Hölzer. (…) Plötzlich
35 kam Bewegung in die Schar. Die Männer drängten weg von der Kegelbahn, eilten den nahen Häusern zu und atmeten auf. Bei ihnen zu Haus saßen alle um den Tisch. Keiner fehlte. Sigi und sein Vater gingen durch den Laden in die Stube. Frau Waldhoff (…) war aufgestanden
40 und reinigte und beschnitt den Docht der Petroleumlampe.

„Hast du es schon gehört, Hannah?"
„Was gibt es? Warum kommst du jetzt schon vom Kegeln zurück?"
45 „Der kleine Jean …"
„Was ist mit ihm? Haben sie ihn gefunden?"
„Ja. Aber er lebt nicht mehr."
Frau Waldhoffs Händen entglitt die
50 Schere. „Tot?"
„Ja. Er liegt in der Scheune. Sie sagen, er sei erstochen worden."
„Der arme Junge."
Eine Weile schwiegen sie. Dann fragte
55 Frau Waldhoff: „Mehr weiß man nicht?"
„Ich glaube, nicht."
„Komm, wir wollen einmal nachfragen."
Sie traten vor das Haus. Gerade bog
60 Franz Nigge in den Pfortenweg ein, der zu Schyffers Scheune führte.
„Da soll er liegen, Waldhoff", sagte er. „Komm, wir sehen uns die Sache an."
Waldhoff wollte Franz Nigge in den
65 Pfortenweg folgen, doch seine Frau hielt ihn zurück. Waldhoff zögerte, blieb stehen und sagte: „Geh du nur. Das ist nichts für mich." Aus dem gegenüberliegenden Haus kamen Dreigens.

70 „Sie haben ihm die Kehle durchgeschnitten", berichtete Frau Dreigens. Sigi bemerkte die roten Flecken in ihrem Gesicht, die sich immer zeigten, wenn sie sich aufregte. Eine plötzliche
75 Schwäche überfiel Frau Waldhoff. Sie musste sich gegen die Hauswand lehnen. „Den Hals?", stammelte sie.
„Was ist mit dir?" Waldhoff befürchtete, dass der Kopfschmerz sie wieder
80 überfiel. „Du hättest heute im Bett bleiben sollen." Frau Waldhoff flüsterte: „Hoffentlich hängen sie uns das nicht an."
Da wusste Waldhoff, was sie meinte.
85 Es traf ihn wie ein Keulenschlag. Mit einem Male fiel ihm die Geschichte seines Schwiegervaters ein, der des Kindesmordes bezichtigt worden war. Obwohl er zur Zeit der Tat gar nicht am Ort ge-
90 wesen war, lief ihm das Gerede nach bis in sein Grab.

„Wenn das Wetter hält, soll nächstens die Fassade unseres Erdballs frisch gestrichen werden." So lautet die Unterschrift dieser Karikatur aus einer deutschen Zeitschrift, 1884.

Foto vom Eisenbahnbau in der deutschen Kolonie Togo, 1905. Deutsche Banken stellten das Kapital, die Stahlindustrie lieferte die Schienen.

Schüleraufstand in Soweto 1976. Soweto, die Schwarzensiedlung am Rande von Johannesburg (Südafrika), beherbergt mehr als eine halbe Million Menschen, die dort unter erbärmlichen hygienischen Verhältnissen größtenteils in einfachen Hütten hausen.

Staaten mit Kolonialbesitz 1914

- Portugal
- Spanien
- Niederlande
- Großbritannien
- Frankreich
- Deutschland
- Italien
- Belgien
- Dänemark
- USA
- Russland
- Japan

Imperialismus – europäische Staaten und ihre Kolonien

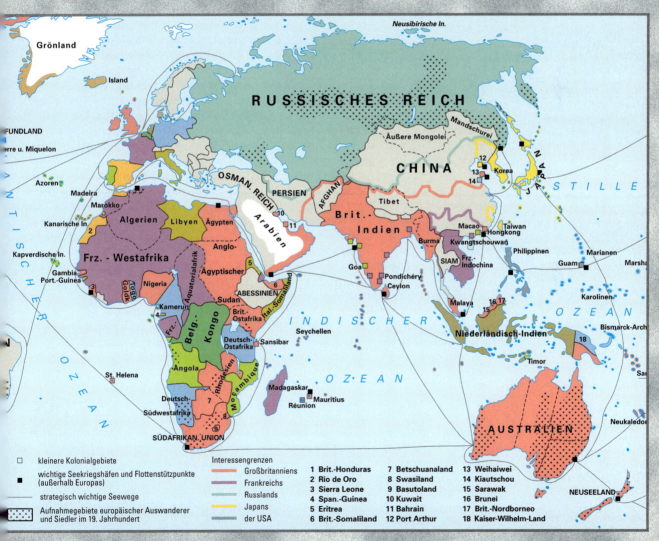

Das Zeitalter des Imperialismus (1914)

1 Weltwirtschaft der europäischen Rivalen

1 Bau des Suezkanals (zeitgenössische Darstellung). Der Suezkanal wurde 1859–1869 gebaut. Er verbindet das Mittelmeer mit dem Roten Meer und wurde zu einer Hauptverkehrsader des Welthandels. England kaufte nahezu die Hälfte der Kanalaktien und sicherte sich schließlich militärisch die Herrschaft über den Kanal.

Imperialismus
von lat. imperium = Befehl; Herrschaft, Weltreich.
Als Zeitalter des Imperialismus wird die Zeit zwischen 1880 und 1918 bezeichnet, in der die europäischen Großmächte sich in Übersee Rohstoff- und Absatzmärkte sowie Kolonien zu sichern suchten.

Weltwirtschaft der Industriestaaten

Etwa seit 1880 betrieben die industrialisierten Länder eine *imperialistische* Politik. Zu dieser Zeit hatten sich Deutschland und Italien in den Kreis der europäischen Nationalstaaten eingereiht und bildeten zusammen mit Belgien, Frankreich und Großbritannien die führenden Industrienationen. Russland dehnte weiterhin seine Grenzen in Asien auf Kosten seiner Nachbarn aus. Die USA hatten sich zur erfolgreichsten Industrienation entwickelt. Die Erschließung riesiger Kohle-, Erz- und Erdölvorkommen führte zu einer explosionsartigen Entwicklung der amerikanischen Industrie.

Während sich die USA vorwiegend der Erschließung des eigenen Kontinents widmeten, betrachteten die europäischen Industriestaaten die ganze Welt als einen gigantischen Rohstoff- und Absatzmarkt.

Die Europäer bauten Eisenbahnen in Südamerika, Afrika und Asien, verlegten Transkontinentalkabel durch die Ozeane, bauten in aller Welt Hafenanlagen für ihre Handelsflotten, Bergwerke zur Erschließung von Eisenerz, Mangan, Kupfer oder Gold. Sie legten riesige Plantagen beispielsweise für Kautschuk, Tee oder Sisal an. Das Kapital für diese Investitionen erwirtschafteten die Europäer sowohl in ihren eigenen Ländern als auch im Welthandel.

London und New York, Paris und Berlin entwickelten sich zu Zentren der Banken, in denen sich riesige Geldmengen ansammelten. Die Banken der Industriestaaten arbeiteten zusammen, damit die Großbauten des Industriezeitalters wie etwa der Suezkanal in Afrika finanziert werden konnten.

Niemals zuvor war in Europa so viel gebaut worden wie im letzten Drittel des 19. Jahrhunderts: Ausstellungshallen für Waren- und Mustermessen, Pumpstationen für die Wasser- und Abwasserversorgung, Maschinen und Werkhallen, Bürohochhäuser und Hotels. Die Hauptstädte erhielten ein völlig neues Gesicht mit Prachtstraßen, Untergrund- oder Hochbahnen.

Aus Industriebetrieben entwickelten sich Weltfirmen. Anfang des 20. Jahrhunderts beschäftigte zum Beispiel die deutsche Firma Krupp in Essen 70 000 Arbeiter. Alfred Krupp kaufte weltweit in einem Jahr 300 Eisenerzminen auf um seinen Stahlwerken genügend Rohstoffe zu sichern.

Wettlauf um Kolonien

Einige Menschen in Europa glaubten, der Fortschritt in Wissenschaft, Technik und Industrialisierung sowie die weltwirtschaftliche Verflechtung der Industriestaaten würden sozialen Fortschritt und eine friedliche Zukunft garantieren.

In allen Industriestaaten setzte sich aber die Überzeugung durch, dass sich im Wettstreit um eine gesicherte Zukunft nur die Nationen behaupten könnten, die weltweit Kolonien erwerben und ihre Handelsschiffe durch eine Kriegsflotte und Stützpunkte schützen würden.

Ende des 19. Jahrhunderts beherrschten die europäischen Kolonialmächte nahezu die Hälfte der Landmasse und der Weltbevölkerung.

Imperialismus – europäische Staaten und ihre Kolonien

2 Alfred von Tirpitz, Staatssekretär im Reichsmarineamt, erinnerte sich, warum er sich für einen kolonialen Stützpunkt in China stark gemacht hatte (1920):
Der Mangel eines Stützpunktes schob uns (…) schon darum ins Hintertreffen, weil der einzige Machtfaktor, der die deutsche Arbeit schützte und (…) Eindruck machte, unser fliegendes Geschwader [Flotte von Kriegsschiffen], von den Hongkonger Docks und damit von der britischen Gnade abhing. Sollte der deutsche Handel immer mehr aufhören, ein Zwischenträger zwischen englischen und chinesischen Erzeugnissen zu sein, und deutsche Waren auf den asiatischen Markt werfen, so bedurfte er ebenso wie unser Geschwader eines eigenen Hongkongs.

3 Aus einer Rede des britischen Kolonialministers Joseph Chamberlain (1903):
Unsere nationale Existenz beruht auf unserer industriellen Leistungsfähigkeit und Produktion. Wir sind nicht etwa ein wesentlich Ackerbau betreibendes Land, dies kann niemals die Hauptquelle unseres Wohlstandes sein. Wir sind ein großes industrielles Land.
Daraus folgt eins: dass der Handel innerhalb unseres Weltreiches für unser Gedeihen in der Gegenwart unbedingt notwendig ist. Geht dieser Handel nieder oder hört er nur auf im Verhältnis zu unserer Bevölkerung zuzunehmen, dann sinken wir zu einer Nation fünfter Klasse herab.

4 Aus einer Rede des französischen Politikers Eugène Etienne (1889):
Heute also muss Frankreich darum besorgt sein, sich seinen eigenen Markt zu bewahren, nämlich denjenigen, den es auf seinem eigenen Territorium, in seinen Kolonien besitzt (…). Wegen der sich immer schneller vollziehenden maschinellen Produktion muss man bemüht sein den Konsum zu erweitern. Es ist deshalb nötig, dass Frankreich sich nach außen begibt. Frankreich muss nach Afrika und nach Indien gehen.
In Indochina haben wir uns für alle Zeit niedergelassen, (…) was auch immer man einwenden möge; (…) wir müssen von dort aus nach China vorstoßen.

5 Der Passagierdampfer „Imperator" verlässt im Jahr 1913 den Hamburger Hafen auf der Fahrt nach New York. Die „Imperator" der Hamburg-Amerika-Linie war nach dem Untergang der britischen „Titanic" das größte Passagierschiff der Welt.

6 Statistiken zur wirtschaftlichen Entwicklung europäischer Staaten:
a) Deutsche und englische Handelsflotte 1900 und 1914

b) Der Handel des Deutschen Reiches als Beispiel für Warenexport 1913

14,2% England, 75% übriges Europa, 15,5% Nord- und Südamerika, 5,5% Asien, 2,2% Afrika, 1% Australien

c) Auslandsinvestitionen in Millionen Pfund

Jahr	Großbritannien	Frankreich	Deutsches Reich
1880	1189	595	245
1890	1935	780	983
1900	2397	1053	—
1914	4004	1766	1223

1 Auslandsinvestitionen zeigen, in welchem Maße ein Land sein Geld im Ausland anlegt (M 6c). Am besten könnt ihr die angegebenen Zahlen mit einem Säulendiagramm veranschaulichen. Dabei könnt ihr den Zeitraum der Entwicklung verdeutlichen und die drei Staaten miteinander vergleichen.
2 Mit welchen Mitteln versuchten die Europäer Ende des 19. Jahrhunderts die Weltwirtschaft zu beherrschen?
3 Womit begründeten europäische Politiker die Notwendigkeit den Welthandel der eigenen Nation auszudehnen (M 2, M 3, M 4)?

2 Warum wollen die Europäer Kolonien?

1 Postkarte aus der Stadt Daressalam in der Kolonie „Deutsch-Ostafrika" aus dem Jahr 1906 mit handschriftlichem Zusatz: „Die schönsten Grüße aus dem schwarzen Erdteil ..."

2 Bestrafung eines Einheimischen, angeordnet vom Kolonialherrn, Kongo 1920.

Deutsche Kolonialherren brechen brutal jeden Widerstand

In der Nacht zum 12. Januar 1904 begann der Aufstand der Hereros, eines Eingeborenenstammes in Deutsch-Südwestafrika. Sie überfielen die Farmen der deutschen Siedler und töteten viele Männer. Der Anführer der deutschen Soldaten befahl den gesamten Stamm der Hereros zu vernichten. Dazu wurden auch Frauen und Kinder in die Wüste getrieben, wo sie verdursteten. Zwar erhob sich in Deutschland Kritik gegen das mitleidlose militärische Vorgehen, aber man hielt es für richtig, die Rechtsansprüche der eingewanderten Siedler gegenüber den Rechten der Ureinwohner auch gewaltsam zu verteidigen.

„Kampf ums Dasein"?

Viele Menschen in Europa waren damals davon überzeugt, dass nur Kolonien Macht und Reichtum des eigenen Landes sichern würden. So sprach zum Beispiel Carl Peters offen aus: „Der Kampf ums Dasein wird auf ewig Sieger und Besiegte haben (...). Zweck der Kolonialpolitik ist und bleibt (...) die rücksichtslose und entschlossene Bereicherung des eigenen Volkes auf anderer schwächerer Völker Kosten." Solche Gedanken knüpften an die Theorien des englischen Naturwissenschaftlers Charles Darwin an. Er lehrte, dass sich in der Tierwelt im „Kampf ums Dasein" nur der Stärkste durchsetze. Manche übertrugen diese Theorie auf den Menschen: Nur die Stärksten würden überleben.

Wirtschaftliche Interessen

Bei vielen Politikern und Wirtschaftsleuten gab es aber auch handfeste Interessen: Mit privaten oder staatlich unterstützten Handelsgesellschaften wollten sie in Übersee möglichst hohe Gewinne erzielen, etwa durch die Ausbeutung von Rohstoffen oder durch die Anlage großer Plantagen. Ihre Hoffnungen erfüllten sich jedoch selten. Die Verwaltung und der militärische Schutz der Kolonien waren oft kostspielig. Der Handel mit den Kolonien spielte im Vergleich zum Handel mit anderen Staaten ebenfalls nur eine geringe Rolle. Auch als Siedlungsgebiete für weiße Auswanderer eigneten sich nur wenige Kolonien.

Die Opfer

Das Schicksal der Kolonialbevölkerung interessierte die meisten Europäer nur wenig. Zum Beispiel wurden Einheimische durch brutale Gewalt gezwungen zu Niedriglöhnen für ihre Kolonialherren zu arbeiten. Die Kolonialmächte zerschnitten oft durch neue Grenzziehungen traditionelle Stammesgebiete oder Wanderwege von Nomadenvölkern. Sie bestimmten die Wirtschaftsentwicklung ihrer Kolonien: Diese hatten keine Chance, eigene Industrien zur Weiterverarbeitung ihrer Rohstoffe aufzubauen, denn Bodenschätze und Produkte der riesigen Plantagen waren in den Mutterländern begehrte Güter. Das Bildungswesen in den Kolonien wurde sehr vernachlässigt. Den Einheimischen wurden westliche Wertvorstellungen aufgezwungen, wodurch alte Ordnungen und Lebensformen der Völker bedroht wurden. Die Gegensätze zwischen westlicher Kultur und einheimischen Traditionen machten es den Menschen schwer sich im Alltag neu zu orientieren.

Imperialismus – europäische Staaten und ihre Kolonien

3 Die Bedeutung von Kolonien für Frankreich erläuterte der Ministerpräsident Jules Ferry am 28. Juli 1885:

Man muss eine Wahl treffen, einerseits die Nützlichkeit neuer Erwerbungen und andererseits den Stand unserer Hilfsmittel erwägen.
Diese kluge und maßvolle Kolonialpolitik ist für Frankreich einfach lebensnotwendig zu einer Zeit, in der alle Länder sich gegen ausländische Erzeugnisse sperren, was jedes Land nötigt, sich die für seine Landwirtschaft und seine Industrie unentbehrlichen Absatzmärkte zu sichern (…).
Die überlegeneren Rassen haben außerdem ein Recht gegenüber den unterlegenen Rassen und in dieser Hinsicht sollte Frankreich sich nicht der Pflicht entziehen die Völker zu zivilisieren, die mehr oder minder barbarisch geblieben sind.

4 Georges Clemenceau, der spätere französische Ministerpräsident, erwidert Ferry in einer Rede am 30. Juli 1885:

Überlegene Rassen! Minderwertige Rassen! Das ist leicht gesagt! Ich für meinen Teil bin da vorsichtig, seit ich erlebt habe, wie deutsche Gelehrte wissenschaftlich nachgewiesen haben, dass Frankreich den Krieg gegen Deutschland verlieren musste, weil die Franzosen den Deutschen gegenüber eine minderwertige Rasse seien.
Die Hindus – eine minderwertige Rasse …? Die Chinesen? (…)
Nein! Nein, es gibt kein Recht für so genannte überlegene Nationen gegenüber unterlegenen Nationen.
Wir sollten nicht die Gewalt mit der heuchlerischen Bezeichnung Kultur verhüllen. Sprechen wir nicht von Recht oder Pflicht.
Die Eroberung, die Sie propagieren, ist nichts anderes als der Missbrauch der Macht, die die Wissenschaft unserer Kultur gegenüber zurückgebliebenen Kulturen gibt. Sie dient dazu, sich der Menschen zu bemächtigen, sie zu foltern oder alles aus ihnen herauszuholen zum Profit des angeblichen Kulturbringers. (…) In diesem Zusammenhang von Kultur zu sprechen, bedeutet, zur Gewalt noch die Heuchelei hinzuzufügen.

5 „Frankreich wird Marokko Kultur, Wohlstand und Frieden bringen können" (Titelseite des „Petit Journal", 19. November 1911).

1. Kennzeichne die unterschiedlichen Ursachen und Begründungen von imperialistischer Herrschaft (VT, M 3, M 4).
2. Welche Bilder von kolonialer Herrschaft vermitteln die Abbildungen M 1, M 2 und M 5?

3 Afrika – „herrenloses Land"

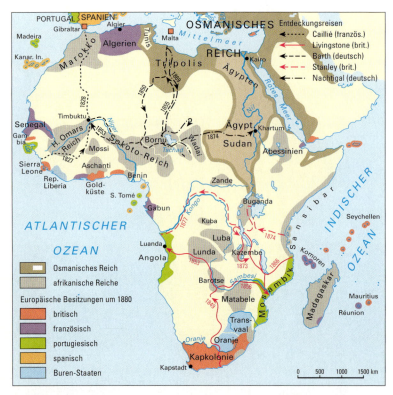

1 Afrika vor 1880

Reisen in Afrikas Mitte

Am 25. Mai 1856 erreichte der schottische Forscher und Missionar David Livingstone, von Strapazen gezeichnet und an Malaria erkrankt, die Ostküste Afrikas. Er hatte als erster Europäer den afrikanischen Kontinent durchquert. In England wurde er als Nationalheld gefeiert, seine Berichte über die Naturschönheiten und den natürlichen Reichtum des Kontinents wurden begeistert aufgenommen. Damals waren nur wenige Gebiete Afrikas in europäischer Hand: 1806 hatten Briten die Spitze Südafrikas und 1830 Franzosen das nördliche Algerien besetzt. In Angola und Moçambique lebten etwa 3000 Portugiesen. An der Westküste gab es einige europäische Handelsniederlassungen. Von dort aus trieben die Kaufleute regen Handel mit Völkern im Inneren Afrikas. Das Klima und die gefürchteten Krankheiten wie Gelbfieber und Malaria, aber auch die Speere der afrikanischen Krieger hielten die Siedler ab in das Innere des Landes vorzudringen. Als Livingstone von einer erneuten Afrikareise nicht zurückkehrte, machte sich im Auftrag einer New-Yorker Zeitung der junge Reporter Henry Morton Stanley auf die Suche. Er fand Livingstone am Tanganjikasee. Stanleys Reisen führten schließlich zur Kolonialisierung Zentralafrikas. Er überredete den Herrscher von Bugunda am Victoriasee, in seinem Land eine christliche Mission zu gestatten. Der belgische König Leopold gab ihm Geld, mit dem Stanley 1879 eine Straße am Kongofluss bauen ließ und den Weg zur Kolonialisierung bereitete.

Afrika als Beute der Kolonialstaaten

Großbritannien besetzte zum „Schutz seiner Interessen" Ägypten militärisch und blieb schließlich länger als 70 Jahre dort. Frankreich und Großbritannien gerieten bei der Aufteilung Afrikas in lang andauernden Streit. Die Streitigkeiten wurden noch komplizierter, als auch das Deutsche Reich seit 1883 Ansprüche in Südwestafrika, Togo, Kamerun und Ostafrika geltend machte. Der deutsche Reichskanzler von Bismarck wollte aber wegen des Erwerbs von Kolonien keinen militärischen Konflikt mit den Konkurrenten riskieren. Deshalb schlug er eine Konferenz zur Lösung der „Kongofrage" in Berlin vor. Auf dieser Konferenz legten die Teilnehmer die umfassende Aufteilung Afrikas fest. Die wichtigste Bestimmung lautete, dass alle Mächte mit Besitz von Küstenländern das Recht hatten, ihre Grenzen zum Hinterland beliebig zu erweitern. Diplomaten zogen auf noch ungenauen geografischen Karten Afrikas Grenzlinien. Handelsgesellschaften schlossen mit afrikanischen Herrschern Verträge ab, wobei sie vor keinem Betrug zurückschreckten. Anschließend kamen Soldaten, Beamte und Siedler in das Land, das sie als „herrenlos" bezeichneten, weil es von keiner anderen Kolonialmacht beansprucht wurde.

Imperialismus – europäische Staaten und ihre Kolonien

3 Sichtweisen:
links: **Der deutsche Reichstagsabgeordnete** Dr. Arendt in einer Rikscha in Deutsch-Ostafrika, 1906.
rechts: **Ein schwarzer Blindenführer** in den 1980er-Jahren. – Vergleicht die Fotos. Beachtet die Jahreszahlen. Welche „Spätfolgen" des Kolonialismus lassen sich daraus ableiten?

2 Das Auftauchen der Weißen:
a) Im November 1884 unternahm der Deutsche Carl Peters mit 6 Dienern und 40 Trägern eine Expedition nach Ostafrika. Im Verlauf der fünfwöchigen Expedition nahm Peters ein Gebiet von der Größe Süddeutschlands in Besitz. Er berichtet:
Nahten wir uns einem Kral [Siedlung der Einheimischen], wo ein Kontrakt [Vertrag] zu machen war, so pflegte ich mit dem Dolmetscher und denjenigen von
5 meinen Leuten zusammen zu marschieren, welche irgendetwas von dem betreffenden Herrscher, seinem Charakter, seinen Schicksalen, seinem Besitzstand mitteilen konnten. Wir hielten uns dich-
10 ter zusammen als an anderen Tagen, und der Einzug in den Kral geschah mit einer Art Pomp. Waren Araber in der Nähe, von denen wir Gegenintrigen erwarteten, so ließ ich unsere Leute auf gut
15 Glück ihre Büchsen abfeuern um die „Kanaillen" einzuschüchtern. (…) In Mbusine, bei Mbuela, knüpften wir sofort ein recht [herzliches] Verhältnis an, indem wir den Sultan zwischen uns auf ein La-
20 ger (…) nahmen, von beiden Seiten unsere Arme um ihn schlagend. Wir tranken dann einen Trunk guten Grogs und brachten Seine Hoheit von vornherein in die vergnüglichste Stimmung (…).
25 Alsdann begannen auch die diplomatischen Verhandlungen, und aufgrund derselben wurde der Kontrakt abgeschlossen. Als dies geschehen war, wurden die Fahnen auf einer die Umgebung
30 beherrschenden Höhe gehisst, der Vertrag in deutschem Text (…) verlesen; ich hielt eine kurze Ansprache, wodurch ich die Besitzergreifung vornahm, die mit einem Hoch auf Seine Majestät den deut-
35 schen Kaiser endete, und drei Salven, von uns und den Dienern abgegeben, demonstrierten den Schwarzen (…), was sie im Fall einer Kontraktbrüchigkeit zu erwarten hätten.

b) Nach einer Erzählung der Bapende (Stamm im Gebiet des heutigen Zaire):
Unsere Väter lebten behaglich in der Lualaba-Ebene. Sie hatten Vieh und Ackerfrüchte, sie hatten Salzbecken und Bananenbäume. Plötzlich erblickten sie
5 ein großes Schiff auf der See. Es hatte weiße Segel, die wie Messer blitzten. Weiße Männer kamen aus dem Wasser; sie sprachen in einer Weise, die niemand verstand. Unsere Ahnen fürchteten sich,
10 sie sagten, das seien Vumbi: Geister, die zur Erde zurückkämen. Sie trieben sie mit Pfeilschauern in die See zurück. Aber die Vumbi spien mit Donnergetöse Feuer. Sehr viele Menschen wurden getötet.
15 Unsere Ahnen flohen. Die Häuptlinge und Seher sagten, dass diese Vumbi früher die Besitzer des Landes waren. Unsere Väter verließen die Lualaba-Ebene, weil sie eine Rückkehr des Schiffs (…)
20 befürchteten. (…) Das große Schiff kam zurück und wieder erschienen weiße Männer. Sie fragten nach Hühnern und Eiern; sie gaben Kleider und Perlen. Wieder kamen die Weißen zurück. Sie brach-
25 ten Mais und Maniok, Messer und Beile, Erdnüsse und Tabak. Von dieser Zeit bis heute haben die Weißen uns nichts als Krieg und Elend gebracht.

Einwohner in 1000		
	Eingeborene	Weiße
Togo	1031	0,4
Kamerun	3326	1,8
Dt.-Südwestafrika	80	15,0
Deutsch-Ostafrika	7645	5,0

4 Deutsche Kolonien in Afrika (Stand 1913/14)

1 Fertige eine Karte der deutschen Kolonien in Afrika an. Benutze als Vorlage die Karte auf der ADS. Trage in jede Kolonie die Einwohnerzahl ein (M 4). Zur Veranschaulichung des Verhältnisses von Weißen und Eingeborenen eignet sich ein Kreisdiagramm.
2 Welches Bild hat Carl Peters von den Einheimischen (M 2a)?
3 Vergleicht mit euren Ergebnissen aus 2 die Sichtweise der afrikanischen Erzählung (M 2b). Wie werden die Weißen gesehen?

4 Das Deutsche Reich als Kolonialmacht

1 Die Berliner Kongo-Konferenz von 1884/85 (Holzstich nach einer Zeichnung von 1884). Der deutsche Reichskanzler von Bismarck steht rechts im Hintergrund. An der Wand hängt eine Karte von Afrika. Da man keinem Land das Gebiet am Kongo zusprechen wollte, einigte man sich darauf, ein 2,5 Millionen Quadratkilometer großes Gebiet dem König von Belgien zur Verwaltung zu überlassen. Der König behandelte das Gebiet als Privatbesitz und machte riesige Gewinne. Die einheimische Bevölkerung wurde mit Terror und Folter zur Sklavenarbeit angetrieben.

Ein „gutes Geschäft"?

Im Mai 1883 ließ der Bremer Kaufmann Adolf Lüderitz am Strand von Südwestafrika, dem heutigen Namibia, die deutsche Flagge hissen und mit Champagner auf den Kaiser anstoßen. Er hatte ein „gutes Geschäft" gemacht: Im Tausch gegen 200 alte Gewehre und 100 englische Pfund hatte er eine Meeresbucht und das angrenzende Land gekauft. – Was bedeutete dieser Kaufvertrag für die deutsche Geschichte?

Bismarck und die Kolonien

Bisher hatte der Reichskanzler Bismarck den Erwerb von Kolonien abgelehnt. Aus seiner Sicht waren Kolonien schon deswegen nicht erstrebenswert, weil ihre Verwaltung hohe Kosten verursachte. Aber vor allem auch aus außenpolitischen Gründen war er gegen deutsche Kolonien, nämlich wegen der besonderen Lage des Deutschen Reiches in der Mitte Europas: Bismarck glaubte, eine Teilnahme Deutschlands am Wettrennen um überseeische Besitzungen würde die Spannungen mit Nachbarstaaten und anderen Mächten verschärfen. Um diese Mächte – namentlich Frankreich – von Deutschland abzulenken förderte er sogar deren koloniale Bestrebungen.

Bismarcks Sinneswandel

Doch 1884/85 gab Bismarck seine Ablehnung gegenüber dem Erwerb von Kolonien auf. Er gewährte den von deutschen Kaufleuten, Forschungsreisenden und Abenteurern erworbenen Gebieten in Afrika den Schutz des Reiches. So legte er den Grundstein für ein deutsches Kolonialreich, zu dem bis 1919 Gebiete in Ost- und Westafrika, im Pazifik und an der chinesischen Küste gehörten. Bismarck blieb aber ein zurückhaltender Kolonialpolitiker, was viele Zeitgenossen enttäuschte. Mit führenden Politikern und Kaiser Wilhelm II. an der Spitze wollten sie das Deutsche Reich zur Kolonial- und Weltmacht machen.

Die einheimische Bevölkerung

Die deutsche Kolonialherrschaft unterschied sich kaum von der anderer Mächte. Um die Herrschaft zu sichern und die erworbenen Gebiete Gewinn bringend nutzen zu können griff die Kolonialverwaltung massiv in den Alltag der Einheimischen ein. Wegen der oft ungerechten und willkürlichen Behandlung der Bevölkerung durch deutsche Beamte, Soldaten und Siedler kam es in fast allen Kolonien zu Aufständen. Sie wurden mit Brutalität niedergeschlagen.

Imperialismus – europäische Staaten und ihre Kolonien

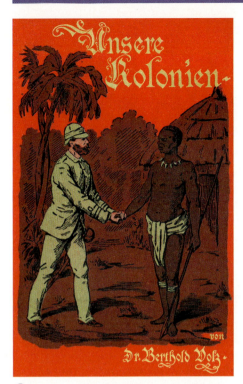

2 Ein deutsches Schulbuch von 1891

3 *Aus einer Schrift der „Gesellschaft für deutsche Kolonisation", die von Carl Peters gegründet wurde, im April 1884:*
Die deutsche Nation ist bei der Verteilung der Erde, wie sie vom Ausgang des 15. Jahrhunderts bis auf unsere Tage hin stattgefunden hat, leer ausgegangen
5 (…). Das Deutsche Reich, groß und stark durch die mit Blut errungene Einheit, steht da als die führende Macht auf dem Kontinent von Europa: Seine Söhne in der Fremde müssen sich überall Natio-
10 nen einfügen, welche der unsrigen entweder gleichgültig oder geradezu feindlich gegenüberstehen. Der große Strom deutscher Auswanderer taucht seit Jahrhunderten in fremde Rassen ein um
15 in ihnen zu verschwinden. (…) In dieser, für den Nationalstolz so schmerzlichen Tatsache liegt ein ungeheurer wirtschaftlicher Nachteil für unser Volk! Alljährlich geht die Kraft von etwa 200 000
20 Deutschen unserem Vaterland verloren! Diese Kraftmasse strömt meistens unmittelbar in das Lager unserer wirtschaftlichen Konkurrenten ab und vermehrt die Stärke unserer Gegner. Der
25 deutsche Import von Produkten tropischer Zonen geht von ausländischen Niederlassungen aus, wodurch alljährlich viele Millionen deutschen Kapitals an fremde Nationen verloren gehen! (…)
30 Ein unter allen Umständen sicherer Absatzmarkt fehlt unserer Industrie, weil eigene Kolonien unserem Volke fehlen. Um diesem nationalen Missstande abzuhelfen, dazu bedarf es praktischen und
35 tatkräftigen Handelns.

	Zeitraum	Import	Export
Großbritannien	1894–1903	21,27	30,42
	1904–1913	25,71	34,75
Frankreich	1894–1903	9,86	11,20
	1904–1913	10,58	12,62
Deutsches Reich	1894–1903	0,10	0,35
	1904–1913	0,37	0,62

5 Handel mit den Kolonien in Prozent-Anteil am Gesamthandel

4 *Zur Kolonialpolitik sagte Wilhelm Liebknecht (SPD) im Reichstag 1885:*
Was wird mit der so genannten Kolonialpolitik denn eigentlich bezweckt? Wenn wir auf den Grund gehen, so wird als der Zweck hingestellt: die Überproduktion
5 und die Überbevölkerung zu [bekämpfen]. (…) Deutschland ist noch lange nicht übervölkert; bei vernünftiger sozialer Organisation, bei zweckmäßiger Organisation der Industriearbeit und bei
10 wissenschaftlichem Betriebe des Ackerbaues könnte Deutschland eine weit größere Bevölkerung ernähren, als dies heutzutage der Fall ist. (…) Und gerade so ist es mit der Überproduktion. Da kla-
15 gen unsere Fabrikanten, dass ihre Produkte keinen Absatz finden. Ja, meine Herren, warum haben sie keinen Absatz? Weil das Volk nicht kaufen kann – abermals eine Folge unserer mangelhaften
20 sozialen Verhältnisse – und wenn die Sozialreform wirklich (…) an der richtigen Stelle ansetzen will, dann muss sie dafür sorgen, dass (…) der Nationalreichtum (…) auch seine richtige Verteilung findet.
25 (…) Und wird etwa durch die Kolonialpolitik etwas nach dieser Richtung erreicht? Nein, meine Herren, sie exportieren einfach die soziale Frage. Sie zaubern vor die Augen des Volks eine Art Fata
30 Morgana auf dem Sande und auf den Sümpfen Afrikas.

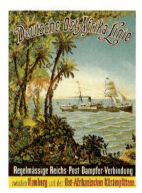

6 Postdampferlinien fördern den Handel mit Kolonialwaren.

Das Deutsche Reich als Kolonialmacht

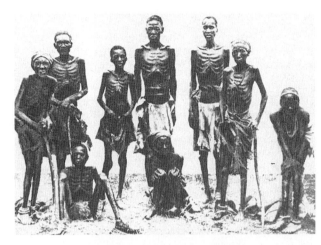

7 *Zwei Fotos aus Deutsch-Südwestafrika,* links: **Dorfbewohner,** um 1900
rechts: **Hereros,** um 1904
Eine deutsche Missionarsfrau berichtete 1911 über ihre Mühe, die Hereros für ihre Arbeiten einzuspannen: „Wenn sie 5–6 Stunden arbeiteten, musste man schon sehr zufrieden sein ... Freilich, ... das ‚Muss' kam erst nach dem Aufstand." – Erklärt mithilfe des VT und der Fotos, was sie damit wohl meint.

8 *Hendrik Witboi,* Häuptling der Nama in Deutsch-Südwestafrika (heute: Namibia), schrieb 1892 in einem Brief an „Kapitain Joseph Fredericks von Bethanien", einen anderen Häuptling:
Ich denke so: Dieses Afrika ist das Land der roten Kapitäne [Häuptlinge]; wir sind von derselben Farbe und Lebensart, haben gemeinschaftliche Gesetze, die für
5 uns und unsere Leute genügen. Wir sind nicht hart gegeneinander, sondern ordnen Dinge in Frieden und Brüderschaft (...). Die weißen Menschen aber handeln ganz anders. Ihre Gesetze sind unpas-
10 send für uns rote Menschen und undurchführbar. Diese unbarmherzigen Gesetze bedrücken den Menschen von allen Seiten; sie kennen kein Gefühl oder Rücksicht darauf, ob ein Mensch reich ist
15 oder arm. Ich bin sehr ungehalten über euch (...), die ihr deutschen Schutz angenommen habt und dadurch den weißen Menschen Rechte und Einfluss in unserem Land gebt. Die Sache mit den
20 Deutschen sehe ich mit ganz anderen Augen an (...). Die Deutschen lassen sich (...) nieder, ohne erst um Erlaubnis zu bitten, drängen den Menschen, denen die Gebiete gehören, ihre Gesetze auf, ver-
25 bieten das freie Herumstreifen auf den Wegen, verbieten ihnen freie Verfügung über ihr eigenes Wasser und über die Weide; sie verbieten den Landeseingeborenen die Jagd auf ihr eigenes Wild;
30 verbieten den Menschen mit Gewehr auf irgendeinem Platz zu erscheinen; geben den Menschen bestimmte Uhrzeiten und Tage als Termine an und halten die Menschen außerhalb der Wohnplätze an.

9 *Kinderlied aus deutscher Kolonialzeit:*
Als unsere Kolonien vor Jahren
noch unentdeckt und schutzlos waren,
schuf dort dem Volk an jedem Tage
die Langeweile große Plage;
5 denn von Natur ist wohl nichts träger
als so ein faultierhafter Neger. (...)
Seit aber in den Kolonien
das Volk wir zur Kultur erziehn
und ihm gesunde Arbeit geben,
10 herrscht dort ein reges muntres Leben. (...)
Es ist ja nicht mehr wie vor Jahren,
als ohne Kolonien wir waren!
Da kostete ein Heidengeld,
was man jetzt halb geschenkt erhält,
15 weil heut so vieles wir beziehn
aus unsern schönen Kolonien.

10 *„Bibel und Flinte"*– das Lied entstand etwa 1890; nach der Melodie „Es klappert die Mühle am rauschenden Bach":
Was treiben wir Deutschen in Afrika?
Hört, hört!
Die Sklaverei wird von uns allda zerstört.
Und wenn so ein Kaffer von uns nichts
5 will,
den machen wir flugs auf ewig still.
Piff paff, piff paff, hurra!
O glückliches Afrika.

Wir predgen den Heiden das Christen-
10 tum.
Wie brav!
Und wers nicht will glauben, den bringen wir um.
Piff paff!
15 O selig die „Wilden", die also man lehrt die christliche Liebe mit Feuer und Schwert.

Piff paff, piff paff, hurra!
O glückliches Afrika.

Wir haben gar schneidige Missionär.
Juchhei!
Den Branntwein, den Krupp und das Mausergewehr,
die drei.
So tragen Kultur wir nach Afrika;
Geladen! Gebt Feuer! Halleluja!
Piff paff, piff paff, hurra!
O glückliches Afrika!

11 **Über die Bedeutung des Handels mit den deutschen Kolonien** schrieb die deutsche Sozialistin Rosa Luxemburg am 4. Dezember 1899:
Die neuen Flotten- und Kolonialpläne werden bekanntlich vor allem mit Interessen unseres Handels begründet (…). Mehr als neun Zehntel unseres Außenhandels entfallen [aber] auf die europäischen Länder und Amerika, mit denen wir weder mittels Torpedobooten die Handelspolitik angeknüpft haben noch sie auf diesem Wege erweitern oder befestigen können (…). Noch interessanter ist es aber zu erfahren, dass auch in dem Erdteil, wo wir bereits Kolonien haben, diese „Schutzgebiete" für unseren Handel nur in geringstem Maße in Betracht kommen (…). Gegenüber dem Handel mit Ägypten, Kapland und den englischen, französischen und portugiesischen Gebieten in Afrika spielen demnach unsere eigenen Kolonien eine winzig kleine Rolle. (…) Was aus den (…) Tatsachen und Zahlen mit aller wünschenswerten Deutlichkeit hervorgeht, ist, dass unserem auswärtigen Handel unsere ganze Schlachtflotte ruhig gestohlen werden kann. Will man in Weltpolitik machen, dann berufe man sich wenigstens nicht heuchlerisch auf „Handelsinteressen".

12 **Zwei Historiker über Gründe und Hintergründe des deutschen Imperialismus**
a) Hans-Ulrich Wehler, 1970:
Der Sozialimperialismus erkannte in dem [Prozess der Umwandlung von Wirtschaft und Gesellschaft], den die Industrialisierung vorantrieb (…), eine tödliche Gefahr für die überkommene Gesellschaftsordnung, die unter dem Anprall der wirtschaftlichen und sozialen Veränderungen zu zerreißen drohte. In der Expansion [Ausdehnung] nach außen glaubte er ein Heilmittel zu finden, das den Markt erweiterte, die Wirtschaft [heilte], ihr weiteres Wachstum ermöglichte, die Gesellschaftsverfassung damit ihrer Zerreißprobe entzog und die inneren Machtverhältnisse aufs Neue [festigte].

b) Der britische Historiker David K. Fieldhouse, 1987:
Es ist immer noch eine historische Streitfrage, warum Bismarck Kolonien für Deutschland forderte.
Wenig deutet darauf hin, dass er sich von den Thesen der Befürworter deutscher Kolonien und den Argumenten der Wirtschaftskreise beeindrucken ließ, die überseeische Besitzungen in Afrika und im Pazifik für die deutsche Wirtschaft als notendig erachteten. Der deutsche Reichskanzler sah ein, dass die Deutschen in afrikanischen und pazifischen Niederlassungen den Schutz des Reiches beanspruchen könnten und durch das Fehlen eigener Stützpunkte benachteiligt waren.
Gleichfalls rechnete er damit, dass eine deutsche Kolonialpolitik den Regierungsparteien in den Reichtagswahlen des Jahres 1884 Stimmen einbringen könnte.

13 „Deutschthum in Kamerun" (Neuruppiner Bilderbogen, 1885). Diese Postkarte hat die Unterschrift: „Das Schultern und das Präsentieren / lässt der Sergeant sie auch probieren. / Damit die schwarzen Menschenbrüder / zu brauchen lernen ihre Glieder."

1 Sichtet die Materialien, aus denen wir direkt oder indirekt etwas über die Perspektive der Beherrschten erfahren. Wie erleben sie die Herrschaft der Deutschen?
2 Wie wird die Notwendigkeit einer deutschen Kolonialpolitik begründet (M 3)? Stelle die Sicht von Rosa Luxemburg und Karl Liebknecht dazu dar (M 4, M 11).
3 Beschreibe den Eindruck, den die Bilder und Texte M 2, M 7 und M 8 vermitteln.
4 Welche Gesichtspunkte stellen die beiden Historiker jeweils in den Vordergrund (M 12)? Versucht zu erklären, was Wehler mit „Sozialimperialismus" meint? Nehmt dazu die letzten zwei Sätze von M 4 zu Hilfe.
5 Untersucht die beiden Lieder (M 9 und M 10). Welche Einsichten in die Denkweisen von Menschen in dieser Zeit geben sie?

5 Der Globus – in der Hand der „überlegenen Rasse"

1 *Gegen England gerichtete Zeichnung aus Frankreich um die Jahrhundertwende. Eine Touristin fotografiert hungernde Inder. – Was wollte der Zeichner ausdrücken?*

Rassismus
ist eine scheinwissenschaftliche Unterscheidung der Menschen nach biologischen oder kulturellen Merkmalen, z. B. der Hautfarbe, von denen auf bestimmte Eigenschaften geschlossen und der Wert der Menschen bestimmt wird. In diesem Wahn wurden in der Geschichte mehrfach ganze Völker ausgerottet.

Rassismus der Weißen

Der englische Dichter Rudyard Kipling schrieb 1895 das Gedicht „Die Bürde des weißen Mannes". Darin forderte er seine Landsleute auf, in die Welt zu ziehen, um den „eingefangenen Völkerschaften, die halb Kinder sind und halb Teufel", zu essen zu geben und dort herrschende Seuchen zu bekämpfen. Wie viele damals war er überzeugt, dass die „weiße Rasse" allen anderen überlegen sei. Mit dem Begriff der „Rasse" rechtfertigte man im 19. Jahrhundert Herrschaft und wirtschaftliche Ausbeutung. Der Begriff stammt aus der Naturwissenschaft und wurde so vieldeutig verwendet, dass sich jeder darunter vorstellen konnte, was er wollte. Die Europäer fühlten sich als Fremdherrscher den außereuropäischen Völkern und Kulturen in der Regel weit überlegen. Man behauptete, die Menschen seien mit biologisch unveränderlichen Rasseeigenschaften ausgestattet. Nur die Europäer seien als Rasse zu technischen Höchstleistungen und zur Organisation von Herrschaft über andere Völker fähig. Sie hielten es für ihre moralische Verpflichtung der ganzen Welt die Segnungen des Industriezeitalters zu bringen und die bei „niederen Rassen brachliegenden" Arbeitskräfte für die Weltwirtschaft zu aktivieren. So hielten sie es für gerechtfertigt, dass diese zu Niedriglöhnen und ohne Schutz von Gewerkschaften arbeiteten.

Ausbeutung der Eingeborenen

Die Europäer lebten in den Kolonien in der Regel weitab von den engen Siedlungen der Einheimischen. Ihre Stadtteile waren weiträumig mit Villen oder Bungalows bebaut, lagen möglichst erhöht in klimatisch günstiger Lage, besaßen Kanalisation und breite Straßen. Als Hauspersonal, Gärtner oder Pförtner wurden Einheimische dort notwendigerweise geduldet, manchmal sogar gut behandelt. Manche Europäer liebten ihre neue Heimat und wollten die Lebensformen der Einheimischen bewahren. So rief auch die Engländerin Florence Nightingale zum Nachdenken auf: „Haben wir keine Stimme für diese stummen Millionen?" Der Imperialismus raubte vielen Völker nicht nur die „Stimme", sondern auch die Sprache. Auf den Sklavenschiffen des 18. Jh. verfrachteten Engländer Menschen verschiedener afrikanischer Stämme, um zu verhindern, dass sie sich verständigen konnten. Die Sklaven schufen sich mit englischen Wörtern eine Hilfssprache.

Imperialismus – europäische Staaten und ihre Kolonien

2 Der Kolonialpolitiker Cecil Rhodes erwarb mithilfe einer Handelsgesellschaft in Südafrika große Gebiete für England. Als Student sagte er 1877:

Ich behaupte, dass wir die erste Rasse der Welt sind und dass es für die Menschheit umso besser ist, je größere Teile der Welt wir bewohnen. (…) Darüber hinaus bedeutet es einfach das Ende aller Kriege, wenn der größere Teil der Welt in unserer Herrschaft aufgeht.
Da [Gott] sich die Englisch sprechende Rasse offensichtlich zu seinem auserwählten Werkzeug geformt hat, (…) muss es auch seinem Wunsch entsprechen, dass ich alles in meiner Macht Stehende tue, um jener Rasse so viel Spielraum und Macht wie möglich zu verschaffen. Wenn es einen Gott gibt, denke ich, so will er daher eines gern von mir getan haben: nämlich so viel von der Karte Afrikas britisch-rot zu malen wie möglich und anderswo zu tun, was ich kann, um die Einheit der Englisch sprechenden Rasse zu fördern und ihren Einflussbereich auszudehnen.

3 Der deutsche Historiker Imanuel Geiss schrieb in einem Buch über die „Geschichte des Rassismus" (1988):

[Rassismus] besteht aus Vorurteilen, die aus der Tradition seit grauer Vorzeit mitgeschleppt wurden. (…) Er spitzt handfeste materielle Interessen ganzer Gruppen (Stand, Volk oder „Rasse") zu – auf Kosten anderer. (…)
Die Beschäftigung mit dem Rassismus unter dem allein angemessenen welthistorischen Horizont sollte eines klar machen: Der Rassismus leugnet die Einheit der Menschen in der Fülle ihrer unendlichen Varianten. Eine den Rassismus überwindende Haltung und Politik muss dagegen die Vielfalt der Menschheit in ihrer grundsätzlichen Einheit anerkennen. (…)
Es gibt unendlich viele Möglichkeiten des individuellen Aussehens von Menschen. (…) Die Anerkennung dieser Vielfalt ist eine Voraussetzung für die Organisierung unterschiedlicher Interessen in friedenserhaltender Absicht: Sie respektiert das Recht des anderen auf Leben zu grundsätzlich den gleichen Bedingungen, die man selbst beansprucht.

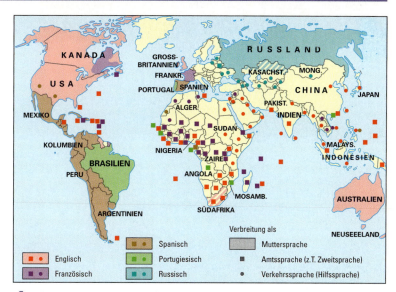

4 Amts- und Verkehrssprachen seit der Kolonialzeit. Auf der Erde gibt es 2700 bis 3000 Sprachen. Davon werden aber nur 16 Sprachen von etwa 70 % der Menschen gesprochen. Das sind u. a. Chinesisch, Englisch, Spanisch, Russisch, Arabisch, Deutsch und Französisch. In vielen Ländern wurde nach der Unabhängigkeit die Sprache der Kolonialherrn als Amts- oder Zweitsprache beibehalten.

5 Tom Boya, der frühere Bürgermeister der schwarzen Stadtgemeinde Boksburg, vor einem Straßenschild, 1988. Bis weit ins 20. Jahrhundert hinein galt in der Republik Südafrika die Apartheid, die völlige Rassentrennung zwischen Farbigen und Weißen. Erst Mitte der 1990er-Jahre wandelte sich die Unterdrückungsherrschaft der Weißen und die Apartheid wurde formal abgeschafft.

1 Wie begründen die Europäer ihre angebliche Überlegenheit gegenüber den Völkern in den Kolonien (VT, M1, M2)?
2 Stelle Vorurteile dar, die den Rassismus verstärken.
3 Diskutiert, inwiefern rassistisches Gedankengut wie in M 2 immer noch nicht überwunden ist.

6 Die Folgen des Imperialismus – zum Beispiel Afrika

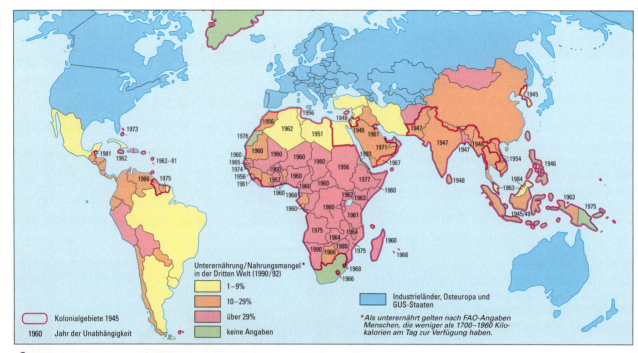

1 Reiche Länder, arme Länder

Entwicklungsländer/ unterentwickelte Länder
Beide Begriffe sollen die wirtschaftlich schwächsten Länder der Erde bezeichnen. Die Begriffe spiegeln allerdings nur die Sichtweise der reichen Industrieländer, indem sie andere Länder an der eigenen Entwicklung messen.

Dritte Welt
Diese Bezeichnung knüpft an die Blockbildung nach dem Zweiten Weltkrieg an. Die westlichen Industriestaaten sahen sich als die „Erste Welt", die Staaten des sozialistischen Ostblocks als die „Zweite Welt". Die anderen, z. T. sehr unterschiedlichen Länder wurden zur „Dritten Welt" gezählt.

Mitte der 1950er-Jahre gelang es den ersten Staaten Afrikas, ihre Unabhängigkeit zu erkämpfen. In den 1960er-Jahren waren die meisten Staaten unabhängig. Doch noch heute leiden alle Staaten Afrikas an den Folgen des Imperialismus.

Afrika leidet besonders an den häufigen Bürgerkriegen. Eine ihrer Ursachen liegt auch in der Kolonialgeschichte: Auf einer Konferenz in Berlin verteilten 1884/85 die Kolonialmächte 1000 Volksgruppen und 750 Sprachgruppen Afrikas auf neu festgelegte Territorien. So wurden beispielsweise Stämme, die seit langem verfeindet waren, in gemeinsame Staatsgebiete gezwungen. Niemand interessierte sich dabei für die möglichen Auswirkungen auf die Bevölkerung der betroffenen Gebiete.

Unter den Bedingungen der Kolonialherrschaft konnte sich in den neuen Staaten nur schwer ein nationales Zusammengehörigkeitsgefühl entwickeln. Zudem wurden auch Staaten gebildet, die aus eigener Kraft wirtschaftlich kaum lebensfähig sein konnten. Einige Länder verfügen über Bodenschätze und fruchtbare Böden, andere liegen vor allem in Wüstengebieten. Allein 31 afrikanische Staaten gehören zu den Ländern mit den niedrigsten Bevölkerungseinkommen der Welt. Sämtliche Staaten Afrikas werden zu einer Gruppe von Ländern gezählt, die als *Entwicklungsländer* oder – heute gebräuchlicher – als *Dritte Welt* bezeichnet werden.

Manche sehen in der Armut dieser Länder nicht nur eine Spätfolge der imperialistischen Herrschaft im 19. Jahrhundert. Sie glauben, dass die Weißen auch heute noch über die Staaten Afrikas eine imperialistische Herrschaft ausüben – dadurch, dass sie diesen Ländern für ihre Waren zu geringe Preise bezahlen. Noch heute leben die meisten Staaten Afrikas vom Export weniger Güter, die in *Monokulturen* angebaut werden und vor allem in die Industrieländer exportiert werden. Darum sind diese Staaten in höchstem Maße abhängig vom Preis, den die Industrieländer auf dem Weltmarkt dafür bezahlen.

Imperialismus – europäische Staaten und ihre Kolonien

2 *Afrika in der Diskussion*

a) *Der Politikwissenschaftler Ulrich Menzel schreibt 1991:*

Im Vergleich aller Kontinente ist die Lage Afrikas am katastrophalsten. Die Hilfe hilft nicht. Die bisherigen Konzepte sind sämtlich fehlgeschlagen. Die Wurzel des
5 Übels ist nicht der Kolonialismus. In einer zunehmenden Zahl von Ländern sind heute die Lebensbedingungen schlechter als zum Zeitpunkt ihrer Entkolonialisierung [d.h. des Erwerbs ihrer Unab-
10 hängigkeit].
Mit den dortigen [Führungsschichten] [muss] härter umgegangen werden, gegebenenfalls durch den Einsatz eigenen Personals. (…) Eine solche [Einmi-
15 schung] ist grundsätzlich zu befürworten, (…) auch dann, wenn es dadurch zur Einschränkung der [staatlichen Eigenständigkeit] kommt. (…) [Es ist] eine internationale Eingreiftruppe aufzustellen,
20 die in Krisensituationen zum Einsatz kommt.

b) *D. Hansohm und R. Kappel schreiben 1994:*

Es ist eine verkürzte Sicht, Probleme, die sich historisch entwickelt haben, militärisch lösen zu wollen. Es ist bodenlos naiv und zugleich [anmaßend] zu
5 glauben, im Handstreich gesellschaftliche Probleme lösen zu können. Es wird keine schnellen Lösungen geben. Reformen sind unabdingbar. Wir müssen die herrschenden [Führungsschichten] von
10 der Notwendigkeit ernsthafter Armutsbekämpfung überzeugen, ihr Bemühen aber von mehreren Seiten her unterstützen. Hundert Jahre Kolonialismus wirken bis heute nach. (…)
15 Wir könnten auf vielen Ebenen Unterstützung leisten, z.B. den zahllosen Selbsthilfegruppen durch Aus- und Fortbildung helfen oder Genossenschaften durch Kreditvergabe fördern. Auf einer
20 anderen Ebene wäre es sinnvoller als militärisch einzugreifen, den Export von Waffen wirksam zu unterbinden.
Unsere Verantwortung leitet sich weniger aus kolonialer Vergangenheit ab, als
25 einfach daraus, dass wir heute in einer Weltgesellschaft leben, die nur gemeinsam in [menschlicher Weise] auf diesem Planeten überleben kann.

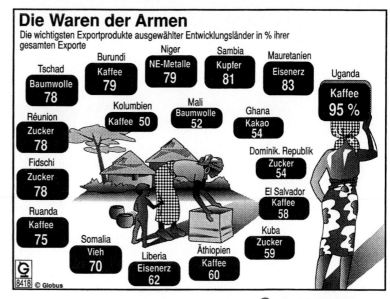

c) *Die kamerunische Sozialwissenschaftlerin Axelle Kabou, 1993:*

Die Afrikaner sind die einzigen Menschen auf der Welt, die noch meinen, sich nicht selbst um die eigene Entwicklung kümmern zu müssen. Afrikas Pro-
5 bleme lassen sich nicht von außen lösen. Das Problem heißt nicht Kolonialismus und Verschuldung […]. Das Hauptproblem ist der Minderwertigkeitskomplex der Afrikaner gegenüber dem Wes-
10 ten. Afrika ist gelähmt durch die [Unfähigkeit] seiner politischen Klassen und durch dreißig Jahre Entwicklungs- und Nahrungsmittelhilfe. Afrika muss endlich aus seiner [Trägheit] aufwachen und
15 seine Entwicklung in die eigenen Hände nehmen.

3 *„Die Waren der Armen"* – Beschreibt die Exportwirtschaft der im Schaubild berücksichtigten Länder. Welche Gefahren liegen darin?

Monokultur
Anbau eines einzigen landwirtschaftlichen Produkts, meist im Rahmen einer ausgedehnten Plantagenwirtschaft.

1 Listet auf, welche Folgen die imperialistische Herrschaft für den Kontinent Afrika hatte. Greift dazu auf den gesamten Großabschnitt zurück.
2 Diskutiert, warum „Unterentwicklung" kein neutraler oder wertfreier Begriff ist (Lexikon).
3 Fasst jeden einzelnen Text (M2) thesenartig zusammen. Diskutiert die einzelnen Auffassungen in der Klasse. Welche Argumente kommen nicht zur Sprache? Welcher Auffassung könnt ihr euch anschließen?

Auf einen Blick

1884/85
Bismarck gibt seinen Widerstand gegenüber dem Erwerb von Kolonien auf

1898
im Streit um kolonialen Besitz in Afrika droht zwischen Frankreich und Großbritannien ein Krieg

1904–1907
Aufstand der Hereros in Südwestafrika

bis 1914
das Deutsche Reich erwirbt Kolonien in Ost-, Westafrika, im Pazifik, an der chinesischen Küste

1914
Ausbruch des Ersten Weltkriegs

1918/1919
mit dem Ende des Krieges und dem Friedensvertrag von Versailles verliert Deutschland seine Kolonien

Zeichnung: Horst Haitzinger, München

Seit dem 15. Jahrhundert haben europäische Herrscher den Globus als ihren Besitz betrachtet. Sie schufen Kolonialreiche in Übersee, und über Handelsgesellschaften beherrschten die Seemächte Frankreich, Großbritannien, Niederlande, Portugal und Spanien den Welthandel.

Mit der industriellen Revolution entwickelten sich in Europa Industriestaaten, die aufgrund wirtschaftlicher Überproduktion neue Absatzmärkte suchten. Zudem führte eine Bevölkerungsexplosion zu extremen Unterschieden zwischen Arm und Reich und zu starken sozialen Spannungen. Indem sie Kolonien „erwarben", wollten die herrschenden Politiker zum einen von den inneren Problemen im Land ablenken und zum anderen billige Rohstoffe für die wachsende Industrie beschaffen.

Die Aufteilung Afrikas im letzten Drittel des 19. Jahrhunderts leitete den Imperialismus ein. Vor allem Belgien, Deutschland, Frankreich, Großbritannien und Italien erwarben durch politischen und wirtschaftlichen Druck oder durch Einsatz militärischer Mittel große Gebiete auf dem afrikanischen Kontinent. Aus dem Gefühl, den afrikanischen Völkern überlegen zu sein, leiteten die Europäer ihren Herrschaftsanspruch über die besetzten Gebiete ab. Die Einheimischen in den Kolonien wurden als Arbeitskräfte ausgebeutet, ihre Lebensweise und Traditionen zerstört und Aufstände meist grausam niedergeschlagen.

Bei der Aufteilung der Welt in Schutzgebiete, Kolonien und Einflusszonen entstanden bald Konflikte zwischen den Kolonialmächten, die sich auch auf die europäischen Verhältnisse auswirkten. Ein unkontrolliertes Wettrüsten war die Folge, das zusammen mit außenpolitischen Konflikten in den Ersten Weltkrieg führen sollte.

Deutschland verlor den Krieg und musste seine Kolonien abtreten. Die Kolonialbevölkerung erhielt dadurch aber nicht ihre Freiheit, sondern nur neue Kolonialherren. Diese zogen weiterhin willkürliche Grenzen und enthielten einem Großteil der Weltbevölkerung das Recht auf Selbstbestimmung und eine eigene Geschichte vor. Das Zeitalter des Imperialismus hinterließ den folgenden Generationen ein schweres Erbe.

Imperialismus – europäische Staaten und ihre Kolonien

In dem Roman „Ein algerischer Sommer" (Peter Hammer Verlag, 1993) beschreibt der französische Autor Jean-Paul Noizière aus der Sicht des 15-jährigen algerischen Jungen Salim das Leben während des Unabhängigkeitskampfes von 1958 bis 1962. Salim lebt mit seiner Familie auf dem Gut des Algerienfranzosen Edmond Barine, ist mit dessen gleichaltrigem Sohn Paul befreundet und besucht mit ihm das Gymnasium, das er aber nun auf Wunsch des Kolonialherrn verlassen soll. Salims Vater ist Gutsverwalter, Mutter und Schwestern helfen im Haushalt der Familie Barine. Mehr und mehr geraten Salim und Paul im Sommer 1958 in den Sog des Unabhängigkeitskrieges und müssen schließlich beide Stellung beziehen. Salim schließt sich der algerischen Widerstandsbewegung an, Paul tritt in die Fußstapfen seines Vaters. Mit der Eskalation der Gewalt zerbricht die Freundschaft.

Der folgende Auszug beschreibt ein Gespräch zwischen Salim und dem ebenfalls auf dem Hof arbeitenden Mechaniker Lakdar.

Ich hatte nicht angeklopft und überraschte Lakdar, wie er sich über ein Buch beugte, dessen Umschlag er eilig verbarg. Unser Mechaniker konnte also le-
5 sen? Plötzlich ahnte ich, dass der Mann, der hier im Schneidersitz auf dem nackten Boden saß, nicht der Lakdar war, dem ich im Hof tagtäglich begegnete.

– Mach die Türe ganz zu, sagte er auf
10 Arabisch, und setz dich neben mich. Die Wände sind dünn, wir müssen flüstern. Diese beinahe freundschaftliche Verschworenheit brachte mich aus der Fassung. (…) Gleichzeitig packte mich die
15 Aufregung, dieses seltsame Rendezvous war eine Form der Rebellion und nach all diesen Jahren der Gleichgültigkeit hoffte ich auf ein interessantes Gespräch. (…)

– Glaubst du ehrlich, dass Algerien ei-
20 nes Tages unabhängig wird?, fragte er mich mit gezielter Aggressivität.

Mein fester Vorsatz, mich nicht beeindrucken zu lassen, war auf einen Schlag verschwunden.

25 – Wie soll ich das wissen? Ich denke nicht über diese Dinge nach.

– Und doch hast du „diese Dinge" der alten Barine gegenüber vertreten.

– Ich habe mich ereifert. (…) Seit eini-
30 ger Zeit rege ich mich leicht auf wegen … Ich weiß nicht, warum.

– Du weißt es schon. Wegen des Gymnasiums, ergänzt Lakdar meinen Satz.

– Warum auch nicht? Es ist eine Unge-
35 rechtigkeit, dass ich nicht weiter zur Schule gehen soll!

– Eine Ungerechtigkeit unter so vielen, du hast recht; aber unser Tag wird kommen.

40 Ich hielt den Atem an. Das Gespräch nahm eine gefährliche Wendung. (…)

– Bald werden wir aufhören, die Mieter unseres Landes zu sein, und wir werden die Franzosen vertreiben. Im Guten oder
45 mit Gewalt.

– Aber Paul? Monsieur Edmond?

Lakdar richtete sich auf, getrieben von einer dumpfen Gewalt, und mit drei Schritten hatte er den Raum durchquert.
50 Seine Worte überstürzten sich, er sprach abwechselnd arabisch und französisch.

– Du magst Monsieur Barine, ich weiß schon; doch hier kannst du das Ergebnis
55 von einem Leben in seinen Diensten bewundern!

Lakdars kreisförmige Handbewegung umfasste die ärmliche Hütte und endete auf seiner Brust.

60 – Die Franzosen von Barines Schlag sind außerordentlich gefährlich. Ihre scheinbare (…) Menschlichkeit fördert die Vorstellung, die Kolonialherrschaft sei akzeptabel. Die Menschlichkeit! Wir
65 fordern keine Menschlichkeit, sondern Gerechtigkeit!

Er ereiferte sich und ging um mich herum, als wäre ich ein Möbelstück.

– Seit dreißig Jahren arbeite ich auf
70 dem Hof. Niemand hat daran gedacht mir das Lesen beizubringen. Nur etwas zu essen und ein Dach über dem Kopf, wie ein Tier. (…)

Lakdar drehte sich zur Seite und ich
75 sah, dass sein Nacken zitterte.

– Salim, weißt du wirklich nicht, warum du hier bist? (…) Du bist klein gewachsen, noch ein Kind, auf das keiner achtet. Ab August wirst du in den Feldern
80 arbeiten, dort sind die Späher von Nutzen. In gewisser Weise bitte ich dich Djoundi [Widerstandskämpfer] zu werden.

Schlachtfeld Europa –

Mobilmachung in Berlin 1914. Das jüdische Ehepaar Schlesinger verabschiedet einen Freund, den Kavalleristen Ludwig Börnstein. Die Begeisterung zu Beginn des Krieges erfasste weite Teile der deutschen Bevölkerung.

„DONA NOBIS PACEM" (= „Gib uns Frieden"; Postkarte von Ernst Barlach, 1916). Nur wenige Monate nach Kriegsausbruch wandelte sich die anfänglich begeisterte Stimmung in der Bevölkerung.

Hintergrund: Soldatenfriedhof von Douaumont, sieben Kilometer nördlich vom Schlachtfeld Verdun.

der Erste Weltkrieg

Titelblatt des Romans von Bertha von Suttner (1843–1914). Sie war Mitbegründerin der europäischen Friedensbewegung und erhielt 1905 den Friedensnobelpreis.

„Der Krieg" (1923–1932), Tryptichon (= dreiflügeliges Tafelbild) von Otto Dix, Ausschnitt aus der Mitteltafel. Der Schrecken der Kriegserlebnisse wirkte sich auch auf die Werke vieler Künstler aus.

1 Krisenherde und Bündnissysteme

1 Zwei Karikaturen aus der englischen satirischen Zeitschrift „Punch"; links: Der Engländer fordert den Franzosen auf die Fahne „einzupacken" (aus dem Jahre 1898);
rechts: Vertreter der fünf Großmächte sitzen auf einem Dampfkessel (aus dem Jahre 1908).

Allianz
(aus dem Französischen) Bezeichnung für die vertragliche Bindung zwischen Staaten zu gemeinsamem Handeln. Ein Verteidigungsbündnis dient nur dem Schutz der Verbündeten (Alliierten), ein Offensivbündnis auch einem gemeinsamen Angriff.

Bedrohung des Gleichgewichts
Nach dem Sieg über Napoleon einigten sich die Siegermächte während des Wiener Kongresses 1814/1815 auf eine Politik des Gleichgewichtes der fünf europäischen Großmächte. Das waren Großbritannien, Frankreich, Österreich-Ungarn, Preußen und Russland. Jeder dieser Staaten galt als politisch und militärisch so stark, dass sie sich gegenseitig nicht angreifen konnten.

Ab Mitte des 19. Jahrhunderts geriet dieses Gleichgewicht durch Kriege und Expansionen ins Schwanken: Zum einen führte Russland Krieg gegen das Osmanische Reich (Türkei), um mit dem Balkan und den Meerengen einen eisfreien Zugang zu den Weltmeeren zu erwerben. Dagegen schritten die beiden Seemächte Frankreich und Großbritannien ein. Zum anderen gewann Preußen mehrere Kriege gegen Dänemark, Österreich und Frankreich.

Bündnispolitik der Großmächte
Nach dem Sieg über Frankreich und mit der Gründung des Deutschen Reiches 1871 entstand eine Großmacht in der Mitte Europas, die mit ihrer Bevölkerungszahl, Ausdehnung und Wirtschaftskraft auf seine Nachbarn bedrohlich wirkte. Weil der Reichsgründer und erste Reichskanzler Otto von Bismarck einen Revanchekrieg Frankreichs fürchtete, schloss er Bündnisse mit Italien, Österreich-Ungarn und Russland, so dass Frankreich isoliert und damit für Deutschland ungefährlich war. Da Österreich-Ungarn und Russland sich aber immer mehr verfeindeten, geriet Deutschland in Gefahr, durch seine Bündnisse in einen Krieg mit Russland verwickelt zu werden. Die Nachfolger Bismarcks erneuerten das Bündnis mit Russland nicht. Daraufhin verständigten sich Frankreich und Russland. Deutschland sah sich nun von zwei Seiten bedroht.

Isolierung Deutschlands
Während der Regierungszeit von Wilhelm II. wollte Deutschland weitere Kolonien erwerben. Der junge Kaiser versprach seinem Volk „einen Platz an der Sonne". Mögliche Streitigkeiten mit den anderen Mächten nahm er in Kauf. Insbesondere mit England entstanden so neue Rivalitäten.

Im Jahre 1898 gerieten am oberen Nil bei Faschoda im Sudan französische und britische Truppen in eine gefährliche Situation. Der befehlshabende britische General Kitchener erklärte, dass die „Anwesenheit einer französischen Truppe (…) zum Krieg zwischen Frankreich und England führen könnte." Schließlich erkannten die Regierungen beider Staaten, dass es besser sei, sich über Kolonialpolitik zu verständigen, und nannten ihre *Allianz* im Jahre 1904 „Entente cordiale" (herzliches Übereinkommen). Als Frankreich nun begann in Nordafrika Marokko zu besetzen und Deutschland dagegen protestierte, zeigte sich, dass Frankreich und Großbritannien gegen Deutschland zusammenhielten.

Auch Großbritannien und Russland, die wegen ihres Einflusses in Persien und Afghanistan zerstritten waren, einigten sich. Deutschland fühlte sich plötzlich eingekreist und von allen Seiten gefährdet.

Schlachtfeld Europa – der Erste Weltkrieg

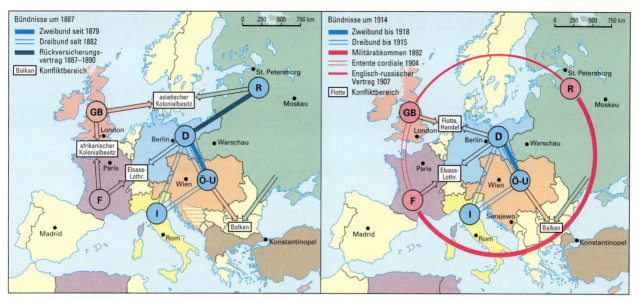

2 *Bündnisse und Spannungen zwischen den Großmächten.* 1914 stehen sich zwei Bündnissysteme gegenüber: die Alliierten (Frankreich, Großbritannien, Russland) und die Mittelmächte (Deutschland, Italien, Österreich-Ungarn).

3 *Im Jahr 1892 schlossen Frankreich und Russland ein Abkommen.* Darin heißt es:
1. Falls Frankreich von Deutschland oder von Italien mit Deutschlands Unterstützung angegriffen wird, wird Russland alle seine verfügbaren Kräfte für einen
5 Angriff auf Deutschland einsetzen. Falls Russland von Deutschland oder von Österreich mit Unterstützung Deutschlands angegriffen wird, wird Frankreich alle seine verfügbaren Kräfte zum Kampf
10 gegen Deutschland einsetzen.
2. Falls der Dreibund oder eine der an ihm beteiligten Mächte etwa mobil machen sollten, werden auch Frankreich und Russland auf die erste Kunde von
15 diesem Ereignis (...) sofort gemeinsam ihre gesamten Streitkräfte mobil machen und so nahe wie möglich an die Grenze werfen.
3. Die gegen Deutschland verfügbaren
20 Streitkräfte werden auf französischer Seite 1 300 000 Mann, auf russischer Seite 700 000 bis 800 000 Mann betragen. Diese Streitkräfte werden mit Nachdruck (...) derart vorgehen, dass Deutschland zugleich sowohl nach Osten wie nach
25 Westen hin zu kämpfen hat.

4 *Eine englische Zeitung schrieb 1897:*
Auf die Länge beginnen auch in England die Leute einzusehen, dass es in Europa zwei große unversöhnliche, entgegengesetzte Mächte gibt. (...) England, mit
5 seiner langen Geschichte erfolgreicher Aggression und der wunderbaren Überzeugung, dass es beim Verfolgen seiner eigenen Interessen Licht unter den im Dunkeln wohnenden Völkern verbreite,
10 und Deutschland, (...) mit geringerer Willenskraft, aber vielleicht lebhafterer Intelligenz, wetteifern in jedem Winkel des Erdballs. (...) Überall, wo die Flagge der Bibel und der Handel der Flagge gefolgt
15 ist, liegt ein deutscher Handlungsreisender mit dem englischen Hausierer im Streit. Gibt es irgendwo eine Mine auszubeuten, eine Eisenbahn zu bauen, einen Eingeborenen von der Brotfrucht zum
20 Büchsenfleisch, von der Enthaltsamkeit zum Schnapshandel zu bekehren – ein Deutscher und ein Engländer streiten um den ersten Platz. Eine Million geringfügiger Streitigkeiten schließen sich zum
25 größten Kriegsgrund zusammen, welchen die Welt je gesehen hat.

1 Charakterisiere das Abkommen zwischen Russland und Frankreich: Verteidigungs- oder Angriffsbündnis (M3)?
2 Der englische Journalist deutet an (M4), dass sich die Stimmung der englischen Bevölkerung gegenüber Deutschland verschlechtert. Suche die Gründe heraus, die er anführt.
3 Vergleiche die außenpolitische Situation Deutschlands um 1887 und 1914 (VT, M2, M3, M4).

2 Auf dem Weg in die Katastrophe

1 *Der Balkan 1908 bis 1913.* In den Jahren 1912 und 1913 kam es auf dem Balkan zu zwei Kriegen, deren Ausweitung auf ganz Europa nur mühsam verhindert wurde.

	1889 bis 1900	1900 bis 1910	1910 bis 1913
E	38	36	20
D	12	25	13

2 *Flotten-Wettrüsten* am Beispiel des Baus schwerer Kampfschiffe

Annexion bedeutet die staatsrechtliche Besitzergreifung, insbesondere die gewaltsame Einverleibung eines fremden Staatsgebietes. Meistens erfolgt sie nach einer Eroberung. Nach dem Verständnis der Völker gelten Annexionen als unrechtmäßig.

Krisenherd Balkan

Die Stadt Konstantinopel (Istanbul), an der Meerenge zwischen Mittelmeer und Schwarzem Meer gelegen, war jahrhundertelang die Hauptstadt des Osmanischen Reiches. Besucher aus aller Welt bewundern noch heute die Bauwerke aus griechischer, römischer und osmanischer Zeit.

Ende des 19. Jahrhunderts sprachen die Europäer von dem osmanischen Vielvölkerstaat als dem „kranken Mann am Bosporus". Verschiedene Versuche, den Staat durch Reformen politisch, wirtschaftlich und militärisch an das neue Industriezeitalter heranzuführen, waren gescheitert.

Vor allem die Völker auf dem Balkan suchten der türkischen Herrschaft zu entkommen. Russland als größte slawische Nation unterstützte die „slawischen Brüder" auf dem Balkan bei ihren Freiheitsbestrebungen.

Als im Jahre 1908 eine Gruppe von türkischen Offizieren aus Sorge um den Zerfall des Reiches gegen die Herrschaft des Sultans rebellierte, nutzte Österreich-Ungarn die Gelegenheit, Bosnien und Herzegowina zu annektieren und seinem Vielvölkerstaat einzuverleiben. Der Balkan entwickelte sich nun zu einem gefährlichen Krisenherd. Vor allem der Staat Serbien, der einen „Großserbischen Nationalstaat" anstrebte, betrachtete Österreich als seinen Feind und drohte, militärisch gegen die *Annexion* vorzugehen. Die deutsche Regierung warnte Russland davor, Serbien in seiner Politik gegen Österreich zu unterstützen. Seitdem galt der Balkan als ein „Pulverfass", von dem jederzeit Krieg zwischen den Bündnissystemen ausgehen konnte.

Rüstungswettlauf

Die europäischen Großmächte, die seit dem Beginn des Imperialismus viel Geld für die militärische Rüstung ausgegeben hatten, begannen jetzt ohne Rücksicht auf die Kosten für die Bevölkerung mit einem gewaltigen Wettrüsten. Im Jahre 1913 hatte Deutschland sein Heer auf 661 478 Soldaten erhöht. Mit den bereits ausgebildeten Reservisten war Deutschland mit seinem Millionenheer die stärkste Landmacht in Europa.

Abrüstungsverhandlungen in Den Haag 1899 und 1907 waren gescheitert. Im Jahre 1897 besaß Deutschland nur eine kleine Kriegsschiffflotte und lag als Seemacht hinter England, Frankreich, Italien und den USA auf dem fünften Rang. Zu diesem Zeitpunkt schrieb der deutsche Reichskanzler: „Wollen wir (…) nicht auf die Rolle einer Weltmacht verzichten, so müssen wir geachtet sein. Auch das freundlichste Wort macht in internationalen Verhandlungen keinen Eindruck, wenn es nicht durch eine ausreichende Macht unterstützt wird. Dazu ist den Seemächten gegenüber eine Flotte nötig."

Deutschland begann mit dem Bau modernster Schlachtschiffe. Die Menschen in England sahen in dieser Flottenrüstung eine Bedrohung. So kam es zwischen England und Deutschland zu Verhandlungen über eine Begrenzung der Seestreitkräfte. Aber man gelangte zu keiner Einigung.

Im Jahre 1914 standen sich die Großmächte Europas hochgerüstet in zwei Bündnissystemen gegenüber.

Schlachtfeld Europa – der Erste Weltkrieg

3 Aus einem Lesebuch für Volksschulen:
Zum deutschen Vaterlande gehören auch unsere Kolonien, die ohne Kriegsschiffe gar nicht bestehen könnten. Hätten wir keine starke Flotte, so würden andere
5 Völker sagen: „Wir wollen eure Kolonien haben", und wir könnten uns nicht einmal wehren (…). Und wenn wieder ein neues Riesenschiff in die schäumenden Wogen gleitet, dann freuen wir uns und
10 möchten ihm zurufen: „Fahr wohl, du starkes deutsches Schiff! Diene unseren Brüdern hinter den großen Wassern, verteidige unsere Kolonien und beschütze unsere Handelsschiffe."

4 Die deutsche Flottenpolitik aus britischer Sicht. Außenminister Grey erklärte im britischen Unterhaus (27.11.1911):
Aber ich meine, die deutsche öffentliche Meinung sollte bedenken (…), wenn eine Nation die größte Armee in der Welt besitzt und wenn sie eine sehr große Flotte
5 hat und fortfährt, eine noch größere Flotte zu bauen, dann muss sie alles, was in ihren Kräften steht, tun um den natürlichen Befürchtungen vorzubeugen, die sonst bei andern, die keine aggressiven
10 Absichten gegen jene Macht haben, darin entstehen würden, dass jene Macht mit ihrer Armee und Flotte aggressive Absichten gegen sie hege.

5 Sozialdemokratische Stellungnahme
zur geplanten Verstärkung der deutschen Flotte vom 8. Februar 1900:
Die Arbeiterklasse hat kein Interesse Rüstungen zu unterstützen, welche die Gefahren zu Reibungen zwischen den Kulturstaaten vermehren und den gro-
5 ßen und dringenden Kulturaufgaben für Gegenwart und Zukunft die Mittel entziehen. Insbesondere ist es wieder die Arbeiterklasse, auf deren Schultern die Last der neuen ins Riesenhafte sich
10 steigernden Ausgaben hauptsächlich abgewälzt wird, wohingegen die herrschenden Klassen durch die ungeheuren Profite aus diesen Rüstungen ihren Reichtum ins Ungemessene steigern
15 und neue einflussreiche Posten und Versorgungsstellen für ihre Angehörigen gewinnen. [Wir] fordern deshalb vom Reichstag die (…) Zurückweisung der Flottenvorlage.

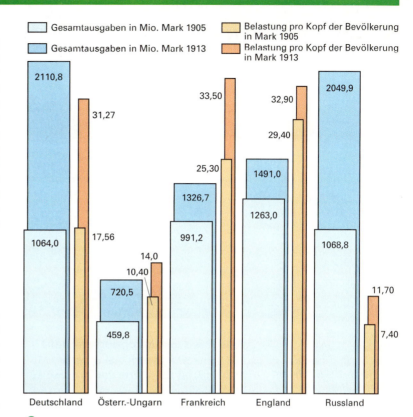

6 *Rüstungsausgaben und Rüstungslasten* in Europa vor 1914.

7 „Wie sollen wir uns da die Hand geben?" Karikatur im „Simplicissimus" (1912) auf das deutsch-englische Verhältnis.

1 Erkläre den Begriff „Wettrüsten". Wie wird das „Wettrüsten" von deutscher und britischer Seite gerechtfertigt (VT, M2, M3, M4 und M6)?
2 Mit welchen Argumenten lehnten die Sozialdemokraten die deutsche Flottenrüstung ab (M5)?
3 Serbien erstrebte eine Ausweitung bis an die Adria. Welche Großmacht sah Serbien als Gegner, welche als Partner (VT, M1)?

3 „Die Waffen nieder"

1 Bertha von Suttner und Jean Jaurès.
links: *Bertha von Suttner (1843–1914) schrieb 1889 das Buch „Die Waffen nieder". Sie erhielt 1905 den Friedensnobelpreis und war Vizepräsidentin des Internationalen Friedensbüros in der Schweiz.*
rechts: ***Jean Jaurès (1859–1914) war Professor und Abgeordneter der sozialistischen Partei in Frankreich.*** *Er setzte sich für eine deutsch-französische Verständigung ein; am 31. Juli 1914 wurde er ermordet.*

Pazifismus ist eine besondere Richtung der Friedensbewegung. Der Pazifist lehnt jede Gewaltanwendung ab, sogar eine militärische Vorbereitung auf die Selbstverteidigung.

Eine Friedensbewegung entsteht

Der Schweizer Henri Dunant geriet Mitte des 19. Jahrhunderts durch Zufall auf ein Schlachtfeld und war erschüttert von dem Leiden der Verwundeten. Im Jahre 1862 veröffentlichte er über seine Erlebnisse ein Buch, das viele Menschen veranlasste über die Schrecken des Krieges nachzudenken. Wenige Jahre später gründete er das „Rote Kreuz", das sich um das Schicksal der Verwundeten kümmern sollte. Auch die junge Österreicherin Bertha von Suttner warb für den Frieden und schrieb 1889 ein Buch mit dem Titel „Die Waffen nieder", das in viele Sprachen übersetzt wurde.

Im 19. Jahrhundert hatten sich in vielen Ländern Europas und in den USA Friedensgesellschaften entwickelt, in denen diskutiert wurde, wie sich Kriege verhindern bzw. Konflikte friedlich lösen ließen. Als 1912 erstmals in der Menschheitsgeschichte eine Stadt mit Flugzeugen aus der Luft angegriffen wurde, sprach Bertha von Suttner von einer „barbarischen Kriegsführung aus der Luft." Auch der Bürgerkrieg in den USA (1861–1864) hatte deutlich gemacht, dass ein Krieg im Industriezeitalter furchtbare Menschenverluste für Soldaten und Zivilisten mit sich brachte. Der schwedische Chemiker Alfred Nobel, der 1867 das Dynamit erfand und damit ein reicher Mann wurde, stiftete den Friedensnobelpreis. Er sollte Menschen verliehen werden, die sich um den Frieden in der Welt verdient gemacht hatten.

Obwohl diese „Friedensbewegung" großen Einfluss auf die öffentliche Meinung gewann, blieben ihre Anhänger eine Minderheit. Die meisten Menschen blieben davon überzeugt, dass der Krieg ein Mittel der Auseinandersetzung zwischen Menschen und Völkern war. Sie warfen den *Pazifisten* vor, dass sie wirklichkeitsfremde Idealisten oder sogar gefährliche Spinner seien. Die Mehrheit der Menschen war überzeugt, dass jedes Volk, das angegriffen wird, ein Recht habe sich zu verteidigen. Auch einen Angriffskrieg hielt man für gerechtfertigt, vor allem wenn er einem angriffslustigen Gegner zuvorkam.

Arbeiterbewegung für den Frieden

Im Jahre 1912 trafen sich in der Schweiz zahlreiche Vertreter der europäischen Arbeiterparteien um über den Militarismus in Europa und die Kriegsgefahr zu diskutieren. Man war sich darüber einig, dass in einem künftigen Krieg in den Massenheeren des Industriezeitalters vor allem die Arbeiter die größten Opfer bringen müssten. Radikale Vertreter waren der Meinung, dass Imperialismus und Militarismus Mittel der herrschenden Klasse seien um die internationale Arbeiterbewegung zu unterdrücken. Erst die Beseitigung der Herrschaft der Kapitalisten und eine sozialistische Revolution könnten den Weltfrieden garantieren.

Alle, die sich für eine Friedenspolitik einsetzten, ob Professoren, Schriftsteller oder Arbeiterführer, nannten Abrüstung und Zusammenarbeit der Völker als die richtigen Mittel für eine friedliche Zukunft der Welt.

Als im Juli 1914 der Ausbruch des Krieges drohte, demonstrierten Hunderttausende von Arbeitern vor allem in Frankreich und Deutschland auf großen Kundgebungen gegen den Krieg.

2 Der russische Zar Nikolaus II. schlug eine Abrüstungskonferenz vor. In seinem Aufruf vom 24. August 1898 heißt es:
Die Aufrechterhaltung des allgemeinen Friedens und eine mögliche Herabsetzung der übermäßigen Rüstungen, die auf allen Nationen lasten, stellen sich in der gegenwärtigen Lage der ganzen Welt als ein Ideal dar, auf das die Bemühungen aller Regierungen gerichtet sein müssen. (...) Hunderte von Millionen werden aufgewendet, um furchtbare Zerstörungsmaschinen zu beschaffen, die heute als das letzte Wort der Wissenschaft betrachtet werden und schon morgen dazu verteufelt sind, jeden Wert zu verlieren infolge irgendeiner neuen Entdeckung auf diesem Gebiet. (...) Diesen unaufhörlichen Rüstungen ein Ziel zu setzen und die Mittel zu suchen, dem Unheil vorzubeugen, das die ganze Welt bedroht, das ist die höchste Pflicht, die sich heutzutage allen Staaten aufzwingt.

3 Ein französischer Diplomat schrieb in sein Tagebuch, wie sich der französische Außenminister Delcassé ihm gegenüber zu dem Vorschlag einer Abrüstungskonferenz äußerte (29. August 1898):
Es ist ein Irrsinn, was der Zar da tut! Wie kann er einen diplomatischen Schritt so enormer Tragweite, von so tief greifender und allgemeiner Wirkung unternehmen, ohne sich vorher unseres Einverständnisses zu versichern? (...) Was kann ich angesichts dieser Lage tun? Ihr Direktor, Herr Nisard, hat mir einen Gedanken eingegeben, den ich für richtig halte. Ja, für genial: Man nehme dem russischen Vorhaben jede politische Bedeutung dadurch, dass man es auf akademische Erörterungen ableitet, auf reine Rechtsfragen und juristische Hypothesen. Ist das nicht ein glänzender Einfall?

4 Aus einer Reichstagsrede des deutschen SPD-Parteiführers August Bebel von 1911:
Eines Tages kann die eine Seite sagen: Das kann nicht so weitergehen. Sie kann auch sagen: Halt, wenn wir länger warten, dann geht es uns schlecht, dann sind wir der Schwächere statt der Stärkere. Dann kommt die Katastrophe. Dann werden in Europa sechzehn bis achtzehn Millionen Männer, die Blüten der verschiedenen Nationen, ausgerüstet mit den besten Mordwaffen, gegeneinander ins Feld rücken. (...) Hinter diesem Krieg steht der Massenbankrott, steht das Massenelend, steht die Massenarbeitslosigkeit, die große Hungersnot.

5 Alfred Nobel (1833–1896), der schwedische Chemiker und Rüstungsindustrielle, glaubte an die friedensstiftende Wirkung von Massenvernichtungswaffen:
Ich möchte einen Stoff oder eine Maschine schaffen können von so fürchterlicher, massenhaft verheerender Wirkung, dass dadurch Kriege überhaupt unmöglich würden. (...) An dem Tag, da zwei Armeekorps sich gegenseitig in einer Sekunde werden vernichten können, werden wohl alle zivilisierten Nationen zurückschaudern und ihre Truppen verabschieden.

6 Ein Sanitäter, geschützt durch eine Rotkreuz-Armbinde, kümmert sich um verwundete und gefallene Soldaten (Foto aus der Zeit des Ersten Weltkrieges).

1 Russland war im Jahre 1898 seinen denkbaren Gegnern Deutschland und Österreich militärisch unterlegen. Auch die Staatsfinanzen waren in einer schlechten Situation. Diskutiert vor diesem Hintergrund den Vorschlag des Zaren (M2).
2 Aus welchen Gründen spricht sich der französische Außenminister gegen das Vorhaben des russischen Zaren aus (M2, M3)?
3 Beurteile aus heutiger Sicht, wie Alfred Nobel die Zukunft einschätzte (M5).

4 Der Krieg als Mittel der Politik

1 **Extrablatt** einer Berliner Zeitung vom 28. Juni 1914.

Mobilmachung
Um Krieg zu führen, müssen Heer, Flotte und Luftwaffe in den Kriegszustand versetzt werden. Dazu gehören u. a. die Bereitstellung von Transportmitteln wie z. B. die Eisenbahn und die Einberufung von Reservisten. Eine Mobilmachung gilt auch als eine Form der Kriegsdrohung.

2 **Das Auto mit dem Thronfolger und seiner Frau** Sekunden vor dem Attentat.

Kriegsanlass
Der 28. Juni 1914 war ein prächtiger Sommertag in Europa. Als am Abend überall Extrablätter erschienen, in denen von dem Attentat auf den Thronfolger des österreichischen Kaisers in der Stadt Sarajewo in Bosnien berichtet wurde, waren die Menschen allgemein empört über diesen politischen Mord. Niemand ahnte, dass dieses Attentat die ganze Welt in einen Krieg hineinziehen würde.

Die Attentäter kamen aus Serbien und die Regierung von Österreich-Ungarn sah die Gelegenheit gegen Serbien militärisch vorzugehen. Die deutsche Regierung unterstützte ihren Bündnispartner in diesem Vorhaben. Damit wurde eine Kettenreaktion ausgelöst: Weil Deutschland mit einem Zweifrontenkrieg gegen Frankreich und Russland rechnen musste, hatte die militärische Führung einen Kriegsplan ausgearbeitet. Dieser sah vor zuerst Frankreich mit allen Kräften zu besiegen. Dazu mussten deutsche Armeen schnell über Belgien nach Paris vorstoßen. Damit Russland nur wenig Zeit für eine *Mobilmachung* blieb, erklärte die deutsche Regierung Russland und Frankreich den Krieg.

Die deutsche Bevölkerung betrachtete diese Kriegserklärungen als Notwehr und glaubte sich in einem gerechten Krieg gegen übermächtige Feinde. Die britische Regierung, die verlangt hatte, die Neutralität Belgiens nicht anzutasten, trat nach dem Einmarsch der Deutschen in Belgien in den Krieg ein.

Kriegsursachen
Nach dem Krieg wurde heftig darüber gestritten, wer die Schuld an diesem Völkermorden auf sich geladen habe. Sinnvoller ist nach den Ursachen zu fragen. Die entscheidenden Ursachen waren: die Rivalität bei der Aufteilung der Welt, die Konfrontation der Bündnissysteme und der Rüstungswettlauf. Und: Alle Regierungen waren davon überzeugt, dass man Druckmittel einsetzen müsse um für das eigene Land Vorteile herauszuholen. Zu diesen notwendigen Mitteln zählte man den Krieg als eine Lösungsmöglichkeit von Konflikten.

Schlachtfeld Europa – der Erste Weltkrieg

3 *Berlin, 28. Juli.* Ein Journalist schrieb: Im Anschluss an die sozialdemokratischen Versammlungen (…) kam es zu Kundgebungen. An der Straßenkreuzung Linden- und Friedrichstraße standen die Massen (…) in die Straßenzüge hinein wie die Mauern. Vaterländische Gesänge und Hochrufe übertönten unaufhörlich die Kundgebungen der Gegenseite. Die Polizei waltete ihres Amtes. (…) Sozialdemokratische Rufe oder Gesänge wurden immer dünner, es kostete Anstrengung, hier und da eine solche Gruppe herauszuhören. (…) Die Polizei ging gegen die (…) sozialdemokratischen Züge mehrmals mit blanker Waffe vor und „Unter den Linden", wo sich viele Hunderte von Sozialdemokraten unauffällig versammelt hatten – man sah auch einige Reichstagsabgeordnete darunter –, machte die Polizei deren lärmenden Kundgebungen durch berittene Schutzmannschaft ein Ende. Die Gegenkundgebungen mit Umzügen junger Leute, die patriotische Lieder sangen, setzten sich dann im ganzen südlichen Teil der Friedrichstraße fort.

4 *Der deutsche Historiker* Karl Dietrich Erdmann urteilte 1985:
Gewiss, keine der europäischen Regierungen hat den allgemeinen Krieg gewollt. Aber fragen wir einmal umgekehrt: Haben sie den Frieden gewollt? Jede hätte den Krieg verhindern können, wenn sie bereit gewesen wäre den Preis für den Frieden zu zahlen: Österreich, wenn es darauf verzichtet hätte, den seine Existenz als Vielvölkerstaat bedrohenden großserbischen Nationalismus zu zerbrechen; Deutschland, wenn es Österreich hierbei nicht angetrieben, sondern zurückgehalten hätte (…); Russland, wenn es darauf verzichtet hätte, den serbisch-österreichischen Konflikt durch eine Mobilmachung zu einem europäischen Konflikt zu erweitern (…); Frankreich, wenn es dem russischen Bundesgenossen nicht die Gewissheit gegeben hätte, unter allen Umständen mit französischer Hilfe rechnen zu können; England, wenn es nicht seinen (…) Partnern die Gewissheit gegeben hätte, dass es im Kriegsfall auf deren Seite stehen werde.

5 *1. August 1914:* Kriegsbegeisterte Jugend in Berlin.

6 *Die Kriegsmaschine kommt in Gang:*

28. Juni	Attentat in Sarajewo
5. Juli	Deutschland versichert gegenüber Österreich seine volle Rückendeckung und Bündnistreue
23. Juli	österreichisches Ultimatum an Serbien, unter anderem mit der Forderung nach Untersuchung der Schuld unter Beteiligung österreichischer Beauftragter
25. Juli	russisches Hilfsversprechen für Serbien, serbische Mobilmachung
28. Juli	Kriegserklärung Österreich-Ungarns an Serbien
30. Juli	russische Mobilmachung
31. Juli	deutsches Ultimatum an Frankreich (Frankreich sollte in einem russisch-deutschen Krieg neutral bleiben); deutsches Ultimatum an Russland (Einstellung der Mobilmachung)
1. August	15 Uhr: französische Mobilmachung 17 Uhr: deutsche Mobilmachung 19 Uhr: Kriegserklärung Deutschlands an Russland
3. August	Kriegserklärung Deutschlands an Frankreich
4. August	deutscher Einmarsch in Belgien, Kriegserklärung Englands an Deutschland

1 Besprecht die Gefahren, die sich bei einem militärischen Eingreifen auf dem Balkan ergaben.
2 Vergleicht die Daten M 3 und M 5 mit der Zeittabelle (M 6) und erläutert damit die Hintergründe der Zeitereignisse.
3 Diskutiert die Ursachen des Ersten Weltkrieges (VT, M 4, M 6).
4 Diskutiert die Ereignisse unter einem Perspektivwechsel, z. B. „Der Krieg als Versagen der Politik".

5 Kriegsschauplatz Europa

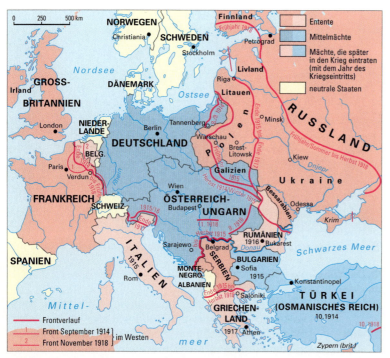

1 Die Karte zeigt den Verlauf des Ersten Weltkrieges in Mitteleuropa. Kämpfe gab es auch in den deutschen Kolonien und an den Grenzen des Osmanischen Reiches (Türkei).

2 Eine Briefmarke spiegelt das Schicksal Belgiens, das zum größten Teil Kriegsschauplatz und von Deutschland besetzt war: Die deutsche „Germania" ersetzt das Bildnis König Alberts von Belgien.

Vom Bewegungskrieg ...

Als im August 1914 die Züge mit Millionen von Soldaten an die Fronten in Europa rollten, herrschte unter der Bevölkerung vor allem in Frankreich und Deutschland große Begeisterung. Junge Männer meldeten sich freiwillig in den Krieg. Auch die Reichstagsabgeordneten der SPD wollten nicht als Vaterlandsverräter gelten und stimmten mit wenigen Ausnahmen der Bewilligung von Kriegskrediten zu, damit die Regierung die hohen Kriegskosten bezahlen konnte.

Während die Franzosen ihre Armeen auf den Süden Deutschlands losmarschieren ließen, kämpften sich die Deutschen durch Belgien in Richtung Paris vor. Unerwartet früh fielen russische Armeen im Osten Deutschlands ein, sodass deutsche Soldaten zugleich gegen Belgier, Briten, Franzosen und Russen kämpfen mussten. In den Schulen ließen die Lehrer auf Landkarten die Erfolge der deutschen Armeen eintragen. Und überall sprach man davon, dass am Weihnachtsfest der Krieg siegreich beendet sein werden.

Im September kam der deutsche Vormarsch nach verlustreichen Kämpfen zwischen deutschen und französischen und englischen Truppen an dem Fluss Marne in der Nähe von Paris zum Stehen. Zur gleichen Zeit besiegten deutsche Soldaten unter dem Kommando der Heerführer von Hindenburg und Ludendorff zwei russische Armeen und verhinderten einen Einfall der Russen in Ostdeutschland. Diese beiden Heerführer wurden in Deutschland als große Helden gefeiert. Später, als beide die Leitung der deutschen Kriegsführung inne hatten, vertrauten die meisten Menschen auf ein gutes Ende für Deutschland; auf eine kurze Kriegsdauer hoffte man schon längst nicht mehr.

... zum Stellungskrieg

Bald machten sich die riesigen Verluste an Menschen und Kriegsmaterial bemerkbar. Die Fabriken konnten die angeforderten Mengen an Munition gar nicht produzieren. Nach einem Versuch der Deutschen, in Flandern die wichtigen Seehäfen zu erobern – Zehntausende junger Kriegsfreiwilliger kamen dabei ums Leben –, erstarrte der „Bewegungskrieg" zum „Stellungskrieg". Die Soldaten gruben sich in die schützende Erde ein und bald zog sich ein Stellungssystem aus Schützengräben von der Kanalküste durch Belgien und Frankreich bis an die Grenze der neutralen Schweiz.

Weil keine der Krieg führenden Parteien den Gegner zu besiegen vermochte, suchte man weitere Länder auf die eigene Seite zu ziehen. So weitete sich der Krieg in Europa immer mehr aus. Schließlich hoffte man auf neue Waffen und setzte Giftgas ein, das entsetzliche Leiden bei den Soldaten verursachte. Eine Kriegsentscheidung führte es nicht herbei.

Schlachtfeld Europa – der Erste Weltkrieg

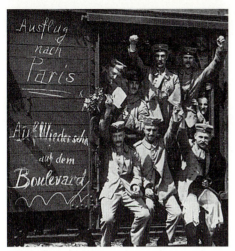

3 Deutsche Soldaten fahren in einem Güterwagen an die Westfront (Foto, 1914).

6 Den Krieg des Industriezeitalters kann man an den Kampfspuren nahe der nordfranzösischen Stadt Arras 1916 ablesen.

4 Der deutsche Reichskanzler skizzierte am 9. September 1914 deutsche Kriegsziele. Dieses so genannte „Septemberprogramm" wurde geheim gehalten:
Das allgemeine Ziel des Krieges: Sicherung des Deutschen Reiches nach West und Ost auf erdenkliche Zeit. Zu diesem Zweck muss Frankreich so geschwächt
5 werden, dass es als Großmacht nicht neu erstehen kann, Russland von der deutschen Grenze nach Möglichkeit abgedrängt und seine Herrschaft über die nichtrussischen Vasallenvölker gebro-
10 chen werden. Die Ziele des Krieges im Einzelnen:
1. Frankreich. Von den militärischen Stellen zu beurteilen, ob die Abtretung von Belfort, des Westabhangs der Vogesen,
15 die Schleifung der Festungen und die Abtretung des Küstenstrichs von Dünkirchen bis Boulogne zu fordern ist (…).
2. Belgien. (…) Jedenfalls muss ganz Belgien, wenn es auch als Staat äußerlich
20 bestehen bleibt, zu einem Vasallenstaat herabsinken.

5 Der französische Botschafter in St. Petersburg beschrieb am 12. September 1914 die russischen Ziele:
1. Das Hauptziel der drei Verbündeten würde sein, die Macht Deutschlands und seinen Anspruch auf militärische und politische Herrschaft zu brechen.
5 2. Die territorialen Veränderungen müssen durch den Grundsatz der Nationalitäten bestimmt werden.
3. Russland würde sich den Unterlauf des Njemen und den östlichen Teil Gali-
10 ziens aneignen. Es würde dem Königreich Polen das östliche Posen, Schlesien (…) und den westlichen Teil Galiziens angliedern.
4. Frankreich würde Elsass-Lothringen
15 wieder nehmen, wobei es ihm freisteht, einen Teil Rheinpreußens und der Pfalz hinzuzufügen. Belgien würde (…) einen bedeutenden Gebietszuwachs erhalten.
12. England, Frankreich und Japan wür-
20 den sich die deutschen Kolonien teilen.
13. Deutschland und Österreich würden eine Kriegskontribution zahlen.

7 Giftgas war eine deutsche Erfindung. Soldaten schützen sich mit einer Gasmaske (Foto aus dem Ersten Weltkrieg).

1 Welche Gründe mögen die deutsche Regierung bewogen haben die Kriegsziele (M 4) geheim zu halten?
2 Stelle die Kriegsziele Deutschlands und seiner Gegner dar (M 5).
3 Verfasse einen kritischen Rückblick auf die Ereignisse im Jahr 1914.

Projekt

Schauplatz der Geschichte – Verdun

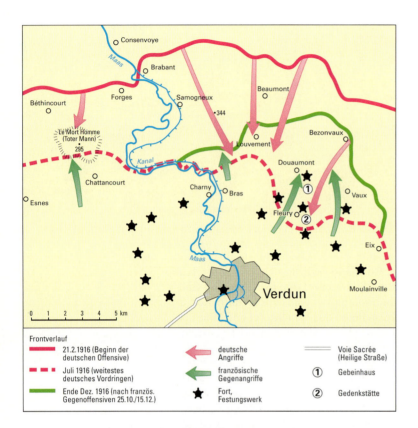

Strategie
Lehre von der Führung eines Krieges mit dem Ziel dem Gegner den eigenen Willen aufzuzwingen. Als im Jahr 1914 der deutsche Plan gescheitert war, die Armeen Frankreichs im ersten Anlauf zu vernichten, setzte die militärische Führung auf eine Ermattungsstrategie, d. h. der Gegner sollte durch ständig hohe Verluste entscheidend geschwächt werden.

Die Hölle vor Verdun

Der Chef des Generalstabes des deutschen Feldheeres, General Erich von Falkenhayn (1914–1916), wählte die an dem Fluss Maas gelegene Stadt Verdun für seinen *strategischen* Angriff im Jahre 1916 aus, weil er überzeugt war, dass Frankreich jeden Mann opfern würde, um die Festungswerke auf den bewaldeten Hügeln über der Maas halten zu können. Frankreich sollte „ausbluten" und dabei einsehen, dass der Krieg gegen Deutschland nicht zu gewinnen war. Auf einem Frontabschnitt von nur 13 Kilometern wurden auf zehn eigens aufgelegten Schienensträngen über 1500 Geschütze herantransportiert. Am 21. Februar eröffnete die deutsche V. Armee auf dem Ostufer die Schlacht. Schnellfeuernde Feldgeschütze, die im Abstand von 150 Metern aufgestellt waren, feuerten auf die französischen Gräben. Schwere Geschütze beschossen die Festungswerke der Stadt und die Nachschubwege. Unter dem Trommelfeuer von 100 000 Geschossen in der Stunde verwandelten sich die Wälder in eine Kraterlandschaft. Als am 21. Februar die Soldaten angriffen, wurden sie von Maschinengewehren „niedergemäht". Auch die Franzosen verloren an diesem „Schreckenstag", wie es im deutschen Heeresbericht heißt, über 16 000 der 26 500 Verteidiger. Am 25. Februar fiel das Fort Douaumont in deutsche Hände. Panik machte sich unter den Franzosen breit. Aber dann holten sie sich binnen 48 Stunden über ihren einzigen Verbindungsweg, die „Heilige Straße", über 100 000 Mann Verstärkung heran und eröffneten mit 500 schweren Geschützen einen Gegenangriff. Es war „wie eine Vision aus der Hölle" schrieb der deutsche Maler Franz Marc nach Hause. Am nächsten Tag wurde er getötet.

Am 6. März griffen die Deutschen auf dem Westufer den Hügel „Toter Mann" an. Ein französischer Maschinengewehrschütze beschrieb, wie Menschen durch die Luft wirbelten und Explosionen die Soldaten in den Gräben verschütteten. Er beschrieb, wie kriechende, schreiende, verstümmelte Soldaten auf ihn fielen und ihn mit ihrem Blut durchtränkten, ehe sie starben.

Am 1. Juni setzten die Deutschen fünf Divisionen ein. In tagelangen Kämpfen wurde das Fort Vaux erobert. Die Franzosen boten zwei Drittel ihrer ganzen Armee zur Verteidigung auf.

Zur gleichen Zeit begannen die Engländer einen Großangriff an dem Fluss Somme, mit dem strategischen Ziel, dort die deutsche Front zu durchbrechen. Dieser Angriff zwang die Deutschen, Truppen von Verdun abzuziehen. Im Oktober eroberten die Franzosen die Festungswerke Douaumont und Vaux. An einem einzigen Tag gewannen sie das Gelände zurück, das die Deutschen in vier Monaten erkämpft hatten. Dafür starben etwa 317 000 Franzosen und 282 000 Deutsche.

Schlachtfeld Europa – der Erste Weltkrieg

Soldatenfriedhof und Gedenkstätte inmitten des ehemaligen Schlachtfeldes, wo viele nach dem Krieg geborgene Gebeine der Soldaten bestattet sind. Verdun war nicht die größte Materialschlacht des Ersten Weltkrieges, aber nirgendwo hat sich die Zerstörungskraft auf so kleinem Raum konzentriert.

Das Schlachtfeld Verdun – eine entsetzliche Kraterlandschaft. Ein Bericht beschreibt die ökologischen Folgen (1987):

Laub- und Mischwälder der Vorkriegszeit zerschossen oder gar völlig verschwunden, der Boden zerwühlt, verbrannt und tot, stellenweise aufgrund der Gaseinwirkung sogar des mikrobiologischen Lebens beraubt, also vollkommen steril. Die Oberfläche zerfurcht von Gräben, ausgehöhlt durch unterirdische Stellungen und übersät von Stacheldraht, Granaten und menschlichen Kadavern.

Die Landschaft war über so weite Strecken so vollständig zerstört, dass es für die französische Regierung unumgänglich war, gründliche Bodenreinigungsprogramme zur Vorbereitung für systematische Aufforstungsarbeiten vorzunehmen.

Die Aufräumungsarbeiten im Bereich des Départements Meuse zogen sich bis 1928 hin. Es waren u. a. folgende Arbeiten zu leisten:
- Rekultivierung von Gelände: 200 000 ha
- Beseitigung von Stacheldrahthindernissen: 54 000 000 m²
- Erdbewegung zur Auffüllung der Schützengräben: 28 000 000 m³

Die Folgen des Ersten Weltkrieges auf die Landschaft um Verdun sind noch heute nicht überwunden, wenn auch die auf dem Schlachtfeld inzwischen hoch gewachsenen Wälder auf den fremden Betrachter einen so friedlichen Eindruck machen.

Gedenkstätte im Fort Douaumont. Hinter der Wand ruhen deutsche Soldaten, die durch die Explosion eines Granatlagers getötet wurden. Sie konnten von ihren Kameraden nicht im Freien bestattet werden, weil das Fort unter ständigem Beschuss lag.

Projekt: Geschichtserkundung

1. **Das Thema:** Aufsuchen von Grabstätten der Opfer von Krieg und Gewalt
2. **Der Ort:** Gefallenenfriedhöfe, Einzelgrabstätten Gefallener auf kommunalen Friedhöfen, Grabstätten ausländischer Kriegsgefangener in Deutschland
3. **Die Vorbereitung:**
   - Gestaltung des Themas im Unterricht
   - Verteilung von Aufgaben für die Exkursion: Kurzreferate zu einzelnen Themen, Sammeln von Material, Forschungsaufgaben wie Lageskizzen, Objektzeichnungen, Interviews von Besuchern, Notizen zu Besonderheiten (Inschriften, Erklärungstexte, Erhaltungszustand von Objekten usw.)

6 „Siegfrieden" oder Verständigungsfrieden

1 Im Hauptquartier der Obersten Heeresleitung (OHL) 1914; von links: Generalfeldmarschall von Hindenburg, Kaiser Wilhelm II., General Ludendorff (farbige Postkarte).

U-Boot-Krieg und Kriegseintritt der USA

Seit Beginn des Krieges hatte Großbritannien den Kanal und die Nordsee für deutsche Schiffe abgeriegelt. Durch diese Blockade gingen in Deutschland bald kriegswichtige Rohstoffe und Lebensmittel aus. Da die deutsche Kriegsflotte nur knapp der Vernichtung auf der Nordsee entgangen war, wagte man keinen Angriff auf Großbritannien.

Deutschland setzte Unterseeboote ein. Sie sollten britische Handelsschiffe versenken und England ebenfalls vom Überseehandel abschneiden. Im Jahre 1915 versenkte ein deutsches U-Boot das Passagierschiff „Lusitania". Dabei kamen viele amerikanische Frauen und Kinder ums Leben, die trotz Warnungen mit dem englischen Schiff nach England gereist waren. In den USA war die Bevölkerung über die barbarische Kriegführung der Deutschen aufgebracht und die Regierung forderte die deutsche Regierung auf, diese Form des uneingeschränkten U-Boot-Krieges einzustellen.

Im Jahre 1916 regte der amerikanische Präsident Wilson die Aufnahme von Friedensverhandlungen an. Nach dem Sieg Österreich-Ungarns und Deutschlands über Rumänien fühlte sich die deutsche Regierung stark genug ein Friedensangebot an ihre Gegner zu richten. Die Alliierten lehnten das Angebot ab. Daraufhin forderte Wilson die Krieg führenden Mächte auf, ihre Bedingungen für eine Friedenskonferenz zu nennen, und schlug einen „Frieden ohne Sieg" vor. Dazu war aber keiner der Beteiligten bereit.

Im Frühjahr 1917 brach in Russland eine Revolution aus. In England und Frankreich fürchtete man, dass Russland aus dem Krieg ausscheiden würde. Auch in den USA hielt man einen Sieg Deutschlands für möglich. Als die deutsche Regierung den U-Boot-Krieg verschärfte, erklärten die USA im April 1917 Deutschland und Österreich-Ungarn den Krieg und begannen eine Offensive. Im Frühjahr 1918 unterschrieb Russland einen von Deutschland diktierten Friedensvertrag und schied aus dem Krieg aus. Nun setzte Deutschland auf den militärischen Sieg und schlug alle Friedensvorschläge Wilsons in den Wind.

Waffenstillstand

Erstmals seit vier Jahren geriet der Krieg im Westen wieder in Bewegung. Aber jetzt machte sich bemerkbar, dass die USA gewaltige Massen an Kriegsmaterial nach Europa gebracht hatten und Deutschland nach langen Jahren des Krieges erschöpft war.

Im September 1918 verlangte die Oberste Heeresleitung unter Hindenburg und Ludendorff von der deutschen Regierung einen *Waffenstillstand* herbeizuführen. Der amerikanische Präsident forderte das Ende des U-Boot-Krieges, die Räumung der besetzten Gebiete und demokratisch gewählte Vertreter Deutschlands als Unterhändler. Am 8. November fuhr eine Abordnung unter Leitung eines Abgeordneten des Reichstages zu den Waffenstillstandsverhandlungen.

Deutschland und seine Verbündeten hatten den Krieg verloren.

Waffenstillstand bedeutet die Einstellung von Feindseligkeiten zwischen Krieg führenden Staaten. Meistens folgen Friedensverhandlungen. Werden Kampfhandlungen für kurze Zeit z. B. zur Bergung von Verwundeten eingestellt, spricht man von Waffenruhe.

Schlachtfeld Europa – der Erste Weltkrieg

2 rechts: **Die deutsche Waffenstillstandskommission** mit weißen Fahnen an den Autos fährt durch den französischen Ort Compiègne zu den Verhandlungen. Matthias Erzberger, Mitglied der Zentrumspartei und der Regierung, unterzeichnet am 11. November 1918 um 17 Uhr den Waffenstillstandsvertrag.

3 Die deutsche Regierung und die Oberste Heeresleitung (OHL) waren seit Kriegsausbruch davon überzeugt, dass nur ein „Siegfrieden" Deutschland vor einer Revolution retten und damit das Kaiserreich bewahren könne. Dennoch legten sie am 12. Dezember 1916 ein Friedensangebot vor:
Getragen von dem Bewusstsein ihrer militärischen und wirtschaftlichen Kraft und bereit, den ihnen aufgezwungenen Kampf nötigenfalls bis zum Äußersten
5 fortzusetzen, zugleich aber von dem Wunsch beseelt, weiteres Blutvergießen zu verhüten und den Gräueln des Krieges ein Ende zu machen, schlagen die vier verbündeten Mächte vor, alsbald in Frie-
10 densverhandlungen einzutreten. Die Vorschläge, die sie zu diesen Verhandlungen mitbringen werden und die darauf gerichtet sind, Dasein, Ehre und Entwicklungsfreiheit ihrer Völker zu sichern,
15 bilden nach ihrer Überzeugung eine geeignete Grundlage für die Herstellung eines dauerhaften Friedens.

4 Die Antwort der Alliierten an die Mittelmächte vom 30. Dezember 1916:
Vor jeder Antwort legen die alliierten Mächte Gewicht darauf, gegen die beiden wesentlichen Behauptungen der Note der feindlichen Staaten lauten Ein-
5 spruch zu erheben, welche auf die Alliierten die Verantwortung für den Krieg abwälzen will und die den Sieg der Zentralmächte verkündete. (…)
Für die Vergangenheit übersieht die
10 deutsche Note die Tatsachen, die Daten und die Zahlen, die feststellen, dass der Krieg gewollt hervorgerufen und erklärt worden ist durch Deutschland und Österreich-Ungarn. (…)
15 Für die Zukunft verlangen die (…) verursachten Verwüstungen (…) Sühne, Wiedergutmachung und Bürgschaften.

Länder	während des Krieges insgesamt mobil. Streitkräfte	gefallen und gestorben	Verwundete	Gefangene und Vermisste	Gesamtausfälle der mobil. Streitkräfte in %
Alliierte und verbündete Staaten:					
Russland	12 000 000	1 700 000	4 950 000	2 500 000	76,3
Frankreich*	8 410 000	1 357 800	4 266 000	537 000	73,3
Großbritannien*	8 904 467	908 371	2 090 212	191 652	35,8
Italien	5 615 000	650 000	947 000	600 000	39,1
USA	4 355 000	126 000	234 300	4 500	8,2
Japan	800 000	300	907	3	0,2
Rumänien	750 000	335 706	120 000	80 000	71,4
Serbien	707 343	45 000	133 148	152 958	46,8
Belgien	267 000	13 716	44 686	34 659	34,9
Griechenland	230 000	5 000	21 000	1 000	11,7
Portugal	100 000	7 222	13 751	12 318	33,3
Montenegro	50 000	3 000	10 000	7 000	40,0
Gesamt	*42 188 810*	*5 152 115*	*12 831 004*	*4 121 090*	*52,3*
Mittelmächte:					
Deutschland	11 000 000	1 773 700	4 216 058	1 152 800	64,9
Österreich-Ungarn	7 800 000	1 200 000	3 620 000	2 200 000	90,0
Türkei	2 850 000	325 000	400 000	250 000	34,2
Bulgarien	1 200 000	87 500	152 390	27 026	22,2
Gesamt	*22 850 000*	*3 386 200*	*8 388 448*	*3 629 829*	*67,4*
Gesamtbilanz	*65 038 810*	*8 538 315*	*21 219 452*	*7 750 919*	*57,6*

*einschließlich Kolonialtruppen

5 Der Erste Weltkrieg in Zahlen.

1 Beschreibe anhand des VT die Wende im Ersten Weltkrieg.
2 Lies M 3 und M 4 und beurteile den Friedenswillen der Kriegsparteien.

7 Verlierer des Krieges

1 Eine deutsche Volksschule im Jahr 1914. An den Wänden hängen Bilder von Kaiser Wilhelm II. und von Hindenburg. Thema der Stunde: „100 000 Russen in Ostpreußen".

Kriegsrecht
Seit 1856 wurden in vielen Verträgen völkerrechtliche Bestimmungen erlassen, wodurch die Leiden der vom Krieg Betroffenen gemildert werden sollen. Zu ihnen gehören das Verbot von Geschossen und Waffen, die im Körper des Gegners bestimmte Verletzungen verursachen, und die Tötung oder Verwundung eines Feindes, der sich ergeben hat. Die Zivilbevölkerung, Kranke und Verwundete genießen besonderen Schutz.

Alle am Weltkrieg beteiligten Länder machten die größten Anstrengungen um den Krieg zu gewinnen.

Der Krieg kostete viele Opfer. Das begann bei den Kindern, die in der Schule von den heldenhaften Taten der Männer im Krieg lernten, zum größten Teil aber ohne ihre Väter aufwachsen mussten. Frauen verloren ihren Freund, Ehemann oder Sohn. Viele mussten jahrelang um das Schicksal eines vermissten Angehörigen bangen. Frauen übernahmen die Arbeitsplätze der Männer, die an der Front standen. Ihr Lohn war kärglich. Witwen- und Waisenrenten, die der Staat zahlte, reichten kaum zum Überleben.

Viele Männer kehrten schwer verwundet zurück, litten ihr Leben lang an den Verletzungen und mussten von den Angehörigen gepflegt werden. In Deutschland kam es durch die Seeblockade und Ausfälle in der Landwirtschaft zu großer Lebensmittelknappheit. Die Menschen hungerten. Als sich 1918 eine Grippewelle in Europa ausbreitete, starben die von den jahrelangen Kriegsentbehrungen geschwächten Menschen zu Hunderttausenden.

Das *Kriegsrecht* verbot zwar die Verwendung von Geschossen, die „unnötige Leiden" verursachten, aber das konnte an der Wirklichkeit des grauenvollen Sterbens nichts ändern.

Ein Arzt, der 1914 in Flandern unter einer Kirchenkanzel Verwundete operierte, berichtete: „Draußen tobte der Kampf. (…) In die Kirche herein strömten die Bahren mit den Schwerverletzten und die Scharen der Leichtverletzten. Wir alle verbanden unausgesetzt. (…) Dazu der Blutgeruch, das Jammern und Stöhnen der Verwundeten, das Heulen der Geschosse, das Ächzen der Sterbenden. Ein Verwundeter wankte (…) auf mich zu, ein Blutstrom entquoll seinem Mund, allem Anschein nach war die Zunge herausgeschossen. Aber ehe ich noch zufassen konnte, sank er tot zusammen. Den Nächsten heran!"

Von den Verwundeten in der Schlacht an der Somme waren etwa 30 % durch Kugeln und etwa 70 % von Granaten und Handgranaten verletzt worden. Die Granaten führten meistens zu den schlimmsten Verwundungen, da sie im menschlichen Körper gleichzeitig viele Zerstörungen anrichteten.

2 Kriegsversehrter. Solch ein Foto wurde während des Krieges nicht veröffentlicht.

Schlachtfeld Europa – der Erste Weltkrieg

3 Benachrichtigung über den Tod des Mannes. Der gefallene Arbeiter Gottfried Böhmer hinterlässt Frau und Tochter. Frau Anna Böhmer erhält als Kriegerwitwe eine Rente von 80 Mark pro Monat (Preise: 4 Brötchen = 10 Groschen, Miete für 3 Zimmer, Küche, Bad = 20 Mark)
Im Felde, 12. April 1916
Sehr geehrte Frau Anna Böhmer!
Ihr Schreiben vom 3. März (…) hat mich erreicht, und bin ich in der Lage Ihnen
5 persönlich über den Tod unseres lieben Böhmer Auskunft zu geben. (…) Hätte er mir gefolgt, wäre er zur kritischen Stunde in Urlaub gewesen, aber er wollte erst am 7. April fahren um die Ostern mit Ih-
10 nen zu verleben. (…) Sein Tod war schmerzlos, da er durch eine Granate voll getroffen, hoch in die Luft flog und tot zurückkam. Wer so stirbt, stirbt als Held und es ist sicher Gottes Schickung
15 gewesen, so sterben zu müssen. – (…)
Bleiben Sie stark für die fernere Zukunft.
Ergebenst A. Beiersdörfer, Feldwebel.

4 Die Bonnerin Anna Kohns (1883–1977), Ehefrau eines Bildhauers, zeichnete von 1914–1920 ihre Eindrücke und Beobachtungen in einem Schulheft auf:
21. März 1916
Es ist bald kein Haus, wo nicht ein Angehöriger gefallen ist, und dann die ungeheure Teuerung der Lebensmittel. (…)
5 Wenn man bei Fett- und Butterverkauf die Menschenmenge sieht, die sich drängt, dann weiß man, wie es mit uns steht.
1. Oktober 1916
Ist das ein Jammer, Elend und Not! Wir
10 haben nicht genug zum Leben und zu viel zum Sterben. Eier gibts alle 14 Tage, 1 Ei pro Person. Fleisch alle 8 Tage 100 bis 150 gr., Fett gar keins mehr. Butter 30 gr. die Woche. Dazu schon mal 6 oder 8 Pfd.
15 Kartoffeln die Woche, davon soll man leben. (…). Ich weiß wirklich nicht, wie wir im Winter leben sollen und wovon. (…)
Aber (…) die Reichen, die haben alles in Fülle und können auch drankommen. Es
20 ist eine Schande, wenn man die Ungerechtigkeit sieht.
10. Februar 1917
(…) Wir essen jetzt Steckrüben (…) und sind zufrieden, dass etwas da ist. (…) In
25 Friedenszeiten hat man die Dinger dem Vieh verfüttert.

5 *Arbeiterinnen beim Reinigen von Maschinengewehren, 1916.* Das preußische Kriegsministerium erklärte in einem Schreiben vom 5. Februar 1917: „Die Industrie muss damit rechnen, dass ihr immer mehr Männer entzogen werden. Die Nutzbarmachung der weiblichen Arbeitskräfte gewinnt daher immer größere Bedeutung."

6 *Reallohnentwicklung,* Index (statistische Bezugsgröße = 100):

Jahr (März)	1914	1915	1916	1917	1918
Arbeiter					
Kriegsindustrien	100	91,8	88,9	76,2	77,8
Friedensindustrien	100	82,6	73,5	54,3	52,2
Arbeiterinnen					
Kriegsindustrien	100	90,8	101,5	83,5	86,0
Friedensindustrien	100	78,0	72,4	53,2	58,9

7 *Gewinnauszahlungen* deutscher Aktiengesellschaften im Krieg an die Besitzer von Aktien (Dividenden in % des Aktienkapitals):

Jahr	Industrie gesamt	Kriegsindustrie	Chemie
1914/15	5,00	5,69	5,43
1915/16	5,90	10,00	9,69
1916/17	6,52	14,58	11,81

1 Vergleiche die beiden Tabellen miteinander und versuche die jeweiligen Entwicklungen zu erklären (M 6, M 7).
2 Den hier gekürzt abgedruckten Brief (M 3) kann man aus drei Perspektiven lesen: Was wollte der Absender erreichen? Weshalb hatte die Witwe um den Brief gebeten? Wie beurteilen wir heute den Wahrheitsgehalt der Darstellung?
3 Welche Auswirkungen hatte der Krieg auf das Leben von Frauen (M 3, M 4, M 5)?

8 Kriegerdenkmäler – vom Umgang mit Geschichte

1 Trauerndes Elternpaar. Denkmal von Käthe Kollwitz (1867–1945) auf dem Soldatenfriedhof Vladslo bei Dixmuide in Belgien. Die am Ende des Gräberfeldes stehenden Figuren des trauernden Elternpaares hat Käthe Kollwitz zum Gedächtnis an ihren gefallenen Sohn Peter geschaffen.

Geschichtsdenkmal
Ein Geschichtsdenkmal ist ein Objekt, das an Ereignisse oder Personen der Geschichte erinnern soll. Sofern es von tragischen Ereignissen Zeugnis ablegt, spricht man von einem Mahnmal. Die Beschädigung öffentlicher Denkmäler ist nach § 304 StGB strafbar.

Nach dem Ersten Weltkrieg wurden in allen am Krieg beteiligten Staaten Denkmäler errichtet. *Geschichtsdenkmäler* waren schon in der Antike zur Erinnerung an politische Ereignisse oder berühmte Männer aufgestellt worden. Im 19. Jahrhundert dienten Denkmäler in Deutschland meistens zur Verherrlichung von als denkmalwürdig angesehenen Personen oder militärischen Siegen. In Kirchen oder auf Friedhöfen wurden Namenstafeln aufgestellt, die an die Gefallenen der Gemeinde im Krieg erinnern sollten. Dieser Brauch wurde auch nach dem Ersten Weltkrieg beibehalten.

Mahnung oder Verherrlichung?
Der Tod von Millionen von Soldaten in den Materialschlachten veranlasste die Überlebenden zur Errichtung zahlreicher Kriegerdenkmäler. Man wollte damit nicht nur der Toten gedenken, sondern auch zum Ausdruck bringen, dass ihr Tod einen Sinn gehabt habe. Die Gestaltung der Kriegerdenkmäler fiel sehr unterschiedlich aus, je nachdem ob die Auftraggeber und der Künstler eher das Leid und die Trauer oder mehr den heldenhaften Tod für das Vaterland ausdrücken wollten. Schon bei der Errichtung vieler Kriegerdenkmäler gab es deshalb Streit. Manchmal wurden sie später sogar zerstört, wie z. B. Denkmäler des berühmten Künstlers Ernst Barlach, der in seinen Werken die Sinnlosigkeit des Krieges anprangerte.

Mit Ernst Barlach war die Künstlerin Käthe Kollwitz befreundet. Sie hatte im Ersten Weltkrieg ihren 18-jährigen Sohn Peter verloren und konnte den Verlust ihr Leben lang nicht verwinden. Sie machte sich Vorwürfe, dass sie ihren Sohn nicht davon abgehalten hatte, sich freiwillig für die Verteidigung des Vaterlandes zu melden. Peter kam nach kurzer Ausbildung in das Kampfgebiet in Flandern, wo er nach wenigen Tagen den Tod fand.

Käthe Kollwitz schuf in jahrelanger Arbeit ein ergreifendes Denkmal zum Krieg. Ein Bildhauer meißelte es nach ihren Entwürfen aus hartem Granitgestein. Es wurde auf einem Soldatenfriedhof in Belgien aufgestellt, dort wo Peter Kollwitz seine letzte Ruhestätte gefunden hatte.

Schüler besuchen das Denkmal
Es waren auf den Tag achtzig Jahre vergangen, als eine Gruppe von deutschen Schülern an das Grab von Peter Kollwitz trat. Sie hatten sich im Kunst- und Geschichtsunterricht mit dem Denkmal von Käthe Kollwitz beschäftigt. Auf der Fahrt nach Belgien trugen Schüler aus ihren Arbeiten vor. So vergegenwärtigten sie sich die letzten Tage und Stunden im Leben eines jungen Menschen, der sein Leben nicht leben durfte. Am 21. Oktober 1914 begann in Flandern eine Schlacht, die bis zum 15. November andauerte. Am 24. Oktober schrieb Käthe Kollwitz in ihr Tagebuch: „Die erste Nachricht von Peter. Er schreibt, sie hören schon Kanonendonner."

Schlachtfeld Europa – der Erste Weltkrieg

Denkmäler als Zeitzeugen

Viele Menschen gehen an Denkmälern achtlos vorbei. Wer aber versteht mit Denkmälern richtig umzugehen, der erfährt viel über die Menschen, die uns ihr Erbe hinterlassen haben. Viele Städte und Gemeinden in Deutschland haben inzwischen an Kriegerdenkmälern Tafeln aufgestellt, die den Betrachtern erste Informationen geben. Aber wie gehen wir weiter vor, wenn wir ein Denkmal erforschen?

Zunächst können wir ausgehen von dem Eindruck, den Kriegerdenkmäler auf uns machen. Achtet dabei besonders auf den Gesichtsausdruck und die Körperhaltung der abgebildeten Figuren; vielleicht wurden auch Symbole verwendet, die wir deuten können.

– Wie wirken die dargestellten Personen auf uns? Zum Beispiel: Ergreifen oder befremden sie uns? Zeigen sie wirkliche Menschen aus „Fleisch und Blut" oder Helden? Werden menschliche Gefühle wie Trauer oder Angst sichtbar oder verkörpern die Figuren eher soldatische Tugenden wie Heldenmut oder Opferbereitschaft?
– Aus welchem Anlass wurde das Denkmal geschaffen? Wer gab den Auftrag dazu und wer hat es geschaffen?
– Was ist dargestellt? Gibt es eine Inschrift? Wie wurde das Thema künstlerisch umgesetzt?
– Wo wurde das Denkmal aufgestellt? Hat der Ort eine besondere Bedeutung? Gibt es bestimmte, regelmäßige Gedenkveranstaltungen an diesem Ort?

Versuche nun die „Botschaft" des Denkmals zu formulieren. Kannst du ihr zustimmen?

2 Die Brüder Hans und Peter Kollwitz

3 Aus dem Tagebuch von Käthe Kollwitz
(Sonntag, 9. August 1914)
Karl (der Vater): „Das Vaterland braucht dich noch nicht, sonst hätte es dich schon gerufen." Peter leise aber fest: „Das
5 Vaterland braucht meinen Jahrgang noch nicht, aber mich braucht es." Immer wendet er sich stumm mit flehenden Blicken zu mir, dass ich für ihn spreche.
(Montag, 10. August 1914)
10 Verzweifeltes Aufwachen am Morgen. Gefühl der Unmöglichkeit der Hingabe Peters. Mit Peter nach dem Frühstück gesprochen. Gesagt, dass ich nichts zurücknähme vom gestrigen Abend. Er müsse
15 über sich selbst bestimmen. Aber ob er nicht doch noch etwas warten wolle bis er gerufen werde? Die Wahrscheinlichkeit läge nahe, dass keiner dieser Jünglinge wiederkäme.

4 „Nie wieder Krieg" stand 1981 eines Morgens in großen weißen Buchstaben auf dem Kriegerdenkmal zu Ehren der Gefallenen des Ersten Weltkrieges in Hildesheim. Viele Einwohner reagierten empört. – Welche Eindrücke hinterlassen die beiden abgebildeten Denkmäler (M 1, M 4) bei euch?

20 (...) Während des Sprechens dasselbe Gefühl wie am Abend vorher, als Karl sprach: Man spricht umsonst und man findet keine Worte, weil der stumm zu-
25 hörende Junge mit Macht sich gegen das eigene Innere durchsetzt.
(...) Abends ich und Karl allein. Weinen, Weinen, Weinen.

1 Was wisst ihr über das Leben und Sterben von Peter Kollwitz?
2 Stellt die Entstehungsgeschichte des Denkmals (M 1) dar: Idee, Planung, Ausführung, Aufstellung.
3 Was wisst ihr über die Einstellung von Käthe Kollwitz zum Krieg?

Auf einen Blick

ab Ende des 19. Jh.
Wettrüsten der europäischen Großmächte; eine internationale Friedensbewegung entsteht

1912/1913
Kriege in den Balkan-Ländern

Situation 1914:
zwei hochgerüstete Bündnissysteme stehen sich gegenüber

Juni 1914
Attentat von Sarajewo, Auslöser für den Ersten Weltkrieg

1916
Schlacht von Verdun

1917
die USA treten in den Krieg ein

November 1918
der Waffenstillstandsvertrag wird unterzeichnet

„Durchhalten!" (deutsche Postkarte von 1917). „Und droh'n uns're Feinde auch noch so viel/ Uns mit der Hungersnot Graus/ Wir machen die letzte Kartoffel mobil/ Wir Deutsche, wir halten es aus."

Europäisches Wettrüsten

Bismarck hatte zur Sicherung des neu gegründeten Reiches Bündnisse mit Italien, Österreich-Ungarn und Russland geschlossen. Nachdem sich Österreich und Russland aber immer mehr verfeindeten, verständigte sich Frankreich mit Russland. Zu diesem Bündnissystem kam auch Großbritannien hinzu, das sich von Deutschlands Flottenaufrüstung herausgefordert fühlte.

Unruhen und Kriege auf dem Balkan führten zu gefährlichen Krisen zwischen den zwei Bündnissystemen. Daraufhin begannen die europäischen Großmächte ihre Heere und Flotten aufzurüsten.

Die Mitte des 19. Jahrhundert entstandene Friedensbewegung verfolgte das Wettrüsten mit Sorge. Ihre Mitglieder sahen, dass ein Krieg im Industriezeitalter furchtbare Verluste an der Front und in der Bevölkerung haben würde. Ihre Forderungen nach Abrüstung und Völkerverständigung hatten aber keinen Einfluss auf das politische Geschehen.

Mobilmachung!

Nach dem Attentat von Sarajewo im Juni 1914 stellte sich Deutschland bedingungslos auf die Seite seines Partners Österreich-Ungarn und ging bewusst das Risiko eines Krieges ein. Es gibt sogar die Meinung, Deutschland habe den Krieg gewollt. Im August erklärt Deutschland Frankreich und Russland den Krieg. Die Mittelmächte (Deutschland, Italien, Österreich-Ungarn) kämpfen gegen die mit Russland verbündete Entente (Frankreich, Großbritannien).

Der deutsche Vormarsch durch Belgien nach Frankreich wurde vor Paris gestoppt. Nach mehreren verlustreichen Kämpfen erstarrten die Fronten im Westen und Osten in Schützengräben zum „Stellungskrieg". In grausamen und häufig ergebnislosen „Materialschlachten" verloren hunderttausende junge Männer ihr Leben. Andere erlitten durch neuartige Waffen wie Granaten und Giftgas unheilbare Verletzungen.

In den deutschen Städten herrschte währenddessen Hunger und Elend: Zwischen 1914 und 1918 verhungerten ca. 800 000 Menschen; viele Kinder und ältere Menschen waren so geschwächt, dass sie in einer Grippewelle starben.

Um die englische Blockade zu durchbrechen, begannen die Deutschen 1917 einen uneingeschränkten U-Boot-Krieg. Dies veranlasste die USA in den europäischen Krieg einzutreten, der damit zum Weltkrieg wurde. Gegenüber dem gewaltigen Kriegsmaterial der USA und aufgrund der erschöpften Truppen an der Front hatte Deutschland kaum noch eine Siegeschance. Trotzdem hielten die militärische Führung und der Kaiser bis zuletzt die Illusion eines Sieges aufrecht. Erst als alle Fronten zerbrachen, baten sie im September 1918 um einen Waffenstillstand.

Der Erste Weltkrieg kostete weltweit über acht Millionen Menschen das Leben und Unzähligen die körperliche und seelische Gesundheit. Alle Krieg führenden Länder trugen schwer an den wirtschaftlichen Nöten und politischen Schwierigkeiten, die aus dem Krieg folgten.

Schlachtfeld Europa – der Erste Weltkrieg

In dem Buch „Die roten Matrosen" berichtet Klaus Kordon von Helle, der in der Zeit des Ersten Weltkriegs mit seiner Mutter und seiner Schwester Martha in Berlin lebt. Der Vater war gleich zu Beginn des Krieges ins Feld gezogen. An einem Tag im November 1918 kommt er endlich zurück – allerdings mit nur einem Arm.

Erschrocken bleibt die Mutter in der Küchentür stehen, fast so, als könne sie nicht glauben, dass der Mann mit dem dichten Vollbart der Vater ist. „Rudi?"
5 (…) Der Vater schiebt Martha von seinem Schoß, steht auf und legt den Arm um die Mutter. „Da bin ich wieder," sagt er leise, „diesmal für immer."

„Für immer?" Die Mutter dreht den
10 Docht der Petroleumlampe hoch – und schwankt. Sie hat den leeren Ärmel entdeckt.

Der Vater hält sie fest. „Marie!" bittet er. „Es ist schlimm, aber es gibt Schlim-
15 meres. Ich lebe ja noch." Da presst die Mutter ihr Gesicht an Vaters Brust. „Diese Verbrecher!" stöhnt sie. Dann weint sie endlich. (…)

„Wir haben wirklich noch Glück ge-
20 habt," tröstet der Vater sie. „Was meinste, wie viele meiner Kameraden im letzten Jahr gefallen sind und wie viele junge Männer noch jetzt jeden Tag fallen."

Er erzählt ihr von all dem, was er seit
25 dem letzten Urlaub erlebt hat, und die Mutter unterbricht ihn nicht, obwohl sie und Helle vieles von dem, was der Vater da berichtet, längst wissen. Die Todesnachrichten, die die Frauen in der Fabrik,
30 im Haus und in den Nachbarhäusern erhalten, werden ja immer mehr. „Auf dem Felde der Ehre gefallen" heißt es in diesen Briefen, und oft sind irgendwelche Orden beigelegt, die die gefallenen Män-
35 ner sich im Krieg verdient haben.

Erst als der Vater seinen Bericht beendet hat, erzählt die Mutter von den vielen Frauen, Kindern und alten Männern, die der Vater kannte und die im letzten
40 Kriegswinter verhungert, erfroren oder der Grippewelle zum Opfer gefallen sind. Sie nennt sie ebenfalls „Kriegstote", und Helle weiß auch warum: Es gibt ja nur deshalb nicht genug zu essen und zu hei-
45 zen, weil Krieg ist. Der Krieg ist schuld an all dem Elend und der Not. (…)

Helle erinnert sich ganz genau an den Tag vor vier Jahren, als die Mutter und er den Vater ins Feld verabschiedeten. Es
50 war ein sonniger Augusttag gewesen, der Krieg hatte gerade erst begonnen. Die Mutter hatte sich für den Vater hübsch gemacht und küsste ihn immer wieder auf den Mund. Der Vater trug ei-
55 nen verschnürten Karton in der Hand und ein kleines schwarzweiß-rotes Bändchen im Knopfloch und lachte, weil die Mutter ihn einen Helden nannte. Und so wie der Vater zogen an jenem Tag viele
60 junge Männer mit ihren Kartons durch die Straßen. Sie schwenkten Fähnchen und riefen Sprüche wie „Nieder mit Serbien!" oder „Es lebe Deutschland!" (…)

Vor dem Bahnhof spielte eine Militär-
65 kapelle, die Männer stiegen in den Zug, die Frauen und Kinder winkten ihnen nach, und die Mutter weinte ein bisschen. Jedoch mehr aus Stolz und Rührung; Angst um den Vater hatte sie nicht. Jeden-
70 falls tat sie so. Sie sagte: „ Weihnachten ist er ja wieder bei uns." Das sagten damals alle. Aber als es dann Weihnachten wurde und der Krieg andauerte, wurden die Menschen immer nachdenklicher.

75 „Aber Ebert und seine Leute, all eure Führer haben doch auch gesagt, es gilt das Vaterland zu verteidigen. Was hättste denn tun sollen? Irgendwem mussteste doch vertrauen." Die Mutter will nicht,
80 dass der Vater sich Vorwürfe macht (…).

„Das ist ja eben! Sie haben uns belogen, unsere eigenen Führer! Alles nichts als eine bodenlose, unverschämte Lüge. (…) Wir sind nicht in den Krieg gezogen
85 um Österreich beizustehen oder um uns unserer Neider zu erwehren, wie's uns immer gepredigt wurde, sondern weil wir endlich 'nen Vorwand hatten um loszuschlagen. Und auch den anderen Län-
90 dern kam die Ermordung von diesem österreichischen Ferdinand nicht ungelegen; wie die Wölfe stürzten sie aufeinander los um einander die „Einflussgebiete" abzujagen."

95 Er schiebt den Topf weg, lehnt sich zurück und sieht Helle ernst an. „Du musst nicht denken, dass ich das alles schon damals gewusst habe. Hätt ich's gewusst, wär ich lieber ins Gefängnis ge-
100 gangen und nicht wie so'n Stück Schlachtvieh in den Krieg gezogen."

USA und Sowjetunion –

„The American Way of Life" – ein Weg nach oben? (Karikatur von Elliott Banfield, ohne Jahresangabe).

Die Freiheitsstatue von New York; im Hintergrund die Skyline von Manhattan, dem Geschäftszentrum der nordamerikanischen Metropole. Die Freiheitsstatue war ein Geschenk der Franzosen an die USA zu deren 100-jährigem Jubiläum der Unabhängigkeit.

Der „Marsch auf Washington" am 28. August 1963 unter der Führung von Martin Luther King (sechster von rechts). Die 200 000 Bürgerrechtler forderten vor allem: „Arbeitsplätze für alle – Jetzt!", „Wahlrechte – Jetzt!" und „Beendet die Rassentrennung in den Schulen".

die neuen Weltmächte

Arbeiter und Kolchosbäuerin (Plastik von der sowjetischen Bildhauerin Wera Muchina). Das Werk wurde für die Pariser Weltausstellung 1936/1937 geschaffen; die Künstlerin erhielt dafür den Stalinpreis. Heute steht die Statue auf dem Moskauer Ausstellungsgelände.

Der sowjetische Diktator Josef Stalin inmitten von Kindern (Ausschnitt aus einem Gemälde von Wassili Swarog, 1939).

Das ehemalige Straflager Butugytschag auf der ostsibirischen Halbinsel Kolyma. Bei Temperaturen bis minus 70 °C und eisigen Stürmen mussten die Gefangenen Urangestein schleppen. Kaum jemand überlebte.

1 Die USA treten in die Weltpolitik ein

1 Propagandaplakate wie dieses oder Filme wie „The Kaiser, the beast of Berlin" ließen 1917 innerhalb weniger Monate die Antikriegsstimmung der US-Bevölkerung in Kriegshysterie umschlagen.

Völkerbund
Auf Vorschlag des amerikanischen Präsidenten Wilson wurde 1919 bei den Pariser Friedensverhandlungen der Völkerbund als internationale Friedensorganisation gegründet. Durch ihn glaubte man staatliche Konflikte in Zukunft friedlich regeln zu können. Deutschland wurde erst 1926 aufgenommen, trat aber nach der Machtübernahme Hitlers wieder aus dem Völkerbund aus. Den Zweiten Weltkrieg konnte der Völkerbund nicht verhindern. 1946 wurde der Bund aufgelöst.

Politik der Neutralität
Als der Erste Weltkrieg in Europa begann, verkündete der amerikanische Präsident Wilson: „Wir müssen unparteiisch sein in Gedanken und in der Tat."

Die Sympathien der meisten Amerikaner waren aber eindeutig aufseiten der Alliierten: Frankreich galt seit dem Unabhängigkeitskrieg als Freund Amerikas und mit England fühlten sich die Amerikaner durch Sprache und Kultur verbunden. Auf der anderen Seite waren die deutsch-amerikanischen Beziehungen etwa seit der Jahrhundertwende durch imperialistische Interessengegensätze im asiatisch-pazifischen Raum belastet. Hinzu kam, dass sich die amerikanischen Unternehmen einem immer schärferen Wettbewerb mit Waren „made in Germany" stellen mussten.

Antideutsche Gefühle wurden durch eine geschickte alliierte Propaganda verstärkt, die Gräuelmärchen über die deutschen Soldaten verbreitete. Die Vorstellung, der deutsche Militarismus könnte ganz Europa beherrschen, beunruhigte die Amerikaner.

Aber auch aus einem anderen Grund war es schwierig, strikt neutral zu bleiben.

Die USA befanden sich 1914 in einer Wirtschaftskrise. Warenlieferungen an die Alliierten steigerten die Gewinne der Unternehmen und senkten die Arbeitslosenzahlen. Außerdem stellten die Vereinigten Staaten Frankreich und Großbritannien über zwei Milliarden Dollar als Kredite zur Verfügung. Bei einem deutschen Sieg wäre dieses Geld wohl verloren gewesen.

Die USA entscheiden den Krieg
Noch 1916 trat Wilson im Wahlkampf mit dem Slogan an: „Er hielt uns aus dem Krieg heraus." Die meisten Amerikaner wünschten den Frieden und gaben Wilson ihre Stimme. Als Deutschland 1917 zum uneingeschränkten U-Boot-Krieg überging und auch amerikanische Schiffe versenkt wurden, schlug die Stimmung um: Präsident Wilson erklärte Deutschland den Krieg.

In nur eineinhalb Jahren brachten die Vereinigten Staaten über 30 Milliarden Dollar für den Krieg durch Anleihen und Steuern auf. Die Armee wurde von 100 000 Mann (1914) auf 4,5 Millionen (1918) vergrößert und die Industrie auf die Produktion von kriegswichtigem Gerät umgestellt. In Europa wurde damit der Krieg entschieden, in Amerika die Wirtschaftskrise überwunden.

Für eine neue Weltordnung
Präsident Wilson legte schon im Januar 1918 ein Friedensprogramm vor, das auf eine neue Weltordnung abzielte. Auf seine Initiative hin wurde der *Völkerbund* gegründet. Die meisten Amerikaner waren aber von Europa enttäuscht: Eine gerechte Nachkriegsordnung, die das Selbstbestimmungsrecht aller Völker eingeschlossen hätte, scheiterte an der Machtpolitik der europäischen Staaten. In der Zukunft wollten die Amerikaner sich lieber wieder aus europäischen Angelegenheiten heraushalten. Der US-Senat folgte dieser Stimmung und lehnte den Beitritt der Vereinigten Staaten zum Völkerbund ab.

USA und Sowjetunion – die neuen Weltmächte

2 Stimmen zum Kriegseintritt der USA
a) Präsident Wilson am 2. April 1917:
Der gegenwärtige deutsche U-Boot-Krieg gegen den Handelsverkehr ist ein Krieg gegen die Menschheit. (…) Unser Ziel ist es, die Grundsätze des Friedens und der Gerechtigkeit gegen selbstsüchtige Gewalt zu verteidigen. (…) Es ist eine fürchterliche Sache, dieses große friedfertige Volk in den Krieg zu führen. (…) Aber das Recht ist kostbarer als der Friede und wir werden für die Dinge kämpfen, die unseren Herzen immer am nächsten waren – für die Demokratie (…), für die Rechte und Freiheiten kleinerer Nationen, für eine weltumspannende Herrschaft des Rechts durch einen Bund freier Völker, der Frieden und Sicherheit für alle bringen und schließlich die Welt selbst befreien wird.

b) Senator Norris im Senat 1917:
Nach meiner Meinung hätten wir von Anfang an die strikteste Neutralität wahren sollen. Wenn wir das getan hätten, stünden wir jetzt nicht am Rande eines Krieges. (…) Der Krieg bringt Reichtümer für die [Munitionsfabrikanten und die] Spekulanten der Wall Street. (…) Sie wollen Geld verdienen durch den Krieg und die Vorbereitung des Krieges. (…) Wir gehen in den Krieg auf Befehl des Goldes. (…)
Die Folgen können sein, dass Millionen unserer Brüder ihr Blut vergießen müssen, Millionen von Frauen weinen, Millionen Kinder frieren und Millionen Säuglinge verhungern müssen – und alles nur, weil wir das Recht amerikanischer Bürger wahren wollen Waffen an Krieg führende Staaten zu liefern.

3 Präsident Wilsons 14 Punkte vom Januar 1918 – Forderungen in Auszügen:
3. Soweit als möglich die Aufhebung sämtlicher wirtschaftlicher Schranken und die Fortsetzung gleichmäßiger Handelsbeziehungen zwischen sämtlichen Nationen, die dem Frieden zustimmen und sich zu seiner Aufrechterhaltung vereinigen.
4. Angemessene Garantien, dass die nationalen Rüstungen auf den niedrigsten Grad, der mit der inneren Sicherheit vereinbar ist, herabgesetzt werden.

14. Eine allgemeine Gesellschaft der Nationen muss aufgrund eines besonderen Bundesvertrags gebildet werden zum Zweck der Gewährung gegenseitiger Garantien für politische Unabhängigkeit und territoriale Integrität in gleicher Weise für die großen und kleinen Staaten.

4 „Ein beachtliches Baby!", eines der 533 Schiffe, die allein 1918 in den USA hergestellt wurden (Foto): „Auf Kiel gelegt: 15. Mai, Stapellauf: 1. Juni." – Was will der Text ausdrücken? Welche Stimmung konnte ein solches Bild in der amerikanischen Bevölkerung erzeugen?

5 Appell zum Dienst an der „Heimatfront" (Plakat von 1917). – Mit welchen Mitteln spricht das Plakat die Frauen an?

1 Vergleicht die Plakate M1 und M5. An welche unterschiedlichen Gefühle appelliert die Kriegspropaganda?
2 Versuche den Stimmungsumschwung in den USA zu erklären (VT, M2). Warum bedeutete ihr Eingreifen die entscheidende Wende im Krieg?
3 Welche Organisation unserer Zeit ist mit dem Völkerbund vergleichbar?

2 Von den „Goldenen Zwanzigern" in die Depression der Dreißiger

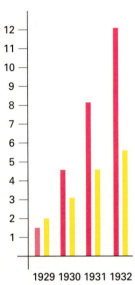

1 *Arbeitslose* in den USA (rot) und in Deutschland (gelb) im Jahresdurchschnitt in Millionen.

Depression nennt man den Tiefpunkt einer wirtschaftlichen Entwicklung. Die Kaufkraft der Arbeitnehmer sinkt, Fertigwaren und Rohstoffe erzielen geringere Preise, Konkurse und Arbeitslosigkeit nehmen stark zu.

New Deal ist die Bezeichnung für Roosevelts Sozialpolitik seit 1933. Der Begriff stammt aus dem Kartenspiel und meint Neuverteilung der Karten, also auch der Chancen.

Eine Zeit voller Optimismus

Die „Goldenen Zwanziger" nennt man in Amerika das Jahrzehnt nach dem Ersten Weltkrieg. Charleston und Jazz brachten neuen Schwung in die Tanzsäle. Mit Filmen aus der „Traumfabrik Hollywood" wurde das Kino zum Massenvergnügen, wo jedermann für ein paar Cents dem grauen Alltag entfliehen konnte. Auto, Radio und Telefon sprengten die Enge des bisherigen Lebens.

Amerikas Weg in den Massenkonsum war auch eine Folge des Ersten Weltkrieges. Während die europäischen Mächte ihre ganze Kraft darauf konzentrierten, sich gegenseitig zu vernichten, konnte die amerikanische Wirtschaft fast mühelos Teile des Weltmarktes erobern. Zwischen 1914 und 1924 wuchsen die amerikanischen Kapitalanlagen im Ausland auf das Sechsfache. New York stieg neben London zum internationalen Finanzzentrum auf.

In dem Jahrzehnt nach dem Ersten Weltkrieg verdoppelte sich die Industrieproduktion beinahe. Neue Produkte wie der Staubsauger oder die Waschmaschine kamen auf den Markt. Durch eine höhere Arbeitsteilung und Massenproduktion konnten sie so billig hergestellt werden, dass sie für breite Bevölkerungsschichten erschwinglich wurden. Höhere Löhne und zunehmende Frauenarbeit steigerten die Kaufkraft der Familien. Gleichzeitig lockte eine geschickte Werbung auch diejenigen zum Kauf, die dafür das Geld noch gar nicht besaßen: 60 % aller Autos, 75 % aller Möbel und mehr als 80 % aller Kühlschränke und Radios wurden über Ratenkäufe erworben.

Wohl zu keiner Zeit ist der typisch amerikanische Glaube an die Chancengleichheit eines jeden Bürgers größer gewesen. Erfolgsgeschichten von Tellerwäschern und Schuhputzern, die es zum Millionär gebracht hatten, schienen das zu beweisen. Mit Tüchtigkeit, Mut zum Risiko und etwas Glück müsse man es ganz einfach zu etwas bringen.

Depression und neue Hoffnung

Den schnellsten und leichtesten Weg zum Reichtum schien die Börse zu bieten, wo die Aktienkurse über Jahre hinweg ständig stiegen. Schließlich ließen sich auch „kleine Leute" vom Spekulationsfieber anstecken. Um schneller reich zu werden kauften viele Aktien auf Kredit. Steil ansteigende Kurse würden später schon dafür sorgen, dass man aus den Verkaufsgewinnen das geliehene Geld nebst Zinsen zurückzahlen könnte.

Binnen weniger Tage im Oktober 1929 platzten die Träume von Millionen Menschen wie Seifenblasen. Meldungen über steigende Arbeitslosenzahlen, gering ausgelastete Produktionsanlagen und sinkende Unternehmensgewinne führten zu einem Kurssturz an der New-Yorker Aktienbörse. Viele Aktien verloren die Hälfte ihres Wertes, manche sogar bis zu 90 %. Wer solche Aktien auf Kredit gekauft hatte, war ruiniert. Banken wurden zahlungsunfähig und schlossen ihre Schalter, Kleinanleger verloren ihre Sparguthaben. Firmen gingen in Konkurs, weil ihnen Kredite gekündigt wurden oder sie mangels Kundschaft kaum noch Waren absetzen konnten. Bis 1932 fielen die Löhne und Unternehmensgewinne ständig. Schließlich war ein Viertel aller Erwerbspersonen arbeitslos: Zwölf Millionen im Durchschnitt des Jahres 1932. Auf Millionen Amerikaner wirkte diese Wirtschaftskrise wie ein Schock.

1932 gewann Franklin D. Roosevelt die Wahlen um die Präsidentschaft mit dem Versprechen eines *New Deal*. Entgegen den amerikanischen Traditionen sollte der Staat ordnend und lenkend in die Wirtschaft eingreifen. Mit öffentlichen Bauprojekten, einem freiwilligen Arbeitsdienst, kürzeren Arbeitszeiten, gesetzlichen Mindestlöhnen und einer staatlichen Sozialversicherung wollte Roosevelt vielen Millionen Menschen wieder Beschäftigung und Zuversicht geben. Trotzdem waren 1938 noch über neun Millionen Menschen arbeitslos.

USA und Sowjetunion – die neuen Weltmächte

4 „American Way of Life"? Das Foto zeigt Opfer einer Flutkatastrophe in Louisville, die nach Lebensmitteln anstehen. Das Plakat im Hintergrund war in den dreißiger Jahren an vielen Autobahnen zu finden. Diese berühmte Aufnahme machte Margaret Bourke-White, die vielleicht beste Fotografin ihrer Zeit. Als Bildreporterin der Illustrierten „Life" brachte sie 1937 ein Buch über die Armut in den USA heraus. Die soziale Fotografie erlebte während des New Deal ihre Blütezeit. – Versuche zu erklären, warum dieses Foto berühmt geworden ist.

2 Im Wahlkampf des Jahres 1932 äußerte sich Präsident Hoover zu den Ideen seines Herausforderers Roosevelt:
Die ursprüngliche Idee dieses ganzen „amerikanischen Systems" ist nicht die Reglementierung von Menschen, sondern das Zusammenwirken freier Men-
5 schen. (…) Die Zentralisation von Regierung untergräbt Verantwortlichkeiten und wird das System zerstören. (…) Liberalismus ist eine Kraft, die dem Geist der tiefen Überzeugung entspringt, dass
10 wirtschaftliche Freiheit nicht geopfert werden darf, wenn politische Freiheit bewahrt werden soll.

3 Die Auswirkung der neuen Gesetze beschrieb ein Arbeiter 1935:
Gestern war der überraschendste Tag: Dem Boss wurde befohlen uns nach dem gesetzlichen Lohn zu bezahlen. (…) Aber da ist etwas, das ist mehr wert als Geld.
5 Das ist das Bewusstsein, dass der Arbeiter den Bossen und ihren gerissenen Rechtsanwälten und allen ihren Tricks nicht allein gegenübersteht. Da ist jetzt eine Regierung, die dafür sorgt, dass die
10 Dinge gerecht für uns laufen. Ich sage Ihnen: Das ist mehr als Geld. Es gibt Ihnen ein gutes Gefühl.

5 „Migrant Mother" (umherziehende Mutter) nannte die Fotografin Dorothea Lange dieses Foto von 1936. Es zeigt eine 32-jährige Wanderarbeiterin, die sich in Kalifornien als Erbsenpflückerin durchschlägt, wegen der großen Kälte aber keine Arbeit findet. Ihre Kinder essen gefrorene Feldfrüchte; sie leben mit der Mutter in einem Zelt. Da sie die Reifen des Autos in der Not verkaufen musste, kann die Familie nicht weiterziehen.

1 1933 kam je ein Auto auf 5 Amerikaner, 20 Franzosen, 23 Engländer, 58 Deutsche und 108 Italiener. Was sagen diese Zahlen aus?
2 Unterscheide die Positionen von Roosevelt und Hoover in der Wirtschaftspolitik (VT, M 2).
3 Roosevelt sagte 1933: „Das Einzige, was wir zu fürchten haben, ist die Furcht selbst." Erläutere diese Aussage (VT, M 3).
4 Welche Vorstellung vom „American Way of Life" soll das Plakat auf dem Foto M 4 vermitteln? Wie sah die Wirklichkeit für viele Familien in den 30er-Jahren des vorigen Jahrhunderts aus (M 5)?

3 Land der unbegrenzten Möglichkeiten …

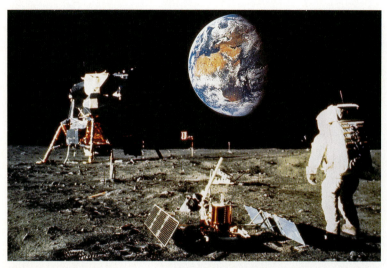

1 Den „Wettlauf zum Mond" gewannen die USA 1969. Im Vordergrund Edwin Aldrin, der nach Neil Armstrong als zweiter Mensch den Mond betrat.

2 Entwicklung des Bruttosozialprodukts der USA in Milliarden Dollar:

Jahr	US-$
1929	104,0
1933	56,0
1935	72,5
1937	90,8
1940	100,6
1941	125,8
1945	211,0

Vom Börsenkrach zur Supermacht?

Trotz des New Deal erholte sich die Wirtschaft bis 1939 kaum. Erst mit dem Zweiten Weltkrieg wurde sie durch die Rüstung stark angekurbelt, auch wenn sich die USA vorerst neutral verhielten. Sie lieferten Waffen, vor allem an Großbritannien und die UdSSR. 1941 traten auch die USA in den Krieg ein.

Am Ende des Krieges, 1945, waren die USA der einzige Siegerstaat ohne zerbombte Städte und zerstörte Fabriken. Im Zuge des Krieges war die Wirtschaftskrise überwunden und mehr als 60 % der Weltindustrieproduktion kam nun aus den USA. Der wirtschaftliche Aufschwung ermöglichte einem großen Teil der Amerikaner ein angenehmes Leben. Die Familien konnten sich ein Auto, Kühlschrank, Fernseher und Waschmaschine und darüber hinaus auch Kinobesuche, Ausflüge und Urlaubsreisen leisten. Neue Restaurantketten und Vergnügungsparks wurden im ganzen Land eröffnet: 1954 „McDonalds" und 1955 „Disneyland".

Doch neben diesem Wohlstand lebte ungefähr ein Drittel der Bevölkerung in Armut und häufig in den Slums und Gettos der Großstädte – verarmte Landbewohner, Arbeitslose ohne Berufsausbildung und mittellose Einwanderer.

Hetze gegen Kommunisten

Nach 1945 verschlechterten sich die Beziehungen zwischen den Supermächten USA und UdSSR. Das gegenseitige Misstrauen führte zum „Kalten Krieg" (s. S. 676 ff.) Doch auch im Innern der USA wurde das spürbar; die Menschen fürchteten kommunistische Verschwörungen und sowjetische Spione. 1950 startete Senator McCarthy im „Senatsausschuss für unamerikanische Umtriebe" eine Welle von Prozessen gegen Personen, die angeblich mit dem Kommunismus in Verbindung standen. Betroffen waren besonders Schauspielerinnen, Künstler und Journalisten aber auch Professoren und Regierungsangestellte. Bloße Anschuldigungen und Verdächtigungen reichten aus um entlassen oder aus dem Land gewiesen zu werden. Erst als McCarthy die Verurteilung Unschuldiger auf die Spitze trieb, setzte ihn Präsident Eisenhower ab.

„Make love, not war"

Mit den 1960er-Jahren kam es immer wieder zu Protesten gegen die bestehenden Verhältnisse. Jugendliche und Studenten wandten sich gegen das Wohlstandsdenken ihrer Eltern, deren konservative Lebensweise und gegen das Misstrauen in der Bevölkerung seit McCarthy. Mit „Sit-ins", Märschen, Vorlesungsstreiks aber auch Gewaltaktionen protestierten sie für eine Verbesserung ihrer Ausbildung sowie gegen Rassendiskriminierung und den Krieg, den die USA in Vietnam führte (s. S. 686).

Mit ihren bunten, wallenden Kleidern und blumengeschmückten Haaren und auf großen Rockfestivals lebten die „Hippies" ihre Forderungen von Frieden, „freier Liebe" und freiem Genuss von Marihuana und LSD aus. Der leichtfertige Umgang mit Drogen forderte allerdings in der Folgezeit zahllose Opfer.

Die Bekämpfung des Drogenkonsums wurde zu einem dauerhaften Problem der amerikanischen Gesellschaft, ebenso die Gewalt und Kriminalität in den Städten.

USA und Sowjetunion – die neuen Weltmächte

3 Schülerinnen und Schüler in den USA singen jeden Tag vor Unterrichtsbeginn die Nationalhymne. In jedem Klassenzimmer, wie auch in vielen Wohnzimmern, hängt die Flagge der USA.

4 „Mein Sohn wurde umsonst getötet", Protestmarsch gegen den Vietnamkrieg in New York 1972.

5 Über die Auswirkungen des Vietnamkriegs auf die inneren Verhältnisse in den USA schrieb Arthur Schlesinger, Berater von Präsident Kennedy, 1967:

Unsere Konzentration auf Vietnam fordert einen erschreckenden Preis. In der Innenpolitik kommt alles zum Stillstand, weil Vietnam über anderthalb Milliarden
5 Dollar verschlingt. (...) Das Ringen um gleiche Chancen für den Neger, der Krieg gegen die Armut, der Kampf für die Rettung unserer Städte, die Verbesserung unserer Schulen – das alles muss
10 um Vietnams willen darnieder liegen. Außerdem bringt der Krieg hässliche Nebenerscheinungen mit sich: Inflation, Frustration, Empörung, Protest, Panik, erbitterte Gegensätze der Nation.

6 Das Festival von Woodstock (Foto, August 1969). Mehr als 400 000 junge Menschen aus allen Teilen der USA besuchten das dreitägige Open-Air-Konzert. Ein Polizeisprecher sagte: „Ich habe nie so viele Menschen gesehen, die sich auf so engem Raum so friedlich verhielten."

7 Bei einer Demonstration gegen den Vietnamkrieg werden vier Studenten von der Nationalgarde erschossen und neun weitere verwundet (Foto, 1970).

1 Zeichne anhand der Texte und Materialien dieser Doppelseite die wirtschaftliche und gesellschaftliche Entwicklung der USA nach. Worauf waren die amerikanischen Bürgerinnen und Bürger stolz, aber welche Probleme hatte das Land auch?
2 Informiere dich über den Vietnamkrieg (s. S. 686) und erläutere die Gründe vieler Menschen dagegen zu protestierten.
3 Sammelt Material über die „Hippies", „Flower-Power" und das Woodstock-Festival und findet auch Musik aus dieser Zeit. Versucht das Lebensgefühl der Jugendlichen zu beschreiben und wogegen sie sich wandten.

4   ... oder der unüberwindbaren Gegensätze?

1 *Der Ku-Klux-Klan, 1865 als Geheimgesellschaft gegründet, hatte nach dem Ersten Weltkrieg fast fünf Millionen Mitglieder. Mit Brandstiftung, Folterungen und Morden terrorisierten sie vor allem in den 1920er-Jahren farbige und religiöse Minderheiten: Einwanderer, Schwarze, Katholiken und Juden aber auch Intellektuelle und Kommunisten. Der Klan ist noch heute aktiv – bis Ende 1996 wurden etwa 160 Kirchen meist afroamerikanischer Gemeinden durch Brandanschläge beschädigt oder zerstört.*

„For Whites only" – nur für Weiße?

Heute spielen farbige und weiße Amerikaner zusammen in Rockbands, drehen gemeinsame Filme und spielen als Spitzensportler in einem Footballteam. Aber noch vor etwa 50 Jahren wurden in den USA „Weiße" und „Schwarze" in Bussen, Schulen, Kinos, Restaurants und öffentlichen Einrichtungen strikt voneinander getrennt. Viele der farbigen Amerikaner waren als Nachkommen ehemaliger Sklaven aus den Südstaaten in die Industriezentren des Nordens gegangen. Dort verdienten sie teilweise recht gut, wurden aber überall im Alltag benachteiligt und ausgegrenzt. Sie empfanden dies als besonders ungerecht, hatten sie doch an der Front im Zweiten Weltkrieg und als Arbeitskräfte erheblich zum Sieg und Aufstieg ihres Landes beigetragen. Jetzt forderten sie das Recht auf gleiche Ausbildung und die Beseitigung jeder Diskriminierung.

Als 1954 ein Gericht die Rassentrennung in den Schulen für verfassungswidrig erklärte, war dies wie ein Signal – sowohl für die farbigen Amerikaner als auch für die Weißen, die die Rassentrennung aufrecht erhalten wollten. Einige Südstaaten wollten das Gesetz nicht anerkennen. In vielen Orten mussten sogar Soldaten dafür sorgen, dass die farbigen Schüler in die Schulen hinein konnten.

„I have a dream"

Mit diesen Worten des Pfarrers und Bürgerrechtlers Martin Luther King zogen am 28. August 1963 mehr als 200 000 Menschen vor das Weiße Haus um friedlich gegen die Rassendiskriminierung zu protestieren (siehe ADS). Ihre Forderungen lauteten: Gleichberechtigung und Freiheit. Unter dem Druck zahlreicher Massenaktionen, denen sich auch viele weiße Amerikaner anschlossen, verabschiedete die Regierung 1964 ein Bürgerrechtsgesetz, das einen Teil der Benachteiligungen beseitigte.

Nachdem King während einer Rede 1968 erschossen wurde, kam es im ganzen Land zu Krawallen und Straßenschlachten. In den 1970er-Jahren verbesserte sich zwar die Lage für einen Teil der farbigen Bevölkerung und die gewaltsamen Aktionen ebbten langsam ab. Aber bis heute sind viele soziale Probleme geblieben. Ende der 1990er-Jahre flammten beispielsweise in mehreren Großstädten Straßenschlachten auf, nachdem Polizisten farbige Jugendliche misshandelt hatten.

2 *Demonstration gegen den Schulbesuch von farbigen Kindern und Jugendlichen an „weißen" Schulen in den 1950er-Jahren.*

USA und Sowjetunion – die neuen Weltmächte

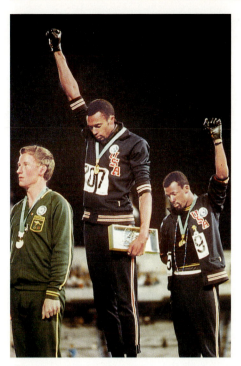

3 *Zwei Medaillengewinner* bei den Olympischen Spielen 1968 demonstrieren öffentlich ihren Einsatz für „Black-Power", eine radikale Bürgerrechtsbewegung.

4 *Nach mehr als 700 Demonstrationen* in über 200 Städten der USA beschloss die Regierung die Einschränkung des Wahlrechts für die farbige Bevölkerung zu beseitigen.
Präsident John F. Kennedy begründete dies am 11. Juni 1963 folgendermaßen:
Seit Präsident Lincoln die Sklaven befreite, sind 100 Jahre vergangen und doch sind ihre Erben, ihre Enkel noch nicht ganz frei. Sie sind noch nicht frei
5 von sozialer und wirtschaftlicher Unterdrückung und unsere Nation wird bei all ihren Hoffnungen und all ihrem Stolz nicht ganz frei sein, so lange nicht alle ihre Bürger frei sind.
10 Wir predigen in der ganzen Welt die Freiheit und meinen es ehrlich und wir halten unsere Freiheit hier im eigenen Lande hoch. Aber wollen wir der Welt, und (…) uns untereinander vielleicht sagen,
15 dass unser Land ein Land der Freien – die Neger ausgenommen – ist; dass wir keine Bürger zweiter Klasse haben außer den Negern (…)?
Für unsere Nation ist jetzt die Zeit ge-
20 kommen, ihre Versprechen zu erfüllen.

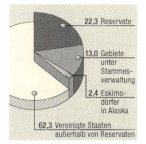

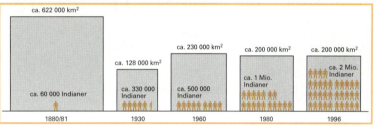

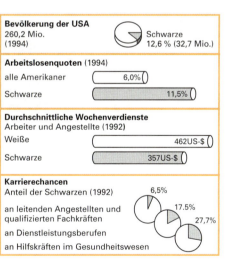

5 *Besetzung der Indianerbehörde* der US-amerikanischen Regierung (Foto, 1972). Angehörige der indianischen Bevölkerung machten hier auf Vertragsbrüche und ihre schlechte Lage aufmerksam.

6 *ganz oben: Wohngebiete von Indianern* 1990 (Angaben in Prozent); darunter: *Entwicklung der indianischen Bevölkerung* und der Reservationen.

7 *links: Die Situation der farbigen Bevölkerung* in den USA in den 1990er-Jahren.

1 Stelle die Auswirkungen dar, die die Rassentrennung auf das Leben der farbigen Amerikaner hatte (VT, M1, M2, M4).
2 Vergleiche die wirtschaftliche und politische Situation weißer und farbiger Amerikaner (M7). Erkläre die Ursachen dafür.
3 Diskutiert, ob die farbigen Amerikaner aus Film, Sport und Fernsehen die Wirklichkeit der farbigen Bevölkerung widerspiegeln.
4 Sammelt Informationen über das Leben der Indianer in den USA (siehe auch M5 und M6). Vergleicht diese mit der ursprünglichen Lebensweise der nordamerikanischen Indianerstämme.

Projekt

„American Way of Life" – ein Modell für die Welt?

Eine Schulklasse wollte herausfinden, welche Rolle amerikanische Einflüsse bei uns heute spielen. Dazu notierten und sammelten sie eine Woche lang all die Dinge des täglichen Lebens, die amerikanischen Ursprungs sind. Die Schülerinnen und Schüler waren erstaunt, in welch unterschiedlichen Lebensbereichen sie Spuren des „American Way of Life" finden konnten. Ein kleines Projekt schloss sich an, dessen Ergebnisse hier teilweise zu sehen sind.

Ein Projektthema erarbeiten

1. Ihr formuliert das Thema (z. B. „Was ist in unserem täglichen Leben amerikanischen Ursprungs?"). Dann besprecht ihr Teilaspekte des Themas, die euch besonders interessieren. Das werden später eure Arbeitsschwerpunkte sein.
2. Anschließend teilt ihr die Klasse in so viele Gruppen auf, wie ihr Arbeitsschwerpunkte gefunden habt. Für jede Gruppe wird ein Arbeitsauftrag festgelegt, z. B.:
   – eine Woche lang den Lieblingssender hören und englische/amerikanische Begriffe aufschreiben
   – Jugendzeitschriften auswerten
   – die Werbung in Illustrierten untersuchen
   – einen Fragebogen entwerfen
   – Interviews auf dem Schulhof/auf der Straße führen
3. Wie wollt ihr die Ergebnisse vorstellen?
   – Präsentationen der Arbeitsgruppen vor der Klasse
   – Wandzeitung
   – Beitrag für Schülerzeitung
   – Videobericht für den offenen Kanal

Interview auf dem Schulhof:
„... Kannst du mir solche Ausdrücke nennen?"
„Hi, cool, shit, down, happy ..."

Exportgut Sprache

USA und Sowjetunion – die neuen Weltmächte

Exportgut Lebensart

Mit der Kamera unterwegs

Exportgut Kultur

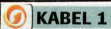

Fernsehprogramm des Senders Kabel 1 vom 9. Mai 1997.
Hier bieten sich Vergleiche mit dem Anteil amerikanischer Sendungen in anderen Programmen an: In welchen Bereichen ist er hoch, in welchen nicht?

5 Russland auf dem Weg zum Industriestaat

1 Russischer Bauer beim Wasserholen (Foto, um 1916).

Zar/Zarismus
von lat. caesar = Kaiser. So wird die uneingeschränkte Herrschaft des Zaren in Russland genannt. Noch Ende des 19. Jahrhunderts konnte der Zar nach Belieben regieren, Gesetze erlassen, Todesurteile aussprechen und über die Einkünfte und den Landbesitz des Staates verfügen. Der Begriff „Staatsbürger" war unbekannt. Der Zar sprach in seinen Gesetzen stets von „Untertanen".

Ein Land von Bauern

Russland war um 1900 immer noch ein Land der Bauern. Vier von fünf Russen lebten auf dem Land, ein großer Teil von ihnen als verarmte Kleinbauern, Landarbeiter und Knechte. Mehr als drei Viertel der Menschen waren Analphabeten. Beherrscht wurde das Land seit fast 300 Jahren von *Zaren*, die sich als absolute „Selbstherrscher" verstanden und uneingeschränkt regierten.

Nach der Niederlage im Krimkrieg (1853–1856) gegen England und Frankreich hatte der Zar eingesehen, dass in Russland rasch eine moderne Industrie aufgebaut werden musste. Nur so konnte das Reich eine Großmacht bleiben. Den Anfang der Reformen, die das Agrarland auf das Niveau Europas heben sollten, bildete die Bauernbefreiung. Im Jahr 1861 verkündete Zar Alexander II. die Aufhebung der Leibeigenschaft.

Um eigenen Grund und Boden zu erhalten, mussten die Bauern jedoch hohe Ablösesummen bezahlen. Dazu waren die meisten nicht in der Lage. So blieben zwei Drittel des Landes in der Hand von Großgrundbesitzern. Durch hohe Steuern, einen starken Geburtenanstieg und Missernten ging es den meisten Bauern gegen Ende des Jahrhunderts schlechter als vor der Bauernbefreiung.

Späte Industrialisierung

Die riesigen Entfernungen in Russland konnten im Winter nur mit Schlitten bewältigt werden; nach der Schneeschmelze waren die Landstraßen morastig. Im Sommer wurden die meisten Handelsgüter auf Flüssen transportiert. Erst ab der zweiten Hälfte des 19. Jahrhunderts machte die Industrialisierung durch den Ausbau der Eisenbahn und der Telegrafenlinien große Fortschritte. Seit 1890 wuchs die Schwerindustrie so rasch, dass Russland auf diesem Gebiet 1914 den fünften Rang in der Welt einnahm. Insgesamt konnte die russische Wirtschaft ihren Rückstand zu Westeuropa aber noch nicht aufholen.

Soziale und politische Missstände

Die Großindustrie konzentrierte sich auf wenige Gebiete, vor allem im Ural und um St. Petersburg und Moskau. Um 1900 lebten dort in übervölkerten Elendsquartieren und Arbeiterkasernen etwa drei Millionen Industriearbeiter. Die Arbeitsbedingungen waren hart: lange Arbeitszeiten, Kinderarbeit, geringe Löhne und keinerlei Schutz bei Krankheiten oder Unfällen.

Das größte Hindernis auf dem Weg zu einem modernen Russland war jedoch der *Zarismus*. Der Zar ließ Gegner der bestehenden Ordnung verfolgen. Die Polizei hatte das Recht politisch Verdächtige zu verhaften, zu verhören, ins Gefängnis zu bringen und in die Verbannung nach Sibirien zu schicken. Keine Druckschrift durfte ohne Zensur der politischen Polizei veröffentlicht werden.

1905: die erste russische Revolution

Nach und nach schlossen sich die Arbeiter zusammen um für die Verbesserung ihrer Lebens- und Arbeitsbedingungen und für politische Mitbestimmung einzutreten. Auch Intellektuelle nahmen sich der Sache der russischen Arbeiter an. In den 1890er-Jahren wurde die Sozialdemokratische Arbeiterpartei gegründet, in welcher der Rechtsanwalt Wladimir Iljitsch Uljanow, genannt Lenin, großen Einfluss gewann.

Die Unzufriedenheit mündete 1905 in eine Revolution. Nahezu alle Schichten und Gruppen lehnten sich gegen das Zarenregime auf: Die städtische Intelligenz, gebildete Frauen und Männer aus dem Bürgertum wie z. B. Anwälte und Ärzte, demonstrierte für demokratische Grundrechte und eine Beteiligung an der Regierung. Die Arbeiter gründeten Räte (Sowjets) zur Vertretung ihrer Interessen. Die Ausschreitungen von Bauern gegen ihre Gutsherren häuften sich.

Mit Unterstützung des Militärs konnte Zar Nikolaus II. seine Herrschaft retten, musste aber einer Verfassung und einer Volksvertretung (Duma) zustimmen.

USA und Sowjetunion – die neuen Weltmächte

5 „Reparaturarbeiten an einer Eisenbahnlinie" (Gemälde von Konstantin A. Sawizki, 1874). Seit 1891 förderte die russische Regierung mit ausländischer Hilfe die Industrialisierung Russlands. Dies geschah vor allem durch den Bau der Transsibirischen Eisenbahn (1891–1904) und durch Rüstungsaufträge an die Schwerindustrie. – Beachte die eingesetzten technischen Hilfsmittel. Welchen Eindruck gewinnst du von der Arbeitseffektivität?

2 *Am 9. Januar 1905* zogen etwa 150 000 Menschen mit einer Bittschrift zum Zaren: Herrscher! Wir, die Arbeiter der Stadt Petersburg, unsere Frauen, Kinder und hilflosen alten Eltern, sind zu dir gekommen um Gerechtigkeit und Schutz zu suchen.
5 (…) Verweigere deinem Volk die Hilfe nicht, führe es heraus aus dem Grab der Rechtlosigkeit, des Elends und der Unwissenheit. Gib ihm die Möglichkeit selbst sein Schicksal zu bestimmen,
10 nimm von ihm das unerträgliche Joch der Beamten. Zerstöre die Scheidewand zwischen dir und deinem Volk und lass es zusammen mit dir das Land regieren.
Plötzlich schossen Soldaten in die friedliche Menge; nach Angaben der Regierung gab es 128 Tote. – Vermutlich aber waren es über 1000.

4 *Zur Bergwerksarbeit in Sibirien verurteilte Häftlinge* werden in Ketten geschmiedet (Foto von 1905). Um 1898 lebten etwa 300 000 Verbannte in Sibirien.

3 *Erklärung der Bauern des Dorfes Makarjevka* vom Dezember 1905 (Auszüge):
Am 7. Dezember 1905. Nachdem sich die Dorfversammlung an diesem Tage versammelt hatte, berieten wir (…) darüber, wie unser bitteres Los zu bessern wäre,
5 und kamen zu der Überzeugung, dass für unseren Wohlstand folgende Bedingungen unumgänglich sind:
1. Uns in genügender Menge Land zuzuweisen, da zur Zeit ein Anteil auf zwei bis
10 drei Familien kommt und wir notgedrungen hungern oder in unbezahlbare Schulden geraten müssen.
4. In jedem Dorf sollen Volksschulen mit fünf Jahreskursen eingerichtet werden.
15 8. Alles Land der Geistlichkeit ist wegzunehmen und den Bauern zu einem wertentsprechenden Preis zu übergeben.
13. In ihren Rechten sind Bauern und Kleinbürger mit den Adligen gleichzu-
20 stellen. Allen ist die Bezeichnung „Bürger" beizulegen.

1 Beim Bau der Transsibirischen Eisenbahn wurden überwiegend Häftlinge eingesetzt. Beschreibe deren Arbeits- und Lebensbedingungen (M4, M5).
2 Suche in M2 Wörter, an denen sich die Haltung der Demonstranten gegenüber dem Zaren ablesen lässt.
3 Beschreibe die Stimmung unter den Bauern von Makarjevka. Welche Beschlüsse forderten den Staat besonders heraus (M3)?
4 Erläutere die Hauptursachen für die wirtschaftliche Rückständigkeit Russlands gegenüber den Staaten in Westeuropa.
5 Beschreibe die Unterdrückungsmethoden des Staates (VT, M4, M5).

6 1917 – zwei Revolutionen in einem Jahr

1 Aufständische Soldaten marschieren im Februar 1917 durch Petrograd. Auf dem Schild steht: „Freiheit, Gleichheit und Brüderlichkeit". – Bei welchen historischen Ereignissen spielten diese Begriffe schon einmal eine wichtige Rolle?

23. Februar 1917
Die Zeitangaben beziehen sich auf den bis 1918 in Russland gültigen Julianischen Kalender. Zur Umrechnung auf den westlichen Gregorianischen Kalender sind 13 Tage hinzuzufügen.

Sowjets
„Räte", von Arbeitern, Soldaten und Bauern gewählte Interessensvertretungen. Sie verstanden sich nicht nur als gesetzgebende sondern auch als gesetzausführende Organe. Sie waren in aufsteigender Folge nach immer größeren Einheiten gegliedert (z. B. Dorf-, Kreis-, Bezirk-, Provinz- und Oberster Sowjet).

Amnestie
(griech. = das Vergessen) ist eine allgemeine staatlicher Begnadigung für verhängte Strafen. Die Amnestie der Provisorischen Regierung bezog sich vor allem auf politische Gefangene und politische Gegner der Zarenherrschaft, die im Ausland im Exil lebten.

Der Zar wird gestürzt

Schwere Niederlagen im Ersten Weltkrieg, die lange Dauer des Krieges, die an der Front gefallenen Männer und eine katastrophale Lebensmittelversorgung – dies alles belastete und beunruhigte die Menschen in Russland im Winter 1916/17.

Am *23. Februar 1917* demonstrierten verzweifelte Frauen in der Hauptstadt Petrograd (bis 1914: St. Petersburg) für mehr Brot. Am Tag darauf zogen zehntausende Arbeiter protestierend durch die Straßen. Auch sie forderten Brot, aber auch eine sofortige Beendigung des Krieges, höhere Löhne und die Verteilung des Großgrundbesitzes an die Bauern. Immer lauter wurde der Ruf: „Nieder mit der Selbstherrschaft!"

Ähnlich wie 1905 befahl der Zar die Unruhen niederzuschlagen. Doch bei diesem Aufstand weigerten sich die Soldaten auf die Demonstranten zu schießen. Große Teile der Truppen liefen zu den Aufständischen über und verteilten ihre Gewehre unter das Volk. Arbeiter und Soldaten wählten *Sowjets*, die für ihre politischen Interessen eintreten sollten. Die Gefängnisse wurden gestürmt und politische Gefangene befreit. Aus der Duma heraus bildete sich innerhalb einer Woche eine Provisorische Regierung.

Machtlos und völlig isoliert dankte Zar Nikolaus II. am 2. März ab.

Wer hat die Macht?

Nach dem Sturz des Zaren verkündete die neue Regierung ein Reformprogramm: Rede-, Presse- und Versammlungsfreiheit für alle, Streikrecht für die Arbeiter und eine *Amnestie* für politisch Verfolgte. Dies ermöglichte vielen im Ausland lebenden Führern politischer Parteien die Rückkehr. Außerdem wurden demokratische Wahlen in Aussicht gestellt. Trotzdem war die Provisorische Regierung fast machtlos, denn ihr fehlte der Rückhalt in der Bevölkerung.

Die Sowjets dagegen waren direkt von den Arbeitern, Soldaten und Bauern gewählt und hatten in den Fabriken, Kasernen und Wohngebieten das Sagen. Sie organisierten Streiks und Demonstrationen, kümmerten sich um die Lebensmittelversorgung und traten für ein sofortiges Kriegsende ein. Obwohl die Sowjets großen Einfluss im Volk besaßen, zögerte ihre Mehrheit die Macht zu übernehmen. Die Angehörigen des gemäßigten Flügels, die *Menschewiki*, duldeten die Provisorische Regierung und meinten, das rückständige Russland sei noch nicht „reif" für eine sozialistische Umwälzung.

Der aus dem Exil zurückgekehrte Lenin, Führer der *Bolschewiki*, forderte dagegen eine sozialistische Revolution. In den folgenden Monaten gewannen die Bolschewiki mit ihren Forderungen nach Frieden, Land und Brot in der Bevölkerung und im Petrograder Sowjet immer mehr Einfluss.

Der Aufstand im Oktober

Lenins Ziel war es, die Provisorische Regierung zu stürzen. Seit August 1917 strebte er danach mit den Bolschewiki die Macht zu übernehmen. Am 25. Oktober drangen die Roten Garden, bewaffnete Arbeiter, ohne große Gegenwehr durch einen Hintereingang in das Winterpalais, den Sitz der Regierung, ein und verhafteten die Kabinettsmitglieder. Diesen Aufstand feierten die Sieger später als die Große Sozialistische Oktoberrevolution.

USA und Sowjetunion – die neuen Weltmächte

4 „*Der Sturm auf das Winterpalais des Zaren*", den Sitz der Provisorischen Regierung (Ausschnitt aus einem zeitgenössischen Ölgemälde von E. I. Deshalyt, Zentrales Revolutionsmuseum, Moskau). Da die Regierungsmitglieder im Winterpalais nur unzureichend geschützt waren, fiel es den Roten Garden nicht schwer, das Kabinetts zu entmachten. – Welchen Eindruck will der Künstler mit seiner Darstellung der Revolution erwecken? Vergleiche mit dem VT.

2 *Aus einem Aufruf des Petrograder Arbeitersowjets* vom 28. Februar 1917:
Die alte Regierung hat das Land bis zur völligen Zerrüttung, das Volk bis zum Hunger gebracht. (...) Die Bevölkerung Petrograds ist auf die Straße gegangen, um ihre Unzufriedenheit zu bekunden. Sie wurde mit Gewehrsalven empfangen. (...) Aber die Soldaten wollten nicht gegen das Volk handeln und wandten sich gegen die Regierung. (...) Um den Kampf für die Interessen der Demokratie zu einem erfolgreichen Ende zu führen muss das Volk selbst seine eigene Machtorganisation schaffen.
Gestern hat sich in der Hauptstadt der Sowjet der Arbeiterdeputierten, bestehend aus gewählten Vertretern der Fabriken und Betriebe, der aufständischen Truppenteile sowie der demokratischen und sozialistischen Parteien und Gruppen, gebildet. Der Sowjet (...), der in der Duma tagt, betrachtet als seine grundlegende Aufgabe: die Organisierung der Kräfte des Volkes und den Kampf um die endgültige Sicherung der politischen Freiheit und der Volksherrschaft in Russland. (...) Alle zusammen wollen wir für (...) [eine] konstituierende Nationalversammlung kämpfen, die auf der Grundlage des allgemeinen, gleichen, direkten und geheimen Wahlrechts gewählt werden soll.

3 *Die Aprilthesen*, sein Revolutionsprogramm, formulierte Lenin nach seiner Ankunft in Petrograd im April 1917 (Auszug):
2. Die Eigenart der gegenwärtigen Lage in Russland besteht im Übergang von der ersten Etappe der Revolution, die (...) der Bourgeoisie die Macht gab, zur zweiten Etappe der Revolution, die die Macht in die Hände des Proletariats und der ärmsten Schichten der Bauernschaft legen muss. (...)
3. Keinerlei Unterstützung der Provisorischen Regierung. (...)
5. Keine parlamentarische Republik, (...) sondern eine Republik der Sowjets der Arbeiter-, Landarbeiter- und Bauerndeputierten im ganzen Lande von unten bis oben. Abschaffung der Polizei, der Armee, der Beamtenschaft. (...)
6. Beschlagnahme aller Ländereien der Gutsbesitzer. Nationalisierung des gesamten Bodens im Lande; die Verfügungsgewalt steht den örtlichen Sowjets zu.

Menschewiki
von russ.: mensche = weniger.

Bolschewiki
von russ.: bolsche = mehr. Der Name Bolschewiki entstand nach der Spaltung der der Sozialdemokratischen Partei Russlands 1903. Hier entschied sich der größere Teil (Bolschewiki) für Lenins revolutionären Weg; der kleinere Teil (Menschewiki) sprach sich für schrittweise Reformen aus.

1 Womit begründet der Arbeitersowjet sein Zustandekommen? Beschreibt seine Zusammensetzung und seine Ziele (M 2).
2 Zu welchen Verhältnissen sollte nach Lenins Auffassung die zweite Etappe der Revolution führen (M 3)?
3 Vergleicht die Ziele von Bolschewiki (M 3) und Sowjet (M 2).
4 Halte ein Kurzreferat über das Thema: „Das Jahr 1917 – von der Revolution im Februar zum Aufstand im Oktober".

7 Alle Macht dem Volk?

1 „Genosse Lenin säubert die Welt von Unrat" lautet die Unterschrift dieses russischen Plakats von 1920. – Welche Personengruppen werden mit den dargestellten Figuren als „Unrat" bezeichnet? Mit welchen Mitteln stellt der Künstler den Machtanspruch der Bolschewiki dar? Beachte Lenins Position auf dem Globus.

Kommunismus
a) Zustand einer klassenlosen Gesellschaft nach Abschaffung des Privateigentums und des bürgerlichen Staates;
b) politische Bewegung, die diesen Gesellschaftszustand durch eine revolutionäre Politik gegen den Kapitalismus durchsetzen will.

Sozialismus
von lat. socialis = gesellschaftlich. Gesellschaftsordnung, in der Kapital und Produktionsmittel (Grund und Boden, Maschinen, Fabriken) Gemeineigentum (meist staatlich) sind. Gewinne sollen zum Nutzen aller verwendet werden.

Die Bolschewiki an der Macht

Nach dem Sturz der Provisorischen Regierung versammelten sich noch am gleichen Abend Vertreter der Sowjets aus ganz Russland in Petrograd. Aus Protest gegen den Regierungssturz verließen allerdings 70 der 670 Delegierten den Kongress. Die übrigen Abgeordneten setzten eine neue Regierung ein: den Rat der Volkskommissare, zu dessen Vorsitzendem Lenin gewählt wurde.

Ziel der neuen Machthaber war es, eine völlig neue Gesellschaft zu errichten, in der es keine Unterdrückung und Ausbeutung mehr geben sollte. Arbeiter und Bauern sollten unter Führung der bolschewistischen Partei das Land regieren.

Von einer neuen Ordnung ...

Als Erstes ordnete der Sowjetkongress die entschädigungslose Enteignung des privaten Landbesitzes an. Das Land der Großgrundbesitzer erhielten die Bauern zur Bewirtschaftung. Andere Gesetze überführten Banken, Handel und Industrie in Staatseigentum. Die Gleichberechtigung von Frauen und Männern wurde gesetzlich festgeschrieben und eine allgemeine Schulpflicht für alle Kinder eingeführt.

... zu Terror und Bürgerkrieg

Wer nun hoffte, dass in Russland demokratische Verhältnisse einzogen, wurde enttäuscht. Von Anfang an setzte Lenin auf eine entschlossene Gewaltherrschaft: Zeitungen wurden verboten und anders Denkende, so genannte „Klassenfeinde" von der neu gegründeten Geheimpolizei „Tscheka" verfolgt und verhaftet; Terror und Gewalt regierten.

Doch die Revolution war noch nicht gesichert. Zum einen bedrohten zarentreue Truppen überall im Land Lenins Herrschaft. Zum anderen erhielten die Bolschewiki bei den Wahlen im November 1917 nur ein Viertel der Stimmen. Das Parlament war nicht bereit die bolschewistische Regierung uneingeschränkt anzuerkennen. Daraufhin löste Lenin das Parlament mit Waffengewalt auf. Es kam zum Bürgerkrieg. Viele Gegner der neuen Macht, darunter auch gemäßigte Sozialisten, schlossen sich Freiwilligenverbänden an, die von ehemaligen Generälen geführt und vom Ausland unterstützt wurden.

Die Kämpfe zwischen diesen „Weißgardisten" und der bolschewistischen Roten Armee wurden mit gnadenloser Härte und Grausamkeit geführt. Den „Weißen" gelang es zunächst, große Teile Russlands zu besetzen. Mithilfe radikaler Maßnahmen versuchte Lenin den Krieg dennoch zu gewinnen: Die Bauern mussten alle Erträge abgeben, Geschäfte und Handwerksbetriebe wurden verstaatlicht, privater Handel verboten. Die Folgen waren katastrophal: Die Industrie kam zum Stillstand, die Bauern produzierten nur noch für den Eigenbedarf, das Geld verlor seinen Wert. Die Menschen hungerten und froren; etwa 11 Millionen kamen während des Bürgerkriegs ums Leben, über fünf Millionen davon waren verhungert.

Nach drei Jahren siegten schließlich die Bolschewiki, die sich jetzt *Kommunisten* nannten. 1922 wurde die Sowjetunion gegründet, der erste *sozialistische* Staat in der Geschichte.

USA und Sowjetunion – die neuen Weltmächte

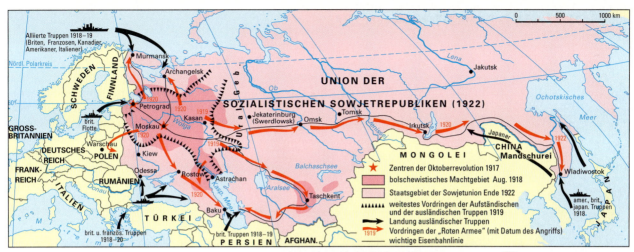

2 Über das Vorgehen der neuen Machthaber schrieb der Dichter Maxim Gorki, seit 1905 Anhänger der Bolschewiki, 1918: Lenin, Trotzki und Genossen sind schon von Fäulnisgiften der Macht infiziert; dafür zeugt ihr schändliches Verhalten gegen die Freiheit des Wortes und der
5 Person und gegen den ganzen Komplex der Rechte, für deren Sieg die Demokratie kämpfte. Blinde Fanatiker (…) rennen den Weg dahin, der angeblich zur „sozialen Revolution", in der Tat aber zur
10 Anarchie, zum Untergang des Proletariats und der Revolution führt (…). Das Menschenleben wird ebenso niedrig eingeschätzt wie vorher. Die Gewohnheiten des alten Regimes verschwinden
15 nicht. Die neue Obrigkeit ist ebenso grob wie die alte.

3 Der Terror wütet
a) Aus einer Verordnung des bolschewistischen Volkskommissars Petrowskij, 1918:
Schluss mit der Weichlichkeit und den sentimentalen Rücksichten! Alle (…) bekannten Sozialrevolutionäre [Gegner Lenins] sind unverzüglich zu verhaften. Es
5 muss eine beträchtliche Anzahl von Geiseln aus den Kreisen der Bourgeoisie [der Fabrikbesitzer] und der Offiziere festgenommen werden. Beim geringsten Widerstand (…) ist unter allen Um-
10 ständen Massenerschießung anzuwenden. (…) Das Hinterland unserer Armee muss endgültig von den Weißgardisten (…) gesäubert werden. Keine Schwankungen, keine Unentschlossenheit in der
15 Anwendung des Massenterrors.

4 Kinder im Bürgerkrieg (Foto aus dem Gebiet von Samara in der Wolgaregion, 1921). Viele Kinder verloren ihre Eltern und verhungerten.

b) Der „weiße" General Rosanow ordnet im Mai 1919 in Sibirien Folgendes an:
Ich befehle (…) die Bolschewiki und Banditen in den Gefängnissen als Geiseln zu betrachten. Berichtet mir über jeden Tatbestand [bolschewistischer Anschläge]
5 und erschießt für jedes (…) begangene Verbrechen drei bis zwanzig Ortsgeiseln.

5 Von Russland zur Sowjetunion: Revolution und Bürgerkrieg 1917–1922; Grenzen der Union der Sozialistischen Sowjetrepubliken (UdSSR) 1922.

6 „Pomogi! – Hilf!" Das russische Plakat von 1921 macht auf die Lage in den Hungergebieten aufmerksam.

1 Stelle dar, mit welchen Mitteln Lenin seine Herrschaft zu sichern versuchte. Auf welche Widerstände und Kritik stießen die Bolschewiki (VT, M2)?
2 Beschreibe wie es zum Bürgerkrieg kam sowie dessen Verlauf und die Auswirkungen für die Bevölkerung (M3, M4, M5, M6).

8 Kommunistischer Aufbau

1 Funktionäre der kommunistischen Partei erläutern russischen Bauern die Kolchoswirtschaft und fordern sie auf ihr Land und ihren sonstigen Besitz in Gemeinschaftseigentum zu überführen (Foto, um 1929; links die Bilder von Stalin und Lenin). Wer sich nicht fügte, musste mit schweren Strafen rechnen.

Kolchos
landwirtschaftlicher Großbetrieb in sozialistischen Ländern; Land, Vieh und Werkzeuge der Kolchose sind Gemeinschaftseigentum der Kolchosangehörigen. Ähnlich wie bei Industriebetrieben musste nach genauen Zeit- und Leistungsvorgaben gearbeitet werden.

Kombinat
Zusammenschluss produktionsmäßig eng zusammengehörender Betriebe.

Große Ziele
Nach Lenins Tod 1924 wurde Josef Stalin sein Nachfolger. Er setzte sich zum Ziel, die Sowjetunion in kürzester Zeit zu einem hoch entwickelten Industriestaat zu führen. Dadurch sollte der Kommunismus im eigenen Land und international an Ansehen gewinnen. Die fortschrittlichsten kapitalistischen Länder nicht nur „einzuholen, sondern zu überholen", das war Stalins Ziel.

Dabei stand Stalin vor großen Problemen: Das Land war nach dem Bürgerkrieg zerstört; es fehlte an moderner Technik, Facharbeitern und Ingenieuren.

Kollektivierung der Landwirtschaft
Die Landwirtschaft sollte die Grundlagen für den wirtschaftlichen Aufschwung schaffen. Es musste so viel erzeugt werden, dass das Hungerproblem im Land gelöst würde. Zugleich sollten Überschüsse für den Export erzielt werden um die dringend notwendige Einfuhr von Industriegütern bezahlen zu können. Durch die Errichtung von *Kolchosen* sollte dies erreicht werden. Dafür mussten die Bauern ihren privaten Besitz an Land, Vieh und Gerätschaften in den Gemeinschaftsbesitz übergeben. Etwa 30 Millionen Familien waren davon betroffen. Besonders hart wurde mit den Kulaken, wohlhabenden Bauern, umgegangen, die Stalin als „Klassenfeinde" bezeichnete. Sie wurden enteignet, erschossen oder verbannt. Auch die Besitzer von kleineren Höfen wurden vielfach mit Gewalt in die Kolchosen gezwungen, wenn sie sich der Kollektivierung widersetzen wollten.

Die Kollektivierung hatte zunächst schwere Folgen: Die Ernteerträge gingen zurück, der Viehbestand verringerte sich. Durch den Terror und die folgenden Hungersnöte kamen schätzungsweise 10 Millionen Menschen ums Leben.

Aufbau der Industrie
Nicht weniger gewaltsam trieb Stalin die Industrialisierung voran. Ohne Rücksicht auf die Menschen wurden riesige Arbeiterheere in Marsch gesetzt, die unter härtesten Bedingungen Straßen, Eisenbahngleise und Kanäle anlegten oder auch Fabriken, Kohlebergwerke, Staudämme und Elektrizitätswerke errichteten. Ganze Städte wurden buchstäblich „aus dem Boden gestampft". Vor allem im fernen Uralgebiet entstanden durch den Zusammenschluss von Rohstoffförderung und -verarbeitung gewaltige Industrie*kombinate*.

In wenigen Jahren erreichte die Sowjetunion den zweiten Platz in der Industrieproduktion nach den USA. Auch verbesserte sich allmählich die Lebenslage der Bevölkerung. Besonderen Anteil am wirtschaftlichen Aufschwung hatte die Schwerindustrie, vor allem auch die Produktion von Waffen und Kriegsmaterial.

Ein Land des Fortschritts?
Obgleich bei der Industrialisierung und Kollektivierung oft brutale Methoden angewandt wurden, herrschte nicht nur Zwang. Hunderttausende Freiwillige, darunter viele Frauen und Jugendliche, arbeiteten begeistert am Aufbau mit, weil sie an eine bessere Zukunft glaubten. Viele ausländische Besucher, die in den 1930er-Jahren in das Land kamen, waren fasziniert von den Leistungen Stalins und der Menschen – die dunklen Seiten übersahen sie allerdings.

USA und Sowjetunion – die neuen Weltmächte

2 *„Kommunismus – das ist Sowjetmacht plus Elektrifizierung* des ganzen Landes. Sonst wird das Land ein kleinbäuerliches Land bleiben" (Plakat, 1920). Dieses Lenin-Zitat war für Stalin Programm. Die Elektrifizierung wurde zum Symbol des industriellen Fortschritts. – Beschreibe Einzelheiten des Plakats und deren Wirkung.

3 *Stalin in einer Rede* vom 4. Februar 1931 über die Notwendigkeit des Aufbaus der Sowjetunion:

Zuweilen wird die Frage gestellt, ob man nicht das Tempo etwas verlangsamen, die Bewegung zurückhalten könnte. Nein, (…) das Tempo darf nicht herabge-
5 setzt werden. (…) In der Vergangenheit hatten wir kein Vaterland und konnten keines haben. Jetzt aber, wo wir den Kapitalismus gestürzt haben und bei uns die Arbeiter an der Macht stehen, haben
10 wir ein Vaterland und werden seine Unabhängigkeit verteidigen. Wollt ihr, dass unser sozialistisches Vaterland geschlagen wird und seine Unabhängigkeit verliert? Wenn ihr das nicht wollt, dann
15 müsst ihr in kürzester Frist seine Rückständigkeit beseitigen. (…) Wir sind hinter den fortgeschrittenen Ländern um 50 bis 100 Jahre zurückgeblieben. Wir müssen diese Distanz in Jahren durchlaufen.
20 Entweder bringen wir das zustande oder wir werden zermalmt.

4 *Bauern verhungerten*, wie hier in Sibirien 1931, als Opfer der Umwandlung der Sowjetunion zu einem Industriestaat.

5 *An die Kollektivierung in seinem Dorf* erinnert sich ein Augenzeuge 1947:
Im Hinterhof standen etwa 20 Bauern, junge und alte; mit Bündeln auf dem Rücken, bewacht von (…) Soldaten mit gespanntem Revolver. Einige weinten,
5 die anderen standen mürrisch, verzweifelt und hoffnungslos. (…) Einfache Bauern wurden von ihrem Grund und Boden verschleppt, all ihrer irdischen Güter beraubt und nach irgendeinem Holzfäller-
10 lager oder zu Bewässerungsarbeiten verschickt. (…) Aus irgendeinem Grunde ließ man diesmal ihre Familien zurück. Ihre Schreie durchschnitten die Luft. Nach den Massenverhaftungen traten
15 die wenigen zurückgebliebenen Unentwegten „freiwillig" in den Kolchos ein.

6 *Alphabetisierung*
oben links: **Bauern auf der Schulbank** (Foto, 1925);
oben: **„Der Analphabet ist wie ein Blinder. Überall hat er Misserfolg und Pech"** (russisches Plakat, 1920). Mit ihrer Kampagne hatte die Regierung Erfolg: Millionen Erwachsene lernten in Abendschulen lesen und schreiben; die Zahl der Lese- und Schreibkundigen stieg von 44,1 % (1920) auf 87,4 % (1939).

1 Liste auf, welche Ziele Stalin verfolgte. Inwieweit und mit welchen Mitteln erreichte er sie (VT, M1, M2, M5, M6)?
2 Nenne die Gründe, die Stalin für das Tempo bei der Industrialisierung der Sowjetunion aufführt (M3).
3 Beschreibe den Eindruck, den die Bilder M1, M2 und M6 bei ausländischen Besuchern erweckt haben können.

9 Stalinistischer Terror und „Tauwetter"

1 Kundgebung auf dem Roten Platz in Moskau; auf den Bildtafeln: führende Funktionäre der kommunistischen Partei; links: das Lenin-Mausoleum, auf dessen Tribüne Mitglieder der Parteispitze; hinten: der Kreml, an dessen Mauer die Gräber berühmter Personen der Sowjetgeschichte liegen.
– Überlege, was solche Aufmärsche in den Menschen bewirken sollten.

Planwirtschaft ist eine Wirtschaftsform, in der ein Staat durch staatliche Behörden alle wirtschaftlichen Entscheidungen trifft. Der Staat bestimmt, was produziert und investiert wird. Er regelt die Preise und die Löhne. Ziel ist u. a. eine gerechte Verteilung lebenswichtiger Güter und eine Vollbeschäftigung.

Stalins Weg zur Alleinherrschaft
Bei seiner Machtübernahme hatte Stalin alle wichtigen Positionen im Staats- und Parteiapparat mit seinen Anhängern besetzt. Mögliche Rivalen und Konkurrenten ließ er aus der Partei ausschließen. Selbst Lenins engste Gefährten wurden verfolgt: Trotzki musste die Sowjetunion 1929 verlassen und wurde später auf Stalins Befehl im Exil ermordet.

Das Attentat auf einen Parteisekretär 1934 nahm Stalin zum Anlass angebliche Parteifeinde zu vernichten. Nach großen öffentlichen Schauprozessen ließ er viele ehemalige und noch amtierende Parteiführer hinrichten. Auch unter einfachen Genossen wütete der Terror: Bis 1939 kamen über eine Million der 2,8 Millionen Parteimitglieder in Straflagern um oder wurden von der Geheimpolizei ermordet.

Um seine Macht zu untermauern, errichtete Stalin um seine Person einen Kult, der bis über seinen Tod hinaus andauerte. Stalin war allgegenwärtig: in unzähligen Denkmälern, im Kino, in Zeitungen und Büchern, in allen Klassenzimmern und Büros hing sein Bild; Städte, Straßen und Berge, Fabriken und Kolchosen wurden nach ihm benannt.

Planwirtschaft
Seit 1928 trieb Stalin die Entwicklung der Sowjetunion zu einem modernen Industriestaat voran. Mithilfe von Fünfjahresplänen wurde die inzwischen voll verstaatlichte Industrie ausgebaut. Während des ersten Fünfjahresplans (1928–1932) wuchs die Schwerindustrie um das Dreifache. Die Moskauer Planungszentrale verwaltete selbst den kleinsten Betrieb. Betriebsleiter, die den Plan nicht erfüllten, konnten wegen Sabotage angeklagt werden.

Ende des Terrors, aber keine Freiheit
Nach Stalins Tod 1953 hofften viele Menschen auf eine Wende. Tatsächlich sorgte der Nachfolger Nikita Chruschtschow für eine „Entstalinisierung": Er prangerte Stalins Terror an, seine Diktatur sowie den Kult um seine Person. Unschuldig Verurteilte wurden frei gelassen, Städte mit Stalins Namen umbenannt und letztlich auch Stalins Leichnam aus dem Lenin-Mausoleum entfernt. Das Sowjetsystem und die Führungsrolle der Kommunistischen Partei stellte Chruschtschow aber nicht infrage.

Chruschtschow versuchte auch die seit 1945 bestehenden Versorgungsprobleme zu lösen und den Lebensstandard der Sowjetbürger insgesamt anzuheben. Er hoffte, dieser „Wohlstandskommunismus" würde das Niveau des Westens erreichen und sogar überholen. Doch die wirtschaftlichen Pläne scheiterten an der starren *Planwirtschaft*. Erschwerend kamen Konflikte mit den USA und China hinzu, die Chruschtschows Position innerhalb der Partei schwächten. Außerdem stießen seine Versuche die Partei und die Verwaltung zu reformieren auf großen Widerstand innerhalb der sowjetischen Führungsschicht. 1964 wurde Chruschtschow abgesetzt.

Sein Nachfolger Breschnew verfolgte wieder eine härtere Linie: Aufrüstung, eine knappe Produktion von Konsumgütern für die Bevölkerung und die Verfolgung von System-Kritikern (s. S. 684).

USA und Sowjetunion – die neuen Weltmächte

2 Josef Stalin (um 1950). Dieses Gemälde wurde auf Plakaten verbreitet mit dem Text: „Unsere Heimat blühe und gedeihe." – Welchen Eindruck sollte es vermitteln?

3 Über seine Jugend berichtet Lew Kopelew (1912–1997), Schriftsteller und zunächst selbst Kommunist (Auszug):
Wir glaubten, wir hätten die klassenlose Gesellschaft bereits vollendet. (…) Aber gleichzeitig begannen die Massenverhaftungen. Jede Nacht wurden Hunder-
5 te, Tausende immer neuer „Volksfeinde" ergriffen. Die Züge mit den Häftlingswaggons rollten (…) nach Norden, nach Fernost. Die riesigen Gebiete der Taiga und der Tundra gehörten zum Machtbe-
10 reich des geheimen Reiches GULAG [System der Arbeitslager], zwei- oder dreimal so groß wie Europa; in allen Städten waren die Gefängnisse überfüllt mit Menschen aus allen Schichten und
15 Völkern. Hunger, Prügel, Folter, Erschießungen aufgrund von Urteilen einer irgendwo weit entfernt tagenden „Trojka"* (…) gehörten zum Alltag; ebenso wie die Massen trauernder, verweinter
20 Frauen an den Gefängnistoren, in den „Auskunftsbüros" des NKWD.
Und tagtäglich wurden in den Zeitungen, auf Versammlungen und Kundgebungen wie rasend die „entlarvten Feinde" be-
25 schimpft, die „Helfershelfer" und alle „mit ihnen Verbundenen" (…).

* Rat aus drei Beamten des Staatssicherheitsdienstes NKWD, der ohne Gerichtsverhandlung Fernurteile fällte.

4 Chruschtschow über Stalin in seiner Rede vom 25. Februar 1956 auf dem Parteitag der KPdSU* (Auszug):
Genossen! (…) Nach dem Tode Stalins leitete das ZK [Zentralkomitee] der Partei eine Aufklärungsarbeit ein um (…) nachzuweisen, dass es unzulässig und
5 dem Geist des Marxismus-Leninismus zuwider ist, eine Person hervorzuheben und sie zu einem Übermenschen zu machen, der gottähnliche, übernatürliche Eigenschaften besitzt, zu einem Men-
10 schen, der angeblich alles weiß, alles sieht, für alle denkt, alles kann und in seinem ganzen Verhalten unfehlbar ist. (…) Stalins negative Charaktereigenschaften (…) entwickelten sich während der letz-
15 ten Jahre zu einem schweren Missbrauch der Macht, was unserer Partei unermesslichen Schaden zufügte. (…) Die Massenverhaftungen von Partei-, Sowjet-, Wirtschafts- und Militärfunktionären
20 haben unserem Land, der Sache des Aufbaus gewaltige Schäden zugefügt. (…)

* Kommunistische Partei der Sowjetunion

5 Tauwetter: „Iwan, ich glaub, der Wind hat umgeschlagen." (Karikatur, nach 1953). Der Besen trägt die Aufschrift „Tschistka", was „Säuberung" bedeutet.

1 Versuche zu beschreiben, wie Künstler durch ihre Gemälde unser Bild von Geschichte beeinflussen (M1, M2). Ziehe dazu auch das Gemälde S. 579, M4 heran.
2 Stelle dar, mit welchen Mitteln der stalinistische Terror arbeitete (VT, M3). Versuche dich in diese Zeit hineinzuversetzen und beschreibe die Stimmung, die in der Bevölkerung geherrscht haben mag.
3 Welche Hoffnungen hatten viele Menschen nach Stalins Tod und inwieweit konnte Breschnew diese erfüllen (VT, M4)?

Projekt

Stalin schreibt seine eigene Geschichte

Josef Stalin zu Besuch bei dem schwerkranken Lenin in Gorki bei Moskau. Dieses Foto aus dem Sommer 1922 wurde während der stalinistischen Diktatur vielfach veröffentlicht. Die Meinungsverschiedenheiten zwischen beiden und Lenins Ablehnung gegen Stalin (siehe unten stehenden Text) wurden erst nach Stalins Tod bekannt. – Untersucht das Foto mithilfe der Checkliste. Wie sollte Stalin dargestellt werden?

Geschichtsschreibung im Dienst der Partei

„Die Partei hat immer Recht" – dieser Grundsatz war in der Sowjetunion eine eiserne Richtschnur. Die kommunistische Partei achtete genau darauf, dass auch die Geschichtsschreibung die Vergangenheit so darstellte, wie es der Partei nutzte. Besonders unter Stalin schreckte man dabei nicht vor Geschichtsfälschung zurück: Dokumente wurden geheim gehalten, Propagandabilder gestellt und Fotos entweder nicht veröffentlicht oder verändert – politische Gegner oder Konkurrenten wurden beispielsweise nachträglich einfach wegretuschiert. Versucht mithilfe der Checkliste (rechts) und dem Quellentext (unten) die Bildmaterialien auf dieser Doppelseite zu untersuchen. Inwiefern hat Stalin seine eigene Geschichte geschrieben?

Lenins „Testament" aus dem Jahr 1923, in dem er den Parteitag vor Stalin warnt, versuchte Stalin vor den Parteigenossen geheim zu halten. Lenin hatte diesen Brief geschrieben, als während seiner Krankheit Kämpfe um seine Nachfolge entbrannten:
Genosse Stalin hat (…) eine unermessliche Macht in seinen Händen konzentriert und ich bin nicht überzeugt, dass er es immer verstehen wird, von dieser Macht vorsichtig genug Gebrauch zu machen. (…) Persönlich ist er wohl der fähigste Mann im gegenwärtigen ZK [Zentralkommitee], aber auch ein Mensch, der ein Übermaß von Selbstbewusstsein (…) hat. Stalin ist grob, und dieser Mangel (…) kann in der Funktion des Generalsekretärs nicht geduldet werden.
Deshalb schlage ich den Genossen vor, sich zu überlegen wie man Stalin ablösen könnte, und jemand anderen an diese Stelle zu setzen, der sich in jeder Hinsicht von Genosse Stalin nur durch einen Vorzug unterscheidet, nämlich dadurch, dass er toleranter, loyaler, höflicher und den Genossen gegenüber aufmerksamer und weniger launenhaft usw. ist.

Wie Stalin „Feinde" auf Fotos auslöschte, beschreibt der deutsche Historiker Herrmann Weber 1998:
Das ständige Umschreiben der Parteigeschichte, die dauernde Eliminierung [Beseitigung] von in „Ungnade" gefallenen Parteiführern wurde zum Kennzeichen stalinistischer Historiografie [Geschichtsschreibung] (…).
Entsprechend den politischen Vorgaben waren stets auch Fotos und Filme ins Geschichtsbild einzubeziehen. Alle „Feinde" Stalins mussten als „Unpersonen" aus der Geschichte getilgt, also auch in historischen Bildern „ausgelöscht" werden (…). Diese [Bildfälschungen] erreichten einen immensen Umfang, weil fast alle bolschewistischen Führer der Lenin-Ära in den stalinistischen „Säuberungen" ermordet worden waren.*

* Lenins Mitkämpfer Leo Kamenew wurde 1936 hingerichtet, Leo Trotzki 1940 im Exil ermordet.

Lenin erlitt am 26. Mai 1922 einen Schlaganfall mit Sprachverlust und rechtsseitiger Lähmung. Das Foto zeigt ihn 1923 mit seiner Schwester Marija und einem Arzt. Lenin starb am 24. Januar 1924. Dieses Foto wurde bis zum Ende der Sowjetunion geheim gehalten. – Vermutet, aus welchen Gründen.

USA und Sowjetunion – die neuen Weltmächte

Lenin spricht in Moskau zu Soldaten, die er am 5. Mai 1920 in den Bürgerkrieg verabschiedet (Aufnahme eines unbekannten Fotografen). Rechts vom Podium stehen Lenins Mitkämpfer Trotzki (vorn) und Kamenew.

Dieses retuschierte Bild wurde ab 1927 in Umlauf gebracht. Kamenew und Trotzki galten zu der Zeit bereits als politische Feinde Stalins.

Der Maler J. Brodsky schuf dieses Monumentalgemälde 1932. Er verwendete dafür die retuschierte Aufnahme von 1927.

Bilder machen Geschichte

Bilder sind einprägsam und bestimmen sehr stark unsere Vorstellungen von Geschichte. Dabei werden Fotos auch gezielt benutzt um das Geschichtsbild der Menschen zu beeinflussen. Das kann so weit gehen, dass man über Bilder Geschichte gestaltet, die so nicht stattgefunden hat: Fotos werden nachträglich retuschiert, d.h. mit Absicht gefälscht. Sie werden geheim gehalten oder mit irreführenden Texten (Bildlegenden) unterlegt. Fotos müssen wir deshalb ebenso wie andere Geschichtsquellen kritisch befragen:

1. Was zeigt das Foto, welche Personen, welche Einzelheiten und welche Situation?
2. Aus welcher Perspektive ist das Foto aufgenommen? Welcher Moment des Geschehens wurde festgehalten? Was hat der Fotograf hervorgehoben oder zurückgesetzt?
3. Lässt sich eine Absicht erkennen, weshalb das Foto aufgenommen wurde? Entstand es für einen Auftraggeber, aus eigenem Interesse oder war es ein zufälliger Schnappschuss? Wurde das Motiv extra für das Foto arrangiert?

Auf einen Blick

1917
die USA treten in den Ersten Weltkrieg ein; Revolution in Russland

1918–1920
Bürgerkrieg in Russland: Sieg der Roten Armee

ab 1928
die Planwirtschaft wird unter Stalin ausgebaut

1929
Börsenkrach in New York: Beginn der Weltwirtschaftskrise

1933
Roosevelts New Deal: der Staat greift regulierend in die Wirtschaft ein

1936–1938
„Große Säuberungen" in der UdSSR

1960er-Jahre
Beginn der Bürgerrechtsbewegung und Jugendproteste in den USA

Martin Luther King hatte das Ziel ohne Gewalt die vollen Bürgerrrechte für die farbigen Amerikaner zu erkämpfen. 1964 erhielt er den Friedensnobelpreis.

Die USA: Eintritt in die Weltpolitik

1917 griffen die USA zum ersten Mal militärisch in europäische Angelegenheiten ein. Ihre Finanzmittel, Materiallieferungen und Truppen entschieden den Ersten Weltkrieg zugunsten der Alliierten. Die USA waren damit zu einer Weltmacht geworden.

Wohlstand und Krisen

In den 1920er-Jahren machte die Industrie große Fortschritte. Durch Fließband- und Massenproduktion wurden viele Güter so billig, dass sie nun für sehr viele Menschen erschwinglich waren. Die „Goldenen Zwanziger" endeten mit dem großen Börsenkrach des Jahres 1929. Eine Wirtschaftskrise ungekannten Ausmaßes folgte. Erst Roosevelts „New Deal" sowie die steigende Industrieproduktion während des Zweiten Weltkriegs führte die Menschen langsam aus Not und Arbeitslosigkeit heraus.

Aber auch wenn ein großer Teil der Amerikaner in den Jahrzehnten nach 1945 in relativem Wohlstand lebte, hatte das Land große Probleme: Diskriminierung der farbigen und indianischen Bevölkerung, Proteste gegen den Vietnamkrieg, Armut in den Slums und Gettos der Städte sowie Drogenmissbrauch, Gewalt und Kriminalität.

Russland: Aufstände und Revolutionen

Noch bis weit ins 19. Jh. hinein blieb der größte Flächenstaat der Erde rückständig. Die Bauernbefreiung von 1861 verbesserte die Lage eines großen Teils der Bevölkerung kaum. In der zweiten Hälfte des 19. Jahrhunderts leitete die Regierung eine hastige industrielle Entwicklung ein. In den Städten entstand eine Arbeiterschaft, deren Arbeits- und Lebensbedingungen unerträglich waren.

Da die Zarenherrschaft zu keinen wirklichen Reformen imstande war, entluden sich die aufgestauten Spannungen der Arbeiter und Bauern in Streiks und Aufständen. Bei der Revolution 1905 konnte Zar Nikolaus II. seine Herrschaft noch durch Zugeständnisse retten. Nach dem katastrophalen Verlauf des Ersten Weltkrieges und der Februarrevolution 1917 musste der Zar aber abdanken.

Die Sowjetunion

Im Oktober 1917 übernahmen Lenin und die Bolschewiki die Regierungsgewalt und begannen Russland in eine sozialistische Gesellschaft umzuwandeln. Nach ihrem Sieg im Bürgerkrieg, in dem etwa elf Millionen Menschen starben, wurde die Sowjetunion gegründet. Die Herrschaft lag in den Händen der kommunistischen Partei.

Nach Lenins Tod errang Stalin die Alleinherrschaft. Unter seiner Diktatur, in der angebliche Parteifeinde skrupellos beseitigt wurden, wurde die Sowjetunion planmäßig zu einem führenden Industriestaat umgewandelt. Viele, die sich den Maßnahmen der Regierung widersetzten, insbesondere der Zwangskollektivierung in der Landwirtschaft, wurden hingerichtet. Um Stalin entstand ein Personenkult, der ihn allgegenwärtig machte und seine Macht untermauerte.

Mit seinem Nachfolger Chruschtow setzte ein „Tauwetter" ein: Der stalinistische Terror wurde beendet und der Lebensstandard der Bevölkerung angehoben. Allerdings wandelte sich das Klima nach Chruschtschows Sturz wieder.

USA und Sowjetunion – die neue Weltmächte

Der russische Schriftsteller Anatoli Pristawkin erzählt in seinem Buch „Wir Kuckuckskinder" (Fischer Taschenbuch Verlag) von Kindern und Jugendlichen, die Ende der 1930er-Jahre unter falschem Namen und in Unkenntnis ihrer Herkunft in sowjetischen Sonderheimen großgezogen wurden – ihre Eltern waren Opfer der stalinistischen Säuberungen.
Aus der Sicht von Sergej, einer der älteren Jungen, wird das Leben in diesen Heimen beschrieben:

Alle möglichen Ereignisse geschahen in unserem „Spez". Auch die größte Unannehmlichkeit, die wir nicht erwarteten, obwohl wir sie erinnerten, wir schoben sie in Gedanken von uns weg, aber sie kam unabwendbar wie eine Strafe: die Entlausung.

Von Zeit zu Zeit wurden wir in diesen Raum getrieben (…) und splitternackt ausgezogen, und dann wurden wir und unsere Läuse durchgeglüht. Damit glaubten sie uns voneinander befreien zu können. Aber die Läuse blieben, nur die ohnehin schon morschen Sachen, Flick auf Flick, hielten im Gegensatz zu dem Ungeziefer der Hitze nicht stand und verschlissen noch mehr (…).

In dieser Entlausungskammer wurden wir gewaltsam mit schwarzer Karbolseife eingeschmiert. Aber Seife, das war nur so ein Name, in Wirklichkeit war es Teer. Den kriegte man nicht wieder runter, man wurde nicht wieder sauber. Selbst Hunde und Katzen gingen uns eine Weile werstweit aus dem Weg, und die Spatzen stoben von ihren Nestern auf, wenn wir kamen.

Doch das Schlimmste, dieser giftige, untilgbare Geruch verriet uns an öffentlichen Plätzen schlimmer als das Mal, mit dem Zuchthäusler gebrandmarkt wurden. Ein Brandmal ließ sich immerhin zudecken, aber wie sollte man einen Geruch verbergen, der werstweit zu spüren war?

Unser Rüssel, der Direktor Iwan Orechowitsch Stepko, (…) veranstaltete während der Entlausung Filzungen und nahm uns alles weg, was wir nicht vorher in Geheimverstecken gebunkert hatten. Diesmal fand er bei Wurzel ein Katapult, obwohl der es durch das Hosenbein zu Boden gleiten ließ, doch es wurde gefunden, eingezogen und zerstört, zerbrochen. (…)

Der Direktor hatte es diesmal besonders auf mich abgesehen. Er stülpte mir die Taschen nach außen, tastete das Futter ab und guckte auch in die Galoschen hinein, die ich statt Schuhen trug. Seine Bewegungen waren rasch, geübt und sicher, er wusste schon, wo er bei uns suchen musste! (…)

Während er mich abtastete und nach außen stülpte, strengte ich mein Gehirn an auf der Suche nach meinem Ursprung. Nach allem zu urteilen, lag mein Ursprung in der Kindersammelstelle, an die ich keine Erinnerung hatte. Aber das stimmt nicht ganz, denn an dies und jenes hatte ich mich erinnert, es jedoch vergessen.

So zum Beispiel in der zweiten Klasse, vielleicht auch in der dritten, als wir schon schreiben konnten und bald Pioniere werden sollten, da hatten sie uns mal einen Text diktiert, und jeder musste schreiben, dass wir uns von irgendwelchen Verrätern lossagen, die wir nicht kannten und nicht kennen wollten. (…)

Als die Blätter eingesammelt wurden, lobte uns der Lehrer, wir hätten ein gutes Bewusstsein, also würden wir auch bald bei den Pionieren aufgenommen. Und die Pioniere hätten solch eine Losung: „Pionier, zum Kampf für die Sache Lenins und Stalins – sei bereit!" Da brüllten wir „Immer bereit!" und beschlossen, so bald wie möglich den Pionieren beizutreten.

„Ich, junger Pionier der Union der Sozialistischen Sowjetrepubliken, gelobe hier vor meinen Kameraden, fest für die Sache Lenins und Stalins und für den Sieg des Kommunismus einzutreten …"
Das lernten wir auswendig, und wir probten sogar, wie es möglichst laut und flammend heraus käme, damit (…) sie kapierten, dass wir wirklich bereit waren zu kämpfen. Aber niemand benötigte unsere Kampfbereitschaft. Das ging uns später auf. Von „oben" kam ein Papier, in dem es hieß, wir hätten ein Spezialregime und taugten nicht für Pioniere. Außerdem seien im Lande Halstücher knapp und Abzeichen auch, und so schlief die ganze Sache wieder ein.

589

Die Weimarer Republik – Demokratie ohne Demokraten?

Rat der Volksbeauftragten (Postkarte aus den 1920er-Jahren). Die sechs Mitglieder der Übergangsregierung aus SPD und USPD stellten die Weichen zur Durchsetzung der parlamentarischen Demokratie.

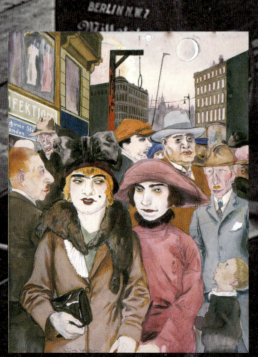

„Hausvogteiplatz" (Aquarell von Rudolf Schlichter, um 1926). Großstadtleben – sachlich kühl und unheilsschwanger.

„Die Quelle" (Karikatur aus der amerikanischen Zeitschrift „St. Louis Dispatch" vom 18. Oktober 1930). Der Versailler Friedensvertrag weckte bei vielen Deutschen Revanchegelüste. Ihre Wahlerfolge gegen Ende der Weimarer Republik verdankten Hitler und seine Partei, die NSDAP, nicht zuletzt dem Versprechen den „Schandfrieden von Versailles" aufzuheben.

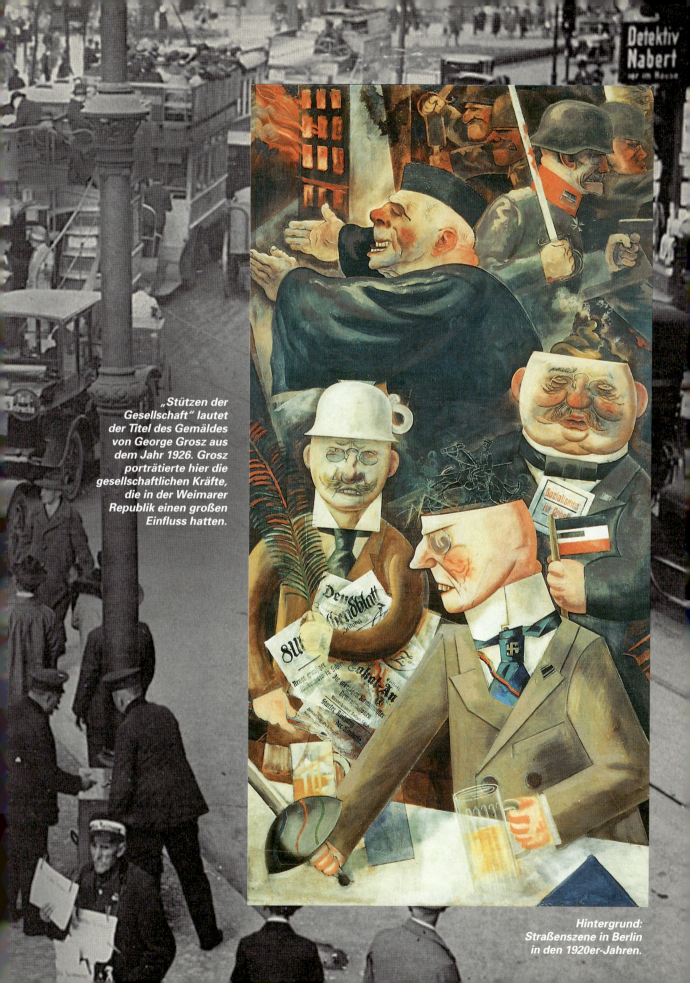

„Stützen der Gesellschaft" lautet der Titel des Gemäldes von George Grosz aus dem Jahr 1926. Grosz porträtierte hier die gesellschaftlichen Kräfte, die in der Weimarer Republik einen großen Einfluss hatten.

Hintergrund: Straßenszene in Berlin in den 1920er-Jahren.

1 Die verdrängte Niederlage

1 Die ausgehungerte Berliner Bevölkerung schlachtet auf der Straße einen Pferdekadaver aus (Foto aus dem Jahr 1918).

Das Volk wird kriegsmüde

Im August 1914 hielten viele Menschen in Deutschland den bevorstehenden Krieg noch für ein Kinderspiel. Deutsche Soldaten rückten siegesgewiss aus, innerhalb weniger Wochen Paris zu besetzen. Weihnachten wollten sie als Sieger im Kreise ihrer Familien feiern. Die Kriegswirklichkeit sah dann ganz anders aus: Massensterben in den Schützengräben, Hunger und Not in der Heimat. Zum ersten Mal seit Jahrzehnten verhungerten in Deutschland Menschen; die Säuglingssterblichkeit nahm stark zu. Die anfängliche Kriegsbegeisterung war längst verflogen; nach zwei Jahren Krieg sehnten immer mehr Menschen einen schnellen Frieden herbei.

Seit dem Frühjahr 1917 weiteten sich die Proteste der Bevölkerung gegen den Krieg aus. Im Januar 1918 konnte in Berlin ein erster Streik vieler Munitionsarbeiter und -arbeiterinnen nur mit Härte vonseiten der kaiserlichen Regierung niedergeschlagen werden.

Der verpasste Frieden

Dabei schien ein Frieden möglich, bei dem Deutschland noch glimpflich aus dem Krieg hätte herauskommen können. Geleitet von dem Gedanken an das Selbstbestimmungsrecht der Völker, bot der amerikanische Präsident Woodrow Wilson im Januar 1918 einen Frieden ohne Besiegte an. Er dachte an einen gerechten Frieden ohne Gebietsabtretungen, die vom Sieger diktiert würden. Doch die Möglichkeit günstiger Friedensbedingungen wurde von der deutschen Militär-Führung verspielt. Erst im August 1918 erklärte sie die Fortführung des Krieges angesichts der Übermacht der Alliierten für aussichtslos und verlangte selbst einen Waffenstillstand. Mit Abgesandten des Kaisers wollten die Alliierten aber nicht verhandeln. Sie bestanden auf Gesprächen mit Volksvertretern – also Reichstagsabgeordneten.

So kam es, dass nicht der Kaiser oder führende Militärs, sondern Politiker, die schon längere Zeit die deutsche Kriegspolitik kritisierten, die Waffenstillstandsbedingungen unterschrieben. Für viele Menschen sah das so aus, als würden diese die Verantwortung für den verlorenen Krieg übernehmen.

Verantwortungslose Militärs

Besonders die seit August 1916 an der Spitze der Obersten Heeresleitung (OHL) stehenden Generäle v. Hindenburg und Ludendorff gestanden eine Mitschuld an der Verzweiflung und Not von Soldaten und Zivilbevölkerung nie ein. Nachdem sie sich bei Kriegsende zunächst ins Privatleben zurückziehen mussten, „vergaßen" sie schnell auch die von ihnen selbst – allerdings nie öffentlich – erhobene Forderung nach einem Waffenstillstand. Stattdessen machten sie die Politiker, die den Waffenstillstand zügig ausgehandelt hatten, zum Sündenbock für die angeblich unnötige militärische Niederlage. Und sie machten noch weitere „Übeltäter" aus: Die von Sozialisten angeführten Streiks und Proteste der Bevölkerung hätten wie ein Dolchstoß in den Rücken der kämpfenden Soldaten gewirkt.

Die Weimarer Republik – Demokratie ohne Demokraten?

2 Bericht aus dem Erzgebirge, 27. Mai 1918:

In Ortschaften mit überwiegender Industriebevölkerung ist Hungersnot. In 10 Tagen bekommen sie 1 kg Kartoffeln, sehr wenig Brot, die Menschen verhungern langsam. Tatsächlich kommen Hungerstodesfälle vor. Auch herrscht hier in mehreren Dörfern Hungertyphus. Das Elend hier ist sehr groß. Die Dörfer mit reiner Landwirtschaft werden von Bettlern durchzogen. (…) Sehr viele Fälle, wo die Leute tot auf der Straße umfallen, sind zu verzeichnen. Wenn noch ein Jahr Krieg ist, wird die Bevölkerung zugrunde gerichtet sein.

3 Von hinten erdolcht?

a) Oberst von Thaer notiert am 1. Oktober 1918 aus einer Rede Ludendorffs vor Offizieren:

So sei vorauszusehen, dass dem Feinde schon in nächster Zeit mithilfe der kampffreudigen Amerikaner ein großer Sieg, ein Durchbruch in ganz großem Stil gelingen werde, dann werde dieses Westheer seinen letzten Halt verlieren und in voller Ausrüstung zurückfluten über den Rhein. (…) Diese Katastrophe müsse unbedingt vermieden werden. (…) Deshalb habe die OHL von Seiner Majestät und dem Kanzler gefordert, dass ohne jeden Verzug der Antrag auf die Herbeiführung eines Waffenstillstandes gestellt würde bei dem Präsidenten Wilson von Amerika. (…) Er habe sich nie gescheut, von der Truppe Äußerstes zu verlangen. Aber nachdem er jetzt klar erkenne, dass die Fortsetzung des Krieges nutzlos sei, stehe er auf dem Standpunkt, dass schnellstens Schluss gemacht werden müsse.

b) Auszüge aus von Hindenburgs Telegramm an die deutsche Waffenstillstandskommission, 10. November 1918:

In den Waffenstillstandsbedingungen muss versucht werden Erleichterungen (…) zu erreichen. (…) Gelingt Durchsetzung (…) nicht, so wäre trotzdem abzuschließen.

c) In seinem 1920 erschienenen Buch „Aus meinem Leben" verbreitete von Hindenburg:

Wir waren am Ende!

Wie Siegfried unter dem hinterlistigen Speerwurf des grimmigen Hagen, so stürzte unsere ermattete Front.

d) General Groener, der 1. Generalquartiermeister des Heeres, gab in seinen 1957 erschienenen Lebenserinnerungen zu:

Die Heeresleitung stellte sich bewusst auf den Standpunkt, die Verantwortung für den Waffenstillstand und alle späteren Schritte von sich zu weisen. Sie tat dies, streng juristisch gesehen, nur mit bedingtem Recht, aber es kam mir und meinen Mitarbeitern darauf an, die Waffe blank und den Generalstab für die Zukunft unbelastet zu erhalten.

5 Ausschnitt aus einem Wahlplakat, 1924. Die Abbildung zeigt, welche Auffassung führende Militärs und viele Menschen in Deutschland über die Niederlage im Ersten Weltkrieg vertraten. – Untersuche, wer nach dieser Abbildung angeblich an der deutschen Niederlage Schuld hat.

Ware	1914	Juli 1916 bis Juni 1917	Juli 1917 bis Juni 1918	Juli 1918 bis Dez. 1918
Fleisch	100	31	20	12
Eier	100	18	13	13
Schmalz	100	14	11	7
Kartoffeln	100	71	94	94
Getreideprodukte (z. B. Brot)	100	53	47	48

4 Die Entwicklung des Nahrungsmittelverbrauchs 1916–1918 im Vergleich zum Friedensverbrauch vor 1914.

1 Nenne Gründe, weshalb der größte Teil der deutschen Bevölkerung 1918 einen möglichst schnellen Frieden herbeisehnte (VT, M1, M2, M4).
2 Beschreibe das Verhalten der Militärs in den letzten Kriegsmonaten und in der darauf folgenden Zeit (VT, M3, M5) und bewerte es.
3 Erläutere den Begriff „Dolchstoßlegende" (VT, M3c, M5). Welche Wirkung konnte die Legende auf die deutsche Bevölkerung haben?

2 Eine Meuterei mit revolutionären Folgen

1 *Matrosen der Kriegsflotte verweigern im November 1918 den Gehorsam und rufen zur Revolution in Deutschland auf.*

Räte
von Arbeitern und Soldaten gewählte Interessenvertretungen. Ihr Vorbild waren die erstmals 1905 in Russland von Arbeitern, Soldaten und Bauern gewählten „Sowjets" (= Räte). Diese verstanden sich nicht nur als gesetzgebende, sondern auch als gesetzausführende Organe.

Vom Matrosenaufstand ...
Lieber „heldenhaft" untergehen als die Flotte an den Feind ausliefern – das war die Haltung, auf die sich das Oberkommando der deutschen Kriegsflotte im Oktober 1918 versteift hatte. Doch der selbstmörderische Befehl hoher Offiziere, nochmals gegen die überlegenen Briten auszulaufen, löste bei den Besatzungen der Schiffe eine Rebellion aus. Den empörten Matrosen schlossen sich schnell weitere Soldaten aus den Kasernen an. Sie bildeten einen Soldatenrat und verhafteten die verhassten Offiziere. Das war der Beginn eines Aufstands, der sich in den folgenden Tagen weiter ausbreitete, ohne auf großen Widerstand zu stoßen. Rebellierende Einheiten fuhren von Stadt zu Stadt, verbündeten sich dort mit den ebenfalls unzufriedenen Arbeitern, besetzten die Rathäuser und legten die Kontrolle der Verwaltung in die Hände von schnell gebildeten *Arbeiter- und Soldatenräten*.

Wem aber würde es gelingen, den Soldaten- und Arbeiteraufstand politisch zu nutzen? Der SPD als traditionelle Vertreterin der Arbeiterinteressen und größten Fraktion im Reichstag? Oder der USPD, der Unabhängigen Sozialdemokratischen Partei Deutschlands, die 1917 von entschiedenen Kriegsgegnern gegründet worden war, die sich enttäuscht und verbittert von der SPD abgewendet hatten? Oder gar dem Spartakusbund, einer besonders radikalen Gruppierung, die sich innerhalb der USPD gebildet hatte?

... zum Zusammenbruch des Staates
Am 8. November erreichten die ersten revoltierenden Marinesoldaten die Reichshauptstadt Berlin. Viele Arbeiter streikten und nahmen an Demonstrationen teil. Fast zeitgleich riefen Philipp Scheidemann (SPD) und Karl Liebknecht (Spartakusbund) am 9. November die Republik aus – allerdings mit unterschiedlichen Zielen.

Der Kaiser dankte ab. Der SPD-Führer Friedrich Ebert wurde zum neuen Reichskanzler ernannt und bildete eine provisorische Regierung, die sich „Rat der Volksbeauftragten" nannte. Dieser unterzeichnete auch am 11. November das Waffenstillstandsabkommen.

Die Aufgaben der neuen Regierung
Die provisorische Regierung aus Parteiführern der SPD und USPD sah ihre Aufgabe darin, die großen Probleme des Landes zu lösen. Vordringlich war die Versorgung der Bevölkerung mit Lebensmitteln. Die Industrieproduktion musste aufrecht erhalten, zugleich aber auch die Kriegswirtschaft auf zivile Produkte umgestellt werden. Außerdem galt es die ca. 8 Millionen Soldaten sicher und schnell in die Heimat zurückzuführen und ihnen Arbeitsplätze zu verschaffen. Verschärfend wirkte das Verbot der Alliierten, Bevölkerung und Industrie mit Importwaren zu versorgen.

Da diese und andere Probleme in kürzester Zeit gelöst werden mussten, waren insbesondere die SPD-Mitglieder in der Übergangsregierung dazu bereit, mit den führenden Kräften des alten Kaiserreichs – z. B. der Obersten Heeresleitung (OHL), den Beamten und den Unternehmern – zusammenzuarbeiten. Damit verzichteten sie zumindest in der

Die Weimarer Republik – Demokratie ohne Demokraten?

direkten Nachkriegszeit auf revolutionäre Veränderungen. Ein frei zu wählendes Parlament, die Verfassunggebende Nationalversammlung, sollte über das neue Gesicht Deutschlands entscheiden.

Die revolutionäre Alternative

Gegen diese Politik wehrte sich massiv die radikale Arbeiterbewegung aus Spartakusbund und dem linken Flügel der USPD. Sie wollten den Arbeiter- und Soldatenräten dauerhaft Macht übertragen und diese die Arbeit der Regierung, der Militärs und der Beamten genau kontrollieren lassen. Auch war es Ziel, die wichtigsten Industriebetriebe in die Hand der Arbeiter zu bringen. Sie sollten dort dann ihre eigene Leitung wählen und die Gewinne unter den Arbeitern aufteilen. Einer später zu wählenden Nationalversammlung würde zur Auflage gemacht, an diesen Neuerungen nichts mehr zu ändern. Die Radikalen wollten Deutschland zu einem sozialistischen Land umgestalten, das mit den Sozialisten in Russland eng zusammenarbeiten würde.

2 Ausrufung der Republik am 9. November 1918 durch Philipp Scheidemann gegen 14 Uhr vom Balkon des Reichstagsgebäudes in Berlin:

Arbeiter und Soldaten! Das deutsche Volk hat auf der ganzen Linie gesiegt. Das alte Morsche ist zusammengebrochen. (…) Die Hohenzollern haben abge-
5 dankt! Es lebe die deutsche Republik! Der Abgeordnete Ebert ist zum Reichskanzler ausgerufen worden. (…) Jetzt besteht unsere Aufgabe darin, diesen glänzenden Sieg (…) nicht beschmutzen zu
10 lassen, und deshalb bitte ich Sie, sorgen Sie dafür, dass keine Störung der Sicherheit eintrete. (…) Ruhe, Ordnung und Sicherheit ist das, was wir jetzt brauchen.

3 Ausrufung der sozialistischen Republik am 9. November 1918 durch Karl Liebknecht gegen 16 Uhr vor dem Berliner Schloss:

Der Tag der Revolution ist gekommen. Wir haben den Frieden erzwungen. (…) Parteigenossen, ich proklamiere die freie sozialistische Republik Deutschland. (…)
5 Die Herrschaft des Kapitalismus, der Europa in ein Leichenfeld verwandelt hat, ist gebrochen. (…)
Wenn auch das Alte niedergerissen ist, dürfen wir doch nicht glauben, dass un-
10 sere Aufgabe getan ist. Wir müssen alle Kräfte anspannen, um eine Regierung der Arbeiter und Soldaten aufzubauen und eine neue staatliche Ordnung des Proletariats zu schaffen.

4 Extraausgabe des „Vorwärts" vom 9. November 1918. Der „Vorwärts" war die offizielle Parteizeitung der SPD. Am 9. November wurden insgesamt sechs Extraausgaben gedruckt.

1 Wie kam es zum Untergang des deutschen Kaiserreichs (VT, M1)?
2 Untersuche, welche Ziele Philipp Scheidemann (SPD) und Karl Liebknecht verfolgten (VT, M2, M3).
3 Versuche die Ziele herauszufinden, die der Rat der Volksbeauftragten und der Spartakusbund verfolgten (VT, M3). Vergleiche die Ergebnisse mit den Zielen der SPD (M4).
4 Wie ist der Satz „Der Sieg des Volkes ist errungen, er darf nicht durch Unbesonnenheiten entehrt und gefährdet werden" zu verstehen (M4)? Beachte: der „Vorwärts" ist eine Zeitung der SPD.

3 Der Kampf um den neuen Staat

1 *links: Plakat zu den Wahlen zur Nationalversammlung im Auftrag des „Rates der Volksbeauftragten", Jahreswende 1918/1919; rechts: Zweifronten-Barrikade der Spartakisten im Zeitungsviertel während der Straßenkämpfe in Berlin im Januar 1919.*

2 *Rosa Luxemburg (1870–1919) war Mitbegründerin des Spartakusbundes.*

Weichenstellungen

Die Weichen für den neuen Staat wurden schnell gestellt. Die SPD verfolgte kompromisslos ein klares Ziel: Möglichst bald sollte eine verfassunggebende Nationalversammlung gewählt werden. Von dieser waren dann alle wichtigen Entscheidungen über die Zukunft der jungen Republik zu treffen. Mitte Dezember fiel auf dem ersten zentralen Kongress der Räte in Berlin die Vorentscheidung: Die Wahl zur Nationalversammlung wurde für den 19. Januar 1919 beschlossen.

Machtkampf

Die USPD, die für einen späteren Wahltermin war, und der Spartakusbund, der für eine Räteverfassung eintrat und die Nationalversammlung ablehnte, konnten sich auf dem Kongress nicht durchsetzen. Der Spartakusbund, aus dem am 1. Januar 1919 die Kommunistische Partei Deutschlands (KPD) hervorging, wollte sich mit dieser Niederlage aber nicht abfinden. Er rief seine Anhänger vor allem in Berlin zu Demonstrationen und zur Besetzung von Zeitungsredaktionen auf. Diese Aktionen sollten zum Sturz der Regierung führen. Gewalt bestimmte das Straßenbild Berlins in den ersten beiden Januarwochen.

Die inzwischen von der SPD allein geführte Übergangsregierung befand sich in einer schwierigen Lage: Während der Spartakusbund von Marinesoldaten und seinen teilweise bewaffneten Anhängern unterstützt wurde, war die Regierung auf reguläre Truppen der übrig gebliebenen kaiserlichen Armee und Freikorps angewiesen um die Unruhen niederzuschlagen.

Die Rolle der Freikorps

In den Freikorps sammelten sich ehemalige Soldaten, die gerade von der Front zurückgekehrt waren und die sich nicht in das Zivilleben eingliedern wollten. Sie verachteten die Demokratie und wünschten sich einen starken Staat mit einer monarchischen Spitze, der nach dem militärischen Prinzip von Befehl und Gehorsam regiert würde. Mit der Niederlage Deutschlands im Ersten Weltkrieg konnten sie sich nicht abfinden, aus ihrer Sicht waren die Sozialdemokraten daran schuld (Dolchstoßlegende).

Allerdings hassten sie die Spartakisten noch mehr. Nur deshalb waren sie bereit, für die bestehende sozialdemokratische Regierung zu kämpfen. Dabei gebrauchten sie rücksichtslos Gewalt; auch vor willkürlichen Morden an ihren Gegnern schreckten die Freikorps nicht zurück. Zu ihren ersten Opfern zählten Rosa Luxemburg und Karl Liebknecht: Nach ihrer Verhaftung am 15. Januar 1919 wurden sie von Freikorpsangehörigen hinterrücks ermordet.

Die Weimarer Republik – Demokratie ohne Demokraten?

Die SPD verliert viele Anhänger

Dass sich die Regierung dieser Truppen bediente, um die vom Spartakusbund ausgelösten Unruhen zu bekämpfen, verbitterte viele ihrer Anhänger. Sie warfen ihrer Partei die Zusammenarbeit mit den alten Gegnern und zugleich Verrat an den eigenen Brüdern vor. Aus ihrer Sicht machte sich die SPD zu Handlangern von Feinden der Arbeiter, sogar von Mördern. Der für die Freikorps zuständige Politiker der SPD, Gustav Noske, entgegnete auf solche Vorwürfe: „Einer musste doch der Bluthund sein."

Da die sozialdemokratische Übergangsregierung die Unruhen niederschlagen konnte, fand die Wahl zur Verfassunggebenden Nationalversammlung wie beschlossen am 19. Januar 1919 statt. Der Ausgang der Wahl war für die SPD allerdings enttäuschend: Zwar konnte sie ihr Ergebnis gegenüber 1912 von knapp 35 % auf rund 39 % verbessern. Sie hatte aber auf eine absolute Mehrheit gehofft, als Anerkennung für ihre Politik, die fest an demokratischen Prinzipien festhielt und die Zusammenarbeit mit allen Bevölkerungskreisen suchte. Die SPD war nun bei der weiteren Regierungsarbeit auf eine Koalition mit bürgerlichen Parteien angewiesen.

3 *Aus einem Aufruf der Reichsregierung Ebert-Scheidemann vom 8. Januar 1919:*
Mitbürger!
Spartakus kämpft jetzt um die ganze Macht. Die Regierung (…) soll mit Gewalt gestürzt werden. (…) Wo Spartakus
5 herrscht, ist jede persönliche Freiheit und Sicherheit aufgehoben. Die Presse ist unterdrückt, der Verkehr lahm gelegt. Teile Berlins sind Stätte blutiger Kämpfe. (…) Die Regierung trifft alle notwendigen
10 Maßnahmen, um diese Schreckensherrschaft zu zertrümmern und ihre Wiederkehr ein für alle Mal zu verhindern. (…) Gewalt kann nur mit Gewalt bekämpft werden. (…) Die Stunde der Abrechnung
15 naht.

4 *Aus einem Aufruf der Zentrale der KPD vom 9. Januar 1919:*
Arbeiter! Genossen! Soldaten!
Grenzenlos war der Langmut der revolutionären Arbeiter Deutschlands; über alle Maßen ihre Geduld mit den vom Bru-
5 derblut besudelten Ebert-Scheidemann. Die Verbrechen dieser Verräter des Proletariats, dieser elenden Handlanger der kapitalistischen Scharfmacher schrien längst zum Himmel. (…)
10 Arbeiter! Genossen! Klar ist die Situation! Es geht aufs Ganze, es geht ums Ganze! (…) Heraus aus den Fabriken, ihr Arbeiter und Arbeiterinnen! Der Generalstreik aller Betriebe muss eure erste
15 Antwort sein. Zeigt den Schurken eure Macht! Bewaffnet euch! Gebraucht die Waffen gegen eure Todfeinde, die Ebert-Scheidemann! Auf zum Kampf!

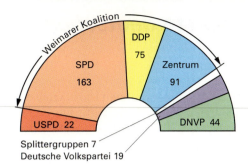

5 *Ergebnis der Wahlen zur Nationalversammlung:* Die Deutsche Demokratische Partei vertrat bürgerliche Schichten, das Zentrum den katholischen Bevölkerungsteil. Die Deutschnationale Volkspartei wurde v. a. von Anhängern der Monarchie gewählt. Die KPD hatte die Wahl boykottiert. Zum ersten Mal konnten auch Frauen zur Wahl gehen. Sie gaben ihre Stimmen verstärkt dem Zentrum oder, in protestantischen Regionen, der DNVP. Die „Weimarer Koalition" verlor bald ihre Mehrheit und erhielt sie danach nicht wieder.

6 „Prost Noske – das Proletariat ist entwaffnet." – Warum hat der Maler und Grafiker George Grosz seiner Zeichnung vom April 1919 diesen Titel gegeben?

1 Welche Ziele unterstellen der Spartakusbund (KPD) und die SPD sich gegenseitig und welche Vorwürfe machen sie sich (M 3, M 4)? Beachte auch die Sprache.
2 Beschreibe und bewerte die Ziele und das Verhalten der Freikorps (VT). Wie beurteilst du die Politik der Regierung?
3 Rosa Luxemburg und Karl Liebknecht waren schon im Kaiserreich und während des Ersten Weltkriegs wichtige Politiker. Informiere dich mithilfe eines Lexikons über ihr Leben und ihr politisches Handeln.

4 Weimar – die erste deutsche Demokratie

1 An die Frauen gerichteter Wahlaufruf zur Nationalversammlung (Plakat von 1919). – Mit welchen Mitteln wird hier die neue Wählergruppe der Frauen angesprochen? Welches Bild von der Rolle der Frauen wird dabei vermittelt? Versuche die Aussage des Plakates auf Männer zu übertragen.

Aus Furcht vor weiteren Unruhen in der Hauptstadt Berlin verlegte die Regierung die Eröffnung der Verfassunggebenden Nationalversammlung nach Weimar – man spricht deshalb von der „Weimarer Republik".

Die Nationalversammlung

Nachdem die SPD aus den Wahlen als stärkste Partei hervorgegangen war, wurde ihr Vorsitzender Friedrich Ebert von der Nationalversammlung zum Reichspräsidenten gewählt. Ebert wiederum ernannte seinen Parteifreund Philipp Scheidemann zum Kanzler einer Koalitionsregierung aus SPD, Zentrum und DDP („Weimarer Koalition"). Diese Parteien hatten ab 1917 schon im alten Reichstag zusammengearbeitet.

Ihre zweite wichtige Aufgabe, nämlich für die junge Republik eine demokratische Verfassung zu beschließen, erfüllte die Nationalversammlung nach langen Verhandlungen. Im August 1919 trat die Weimarer Verfassung in Kraft.

Die Mitwirkungsrechte des Volkes

Bei den Wahlen zur Nationalversammlung hatten erstmals in der deutschen Geschichte alle Frauen über 20 Jahre aktives und passives Wahlrecht. Die neue Verfassung schrieb dies fest. Zumindest auf dem Papier galt so politische Gleichberechtigung von Mann und Frau. Zugleich räumte die Verfassung dem Volk ein starkes Gewicht ein. Es wählte alle vier Jahre die Reichstagsabgeordneten und auch direkt den Reichspräsidenten auf sieben Jahre. Durch Volksentscheid konnten zudem gegen den Willen des Reichstags Gesetze beschlossen und sogar bereits verabschiedete Gesetze rückgängig gemacht werden.

Die Rolle des Reichspräsidenten

Auch der Reichspräsident hatte eine starke Stellung. Sie gründete vor allem auf dem Artikel 48 der Verfassung. Dieser Artikel gab dem Reichspräsidenten die Möglichkeit auch ohne Zustimmung des Parlaments in Form so genannter Notverordnungen Gesetze zu erlassen. Hier wurde ein politischer Freiraum gewährt, der sich später noch verhängnisvoll auswirken sollte.

Die SPD verliert ihre Führungsrolle

Die Weimarer Republik litt von Anfang an unter einer schweren Belastung. Viele Bürger, aber auch einige der im Reichstag vertretenen Parteien bekannten sich nie bedingungslos zur Republik und zur Demokratie. Gerade die SPD, die entscheidend zur Einführung der Demokratie in Deutschland beigetragen hatte, erlitt bei der ersten Reichstagswahl am 6. Juni 1920 eine schwere Niederlage. Ihr Stimmenanteil sank um 16%, sie musste die Regierung verlassen. Auch die anderen demokratischen Parteien der Weimarer Koalition verzeichneten erhebliche Stimmeneinbußen. Schon jetzt deutete sich an, dass es zukünftig schwierig werden würde stabile Regierungen zu bilden, die uneingeschränkt hinter der Demokratie standen.

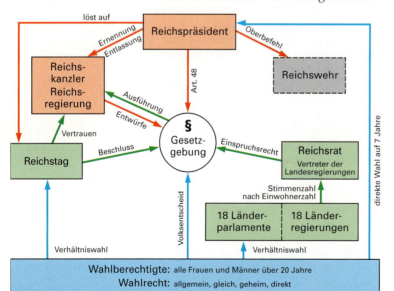

2 Die Weimarer Verfassung: Im Reichstag war jede Partei entsprechend ihrem Stimmenanteil vertreten. Eine Fünfprozentklausel gab es nicht. Das begünstigte Splitterparteien und erschwerte die Bildung von kompromissfähigen Regierungsmehrheiten. Der Reichspräsident erhielt eine besonders starke Stellung. Er konnte den Reichstag auflösen und in Krisenzeiten räumte ihm Art. 48 diktatorische Vollmachten ein.

Die Weimarer Republik – Demokratie ohne Demokraten?

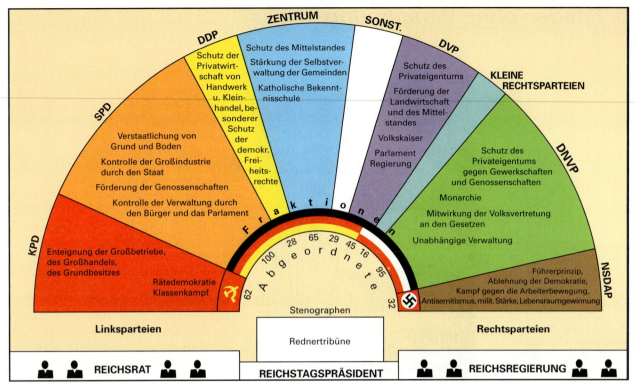

4 Sitzverteilung nach der Reichstagswahl vom 4. Mai 1924. – An den Zielen der Parteien lässt sich ungefähr ablesen, von welchen Bevölkerungsgruppen sie in den Reichstag gewählt wurden.

3 Die Artikel 25, 48 und 54 der Weimarer Verfassung

Art. 25: Der Reichspräsident kann den Reichstag auflösen, jedoch nur einmal aus dem gleichen Anlass. (…)

Art. 48: Wenn [eines der 18 Reichslän-
5 der] die ihm nach der Reichsverfassung oder den Reichsgesetzen obliegenden Pflichten nicht erfüllt, kann der Reichspräsident es dazu mithilfe der bewaffneten Macht anhalten.

10 Der Reichspräsident kann, wenn im Deutschen Reiche die öffentliche Sicherheit und Ordnung erheblich gestört oder gefährdet wird, die zur Wiederherstellung der öffentlichen Sicherheit und Ord-
15 nung nötigen Maßnahmen treffen, erforderlichenfalls mithilfe der bewaffneten Macht einschreiten. Zu diesem Zwecke darf er vorübergehend die (…) Grundrechte ganz oder zum Teil außer Kraft
20 setzen.

Art. 54: Der Reichskanzler und die Reichsminister bedürfen zu ihrer Amtsführung des Vertrauens des Reichstags. Jeder von ihnen muss zurücktreten,
25 wenn ihm der Reichstag durch ausdrücklichen Beschluss sein Vertrauen entzieht.

5 „Friedrich der Vorläufige" (Karikatur zu Reichspräsident Ebert aus dem Jahre 1919). – Wie wird Eberts Amt durch die Art der Darstellung der Herrschaftssymbole bewertet? Setze den Titel der Karikatur dazu in Beziehung.

1 Informiere dich in einem Lexikon über die Geschichte und Bedeutung der Stadt Weimar. Nenne Gründe, weshalb gerade Weimar als Tagungsort für die Nationalversammlung gewählt wurde.
2 Beschreibe die Stellung des Reichspräsidenten in der Weimarer Verfassung (VT, M2, M3).

5 Frieden ohne Versöhnung

1 Plakat der Deutschnationalen Volkspartei zur Reichstagswahl von 1920. – Welche „deutschen Werte" werden in der Darstellung angesprochen? Gegen wen richtet sich das Plakat?

Reparationen ist ein anderes Wort für Schadenersatz. Im Versailler Vertrag sind damit die Leistungen bezeichnet, die die Deutschen an die Sieger des Krieges für Kriegsschäden und Kriegsaufwendungen aufzubringen hatten.

„Diktat von Versailles"

7. Mai 1919: Im Speisesaal eines großen Hotels am Rand von Versailles bei Paris übergeben die Siegermächte ihre Friedensbedingungen der deutschen Abordnung. „Meine Herren Delegierte des Deutschen Reiches. Es ist hier weder Ort noch Stunde für überflüssige Worte. (…) Die Stunde der Abrechnung ist da. Sie haben uns um Frieden gebeten. Wir sind geneigt, ihn Ihnen zu gewähren." Was der französische Ministerpräsident Clemenceau drohend ankündigte, wurde schnell wahr. Die Siegermächte stellten harte Bedingungen. Dem Deutschen Reich und seinen Verbündeten wurde die Alleinschuld am Krieg angelastet. Daraus leiteten die Alliierten das Recht ab sehr hohe *Reparations*zahlungen zu verlangen. Mindestens 30 Jahre sollten die Deutschen Milliardenbeträge bezahlen. Dies empörte das deutsche Volk besonders. Weitere Bestimmungen waren große Gebietsabtretungen im Osten und Westen, die zeitlich begrenzte Besetzung der linksrheinischen Gebiete durch alliierte Truppen und eine starke Verminderung des deutschen Militärs. Die deutsche Regierung lehnte diese Bedingungen erst ab. Reichskanzler Scheidemann trat aus Protest zurück. Da die Siegermächte bei Ablehnung des Vertrages mit militärischem Einmarsch drohten, unterschrieb die deutsche Regierung dann doch nach harten inneren Auseinandersetzungen am 28. Juni 1919. Wegen der Entstehungsbedingungen sprachen viele Politiker und Bürger in Deutschland vom „Diktat von Versailles".

Die Haltung der Alliierten

Der amerikanische Präsident Wilson mahnte in Versailles zwar an, „sich Deutschland gegenüber maßvoll zu verhalten"; doch von seinem im Januar 1918 angebotenen „Frieden ohne Sieger und Besiegte" war der Versailler Vertrag weit entfernt. Auch der britische Premierminister Lloyd George wollte Deutschland nur so weit schwächen, dass es keine Gefahr mehr für ein ausbalanciertes Gleichgewicht der Mächte darstellte. Wenig kompromissbereit zeigte sich Clemenceau. Frankreich war durch den Krieg besonders hart getroffen, weil hier die größten und langwierigsten Materialschlachten geschlagen worden waren. Clemenceau war darauf aus, Deutschland militärisch und wirtschaftlich so zu schwächen, dass es Frankreich nie wieder bedrohen konnte.

Negative Folgen

Der mit knapper Mehrheit der „Weimarer Koalition" angenommene Friedensvertrag belastete nicht nur Deutschlands Verhältnis zu den Siegermächten. Innenpolitisch nutzten ihn die Rechtsparteien um die unterzeichnenden Regierungsparteien als „Vaterlandsverräter" zu beschimpfen. Das Versprechen, den „Schandvertrag von Versailles" aufzuheben und „Deutschlands Ehre" wiederherzustellen, machte später für viele die Nationalsozialisten zur verführerischen Alternative zu demokratischen Parteien.

Die Weimarer Republik – Demokratie ohne Demokraten?

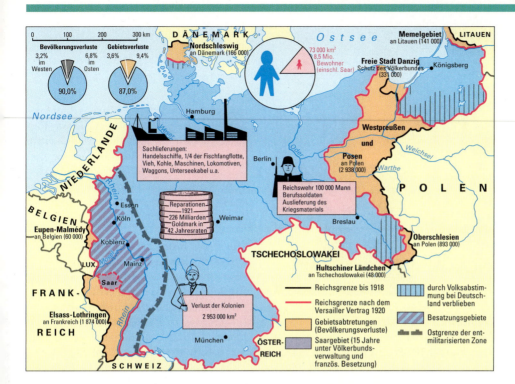

4 Die Bestimmungen des Versailler Vertrages für das Deutsche Reich.

2 Artikel 231 des Versailler Vertrages:
Die alliierten und assoziierten [verbündeten, angeschlossenen] Regierungen erklären und Deutschland erkennt an, dass Deutschland und seine Verbündeten als Urheber für alle Verluste und Schäden verantwortlich sind, die die alliierten und assoziierten Regierungen und ihre Staatsangehörigen infolge des Krieges, der ihnen durch den Angriff Deutschlands und seiner Verbündeten aufgezwungen wurde, erlitten haben.

3 In der Debatte der Nationalversammlung (22. Juni 1919) über den von den Alliierten vorgelegten Friedensvertrag sagte Regierungschef Gustav Bauer (SPD):
In einem sind wir uns einig: in der schärfsten Beurteilung des uns vorgelegten Friedensvertrages (sehr richtig!), zu dem wir unter unerhörtem Zwang unsere Unterschrift geben sollen! Als wir zum ersten Mal diesen Entwurf lasen, brach aus dem ganzen Volk wie aus einem Mund der Protest der Empörung und Ablehnung. Wir hofften, allen Enttäuschungen zum Trotz, auf die Empörung der ganzen Welt. (…) Die Ablehnung [durch die Nationalversammlung] wäre keine Abwendung dieses Vertrags (Sehr richtig! bei den Sozialdemokraten). Ein Nein wäre nur das kurze Hinausschieben des Ja (Sehr richtig! bei den Sozialdemokraten)! Unsere Widerstandskraft ist gebrochen, ein Mittel der Abwendung gibt es nicht. (…)
Wenn [die Regierung] unter Vorbehalt unterzeichnet, so betont sie, dass sie der Gewalt weicht, in dem Entschluss, dem unsagbar leidenden deutschen Volk einen neuen Krieg, die Zerreißung seiner nationalen Einheit durch weitere Besetzung deutschen Gebietes, entsetzliche Hungersnot für Frauen und Kinder und unbarmherzige längere Zurückhaltung der Kriegsgefangenen zu ersparen.

Zeitraum	(1)	(2)
bis 31.8.24	42,0	9,6
1.9.24–31.8.29	8,0	7,6
1.9.29–30.6.31	3,1	2,8
Besatzungskosten	2,0	0,8
Insgesamt	55,1	20,8

5 Deutsche Reparationsleistungen in unterschiedlicher Bewertung aus deutscher (1) und alliierter (2) Sicht (in Mrd. RM).

1 Beschreibe die Haltung der Regierung und der Bürgerinnen und Bürger in Deutschland zum Versailler Vertrag. Nimm Stellung zu dem Vorwurf, die Regierung habe mit ihrer Unterschrift „Verrat an Deutschland" begangen.
2 Fasse M 2 in eigenen Worten zusammen und beschreibe mithilfe des VT die Bedeutung dieses Artikels des Versailler Vertrages. Nenne Gründe, weshalb dieser Artikel von den meisten Deutschen besonders stark abgelehnt wurde.

601

6 Das Krisenjahr 1923

1 links: *Plakat der Reichsregierung* 1923; rechts: *Französische Soldaten* auf dem Gelände der Kruppwerke in Essen schießen 1923 auf deutsche Arbeiter, die aus Protest ihre Arbeitsplätze verlassen hatten. 13 Menschen wurden getötet.

Inflation
von lat. inflare = aufblähen, anschwellen. Das Wort bezeichnet den Wertverlust des Geldes. Er entsteht auch dadurch, dass der Staat immer mehr Papiergeld in Umlauf bringt, dieses aber nicht durch Gold oder staatlichen Besitz gedeckt ist. Der aufgeblähten Geldmenge stehen immer weniger käufliche Güter gegenüber. In der Folge steigen die Preise. Sachwerte (z. B. Grundstücke, Schmuck) behalten dagegen ihren Wert; wer Schulden hat, kann sie nun leichter tilgen.

Millionäre als Bettler
Der Schriftsteller Stefan Zweig berichtet vom Herbst 1923: „Ich habe Tage erlebt, wo ich morgens fünfzigtausend Mark für eine Zeitung zahlen musste und abends hunderttausend (…); man zahlte in Straßenbahnen [für Fahrkarten] mit Millionen, Lastwagen karrten das Papiergeld von der Reichsbank zu den Banken und vierzehn Tage später fand man Hunderttausendmarkscheine in der Gosse: Ein Bettler hatte sie verächtlich weggeworfen."

Hohe Staatsschulden hatten die sich überschlagende *Inflation* in Deutschland ausgelöst. Der Erste Weltkrieg war mit Krediten finanziert worden, die jetzt als Schulden auf der jungen Republik lasteten. Wirtschaftliche Schwierigkeiten in den Anfangsjahren, erhebliche Not der Bevölkerung und die Reparationsverpflichtungen erhöhten die Schuldenlast.

Die Besetzung des Ruhrgebiets
Im Januar 1923 marschierten französische Truppen ins Ruhrgebiet ein. Die französische Regierung begründete ihr Vorgehen mit – in Wahrheit nur geringen – Rückständen Deutschlands bei den Reparationsleistungen. Die Empörung in Deutschland war groß, die Reichsregierung rief zum Widerstand gegen den in ihren Augen unberechtigten Gewaltakt auf. Die Bevölkerung folgte dem Aufruf bereitwillig. Um den Transport von Kohle oder anderen Gütern zu verhindern, legten die Eisenbahner ihre Arbeit nieder; viele Bergleute folgten diesem Beispiel. Einzelne griffen auch zur Gewalt: Sie sprengten Brücken und überfielen französische Wachposten. Mit harten Vergeltungsmaßnahmen und Todesurteilen versuchten die Besatzer den Widerstand zu brechen.

Der Preis einer stabilen Währung
Der Ruhrkampf kostete enorme Geldsummen. Aus Steuermitteln musste die streikende Bevölkerung ernährt werden. Produktionsausfälle wurden auf Staatskosten ersetzt. Diese außerordentlichen Lasten für den Staatshaushalt heizten die Inflation weiter an. Im September 1923 musste die Regierung deshalb den „Ruhrkampf" abbrechen.

Am 20. November führte sie die Rentenmark als neue Währung ein. Eine Rentenmark entsprach einer Billion Papiermark. Damit verloren die Sparer ihr Geldvermögen. Besitzer von Grund und Boden oder Häusern, aber auch Fabrikanten profitierten dagegen noch von der Währungsreform. Sie waren mit einem Schlag ihre Schulden los, ihr Besitz überstand die Inflation unbeschadet.

Putschversuch von rechts
1923 war auch ein Jahr innerer Unruhen. Die bayerische Regierung plante, sich vom Reich zu lösen und die Reichsregierung durch eine Militärdiktatur zu ersetzen. In dieser Situation geriet ein bisher unbekannter Politiker in die Schlagzeilen der nationalen und internationalen Presse: Adolf Hitler, Vorsitzender der rechtsradikalen juden- und republikfeindlichen NSDAP. Er versuchte die Staatskrise ausnutzen und gemeinsam mit Erich Ludendorff durch einen Putsch in München die Macht zu ergreifen und dann die Reichsregierung in Berlin zum Rücktritt zu zwingen. Die bayerische Regierung gab aber ihre Umsturzpläne auf und schlug Hitlers Aufmarsch mit etwa 2000 zum Teil bewaffneten Anhängern am 9. November nieder.

Die Weimarer Republik – Demokratie ohne Demokraten?

Biografische Daten zu Hitler
Adolf Hitler wurde am 20. April 1889 in Braunau/Österreich als Zollbeamtensohn geboren. Die Eltern starben früh. Das Realgymnasium verließ er ohne Abschluss. Zweimal bemühte er sich vergeblich um Aufnahme an der Kunstakademie in Wien. Von 1907 bis 1913 lebte er dort von Gelegenheitsarbeiten, dann in München. 1914 meldete er sich als Kriegsfreiwilliger. Das Kriegsende erlebte der Gefreite infolge einer Gasvergiftung im Lazarett. Zurück in München war er erst arbeitslos. Als Schulungsredner und Spitzel des bayerischen Reichswehrgruppenkommandos kam er 1919 mit der „Deutschen Arbeiterpartei", ab 1920 „Nationalsozialistische Deutsche Arbeiterpartei", in Kontakt und trat ihr im September bei. Hitler wurde dank seines Redetalents bereits im Juli 1921 ihr Vorsitzender. 1923 scheiterte sein Putschversuch in München. Er wurde zu fünf Jahren Haft verurteilt, musste aber nur neun Monate absitzen. In der Zeit diktierte er das Buch „Mein Kampf", ein Bekenntnis seiner politischen Überzeugungen. 1925 gründete Hitler die Partei neu.

2 *Überreizte Nerven* – Beobachtungen eines Journalisten, August 1923:
Man hat nicht viel zuzusetzen. Das trommelt täglich auf die Nerven: der Zahlenwahnsinn, die ungewisse Zukunft, das über Nacht wieder fraglich gewordene
5 Heute und Morgen. (…) Reis, gestern noch das Pfund 80 000 Mark, kostet heute 160 000 Mark, morgen vielleicht das Doppelte, übermorgen zuckt der Mann hinterm Ladentisch die Achseln: „Reis ist
10 alle." Also Nudeln! „Nudeln sind alle." Also Graupen, Grieß, Bohnen, Linsen, nur kaufen, kaufen, kaufen! Das Stück Papier, das funkelnagelneue Banknotenpapier, noch feucht vom Druck,
15 heute früh als Wochenlohn ausgezahlt, schrumpft an Wert auf dem hastigen Weg zum Kaufmannsladen. Die Nullen, die wachsenden Nullen! „Ne Null is eben nischt!" (…) Der Mensch von heute ist
20 weder gut noch böse. Der Mensch von heute ist müde. Er ist satt von Ärger, krank von Aufregung, ein gehetztes Tier, das sein bisschen Verstand zusammenkratzen muss um zu existieren.

3 *Treffer? Schießscheibe zur Ruhrbesetzung* aus dem Jahr 1923. – Wie ist die Besatzungsmacht Frankreich hier dargestellt?

Verhältnis Dollar : Mark	
Vor dem Krieg	1 = 4,20
Januar 1919	8,90
Januar 1920	64,80
Januar 1921	64,90
Januar 1922	191,80
Januar 1923	17 972,00
August	4 620 455,00
September	98 860 000,00
Oktober	25 260 208 000,00
15. November	4 200 000 000 000,00
Beispiel für die Preisentwicklung von einem Pfund Butter (in Mark)	
1914	1,40
1918	3,00
1922	2 400,00
1923 (August)	150 000,00
(November)	6 000 000 000,00

4 links: *Inflation* (Statistik).

5 *Eintrittspreise* eines Theaters in Berlin, 1923.

6 links: *Inflationsgeld* Überdruckter 20-Mark-Schein mit dem Bild der Komburg aus Schwäbisch-Hall (Baden-Württemberg).

1 Erläutert die wirtschaftliche Situation in Deutschland zu Beginn der 1920er-Jahre und die besondere Bedeutung des Jahres 1923 (VT).
2 Beschreibt den Alltag in der Zeit der rasant steigenden Inflation (M 2). Welche Menschen sind davon stärker betroffen als andere?
3 Versuche zu erklären, warum radikale Parteien wie die Nationalsozialisten in Krisenzeiten großen Zulauf bekommen.

7 Die „Goldenen Zwanziger"

1 „Er schaut nach rechts, er schaut nach links – er wird mich retten." Außenminister Gustav Stresemann in der Rolle des Schutzengels für den „deutschen Michel" (Karikatur aus dem „Simplicissimus" vom 14. Mai 1925).

2 Erfindungen, die für die industrielle Entwicklung nach dem Ersten Weltkrieg eine wichtige Rolle spielten:

1861	Telefon
1866	Dynamo
1867	Stahlbeton
1879	Glühlampe
1885	Kraftwagen
1909	Kunstkautschuk
1913	Ammoniaksynthese
1914	Ganzmetallflugzeug
1919	Tonfilm
1923	Rundfunk in Deutschland

Versöhnung im Westen

Nach 1923 sah es für fünf Jahre nach einer sicheren Zukunft für die Republik aus. Dem neuen Außenminister Stresemann gelang es, die Beziehungen zu den Siegermächten zu verbessern. Neu ausgehandelte Zahlungsvereinbarungen erleichterten die Last der Reparationen für Deutschland. Auf französischer Seite stand ihm ein Gesprächspartner gegenüber, der ebenfalls den Willen zur Versöhnung hatte: Aristide Briand. Im Oktober 1925 wurde der Vertrag von Locarno geschlossen. Deutschland erkannte darin die in Versailles festgelegte Grenze zu Frankreich an. Im Gegenzug begann der Abzug der Besatzungstruppen aus dem Rheinland. Im Innern sorgten die außenpolitischen Erfolge für Zündstoff. Rechts stehende Gruppen beschimpften die Regierung als „Erfüllungspolitiker".

Im September 1926 erfolgte Deutschlands Aufnahme in den Völkerbund (s. S. 566). Dies bedeutete, dass Deutschland als gleichberechtigter Partner in der europäischen Politik anerkannt wurde.

Wirtschaftsblüte auf Kredit

Die Währungsreform von 1923 und die Außenpolitik brachten Deutschland einen Wirtschaftsaufschwung; vor allem die Exportindustrie wuchs. Deutsche Produkte des Maschinenbaus, der Optik sowie der Chemie- und Elektroindustrie waren auf dem Weltmarkt wieder gefragt. Aber diese Entwicklung beruhte vorwiegend auf Krediten von amerikanischen Banken. Der Lebensstandard der Deutschen verbesserte sich nur langsam. Er erreichte etwa den Stand von 1913; die Zahl der Arbeitslosen sank nie unter eine Million. Erhebliche Steuermittel flossen in den sozialen Wohnungsbau. Neue Schulen, Krankenhäuser, Schwimmbäder und Sportplätze machten die Städte moderner und lebenswerter, waren aber sehr teuer.

Nachtleben und Nobelpreise

Kunst und Wissenschaft erlebten in den 1920er-Jahren eine Glanzzeit, in der sich Berlin zum Mittelpunkt Europas entwickelte. Junge Maler, Dichterinnen und Musiker erprobten neue Stile, und Cafés, Jazz-Klubs, Kinos, Theater und Varietés luden zum Freizeitvergnügen ein. Hinzu kamen bahnbrechende Entdeckungen in der Technik und der Medizin. Einige deutsche Wissenschaftler erhielten sogar den Nobelpreis, wie z. B. der Physiker Albert Einstein.

Schattenseiten der Modernisierung

Der wirtschaftliche Aufschwung ging einher mit einer starken Konzentration in der Produktion und im Handel. Einzelne Firmen schlossen sich zu Großunternehmen zusammen und begannen die Produktion zu rationalisieren. Die Klein- und Mittelbetriebe gerieten in immer größere Schwierigkeiten. Besonders der Einzelhandel machte schlechte Geschäfte. Die Schuld für seinen Abstieg gab er den aufkommenden Kaufhausketten. Diese lockten die Kunden mit Einheitspreisen, Sonderangeboten und neuen Werbemethoden. Auch die Landwirtschaft geriet in eine zunehmend kritische Lage. Ihre Erträge deckten die Kosten nicht. Hohe Ausgaben für Maschinen trieb viele Landwirte in eine Existenz gefährdende Verschuldung bis hin zur Zwangsversteigerung.

Die Weimarer Republik – Demokratie ohne Demokraten?

3 „Kabarett-Café" von Adolf Uzarski, 1928.

4 *An die Zeit Mitte der 1920er-Jahre* erinnert sich Leonhard Frank (1882–1961):
Von den Nachwirkungen des verlorenen Krieges war nichts mehr zu spüren. Die Wirtschaftsverhältnisse hätten nicht besser sein können, wenn Deutschland den
5 Krieg gewonnen haben würde. (…) Ein neues Deutschland hatte sich herausgeschält. Eine Art Märchen vom Aschenbrödel war für eine ganze Nation Wirklichkeit geworden.

5 *Tempo, Tempo* – die neuen Arbeitsmethoden aus der Sicht eines Betroffenen, 1924:
Der Kalkulator hat's mir angetan. Der Mann, der die Zeit beherrscht. Der für uns die Minuten macht, die für den Betrieb zu Dividenden werden. Dieser klei-
5 ne Mann mit den funkelnden Brillengläsern, der immer im Hintergrund lebt, brütet unter seiner Glatze das Tempo des Arbeitsganges aus, die Geschwindigkeit des laufenden Bandes.
10 (…) Acht Stunden geht das so. Dreiundzwanzig Nieten in die Bleche – weiter – weiter, die Rotoren rollen in den Lötraum. Im Staub, Gestank und Getöse stehen wir, Männer hinter Frauen, Frauen
15 hinter Männern. Alte, junge – Augen brennen, müde vor Erregung. Zähne malmen aufeinander. Fäuste packen fester die Hebel, das Werkzeug. Vor mir knallen die Stanzen. Neben mir singen
20 die Schleifmaschinen. Und dort hinter der Presse glaubt sich unbeobachtet – mein Kalkulator.
(…) Ein Groll fliegt von mir zu ihm (…). Ich nehme mir vor, mich nicht mehr um
25 ihn zu kümmern. Doch er kommt immer wieder, bei der Arbeit, in der Pause. Sei es nur leiblich oder nur visionär: Er ist da. (…) Soviel ich auch seine Anwesenheit aus meinem Hirn zu radieren suche: Er ist
30 da mit Rechenschieber und Stoppuhr, bestimmt meine Existenz.

1918	allgemeines Frauenwahlrecht, Einrichtung der Erwerbslosenfürsorge, Acht-Stunden-Arbeitstag
1919	Anerkennung der Gewerkschaften als Vertreter der Arbeiter und ihres Mitspracherechts bei Löhnen und Arbeitsbedingungen
1920	Betriebsrätegesetz
1923	Einrichtung von Jugendgerichten
1924	Einrichtung der Angestelltenversicherung
1927	Arbeits- und Kündigungsschutz für werdende und stillende Mütter, Einrichtung von Arbeitsämtern und Arbeitslosenversicherung

6 *Sozialpolitische Errungenschaften* aus der Zeit der Weimarer Republik.

7 *Modernisierung bei Produkt und Produktion* (Foto um 1925). Nach dem Ersten Weltkrieg wurden erstmals in nennenswertem Umfang Pkws hergestellt. Wie hier bei der Firma Hanomag in Hannover-Linden wird in Großbetrieben die Fließbandfertigung eingeführt um die Produktion zu rationalisieren. Die Technik stammt aus den USA.

8 *„Bandarbeit – Hetzarbeit"* (aus einem Arbeiterzeichenwettbewerb 1926/27). – Welche Auswirkung der neuen Arbeitsformen wird hier kritisiert?

1 Beschreibt die Gründe und Folgen des Wirtschaftsaufschwungs (VT). Was bedeutete dies für das Leben der Menschen (M 4)?
2 Wer ist der „Kalkulator" (M5)? Überlegt, welche Vor- und Nachteile das Arbeiten in den neu organisierten Großbetrieben brachte.
3 Diskutiert anhand der Informationen dieser Doppelseite: Waren die 1920er-Jahre „golden"?

8 „Bauhaus" und „Neue Sachlichkeit"

1 links: **das Bauhausgebäude** in Dessau mit Werkstatt-Trakt, Aula und Studentenwohnheim; rechts: **Wohnhäuser aus der Kaiserzeit.** – Beschreibe die Gebäude und stelle das Neuartige an dem Bauhausstil dar. Gibt es in deiner Stadt Häuser, die in diesem Stil errichtet wurden?

entartete Kunst
Die Nationalsozialisten erklärten die moderne Kunst für krankhaft und „artfremd". Moderne Kunstwerke wurden aus den Museen verbannt und teilweise öffentlich verbrannt, Künstler erhielten Malverbot und viele emigrierten.

1919 wird Walter Gropius Leiter der Kunstgewerbeschule Weimar, woraufhin er die Schule in „Staatliches Bauhaus" umbenennt. Der neue Name ist zugleich Programm, denn Gropius will die Trennung zwischen Malerei, Bildhauerei und Architektur aufheben und zu einer „Gebrauchskunst" zusammenführen. So steht für die Studenten das Bearbeiten und Gestalten von Stein, Holz, Metall, Terrakotta, Glas und Textilien im Mittelpunkt des Unterrichts.

Als die politische rechte Mehrheit in Thüringen dem Bauhaus immer größere Probleme macht, nimmt Gropius 1928 das Angebot der anhaltinischen Stadt Dessau an und beschließt den Umzug der Schule.

Neues Bauen
In Dessau kann Gropius seine Vorstellungen von Baukunst beim Neubau der Schule verwirklichen: Es entsteht ein dreiteiliges Gebäude aus Stahlbetonträgern („Skelettbau") mit einer gläsernen Fassade und z. T. langen Fensterbändern. Diese neue Bauweise wird zum Grundmuster für viele öffentliche Gebäude und Wohnungen, z. B. für die Wohnsiedlung Siemensstadt in Berlin. Viele berühmte Architekten der Zeit wie Mies van der Rohe arbeiteten als Studenten oder Lehrer in Dessau oder waren vom Bauhaus beeinflusst.

Kunst und Handwerk
Dem Bauhausprogramm entsprechend entwarfen Lehrer und Schüler nicht nur Gebäude und Wohnsiedlungen, sondern auch Möbel und andere Gebrauchsgegenstände, z. B. Lampen und Teppiche sowie Geschirr und Besteck.

2 Die Weißenhofsiedlung in Stuttgart, die nach den Prinzipien des Bauhausstils errichtet wurde (Gemälde von Reinhold Nägele, 1927). Nägele war ein Maler der Kunstrichtung „Neue Sachlichkeit": Menschen und Gegenstände sollten „sachlich", körperlich-greifbar und realistisch dargestellt werden.

Die Weimarer Republik – Demokratie ohne Demokraten?

Der Bauhaus-Gedanke entsprach der Strömung der „Neuen Sachlichkeit", die sich in der Malerei, Wohnungseinrichtung und Mode entwickelte.

Viele moderne Maler der Zeit waren auch am Bauhaus tätig wie z. B. Oskar Schlemmer, Lyonel Feininger, Wassily Kandinski und Paul Klee. Doch wenige Jahre später, unter der Diktatur der Nationalsozialisten, galten diese Künstler als „*entartet*", und auch das Bauhaus wurde 1932 von der NSDAP aus der Stadt vertrieben und 1933 in Berlin endgültig geschlossen.

Heute, nach der Neugründung 1986, ist die Schule in Dessau wieder eine bedeutende Bildungsstätte für Architekten, Designerinnen, Kunsthandwerkerinnen, Bildhauer und Maler.

3 *Lyonel Feininger im ersten Bauhausprogramm 1919:*
Das Endziel aller bildnerischen Tätigkeiten ist der Bau! Ihn zu schmücken war einst die vornehmste Aufgabe der bildenden Künste. (…) Heute stehen sie
5 in selbstgenügsamer Eigenheit, aus der sie wieder erlöst werden können durch bewusstes Mit- und Ineinanderwirken aller Werkleute untereinander. Architekten, Maler und Bildhauer müssen die
10 vielgliederige Gestalt des Baues in seiner Gesamtheit und in seinen Teilen wieder erkennen und begreifen lernen, dann werden sich von selbst ihre Werke wieder mit architektonischem Geist füllen,
15 den sie in der Salonkunst verloren. (…) Architekten, Bildhauer, Maler, wir alle müssen zum Handwerk zurück!

4 *Aus Meyers Lexikon von 1938:*
Bauhausstil: Im Geiste der politischen Umwälzung von 1918/19, unter Ablehnung jeder volksgebundenen Überlieferung, war die weltanschauliche Grundlage des Bauhausstils international-kommu-
5 nistisch. (…) [Es] bildete sich unter Zurückgreifen auf primitivste Formen eine moderne „Romantik" heraus, die sich durch eine der deutschen Art widerstrebende Gefühlskälte, ja durch Gefühlsar-
10 mut auszeichnete. (…)
W. Gropius: Urheber einer neuen Baukunst, die in Form und Material bewusst volksfremd ist und ins Primitive abgleitet.

5 oben: **Stuhl** *(1924) von Mies van der Rohe;* links: **Tischlampe** *(1923/24) von Wagenfeld und Tucker. Wagenfeld berichtet nach der Leipziger Herbstmesse 1924: „Händler und Fabrikanten spotteten über unsere Erzeugnisse. Die sähen zwar billig aus wie Maschinenarbeit, wären aber teures Kunsthandwerk." – Auf welches Problem des Bauhauses weist er damit hin?*

6 links: **Oskar Schlemmer** *(1888–1943), Maler und Professor am Bauhaus, schuf geometrisch anmutende Bilder wie „Die Bauhaustreppe". – Vergleiche die Gemälde auf dieser Doppelseite sowie auf S. 605 und auf der ADS miteinander. Sie stammen alle von Künstlern der „Neuen Sachlichkeit". Welche Gemeinsamkeiten und Unterschiede stellst du fest?*

1 Erläutere das Bauhausprogramm und die Ziele der Bauhausmitglieder mit eigenen Worten (VT, M1–M4, M6).
2 Wie erklärst du die Politik der Nationalsozialisten gegenüber dem Bauhaus (VT, Lexikon, M2, M4, M6, s. auch S. 632–635)?
3 Sammelt weitere Abbildungen von Bauhaus-Werken und vergleicht sie mit heutigen Möbeln, Haushaltsgegenständen und Gebäuden. Stellt eure Ergebnisse auf einer Wandzeitung vor. Für mehr Informationen und Material könnt ihr auch im Internet recherchieren, z. B. unter: http://www.bauhaus.de

9 Neue Chancen für Frauen?

1 Das neu gewonnene Selbstbewusstsein von Frauen drückte sich auch in „gewagten" kniefreien Kleidern und (wie bei der Dame links) dem modernen Kurzhaarschnitt („Bubikopf") aus. Dass Frauen sich ungezwungen und rauchend in der Öffentlichkeit bewegten, wäre in der Kaiserzeit kaum möglich gewesen.

„Um Himmelswillen, Lotte, was ist denn mit dir passiert?" – „Na, stell' dir vor: Ich geh' heut' zum Friseur, setz' mich hin – da fängt der Dussel an mich zu rasieren!"

2 Alte Sichtweise – getarnt als messerscharfer Spott? (Karikatur zur „neuen" Frau).

Zeit der Veränderung

Die 1920er-Jahre waren besonders in Großstädten eine bewegte Zeit. Die Demokratie brachte neue Werte mit sich: Die Menschen konnten sich freier bewegen und leben. Einige begannen sich den bisher gültigen Zwängen und Regeln zu entziehen. Gerade jüngere Männer und Frauen in den Großstädten, die häufig künstlerischen Tätigkeiten nachgingen oder solchen Kreisen nahe standen, wehrten sich gegen jede Bevormundung von Staat, Kirche oder Familie.

Neues Selbstbewusstsein

Mit diesem Wandel änderten sich – zumindest in den bürgerlichen Schichten – die Vorstellungen über die Stellung von Frauen in der Gesellschaft stark. Unabhängig und sportlich, so gab sich die neue junge Frau. Sie machte den Führerschein und betrieb „Männersport" – 1926 nahmen Frauen erstmals an den Olympischen Spielen teil. Einzelne reiche Frauen, z. B. die Tochter des vermögenden Industriellen Stinnes, betätigten sich sogar als Rennfahrerinnen und Pilotinnen. So wurde demonstriert, dass die Beherrschung modernster Technik und höchster Geschwindigkeit keineswegs „reine Männersache" war.

Die Welt des Vergnügens

Neue Freiheiten zeigte sich auch im Freizeitangebot der Städte. Besonders Berlin wurde zur Welthauptstadt der Cabarets und der Revuen. Das Nachtleben blühte, auch als Wirtschaftskrisen deutliche Spuren hinterließen. Sexuelle Freizügigkeit, das Zusammenleben von Mann und Frau ohne Trauschein – all dies erprobte ein – allerdings sehr kleiner – Teil der jungen Generation.

In der Arbeitswelt – vieles beim Alten

Durch die wirtschaftliche Not nach dem Krieg und in den Anfangsjahren der Weimarer Republik trugen auch viele verheiratete Frauen durch eigene Arbeit zum Familieneinkommen bei. Die starke Verbreitung der Schreibmaschine eröffnete mit dem Sekretärinnenberuf auch Frauen aus unteren Schichten neue Arbeitsmöglichkeiten. Neben der Masse wenig qualifizierter und ungelernter Frauen in Büros und Fabriken erreichten weiter nur wenige hochqualifizierte Frauen Führungspositionen in Wirtschaft, Verwaltung oder Hochschulen. In den bald einsetzenden neuen Wirtschaftskrisen waren es dann auch meist Frauen, die zuerst arbeitslos wurden.

Die Weimarer Republik – Demokratie ohne Demokraten?

3 „Von Kopf bis Fuß auf Liebe eingestellt": Schauspielerin und Sängerin Marlene Dietrich auf dem Plakat zu dem 1930 gedrehten Film „Der blaue Engel".

4 *Frauenwahlrecht – relativ gesehen:*
a) Lida Gustava Heymann, die sich vergebens um einen Sitz in der Hamburger Bürgerschaft beworben hatte, über die Chancen für Frauen durch das neue Wahlrecht:
Die Gleichberechtigung der Frauen (…) stand in der [Weimarer] Verfassung, war auf dem Papier vorhanden, das war aber auch alles. Die Wirtschaft, die Finanzen,
5 Verwaltung, der gesamte Staatsapparat, der bei Revolutionen und Umwälzugen ein ausschlaggebender Faktor ist, befanden sich ausschließlich in den Händen der Männer. Nicht einmal bei den Wah-
10 len hatten Frauen gleiche Möglichkeit freier Auswirkung wie die Männer. Denn diese allein beherrschten wiederum den Parteiapparat wie die Parteikassen und damit die Propaganda.

b) Positive Ansätze für die Frauen stellte Regine Deutsch 1920 nach der Wahl des ersten deutschen Parlaments fest:
Wenn man die starke Wahlbeteiligung der Frauen und ihr numerisches Übergewicht in Betracht zieht, so muss man wohl die Zahl der weiblichen Abgeord-
5 neten als eine sehr geringe bezeichnen. Trotzdem können die deutschen Frauen mit Stolz sagen, dass noch in kein Parlament der Welt – bei einer ersten Beteiligung der Frauen am aktiven und passi-
10 ven Wahlrecht – eine so große Zahl von Vertreterinnen eingezogen ist. Die Frauen des Auslandes, die dem plötzlichen Wandel der Stellung der Frau in Deutschland mit Interesse folgten, gaben ihrem
15 Erstaunen darüber Ausdruck; ihnen erschienen 37 weibliche Abgeordnete als ein unerhörter Frauenerfolg. Im englischen Unterhaus sitzt eine Frau.

5 *Frauenarbeit und Wirtschaftskrise,*
aus einer Erklärung des Bundes deutscher Frauenvereine, April 1929:
Die immer noch nicht überwundenen Vorurteile gegen die Berufstätigkeit der Frauen finden angesichts der Arbeitslosigkeit von Millionen von Männern in der
5 Bevölkerung neue Nahrung. Die Forderung, dass auf dem überlasteten Arbeitsmarkt zunächst die Frauen Platz zu machen haben, findet weithin gefühlsmäßige Zustimmung. (…) Die zahlen-
10 mäßig großen Gebiete, auf denen die weibliche Konkurrenz vor allem angegriffen wird, sind die der Angestellten und Arbeiter. (…) Es besteht die Gefahr, dass unter dem Druck der Wirtschaftsla-
15 ge die Frauen auf dem Wege zu verfeinerter Leistung und wesensmäßiger Einordnung in die Volkswirtschaft zurückgeworfen werden. Vor dieser Gefahr muss gewarnt werden.

6 *Weibliche Angestellte* in der Buchungsabteilung eines Großbetriebes an ihren Schreibmaschinen. Besonders abwechslungsreich und anspruchsvoll war die Bürotätigkeit nicht: Meistens bestand sie im einfachen Abtippen von Texten (Foto von 1935).

1 Stellt zusammen, wie sich die Lebenssituation der Frau in der Gesellschaft veränderte (VT, M1, M4b, M6).
2 Aus welchen Gründen wurde das neue Auftreten der Frau in der Gesellschaft auch kritisiert (VT, M1, M3, M4a)?
3 Diskutiert die Frage der Kapitelüberschrift. Kann man von „Emanzipation" und „Gleichberechtigung" sprechen?

Projekt

Befragung – Demokratie in Deutschland auf dem Prüfstand

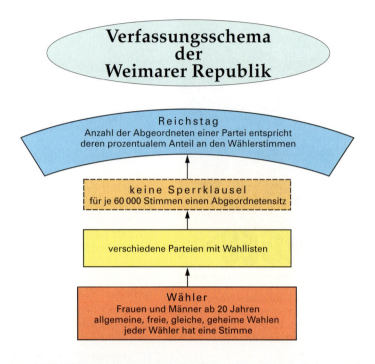

Die Weimarer Republik war die erste parlamentarische Demokratie in Deutschland. Bei dieser Regierungsform entscheidet die Mehrheit der im Parlament vertretenen Abgeordneten über die Annahme oder Ablehnung von Gesetzen. Je nach Art der Gesetze wird mit einer einfachen Mehrheit – mindestens eine Ja-Stimme mehr als die Nein-Stimmen – oder mit einer qualifizierten Mehrheit abgestimmt. Bei einer qualifizierten Mehrheit gibt es verschiedene Möglichkeiten: Entweder gilt die absolute Mehrheit, also mehr als 50 % der abgegebenen gültigen Stimmen, oder eine ⅔- bzw. ¾-Mehrheit ist entscheidend.

Die parlamentarische Demokratie lebt davon, dass Mehrheitsentscheidungen Gültigkeit haben und auch von der Minderheit akzeptiert werden. Diese muss aber die Chance haben bei anderen Sachentscheidungen oder nach Wahlen ebenfalls die Mehrheit erreichen zu können. Demokratie ist nach dem Prinzip angelegt, dass Mehrheiten wechseln und sich neue bilden können. Schwierig ist dies, wenn Zweidrittelmehrheiten zur Durchsetzung eines Zieles vorgeschrieben sind. In der Weimarer Republik galt dies für Verfassungsänderungen. Auch das Grundgesetz der Bundesrepublik sieht Zweidrittelmehrheiten für Verfassungsänderungen vor.

Mit Mehrheiten im Parlament Änderungen herbeizuführen oder Gesetze zu erlassen, war in der Weimarer Republik der Regelfall. Daneben gab es aber noch die Möglichkeit für den Reichspräsidenten, den Reichstag aufzulösen und über Notverordnungen zu regieren oder über ein kompliziertes Verfahren einen Volksentscheid durchzuführen. Das Grundgesetz lässt einen solchen „Spielraum", ohne das Parlament – den Bundestag – zu Gesetzesbeschlüssen zu gelangen, nicht zu. Die Weimarer Verfassung enthielt ebenfalls die Möglichkeit, Gesetze durch Volksentscheide zu kippen. Die Hürden waren aber so hoch, dass dieser Fall nie eintrat.

Eine große Bedeutung erlangte das Volksbegehren von 1929 gegen den Young-Plan (Regelung der Reparationslasten). Hier hetzten die rechten Kräfte, DNVP und NSDAP, zum ersten Mal gegen die Republik.

Die Verfasser des Grundgesetzes haben auf die Aufnahme des Volksentscheids verzichtet, was bis heute immer wieder Diskussionen entfacht.

Die Weimarer Republik – Demokratie ohne Demokraten?

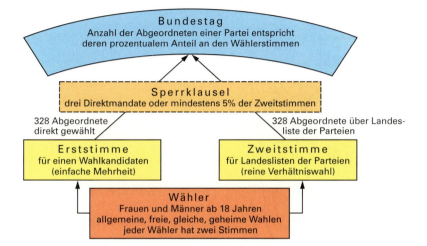

Projekt: Die Demokratie auf dem Prüfstand

Ob es um eine bei der Bevölkerung umstrittene Baumaßnahme, um härtere Strafen für Kriminelle oder um die Grundlinien in der Drogenpolitik geht – immer wieder wird in der Öffentlichkeit die Frage gestellt, ob unsere Verfassung schnelle Entscheidungen zulässt oder den Bürgerinnen und Bürgern zu wenig Mitbestimmungsrechte einräumt.

1. Informiert euch über den Gang der Gesetzgebung in Deutschland und das Grundgesetz. Sucht Artikel heraus, die umstritten sein können. Zieht Tageszeitungen zurate. Schaut euch auch an, wie die verschiedenen Verfassungsorgane zusammenarbeiten sollen.
2. Erstellt einen Fragebogen zu „Problemfällen" in der Verfassung, zum Beispiel:
   – Ist die Vorschrift der Zweidrittelmehrheit sinnvoll und warum?
   – Unter welchen Bedingungen wäre ein Volksentscheid nützlich?
   – Wie könnte die Demokratie in Deutschland verbessert werden?
   – Sollte das Wahlalter herabgesetzt werden?
3. Überlegt, wen ihr befragen wollt: Passanten auf der Straße, Freunde, Familienmitglieder, Schulkameraden, Lehrer, Politiker, ... Soll die Befragung anonym durchgeführt werden oder sind euch persönliche Angaben wie Alter und Beruf – auch im Hinblick auf die Auswertung der Gespräche – wichtig?
4. Wertet die Gespräche nach bestimmten Gesichtspunkten aus – etwa nach einzelnen Gruppen der Befragten, die sich zusammenfassen lassen, oder nach verschiedenen Themenschwerpunkten.
5. Überlegt euch, wie sich eure Ergebnisse präsentieren lassen – etwa als zusammenfassender Text oder als Diagramme und Schaubilder oder ... Vielleicht könnt ihr sie in der Schülerzeitung veröffentlichen.

10 Eine Krise der Wirtschaft – eine Krise der Demokratie

1 „Hunger-Grafik" nannte der deutsche Karikaturist und Maler George Grosz seine Zeichnung aus den 1920er-Jahren. – Versetze dich in eine der Personen und formuliere ihre Gedanken.

2 Wie Millionen Menschen in allen Industrieländern, so bot auch dieser Deutsche seine Arbeitskraft an.

Weltwirtschaftskrise
Damit wird die große Wirtschaftskrise bezeichnet, die ab 1929 alle Industrieländer erfasste und Auswirkungen auf die ganze Welt hatte. Sie begann mit dem „schwarzen Freitag" am 24. Oktober 1929 in New York. An der dortigen Börse brachen die Kurse ein, weil Aktien zuvor weit über Wert gehandelt worden waren.

Nach den Jahren der Krisen folgten etwa mit Beginn des Jahres 1925 die „goldenen Zwanziger" der Weimarer Republik. Innenpolitisch wurde es ruhiger. Seit Dezember 1924 war die rechtskonservative DNVP an der Regierung beteiligt. 1925 wurde mit Hindenburg sogar ein Repräsentant der alten Monarchie zum Reichspräsidenten gewählt. Das versöhnte bis auf weiteres bisherige Demokratiegegner ein wenig mit dem neuen Staat. Die Wahlen zum Reichstag 1928 führten zu einem Regierungswechsel. Unter der Führung der SPD bildete sich eine Große Koalition ohne DNVP. Die neue Regierung sah sich bald ihrer größten Herausforderung gegenübergestellt: der *Weltwirtschaftskrise*.

Weltwirtschaftskrise und Massenarbeitslosigkeit

Die große Wirtschaftskrise in den USA (s. S. 568) weitete sich ab 1929 zu einer Weltwirtschaftskrise aus. Amerikanische Banken mussten ihr Kapital aus Deutschland abziehen, doch deutsche Banken hatten es langfristig investiert und wurden daher zahlungsunfähig. Der Zusammenbruch vieler Banken war nicht mehr aufzuhalten. Das zog den Konkurs von Betrieben nach sich. Aufgrund der schlechten Lage der Weltwirtschaft ging auch der wichtige deutsche Export spürbar zurück (von 12 Milliarden Mark im Jahre 1928 auf 4,8 Milliarden Mark im Jahre 1933). Weitere Firmen mussten Konkurs anmelden, und mehr und mehr Menschen verloren ihren Arbeitsplatz. Dadurch wurden wenige Waren gekauft, und auch die Steuereinnahmen des Staates gingen zurück, sodass sich die Regierung zu Sparmaßnahmen gezwungen sah. Das alles führte schließlich zur Massenarbeitslosigkeit.

Anders als in anderen Industrieländern gab es in Deutschland zwar seit 1927 eine Arbeitslosenversicherung, aber deren Leistungen garantierten kaum das Existenzminimum. Viele Menschen erhielten überhaupt keine Hilfe, verloren während der Wirtschaftskrise ihre Wohnung und lebten in Notunterkünften.

Ende der großen Koalition …

An den wirtschaftlichen und sozialen Problemen zerbrach 1930 die große Koalition. Die Interessengegensätze in ihr waren zu groß. Die SPD vertrat in der Krise wieder deutlicher als zuvor die Arbeiterschaft und die Gewerkschaftsseite, die DVP dagegen die Unternehmer und Teile des alten Adels. Die steigende Arbeitslosigkeit veranlasste die Regierung die Beiträge zur Arbeitslosenversicherung zu erhöhen. Den Streit um eine geringfügige Erhöhung der Versicherung nahm die DVP zum Anlass die Koalitionsverbindung mit den Sozialdemokraten wieder zu lösen.

… Ende der parlamentarischen Demokratie?

Der Bruch der großen Koalition ermutigte die Gegner des „Parteienstaates". Auf der politischen Rechten glaubte man, dass nun die Zeit für einen „nationalen Führer" gekommen sei. Das Parlament schien seine Handlungsfähigkeit

Die Weimarer Republik – Demokratie ohne Demokraten?

verloren zu haben. Selbst führende Politiker der bisher republiktreuen Zentrumspartei spielten mit dem Gedanken an einen autoritären Staat. Ihr Vorsitzender Heinrich Brüning wurde drei Tage nach dem Bruch der großen Koalition vom Reichspräsidenten zum neuen Kanzler ernannt. Aber er besaß nicht mehr das Vertrauen der Parlamentsmehrheit. Fand Brüning für seine Gesetze keine Mehrheit im Parlament, erließ er sie mithilfe von Notverordnungen des Reichspräsidenten. Das ließ die Verfassung zu. Versuchte eine Parlamentsmehrheit, eine Notverordnung wieder aufzuheben, konnte Hindenburg das Parlament auflösen und Neuwahlen ansetzen. 1930–1933 geschah das viermal.

Einschneidend wurde die Wahl im September 1930: Die NSDAP konnte ihren Stimmenanteil verzehnfachen und wurde nach der SPD zweitstärkste Fraktion. Mit einem Schlag gehörte fast die Hälfte der Abgeordneten republikfeindlichen und antidemokratischen Parteien an. Um wenigstens eine Diktatur Hitlers zu verhindern, tolerierte die SPD das Kabinett Brüning. Dem Reichspräsidenten wäre aber eine Zusammenarbeit seines Kanzlers mit den Rechtsparteien lieber gewesen. Deshalb verlor Brüning das Vertrauen Hindenburgs wieder. Dem Kabinett Brüning folgten 1932/33 mit Papen und Schleicher zwei weitere Präsidialkabinette; auch diese Regierungen hingen allein vom Wohlwollen des Reichspräsidenten ab.

Nationalsozialisten profitieren von der Angst

Brüning hatte geglaubt die Wirtschaftskrise mit einer rigorosen Sparpolitik und drastischen Haushaltskürzungen überwinden zu können. Stattdessen nahm die Arbeitslosigkeit weiter zu, ebenso die wirtschaftliche Not breiter Teile der Bevölkerung und die Angst vor der Zukunft. Das machte viele anfällig für einfache und radikale Parolen der Rechtsparteien. Die NSDAP schürte mit ihrer Propaganda die Ängste der Bevölkerung und versprach den unzufriedenen Deutschen die Lösung aller ihrer Probleme. Damit hatte sie bei den Wahlen großen Erfolg. Zugleich verstärkte sie mit gewalttätigen Demonstrationen auf den Straßen die Furcht vor einem drohenden Bürgerkrieg. Vor allem zwischen den Kampfverbänden der Kommunisten und der Nationalsozialisten kam es immer öfter zu Straßenkämpfen und Saalschlachten mit Toten und Verletzten.

Intrigen der alten „Eliten" statt parlamentarischer Öffentlichkeit

Die erste Demokratie in Deutschland befand sich im Niedergang: Seit den Wahlen von 1930 unterstützten einflussreiche Kreise aus Industrie, Bankwesen, Landwirtschaft, Adel und Armee die Hitler-Partei und andere Rechtsparteien. Durch die vielen Notverordnungen war das Parlament weitgehend entmachtet. Eine Koalitionsmehrheit demokratischer Parteien war nicht mehr in Aussicht. In den Reichstagswahlen von 1932 gewann die NSDAP große Stimmenanteile hinzu. Die politischen Entscheidungen verlagerten sich in die Hinterstuben der Macht. Ab 1932 spann die *Kamarilla* immer dreister ihre politischen Fäden. Die demokratiefeindlich eingestellte Gruppe nutzte ihre direkten Beziehungen zu Hindenburg um den 85-jährigen Präsidenten für ihre politischen Interessen einzuspannen. Differenzen und Machtintrigen innerhalb dieser Gruppe führten schließlich dazu, dass Hindenburg seine Vorbehalte fallen ließ und am 30. Januar 1933 den Führer der NSDAP, Adolf Hitler, zum neuen Reichskanzler ernannte.

3 Massenveranstaltung der NSDAP im Berliner Sportpalast vor 1933.

4 Das Hakenkreuz, Symbol der Nationalsozialisten, (Karikatur aus „Der Wahre Jakob" von Anfang 1933). – Wie sah der Zeichner die NSDAP?

Kamarilla
span. = Kämmerchen. Das Wort bezeichnet Politiker, die über großen Einfluss im Zentrum der Macht verfügen und „hinter den Kulissen" wichtige politische Weichenstellungen vorbereiten. Demokratische Regeln werden von ihnen ignoriert und demokratische Einrichtungen übergangen. Zur Kamarilla um Hindenburg gehörten Großgrundbesitzer, Angehörige des alten Adels und Militärs.

Eine Krise in der Wirtschaft – eine Krise in der Demokratie

5 Wahlplakat der NSDAP von 1932. – Wie wird hier um Stimmen geworben? Diskutiert, ob diese Werbestrategie Aussicht auf Erfolg haben konnte.

6 Vor Arbeitsämtern (hier 1932 in Hannover) und Toren der wenigen Werkstätten oder Büros, die einen Arbeitsplatz anbieten, spielen sich solche Szenen ab. Wer noch Arbeit hat, lebt in der Angst vor der Entlassung. Auch die Gewerkschaften bieten keine Hilfe, denn der Streik als Waffe des Arbeitskampfes ist durch die Massenarbeitslosigkeit unwirksam geworden.

7 Die Bewohner der Hinterhofwohnungen in der Berliner Köpenicker Straße treten 1932 in den Mieterstreik. – Welche Rückschlüsse über die politischen Einstellungen der Bewohner erlaubt das Foto?

8 Auswirkungen der Wirtschaftskrise
a) Arbeitslose Jugendliche äußern sich 1932 in einer Zeitung:
„Der Hunger ist noch lange nicht das Schlimmste. Aber seine Arbeit verlernen, bummeln müssen und nicht wissen, ob man jemals wieder in seine Arbeit
5 kommt, das macht kaputt."

„Man ist rumgelaufen nach der Arbeit Tag für Tag, man ist schon bekannt bei den einzelnen Fabriken, und wenn man dann immer das eine hört: Nichts zu ma-
10 chen – wird man abgestumpft."
„Mit der Zeit wächst in dem Herzen eine giftige Blüte auf, der Hass."
„Ich hasse diesen Staat, und ich habe als Arbeitsloser das Recht und die Pflicht
15 den deutschen Besitzenden zu hassen."

b) Statistische Daten

Jahr	Index der Industrieproduktion	Verdienstder Arbeiter (Reallöhne)	Arbeitslosigkeit in Mio. und in (%)
1928	100	100	1,3 (6,3)
1929	100	102	1,8 (6,5)
1930	87	97	3,0 (14,0)
1931	70	94	4,5 (21,9)
1932	58	86	5,6 (29,9)
1933	66	91	4,8 (25,9)
1934	83	95	2,7 (13,5)

c) Die „Arbeiter-Illustrierte-Zeitung" schilderte 1930 die Situation von Arbeitslosen:
Du hast eines Tages den berühmten „blauen Brief" erhalten; man legt auf deine Arbeitskraft kein Gewicht mehr, und du kannst dich einreihen in die „graue
5 Masse" der toten Hände und überflüssigen Hirne. (…) Man fragt dich aus, wo du in den letzten vier Jahren beschäftigt warst, du musst deinen Lebenslauf schreiben, den Besuch der Schulen an-
10 geben, schreiben, warum du entlassen worden bist usw. (…) Nach peinlicher Befragung erhältst du deine Stempelkarte und gehst damit los zur Erwerbslosenfürsorge. (…) Deine Unterstützung rich-
15 tet sich nach deinem Arbeitsverdienst in den letzten 26 Wochen. Aber ganz gleich, ob du 8,80 Mk oder 22,05 Mk [Höchstsatz] als Lediger pro Woche erhältst, die paar Pfennige sind zum Leben zu wenig und
20 zum Sterben zu viel. 26 Wochen darfst du stempeln und Unterstützung beziehen, dann steuert man dich aus, und du kommst in die Krisenfürsorge, deren Sätze erheblich niedriger sind. Und nach
25 weiteren 26 oder 52 Wochen erhältst du gar nichts mehr und gehörst zu den gänzlich Unterstützungslosen.

Die Weimarer Republik – Demokratie ohne Demokraten?

	Gesetze	Notverord-nungen	Reichs-tags-sitzungen
1930	98	5	94
1931	34	44	41
1932	5	60	13

9 Reguläre Gesetzgebung und Notverordnungspraxis 1930 bis 1932.

10 Petition [politische Bittschrift] an den Reichspräsidenten von Vertretern der Wirtschaft, der Banken und des Großgrundbesitzes im November 1932:

Mit Eurer Exzellenz bejahen wir die Notwendigkeit einer vom parlamentarischen Parteiwesen unabhängigen Regierung. (...) Gegen das bisherige parla-
5 mentarische Parteiregime sind nicht nur die Deutschnationale Volkspartei und die ihr nahe stehenden kleinen Gruppen, sondern auch die Nationalsozialistische Deutsche Arbeiterpartei grundsätzlich
10 eingestellt. (...)
Es ist klar, dass eine des Öfteren wiederholte Reichstagsauflösung mit sich häufenden, den Parteikampf immer mehr zuspitzenden Neuwahlen nicht nur einer
15 politischen, sondern auch jeder wirtschaftlichen Beruhigung und Festigung entgegenwirken muss. (...) Wir bekennen uns frei von jeder engen parteipolitischen Einstellung. Wir erkennen in der
20 nationalen Bewegung, die durch unser Volk geht, den verheißungsvollen Beginn einer Zeit, die durch Überwindung des Klassengegensatzes die unerlässliche Grundlage für einen Wiederaufstieg
25 der deutschen Wirtschaft erst schafft. Wir wissen, dass dieser Aufstieg noch viele Opfer erfordert. Wir glauben, dass diese Opfer nur dann willig gebracht werden können, wenn die größte Grup-
30 pe dieser nationalen Bewegung führend an der Regierung beteiligt wird.
Die Übertragung der verantwortlichen Leitung eines mit den besten sachlichen und persönlichen Kräften ausgestatteten
35 Präsidialkabinetts an den Führer der größten nationalen Gruppe wird die Schwächen und Fehler, die jeder Massenbewegung notgedrungen anhaften, ausmerzen und Millionen Menschen (...)
40 zu bejahender Kraft mitreißen.

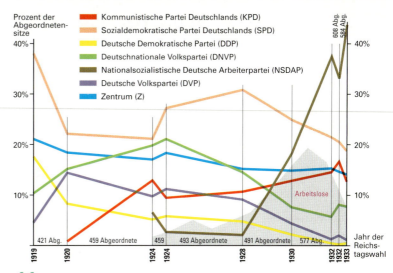

11 Entwicklung der Parteien bei den Reichstagswahlen.

12 Im Waffenarsenal der Demokratie
NSDAP-Funktionär Goebbels, später Propagandaminister, im April/Mai 1928:
Wir gehen in den Reichstag hinein um uns im Waffenarsenal der Demokratie mit deren eigenen Waffen zu versorgen. Wir werden Reichstagsabgeordnete um
5 die Weimarer Gesinnung mit ihrer eigenen Unterstützung lahm zu legen. Wenn die Demokratie so dumm ist, uns für diesen Bärendienst Freifahrkarten und Diäten zu geben, so ist das ihre eigene Sa-
10 che. (...) Wenn es uns gelingt, bei diesen Wahlen [1928] sechzig bis siebzig Agitatoren unserer Partei in die verschiedenen Parlamente hineinzustecken, so wird der Staat selbst in Zukunft unseren
15 Kampfapparat ausstatten und besolden. (...) Wir kommen als Feinde! Wie der Wolf in die Schafherde einbricht, so kommen wir.

13 Plakat zur Reichstagswahl 1932.

1 Beschreibe die Auswirkungen der Wirtschaftskrise auf die Menschen (VT, M1, M2, M8).
2 Was wollen die Vertreter der Wirtschaft, der Banken und des Großgrundbesitzes (M10)? Schreibe die Gründe, die sie für ihr Ziel anführen, einzeln auf. Wie wollen sie ihre Ziele erreichen?
3 Es heißt, das Ende der Weimarer Republik begann 1930. Was spricht dafür (M8b, M11)?
4 Überlege, ob und unter welchen Bedingungen eine andere Entwicklung in den Jahren 1929 bis 1933 möglich gewesen wäre.
5 Fasst gemeinsam zusammen, welche Umstände zur Krise der Demokratie führten. Benutzt dazu die Materialien.

11 Ein „legaler" Weg zur Macht?

1 SA-Mann als Hilfspolizist (Foto, 1933).

SA
Abk. für Sturm-Abteilung.
Sie war die Parteiarmee der NSDAP. Sie zählte Mitte 1932 rund 400 000 braun uniformierte Mitglieder – meist arbeitslose, unzufriedene junge Männer, die bereit waren jederzeit Gewalt anzuwenden.

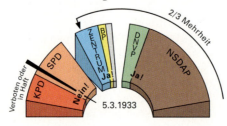

2 Der Reichstag nach den Wahlen vom 5. März 1933 und die Abstimmung zum „Ermächtigungsgesetz".

Ein Gesetz für die Diktatur

Als Hitler die Reichskanzlei betrat, soll er zu Parteigenossen gesagt haben: „Hier bringt mich niemand mehr lebend heraus." Er wollte von Anfang an eine Diktatur errichten. Seine Alleinherrschaft sollte aber nicht allein mit Gewalt gegen das Volk erreicht werden. Hitler wollte vielmehr die große Mehrheit der Deutschen für sich gewinnen. Vorerst fehlte seiner Partei aber noch die absolute Mehrheit im Reichstag. Deshalb löste er das Parlament auf und setzte für März 1933 Neuwahlen durch.

Am 27. Februar 1933 brannte das Reichstagsgebäude in Berlin. Hitler und die Nationalsozialisten machten dafür die Kommunisten verantwortlich und schürten die Furcht vor einem kommunistischen Aufstand. Nur einen Tag später erließ der Reichspräsident eine Notverordnung, mit der wichtige Grundrechte außer Kraft gesetzt wurden. Die Reichsregierung nutzte die Möglichkeit, unliebsame politische Gegner legal zu verhaften, deren Wahlkampf zu behindern und ihre Zeitungen zu verbieten. Die Verhaftungen trafen vor allem Kommunisten und Sozialisten, deren Namen bereits im Vorfeld auf Listen zusammengestellt worden waren.

Trotz ihrer Propaganda erhielt die NSDAP nur 43,9 % der Wählerstimmen. Doch in der Koalition mit der antidemokratischen „Kampffront Schwarz-Weiß-Rot" besaß Hitler die absolute Mehrheit im Parlament von 51 %.

Das „Ermächtigungsgesetz"

Der 23. März 1933 markiert einen denkwürdigen Tag in der deutschen Geschichte. Hitler legte dem Parlament ein „Gesetz zur Behebung der Not von Volk und Staat" vor. Dieses so genannte „Ermächtigungsgesetz" sollte der Regierung weitgehende Vollmachten geben. Zwei Drittel der Abgeordneten stimmten, wie es für dieses Gesetz erforderlich war, zu. Sie hatten damit das Parlament entmachtet und die Trennung von Legislative und Exekutive aufgehoben. Nur die noch anwesenden SPD-Abgeordneten hatten unter Protest dagegen gestimmt.

Wie erklärt sich aber die Zustimmung der anderen? Die Nationalsozialisten hatten mit der SA schon vor 1933 Schrecken verbreitet. Nach dem 30. Januar 1933 folgten Verhaftungen und Misshandlungen von politischen Gegnern. Am Tag der Abstimmung zum Ermächtigungsgesetz war das Parlamentsgebäude mit SA-Leuten bedrohlich umstellt. So hatten die meisten Abgeordneten schlichtweg Angst zusammengeschlagen zu werden. Einige Abgeordnete wollten aber auch nicht im Wege stehen, wenn jetzt die neue „Regierung der nationalen Konzentration" mit außergewöhnlichen Mitteln die Not in Deutschland beheben würde.

3 „So, nun sage als deutscher Mann deine Meinung frank und frei – wenn du noch kannst" (Karikatur von A. Paul Weber, 1933).

Die Weimarer Republik – Demokratie ohne Demokraten?

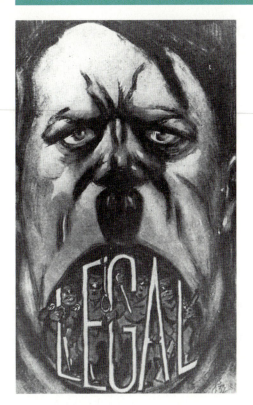

5 links: **„Wie Adolf Hitler das Wort ‚legal' in den Mund nimmt"** (Karikatur aus „Der Wahre Jakob", Berlin 1932).

6 rechts: **Wer den Brand gelegt hat**, weiß man bis heute nicht genau. – Welche Wirkung sollte das Plakat vom 29. Februar 1933 erzielen?

4 *Über die Abstimmung zum „Ermächtigungsgesetz" am 23. März 1933*

a) Aus dem Protokoll der Parteifraktion des Zentrums vor der Abstimmung:
Dr. Kaas [Vorsitzender] erstattet Bericht über die Besprechungen (…) mit Reichskanzler Hitler. Er [Kaas] habe ihm erklärt, das Ermächtigungsgesetz sei für die
5 Zentrumspartei nur tragbar, wenn gewisse Zusicherungen gegeben würden. Es müsse für die Gesetzgebung der Reichstag eingeschaltet bleiben. (…) Es sei vom Reichskanzler Hitler zugesagt
10 worden, dass keine Maßnahme gegen den Willen des Reichspräsidenten durchgeführt würde. (…) Die Gleichheit vor dem Gesetz werde nur den Kommunisten nicht zugestanden. Die Zugehörigkeit
15 zur Zentrumspartei solle kein Grund zum Einschreiten gegen Beamte sein. (…) [Kaas fuhr fort:] Aus der Ablehnung des Ermächtigungsgesetzes [ergäben sich] unangenehme Folgen für die Fraktion
20 und die Partei. Es bliebe nur übrig, uns gegen das Schlimmste zu sichern. Käme die Durchsetzung der ⅔-Majorität [Mehrheit] nicht zustande, so werde die Durchsetzung der Pläne der Reichsregierung
25 auf anderem Wege erfolgen.

b) Otto Wels spricht für die SPD:
Nach den Verfolgungen, die die Sozialdemokratische Partei in der letzten Zeit erfahren hat, wird billigerweise niemand von ihr verlangen oder erwarten können,
5 dass sie für das hier eingebrachte Ermächtigungsgesetz stimmt. Die Wahlen vom 5. März haben den Regierungsparteien die Mehrheit gebracht und damit die Möglichkeit gegeben, streng nach
10 Wortlaut und Sinn der Verfassung zu regieren. Wo diese Möglichkeit besteht, besteht auch die Pflicht. Noch niemals, seit es einen Deutschen Reichstag gibt, ist die Kontrolle der öffentlichen Angele-
15 genheiten durch die gewählten Vertreter des Volkes in solchem Maße ausgeschaltet worden, wie es jetzt geschieht. (…) Wir grüßen die Verfolgten und Bedrängten. Wir grüßen unsere Freunde im
20 Reich. Ihre Standhaftigkeit und Treue verdienen Bewunderung. Ihr Bekennermut, ihre ungebrochene Zuversicht verbürgen eine hellere Zukunft.

1 Beschreibe, wie die Nationalsozialisten den Brand des Reichstags für ihre eigenen Zwecke nutzten (VT, M 6).
2 Beschreibe in eigenen Worten die beiden Stellungnahmen zum Ermächtigungsgesetz (M 4 a/b). Inwiefern unterscheiden sie sich?
3 „Machtergreifung", „Machtübertragung", „Machtschleichung"? Diskutiert, welcher Begriff am besten passt.

617

12 Warum scheiterte die erste Demokratie in Deutschland?

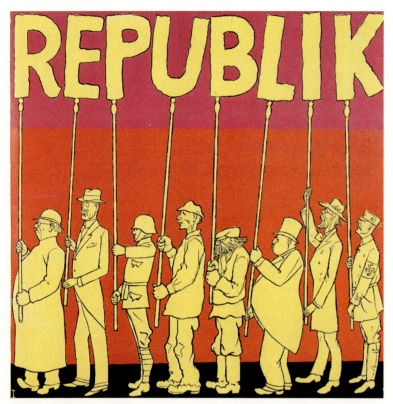

1 „Sie tragen die Buchstaben der Firma – wer aber trägt den Geist?" (Karikatur von Th. Th. Heine, 1927).

2 Karikatur von A. Paul Weber aus dem Jahre 1932.

Die Weimarer Republik war mit der Machtübernahme durch die Nationalsozialisten nach nur wenigen Jahren gescheitert. Die erste deutsche Demokratie hatte sich nicht festigen können. Nicht zuletzt deshalb konnte die NS-Diktatur errichtet werden, durch die Millionen Menschen auf der Welt Krieg und Massenmord erlitten. Was waren die Gründe für das Scheitern, welche Fehler wurden gemacht? Das fragten sich Zeitgenossen und Historiker immer wieder und führten dabei bis heute verschiedene Ursachen an. Aus der Vielzahl von Büchern zu diesem Thema findet ihr im Folgenden unterschiedliche Positionen:

3 Zum Untergang von Weimar ...
a) Der Publizist Sebastian Haffner 1978:
Ein Staat zerfällt ja nicht ohne weiteres durch Wirtschaftskrise und Massenarbeitslosigkeit; sonst hätte zum Beispiel auch das Amerika der großen Depression mit seinen 13 Millionen Arbeitslosen in den Jahren 1930–1933 zerfallen müssen. Die Weimarer Republik ist nicht durch Wirtschaftskrise und Arbeitslosigkeit zerstört worden, obwohl sie natürlich zur Untergangsstimmung beigetragen haben, sondern durch die schon vorher einsetzende Entschlossenheit der Weimarer Rechten, den parlamentarischen Staat zugunsten eines unklar konzipierten autoritären Staats abzuschaffen. Sie ist auch nicht durch Hitler zerstört worden: Er fand sie schon zerstört vor, als er Reichskanzler wurde, und er entmachtete nur die, die sie zerstört hatten.

b) Der Historiker Hagen Schulze 1982:
Woran ist also Weimar gescheitert? (...) Die wichtigsten Gründe liegen auf dem Feld der Mentalität, der Einstellungen und des Denkens. In der Mitte des Ursachenbündels finden sich eine Bevölkerungsmehrheit, die das politische System von Weimar auf die Dauer nicht zu akzeptieren bereit war, sowie Parteien und Verbände, die sich den Anforderungen des Parlamentarismus nicht gewachsen zeigten. (...) Bevölkerung, Gruppen, Parteien und einzelne Verantwortliche haben das Experiment Weimar scheitern lassen, weil sie falsch dachten und deshalb falsch handelten.

c) Der engl. Historiker Allan Bullock 1991:
Auf offene Ohren stieß Hitler bei den Angehörigen der ehemaligen politischen Elite, die verbittert den Verlust ihres Einflusses und ihrer gesellschaftlichen Vorrangstellung beklagte, bei jenen Teilen des alten Mittelstandes, die sich durch den Prozess der Modernisierung bedroht sahen – namentlich durch die nach vorn drängende Arbeiterklasse, durch die sie ihren Lebensstandard und ihren Sozialstatus gefährdet sahen –, und bei vielen Angehörigen der jüngeren Generation, denen der Mangel an Lebenschancen zu schaffen machte und die sich nach einer Zukunftsaufgabe sehnten, die leidenschaftlichen Einsatz lohnte.

Die Weimarer Republik – Demokratie ohne Demokraten?

4 Politische Plakate 1930–1932:

a) Plakat der SPD

b) Plakat der NSDAP

c) Plakat der KPD

d) Plakat des Zentrums

e) Plakat der Deutschen Volkspartei

Plakate als ein Mittel der politischen Auseinandersetzung

Während der Weimarer Republik waren gedruckte Medien die einzige Möglichkeit viele Menschen in Wort und Bild anzusprechen. Plakate hatten deshalb auch einen höheren Stellenwert als heute. Durch sie erfährt man nicht nur etwas über den politischen Standpunkt z. B. einer Partei, sondern auch über das „politische Klima" einer Zeit. Die Künstler bedienten sich einer damals geläufigen Symbolsprache.

- Das Plakat soll durch seinen Gesamteindruck beim Betrachter wirken. Stelle diesen Gesamteindruck fest.
- Versuche den Zeitpunkt und den Anlass der Entstehung herauszufinden.
- Unterscheide Einzelheiten: Welche Gegenstände, Situationen, Handlungen, Personen sind abgebildet?
- Welche Farben werden wofür verwendet? Suche nach Erklärungen.
- Analysiere den Text: Wortwahl, Umgangston, Schlagwortcharakter, Einprägsamkeit, Aussagen und Appelle.
- Finde den Auftraggeber, die Zielgruppe und den politischen Gegner heraus.
- Welche Bevölkerungsteile werden besonders angesprochen? Womit?

1 Interpretiere eines der Plakate auf dieser Seite mithilfe der Checkliste. Du kannst dir aber auch ein Plakat aus einem anderen Kapitel dazu auswählen.

2 Fasse für jeden einzelnen Text die darin genannten Gründe für den Untergang der Weimarer Republik in Stichworten zusammen (M 3).

Auf einen Blick

1918
Ende des Ersten Weltkriegs; Novemberrevolution: in Berlin wird die Republik ausgerufen; Frauen erhalten das aktive und passive Wahlrecht

1919
Versailler Vertrag; Weimarer Verfassung

1923
„Ruhrkampf"; Inflation

1929
Weltwirtschaftskrise

1930
Beginn der Präsidialkabinette

1933
Adolf Hitler wird Reichskanzler; die Diktatur der Nationalsozialisten beendet die Weimarer Republik

„Der Reichstag wird eingesargt" (Collage von John Heartfield, 1932).

Die Weimarer Republik – das Scheitern einer Demokratie

Die Weimarer Republik stand von Anfang an unter großem politischen und wirtschaftlichen Druck. Gewaltsame Auseinandersetzungen zwischen konkurrierenden politischen Bewegungen prägten bereits die ersten Jahre (1918–1923) dieser ersten deutschen Demokratie. Zwischen den Arbeiterparteien, die durch die Novemberrevolution an die Macht gelangt waren, kam es in der Frage um die „richtige" republikanische Staatsform zum Zerwürfnis. Zwar konnte die SPD die Einführung einer parlamentarischen Demokratie durchsetzen. Doch nach der militärischen Niederschlagung des gewaltsamen Versuchs der revolutionären Linken, eine Räterepublik einzurichten, war die organisierte Arbeiterschaft endgültig gespalten.

Auch nach der Verabschiedung der Verfassung im Juli 1919 blieben viele Bürger ablehnend gegenüber der Demokratie. Besonders die Spitzen der Gesellschaft wünschten sich das Kaiserreich zurück. Da die Republik politisch nie zur Ruhe kam – in den 14 Jahren ihres Bestehens gab es 20 Regierungen –, glaubten viele Menschen in Deutschland, dass nur ein Obrigkeitsstaat die Probleme lösen könne. Diese weit verbreitete Einstellung erleichterte schließlich Hitler den Weg an die Macht.

Rechts stehende Politiker nutzten den Versailler Vertrag und die Dolchstoßlegende für demokratie- und republikfeindliche Propaganda. Die Politiker der Übergangsregierung, die im Herbst 1918 in aussichtsloser militärischer Lage die Waffenstillstandsbedingungen akzeptiert hatten, wurden zu „Novemberverbrechern" gestempelt. Und die Parteien der Weimarer Koalition (SPD, Zentrum, DDP), die unter großem Druck der siegreichen Alliierten dem diktierten Friedensvertrag zugestimmt hatten, bezichtigte man des „Vaterlandsverrats".

Die Weimarer Verfassung machte Deutschland zwar zu einem demokratischen Staatswesen. Durch die im Art. 48 eingeräumten Machtbefugnisse des direkt vom Volk gewählten Reichspräsidenten kam es auf Dauer aber zu einer Aushöhlung der Demokratie. Paul von Hindenburg, von 1925–1934 zweiter Präsident der Republik, setzte die verfassungsrechtliche Machtfülle seines Amtes in einem gegen das Parlament gerichteten Sinne ein.

Wirtschaftlich kam Deutschland nur von 1924 bis 1928/29 zur Ruhe. Die ersten Nachkriegsjahre waren von einer galoppierenden Inflation und etlichen Streiks gekennzeichnet. Die Währungsreform im Jahr 1923 sorgte zunächst für eine gewisse Stabilität, brachte für viele Bürger jedoch auch den Verlust ihrer Spareinlagen mit sich. Hier schuf sich die Demokratie neue Gegner. 1929/30 stieg die Arbeitslosenzahl auf bis dahin unbekannte Höhen; 1933 waren über sechs Millionen Menschen ohne Arbeit. Auf dem düsteren Hintergrund von Unsicherheit und Angst, von fortgesetzter politischer Gewalt und zunehmender Verachtung der Demokratie vollzog sich der Aufstieg Adolf Hitlers zum Reichskanzler am 30. Januar 1933.

Die Weimarer Republik – Demokratie ohne Demokraten?

Im Roman „Die roten Matrosen" (Beltz Verlag, Weinheim 1984) schildert Klaus Kordon die Erlebnisse des 13-jährigen Helle während der brutalen Kämpfe der Revolutionsmonate 1918/19. Einen Tag nach der Niederschlagung der revolutionären Aufstände mithilfe von Freikorps gehen Helle und sein Vater, der bei den Straßenkämpfen im Zeitungsviertel auf Seiten der Spartakisten stand, durch die Straßen Berlins:

[Der Vater beginnt] von dem zu erzählen, was er in den letzten Tagen erlebt hat. Vom Kampf um den Anhalter Bahnhof erzählt er, von der Flucht aus dem Zeitungsviertel und davon, dass es gar nicht so leicht war in das *Vorwärts*-Gebäude hineinzukommen. Es wurde ja von allen Seiten belagert; sie hatten sich regelrecht durchkämpfen müssen. Als er berichtet, wie er die letzten Stunden der *Vorwärts*-Besetzung miterlebte und nach der Gefangennahme mit all den anderen Gefangenen in den Hof einer Dragonerkaserne geführt und an eine Mauer gestellt wurde, neben der die ermordeten Parlamentäre [Unterhändler zwischen verfeindeten Parteien] lagen, bekommt seine Stimme einen bitteren Klang: „Sie stellten Maschinengewehre auf, richteten die Läufe auf uns und ließen uns warten. Mehrere Stunden standen wir da und sahen die ganze Zeit über die ermordeten Männer vor uns liegen. (…) Man hatte sie so böse misshandelt, dass sie nicht mehr voneinander zu unterscheiden waren. (…) Unsere Bewacher kamen, höhnten, schrien, verspotteten uns. Und den einen oder anderen, der ihnen nicht aufrecht stand, schlugen sie einfach nieder." Er verstummt und sagt dann leise: „Hab schon viel miterlebt, im Krieg und auch danach, aber dass Soldaten so mit Gefangenen umgehen, das habe ich noch nicht erlebt. Es waren nicht allein die Schläge und Misshandlungen, es war dieser Hass, mit dem sie uns behandelten. (…) So wie uns haben sie die Franzosen und Engländer, die sie während des Krieges gefangen nahmen, nicht gehasst."

„Der, der dich laufen ließ, war das der, der dir den Tabak geschenkt hat?"

„Der Paule, ja. Einer der Offiziere hatte bei der Regierung angerufen, wollte wissen, was nun mit uns geschehen sollte. Die Regierung sagte: Erschießen! Paule hörte davon, deshalb ließ er mich laufen. (…) Mit dreihundert Toten konnte selbst er als ‚Neutraler' nicht einverstanden sein."

„Und die anderen?" „Sie leben. Jedenfalls die meisten. Es war ein telefonischer Befehl, der Offizier aber wollte es schriftlich. Ein Schriftstück jedoch braucht eine Unterschrift, und die wollten wohl weder Noske noch Ebert oder Scheidemann riskieren; sonst hätte man ihnen ihre Verantwortung für das Gemetzel ja eines Tages nachweisen können." (…) [Beim Weitergehen merken sie,] dass die Bürgersteige immer voller werden. (…) „Was ist denn hier los?", fragt der Vater einen Mann mit einer Melone auf dem Kopf. „Die Truppen kommen in die Stadt. Wissen Sie das denn nicht?" „Tut mir leid", antwortet der Vater höflich. „Wusste ich wirklich noch nicht." Er tritt etwas näher an den Bürgersteig heran und flüstert dabei Helle zu: „Die Freiwilligen-Verbände! Sie halten ihre Stunde also für gekommen." (…) Der Mann mit der Melone klatscht laut in die Hände und schreit begeistert: „Bravo! Bravo!" Viele der Menschen, die sich die Straße entlang drängeln, fallen in den Ruf ein, Frauen winken mit Tüchern, ein paar Männer rufen „Hurra!" Der Mann mit der Melone strahlt den Vater an. „Jetzt gibt's endlich wieder Ruhe und Ordnung."

„Ja", sagt der Vater. „Friedhofsruhe, Gefängnisordnung." Der Mann mit der Melone erschrickt. „Sind Sie etwa 'n Roter?" „Nee, 'n Karierter!" Der Vater zieht Helle von der Straßenecke weg und bleibt, um Ärger zu vermeiden, von nun an lieber im Hintergrund. Die Truppen sind nun schon so nah, dass die Gesichter der beiden Vorausmarschierenden, ein Oberst und ein Zivilist, deutlich zu erkennen sind. (…) Der Vater nimmt Helles Arm und drückt ihn. „Das ist er", flüstert er, „das ist Noske." Noske? Der gesagt hat, einer müsse den Bluthund machen? Rücksichtslos drängelt Helle sich zwischen die jubelnden Leute und studiert das Gesicht dieses Mannes. Er hatte sich vorgestellt, wer so etwas sagt, müsse auch aussehen wie ein „Bluthund", also ein bulliger Kerl mit Stiernacken. Der Mann dort sieht eher wie ein Postbeamter aus.

Europa brennt: Faschistische Diktaturen –

Italienische Briefmarke von 1940 mit den faschistischen Diktatoren Benito Mussolini und Adolf Hitler.

Hitler übt eine Rede (Aufnahme in einem Münchener Atelier, 1927).

Menschen während der Ankunft des „Führers" Adolf Hitler.

nationalsozialistische Herrschaft

So stellte der Maler Pablo Picasso (1881–1973) den Bombenangriff auf die baskische Stadt Guernica dar.

Deutschland, 1990er-Jahre: Jugendliche demonstrieren ihre politische Einstellung.

Hintergrund: Reichsparteitag der NSDAP in Nürnberg 1935.

1 In Italien – Faschisten führen in die Diktatur

1 „Der Duce" (Führer) macht bei einer Versammlung der faschistischen „Schwarzhemden" den „römischen Gruß", 1935.

2 Karikatur einer sowjetischen Künstlergruppe aus dem Jahre 1937.

Nährboden des Faschismus

In den ersten Nachkriegsjahren gab es viele Unzufriedene in Italien: Die Nationalisten und Befürworter des italienischen Kriegseintritts (1915) waren empört, weil die Siegermächte Italien vorher zugesicherte Gebietsgewinne verweigerten. Kriegsfreiwillige waren vom Kriegsausgang enttäuscht und auch darüber, wie wenig sich der Staat nun um sie kümmerte. Sie bildeten Freiwilligenverbände. Die Arbeiter streikten oft und besetzten Fabriken um den anhaltenden Verfall des Geldwertes durch höhere Löhne auszugleichen. Dabei gab es Tote. Die Mittelschicht fürchtete sich vor dem sozialen Abstieg und schaute missgünstig auf die Arbeiterbewegung, die erfolgreich um höhere Löhne kämpfte. Besitzlose Bauern eigneten sich Teile des Landes der Großgrundbesitzer an.

In dieser Zeit entstand die Bewegung der „Fascisti" (Faschisten). Zunächst sammelten sich national gesinnte Sozialisten, ehemalige Frontsoldaten und Studenten. Sie waren mit ihrer persönlichen Situation und dem Zustand Italiens unzufrieden, befürworteten Gewalt als Mittel des politischen Kampfes und verachteten die Demokratie, oft auch die Arbeit des Parlaments. Da es dort keine klaren Mehrheiten gab, wurden oft „faule" Kompromisse geschlossen. Durch Machtkämpfe blockierten sich die Regierungsparteien gegenseitig. So blieben die Probleme im Lande ungelöst. Dies nutzten die Feinde der Demokratie aus.

Mit Terror zur Machtergreifung

Der ehemalige Sozialist Benito Mussolini stellte sich rasch an die Spitze der faschistischen Bewegung. Ohne feste politische Überzeugung kannte er nur ein Ziel: die Macht im Staate. Bei den Wahlen hatten die Faschisten freilich wenig Erfolg. 1919 verfügten sie im Parlament nur über wenige Abgeordnete. Deshalb verschärfte Mussolini den Terror der faschistischen Stoßtrupps. Sie zerstörten Gewerkschaftshäuser, bedrohten Arbeiterversammlungen, folterten und töteten politische Gegner. Dies wurde von vielen Großgrundbesitzern, Unternehmern sowie Angehörigen der Polizei und der Armee gebilligt und sogar unterstützt: Sie befürchteten eine sozialistische Revolution oder wollten die Sozialisten dafür bestrafen, dass sie sich so heftig gegen den Kriegseintritt Italiens gewehrt hatten. Die Behörden griffen nicht ein. Während einer Regierungskrise im Oktober 1922 marschierten faschistische Kampfverbände auf die Hauptstadt Rom zu. Der italienische König befürchtete einen Bürgerkrieg. Auf den Rat von Bankiers, Industriellen und Großgrundbesitzern beauftragte er den „Duce" (Führer), wie sich Mussolini nannte, mit der Regierungsbildung.

Faschistische Diktatur

Da Mussolini anfangs Politiker aus bürgerlichen Parteien an der Regierung beteiligte, hatte es den Anschein, als werde die parlamentarische Demokratie nicht angetastet. 1924 ermordeten die Faschisten den beliebten sozialistischen Parteiführer Giacomo Matteotti auf grausame Art. Trotz großer Empörung gab es keinen Widerstand. Mussolini setzte die Alleinherrschaft durch: Regierungsgegner wurden an abgelegene Orte verbannt; nichtfaschistische Beamte mussten ihren Dienst quittieren; Jugendliche sollten nach Mussolinis Grundsatz erzogen werden: „Glauben, gehorchen, kämpfen". Dennoch bemühte sich die Regierung auch um die Zustimmung unterschiedlicher Bevölkerungsgruppen und der Kirche – etwa durch Gesetze, die die Lebensverhältnisse der Arbeiter sichern sollten, oder durch eine Landreform. Staatliche Aufträge halfen die Arbeitslosigkeit zu senken und die Infrastruktur des Landes auszubauen. Aufwändige Bauten und Machtdemonstrationen sowie die gezielte Verwendung moderner Massenmedien (Radio, Kino) stützten propagandistisch den Ausbau der Diktatur.

Europa brennt: Faschistische Diktaturen – nationalsozialistische Herrschaft

5 Kinder in der Uniform der Faschisten. – Was sagt das Bild über faschistische Ideale, Methoden und Ziele aus?

6 Abbildung des Symbols der italienischen Faschisten

3 Den faschistischen Terror im Jahre 1921 beschreibt ein Führer der faschistischen Stoßtrupps in seinem Tagebuch:
Wir fuhren durch Rimini (…), [durch] alle Städte und Zentren der Provinzen Forli und Ravenna und zerstörten und verbrannten alle roten Häuser, die Sitze der sozialistischen und kommunistischen Organisationen. (…) Unser Zug war gezeichnet durch hohe Säulen von Feuer und Rauch. Die ganze Ebene der Romagna war den Vergeltungstaten der erbosten Faschisten ausgeliefert, die entschlossen waren den roten Terror auf immer zu brechen.
(Anm.: Von „rotem Terror" konnte keine Rede sein. Er war ein Vorwand. Mussolini war selbst überrascht von der Wehrlosigkeit seiner Gegner.)

4 Zur Bedeutung des Staates schrieb Benito Mussolini 1923:
Denn es liegt für den Faschismus alles im Staate beschlossen. Nichts Menschliches oder Geistiges besteht an sich, noch weniger besitzt dieses irgendeinen Wert außerhalb des Staates.
In diesem Sinne ist der Faschismus totalitär, und der faschistische Staat als Zusammenfassung und Vereinheitlichung aller Werte gibt dem Leben des ganzen Volkes eine Deutung, bringt es zur Entfaltung und kräftigt es.

Außerhalb des Staates darf es keine Individuen noch Gruppen (politische Parteien, Vereine, Syndikate und Klassen) geben. (…) Der Faschismus ist nicht nur Gesetzgeber und Gründer von Einrichtungen, sondern Erzieher und Förderer des geistigen Lebens. Er will nicht die Formen des menschlichen Lebens, sondern seinen Inhalt, den Menschen, den Charakter, den Glauben neu schaffen. Und zu diesem Zwecke fordert er Disziplin und eine Autorität, die in die Geister eindringt und darin unumstritten herrscht. Sein Wahrzeichen ist daher das Liktorenbündel, das Symbol der Einheit, der Kraft und der Gerechtigkeit. (…)
Für den Faschismus ist das Streben zum Imperio [großes Reich], das heißt zur Expansion der Nation, ein Ausdruck der Vitalität. (…) Aber das Imperio erfordert Disziplin, Zusammenwirken der Kräfte, Pflicht und Opfer.

Faschismus
von lat. fasces = Rutenbündel.
Dieses Rutenbündel mit Beil trugen im alten Rom niedere Beamte, die so genannten Liktoren, den höheren voran. Es galt als Zeichen ihrer Amtsgewalt, die auch einschloss zu züchtigen oder sogar die Todesstrafe zu verhängen. Im italienischen Faschismus war es Sinnbild für Diktatur, Einheit, Kraft und Gerechtigkeit und seit 1926 offizielles Staatssymbol.

1 Fasse zusammen: Ziele der Faschisten; Methoden, an die Macht zu kommen und die Macht zu erhalten (VT, M3, M4 und M5).
2 Erkläre, wie für Mussolini der „ideale" Staat aussehen soll (M4).
3 Überlegt, warum Mussolini den Gruß der römischen Kaiser wieder aufgegriffen hat.
4 Was sagt die Karikatur (M2) über die Herrschaft der Faschisten in Italien aus?

2 Faschistische Bewegungen – nicht nur in Italien und Deutschland

1 Die „**British Union of Fascists**" mit ihrem Führer Oswald Mosley bei einer Demonstration in London. Mosley forderte England wirtschaftlich von anderen Industrieländern unabhängig zu machen. Dafür waren die Rohstoffe der Kolonien notwendig. Deshalb sollte das englische Kolonialreich geschützt und erhalten werden. Von den deutschen Nationalsozialisten übernahm er die hemmungslose Hetze gegen die Juden. Wenig Erfolg hatte seine antikommunistische Propaganda („Mosley oder Moskau"), denn es gab klare und stabile Mehrheitsverhältnisse im Parlament zugunsten einer konservativen Regierung. Die faschistische Partei war in England so unbedeutend, dass sie nach dem Zweiten Weltkrieg wieder zugelassen wurde – anders als in allen anderen Ländern Europas.

Faschismus in Europa
In vielen Ländern Europas bildeten sich nach dem Ersten Weltkrieg faschistische Bewegungen. Obwohl sie sich in der Regel am italienischen oder deutschen Beispiel orientierten, wiesen sie immer auch nationale Eigenarten auf. In den meisten dieser Länder blieb der Faschismus eine Randerscheinung.

Beispiel Spanien
Spanien war im Ersten Weltkrieg neutral geblieben. In den 1920er- und 1930er-Jahren hatte es mit großen sozialen Problemen zu kämpfen. Ein großer Teil des Landes gehörte der Kirche und dem Adel. Landarbeiter und Bauern lebten in elenden Verhältnissen. In den Städten wuchs eine Arbeiterschaft heran, die sich in starkem Maße von sozialistischen Ideen beeinflussen ließ. Die krassen Gegensätze zwischen den sozialen Schichten führten zu blutigen Unruhen. Eine vorübergehende Militärdiktatur unterdrückte zwar mit Gewalt die Unruheherde, konnte aber die Ursachen der Konflikte nicht beseitigen. Der Diktator de Rivera scheiterte mit seinem Reformprogramm und verlor die Unterstützung der Mächtigen in der Gesellschaft. Neue Gewalttätigkeiten nach dem Ende der Diktatur versetzten die Besitzenden wieder in Angst und Schrecken.

Die spanische Falange
In dieser angespannten Situation schlossen sich vorwiegend junge Leute zur faschistischen „Falange" (Stoßtrupp) zusammen. In ihren sozialen Forderungen gingen sie weit über die deutschen oder italienischen Faschisten hinaus: Sie waren gegen den Kapitalismus, für eine Bodenreform sowie für die Verstaatlichung der Banken und der Großindustrie.

Putsch mithilfe der Faschisten
Seit den Parlamentswahlen von 1936 regierte in Spanien eine „Volksfrontregierung" aus Republikanern, Sozialisten und Kommunisten. Die Falange kam bei Wahlen nicht über 4% hinaus. Sie versuchte, durch Gewaltaktionen gegen die Linke Angst und Unsicherheit in der Bevölkerung zu schüren, um eine „nationale und soziale Revolution" einzuleiten. Deshalb verbot die Regierung die Falange und ließ ihre Führer verhaften.

Den Kampf gegen die Volksfrontregierung führte nun das Militär unter General Franco weiter. Im Juli 1936 putschten die Militärs gegen die Regierung. Der sich daran anschließende Bürgerkrieg endete 1939 mit dem Sieg der faschistischen Truppen. Mit den Forderungen der Falange hatte allerdings Franco wenig im Sinn; vielmehr lag ihm daran, die Interessen der traditionellen Führungsschichten Spaniens zu wahren. Dennoch unterstützten die Faschisten aktiv den Putsch und erhielten nun größeren Zulauf aus der Bevölkerung. Franco entmachtete die zerstrittenen Parteiführer und formte die Falange 1937 zu einer staatlichen, rechts gerichteten und konservativen Einheitspartei, der alle Beamten und Offiziere angehören mussten.

Der Putsch in Spanien gelang nur deshalb, weil er von den faschistischen Regierungen Italiens und Deutschlands mit Waffenlieferungen und Truppen unterstützt wurde. General Franco regierte nach seinem Sieg fast vierzig Jahre als autoritärer Diktator in Spanien.

Europa brennt: Faschistische Diktaturen – nationalsozialistische Herrschaft

2 *Bericht eines jungen deutschen Soldaten* vor der Abreise aus Deutschland. Er gehörte zu den Freiwilligen der „Legion Condor", die Hitler 1936 den spanischen Putschisten zuhilfe schickte. Erstmals wurden im spanischen Bürgerkrieg Luftangriffe gezielt zur Demoralisierung der Bevölkerung eingesetzt. Für Hitler war es eine Gelegenheit, die neue deutsche Luftwaffe für seine Kriegspläne zu erproben:
Die Männer wussten, dass sie großen Ereignissen entgegenfuhren. Sie hatten alle das gleiche Ziel und ließen sich nur von einem Gedanken beseelen: Wir sind
5 die ersten deutschen Freiwilligen, die nach Spanien ziehen um für den Sieg und die gerechte Sache dieses Landes zu kämpfen. (…) Rote Mordbrenner hatten über Nacht die Brandfackel entzündet
10 und dem unglücklichen Land den Krieg gebracht. Sie wollten hier an den schönen Ufern des Mittelmeeres einen kommunistischen Staat schaffen um von hier aus das westliche Europa für ihre wahn-
15 sinnigen Pläne zu erobern. Endlose Reihen unschuldiger Menschen wurden in roher Weise ermordet und unsägliches Elend über Spanien gebracht. Das ganze Land sollte ein einziger Trümmerhaufen
20 werden. (…)
Jetzt, da sie [die Freiwilligen] mit jeder Stunde der Erfüllung ihrer Wünsche näher kamen, bewegte sie Freude und Begeisterung. Sie fühlten sich glücklich
25 wie selten im Leben, (…) So klangen denn ihre alten Soldatenweisen hinaus in Nacht und Meer: die Kampflieder der Freiwilligen von Spanien.

3 *Die Bombardierung von Guernica* durch deutsche Kampfflieger der „Legion Condor" am 26. April 1936 erlebte der junge Padre Alberto de Onaindía:
Es war ein wunderbar klarer Tag, der Himmel war weich und klar. Wir kamen in den Vororten von Guernica gegen 5 Uhr an. In den Straßen war viel Betrieb,
5 denn es war Markttag. Plötzlich hörten wir die Sirene, und wir bekamen Angst. (…) Von unserem Versteck konnten wir sehen, was geschah, ohne selbst gesehen zu werden. Die Flugzeuge kamen
10 ganz tief angeflogen. (…) Unterdessen stürzten Frauen und Kinder und alte Männer getroffen nieder, wie Fliegen,

überall sahen wir große Pfützen von Blut. Ich sah einen alten Bauern, der allein auf
15 dem Feld stand: Eine Maschinengewehrgarbe tötete ihn. Mehr als eine Stunde blieben die achtzehn Maschinen in einer Höhe von wenigen hundert Metern über Guernica, und sie warfen Bombe auf
20 Bombe.
Von dem Lärm der Explosionen und dem Geräusch der einstürzenden Häuser macht man sich keinen Begriff. (…) Das zweite Bombardement dauerte fünfund-
25 dreißig Minuten, aber es reichte hin, um den ganzen Ort in einen gewaltigen Feuerofen zu verwandeln. (…) Die Angriffe und die Zerstörung der Stadt hielten noch weitere zwei Stunden und fünfund-
30 vierzig Minuten an. (…) Bei Sonnenuntergang konnte man immer noch nicht weiter als fünfhundert Meter sehen. Überall wüteten die Flammen, und dicker schwarzer Rauch stieg auf. Um
35 mich herum beteten die Leute und streckten die Arme in Kreuzform gegen den Himmel um Gnade zu erbitten.

4 *Freiwillige der spanischen „Volksfront"*, die sich zur Verteidigung Madrids gemeldet haben. Aufseiten der „Volksfront" kämpften auch „internationale Brigarden", Freiwillige aus ganz Europa und den USA, um die spanische Republik mit ihren sozialistischen Idealen gegen „die Faschisten" zu verteidigen. – Schreibe auf, was dir an dem Bild auffällt. Versetze dich in die Rolle des Fotografen und stelle dir die Situation vor, in der das Bild aufgenommen wurde.

1 Vergleiche die Entwicklung zur Diktatur in Spanien mit der Entwicklung in Italien oder in Deutschland.
2 Vergleiche den Bericht (M3) mit dem Bild von Picasso (S. 623). Welche Darstellung findest du eindringlicher? Begründe.
3 Stelle dir vor, du bist ein deutscher Journalist, der die Bombardierung Guernicas miterlebt hat. Was würdest du dem deutschen Freiwilligen (M2) antworten?

3 Auf dem Weg in den „Führerstaat"

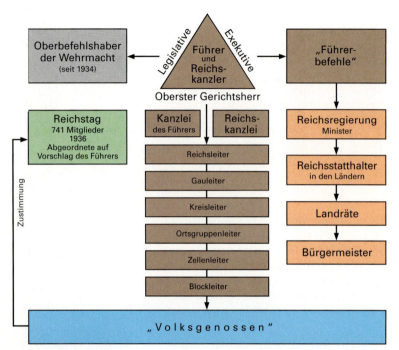

1 Herrschaftssystem des Nationalsozialismus: Formal blieb die Weimarer Verfassung auch unter nationalsozialistischer Herrschaft in Kraft. Das „Führerprinzip", das Hitler schon 1925 innerhalb seiner Partei durchgesetzt hatte, wurde auf die Staatsorganisation übertragen.

SS
Abk. für Schutzstaffel. Sie stand als Leibwache und Elitetruppe zur persönlichen Verfügung Hitlers, beherrschte nach der Entmachtung der SA unter Führung Heinrich Himmlers den gesamten Polizei- und Nachrichtenapparat und war in verschiedene Organisationen untergliedert.

Führerstaat durch Gleichschaltung

Hitler genügten die Notverordnungen und das Ermächtigungsgesetz von 1933 als gesetzliche Grundlage um seine Diktatur auf- und auszubauen. In seinem Staat sollte allein der „Wille des Führers" regieren. Deshalb begannen die Nationalsozialisten bald damit, die verbliebene Opposition auszuschalten und alle dem Führer oder der Partei nicht direkt unterstellten Bereiche des Staates und der Gesellschaft „gleichzuschalten".

Im April 1933 ermöglichte das „Gesetz zur Wiederherstellung des Berufsbeamtentums" alle missliebigen und „nichtarischen" Beamten durch Parteimitglieder zu ersetzen. Im gleichen Monat beseitigte das „Gesetz zur Gleichschaltung der Länder mit dem Reich" die bisherige Eigenständigkeit der Länder und aller wichtigen Organisationen und richtete sie nach dem „Führerprinzip" aus.

Seit Jahrzehnten hatte die Arbeiterbewegung in Europa am 1. Mai für ihre Rechte demonstriert. Nun erklärten die Nationalsozialisten den 1. Mai zum Feiertag der nationalen Arbeit und begingen ihn mit großen Aufmärschen. Am nächsten Tag beseitigten sie die freien Gewerkschaften und verhafteten die meisten ihrer Führer. Arbeiter und Arbeiterinnen mussten in die Deutsche Arbeitsfront (DAF) eintreten. Im Juni wurde die SPD verboten; die anderen Parteien lösten sich unter starkem Druck auf. Das „Gesetz zur Sicherung der Einheit von Partei und Staat" im Dezember 1933 machte die NSDAP zur einzigen legalen Partei Deutschlands.

Mörderische Ausschaltung

Den drohenden Konflikt zwischen der Reichswehr und der SA, dem Kampfverband der NSDAP, löste Hitler auf eigene Art. Die SA begriff sich als die „wahre" Armee des NS-Staates. Die Forderung des SA-Führers Ernst Röhm, die Reichswehr mit der bewaffneten Parteiarmee gleichzuschalten, lehnte die Reichswehr ab. Doch auch die NS-Führung selbst befürchtete, dass die SA außer Kontrolle geraten könnte. Hitler wollte sie deshalb entmachten. Am 30. Juni 1934 beauftragte er die SS, die wichtigsten SA-Führer und auch andere politische Gegner zu verhaften und ohne Gerichtsurteil zu erschießen. Anschließend wurde behauptet, Röhm und seine Anhänger hätten einen Putsch geplant. Mit der Entmachtung der SA brachte Hitler die Reichswehrführung auf seine Seite. Bis 1936 wurden alle Bereiche der Polizei dem „Reichsführer SS", Heinrich Himmler, unterstellt.

„Führer Deutschlands"

Am 2. August 1934 starb Reichspräsident von Hindenburg. Die Regierung beschloss die Ämter des Reichspräsidenten und des Reichskanzlers in der Person Hitlers zu vereinigen – ein klarer Bruch der Weimarer Verfassung. Damit war er auch Oberbefehlshaber der Reichswehr, die jetzt – mit Zustimmung der Reichswehrführung – auf seine Person vereidigt wurde. Er nannte sich von nun an „Führer Deutschlands".

Europa brennt: Faschistische Diktaturen – nationalsozialistische Herrschaft

Vorsteher	Dienststellen insgesamt		Parteigenossen		Partei-Eintritt						Nichtpartei-genossen	
			insgesamt		bis 14.9.1930		1930–1933		nach 1933			
	Anz.	%	Anz.	%	Anz.	%	Anz.	%	Anz.	%	Anz.	%
von staatl. Dienststellen	689	100,0	433	62,8	99	14,4	99	14,4	235	34,0	256	37,2
von komm. Dienststellen	51 671	100,0	31 374	60,7	2 544	4,9	8 022	15,5	20 808	40,3	20 297	39,3
von Städten	2 228	100,0	1 743	78,2	492	22,1	557	25,0	694	31,1	485	21,8
von Gemeinden	49 443	100,0	29 631	59,9	2 052	4,2	7 465	15,1	20 114	40,6	19 812	40,1

2 Gleichschaltung

a) „Mainzer Anzeiger" vom 3. Mai 1933:
Zu Beginn des neuen Unterrichtsjahres 1933/34 haben in sämtlichen Schulen in Hessen die Lehrkräfte in den ersten Wochen in Geschichte, Staatsbürgerkunde
5 und Anschauungsunterricht die Schüler einzuführen in die Bedeutung und Größe des historischen Geschehens der nationalen Revolution, wobei es darauf ankommt, der heranwachsenden Jugend
10 den Sinn und das Gefühl für des Volkes Ehre und Macht zu erwecken. (...)
Zu diesem Zwecke wird im Sinne des Gleichschaltungsgedankens angeordnet, dass in Geschichts- und staatsbür-
15 gerlichem Unterricht aller Unterrichtsanstalten des Landes Hessen für den Anfang des Schuljahres 1933/34 – unabhängig von allen sonstigen Stoff- und Lehrplänen – in den ersten 4 bis 5 Wo-
20 chen das Stoffgebiet, das die Jahre 1918–33 umfasst, zu behandeln ist.

b) Ernst Niekisch, ein sozialistisch orientierter Schriftsteller, der 1937 verhaftet und zu lebenslänglichem Zuchthaus verurteilt wurde, schrieb 1935:
Der Punkt, an dem der Hebel ansetzt, welcher den Menschen gleichschaltet, ist die Existenzfrage. Wenn der Mann nicht richtig liegt, bekommt er kein Futter
5 mehr. Unverhüllter wurde noch niemals auf den Magen gedrückt, um die richtige Gesinnung herauszupressen. Der Beamte zittert um Gehalt und Versorgung. (...) Angestellten und Arbeitern erging es
10 nicht besser; sie verloren die Arbeitsplätze, wenn ihr Eifer der Gleichschaltung enttäuschte. Entzog sich ein Arbeiter dem anbefohlenen Aufmarsch, wurde er fristlos entlassen: Er war als
15 Staatsfeind nicht würdig, wirtschaftlich geborgen zu sein. (...) Wurden sie [die freien Berufe wie Architekten, Ärzte, Rechtsanwälte, Gewerbetreibende, Handwerker und Kaufleute] aus ihrer Berufs-
20 kammer entfernt, war ihnen das Recht auf Berufsausübung genommen; sie waren brotlos und ins wirtschaftliche Nichts verstoßen. Die nationalsozialistische Weltanschauung zog ihre überzeugende Kraft
25 aus der Sorge um den Futterplatz; weil der nationalsozialistische Herr den Brotkorb monopolisiert hatte [alleiniger Arbeitgeber war], sang jedermann sein Lied.

3 Besetzung der staatlichen und kommunalen Dienststellen auf der mittleren Behördenebene durch Parteigenossen (Stand: 1. Januar 1935). – Übertrage die Zahlen in ein Koordinatensystem (x-Achse: Jahre, y-Achse: Prozentzahlen) und vergleiche die Kurven.

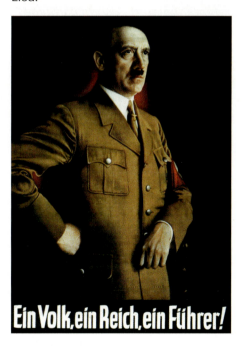

4 Adolf Hitlers Bild hing als großformatiges Porträt ab 1938 in vielen Amtsstuben und Schulräumen. – Welche Wirkung wollte Hitler mit dem Bild beim Betrachter erzeugen?

1 Was bedeutet im Zusammenhang mit dem Nationalsozialismus „Gleichschaltung" (VT, M1, M2)?
2 Erläutere die Auswirkungen der „Gleichschaltung" auf die Menschen (VT, M2, M3).
3 Der Text M 2b liefert eine Erklärung für die Entwicklung der Statistik M3. Findest du den Zusammenhang heraus?

4 Mit Terror gegen anders Denkende

1 Der ehemalige Reichstagspräsident Paul Löbe (SPD) wird 1933 in das KZ Dürrgoy bei Breslau eingewiesen. Bei seinem „Einzug" zwingt man ihn einen Strauß Disteln in der Hand zu halten. Häftlinge müssen eine „Ehrenformation" bilden und als Häftlingskapelle aufspielen.

Emigranten und „Schutzhäftlinge"

Viele Oppositionelle und politisch anders Denkende, Künstler und Wissenschaftler verließen nach 1933 Deutschland. Weil sie um ihr Leben fürchten mussten, weil sie mit diesem Deutschland nicht gleichgesetzt werden wollten oder weil sie hofften sich im Ausland für das „wahre Deutschland" und eine Zukunft nach der Diktatur einsetzen zu können, gingen sie in die Emigration. Wer in Deutschland blieb und es dennoch wagte, öffentlich an der nationalsozialistischen Herrschaft Kritik zu üben, bekam den Terror des Polizei- und Spitzelstaates zu spüren.

Das Terrorsystem

Bereits 1933 hatte die SA eine Vielzahl kleinerer Konzentrationslager eingerichtet, in denen vor allem Kommunisten, Sozialdemokraten und andere politische Gegner inhaftiert wurden. Nach der Entmachtung der SA 1934 übernahm die SS die Verwaltung der Konzentrationslager. Jetzt kamen zu den politischen Häftlingen noch andere hinzu, die nach bestimmten Kategorien eingeteilt wurden: „Asoziale", „Homosexuelle", „Bibelforscher" (Zeugen Jehovas), „Arbeitsscheue" und „Berufsverbrecher".

Die Polizeigewalt, die die SS unter Heinrich Himmler an sich gerissen hatte, wurde der Kontrolle durch die Justiz vollständig entzogen. Die „Geheime Staatspolizei" (Gestapo) bespitzelte Einzelpersonen oder nahm Verfolgte willkürlich in *Schutzhaft*. Richterliche Haftbefehle oder ordentliche Prozesse waren dafür nicht mehr erforderlich. Zur allgemeinen Einschüchterung trug bei, dass der „Sicherheitsdienst" „Lageberichte über die Stimmung in der Bevölkerung" verfasste.

Zustimmung oder Anpassung

Viele akzeptierten zunächst das Terrorsystem als notwendige Maßnahme auf dem Weg zur „nationalen Erneuerung". Sie beruhigten sich mit dem Sprichwort: „Wo gehobelt wird, da fallen Späne." In ihren Augen hatte Hitler ja auch Erfolge vorzuweisen.

Ein Teil der Deutschen lehnte den Terror ab, wollten aber nichts dagegen unternehmen, weil sie fürchteten sich selbst in Gefahr zu bringen. Man musste auf der Hut sein, denn jeder, selbst in der eigenen Familie, konnte ein Denunziant sein. Nur wenige Menschen nahmen die Gefahr auf sich und gingen in den Widerstand (s. S. 656–659).

Schutzhaft
So bezeichneten die Nationalsozialisten die Freiheitsberaubung, die aus politischen Gründen durch staatliche Stellen erfolgte. Angeblich sollten die Häftlinge „vor dem Volkszorn geschützt" werden. Gegen die Verhängung von Schutzhaft war keine Anrufung der Gerichte möglich; der Inhaftierte durfte sich auch nicht durch einen Anwalt vertreten lassen. Damit war er völlig der Willkür der politischen Polizei ausgeliefert.

2 Die ersten Konzentrationslager nach der Machtergreifung:

3 Schriftsteller Heinrich Mann, 1933 nach Südfrankreich geflüchtet, schrieb 1934:
Die Emigration (...) ist die Stimme ihres stumm gewordenen Volkes. (...) Die Emigration wird darauf bestehen, dass mit ihr die größten Deutschen waren und sind, und das heißt zugleich: das beste Deutschland. (...) Die Emigration ist eingesetzt vom Schicksal, damit Deutschland das Recht behält, sich zu messen an der Vernunft und an der Menschlichkeit! Ohne die Emigration könnte es dies heute nicht, sie allein ist übrig, als ein Deutschland, das lernt, denkt und Zukunft erarbeitet.

4 Die Einlieferung der Gefangenen in das Lager schildert der Politikwissenschaftler und Historiker Eugen Kogon, der selbst als Häftling viele Jahre im KZ verbringen musste, in seinem Buch „Der SS-Staat":
Die Gefangenen wurden von den Bahnhöfen entweder in den bekannten geschlossenen Polizeilastwagen oder auf Lastautos zusammengepfercht oder in langen Elendsreihen zu Fuß zum KL [Konzentrationslager] gebracht. (...) Ein Rudel herumlungernder Scharführer [SS-Dienstgrad] stürzte sich auf die Meute. Es regnete Schläge und Fußtritte, die „Neuen" wurden mit Steinen beworfen und mit kaltem Wasser begossen; wer lange Haare oder einen Bart hatte, wurde daran zu Boden gerissen. (...) Dann hieß es stundenlang mit dem „Sachsengruß", die Arme hinter dem Kopf verschränkt, häufig auch noch in Kniebeuge, (...) ausharren – in Kälte, Regen oder Sonnenglut, ohne Essen, ohne Trinken, ohne austreten zu dürfen. Dabei konnte jeder SS-Mann mit den Erschöpften treiben, was ihm beliebte.

5 1934: eine Frau in „Schutzhaft".
Die Gestapo begründet die „Schutzhaft":
Der Schutzhäftling Grete Dankwart, geb. Pieper, geb. am 16.12.88 zu Löbau, Berlin, Strassmannstr. 4b wohnhaft, wurde festgenommen, weil er am 25.11.1934 die Gräber der Rosa Luxemburg und des Karl Liebknecht auf dem Zentralfriedhof Berlin-Friedrichsfelde mit Blumen geschmückt hat. Er hat dadurch auch äußerlich seine Sympathie zum Kommunismus ...* zum Ausdruck gebracht und sich bewusst in Gegensatz zu der heutigen Staatsform und zur nationalsozialistischen Weltanschauung gestellt. Sein Verhalten und seine Handlungsweise sind geeignet die Öffentlichkeit zu beunruhigen.
Das Geheime Staatspolizeiamt hat (...) Schutzhaft bis auf weiteres angeordnet.
* unleserlich

6 Das Konzentrationslager Osthofen südwestlich von Mainz 1933. Die „Umerziehungsanstalt" war das erste KZ für politische Gegner im damaligen Volksstaat Hessen. Die Handlung des weltberühmten Romans „Das siebte Kreuz" hat die aus Mainz stammende Schriftstellerin Anna Seghers hier angesiedelt. Als Jüdin und Kommunistin musste sie nach Mexiko emigrieren.

7 „Das siebte Kreuz" (Umschlagbild der Erstausgabe des Romans von 1942). Im Mittelpunkt der Romanhandlung steht die dramatische Flucht von sieben Häftlingen aus einem Konzentrationslager. Zugleich wird einfühlsam das Alltagsleben der Menschen während der NS-Diktatur beschrieben.

1 Nenne die Methoden des nationalsozialistischen Terrorsystems. Wie wirkten sie zusammen?
2 Was erfahrt ihr aus M1, M4 und M7 über das Leben in den Konzentrationslagern? Gestaltet selbst ein Umschlagbild für einen KZ-Roman.
3 Wie sieht Heinrich Mann die Emigration (M3)?
4 Nenne die von den Nationalsozialisten verfolgten Minderheiten und versuche den Hass und das Verhalten ihnen gegenüber zu erklären (VT, M4).

5 Zustimmung und Verführung

1 Aufmarsch der SA in Potsdam (Foto, Juni 1936). Die Nationalsozialisten versuchten die Menschen mit durchdacht inszenierten Massenveranstaltungen zu begeistern und das Zugehörigkeitsgefühl anzusprechen. Zu den größten derartigen Veranstaltungen gehörten die geradezu „gottesdienstartig" aufgezogenen Reichsparteitage in Nürnberg (siehe ADS).

Volksgemeinschaft
Das war einer der wirkungsvollsten Begriffe der nationalsozialistischen Sprache. Er beinhaltete, dass alle Deutschen ungeachtet aller Unterschiede des Geschlechts und der Klasse, der Konfession und der Partei, des Berufs und des Einkommens als Deutsche denken und handeln und Sonderinteressen zurückstellen sollten („Gemeinnutz geht vor Eigennutz"). Der Begriff diente auch dazu, nach wie vor bestehende Ungleichheiten in der Gesellschaft zu überdecken und politische Gegner auszugrenzen und zu verfolgen.

Führerbegeisterung
„Adolf Hitler ist da. Ein ununterbrochenes Dröhnen erfüllt die Luft. Tausendfältige Heilrufe dringen, immer lauter werdend, in das Ohr. Langsam schreitet der Kanzler und Führer des Reiches mit seinem Gefolge mitten durch das aufbrausende Menschenmeer, immer aufs Neue von unbeschreiblichem Jubel begrüßt." So überschwenglich wird in einem Artikel der Saarbrücker Zeitung 1934 eine Veranstaltung in Koblenz beschrieben. Ähnliches konnte man in den ersten Jahren der nationalsozialistischen Diktatur auch andernorts beobachten: Wo der Führer öffentlich auftrat, empfingen ihn große Menschenmengen mit einer Welle der Begeisterung. Den Nationalsozialisten war es gelungen die große Mehrheit der Deutschen für sich zu gewinnen. Die Zustimmung und Anerkennung richtete sich jedoch mehrheitlich auf den Führer. Ihm vor allem schrieb man zu, was die nationalsozialistische Propaganda als Erfolge herausstellte: die Senkung der Arbeitslosigkeit, die Linderung der Not alter, kranker oder arbeitsloser „Volksgenossen", die Einigung des bisher „in Parteien und Verbänden zerstrittenen Volkes" in der „Volksgemeinschaft" und vor allem das energische Auftreten gegenüber dem Ausland, das Deutschland zu neuem Ansehen verholfen habe. Während der Führer also in der Gunst der Massen stieg und in ihren Augen fast übermenschliche Züge annahm, fiel das Ansehen der Partei. Die Parteifunktionäre waren auf allen Ebenen der Hierachie eher unbeliebt und wurden wegen ihrer Uniform auch spöttisch „Goldfasane" genannt. Die Kritik aus der Bevölkerung an Missständen zielte daher oft auf die „Parteibonzen" und verschonte den Führer.

Über die Jahre gesehen schwankte die Zustimmung aus der Bevölkerung. Auch war sie nie einheitlich. Neben den überzeugten Nazis gab es Mitläufer, die mit dem Strom schwammen, oder Opportunisten, die Karriere machen wollten, und nicht zuletzt die vielen, die eine Reihe von Maßnahmen der Nationalsozialisten begrüßten und unterstützten, andere aber ablehnten.

Gründe für den „Aufschwung"
War aber die verbreitete Begeisterung für Hitler nicht auch verständlich? Sank nicht die Zahl der Arbeitslosen, und ging es mit der deutschen Wirtschaft nicht wieder aufwärts, seitdem er an der Macht war? Wie riskant Hitlers Wirtschaftspolitik war, blieb den meisten Deutschen allerdings verborgen. Maßgeblichen Anteil am Aufschwung hatte die Rüstungsindustrie. Ebenso verringerten staatliche Arbeitsbeschaffungs-

2 Jugendliche schmücken ein Führerbild im Saargebiet nach dessen Wiedereingliederung ans Reich 1935.

Europa brennt: Faschistische Diktaturen – nationalsozialistische Herrschaft

3 *„Der Führer spricht"*, Gemälde des nationalsozialistischen Malers Paul Padua. Über „Volksempfänger" wurden zwischen Unterhaltungssendungen regierungsamtliche „Botschaften" verkündet. – Beschreibt das Bild und achtet auf Einzelheiten.

4 Die *„Nationalsozialistische Volkswohlfahrt"* (NSV), Plakat von 1934, sammelte zusammen mit dem „Winterhilfswerk" Geld- und Sachspenden an den Haustüren und verteilte sie an Bedürftige. Die Organisation „Kraft durch Freude" (KdF) ermöglichte billige Urlaubsfahrten und andere kulturelle Unternehmungen für diejenigen, die sich zum Führer und zur Volksgemeinschaft bekannten.

maßnahmen, wie der Bau von Autobahnen und Flughäfen, die Einführung des Reichsarbeitsdienstes (RAD) und die Wiedereinführung der allgemeinen Wehrpflicht die Arbeitslosenzahlen. Die Beseitigung der Arbeitslosigkeit war aber nicht das oberste Ziel der NS-Wirtschaftspolitik. Es handelte sich hierbei eher um eine propagandistisch gut genutzte Nebenwirkung der Rüstungspolitik.

Um alle diese Maßnahmen zu bezahlen, musste die Regierung den Staat in einem ungeheuren Ausmaß verschulden. Unter normalen Bedingungen waren die Schulden nicht mehr zu begleichen. Der Krieg sollte dieses Problem lösen.

Bedeutung der Propaganda

Die Nationalsozialisten wussten, dass sie die breite Zustimmung der Bevölkerung brauchten um ihre Ziele zu erreichen. Auch höchst umstrittene Maßnahmen wie die Judenverfolgung mussten von der Bevölkerung zumindest geduldet werden. Deshalb richteten sie bereits am 13. März 1933 ein „Ministerium für Volksaufklärung und Propaganda" ein. Dessen Leiter wurde Joseph Goebbels. In seiner ersten Rede als Minister sagte er über die Aufgabe seines Ministeriums: „Das Volk soll anfangen einheitlich zu denken, einheitlich zu reagieren und sich der Regierung mit ganzer Sympathie zur Verfügung zu stellen." Goebbels sprach häufig im Radio, das für die Menschen damals neu und faszinierend war. Der „Volksempfänger", ein preiswertes Radiogerät, wurde bald zum Verkaufsschlager.

Das Ministerium stand über Fernschreiber und Telefone in direkter Verbindung mit 45 „Reichspropagandaämtern", die über ganz Deutschland verteilt waren. Goebbels bestimmte so das gesamte kulturelle Leben Deutschlands. Die Redaktionsvertreter der Zeitungen hatten sich jeden Tag im Propagandaministerium einzufinden um Anweisungen entgegenzunehmen.

Ohne Mitgliedschaft keine Arbeit

Wer einen kulturellen Beruf ausüben wollte, musste Mitglied der Reichskulturkammer sein. Ob Filmschauspieler oder Architekt, Schriftsteller, Bildhauer oder Kunsthändler – alle waren von der Aufnahme in diesen Berufsverband wirtschaftlich abhängig. Das wurde von der Partei als Druckmittel eingesetzt um sich die Kulturschaffenden gefügig zu machen. Wer nicht ins Weltbild der Nationalsozialisten passte und sich dem Druck nicht beugte, durfte seinen Beruf nicht mehr ausüben.

Zustimmung und Verführung

5 KdF-Wagen. Für rund tausend gesparte Reichsmark wurde den „Volksgenossen" ein eigener Wagen versprochen. Das VW-Werk entwickelte sich zu einem der größten Lieferanten der Wehrmacht.

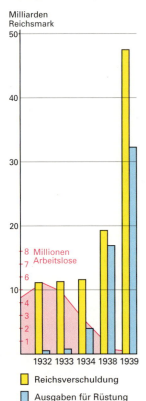

6 Wirtschaftsdaten des Deutschen Reiches

7 Berthold Graf Stauffenberg, der seit 1938 zu einer Widerstandsgruppe gehörte, äußerte sich während seines Verhörs nach dem Attentat, das sein Bruder auf Hitler am 20. Juli 1944 verübt hatte:

Auf innenpolitischem Gebiet hatten wir die Grundideen des Nationalsozialismus zum größten Teil durchaus bejaht: Der Gedanke des Führertums, der selbst-
5 verständlichen und sachverständigen Führung, verbunden mit dem einer gesunden Rangordnung und dem der Volksgemeinschaft, der Grundsatz „Gemeinnutz geht vor Eigennutz" und der
10 Kampf gegen die Korruption, die Betonung des Bäuerlichen und der Kampf gegen den Geist der Großstädte, der Rassegedanke und der Wille zu einer neuen, deutsch bestimmten Rechtsordnung er-
15 schien uns gesund und zukunftsträchtig. (…) Die Grundideen des Nationalsozialismus sind aber in der Durchführung durch das Regime fast alle in ihr Gegenteil verkehrt worden.

8 Der Parteivorstand der SPD verlegte im Juni 1933 seinen Sitz von Saarbrücken nach Prag. In den folgenden Jahren gingen dort monatliche Berichte früherer Sozialdemokraten ein, die über die politische Lage in Deutschland informierten.
a) Bericht von 1935:
Besonders bedenklich ist die Tatsache, dass selbst in den Kreisen der Arbeiterschaft das Gift des Nationalsozialismus zu wirken beginnt. Besonders in den Ar-
5 beiterkreisen der Rüstungsindustrie. Ich unterhielt mich mit einem jüngeren Angestellten, der früher Funktionär einer sozialistischen Organisation war. Dieser sagte: „Für mich hat Hitler gesorgt, ich
10 habe eine schöne Stelle, guten Lohn und in jedem Jahr vier Wochen Ferien." Als ich ihn darauf aufmerksam machte, dass man den Eindruck bekäme, als ob er Hitleranhänger geworden sei, bestritt er
15 das. Mein Hinweis auf die schweren Folgen eines Krieges imponierten ihm nicht. Er meinte, die anderen rüsten doch auch, warum sollen wir nicht rüsten? Es würde auch Arbeit geschaffen.

b) Nach dem Einmarsch deutscher Truppen ins Rheinland (1936) ist zu lesen:
Es war für uns interessant, aus den verschiedenen Äußerungen, die man zu hören bekam, zu entnehmen, dass das nationale Empfinden in der Bevölkerung
5 doch recht lebendig ist. Jeder empfand, dass in Hitlers Forderungen doch auch ein Stück Berechtigung steckt. Der Geist von Versailles ist allen Deutschen verhasst; Hitler hat nun diesen fluchwürdi-
10 gen Vertrag doch zerrissen und den Franzosen vor die Füße geworfen. Recht hat Hitler, wenn er die Gleichberechtigung fordert. Recht hat Hitler, wenn er es den anderen einmal gründlich sagt. Sehr
15 beachtlich war ferner, dass niemand an sofortige kriegerische Verwicklungen glaubte. (…) Es wird ein bissl gekuhhandelt, und dann wird es bleiben, wie Hitler sagt. Aber ein Kerl ist er doch, der Hitler,
20 er hat den Mut etwas zu wagen. So oder ähnlich konnte man überall die Meinungen des Volkes hören.

9 Hitler und Bauarbeiter bei der Grundsteinlegung der Reichsbank in München 1934. Staatliche Baumaßnahmen halfen die Arbeitslosigkeit zu senken. Die Baupläne für Autobahnen stammten aber aus der Weimarer Zeit. Hitler verstand es, sie als seine Ideen zu „verkaufen".

Europa brennt: Faschistische Diktaturen – nationalsozialistische Herrschaft

10 *Holzschnitt zur Bücherverbrennung* von Heinz Kiwitz, der im Pariser Exil lebte, aus dem Jahre 1938. Auf der Rednertribüne Propagandaminister Goebbels.
– Welche Namen auf den Büchern kennst du?
– Was weißt du über sie? Informiere dich über die dir unbekannten Namen.

11 *Anweisungen an die Wort- und Bildpresse durch das Propagandaministerium im November 1938:*
– Dr. Goebbels wird morgen das Groß-Kraftwerk Oberspree besichtigen. Der Minister möchte in der Presse nur Aufnahmen sehen, die ihn im Kreise der Arbeiter zeigen.
– Berichte über den Einsatz des Reichsarbeitsdienstes beim Bau der West-Befestigungen können jetzt gebracht werden, allerdings ohne Angabe von Informationen.
– Zum bevorstehenden Muttertag wird gebeten, bei Bildveröffentlichungen die kinderreiche Mutter besonders hervorzuheben.
– Aus Anlass des Todes von Ernst Barlach sollen Bilder des Künstlers oder Bilder seiner Werke nicht gebracht werden.
– Der Gau Berlin der NSDAP hat darüber Klage geführt, dass bei den Bildberichten über den Reichsparteitag hier und da Aufnahmen von politischen Leitern erschienen sind, die man als „nicht würdig" bezeichnen kann. So wurden z. B. die Berliner politischen Leiter in ihrem Lager in lustiger Stimmung mit Bierkrügen gezeigt. Der Eindruck, der bei den Volksgenossen durch solche Bilder entsteht, kann durchaus falsch sein und dadurch die ganze Bedeutung der großen Nürnberger Tage beeinträchtigt werden. (...)
– Dem „Illustrierten Beobachter" ist bei einem Bilder-Artikel zum Juden-Problem eine Panne zugestoßen. Er hat eine Anzahl Bilder veröffentlicht, die zwar als solche ohne weiteres hätten gebracht werden können, die aber mit den Unterschriften, wie sie im „Illustrierten Beobachter" zu lesen waren, eher Mitleid erregen als antijüdischen Zwecken dienen konnten.

12 *Die wichtigsten Abteilungen des „Ministeriums für Volksaufklärung und Propaganda":*
Abteilung für „Propaganda", für „Überwachung der kulturellen Tätigkeit der Nichtarier", für „Rundfunk", für „Inlands- und Auslandspresse", für „Film, Theater, Schrifttum, Bildende Kunst, Musik" und für „Fremdenverkehr"

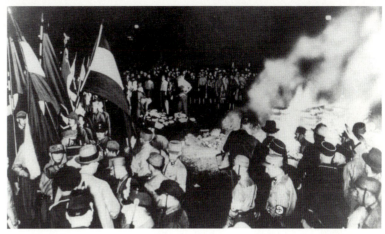

13 *Am 10. Mai 1933* organisierte das Propagandaministerium eine groß angelegte Bücherverbrennung (oben eine Szene aus Berlin). In ganz Deutschland wurden, begleitet von öffentlichen Kundgebungen, Bücher von berühmten deutschen Schriftstellern und Denkern verbrannt, die die Nationalsozialisten als ihre Gegner und als Neuerer in der Kunst hassten (z. B. Ernst Bloch, Bertolt Brecht, Thomas Mann, Heinrich Mann, Stefan Zweig, Erich Kästner, Anna Seghers und viele, viele andere).

1 Beschreibe wie es den Nationalsozialisten gelang, die Mehrheit der deutschen Bevölkerung für sich zu gewinnen.
2 Hinter jeder Anweisung in M 11 steckt ein Teil der NS-Ideologie und der NS-Politik. Finde sie heraus und erkläre sie.
3 Angenommen, du hättest damals gelebt: Schreibe einen Brief an einen Freund, der von Hitler begeistert ist. Kläre ihn über die Hintergründe von Hitlers „Erfolgen" auf und führe ihm die Schattenseiten der Diktatur vor Augen.
4 Diskutiert das Zitat des Dichters Heinrich Heine (1797–1856): „Wer Bücher verbrennt, verbrennt auch Menschen."

6 Jugend unterm Hakenkreuz

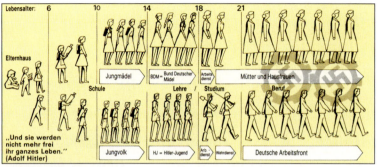

1 *Hitler-Jugend (HJ). 1933 traten über 3 Millionen Jugendliche, das war etwa ein Drittel der deutschen Jugend, in den Jugendverband der NSDAP ein. Die HJ entwickelte sich zu einer Massenorganisation.*

totalitär
Bestreben, alle Bereiche des politischen, wirtschaftlichen und gesellschaftlichen Lebens im Sinne einer herrschenden Ideologie zu erfassen.

2 *Auch beim Baden konnte man „Flagge zeigen".*

3 *Zeltlager der HJ*

Die Hitler-Jugend

Wie andere *totalitäre* Regierungen – die italienischen Faschisten und die kommunistischen Diktaturen – schenkten auch die Nationalsozialisten der Jugend und der Erziehung große Aufmerksamkeit. Sie waren bestrebt in höchstmöglichem Maße auf Kinder und Jugendliche einzuwirken. Alle anderen Einflüsse sollten zurückgedrängt oder ganz ausgeschaltet werden. Nach dem Grundsatz: „Wer die Jugend besitzt, hat die Zukunft" verboten die Nationalsozialisten alle Jugendbünde und Gruppen. Neben ihrer eigenen Jugendorganisation, der Hitler-Jugend (HJ), sollte und durfte es keine anderen mehr geben. Veranstaltungen der HJ, die oft auch die Wochenenden belegten, sollten Kinder und Jugendliche von regimekritischen Eltern entfremden. Tatsächlich hat es Fälle gegeben, in denen Kinder ihre eigenen Eltern wegen negativer Äußerungen zur NSDAP, zum Terror, zu Hitler oder zum Krieg angezeigt haben.

Erziehungsziel Krieg

Die Nationalsozialisten wollten alle Mädchen und Jungen zu treuen Gefolgsleuten erziehen und sie zugleich auf die Aufgabe vorbereiten, die Hitler für das Deutsche Reich und „sein Volk" vorgesehen hatte: auf den Krieg. Die körperliche und militärische Erziehung stand daher gleichberechtigt neben der ideologischen Schulung. Die Nationalsozialisten wollten mutige, vor allem anpassungsfähige und gehorsame Menschen.

Reiz und Abneigung

Aus verschiedenen Gründen ist es der Hitler-Jugend tatsächlich gelungen die Mehrheit der Jugend für sich zu gewinnen. Manche Jugendliche ließen sich dennoch nicht vereinnahmen. Nur die allerwenigsten wagten aber dies auch offen zu zeigen. Einige Jugendliche schlossen sich in eigenen Cliquen zusammen, die unter Namen wie „Edelweißpiraten", „Swing-Jugend" und „Meuten" bekannt wurden. Andere Jugendliche beteiligten sich sogar an Widerstandsaktionen oder distanzierten sich innerlich von der HJ.

NS-Schulen

Neben dem Elternhaus hat die Schule für die Erziehung eine große Bedeutung. Daher bemühten sich die Nationalsozialisten die Schulorganisation und den Unterricht ganz nach ihren Vorstellungen zu gestalten. Die Lehrpläne für die einzelnen Fächer wurden auf die nationalsozialistische Ideologie abgestimmt. Besonders wichtig waren die Fächer Geschichte und Biologie. Die nationalsozialistische „Rassenlehre" und die „Geschichte der Germanen" wurden verpflichtende Unterrichtsinhalte für alle Schülerinnen und Schüler. Ein großer Teil der Lehrerinnen und Lehrer waren NSDAP-Mitglieder (1936 ca. 30 %). Die Nationalsozialisten versuchten mit aller Macht regimekritische und oppositionelle Beamte aus den Schulen zu entfernen. Dabei war ihnen jedes Mittel recht.

4 Erika Martin, eine ehemalige Jungmädelführerin, berichtet:
Wir machten eine Fahrt, wir wanderten, wir machten eine Schnitzeljagd, wir veranstalteten eine Fuchsjagd. Das waren so Wald- und Feldspiele, wie man sie
⁵ vielleicht heute gar nicht mehr so spielt, aber die massig Spaß machten. Und hinterher wurde dann auch irgendwo ein Lagerfeuer entfacht und ein ordentlicher Kessel Erbsensuppe aufgesetzt. Und die-
¹⁰ ses alles, dieses Neue, dieses freie In-der-Natur-sich-bewegen-Dürfen ohne Zwang, ohne den strengen Blick des Vaters oder die Sorge der Mutter hinter sich zu spüren, dieses freie Selbstgestalten,
¹⁵ das war es eigentlich, was sehr glücklich machte.

5 Hitler über die Erziehung der Jugend in einer Ansprache 1938:
Diese Jugend, die lernt ja nichts anderes als deutsch denken, deutsch handeln. Und wenn nun dieser Knabe und dieses Mädchen mit ihren zehn Jahren in unse-
⁵ re Organisationen hineinkommen (…), dann kommen sie vier Jahre später vom Jungvolk in die Hitler-Jugend, und dort behalten wir sie wieder vier Jahre, und dann geben wir sie erst recht nicht
¹⁰ zurück in die Hände unserer alten Klassen- und Standeserzeuger, sondern dann nehmen wir sie sofort in die Partei oder in die Arbeitsfront, in die SA oder in die SS, in das NSKK [National-Sozialisti-
¹⁵ sches Kraftfahr-Korps] und so weiter. Und wenn sie dort zwei Jahre oder anderthalb Jahre sind und noch nicht ganze Nationalsozialisten geworden sein sollten, dann kommen sie in den Arbeits-
²⁰ dienst und werden dort wieder sechs und sieben Monate geschliffen, alle mit einem Symbol, dem deutschen Spaten. Und was dann nach sechs oder sieben Monaten noch an Klassenbewusstsein
²⁵ oder Standesdünkel da oder da noch vorhanden sein sollte, das übernimmt dann die Wehrmacht zur weiteren Behandlung auf zwei Jahre. Und wenn sie dann nach zwei oder drei oder vier Jahren zurück-
³⁰ kehren, dann nehmen wir sie, damit sie auf keinen Fall rückfällig werden, sofort wieder in die SA, SS und so weiter. Und sie werden nicht mehr frei ihr ganzes Leben, und sie sind glücklich dabei.

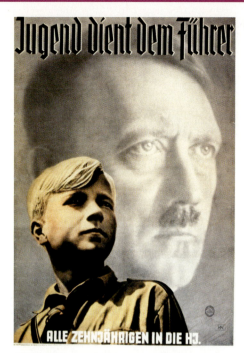

6 Plakat von 1936. – Wie sollen hier die Jugendlichen angesprochen werden?

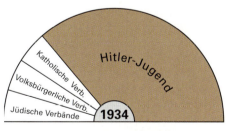

7 Entwicklung der Hitler-Jugend. Schon bald nach dem Regierungsantritt 1933 wurden die meisten Jugendorganisationen zwangsweise „gleichgeschaltet", also aufgelöst oder in die Hitler-Jugend übernommen – manche gliederten sich auch freiwillig in die Hitler-Jugend ein. So war die HJ bereits Ende 1934 zu einer Massenorganisation mit 3,5 Millionen Mitgliedern geworden. Ab 1936 waren per Gesetz alle Kinder und Jugendlichen zwischen 10 und 18 Jahren gezwungen der HJ beizutreten und sich an deren Veranstaltungen zu beteiligen.

Jugend unterm Hakenkreuz

8 links oben: **„Jungvolk" bei Schießübungen** mit dem Kleinkalibergewehr.
rechts oben: **Ein 16-Jähriger als Luftwaffenhelfer** in den letzten Kriegstagen 1945. Er gehörte zu „Hitlers letztem Aufgebot", das die Wehrmacht bei der Verteidigung bedrohter Heimatgebiete unterstützen sollte.

9 Ein ehemaliger „Pimpf" berichtet über seine Zeit im „Deutschen Jungvolk":
An manchen Samstagen gehen wir auf Wochenendfahrt. Am Koppel hängt der prall mit Stullen gefüllte Brotbeutel, auf dem Brotbeutel die Feldflasche. Über der
5 Schulter tragen wir, zusammengerollt, Decke und Zeltplane. Wir lernen, was feldmarschmäßig ist. (...) Aus der Stadt heraus und bis zum Wald marschieren wir. Vor dem Wald löst sich die Einheit
10 auf. Wir durchstreifen ihn schleichend, stets darauf bedacht, uns vor einem fiktiven Feind zu verbergen. Kein Wort fällt. Die Feldflasche darf nicht klappern, kein Ast darf knacken. Kurz vor dem La-
15 gerplatz, der als „vom Feind besetzt" gilt, brechen wir mit Gebrüll zum Sturmangriff aus dem Gebüsch. Natürlich besiegen wir den Feind und schlagen da, wo er gelegen hat, unsere Zelte auf. (...) Spä-
20 ter schlafen wir in den Zelten ein. Wir schlafen ruhig: Draußen liegen zwei Kameraden beim klein gehaltenen Feuer und schieben Wache. Alle zwei Stunden ist Ablösung. Das Kameradschaftsgefühl
25 gibt Sicherheit.
Am Sonntag das obligate [pflichtgemäße] Geländespiel, das Training im unerbittlichen Freund-Feind-Gefühl. (...) Abends kommen wir nach Hause, müde,
30 aber glücklich. Mancher trägt stolz am Kopf eine Beule in die Wohnküche, Mutter ist entsetzt, Vater ist stolz. (...)
Wir hatten unsere eigene Welt. Vater war kein Kamerad, höchstens ein Vorgesetz-
35 ter ohne Kompetenz.

10 Karl-Heinz Schnibbe (geb. 1924) wurde 1942 vom Volksgerichtshof zu einer mehrjährigen Gefängnisstrafe wegen „Hochverrats" verurteilt. Er hat seine Lebensgeschichte aufgeschrieben. Hier sind einige Auszüge:
Als ich in die Hitler-Jugend überschrieben wurde, hatte ich keine Lust mehr, und jetzt gefiel mir der Druck und der Zwang nicht mehr so. Zuerst ging es vielleicht
5 noch, aber dann passte mir die Schreierei und das Kommandieren nicht mehr. (...) Ich habe auch keine HJ-Uniform gehabt, weil meine Eltern mir keine gekauft haben. Sie haben immer gesagt: „Wenn die
10 euch drin haben wollen, dann sollen die euch auch eine Uniform kaufen." Die HJ-Führung hat das zwar dann für mich gemacht, aber trotzdem habe ich die Uniform nicht angezogen. (...) Einmal tauch-
15 te ich wieder hübsch in Zivil beim Dienst in unserm Hitler-Jugendheim auf. Alle waren in Uniform und mit blank geputzten Stiefeln da, und unserm Scharführer passte es nicht. (...) Ein Wort gab das an-
20 dere, und schließlich habe ich ihm eine geschoben ... Am Ende habe ich ihn vor all den anderen verprügelt. Ein paar Wochen später kriegte ich ein Schreiben vom Gebietsführer und musste zu einer
25 Ehrenverhandlung. Man legte keinen Wert mehr auf meine Mitgliedschaft. Ich wurde wegen Befehlsverweigerung aus der Hitlerjugend ausgeschlossen. Was ich natürlich nicht ahnte, war, dass die
30 Gestapo mir später diese Episode übel nehmen und vorhalten würde.

Europa brennt: Faschistische Diktaturen – nationalsozialistische Herrschaft

11 Tischgebet, das eine Kölner Kindergartengruppe beten musste:
Führer, mein Führer, von Gott mir gegeben, beschütz und erhalte noch lange mein Leben!
Hast Deutschland gerettet aus tiefster Not, dir verdanke ich mein täglich Brot. Bleib noch lange bei mir, verlass mich nicht. Führer, mein Führer, mein Glaube, mein Licht! Heil mein Führer!

12 Diktat, das Kinder einer 3. Klasse in München 1934 schreiben mussten:
Wie Jesus die Menschen von der Sünde und Hölle befreite, so rettete Hitler das deutsche Volk vor dem Verderben. Jesus und Hitler wurden verfolgt, aber während Jesus gekreuzigt wurde, wurde Hitler zum Kanzler erhoben. Während die Jünger Jesu ihren Meister verleugneten und im Stich ließen, fielen 16 Kameraden für ihren Führer. Die Apostel vollendeten das Werk ihres Herren. Wir hoffen, dass Hitler seine Werke zu Ende führen darf. Jesus baute für den Himmel, Hitler für die deutsche Erde.

13 Über ihre Schulzeit berichtet 1998 Helga Breil. Sie war ehemalige Schülerin an der Helene-Lange-Realschule in Essen:
Sie [die Schule] hieß damals noch Städtische Knaben- und Mädchen-Mittelschule Essen-Steele. (…) Eines Tages wurden die Kreuze aus jedem Klassenzimmer herausgeholt. Das übliche Gebet vor dem Unterricht wurde verboten, statt dessen sollten nationalsozialistische Lieder gesungen werden. Erst später wurde mir bewusst, wieviel Mut meine Lehrerinnen bewiesen, die einfach die Anweisungen missachteten und weiterhin das Morgengebet beibehielten. Mir sind nur drei Lehrer in Erinnerung, die mit dem Hitlergruß vor die Klasse traten, bei den anderen blieb es beim „Guten Morgen, meine lieben Kinder". (…) Im Geschichtsunterricht hatten wir zwar Bücher von der Schule bekommen, meine Lehrerin benutzte sie nie, sie gab sich große Mühe, stellte selbst Texte zusammen und diktierte sie uns. (…) Nach dem Krieg auf einem Klassentreffen erfuhren wir von unserem Direktor, wie schwer es einige unserer Lehrerinnen und Lehrer gehabt hatten.

14 Fähnleinführer Hermann Schwalbe schrieb am 15. Juli 1936 an die Familie Schmitz in Duisburg folgenden Brief:
Da Ihr Sohn Herbert schon längere Zeit es nicht für nötig fand, am Jungvolkdienst teilzunehmen, möchte ich Sie höflichst auf das Reichsjugendgesetz aufmerksam machen, auf Grund dessen Ihr Sohn verpflichtet ist, zum Dienst zu kommen, ebenso wie er zur Schule gehen muss. Falls er noch einmal ohne triftigen Grund fehlt, werde ich sofort beim Bann beantragen, dass Ihr Sohn aus den Reihen des Jungvolks in der HJ ausgestoßen wird. Was das für das spätere Fortkommen des Jungen bedeutet, kann er selbst noch gar nicht erfassen, darum wende ich mich auch an Sie. Ich bitte Sie nochmals höflichst (…) den Jungen zum Dienst zu schicken, andernfalls muss ich das Nötige einleiten. Heil Hitler!

15 Aus einem Kinderbuch (Illustration). Das viel gelesene Buch erschien 1938. Die Kapitelüberschrift lautet: „Woran erkennt man einen Juden?" Unter dem Bild steht: „Die Judennase ist an ihrer Spitze gebogen. Sie sieht aus wie ein Sechser …" Jüdische Kinder wurden in den Schulen oft diffamiert und ausgegrenzt. Wenn plötzlich jüdische Mitschüler fehlten, wurde darüber nicht gesprochen. Viele Schülerinnen und Schüler wollten nicht als Freunde der Juden angesehen werden.

1 Liste alle im Kapitel genannten Informationen auf, wie die Nationalsozialisten versuchten die Jugend zu beeinflussen.
2 Versuche zu erklären, warum viele Mädchen und Jungen Gefallen an der Hitler-Jugend fanden (M 3, M 4, M 8, M 9).
3 Überlege: Was hätte dich an der Hitler-Jugend besonders fasziniert, was hätte dir nicht gefallen (berücksichtige dazu M 10).
4 War es möglich, sich der Kontrolle von Staat und Partei zu entziehen (M 13)?
5 Wie nimmt der Staat heute Einfluss auf die Jugend? Diskutiert in der Klasse: Soll der Staat die Jugend beeinflussen?

7 Frauen im NS-Staat

1 links: **Modetanz aus den USA in den 1920er-Jahren: der Charleston** (Aquarell von Lutz Ehrenberger, 1926). rechts: **Nationalsozialistisches Idealbild einer Familie** von Paul Hermann Schoedder aus dem Jahre 1938.

2 Das Mutterkreuz wurde Frauen mit vier und mehr Kindern verliehen und sollte einen Anreiz geben möglichst viele Kinder zu gebären und sich für die Familie aufzuopfern. Diese Rolle der Frau stand in Einklang mit der nationalsozialistischen Rassenideologie: Die „arische Rasse" sollte auch zahlenmäßig überlegen sein. Trotz umfangreicher Propaganda stiegen die Geburtenzahlen allerdings kaum.

„Neue Frauen"

In der Zeit der Weimarer Republik fielen in den Städten die „neuen Frauen" auf: Sie hatten einen „Bubikopf", trugen kurze Röcke und rauchten in der Öffentlichkeit – Zeichen für das gestiegene Selbstbewusstsein und den eigenständigeren Lebensstil von meist jungen, unverheirateten Frauen. Neu entstandene Frauenberufe wie Stenotypistin, Telefonistin oder Sekretärin ermöglichten ihnen ein eigenes Einkommen. Diese Errungenschaften machten sie stolz darauf, dass sie „auf eigenen Füßen stehen" konnten.

Zwar galt der Typ der neuen Frau als Leitbild – etwa in der Werbung, auf Illustrierten, in Kinofilmen und Romanen. Viele aber werteten das neue Frauenbild als Anzeichen für einen Kulturverfall, so auch die Nationalsozialisten.

Idealbild der Frau ...

Die Nationalsozialisten hatten klare Vorstellungen von der Rolle der Frau in Staat und Familie: Die natürliche Bestimmung jeder Frau lag für sie darin eine treue Gattin und eine fürsorgliche und aufopferungsvolle Mutter zu sein. Die NS-Propaganda bemühte sich die deutschen Frauen von diesem Idealbild zu überzeugen. Frauen sollten ihre Erwerbstätigkeit aufgeben und allenfalls noch als Kindergärtnerinnen oder in Pflegediensten und landwirtschaftlichen Berufen geduldet werden.

... und die Wirklichkeit

Mit dieser „Frauenpolitik" wollten die Nationalsozialisten auch die Arbeitslosigkeit senken. Massive Propagandakampagnen sollten Frauen zum „freiwilligen" Verzicht auf Berufstätigkeit oder Studium bewegen. Im Schulwesen wurden die Frauen aus Leitungspositionen verdrängt, Lehrerinnen von höheren Mädchenschulen an Volksschulen versetzt. Seit 1936 durften Frauen weder Richterinnen noch Staats- oder Rechtsanwältinnen werden. Sie hatten nach einem Medizinstudium große Schwierigkeiten einen Ausbildungsplatz am Krankenhaus zu finden. Als vor allem in der Rüstungsindustrie zunehmend Arbeitskräfte gebraucht wurden, klafften das Idealbild der Frau und die Wirklichkeit aber immer mehr auseinander: Um die Produktion aufrecht erhalten zu können sollten Frauen nun auch in so genannten „Männerberufen" arbeiten.

3 Über den „Einsatz der Frauen in der Nation" schrieb die Schriftstellerin und ehemalige NS-Frauenschaftsführerin Gertrud Scholtz-Klink 1937:

Weil wir heute Hauswirtschaft anders werten müssen als früher, wissen wir, dass eine gute Haushaltsführung eine für die deutsche Volkswirtschaft unersetz-
5 liche und entscheidende Leistung der Frau darstellt und deshalb für alle Mädchen Voraussetzung und Verpflichtung für ihren Einsatz in der Nation sind.
Wenn auch unsere Waffe auf diesem
10 Gebiet nur der Kochlöffel ist, soll seine Durchschlagskraft nicht geringer sein als die anderer Waffen.

4 Gerda Zorn erzählte 1980 zum Thema „Frauen unter dem Hakenkreuz":

Nach ihrer Heirat musste meine Mutter ihre Sekretärinnenstelle aufgeben, weil es so genannte Doppelverdiener nicht geben durfte. (…) Die Nazis machten ei-
5 ne Religion daraus, den Frauen die Rolle als Hausfrau und Mutter zuzuweisen. Meine Mutter hasste die „Drei-K-Rolle" [Kinder – Küche – Kirche]. Als geselliger Mensch sehnte sie sich nach Kontakten
10 mit anderen Menschen. Da sie sich weder mit der Nazi-Ideologie noch mit der Nachbarschaft, die dieser Ideologie mehr oder weniger verfallen war, anfreunden konnte, blieben ihr nur Haus-
15 halt und Garten.

5 Eine emigrierte Deutsche schrieb 1939 aus Paris:

Jahrelang haben die Nazis sich als Retter der deutschen Familie ausgegeben und Märchen darüber verbreitet, dass andere Ideologien die Familien zerstören. Wäh-
5 rend in anderen Ländern der Wohlstand der Familien gesichert wird, werden in Hitlers Reich durch die Kriegspolitik die Familien gewaltsam auseinander gerissen und zerstört. Nicht nur die täglichen
10 Sorgen, sondern auch der Zwang und Druck der Wehrwirtschaft belasten und verfolgen die Frauen. (…) Die Ehe ist für die Nazis keine Gemeinschaft zweier Menschen, die das Glück ihrer Familie
15 und ihre Zukunft gestalten und darum gerne Kinder haben wollen. Im Dritten Reich wird die Ehe als Zuchtanstalt und die Frau als Gebärmaschine betrachtet.

6 Munitionsfabrik. Besonders die Rüstungsindustrie warb um weibliche Arbeitskräfte, vorwiegend für angelernte Tätigkeiten. Frauen erhielten für die gleiche Tätigkeit höchstens 75 % des „Männerlohnes". Aufstiegschancen in den Betrieben hatten die Frauen kaum.

7 NS-Plakat von 1944. – Was sagt das Plakat darüber aus, welche Tätigkeiten Frauen in den Augen der Nationalsozialisten ausüben sollten? Beachte auch die Jahreszahl.

1 Erläutere anhand des VT und der Materialien M 1, M 2, M 3 und M 4 die Rolle der Frau nach den Vorstellungen der Nationalsozialisten.
2 Inwieweit rückten die Nationalsozialisten von ihrer ursprünglichen Frauenpolitik wieder ab (VT, M 6 und M 7)?
3 Fasse die Kritik am NS-Frauenbild und zur Frauenpolitik in M 4 zusammen und ergänze sie durch deine eigene Meinung.
4 Sammelt verschiedene aktuelle Argumente zur Erwerbstätigkeit und zur Frauenrolle heute. Gibt es Parallelen zum Frauenbild und zur Frauenpolitik der NSDAP? Diskutiert darüber.

8 Dann mussten sie den gelben Stern tragen

1 SA-Leute am 1. April 1933 vor einem Kaufhaus in Berlin. Es gehörte Mut dazu den Parolen der gewaltbereiten Posten nicht zu folgen.

Nürnberger Gesetze
Sie traten 1935 in Kraft und unterschieden zwischen Reichsbürgern mit politischen Rechten und Staatsangehörigen wie etwa Juden, denen diese Rechte aberkannt wurden. Wer mehr als zwei Großeltern jüdischen Glaubens hatte, galt als Jude; wer zwei hatte, wurde als „Mischling" bezeichnet. Eheschließungen und außerehelicher Verkehr zwischen Juden und „Staatsangehörigen deutschen oder artverwandten Blutes" wurde als „Rassenschande" verboten.

Arier
Sanskrit = der Edle. Ursprünglich war dies die Selbstbezeichnung des iranischen Adels. Nach der NS-Rassenideologie stellten die Arier durch ihre körperlichen (groß, blond, blauäugig) und geistig-seelischen (tapfer, heldisch, opferbereit) Eigenschaften die höchste Rasse dar. Den Kern der arischen Rasse bildeten nach dieser „Lehre" die germanischen Völker und hier vor allem die meisten Deutschen. Diese Rasse sollte rein gehalten werden von anderem Blut.

Ausgrenzung einer Minderheit
Die Nationalsozialisten begannen sofort nach der Machtergreifung die jüdischen Bürger schrittweise zu entrechten und öffentlich zu demütigen. Am 1. April 1933 organisierte die SA einen Boykott jüdischer Geschäfte. Eine Woche später ermöglichte es ein neues Gesetz jüdische Beamte zu entlassen. Mit den *Nürnberger Rassegesetzen* verloren Juden ihre bürgerliche Gleichberechtigung. Der Kontakt zwischen Juden und „Ariern" wurde strafrechtlich verfolgt und konnte lebensgefährlich werden. Seit Herbst 1937 mussten jüdische Unternehmen weit unter Wert an Nichtjuden verkauft werden. Viele nutzten dies um sich am Besitz ihrer jüdischen Mitbürger zu bereichern. Jüdische Ärzte und Rechtsanwälte durften ihre Berufe nicht mehr ausüben.

Nach der Reichspogromnacht 1938 setzten die Behörden neue Schikanen durch: So wurde den Juden verboten öffentliche Verkehrsmittel zu benutzen, Bücher und Zeitungen zu kaufen, Autos und Motorräder zu besitzen, bestimmte Parkanlagen oder den „deutschen Wald" zu betreten. Sie durften keine Kinos, Theater oder Konzerte und außerdem nur noch besondere jüdische Schulen besuchen.

Reaktionen der Mehrheit
Die antijüdischen Gesetze und Kampagnen verfehlten ihre Wirkung nicht: Nur wenige Deutsche hatten den Mut öffentlich gegen die Ausgrenzung und Diskriminierung zu protestieren. Viele, die im Grunde nichts gegen Juden hatten oder in guter Nachbarschaft, ja Freundschaft mit ihnen gelebt hatten, gingen zunehmend auf Distanz. Die meisten schwiegen und unternahmen nichts – aus Angst, aus Opportunismus, aus Gleichgültigkeit.

Jüdische Emigration
Die *Nürnberger Gesetze* lösten die erste große Auswanderungwelle aus. Als 1938 eine neue Massenflucht einsetzte, weigerten sich verschiedene Staaten weitere Juden aufzunehmen. Vielen jüdischen Deutschen ohne Beziehung zum Ausland blieben daher Fluchtwege verschlossen. Die „Reichsvertretung der deutschen Juden" organisierte erfolgreich Hilfe bei der Auswanderung. Schätzungen zufolge sind von den 500 000 Juden, die 1933 in Deutschland als deutsche Staatsbürger lebten, etwa 278 000 emigriert. 1941 wurde den jüdischen Bürgern die Ausreise verboten.

Europa brennt: Faschistische Diktaturen – nationalsozialistische Herrschaft

Jüdisches Geschäft! Wer hier kauft wird photographiert

2 *Aufkleber aus dem Jahre 1933*

3 *Diesen Brief einer Schülerin* veröffentlichte im Januar 1935 das antisemitische Wochenblatt „Der Stürmer":
Gauleiter Streicher [Herausgeber der Zeitung] hat uns so viel von den Juden erzählt, dass wir sie ganz gehörig hassen. Wir haben in der Schule einen Auf-
5 satz geschrieben unter dem Titel: „Die Juden sind unser Unglück." (...) Leider sagen heute noch viele: „Die Juden sind auch Geschöpfe Gottes. Darum müsst ihr sie auch achten." Wir aber sagen:
10 „Ungeziefer sind auch Tiere und trotzdem vernichten wir es." (...)
Wir standen am Rande des Grabes. Da kam Adolf Hitler. Jetzt sind die Juden im Auslande und hetzen gegen uns. Aber
15 wir lassen uns nicht beirren und folgen dem Führer. (...) Heil Hitler!

4 *Ein „Volksgenosse"* empört sich 1936:
Wie ich heute Morgen feststellen musste, waren im Hansabad 3 Juden und zwar 1 Jude und 2 Jüdinnen. Es ist mir unverständlich, dass Juden dort zugelassen
5 sind. Der Wärter sagte, es bestände dort (...) kein Judenverbot. Es wird aber höchste Zeit, dass ein solches Verbot in Kraft tritt, da auch in anderen Städten derartige Verbote für Juden bestehen.
10 Vielleicht lässt sich dieses auch in Bremen durchführen.

5 *Aus einem Polizeibericht,* März 1939:
Der evangelische Pfarrer Friedrich Seggel in Mistelgau [Landkreis Bayreuth] wurde am 28. Februar 1939 wegen Vergehens gegen (...) §2 des Gesetzes ge-
5 gen heimtückische Angriffe auf Partei und Staat angezeigt. Seggel hat am 16. November 1938 [Buß- und Bettag] bei seiner Predigt (...) die Juden in Schutz genommen. Dabei sagte er u. a.: „Die in den
10 vergangenen Tagen [8.-10.11.1938] (...) gegen die Juden durchgeführten Empörungsaktionen seien vom christlichen Standpunkte aus (...) zu verurteilen. Ein Christenmensch mache so etwas nicht,
15 das seien Untermenschen gewesen."

7 *Aus einem deutschen Kinderbuch* von 1935. „Einbahnstraße, Tempo, Tempo. Die Juden sind unser Unglück!" steht auf dem Schild.

6 *„Selbstbildnis mit Judenpass"* (Gemälde von Felix Nussbaum, 1943). Nussbaum wurde 1944 in einem KZ ermordet. Juden mussten den Judenstern seit 1939 in den besetzten Ostgebieten, seit 1941 im gesamten Reichsgebiet, seit 1942 in Frankreich tragen. Ab 1. Januar 1939 mussten sie in ihren Pass ein „J" stempeln lassen und zusätzlich einen weiteren Vornamen – Sara oder Israel – annehmen.

Antisemitismus
Ablehnung und Bekämpfung der Juden aus so genannten rassischen, aus religiösen oder wirtschaftlichen Gründen.

1 Stelle die staatlichen Maßnahmen zur Ausgrenzung der jüdischen Bevölkerung und deren Auswirkungen zusammen (VT, M1, M2, M3, M4, M5).
3 Welche Aufgabe hat die Erziehung in Elternhaus, Schule und Gesellschaft? Betrachte und beurteile unter dieser Frage das Bild M7 und den Text M3.
4 Was drückt das Bild M6 aus?

9 Als die Synagogen brannten

1 Berliner Synagoge in der Fasanenstraße einen Tag nach den Ausschreitungen am 9. November 1938.

2 Schaufenster am 10. November 1938

Die Nacht der Pogrome

Im Oktober 1938 werden über 17 000 Juden, die in Deutschland leben und arbeiten, in Züge verladen und an die Grenze gebracht. Sie sollen nach Polen abgeschoben werden. Unter ihnen ist auch das Ehepaar Grünspan, das seit 1914 in Hannover gewohnt hatte.

Herschel, der 17-jährige Sohn der Eheleute Grünspan, lebt in Paris. Als er von der Deportation seiner Eltern erfährt, geht er am 7. November 1938 in die deutsche Botschaft und schießt auf einen Diplomaten. Dieser erliegt zwei Tage später seinen Verletzungen.

Die Nationalsozialisten nehmen das Attentat zum Anlass eine bis dahin kaum vorstellbare Judenverfolgung in Deutschland einzuleiten. Tausende von Juden werden von der SA durch die Straßen geprügelt. Mindestens 91 jüdische Deutsche kommen dabei ums Leben. In den darauf folgenden Tagen werden mehr als 20 000 Menschen in Konzentrationslager (KZ) eingeliefert.

Die NSDAP erklärte die Vorgänge als spontane „Aktion des Volkszorns". Wohl die überwiegende Mehrheit der Bevölkerung reagierte aber mit Betroffenheit, Zorn und Scham – meist jedoch schweigend. Die jüdischen Familien mussten für die Schäden selbst aufkommen.

Pogrom
Das Wort kommt aus dem Russischen und bedeutet „Verwüstung". Es bezeichnet die mit Plünderungen und Mord verbundene Judenverfolgung, die meist von staatlichen Stellen ausgeht und organisiert wird.

„Reichskristallnacht"
Die Nationalsozialisten bezeichneten die Ereignisse vom 9./10. November 1938 als „Reichskristallnacht", weil bei den Plünderungen, Verwüstungen und mutwilligen Zerstörungen zahllose Fensterscheiben zertrümmert wurden. Heute wird diese Nacht „Reichspogromnacht" genannt.

3 *Die Gestapo-Außendienststelle Krefeld* erhält am 9. November 1938 um 4 Uhr folgende Nachricht:
An alle!
Im Laufe der heutigen Nacht zum 10.11.38 sind im ganzen Reich Demonstrationen gegen Juden zu erwarten. Für die Be-
5 handlung der Vorgänge erfolgt folgende Anordnung:
1. Es ist sofort mit der Gauleitung Verbindung aufzunehmen, um die Besprechung über die Durchführung der De-
10 monstrationen zu vereinbaren.
a) Es dürfen nur solche Maßnahmen getroffen werden, die keine Gefährdung des Lebens oder Eigentums mit sich bringen (z. B. Synagogenbrände nur
15 wenn keine Brandgefahr für die Umgebung ist).
b) Geschäfte und Wohnungen der Juden dürfen nur zerstört, nicht geplündert werden.
20 c) In Geschäftsstraßen ist besonders darauf zu achten, dass nichtjüdische Geschäfte unbedingt gegen Schäden gesichert werden.
d) Ausländische Staatsangehörige dür-
25 fen – auch wenn sie Juden sind – nicht belästigt werden.

4 *Ein SS-Führer gibt am 11. November 1938 einen Zwischenbericht* an Hitler, in dem heißt es:
815 jüdische Geschäfte zerstört, 29 jüdische Warenhäuser demoliert, 171 jüdische Wohnhäuser vernichtet, 76 Synagogen verwüstet und weitere 191 in
5 Brand gesteckt.

Europa brennt: Faschistische Diktaturen – nationalsozialistische Herrschaft

5 *Aus Berichten der Rheinisch-Westfälischen Zeitung vom 10. November 1938:*
Nach Bekanntwerden des Ablebens des durch feige jüdische Mörderhand niedergestreckten Diplomaten haben sich im ganzen Reich spontane judenfeindliche Kundgebungen entwickelt. Die tiefe Empörung des deutschen Volkes machte sich dabei auch vielfach in starken antijüdischen Aktionen Luft.
(…) Im Verlaufe der antijüdischen Demonstrationen in der Essener Innenstadt wurden die Schaufenster jüdischer Einzelhandelsgeschäfte zerstört und zwar sowohl der noch bestehenden jüdischen Geschäfte in den Hauptgeschäftsstraßen wie auch der zahlreichen kleinen Geschäfte im alten Gänsemarktviertel.

6 *Strafanzeige der Gestapo Essen vom 10. November 1938:*
G. wird beschuldigt, am 10.11.38 gegen 15.00 Uhr anlässlich eines Brandes einer jüdischen Villa erklärt zu haben: „Das ist Kultur! Die Juden sind auch Menschen."
Aus eigenem Anlass erscheint Klara M., geb. 1901, in Essen und erklärt: Den Beschuldigten G. traf ich heute gegen 15.00 Uhr vor einem jüdischen Haus. Dort fing das Haus an zu brennen. Hierzu fällte der Beschuldigte eine abfällige Kritik und sagte: „Das ist Kultur." Hierauf erwiderte ich: „Das sind lumpige Juden, und diesen geschieht recht." Darauf sagte er weiter: „Das sind Menschen." Ein Radfahrer mischte sich noch in unsere Debatte ein, und darauf ging der Beschuldigte fort. Hierauf wurde er der Geheimen Staatspolizei zugeführt.

7 *Über seine Verhaftung am 16. November 1938 berichtete Walter Rohr 1987. Rohr (geb. 1917) konnte nach seiner Entlassung aus der Haft im Dezember 1938 nach Großbritannien auswandern.*
Eine traurige Prozession der Juden zum Essener Bahnhof hatte unter strenger Aufsicht von Sturmtruppen und der Polizei begonnen. Wie mag sich Mutter gefühlt haben, als sie neben uns her ging. Am Bahnhof wurden wir in einen Zug gesteckt, mit unbekannter Bestimmung. Bei jedem Halt wurde der Zug voller, je mehr Juden in den Zug gestoßen wurden. Nach vielen Stunden kam der Befehl

die Züge zu wechseln. Ich wusste nicht, wo wir waren. Nun wurden wir in einen Güterzug gestoßen – ein Viehwagen, keine Lichter, keine sanitären Einrichtungen. Am nächsten Morgen gegen vier Uhr früh wurden die Wagentore wieder geöffnet. Helle Scheinwerfer leuchteten in den Zug. SS-Leute, mit auf uns gerichteten Seitengewehren, schrien Befehle: „Im Laufschritt!" Es nieselte, als wir in das berühmte KZ Dachau rannten. Ich war jung, ich war gesund, ich konnte rennen, aber da waren so viele alte Leute, die zusammenbrachen. Sie wurden mit der Spitze des Gewehres vorwärts gestoßen, und einige von ihnen sahen wir nie wieder. Am ersten Tag bekam jeder von uns die Haare abgeschnitten. (…) Diese Tage im KZ mit all ihren Demütigungen und täglichen Schrecken waren die grausamsten meines Lebens.

8 *Für den Brandanschlag von Solingen am 29. Mai 1993 sind vier junge Männer aus dem rechtsradikalen Skinhead-Kreis verantwortlich. Dem Brand fielen fünf türkische Frauen und Kinder zum Opfer, zwei weitere wurden lebensgefährlich verletzt. Mölln (Schleswig-Holstein) und Hoyerswerda (Sachsen) sind Ortsnamen für ähnliche Anschläge.*

1 Offiziell spricht man von der „Reichspogromnacht", nicht von der „Reichskristallnacht". Erkläre die Hintergründe.
2 Beschreibe die Reaktionen der deutschen Bevölkerung auf den 9. November 1938 anhand von M 5, M 6 und M 7.
3 Spielt die Szene von M 6 nach. Überlegt euch eine mögliche Fortsetzung der Auseinandersetzung.

645

10 Die „Vernichtung unwerten Lebens" – systematischer Massenmord

1 „Ausstellungsbild des Reichsnährstandes" in der „Illustrierten Monatsschrift für deutsches Volkstum", 1936.

Euthanasie
griech. = schöner Tod. Das „Euthanasieprogramm" von 1939 sah die systematische Vernichtung psychisch kranker und körperlich behinderter Menschen vor. Die heutige Bedeutung des Wortes ist „Sterbehilfe".

„Herrenrasse"?

Für die Nationalsozialisten hingen ihre Weltherrschaftspläne und die Rassenideologie eng zusammen. Um die „arische Herrenrasse" zu schützen, sollten sich nur die „Reinrassigen" und „Gesunden" vermehren. Schon bald nach der Machtergreifung verbot deshalb die NS-Regierung psychisch kranken, missgebildeten und geistig behinderten Menschen zu heiraten oder Kinder zu zeugen. Frauen und Männer mit „Erbkrankheiten" wurden zwangssterilisiert. Hebammen und Ärzte mussten alle Neugeborenen melden, die Missbildungen aufwiesen. Diese wurden sofort in „Kinderfachabteilungen" eingewiesen. Kurze Zeit später erhielten die Eltern eine Nachricht über den Tod ihres Kindes.

Im Oktober 1939 ordnete Hitler die so genannte „Vernichtung unwerten Lebens" an. In einer geheimen „Aktion T4" wurden über 100 000 geistig und körperlich behinderte Menschen in verschiedenen Heil- und Pflegeanstalten ermordet. Die Erfahrung, die die Mörder und ihre Helfer dabei mit den neu konstruierten Gaskammern machten, verwendeten sie später beim Bau der großen Vernichtungslager im Osten.

Als die Ermordung von geistig und körperlich behinderten oder kranken Menschen in der Öffentlichkeit bekannt wurde, regte sich Protest. Diesen unterstützten auch katholische Bischöfe aktiv. Die Nationalsozialisten stellten offiziell die systematisch betriebene Ermordung ein. Das Töten in den Anstalten und Heimen ging jedoch noch bis Kriegsende auf andere Art – etwa durch Nahrungsentzug oder Medikamente – weiter.

2 *In der NS-„Euthanasie"-Anstalt Hadamar bei Limburg/Lahn wurden von Januar bis August 1941 über 10 000 psychisch kranke und geistig behinderte Menschen ermordet. Der Begleitband zur Ausstellung „Die Geschichte einer NS-,Euthanasie'-Anstalt" schildert, was mit den Kranken nach ihrer Ankunft geschah:*
Nachdem das Personal die Kranken entkleidet und ihnen einen alten Militärmantel übergehängt hatte, führte man sie ins Arztzimmer. Ein Beamter stellte
5 die Identität der Opfer fest. Ein Arzt begutachtete noch kurz die nackten Menschen und entschied sich anhand einer Liste für eine von 61 falschen Todesursachen für den Totenschein. Nacheinander
10 wurden die Patientinnen und Patienten noch fotografiert und gewogen. Zwei Pfleger führten sie dann die Treppe hinunter in den Keller, zwängten bis zu 60 Personen in die als Duschraum ge-
15 tarnte Gaskammer und schlossen dann die gasdichten Türen. Der Arzt betätigte

den Gashahn in einem kleinen Nebenraum und beobachtete das Sterben der Menschen durch ein kleines Fenster in der Wand. Im Allgemeinen dämmerten die Kranken vor sich hin. Manche jedoch, die die Situation erkannten, schrien, tobten und hämmerten in Todesangst gegen Wände und Türen. Die Leichen vorher gekennzeichneter Kranker wurden anschließend in den Sektionsraum für weitere „wissenschaftliche Forschungszwecke" geschafft. Die anderen brachten die „Desinfektoren" zu den Krematorien, wo sie ihnen die Goldzähne herausbrachen und sie dann verbrannten.

3 **Zur NS-Euthanasie** äußerte sich der Bischof von Galen, Clemens August Graf von Galen, in seinen Predigten. Die vom 3. August 1941 wurde vervielfältigt und von britischen Fliegern als Flugblatt über Deutschland abgeworfen (Auszug):
Ich hatte bereits am 26. Juli schriftlich Einspruch erhoben. Es hat nichts genutzt. Aus der Heil- und Pflegeanstalt Warstein sind bereits 1800 Personen abtransportiert. So müssen wir damit rechnen, dass die armen, wehrlosen Kranken über kurz oder lang umgebracht werden. Warum? Weil sie nach dem Urteil irgendeines Amtes, nach dem Gutachten irgendeiner Kommission „lebensunwert" geworden sind, weil sie nach dem Gutachten zu den „unproduktiven Volksgenossen" gehören. Man urteilt: Sie können nicht mehr produzieren, sie sind wie ein altes Pferd, das lahm geworden ist, sie sind wie eine Kuh, die nicht mehr Milch gibt. Was tut man mit einer alten Maschine? Sie wird verschrottet. Was tut man mit einem lahmen Pferd, mit einem solch unproduktiven Stück Vieh? Hier handelt es sich um Mitmenschen, arme Menschen, kranke Menschen, unproduktive Menschen meinetwegen! Aber haben sie damit das Recht auf Leben verwirkt?

4 **Bei einem Unterrichtsprojekt** „Zeitung in der Schule" hat T. Eisbrenner, Schüler einer achten Klasse, für die „Märkische Allgemeine Zeitung" vom 26. März 1997 einen Bericht verfasst.
Die Opfer wurden in grauen Bussen mit nach außen und innen undurchsichtigen Fenstern transportiert. Die Menschen (...) kamen fast alle aus Pflegeheimen und waren physisch und psychisch behindert. Die meisten starben in Brandenburg noch am Tag ihrer Ankunft. (...)
Man muss sich natürlich fragen, was Menschen dazu trieb, Pflegebedürftige zu töten. Wie können sich Menschen anmaßen, über die Nützlichkeit oder Unnützlichkeit eines Menschen zu entscheiden? Es gab nur den Vormundschaftsrichter Lothar Kreyssig, der offen Widerstand leistete. Das gibt Stoff zum Nachdenken. Jetzt endlich am 27. April 1997, nach 52 Jahren, wird in der Neuendorfer Straße eine angemessene Gedenkstätte eingeweiht.

5 **Ihre Mutter Paula B.** (M 6) wird von der heute noch lebenden Tochter beschrieben:
Sie war zwar krank, aber intelligent, feinsinnig, mit einem ausgeprägten Gerechtigkeitssinn und guter Logik! Ich kann mich an ihre Reaktion erinnern, als man ihr im Versorgungsamt die Kriegsrente streichen wollte, weil ihr Leiden erblich sei. – Ihre Empörung war berechtigt! Heute leben drei Urenkel, alle kerngesund und ohne schwache Nerven.

6 **Paula B.** *(links mit Familie 1929), geb. 1892 in Amsterdam, arbeitete nach erfolgreichem Schulbesuch als Sekretärin, 1917 als Pflegerin in Gent. Dort erlitt sie erste epileptische Anfälle infolge von Überarbeitung und der Aufregung bei Fliegerangriffen; 1920 Heirat und Umzug nach Hildesheim; seit den 1930er-Jahren in Anstaltsbehandlung wegen ihrer Epilepsie. Ostern 1941 sah die damals 15-jährige Tochter ihre Mutter zum letzten Mal. Ende Mai kam die Todesnachricht und die Sterbeurkunde aus Hadamar. Offizielle Angabe der Todesursache: „Gallenblasenempyem und Bauchfellentzündung". Paula B. starb jedoch in der Gaskammer von Hadamar.*

1 Stelle zusammen, welche Menschen von den Nationalsozialisten im „Euthanasie-Programm" ermordet wurden. Wie begründen die Nationalsozialisten die Vernichtung angeblich „unwerten Lebens" (M 1, VT)?
2 Nimm Stellung zu den Argumenten von Bischof von Galen (M 3).

11 Der Frieden wird verkündet – der Krieg vorbereitet

1 *links:* **Hitler fährt nach dem „Anschluss" Österreichs,** der in Wirklichkeit eine militärische Besetzung war, am 12. März 1938 durch Wien. Am 10. April stimmen über 99 % der Österreicher für den „Anschluss".
rechts: **Plakat** aus Oberbayern, 1938.

Appeasement-Politik
von engl. to appease = beschwichtigen.
Politik der englischen Regierung gegenüber Hitler bis 1938. Zugeständnisse gegenüber der militärischen Wiederaufrüstung Deutschlands und seinen Gebietsansprüchen sollten Hitler davon abhalten seine Ziele mit Gewalt durchzusetzen. Er sah dies jedoch als Schwäche und forderte deshalb immer mehr.

Außenpolitische Erfolge Hitlers?
1926 wurde Deutschland in den Völkerbund aufgenommen. 1930 räumten die Alliierten vorzeitig das Rheinland. 1932 erfolgte sogar die Anerkennung der militärischen Gleichberechtigung Deutschlands. Und schließlich war es den Weimarer Regierungen sogar gelungen die drückenden Reparationen schrittweise zu verringern und für das Jahr 1932 mit den Alliierten eine allerletzte Zahlung zu vereinbaren. Diese außenpolitischen Erfolge verbuchte die NS-Regierung nun für sich und gab sie als eigene Leistungen aus.

Englisches Entgegenkommen
Begünstigt wurde diese Entwicklung durch zweierlei: Die deutsche Außenpolitik hatte sich während der Weimarer Republik Vertrauen erworben. Die europäischen Mächte und die USA glaubten Deutschland, dass es in Europa zu einer stabilen Friedensordnung beitragen wolle. Zudem wuchs die Bereitschaft Englands die deutschen Forderungen nach einer Rücknahme des Versailler Vertrages als berechtigt anzuerkennen und gegenüber Frankreich zu unterstützen, das seinem großen Nachbarn weiterhin mit Misstrauen begegnete. Die Engländer behielten ihre Linie des Wohlwollens und der Verständigung mit Deutschland auch nach 1933 zunächst grundsätzlich bei.

Friedenspropaganda und Kriegsvorbereitung
Hitler verstand es seine wahren Ziele nach außen hin zu verbergen. In der Öffentlichkeit redete er immer wieder entschieden vom Frieden. Auch die Olympischen Spiele von Berlin 1936 nutzte er dazu die Welt von der Leistungsfähigkeit des nationalsozialistischen Staates und dem Friedenswillen Deutschlands zu überzeugen.

Für Hitler selbst war der Krieg aber schon längst eine beschlossene Sache, und längst liefen dafür die Vorbereitungen. Die schnelle Wiederaufrüstung Deutschlands und die Remilitarisierung des Rheinlandes hatten die Engländer noch hingenommen. Frankreich allein war zu schwach um wirksame Gegenwehr zu leisten. Der englische Pre-

Europa brennt: Faschistische Diktaturen – nationalsozialistische Herrschaft

mierminister Chamberlain war lange überzeugt davon Hitler mit einer *Appeasement-Politik* vom Krieg abhalten zu können. Als Hitler 1939 das „Münchener Abkommen" brach, war offensichtlich, dass die englische Regierung sich getäuscht hatte.

Etappen der Außenpolitik Hitlers

1934: Das Deutsche Reich und Polen schließen einen Nichtangriffspakt.
1935: Die allgemeine Wehrpflicht wird wieder eingeführt. Die deutsche Regierung sagt sich von den Rüstungsbeschränkungen des Versailler Vertrages los. Der Völkerbund verurteilt lediglich den Vertragsbruch.
Deutsch-englisches Flottenabkommen: Großbritannien erklärt sich damit einverstanden, dass Deutschland seine Flotte bis zu einer Stärke von 35 Prozent der englischen Flotte aufrüstet.
1936: Deutsche Truppen besetzen das entmilitarisierte Rheinland. England und Frankreich protestieren.
1938: „Anschluss" Österreichs. Hitler fordert das Selbstbestimmungsrecht auch für die Sudetendeutschen in der Tschechoslowakei. Seine Kriegsdrohung führt zur „Münchener Konferenz". Hitler beteuert keine weiteren Gebietsforderungen mehr stellen zu wollen. Daraufhin stimmen England, Frankreich und Italien der Angliederung des Sudetenlandes an das Deutsche Reich zu (Münchener Abkommen).
März 1939: Hitler bricht das Münchener Abkommen: Deutsche Truppen marschieren in die Tschechoslowakei ein („Reichsprotektorats Böhmen und Mähren") und rücken weiter ins litauische Memelland ein. England gibt jetzt seine Appeasement-Politik auf. Frankreich und England geben Polen eine Garantieerklärung.
August 1939: Das Deutsche Reich und die Sowjetunion schließen einen Nichtangriffspakt. In einem geheimen Zusatzprotokoll teilen sie Polen untereinander auf.
1. September 1939: Deutsche Truppen greifen Polen an. Zwei Tage später erklären Großbritannien und Frankreich dem Deutschen Reich den Krieg. Damit hat der Zweite Weltkrieg begonnen.

2 Hitler über Frieden und Krieg

a) Aus der Reichstagsrede, 17. Mai 1933:
Wir sehen die europäischen Nationen um uns als gegebene Tatsachen. Franzosen, Polen sind unsere Nachbarvölker, und wir wissen, dass kein geschichtlich
5 denkbarer Vorgang diese Wirklichkeit ändern könnte. (…) Die deutsche Regierung wünscht sich über alle schwierigen Fragen politischer und wirtschaftlicher Natur mit den anderen Nationen friedlich
10 auseinander zu setzen. Sie weiß, dass jeder militärische Akt in Europa (…) gemessen an seinen Opfern in keinem Verhältnis steht zum möglichen endgültigen Gewinn.

b) Aus einer Aufzeichnung von Hitlers Adjutanten Oberst Hoßbach, 5. November 1937:
Das Ziel der deutschen Politik sei die Sicherung und Erhaltung der Volksmasse und deren Vermehrung, somit handle es sich um das Problem des Raumes. (…)
5 Dass jede Raumerweiterung nur durch Brechen von Widerstand und unter Risiko vor sich gehen könne, habe die Geschichte aller Zeiten – römisches Weltreich, englisches Empire – bewiesen.
10 Auch Rückschläge seien unvermeidbar. Weder früher noch heute habe es herrenlosen Raum gegeben, der Angreifer stoße stets auf den Besitzer. Für Deutschland laute die Frage, wo größter Gewinn
15 unter geringstem Einsatz zu erreichen sei. (…) Zur Lösung der deutschen Frage könne es nur den Weg der Gewalt geben.

3 Bewohner Prags beim Einmarsch deutscher Truppen 1939. Die deutsche Regierung hatte zuvor ihre Gebietserweiterungen in Böhmen und Mähren mit dem Selbstbestimmungsrecht für alle Deutschen begründet. Mit diesem Einmarsch verstieß sie nun gegen das Selbstbestimmungsrecht der Tschechen.

4 „Der Mann mit den zwei Gesichtern" (Karikatur aus der französischen Zeitung „Le Rempart" von 1933). – Erläutert die Aussage der Karikatur mithilfe des VT. Achtet auf die Einzelheiten der Zeichnung.

1 Was trug alles zu Hitlers außenpolitischen Erfolgen bei? Wie „verkaufte" er sie der Öffentlichkeit? Warum stieß er damit bei Vielen auf positive Resonanz?
2 Klärt die deutsche Bevölkerung mit einem Flugblatt nach dem Muster von M1 über Hitlers wahre Ziele auf (VT, M2). Thema: „Zug um Zug bringt uns Hitler dem Krieg näher"

12 Der Krieg in Europa – Völkervernichtung

1 *Polnische Gefangene werden zur Erschießung abgeführt.*

Erobern um zu vernichten

Das erklärte Ziel Hitlers war es, für die „arische Rasse neuen Lebensraum im Osten" zu erobern. Der Überfall auf Polen am 1. September 1939 und auf die Sowjetunion 1941 erfolgten in dieser Absicht. Der Eroberungskrieg war aber zugleich auch als grausamer Vernichtungskrieg geplant: Der „Generalplan Ost", den deutsche Beamte ausgearbeitet hatten, sah riesige „Verschiebungen" slawischer Völker nach Osten, die planmäßige Ausrottung der polnischen und russischen Juden und die Vernichtung von bis zu 30 Millionen Menschen vor.

Blitzkriege und Bündnisse

Die polnische Armee wurde von der hoch gerüsteten deutschen Wehrmacht innerhalb einiger Wochen besiegt. Vor dem Angriff hatte sich Hitler noch mit Stalin in einem geheimen Abkommen über die Aufteilung Polens verständigt. England und Frankreich erklärten dagegen wenige Tage nach dem Überfall dem Deutschen Reich den Krieg. Sie sahen sich aber noch nicht in der Lage dem deutschen Angreifer militärisch entgegenzutreten. Im Gegenteil: Hitler gelang es, in einem weiteren Blitzkrieg 1940 auch Frankreich anzugreifen und mithilfe der Panzer- und Luftwaffe binnen weniger Wochen zur Kapitulation zu zwingen. Italien, seit 1936 mit Deutschland in der „Achse Berlin – Rom" verbunden, trat danach aufseiten des Deutschen Reiches in den Krieg ein und versuchte im Mittelmeerraum Gebiete zu erobern. Als dies zu scheitern drohte, besetzten deutsche Truppen den Balkan, Griechenland und Nordafrika.

Am 22. Juni 1941 brach die deutsche Regierung ihren Nichtangriffspakt mit Stalin: Deutsche Truppen fielen in die Sowjetunion ein.

Vernichtungskrieg

Bei den Völkern Osteuropas ist bis heute unvergessen, was dort während des Krieges geschah: SS-Männer, aber auch Soldaten der deutschen Wehrmacht ermordeten Millionen Kriegsgefangene und Zivilisten. Bereits im Oktober 1939 begannen deutsche Sondereinheiten in Polen mit der planvollen „Ausrottung" der dortigen Intelligenz und Führungsschicht. Bis Kriegsende fielen diesen Maßnahmen mindestens eine Million Polen zum Opfer.

Das Gleiche wiederholte sich in der Sowjetunion, nur gingen die deutschen Sonderkommandos mit den „Bolschewisten" noch gnadenloser um. Hitler hatte seinen Generälen erklärt, der Krieg in der Sowjetunion sei ein Weltanschauungskrieg zwischen Kommunismus und Nationalsozialismus. Daher dürfe es keinerlei Rücksichten gegenüber dem Gegner geben. 3,3 Millionen von 5,7 Millionen sowjetischen Kriegsgefangenen überlebten die Zwangsarbeit, die Unterernährung und die Seuchen in deutschen Lagern nicht. Bis zu 20 Millionen Menschen allein aus der Sowjetunion kamen im Krieg ums Leben.

2 *Ein Kind neben der Leiche seiner Mutter, die in einem KZ für russische Zivilisten umgekommen ist.*

3 *Ein russischer Junge und zwei leicht verwundete deutsche Soldaten.*

Europa brennt: Faschistische Diktaturen – nationalsozialistische Herrschaft

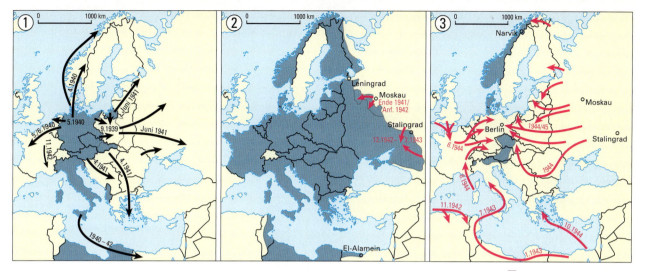

4 *Generalmajor Hellmuth Stieff* gehörte später zum Widerstand gegen Hitler und wurde hingerichtet. Aus einem Brief des Generalmajors vom 31. Oktober 1939:
Es ist eine Stadt und eine Bevölkerung (in Warschau), die dem Untergang geweiht ist. (…) Man bewegt sich dort nicht als Sieger, sondern als Schuldbewusster.
5 (…) Dazu kommt noch all das Unglaubliche, was dort am Rande passiert und wo wir mit verschränkten Armen zusehen müssen! Die blühendste Fantasie einer Gräuelpropaganda ist arm gegen die
10 Dinge, die eine organisierte Mörder-, Räuber- und Plünderbande unter angeblich höchster Duldung dort verbricht. (…) Diese Ausrottung ganzer Geschlechter mit Frauen und Kindern ist nur von ei-
15 nem Untermenschentum möglich, das den Namen Deutsch nicht mehr verdient. Ich schäme mich ein Deutscher zu sein!

5 *Ein von Deutschen in Brand gesetztes russisches Dorf* und seine Bewohner.

6 *Aus einem deutschen Wehrmachtsbefehl* vom 10. Oktober 1941:
Das wesentlichste Ziel des Feldzuges gegen das jüdisch-bolschewistische System ist die völlige Zerschlagung der Machtmittel und die Ausrottung des
5 asiatischen Einflusses im europäischen Kulturkreis. Hierdurch entstehen auch für die Truppe Aufgaben, die über das hergebrachte einseitige Soldatentum hinausgehen. Der Soldat ist im Ostraum
10 nicht nur Kämpfer nach den Regeln der Kriegskunst, sondern auch Träger einer unerbittlichen völkischen Idee. (…) Deshalb muss der Soldat für die Notwendigkeit der harten, aber gerechten Sühne
15 am jüdischen Untermenschentum volles Verständnis haben. (…) Wird im Rücken der Armee Waffengebrauch einzelner Partisanen festgestellt, so ist mit drakonischen Maßnahmen durchzugreifen.
20 Diese sind auch auf die männliche Bevölkerung auszudehnen, die in der Lage wäre Anschläge zu verhindern oder zu melden. (…) Nur so werden wir unserer geschichtlichen Aufgabe gerecht das
25 deutsche Volk von der asiatisch-jüdischen Gefahr ein für alle Mal zu befreien.

7 *Der Krieg in Europa 1939 bis 1945:*
(1) Phase der deutschen „Blitzkriege";
(2) größte Ausdehnung der deutschen und italienischen Mächte während des Krieges im Jahre 1942;
(3) die Zeit der alliierten Invasion und Offensiven, die am 8. Mai 1945 zur Kapitulation des Deutschen Reiches führten.

1. Die Texte M 4 und M 6 spiegeln zwei Wahrnehmungen innerhalb der Wehrmacht wider. Fasse sie mit eigenen Worten zusammen.
2. Was vermitteln die Bilder M 1, M 3 und M 5 vom Verhältnis der deutschen Eroberer und Besatzer zur einheimischen Bevölkerung?

13 Holocaust – Shoa

1 Auf dem Bahnsteig von Auschwitz teilten Ärzte und Wachpersonal die Ankommenden in zwei Gruppen: Kinder unter 15 Jahren und alle arbeitsunfähigen Frauen und Männer kamen sofort in die Gaskammern, die anderen wurden der „Vernichtung durch Arbeit" zugewiesen.

Holocaust/Shoa
Das griechische Wort „holocauston" bezeichnete ursprünglich ein Brandopfer von Tieren. Ende der 1970er-Jahre wurde der Begriff zur internationalen Bezeichnung für die durch Gas und Feuer betriebene Vernichtung der europäischen Juden im deutschen Herrschaftsbereich zwischen 1933 und 1945. Immer öfter wird für dieses Verbrechen auch der Begriff „Shoa" verwendet. Das hebräische Wort bedeutet großes Unheil, Katastrophe.

Ein übergroßes Verbrechen
Wer sich intensiver mit dem *Holocaust* beschäftigt, gerät schnell an die Grenze seines Vorstellungsvermögens. Die reinen Fakten sind unstritig: Auf Befehl der nationalsozialistischen Führung wurden während des Zweiten Weltkrieges zwischen vier und sechs Millionen Menschen jüdischen Glaubens sowie schätzungsweise 500 000 Sinti und Roma systematisch ermordet. Sie wurden von besonderen deutschen Einsatzgruppen massenweise erschossen oder in Gettos getrieben und ausgehungert, durch schwere Zwangsarbeit zu Tode gebracht oder in Konzentrationslagern wie Auschwitz vergast und verbrannt.

Man weiß nicht, was größere Nachdenklichkeit und Entsetzen auslöst: die Grausamkeit, mit der dabei vorgegangen wurde, die Kaltschnäuzigkeit und Skrupellosigkeit der Täter, die technische Perfektion, die man für die Durchführung des Massenmordes entwickelte, oder so manche konkrete Situation der Opfer, in die man sich nur sehr schwer hineinversetzen kann.

Wie war es möglich?
Die Vernichtung der Juden war schon vor 1933 ein erklärtes Ziel Hitlers. Doch lässt sich der Holocaust nicht allein mit dem wahnhaften Rassismus eines mächtigen Diktators erklären. Die Vernichtung hatte industrielle Ausmaße und brauchte viele Mithelfer: Planer, Konstrukteure, Buchhalter, Lieferanten, Wachpersonal und viele mehr. Mancher, der ahnte, was den Juden bevorstand, schaute bewusst weg um ein so übergroßes Verbrechen überhaupt ertragen zu können.

Gettos, Massenerschießungen
Nach dem Einmarsch in Polen begannen die deutschen Besatzer dort sofort mit der Verfolgung der jüdischen Bevölkerung. Juden wurden entrechtet und in Gettos verkehrsgünstiger Städte umgesiedelt. Ihr Vermögen wurde beschlagnahmt, und sie mussten den gelben Stern tragen. Es fanden erste Massenerschießungen statt, die im Verlaufe des Krieges zur Regel wurden. Im September 1941 erschoss ein SS-Sonderkommando in Babi Jar, einer Schlucht am Stadtrand von Kiew, allein an zwei Tagen 33 771 jüdische Menschen. Zuvor mussten die Opfer ihre Habe abliefern und sich entkleiden.

„Endlösung der Judenfrage"
Im Herbst 1941 begann die systematische Verschleppung der Juden aus den seit Kriegsbeginn besetzten Ländern und der noch in Deutschland verbliebenen Juden in die eroberten Ostgebiete. Viehwagen brachten sie in die Gettos, die jetzt weitgehend von der Außenwelt abgeschlossen waren. Für die nationalsozialistische Führung waren die Gettos nur als Übergangslösung gedacht.

Am 20. Januar 1942 wurde in Berlin auf der Wannsee-Konferenz von Regierungsbeamten und Parteifunktionären der NSDAP die „Endlösung der Judenfrage" beschlossen. Hinter diesem Wort verbirgt sich das Vorhaben alle Juden in den von Deutschland besetzten Gebieten zu ermorden. Dafür wurden Konzentrationslager mit Gaskammern und Verbrennungsöfen für die Leichen errichtet. Allein in Auschwitz wurden über eine Million Menschen ermordet.

Europa brennt: Faschistische Diktaturen – nationalsozialistische Herrschaft

2 *Beim Einmarsch der deutschen Truppen 1941 in Lemberg (in Galizien) war Leon Wells 16 Jahre alt. Seine Geschwister und Eltern wurden getötet, als die Deutschen die Juden zur Vernichtung aus dem Getto ins Konzentrationslager deportierten. Er überlebte in einer „Todesbrigade", die mit der Verbrennung ermordeter Juden beauftragt war. Er schildert folgendes Erlebnis:*

Als Nachbarn zur Linken habe ich einen stattlichen Mann, der uns heute Morgen zugeteilt wurde. Er ist etwa 46 Jahre alt, an den Schläfen schon grau, und heißt
5 Brill. (...) Ich wende mich zu Brill. „Was sollen wir tun?", fragte ich. „Ich möchte sterben ...", antwortete er. Aber dann beginnt er doch zu sprechen und berichtet, was heute in der Schlucht geschah. Die
10 Worte kommen sehr langsam und stockend, als wollte er sich überzeugen, dass er, Brill, noch existiere. Nach jedem Wort seufzt er und oft stirbt ihm die Stimme mitten im Satz ab.
15 „Ich und meine zwei Töchter, die eine siebzehn, die andere fünfzehn, arbeiteten bei ‚Feder und Daunen' in der Zrodlana-Straße 5. Nach der Liquidation des Gettos versteckte man uns in der Fabrik.
20 Aber ein paar Tage später nahm uns der Direktor alles, was wir gerettet hatten, fort. Und dann kam die Gestapo und brachte uns hierher, meine beiden Kinder und mich. (eine lange Pause)
25 Das war vor ein paar Tagen. Heute führten sie uns mit euch zusammen zum ‚Sand' und ich wurde von meinen Töchtern getrennt. (Pause)
Ich musste, wie alle anderen auch, in die
30 Schlucht hintersteigen. Nach einiger Zeit – ich weiß nicht, wie lange – wurden rund fünfzehn Leute ausgesucht – darunter ich – und zu dem Platz gebracht, wo wir morgens die Frauen und Kinder
35 zurückgelassen hatten. (Pause) Und dort, dort ... (mit schrecklich gequälter Stimme) dort lagen sie alle ... auch meine beiden Kinder, tot, erschossen. Was für Mädchen! Schön und intelligent! Was
40 hätte ich nicht alles für sie getan ...
Sie befahlen uns ein Feuer anzuzünden, und wir warfen alle Leichen hinein ... auch meine Kinder ..."
Was er noch sagte, ging in einem Stöh-
45 nen unter.

3 *Großunternehmen und Konzerne* – darunter Siemens, Krupp, IG Farben – errichteten Fabriken neben den Vernichtungslagern und liehen sich von der SS Häftlinge als billige Arbeitskräfte (Zeichnung eines Häftlings des Lagers Sachsenhausen).

4 *Nach der Befreiung* durch amerikanische Soldaten 1945 im Lager Bergen-Belsen.

5 *Verbrennungsöfen* des Konzentrationslagers Majdanek (Aufnahme vom Juli 1944).

1 Der Schriftsteller Günter Grass sagte 1985:
„... das übergroße Verbrechen, auf den Namen Auschwitz gebracht, ist heute, aus vierzig Jahren Distanz begriffen, unfaßlicher noch als zur Stunde des ersten Schocks, als ich sah und nicht glauben wollte. Unbewältigt, nicht zu bewältigen, wie ein Mühlstein hängt uns Deutschen, auch den nachgeborenen, der geplante, vollstreckte, geleugnete, verdrängte und doch offen zutage liegende Völkermord an."
Wie sollen wir mit der Erinnerung an Auschwitz umgehen?

Projekt

„Schindlers Liste" – ein Film zum Holocaust

Wie der Film entstand

Der Autor Thomas Keneally stößt zufällig auf Informationen über die Rettung von mehr als tausend Juden durch Oskar Schindler. Nach gründlichen Recherchen veröffentlicht er 1982 sein Buch „Schindlers Liste". 1993 trifft er Frau Schindler persönlich und gesteht, dass er nach der Begegnung vermutlich manches anders geschrieben hätte. Steven Spielberg liest das Buch kurz nach seiner Veröffentlichung. Die Person des Oskar Schindler fasziniert ihn. Er will, so sagt er, mit einer Verfilmung des Stoffes ein Dokument schaffen, kein Melodrama. 1993 ist Spielbergs Film in den Kinos. Mehrere deutsche Kultusminister fordern von den Lehrerinnen und Lehrern den Film als „Bestandteil des Unterrichts" anzusehen. Spielbergs Film „Schindlers Liste" hat von den meisten Zuschauern und Kritikern begeisterte Zustimmung erhalten. Einige Stimmen kritisieren jedoch die Art und Weise, wie der Film mit dem Thema „Holocaust" umgeht.

Szenen aus dem Film: Oskar Schindler sucht in einem Auschwitz-Transport nach seinem Buchhalter (oben). Gute Beziehungen zur NS-Führung (unten) brachten ihm zunächst persönliche Vorteile und ermöglichten seine Rettungsaktion.

Biografisches zu Oskar Schindler

Oskar Schindler, 1908 als Sohn eines deutschen Industriellen in Zwittau (Sudetenland) geboren, studiert Ingenieurwissenschaften. Zeitgenossen bezeichnen Schindler als intelligenten Geschäftsmann, Liebhaber schöner Frauen, als gut aussehenden blonden Deutschen. Er übernimmt 1939 die Leitung einer Emaillefabrik in Krakau. Auf einem Spazierritt mit seiner Geliebten wird er zufällig Zeuge einer Tötungswelle im Krakauer Getto. Dieses Ereignis bewegt ihn sich der Judenvernichtung entgegenzustellen. Seine Fabrik wird Zufluchtsort für hunderte jüdischer Arbeiterinnen und Arbeiter. Die Verbindungen zu einflussreichen Nationalsozialisten helfen ihm dabei. 1944 bekommt er die Genehmigung seine Fabrik mit dem Personal nach Mähren zu verlegen. 1200 Juden entgehen dadurch dem sicheren Tod. Nach dem Krieg geht er mit seiner Ehefrau Emilie nach Argentinien und scheitert dort als Farmer und Unternehmer. 1957 kehrt er alleine nach Deutschland zurück. Er stirbt in Hildesheim im Oktober 1974 und wird sechs Wochen später, wie er es sich gewünscht hat, in Jerusalem beerdigt.

Europa brennt: Faschistische Diktaturen – nationalsozialistische Herrschaft

Oskar Schindler 1968 in Frankfurt, wo er lange Jahre lebte.

Buchkommentar in der „Berliner Morgenpost" vom 19. März 1997:

Bitterkeit und Befriedigung

Wer sich von Steven Spielbergs Film „Schindlers Liste" hat erschüttern lassen, wird auch wissen wollen, welche
5 Rolle Schindlers Frau bei der Rettung der Juden gespielt hat. Nun liegen Emilie Schindlers Lebenserinnerungen in deutscher Übersetzung vor.

Auch Emilie Schindler berichtet über die
10 Rettungsaktionen ihres Mannes. (…) Bei Kriegsende verlassen die Schindlers Brünnlitz und landen nach einer dramatischen Flucht in Regensburg. 1949 gehen sie nach Argentinien, wo Emilie
15 Schindler heute noch lebt. 1957 trennt sich Oskar Schindler von seiner Frau und kehrt allein nach Deutschland zurück.

Das Buch ist einerseits durchzogen von der Bitterkeit über die demütigenden
20 Ehejahre. Schindler hat seine Frau häufig betrogen, hat sie in schweren Situationen allein gelassen und zugleich ihre Hilfe in Anspruch genommen. Andererseits zeugt das Buch von der großen Befriedi-
25 gung darüber so vielen Menschen das Leben gerettet und spät im Leben dafür Anerkennung gefunden zu haben.

Auszug aus der Filmkritik von Gerhard Heeke (Mediendienste 1998):

Der Film erzählt die Geschichte des deutschen Industriellen Oskar Schindler, der vom Kriegsgewinnler des Dritten Reichs zum Retter von über tausend Juden wird.
5 Der Film beginnt damit, wie sich Schindler in NS-Kreisen beliebt macht und mit jüdischen Geldern eine Emaillewarenfabrik aufkauft. Gleichzeitig wird erzählt, wie der Antisemitismus weiter um sich
10 greift und alle Juden ins Getto ziehen müssen. Als die Emaillefabrik mit der jüdischen Sklavenarbeiter-Belegschaft zu florieren beginnt, werden alle Juden in die KZs verbracht und ermordet. Oskar
15 Schindler sorgt sich um „seine" Juden und schafft es, dass diese weiter in der Fabrik arbeiten können. (…)

Was den Film so schockierend macht, sind nicht die Szenen direkt in den La-
20 gern, sondern die Szenen in denen Menschen, nur weil sie Juden sind, einfach so, grundlos, brutal ermordet werden. Auch die Person Oskar Schindlers wird von beiden Seiten gezeigt. Der Grund für
25 den Wandel in Schindler, warum er „auf einmal" sein Vermögen und Leben für andere riskiert, wird im Film nicht eindeutig geklärt. Dadurch, dass der Film hauptsächlich in Schwarz-Weiß gedreht
30 wurde, wirkt er sehr real und glaubwürdig. Der Film ist in unserer Zeit wieder wichtig geworden und ich hoffe, dass ihn sich viele Menschen ansehen (…)

Nachdenklich haben mich die Stimmen
35 gemacht, die gesagt haben, jetzt nach 50 Jahren müsse doch endlich damit Schluss sein.

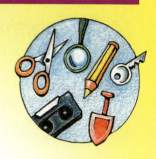

Analyse
Der Begriff kommt aus dem Griechischen und bedeutet die Zerlegung eines Ganzen in seine einzelnen Teile.

Spielfilme mit historischen Themen analysieren

1. Welche historischen Sachverhalte liegen dem Film zugrunde?
2. Welchen Stellenwert hat das Thema des Films in der Öffentlichkeit? Sammelt Hinweise aus Zeitungen, Fachzeitschriften u. a. Was hat zu einer großen öffentlichen Resonanz geführt?
3. Welche Personen stehen im Mittelpunkt des Films, warum?
4. Wie stark fühlt sich der Regisseur dem historischen Wahrheitsgehalt verpflichtet, inwiefern weicht er davon ab? Gibt es dazu Hinweise im Drehbuch oder vom Regisseur?
5. Sind Wertungen erkennbar? Inwiefern werden Gefühle angesprochen? Ist das an bestimmten Stellen beabsichtigt?
6. Was möchte man, wenn man den Film gesehen hat, noch genauer wissen? Wie und wodurch könnt ihr es erfahren?

14 Widerstand – damals lebensgefährlich, heute beispielgebend?

1 Die Hinrichtungsstätte in Berlin-Plötzensee. Die verurteilten Widerstandskämpfer des 20. Juli 1944 wurden in einer Reihe aufgestellt. Eine Filmkamera dokumentierte die Hinrichtung. Hitler hat sich den Film dann abends angeschaut.

Widerstand
So nennen wir jede Handlung, die absichtsvoll darauf gerichtet war oder ist, ein Unrechtsregime zu beseitigen. Das Recht auf Widerstand ist gegeben, wenn Staat oder Regierung die Menschenrechte missachten oder nicht fähig sind ihre Verletzung zu verhindern. Als Lehre aus der Geschichte des Nationalsozialismus ist in der Verfassung der Bundesrepublik Deutschland das „Recht auf Widerstand" ausdrücklich verankert. Es kann zwischen aktivem und passivem Widerstand, zwischen Widerstand mit Gewalt und gewaltfreiem Widerstand unterschieden werden.

Von oppositionellen Einstellungen zum Widerstand

Die meisten Menschen gingen unter der nationalsozialistischen Diktatur ihren täglichen Geschäften nach, passten sich irgendwie an, oft in der Hoffnung, dass bald alles vorüber sei. Viele wurden zu „Mitläufern". Und alle wussten, dass eine oppositionelle Haltung zum Führer, zur Regierung oder zur NSDAP lebensbedrohlich werden konnte. Dennoch gab es Tausende, die nicht „mitmachten" oder „mitliefen", manche von Anfang an, andere erst, als sie mit den Verbrechen der NS-Herrschaft konfrontiert wurden und diese nicht mehr mittragen wollten. Die persönlichen Konsequenzen aus dieser Einstellung waren ganz unterschiedlich: Manche gingen im Alltag auf Distanz zu den eingeschliffenen Regeln der „Volksgemeinschaft", umgingen oder ignorierten Verordnungen, grüßten mit „Guten Tag" anstatt mit „Heil Hitler", hängten bei staatlichen Feiern und Umzügen keine Fahne aus dem Fenster, hörten „Feindsender"oder „entartete Musik". Andere versteckten und verpflegten Verfolgte oder verhalfen ihnen zur Flucht. Viele haben dadurch überlebt. Die Arbeit in *Widerstands*gruppen, Flugblattaktionen und Attentate auf Hitler hatten dagegen das Ziel die Diktatur zu beseitigen.

„Die Weiße Rose"

Eine Gruppe von Studenten um die Geschwister Sophie und Hans Scholl wurde unter dem Namen „Weiße Rose" bekannt. Ihre Mitglieder verteilten während des Krieges heimlich Flugblätter um vor allem die Jugend zum Widerstand gegen „ihren Verführer" zu bewegen. Sie hatten erkannt, dass sie zuvor selbst als Anhänger Hitlers getäuscht und verführt worden waren. Nach einer Flugblattaktion in der Münchener Universität verriet sie der Hausmeister. Die Mitglieder der „Weißen Rose" wurden im Februar 1943 verhaftet und hingerichtet.

Politischer Widerstand

Gewerkschafter, Sozialdemokraten und Kommunisten waren schon vor Hitlers Machtübernahme überzeugte Gegner der Nationalsozialisten gewesen. Nach dem Verbot der Parteien und angesichts der Verhaftungswellen 1933 gingen viele von ihnen in den Untergrund um durch Flugblattaktionen oder Sabotageakte ihren Kampf fortzuführen.

Schwerer hatten es Beamte, Soldaten und Offiziere sich zum aktiven Widerstand zu entschließen. Sie fühlten sich dem auf „den Führer Adolf Hitler" geleisteten Eid verpflichtet. Nach Kriegsbeginn gerieten viele in Gewissensnot, weil sie einen Putsch als „Verrat an den deutschen Frontsoldaten" betrachteten.

Trotz solcher Bedenken entschloss sich die Widerstandsgruppe um Carl Goerdeler und Ludwig Beck Hitler wegen seiner verbrecherischen Politik zu töten. Sie wollten das NS-Regime allerdings nicht durch eine Demokratie, son-

Europa brennt: Faschistische Diktaturen – nationalsozialistische Herrschaft

2 *Der Hamburger Helmut Hübner* wurde, 17-jährig, am 11. August 1942 zum Tode verurteilt, weil er Nachrichten eines englischen Senders auf Flugblättern veröffentlicht hatte.

3 *Der evangelische Pfarrer Dietrich Bonhoeffer* büßte seinen Widerstand mit dem Leben. Er wurde im KZ hingerichtet. Kurz vorher konnte er bereits die Artillerie der Alliierten hören.

4 *Widerstandskämpfer:* Sophie Scholl, Christoph Probst, der seine Frau und drei kleine Kinder hinterließ (Weiße Rose); Claus Graf Schenk von Stauffenberg.

dern durch eine humanere Form eines autoritären Staates ablösen. Hitler überlebte durch einen Zufall das Sprengstoffattentat im Führerhauptquartier am 20. Juli 1944, das Oberst Graf Stauffenberg im Auftrag der Widerstandsgruppe verübte. Noch am gleichen Tag wurden Stauffenberg und die Mitglieder der Gruppe hingerichtet. Das Attentat löste eine regelrechte Verfolgungswelle aus. Der Rache Hitlers fielen nicht nur 200 am Aufstand direkt beteiligte Personen, sondern bis Kriegsende zwischen 4000 und 5000 mittelbar Beteiligte oder willkürlich Verhaftete zum Opfer.

Christlicher Widerstand

Die christlichen Kirchen beteiligten sich kaum am Widerstand gegen das NS-Regime. Die katholische Kirche protestierte, wenn der Staat die Rechte bedrohte, die er der Kirche 1933 in einem Vertrag zugesichert hatte (u. a. Sicherung der Bekenntnisschulen, Existenzrecht katholischer Verbände). In der evangelischen Kirche unterstützte die Mehrheit – die „Deutschen Christen" – Partei und Regierung. Eine Minderheit – die „Bekennende Kirche" – stand dem totalitären Staat kritisch gegenüber. Viele Priester und Pfarrer widersetzten sich, unabhängig von der offiziellen Linie ihrer Glaubensgemeinschaft, den Nationalsozialisten. Viele von ihnen wurden verfolgt, eingesperrt und in Konzentrationslagern ermordet.

Attentate von Einzelpersonen

Neben organisierten Gruppen gab es Einzelne, die wagemutig durch Attentate auf Hitler die Diktatur beseitigen wollten. Sie scheiterten jedoch alle: so Maurice Bavaud mit einem Pistolenattentat und der Schreiner Georg Elser, der am 8. November 1939 im Münchner Bürgerbräukeller einen Bombenanschlag verübte.

„Widerstand ohne Volk"?

Gemessen an der Gesamtbevölkerung zählte nur ein geringer Teil der Bevölkerung zum aktiven Widerstand. Die Mehrheit verstand die Handlungen dieser Widerstandskämpfer nicht oder missverstand ihre Beweggründe. Der Historiker Hans Mommsen spricht deshalb von einem „Widerstand ohne Volk". Zudem betrieben die Nationalsozialisten geschickte Propaganda um die Bevölkerung gegen die Frauen und Männer des Widerstandes einzunehmen.

Widerstand im besetzten Europa

Erbitterten Widerstand leisteten Menschen in den besetzten Gebieten. Dort kämpften so genannte Partisanen einen Befreiungskampf gegen die deutsche Besatzung. Wehrmacht und SS antworteten mit grausamen Vergeltungsaktionen. Ganze Orte wurden dem Erdboden gleichgemacht, die Männer erschossen, Frauen und Kinder in Lager verschleppt oder ebenfalls ermordet. Lidice in der Tschechischen Republik, Kalavryta in Griechenland und Oradour-sur-Glane in Frankreich sind Beispiele dafür.

Widerstand – damals lebensgefährlich, heute beispielgebend?

5 *Gesprächskreise*, die sich schon 1933 in der Opposition gegen den Nationalsozialismus zusammengefunden hatten, nahmen im Herbst 1940 Kontakt zum sowjetischen Nachrichtendienst auf. Sie wollten mit der sowjetischen Seite eine Gesprächs- und Vertrauensbasis herstellen um den Krieg zu beenden. Dabei wurden der sowjetischen Seite auch politische und militärische Informationen übermittelt. Zum Widerstandskreis der „Roten Kapelle" gehörten Menschen ganz unterschiedlicher politischer und weltanschaulicher Herkunft, unter ihnen auch das Ehepaar Harnack. 1942/1943 wurden Frauen und Männer der „Roten Kapelle" entdeckt, verhaftet und hingerichtet.
Die Historiker und Politiker in der DDR erklärten diesen Widerstandskreis später fälschlich zu einer kommunistischen Kadergruppe.

6 *Erinnerungen aus dem Arbeiterwiderstand in München* von Ludwig Linsert (1907–1981). Er stammte aus einer sozialdemokratischen Arbeiterfamilie, war gelernter Schlosser, Mitglied einer Gewerkschaft und der SPD. Seit 1933 arbeitete er im Widerstand, wurde 1938 verhaftet und 1943 in einer militärischen Strafeinheit in der Sowjetunion eingesetzt.

Inzwischen hatten wir angefangen selbst Flugblätter herzustellen. Dazu eine Schreibmaschine mit auswechselbaren Typen, einen Abziehapparat und schließ-
5 lich viel Papier, das vorsichtig und in kleinen Mengen in verschiedenen Läden gekauft wurde. Die ersten Flugblätter (...) steckten wir in die Briefkästen, vornehmlich in Arbeitervierteln und zwar weit ab
10 von der eigenen Wohngegend. Natürlich trugen wir bei der Herstellung der Flugblätter Gummihandschuhe um keine Fingerabdrücke zu hinterlassen. Inzwischen gab es jedoch den NSDAP-Hauswart,
15 den Blockwart und immer mehr stramme Nazis, die die Flugblätter sofort der Polizei brachten.

7 *Der Fall Emmy Z.:*
Im Namen des Deutschen Volkes
In der Strafsache
gegen die Zeitungsausträgerin Emmy Z.
geborene W. aus Berlin-Gatow,
5 geboren am (...),
zur Zeit in dieser Sache in gerichtlicher Untersuchungshaft,
wegen Wehrkraftzersetzung
hat der Volksgerichtshof, 6. Senat,
10 aufgrund der Hauptverhandlung vom
19. November 1943
für Recht erkannt:
Die Angeklagte Z. hat es in den Jahren 1940 bis 1942 in Berlin als Anhängerin
15 der Vereinigung internationaler Bibelforscher unternommen, drei Wehrpflichtige, die ebenfalls dieser Vereinigung angehören, durch Gewährung von Unterschlupf und Verpflegung der Erfüllung
20 der Wehrpflicht zu entziehen.
Sie wird deshalb wegen Wehrkraftzersetzung in Verbindung mit landesverräterischer Begünstigung des Feindes zum Tode und zu lebenslangem Ehrverlust
25 verurteilt.
Die Angeklagte trägt die Kosten des Verfahrens.

8 *Denkmal für einen Deserteur* in Ulm.
Inschrift: „Hier lebte ein Mann, der sich geweigert hat, auf seine Mitmenschen zu schießen. Ehre seinem Andenken."
Etwa 40 000 deutsche Soldaten sind im Zweiten Weltkrieg desertiert, ca. 14 500 Deserteure wurden hingerichtet. – Die Forderung, Deserteure mit Denkmälern zu ehren, ist sehr umstritten. Wie denkst du darüber?

Europa brennt: Faschistische Diktaturen – nationalsozialistische Herrschaft

9 Die „Kittelbachpiraten" von Gladbeck, eine der Jugendgruppen, die sich nicht anpassen und von der HJ vereinnahmen lassen wollte.

10 *Ein Erlass des Reichsführers SS* und Chefs der Deutschen Polizei, Heinrich Himmler, zur „Bekämpfung jugendlicher Cliquen" unterscheidet folgende Gruppen:
a) Cliquen mit kriminell-asozialer Einstellung. Diese äußert sich in der Begehung von leichten bis zu schwersten Straftaten (Unfug, Raufhändel, Übertretungen von Polizeiverordnungen, gemeinsame Diebstähle, Sittlichkeitsdelikte – insbesondere auf gleichgeschlechtlicher Grundlage – usw.) (…)
b) Cliquen mit politisch-oppositioneller Einstellung, jedoch nicht immer mit fest umrissenem gegnerischem Programm. Sie zeigt sich in allgemein staatsfeindlicher Haltung, Ablehnung der Hitler-Jugend und sonstiger Gemeinschaftspflichten, Gleichgültigkeit gegenüber dem Kriegsgeschehen und betätigt sich in Störungen der Jugenddienstpflicht, Überfällen auf Hitlerjugend-Angehörige, Abhören ausländischer Sender und Verbreitung von Gerüchten, Pflege der verbotenen bündischen oder anderen Gruppen, ihrer Tradition und ihres Liedgutes usw. (…)
c) Cliquen mit liberalistisch-individualistischer Einstellung, Vorliebe für englische Ideale, Sprache, Haltung, Kleidung (englisch-lässig), Pflege von Jazz- und Hotmusik, Swingtanz usw. Die Angehörigen dieser Cliquen stammen größtenteils aus dem „gehobenen Mittelstand" und wollen lediglich ihrem eigenen Vergnügen, sexuellen und sonstigen Ausschweifungen leben.

11 *Der Frauenprotest in der Rosenstraße:* Anfang 1943 hatten die Nationalsozialisten die jüdischen Ehemänner arischer Frauen verhaftet. In einem Tagebuch wird geschildert, was dann geschah, mitten im Krieg, mitten in Berlin:
Noch am selben Tage machten sich die Frauen jener Männer auf, ihre verhafteten Ehegefährten zu suchen. Sechstausend nichtjüdische Frauen drängten sich in der Rosenstraße, vor den Pforten des Gebäudes, in dem man die „Arischversippten" gefangen hielt. Sechstausend Frauen riefen nach ihren Männern. Schrien nach ihren Männern. Heulten nach ihren Männern. Standen wie eine Mauer Stunde um Stunde, Nacht und Tag.
In der Burgstraße liegt das Hauptquartier der SS. Nur wenige Minuten entfernt von der Rosenstraße. Man war in der Burgstraße sehr peinlich berührt über den Zwischenfall. Man hielt es nicht für opportun, mit Maschinengewehren zwischen 6000 Frauen zu schießen. SS-Führerberatung. Debatte hin und her. In der Rosenstraße rebellierten die Frauen. Forderten drohend die Freilassung ihrer Männer.
Die Frauen in der Rosenstraße hatten Erfolg – ihre Männer wurden freigelassen.

12 Flugblatt aus dem Widerstand

1. Man kann zwischen aktivem und passivem Widerstand unterscheiden. Wo würdest du die im Kapitel genannten Beispiele einordnen? Welche anderen Beispiele kennst du? Erarbeitet gemeinsam in der Klasse eine Definition des Begriffes „Widerstand".
2. Interpretiere das Denkmal M 8. Vergleicht eure Interpretationen. Kann man die Darstellung auch auf den Widerstand allgemein beziehen?
3. Diskutiert die Aussage: Die Widerstandskämpfer haben dazu beigetragen den demokratischen Neubeginn nach 1945 zu erleichtern.
4. M 1, M 3, M 5, M 8 sind Formen der Erinnerung an den Widerstand. Soll man heute überhaupt noch daran erinnern? Wenn ja: Welche Formen haltet ihr für angemessen? Würdet ihr bestimmte Personen oder bestimmte Gruppen besonders hervorheben?

15 Weltkrieg – totaler Krieg

1 Die Invasion der Alliierten in der Normandie begann am 6. Juni 1944. Über 5000 Schiffe brachten über 1,5 Millionen Soldaten an Land und eröffneten eine zweite Front.

Stalingrad
Der Name der Stadt (heute Wolgograd) an der Wolga steht stellvertretend für die Wende des Zweiten Weltkrieges. Eine letzte deutsche Großoffensive an der Ostfront konnte 1942 von der Roten Armee unter Aufbietung aller Kräfte an der Wolga zum Stillstand gebracht werden. Nach monatelangen erbitterten Kämpfen innerhalb und außerhalb Stalingrads kapitulierten Anfang Februar 1943 die Reste der deutschen 6. Armee. Hitler hatte den noch möglichen Rückzug strikt untersagt und damit Tod und Gefangenschaft von etwa einer Viertelmillion deutscher Soldaten bewusst in Kauf genommen.

Der Krieg wird zum Weltkrieg

Am 7. Dezember 1941 griffen japanische Kampfflugzeuge den amerikanischen Flottenstützpunkt Pearl Harbor auf Hawaii an. Damit weitete sich der Krieg nach Asien aus. Jetzt standen sich Deutschland, Italien und Japan auf der einen und die USA, Großbritannien und die Sowjetunion auf der anderen Seite gegenüber. Wie war es dazu gekommen?

Japan versuchte seit Ende des 19. Jahrhunderts sich militärisch auf dem asiatischen Festland eine eigene Rohstoffbasis zu schaffen. Den Krieg in Europa betrachteten die Japaner als günstige Gelegenheit die eigenen Eroberungspläne durchzusetzen. Sie hofften, die geschwächten europäischen Staaten würden ihre Kolonien in Asien nicht mehr um jeden Preis verteidigen. Die USA traten den Japanern energisch entgegen, weil sie fürchteten im pazifischen Raum an Einfluss zu verlieren. Um Japan von seinen Plänen abzubringen, verhängten sie einen Boykott für kriegswichtige Rohstoffe.

Hitler bestärkte die japanischen Militärs darin, gegen die USA Krieg zu führen, und versprach deutsche Unterstützung. Ihm war daran gelegen, die Kräfte der USA in Asien zu binden, um deren Waffenlieferungen an England und die Sowjetunion im weiteren Verlauf des Krieges zu beeinträchtigen. Nach Pearl Harbor erklärten Deutschland und Italien den USA den Krieg.

„Totaler Krieg" und Kapitulation

Seit 1943 zeigte sich deutlich die Überlegenheit der verbündeten Gegner Deutschlands, der Alliierten, an Truppen und Material. Als Wende des Krieges gilt heute die Schlacht um *Stalingrad*.

Wenige Tage danach rief Goebbels im Februar 1943 zum „totalen Krieg" auf. Das gesamte Leben wurde auf den Krieg eingestellt. Immer schärfere Gesetze bestimmten den Alltag der Menschen. Frauen wurden verstärkt in die Rüstungsindustrie eingestellt um zum „Endsieg" beizutragen. Während die Wehrmacht Niederlage auf Niederlage erlebte, war die Heimat längst zur „zweiten Front" geworden. Die Menschen erfuhren, was moderner Krieg bedeutete: Bombenangriffe, brennende Städte, Trümmerlandschaften, unzählige Tote. Obwohl sich die Stimmung immer mehr verschlechterte, begehrte die Bevölkerung nicht auf: Vor der drohenden Niederlage hatte sie noch mehr Angst. Die Menschen sahen in ihr keine Befreiung vom Faschismus, sondern vielmehr das Aufkommen des Bolschewismus. Und sie fürchteten die Rache der Sieger.

Noch in den letzten Kriegswochen verloren viele Jungendliche und alte Männer ihr Leben oder gerieten in Gefangenschaft, als sie im „Volkssturm" zur – aussichtslosen – Verteidigung ihrer Städte mobilisiert wurden. Nach der Besatzung durch sowjetische Truppen von Osten und die Alliierten von Westen und Süden her kapitulierte das Deutsche Reich am 8. Mai 1945.

In Asien ging der Krieg aber weiter. Die USA drängten die Japaner in sehr verlustreichen Kämpfen immer weiter zurück. Um die Kapitulation zu erzwingen setzten sie erstmals in der Geschichte Atombomben ein: In Hiroshima und Nagasaki starben in Sekundenschnelle über 150 000 Menschen, die Städte wurden völlig verwüstet. Das Ende des Krieges markierte zugleich den Beginn eines neuen Zeitalters: des Atomzeitalters.

Europa brennt: Faschistische Diktaturen – nationalsozialistische Herrschaft

2 Millionen „Fremdarbeiter", nach Deutschland verschleppte ausländische Arbeiterinnen und Arbeiter, und Millionen Kriegsgefangene wurden gezwungen in der Landwirtschaft und in Fabriken zu arbeiten. Auf dem Bild ein russisches Mädchen mit einem Aufnäher an ihrer Schürze, der sie als „Ostarbeiterin" ausweist.

3 Der Führer und „sein Volk"
a) Führer-Befehl vom 19. März 1945:
Alle militärischen, Verkehrs-, Nachrichten-, Industrie- und Versorgungsanlagen sowie Sachwerte innerhalb des Reichsgebietes, die sich der Feind für die Fort-
5 setzung des Kampfes irgendwie sofort oder in absehbarer Zeit nutzbar machen kann, sind zu zerstören.

b) In einem Brief vom 29. März 1945 erinnerte sich Albert Speer an folgende Aussage Hitlers (Speer war Architekt und Reichsminister, seit 1944 zuständig für die Kriegsproduktion):
Wenn der Krieg verloren geht, wird auch das Volk verloren sein. Dieses Schicksal ist unabwendbar. Es sei nicht notwendig, auf die Grundlagen, die das Volk zu sei-
5 nem primitivsten Weiterleben braucht, Rücksicht zu nehmen. Im Gegenteil sei es besser, selbst die Dinge zu zerstören. Denn das Volk hätte sich als das schwächere erwiesen, und dem stärke-
10 ren Ostvolk gehöre dann ausschließlich die Zukunft. Was nach dem Kampf übrig bleibe, seien ohnehin nur die Minderwertigen, denn die Guten seien gefallen.

4 Ein Witz aus den letzten Kriegsmonaten:
Schäl trifft Tünnes in seinem Garten dabei, Bäume abzusägen und alle Sträucher herauszureißen. „Was machst du denn hier?", fragt er verwundert. „Hast
5 du nicht gehört", sagt Tünnes, „dass jeder Busch und jeder Baum verteidigt werden soll, darum vorsichtshalber weg damit!"

5 oben: **Ruinen am Alexanderplatz** im Mai 1945 (Foto von W. Saeger, 1945).

6 links: „**Ausgebombt**", **Mannheim 1944.** Der Bombenkrieg, den die Deutschen mit Angriffen auf Guernica, mit der völligen Zerstörung Rotterdams aus der Luft, mit Angriffen auf London und andere englische Städte, z. B. Coventry, begonnen hatten, schlug auf Deutschland zurück. Fast alle deutschen Städte wurden erheblich zerstört. Hunderttausende kamen in ihren Häusern und in Bunkern um. Allein in Dresden starben noch im Jahre 1945 in einer Februarnacht Unzählige bei einem britischen Bombenangriff.

1 Beschreibt die Rolle, die Japan im Zweiten Weltkrieg spielte (VT).
2 Warum gilt die Schlacht um Stalingrad als Wendepunkt des Krieges (Lexikon, VT)?
3 Beschreibt die Haltung der NS-Führung und die Lage der Bevölkerung in den letzten Kriegswochen anhand des VT und der Materialien M 3, M 4, M 5 und M 6.

16 Sich erinnern – notwendig, aber nicht immer leicht

1 Besucher in der Ausstellung „Vernichtungskrieg. Verbrechen der Wehrmacht 1941 bis 1944", München, 1997.

Entnazifizierung
Bestrafung der aktiven NSDAP-Mitglieder gemäß ihrer persönlichen Schuld; Entfernung aller ehemals führenden Nationalsozialisten aus öffentlichen Ämtern, Austilgung nationalsozialistischen Gedankenguts aus allen Lebensbereichen.

Verantwortung und Verdrängung

Als die Waffen schwiegen und die Sieger die Deutschen in KZs führten oder ihnen Filmaufnahmen davon zeigten, waren viele entsetzt. Die meisten behaupteten aber nichts gewusst zu haben. Viele Soldaten, oft nach langer Gefangenschaft aus dem Kriege heimgekehrt, schwiegen über beobachtete oder begangene Untaten. Manche Täter flohen auch ins Ausland oder hielten sich unter falschem Namen versteckt. Hitler, Himmler und Goebbels hatten sich durch Selbstmord der Verantwortung entzogen.

Die Siegermächte wollten die Deutschen zur Rechenschaft ziehen. In Nürnberg, wo die Nationalsozialisten ihre Parteitage gefeiert und auch die „Rassengesetze" verkündet hatten, führten sie Prozesse gegen die Hauptverantwortlichen durch. Diese „Nürnberger Prozesse" enthüllten den Deutschen das Ausmaß der NS-Verbrechen. Aber in der Bevölkerung ließ das Interesse an der Berichterstattung bald nach. Viele wollten alles schnell vergessen. Die Probleme der Gegenwart – Wiederaufbau, Flüchtlinge, Vertriebene, Hunger und Wohnungsnot – waren ihnen drückend genug.

Entnazifizierung

Die *Entnazifizierung* der deutschen Gesellschaft, die die Sieger beschlossen hatten, verlief unterschiedlich. In der amerikanisch besetzten Zone mussten die Deutschen Fragebögen ausfüllen. Nach diesen wurden sie in „Hauptschuldige, Belastete, Minderbelastete, Mitläufer, Entlastete" eingeteilt. Die umständlichen Verfahren zogen sich jedoch in die Länge, die klare Zuordnung zu einer der Gruppen erwies sich als schwierig und weckte Misstrauen bei den Betroffenen. Manch einer kam mit einem Gefälligkeitsgutachten („Persilschein") glimpflich davon, während viele „kleine" Täter sofort verurteilt wurden. Auf Drängen der Bevölkerung gaben gegen Ende der 1940er-Jahre die politisch Verantwortlichen die Entnazifizierung schließlich ganz auf.

In der neu gegründeten Bundesrepublik war es manchen ehemaligen Nationalsozialisten möglich, wieder in gehobene Positionen zu gelangen. Viele Deutsche leugneten oder verdrängten im Laufe der Zeit ihre Mitverantwortung für die Verbrechen der Nationalsozialisten. Die einen schoben alle Schuld auf die NS-Führung, die anderen rechneten die deutschen Verbrechen gegen den alliierten Bombenkrieg oder die Vertreibung aus den deutschen Ostgebieten auf. Mit dem „Wirtschaftswunder" in den 1950er-Jahren schwand bei vielen Bundesbürgern vollends das Interesse an der Vergangenheitsbewältigung. Es ging aufwärts und die Menschen wollten nach vorne schauen.

In der sowjetischen Zone wurden sehr viele ehemalige NSDAP-Mitglieder vergleichsweise schnell aus allen öffentlichen Ämtern und Führungspositionen entfernt. Die Besatzungsmacht und die kommunistische Partei nutzten die Situation auch um willkürlich alle Personen auszubooten, die ihnen politisch nicht behagten. Die DDR-Regierung lehnte später die Verantwortung für die Zeit des Nationalsozialismus ab: Ihr Staat sei schließlich von Antifaschisten gegründet worden und habe den Kampf gegen den Faschismus zum Staatsziel erhoben.

Europa brennt: Faschistische Diktaturen – nationalsozialistische Herrschaft

Die Vergangenheit kehrt zurück

Als der israelische Geheimdienst 1961 den Organisator des Judenmordes in Europa, Adolf Eichmann, in Südamerika aufspüren und in Israel vor Gericht stellen konnte, horchte die Welt auf. Die Deutschen wurden 15 Jahre nach dem Krieg erneut mit den NS-Verbrechen konfrontiert. Nun stellte auch die nachgewachsene Generation den Eltern oft schmerzliche Fragen nach deren Verhalten während der Hitler-Zeit.

In Ludwigsburg wurde eine Behörde eingerichtet, die systematisch alle nationalsozialistischen Verbrechen erfasste. Dadurch konnten viele Täter ermittelt und vor deutsche Gerichte gestellt werden. Überlebende aus KZs und Vernichtungslagern traten als Zeugen vor ihren ehemaligen Peinigern auf. Sie mussten die schreckliche Vergangenheit in der Erinnerung noch einmal durchleben.

2 Der Schriftsteller Heinrich Böll
zum Eichmann-Prozess, 1961:

Sicher ist, dass nicht Eichmann allein dort vor Gericht steht; die Geschichte, die ihn an jene Stelle trug, ist nicht eine zufällige gewesen. (…)

5 Das Fürchterliche an der nationalsozialistischen Seuche war, dass sie nicht als Episode abgetan, für erledigt betrachtet werden kann; sie hat das Denken verseucht, die Luft, die wir atmen, sie hat die
10 Worte, die wir sprechen und schreiben, in einer Weise vergiftet, die nicht vor einem Gerichtshof bereinigt werden kann; im Wirkungsbereich dieser Seuche hat das Wort Verantwortung keinen Platz, es
15 wird ersetzt durch das Wort Befehl – und es ist dieses Wort, das in Jerusalem vor Gericht steht. (…)
Es fängt mit kleinen Befehlen an, über die man lachen, die man mit einem in-
20 neren Lachen ausführen kann: linksum, rechtsum, kehrt; es folgen größere, gewichtigere Befehle: auf eine Pappscheibe zu schießen; Befehle, immer mehr, kleine und große, die sich zu dem ungeheuerli-
25 chen Befehl addieren, Menschen zu töten.

3 Der Historiker Eberhard Jäckel schreibt 1982 im Buch „Umgang mit Geschichte":

Man versuchte, die Last der Geschichte abzuschütteln, Besseres an die Stelle des Schlechten zu setzen, um das Schlechte nicht mehr sehen zu müssen. Der Ver-
5 such aber, so emsig er zumal in den Fünfzigerjahren betrieben wurde, scheiterte. Je mehr die westdeutsche Gesellschaft verdrängte, umso bedrängter wurde ihr das, was sie verdrängen wollte. (…)
10 Wie aber nähern wir uns jener Zeit, die sich nicht entfernen will? (…) Vielleicht sollten wir in der Nähe anfangen. Vielleicht kann geschichtliche Erfahrung ebenso wie Nächstenliebe an der ei-
15 genen Haustür beginnen, so wie Geschichtsunterricht mit dem beginnt, was man früher Heimatkunde nannte. Die Schüler haben es uns (bei einem Wettbewerb) vorgemacht. Sie haben die Ver-
20 gangenheit in ihrer örtlichen Nähe aufgespürt und dabei die zeitliche Ferne besser überwunden als in vielen Schulstunden. (…) Sie haben dabei übrigens nicht nur Ermutigung erfahren. Wer
25 Schmutz im eigenen Nest entdeckt, wird oft der Nestbeschmutzung bezichtigt.

4 Demonstration der Nationaldemokratischen Partei (NPD) 1997 in München anlässlich der umstrittenen Ausstellung zu den Verbrechen der Wehrmacht.

5 Plakat in der britischen Zone, 1947.

1 Was ist für dich die wesentliche Aussage in Text M 2 und in Text M 3? Vergleicht eure Ergebnisse und tauscht eure Argumente aus.
2 Nehmt Stellung zu der Aussage des Plakates (M 5): War der Nationalsozialismus ein „politischer Irrtum"?
3 Versuche zu erklären, aus welchen Gründen die NPD gegen die „Wehrmachtsausstellung" demonstrierte (M 4).

Projekt

Rechtsradikalismus heute

Angst vor Neonazis geht um
In vielen ostdeutschen Städten machen sich Schlägertrupps breit

Schlagzeilen aus der gleichen Zeitung vom gleichen Tag, dem 17. Februar 1998

Ein Dorf wehrt sich gegen die Aufnahme von Juden
In Brandenburg – Jüdische Gemeinde in Berlin ist empört

Dieser Gedenkstein in Berlin wurde im April 1998 innerhalb weniger Wochen zweimal geschändet. Daraufhin bildete sich eine Bürgerinitiative aus „Anwohnern und Engagierten". Sie bewachten abwechselnd und in Zusammenarbeit mit der Polizei das Denkmal rund um die Uhr. Sie haben die Aufforderung des Vorsitzenden der Jüdischen Gemeinde wörtlich genommen: „Wachsamkeit dürfe nicht allein dem Staat überlassen bleiben, hatte er gesagt", heißt es dazu in einem Zeitungsbericht.

Rechtsradikalismus und Neofaschismus – das sind Phänomene, die uns offenbar immer näher rücken, in Form von Zeitungsmeldungen, von Demonstrationen, Parteiwerbungen, Parolen oder Gewalt gegen Ausländer. Wie soll man sich dazu verhalten? Diese Frage stellt sich besonders, wenn man sich gerade so intensiv wie ihr mit der Zeit des Nationalsozialismus beschäftigt hat. Gibt es Parallelen zwischen damals und heute? Wie sind Parolen, Auftreten und Stellungnahmen der Rechtsradikalen zu bewerten? Mit euren neu gewonnenen Kenntnissen könnt ihr euch nun fundierter damit auseinandersetzen und eigene Positionen beziehen. Dazu sollen euch der folgende Projektvorschlag und die aufgezeigten Möglichkeiten anregen.

Europa brennt: Faschistische Diktaturen – nationalsozialistische Herrschaft

Bundesweit beschlagnahmte Propagandamittel der NSDAP/AO in Hamburg 1995

NDP (Nationaldemokratische Partei) – Mitglieder am 1. Mai 1998 in Leipzig bei einer Kundgebung am Völkerschlachtdenkmal

Homepage der Gedenkstätte des KZ Dachau im Internet: http://www.infospace.de/gedenkstätte/index.html

Informationen sammeln und auswerten

1. Informationen sammeln: Einfachste Bezugsquelle sind die Zeitungen. Dann gibt es Fernsehsendungen zum Thema; auch das Internet bietet unterschiedliche Informationen. Als Beispiel haben wir die Homepage der Gedenkstätte des Konzentrationslagers Dachau abgedruckt, aber ihr findet sicher noch andere.
Natürlich kann nicht jeder alles machen. Man muss sich die Suche aufteilen und dann später die Informationen in der Klasse zusammentragen. Daraus ergibt sich eine erste Zusammenfassung: Was sagen euch die gesammelten Informationen über den Rechtsradikalismus heute? Auftreten, Formen, Gruppen, Äußerlichkeiten, Argumente und Ziele, Verbreitung etc.
2. Sich mit Argumenten der Rechtsradikalen und mit ihren Lösungskonzepten für aktuelle Probleme auseinandersetzen.
3. Den Rechtsradikalismus heute mit dem Faschismus und dem Nationalsozialismus der 1920er- und 1930er-Jahre vergleichen: Parallelen und Unterschiede herausstellen.
4. Ursachenforschung betreiben. Die Karikatur auf dieser Seite gibt erste Anregungen. Man könnte dazu auch Experten (z. B. Wissenschaftler, die sich mit Jugendkultur und Gewalt auseinander setzen) und Betroffene befragen.
5. Wie sollten und wie können wir dem Rechtsradikalismus heute begegnen?
6. Ergebnisse zusammenstellen und veröffentlichen: als Wandzeitung, als Beitrag in der Schülerzeitung oder in der Lokalpresse.

Auf einen Blick

1918
Ende des Ersten Weltkrieges

1919
Neuordnung Europas in den Pariser Verträgen; Gründung der Weimarer Republik

1933
nationalsozialistische Machtübernahme und Errichtung einer Diktatur in Deutschland

1939
Überfall Deutschlands auf Polen; Beginn des Krieges in Europa

1942
Wannseekonferenz in Berlin: der Holocaust wird organisiert

1945
Ende des Zweiten Weltkrieges; Kapitulation Deutschlands; Kapitulation Japans nach dem Abwurf von zwei Atombomben

Hausruine, 1945

Nach dem Ersten Weltkrieg
Die erste Hälfte des 20. Jahrhunderts war für viele eine große Leidenszeit. Nach dem Ersten Weltkrieg schufen die Pariser Verträge keine stabile Friedensordnung in Europa: Neue Grenzfestlegungen enthielten den Keim neuer Konflikte; Deutschland musste im Versailler Vertrag die alleinige Kriegsschuld anerkennen. Das empörte viele Deutsche. Nach dem Ende der deutschen Monarchie mündete der Kampf um eine neue Staatsordnung zunächst in eine Revolution (November 1918). Die Befürworter der parlamentarischen Demokratie verbündeten sich mit der alten militärischen Führung gegen kommunistische Umsturzversuche.

Die Weimarer Republik
Die neu gegründete Weimarer Republik hatte es schwer: Meist erhielt keine Partei eine klare Stimmenmehrheit, sodass keine starken Regierungen zustande kamen. Das erschwerte die Lösung der vielfältigen und großen Probleme. Von Anfang an wurde die Demokratie von links und rechts bekämpft. Die Gegner von rechts nutzten die allgemeine Empörung über den Versailler Vertrag für ihre antidemokratische Propaganda aus.

Die Weltwirtschaftskrise 1929 führte zum Aufstieg der rechtsradikalen, antidemokratischen und antiparlamentarischen NSDAP mit ihrem „Führer" Adolf Hitler. Nicht an demokratische Spielregeln gewöhnt, versäumten zu Viele die Chance sie sich in den 15 Jahren der Weimarer Zeit anzueignen. Heute sprechen Viele von einer „Demokratie ohne Demokraten".

Extreme politische Wege
Auch in anderen Ländern Europas gewannen Bewegungen Zulauf, die für alle sozialen und wirtschaftlichen Probleme vermeintlich „einfache" Lösungen anboten. Für sie war auch Gewaltanwendung ein Mittel der politischen Auseinandersetzung. Viele Sozialisten und Kommunisten sahen in der bolschewistischen Revolution ein Vorbild, konnten oder wollten aber die Schattenseiten der Sowjetdiktatur nicht sehen. In Italien gelang es 1922 den Faschisten unter Mussolini an die Macht zu kommen und eine Diktatur zu errichten. Hitler und seine Partei nahmen diese als Vorbild. 1933 erreichten sie ihr Ziel: Hitler wurde zum Reichskanzler ernannt. Andere faschistische Bewegungen in Europa orientierten sich an Deutschland und Italien, allerdings meist ohne großen Erfolg. In Spanien putschte sich 1936 die faschistische Falange an die Macht. Diktator General Franco regierte bis 1973.

In Deutschland regierten die Nationalsozialisten ab 1933 mit brutaler Gewalt: Sie schalteten ihre Gegner aus und ersetzten den Rechtsstaat durch einen Polizei- und Überwachungsstaat. Unter ihrer Führung begann Deutschland den Zweiten Weltkrieg. Deutsche und ihre Helfer verübten einen verheerenden Völkermord in Osteuropa und betrieben die systematische Ermordung der europäischen jüdischen Bevölkerung. Als Deutschland nach sechs Kriegsjahren kapitulierte, bildeten die Zerstörung Europas in weiten Teilen und Verbrechen gegen die Menschlichkeit in einem unvorstellbaren Ausmaß die Bilanz der NS-Herrschaft.

Europa brennt: Faschistische Diktaturen – Nationalsozialistische Herrschaft

Hans-Georg Noack schrieb 1962 den Jugendroman „Die Webers. Eine deutsche Familie, 1932–1945". Im Vorwort heißt es: „Dies ist die Geschichte einer Familie. Ich hoffe, sie wird den Leser zum Nachdenken anregen. Tut sie es nicht, so habe ich mein Ziel nicht erreicht. (…) Wahrscheinlich wäre es müßig und überflüssig von der Vergangenheit zu sprechen, wenn diese Vergangenheit nicht in einem gewissen Maße die Gegenwart bestimmte, in der wir leben."
Im Folgenden das letzte Kapitel des Buches (Gerd ist der ältere Sohn der Webers; anders als sein jüngerer Bruder hat er sich für die Nationalsozialisten begeistert):

30. April 1945
Hitler endet durch Selbstmord. Zu seinem Nachfolger als Reichspräsident bestimmt er den Großadmiral Dönitz, zum Reichs-
5 *kanzler Dr. Joseph Goebbels, der jedoch mit Frau und Kindern ebenfalls im Führerbunker der Reichskanzlei Selbstmord verübt.*

Noch war Gerd nicht ganze sechzehn
10 Jahre alt, und vielleicht hätte er, wäre ihm eine Jugend beschieden gewesen, wie sie ihm eigentlich zustand, in diesem Alter daran gedacht, demnächst zur Tanzstunde zu gehen.
15 Unsinniger Gedanke! Sechzehnjährige waren nicht mehr auf der Welt um sich an ihrer Jugend zu freuen. Im letzten Augenblick noch, als man schon das Rasseln sowjetischer Panzerwagen zu hören
20 meinte, musste Gerd die taubengraue Uniform der Luftwaffenhelfer anziehen, in fieberhafter Eile lernen, wie man ein Flakgeschütz bediente, und sich darauf vorbereiten zu den Verteidigern Berlins
25 gezählt zu werden.
Und nun war es so weit. Das Geschütz, zu dessen Bedienung er gehörte, war längst ausgefallen. Er hastete als Melder von Stellung zu Stellung, überbrachte
30 Befehle, die sich widersprachen und keine Ordnung mehr in das Gewirr bringen konnten. Er sprang in die Deckung wankender Ruinenmauern, wenn die Artilleriegeschosse heranfegten, hörte die
35 Splitter vorübersausen, sprang weiter und wunderte sich, dass er noch immer lebte.

Eine Frau kam ihm entgegen und schob einen Kinderwagen vor sich her.
40 Sie ging, als berührte sie der schwere Beschuss überhaupt nicht, als führe sie ihr Kind in einem sonnigen Park spazieren, damit es gute, reine Luft atme, um gut zu wachsen und zu gedeihen. Und unten
45 aus dem Kinderwagen sickerte Blut in den Straßenstaub. Gerd sah entsetzt, sah das Loch, das ein Splitter in die Seitenwand des Wagens gerissen hatte und ahnte, was geschehen war. Aber die jun-
50 ge Mutter wollte es nicht wissen. Sie lächelte dorthin, wo ihr Kind in weichen Kissen gelegen hatte, lächelte und wartete wohl darauf, dass ein zweiter Splitter das Werk vollende. Da war eine Stel-
55 lung. Vier, fünf Jungen hockten hinter leeren Munitionskisten, hielten Panzerfäuste in den Händen und starrten mit bleichen Gesichtern die Straße entlang. Keuchend hockte sich Gerd zu ihnen.
60 „Ihr sollt hier verschwinden. Schnell! Alle zum U-Bahn-Schacht an der Ecke. Da sollen Hunderte von Zivilisten drin sein. Der Eingang soll verteidigt werden."
„Aber wenn doch hier die Panzer kom-
65 men!", widersprach einer.
„Das weiß ich nicht. Befehl! Los, haut ab." Sie gingen, und er schloss sich ihnen an.
Als sie die Treppe hinuntergingen,
70 quoll ihnen das Wasser entgegen, schmutziges, stinkendes Wasser. Ein paar Menschen flohen davor her und erreichten die rettenden Stufen. Und dann schwemmte es heran: Gepäckstücke,
75 Kleider, eine tote Katze, eine Frau, die schreiend versuchte, durch das Wasser zu waten, dann stürzte, noch einmal den Kopf herausbrachte und wieder verschwand.
80 Die Jungen starrten fassungslos, wollten helfen und wussten nicht, was sie tun sollten.
Auf der übel riechenden Flut schwemmte ein Plakat herum: ein farbiges Bild Hit-
85 lers und darunter die Worte: „Adolf Hitler – das ist der Sieg!"
Gerd wandte sich um, stürzte die Treppe hinauf, erreichte die Straße.
In diesem Augenblick sah er russische
90 Panzer heranrollen. Der Kommandant stand in der offenen Luke, und neben seinem Kopf wehte eine rote Fahne.

667

Konflikte und Friedensbemühungen in der Welt seit 1945

oben: Grenzen einer Weltmacht
Seit dem Ende der 60er-Jahre galt die amerikanische Flagge auch als ein Symbol des „US-Imperialismus": bei Demonstrationen gegen den Vietnamkrieg in Westeuropa ebenso wie hier 1979 bei der Besetzung der amerikanischen Botschaft in Teheran.

Am Stadtrand von Bombay (Indien) in den 1990er-Jahren.

Hintergrund: Atombombentest Frankreichs im Pazifik 1971.

Ende einer Weltmacht
Arbeiter setzen im November 1991 mithilfe eines Krans den Granitkopf Lenins auf die Straße. Das 18 m hohe Berliner Denkmal, das Symbol einer neuen Weltordnung werden sollte, wird Stück für Stück abgebaut. Die Sowjetunion zerfiel schließlich in 15 Einzelstaaten.

Flüchtlinge in Ruanda 1994.

1 In Hiroshima beginnt die atomare Bedrohung der Welt

1 *Bedrohung? „Es wird hier dauernd vom Frieden gesprochen – meine Herren, der Friede bin ich!" (Karikatur von 1956) – Erklärt den Widerspruch.*

Atommacht
nennt man diejenigen Staaten, die im Besitz von Atom- oder Wasserstoffbomben sind. Nach den USA erreichten die UdSSR (1949), Großbritannien (1952), Frankreich (1960), die Volksrepublik China (1964) und Indien (1964) den Status einer Atommacht.

Eine Stadt wird ausgelöscht
In den letzten Tagen des Zweiten Weltkrieges startete der viermotorige amerikanische Bomber „Enola Gay" von einer kleinen Insel im Pazifik. Sein Ziel war die japanische Hafenstadt Hiroshima. Auf Befehl von US-Präsident Truman sollte der Pilot über der Stadt mit ihren 340 000 Einwohnern eine Bombe abwerfen. Der Besatzung hatte man vorher nur gesagt, diese Bombe werde „ein neues Kapitel in der Geschichte der Kriegführung" einleiten.

Im Augenblick der Explosion sahen die Männer der „Enola Gay" einen riesigen Feuerball von 500 Metern Durchmesser. Eine Minute danach wurde das Flugzeug von einer gewaltigen Druckwelle erschüttert, obwohl es sich schon viele Kilometer von der Abwurfstelle entfernt hatte. Für die Menschen in Hiroshima begann ein entsetzliches Leiden: Die ganze Stadt war in ein riesiges, brodelndes Flammenmeer verwandelt, aus dem sich ein gewaltiger Rauchpilz fast sieben Kilometer in den Himmel erhob. Eine einzige Bombe hatte sie zerstört – eine Atombombe.

Die Entwicklung der Atombombe
Eigentlich war die Atombombe nicht für Hiroshima gebaut worden, eher für Hamburg, Essen oder Chemnitz. Sie sollte das letzte und furchtbarste Mittel der Alliierten im Kampf gegen das nationalsozialistische Deutschland sein. In Europa war aber der Krieg zu Ende gegangen, bevor die Bombe fertig war.

Die Planungen zum Bau dieser Waffe reichen in das Jahr 1939 zurück, als der Physiker Albert Einstein den US-Präsidenten Roosevelt aufforderte die Entwicklung einer amerikanischen Atombombe einzuleiten. Anderenfalls würden die Nationalsozialisten als Erste in den Besitz der neuen Waffe kommen und sie auch einsetzen. Von dieser Vorstellung war Einstein zutiefst beunruhigt, seit es Otto Hahn und Fritz Strassmann Ende 1938 in Berlin gelungen war den Kern des Uranatoms zu spalten. Als im Herbst 1941 deutsche Truppen vor Moskau standen, fiel in den USA die Entscheidung für die Entwicklung der Atombombe. Das später unter dem Namen „Manhattan-Projekt" bekannt gewordene Unternehmen beschäftigte zeitweise bis zu 600 000 Menschen. Ihre Arbeit stand unter strengster Geheimhaltung. Maßgeblich beteiligt waren auch Dutzende von Physikern, die vor den Nationalsozialisten aus Europa geflohen waren.

Die amerikanische Bevölkerung wurde erst nach Hiroshima über den Bau der Bombe informiert. Bei Meinungsumfragen im August 1945 billigte mit 85 % dennoch eine große Mehrheit ihren Abwurf. Die meisten Amerikaner wollten den Krieg so schnell wie möglich beenden, gleichgültig mit welchen Mitteln. Die Wirkung der Atombombe sollte den Japanern die Sinnlosigkeit weiteren Widerstandes vor Augen führen.

Atomares Wettrüsten
In Hiroshima wurden am Morgen des 5. August 1945 über 80 000 Menschen getötet. In Nagasaki, wo vier Tage später die zweite Atombombe fiel, waren es 70 000. Zehntausende starben später an Strahlenschäden und anderen Verletzungen. Für die Japaner war es das Ende des Krieges: Kaiser Hirohito bot am 14. August 1945 die Kapitulation an.

Hiroshima und Nagasaki zeigten der Welt zum ersten Mal die unvorstellbare Zerstörungskraft von Atombomben. Als militärische Großmacht konnte sich von nun an nur noch der Staat empfinden, der wie die USA über Atomwaffen verfügte. Andere Staaten versuchten deshalb ebenfalls *Atommacht* zu werden. Ein atomares Wettrennen begann, bei dem selbst Entwicklungsländer einen großen Teil ihrer materiellen und wissenschaftlichen Ressourcen in den Bau einer Atombombe investierten. Heute ist die Selbstvernichtung der Menschheit mit Atomwaffen leicht möglich.

Konflikte und Friedensbemühungen in der Welt seit 1945

5 Die Bombe „Little Boy" wurde am 6. August 1945 auf Hiroshima abgeworfen (Foto von 1945). Sie explodierte über dem Stadtzentrum in 270 Meter Höhe. Die frei gesetzte Energie entsprach der von 12 500 Tonnen des herkömmlichen Sprengstoffs TNT.

2 **Der Zerstörungsgrad der Atombombe** (Foto von 1945). Mehr als 60 Prozent der Häuser von Hiroshima wurden zerstört. Menschen, die sich in einem Radius von einem Kilometer um den Feuerball befanden, verkohlten in weniger als einer Sekunde. Noch in vier Kilometer Entfernung fingen Vögel in der Luft Feuer.

3 **Die Überlebenden in Hiroshima** glauben noch einmal davongekommen zu sein (Foto vom August 1945). Sie wissen nicht, dass sie an einer heimtückischen Strahlenkrankheit leiden, die sie monate- oder jahrelang dahinsiechen lassen wird, bis sie den Strahlentod sterben. Noch nach Jahrzehnten kommen missgebildete Kinder auf die Welt.

4 **Die atomare Abschreckung** beschrieb der Friedensforscher und Physiker Carl Friedrich von Weizsäcker 1974 so:
Die Motivlosigkeit für Kriege zwischen den nordischen Mächten hängt zum Teil an dem heutigen Abschreckungssystem. (…) Es beruht für die beiden Super-
5 mächte auf der Fähigkeit jeder von beiden, auch nach einem ersten Schlag gegenüber der anderen Macht einen praktisch vernichtenden Gegenschlag zu führen. (…) Das Gleichgewicht der stra-
10 tegischen Abschreckung beruht auf technischen Fakten, die sich ändern können und werden; es ist darum prekär [bedenklich]. (…) Die Zweitschlagskapazitäten der Großmächte können in zehn oder
15 zwanzig Jahren ersatzlos veralten sein. Dann müsste man nicht mehr wie heute auf den Selbsterhaltungstrieb, sondern auf die beiderseitige oder allseitige Friedensentschlossenheit der Regierungen
20 vertrauen. Ein dritter Weltkrieg ist also sehr wohl möglich.

6 **Den Zeitpunkt des Bombenabwurfs** zeigt dieses Fundstück aus den Trümmern von Hiroshima an.

1 Zur Zeit des Kalten Krieges wurde häufig vom „Gleichgewicht des Schreckens" gesprochen. Was ist damit gemeint (VT, M1, M4)?
2 Diskutiert, inwiefern mit dem Abwurf der ersten Atombombe ein neues Zeitalter der Politik begannen (VT, M2, M3, M5).

2 Der Traum von der Einen Welt – Gründung der Vereinten Nationen

Sicherheitsrat
Das wichtigste Organ der UNO mit fünf ständigen und zehn weiteren Mitgliedern, die auf die Dauer von zwei Jahren gewählt werden:
– 3 aus Afrika
– 2 aus Asien
– 2 aus Lateinamerika
– 1 aus Osteuropa
– 2 aus Westeuropa oder der übrigen westlichen Welt.

Veto
von lat. vetare = verbieten.
Wer im politischen Bereich ein Vetorecht besitzt, kann Gesetze oder Beschlüsse verhindern.

1 *UN-Friedenspolitik aus der Sicht zweier Karikaturisten.*
links: **Horst Haitzinger zur UNO-Politik** in Kroatien, 1993;
rechts: **Karl Gerd Striepecke zur militärischen Intervention (1992–95)** anlässlich des blutigen Bürgerkrieges in Somalia.
– Auf welche Schwächen der UN-Politik machen die Karikaturisten aufmerksam?

„Nie wieder Krieg" – das war 1945 ein weltweiter Wunsch der Menschen. Sieger und Besiegte hatten Millionen Opfer und unermessliche Zerstörungen zu beklagen. Wie aber konnte in Zukunft der Frieden gesichert, die Welt vor Aggressoren geschützt werden? Dem amerikanischen Präsidenten Franklin D. Roosevelt schwebte damals die Idee einer „Weltregierung" (One World) vor.

Am 26. Juni 1945 schlossen sich 51 Staaten zur Organisation der Vereinten Nationen (UNO = United Nations Organization, abgekürzt auch UN) zusammen, die ihren Sitz in New York erhielt. Die Verlierer des Krieges wurden zunächst ausgeschlossen; Japan wurde 1956 aufgenommen, die Bundesrepublik Deutschland und die DDR erst im Jahr 1973. Bis Ende 1997 wuchs die UNO auf 185 Mitglieder an. Alle Mitgliedsländer haben sich verpflichtet den Weltfrieden zu sichern, die Menschenrechte zu schützen, die Gleichberechtigung aller Staaten zu garantieren und den allgemeinen Lebensstandard in der Welt zu verbessern.

Wunsch ...
Die UNO sollte wirkungsvoller als ihr Vorgänger, der im Jahr 1919 gegründete Völkerbund, zur Friedenssicherung beitragen und daher mit mehr politischen und militärischen Befugnissen ausgestattet werden.

Der *Sicherheitsrat* der Vereinten Nationen kann ein Land, das den Frieden bedroht, mit militärischen Mitteln in die Schranken weisen. Doch die UNO verfügt bis heute nicht über eigene Streitkräfte. Wenn sie militärisch eingreifen will, um einen bewaffneten Konflikt zu beenden oder einen gefährdeten Frieden zu schützen, ist sie auf die Hilfe der Mitgliedsstaaten angewiesen. Diese stellen Kontingente zu einer Friedenstruppe, die unter dem Befehl der UNO eingesetzt wird.

... und Wirklichkeit
Obwohl es der UNO vielfach gelang Konflikte zu entschärfen, konnten seit 1945 weltweit etwa 200 Kriege nicht verhindert werden. Dazu hat auch die Aufspaltung der Welt in zwei konkurrierende Machtblöcke beigetragen, die zur Sicherung von Einflusssphären häufig militärische Gewalt einsetzten.

Die beiden Führungsmächte der neuen Weltordnung nach 1945, die USA und die UdSSR, hatten sich als ständige Mitglieder des Sicherheitsrats das Recht eingeräumt mit ihrem *Veto* Beschlüsse im UN-Sicherheitsrat zu blockieren.

Konflikte und Friedensbemühungen in der Welt seit 1945

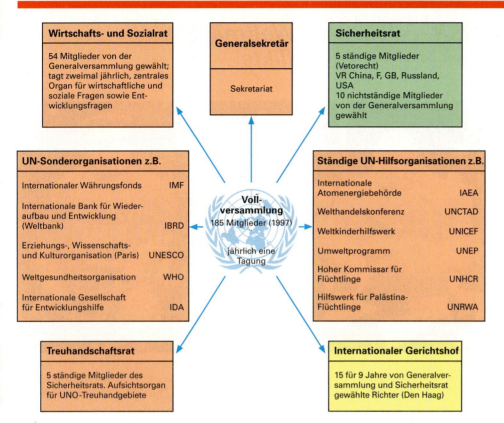

3 Organe und Gliederung der Vereinten Nationen. Beschlüsse der Vollversammlung werden mit Zweidrittelmehrheit gefasst. Dabei hat jeder Staat, unabhängig von seiner Einwohnerzahl, eine Stimme. Der Sicherheitsrat ist das eigentliche Exekutivorgan der UNO. Entsteht eine Situation, die den Weltfrieden gefährdet, entscheidet er – in geringerem Maße der Generalsekretär sowie die Vollversammlung – über geeignete Maßnahmen. Deutschland und Japan wollen in den Kreis der ständigen Mitglieder aufgenommen werden. Sie sind schon jetzt nach den USA die größten Beitragszahler zum Haushalt der UNO.

2 Die UN-Charta von 1945 beschreibt ein System der friedlichen Lösung zwischenstaatlicher Konflikte zur Erhaltung des Weltfriedens:

Artikel 33: Die Parteien einer Streitigkeit, deren Fortdauer geeignet ist die Wahrung des Weltfriedens und der internationalen Sicherheit zu gefährden, bemühen sich zunächst um eine Beilegung durch (…) friedliche Mittel ihrer Wahl.

Artikel 40: Um einer Verschärfung der Lage vorzubeugen kann der Sicherheitsrat (…) die beteiligten Parteien auffordern den von ihm für notwendig oder erwünscht erachteten Maßnahmen Folge zu leisten. Diese vorläufigen Maßnahmen lassen die Rechte, die Ansprüche und Stellung der beteiligten Parteien unberührt. (…)

Artikel 41: Der Sicherheitsrat kann beschließen, welche Maßnahmen – unter Ausschluss von Waffengewalt – zu ergreifen sind um seinen Beschlüssen Wirksamkeit zu verleihen; er kann die Mitglieder der Vereinten Nationen auffordern diese Maßnahmen durchzuführen. Sie können die vollständige oder teilweise Unterbrechung der Wirtschaftsbeziehungen, des Eisenbahn-, See- und Luftverkehrs, der Post-, Telegrafen- und Funkverbindungen sowie sonstiger Verkehrsmöglichkeiten und den Abbruch der diplomatischen Beziehungen einschließen.

Artikel 42: Ist der Sicherheitsrat der Auffassung, dass die in Artikel 41 vorgesehenen Maßnahmen unzulänglich sein würden oder sich als unzulänglich erwiesen haben, so kann er mit (…) Streitkräften, die zur Wahrung oder Wiederherstellung des Weltfriedens und der internationalen Sicherheit erforderlichen Maßnahmen durchführen. Sie können Demonstrationen, Blockaden und sonstige Einsätze der Streitkräfte von Mitgliedern der Vereinten Nationen einschließen.

USA	25,0%
Japan	15,4%
Deutschland	9,0%
Frankreich	6,4%
Großbritannien	5,3%
Italien	5,2%
Russland	4,5%

4 Die größten Beitragszahler der UNO 1996: Der Zwei-Jahres-Haushalt 1996/97 belief sich auf 2,603 Mrd. US-Dollar.

1. Welche Mittel kann die UNO einsetzen um einen Krieg zu verhindern oder um in einen bewaffneten Konflikt einzugreifen (M2)? Wo liegen die Grenzen (VT, M1)?
2. Welche Bedeutung hat das Vetorecht im Sicherheitsrat der Vereinten Nationen (M3, VT)?
3. Sammelt Zeitungsberichte, Bildmaterial etc. über aktuelle Konflikte. Diskutiert dabei jeweils die Rolle der UNO.

Der Ost-West-Konflikt

3 USA und UdSSR – die neuen Weltmächte am Beginn des Ost-West-Konflikts

1 Die „Großen Drei" in Jalta, Halbinsel Krim: Churchill, Roosevelt und Stalin (Foto, 1945).

2 Die Freiheitsstatue in der Hafeneinfahrt von New York galt Millionen von Einwanderern als Symbol der Neuen Welt.

3 „Entwurf für ein Siegerdenkmal" (Karikatur aus der Schweizer Illustrierten vom 11. April 1945). – Wer sind die Personen? Wie beschreibt der Karikaturist ihr Verhältnis zueinander? Beachte die Schlange.

Für junge Menschen ist es heute kaum noch vorstellbar, dass Europa einst geteilt war, dass Minenfelder, Stacheldraht und Wachtürme die Grenze zwischen Ost und West markierten, dass diese Teilung in Berlin in Form der Mauer brutal in Beton gegossen war. Diese Trennlinie nannte man den Eisernen Vorhang. Die Teilung des europäischen Kontinents ist ein Ergebnis der unmittelbaren Nachkriegspolitik der beiden Hauptsiegermächte über Deutschland: USA und UdSSR. Von welchen politischen Grundvorstellungen ließen sie sich leiten?

Weltmachtinteressen: USA

Die USA waren 1945 die einzige Siegermacht ohne Zerstörungen im eigenen Land. Ihre Hilfslieferungen an Großbritannien und die UdSSR hatten entscheidend zum Sieg über Hitler-Deutschland beigetragen. Durch die Kriegsproduktion hatte Amerika eine schwere Wirtschaftskrise überwunden. Steigende Einkommen waren die Folge. Mehr als 60 % der weltweiten Industrieproduktion kam nun aus amerikanischen Fabriken. Anders als nach dem Ersten Weltkrieg wollten die USA die politische Neuordnung der Welt mitgestalten. Demokratie, Friedenssicherung und Menschenrechte sollten dabei ebenso bestimmend sein wie der freie Zugang zu den Märkten und Rohstoffquellen der Welt.

Weltmachtinteressen: UdSSR

Keine Siegermacht hatte so große Opfer im Zweiten Weltkrieg zu beklagen wie die Sowjetunion: Mehr als 20 Millionen Tote, verwüstete Landstriche und zerstörte Industriebetriebe waren die schreckliche Bilanz des Krieges. Der Wiederaufbau des Landes musste das wichtigste Ziel der Nachkriegszeit sein. Dazu wollte die Sowjetunion deutsche Reparationsleistungen und amerikanische Kredite nutzen. Langfristig fürchtete die Sowjetführung einen Konflikt mit den USA und anderen kapitalistischen Staaten. Sie setzte daher alles daran um die UdSSR als „Vaterland aller Werktätigen" zu sichern.

Konflikte und Friedensbemühungen in der Welt seit 1945

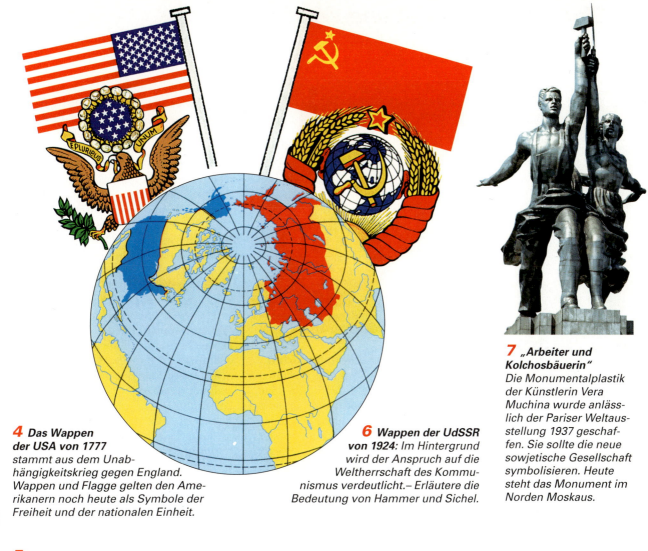

4 Das Wappen der USA von 1777 stammt aus dem Unabhängigkeitskrieg gegen England. Wappen und Flagge gelten den Amerikanern noch heute als Symbole der Freiheit und der nationalen Einheit.

6 Wappen der UdSSR von 1924: Im Hintergrund wird der Anspruch auf die Weltherrschaft des Kommunismus verdeutlicht. – Erläutere die Bedeutung von Hammer und Sichel.

7 „Arbeiter und Kolchosbäuerin" Die Monumentalplastik der Künstlerin Vera Muchina wurde anlässlich der Pariser Weltausstellung 1937 geschaffen. Sie sollte die neue sowjetische Gesellschaft symbolisieren. Heute steht das Monument im Norden Moskaus.

5 Konferenzen der Alliierten

1941 – Atlantik-Charta:
Der amerikanische Präsident Roosevelt und der englische Premierminister Churchill legen die gemeinsamen Grundsätze einer freien Welt nach dem Ende der nationalsozialistischen Diktatur fest.

1943 – Konferenz von Teheran:
Churchill, Roosevelt und der sowjetische Staatschef Stalin einigen sich auf eine „Westverschiebung" Polens und eine Teilung Deutschlands.

1945 (Februar) – Konferenz von Jalta:
Churchill, Roosevelt und Stalin legen ihre Nachkriegspolitik fest. Deutschland soll in vier Besatzungszonen geteilt werden und einen alliierten Kontrollrat als Militärregierung erhalten. Im Osten gehen umfangreiche Gebiete verloren.

1945 (Juli/August) – Potsdamer Konferenz:
Churchill, Truman (der Nachfolger Roosevelts) und Stalin können sich nur mit Mühe auf eine gemeinsame Deutschlandpolitik einigen.

1 Skizziere in Stichworten die unterschiedliche Ausgangssituation der USA und der UdSSR (VT, M2, M4, M6, M7).
2 Informiere dich aus Lexika über die „Großen Drei" (M1).
3 Sammelt in Arbeitsgruppen Material über die USA und die damalige UdSSR bzw. das heutige Russland (Größe, Kultur und Gesellschaft, Staats- und Regierungsform) und gestaltet gemeinsam ein Plakat.

Der Ost-West-Konflikt

4 Blockbildung in Ost und West

1 Ein Rotarmist hisst am 2. Mai 1945 die sowjetische Fahne auf dem Reichstagsgebäude in Berlin, das seit dem Brand von 1933 leer gestanden hatte. Die Rote Armee war weit nach Mitteleuropa vorgedrungen. Sie hatte Bulgarien, Ungarn, die Tschechoslowakei, Polen, die baltischen Staaten und Finnland von der deutschen Besetzung befreit. Das nachkolorierte Foto entstand zwei Tage nach der Erstürmung des Reichstags als nachgestellte Szene. Militon Kantarija, der wie Stalin aus Georgien stammte, durfte die Fahne hissen. – Sprecht über die Bedeutung der Farbe, der Person und des Ortes.

Sowjetisches Sicherheitsbedürfnis
In den letzten Wochen des Zweiten Weltkrieges empfing Josef Stalin eine Gruppe jugoslawischer Kommunisten in Moskau. In aller Offenheit erläuterte er ihnen seine Vorstellungen von der Nachkriegsordnung Europas: „Dieser Krieg ist nicht wie in der Vergangenheit; wer immer ein Gebiet besetzt, erlegt ihm auch sein gesellschaftliches System auf. Jeder führt sein eigenes System ein, so weit seine Armee vordringen kann."

Die sowjetischen Truppen hatten zu diesem Zeitpunkt weite Teile Ostmitteleuropas erobert. Stalin war entschlossen diese Machtposition zu nutzen: Nie wieder sollte vom Boden sowjetfeindlicher Nachbarstaaten Krieg gegen die UdSSR geführt werden.

Die Haltung der Westalliierten zur Entwicklung in Osteuropa war widersprüchlich und schwankend. Großbritannien etwa war als Schutzmacht Polens in den Krieg eingetreten. Jetzt fand sich die britische Regierung mit den sowjetischen Gebietsansprüchen auf Ostpolen ab. Trotz der Besorgnis über die russische Machtausweitung würdigten die Briten damit die Kriegsleistung der Sowjetunion: Lange Zeit hatte Russland die größten Lasten im Krieg gegen Deutschland tragen müssen.

In Jalta verlangten die Westalliierten im Februar 1945 zwar für alle befreiten Staaten eine demokratische Ordnung auf der Grundlage freier Wahlen, waren andererseits aber doch bereit, der UdSSR ein „besonderes Interesse an sowjetfreundlichen Regimen" in Osteuropa zuzugestehen. Stalin konnte darauf verweisen, dass die Sowjetunion nur knapp einer Niederlage entgangen und von allen Kriegsgegnern Deutschlands am meisten zerstört worden war.

Die „One-World-Idee" Roosevelts
Der amerikanische Präsident Franklin D. Roosevelt hatte 1941 zusammen mit Winston Churchill in der Atlantik-Charta die Grundsätze einer künftigen Weltordnung formuliert: Gewaltverzicht, Selbstbestimmungsrecht der Völker, Abrüstung, Freihandel und internationale Zusammenarbeit auf allen Gebieten. Roosevelt hatte zwar immer wieder um die Mitarbeit der Sowjetunion in einer freien und friedlichen Nachkriegswelt (One-World-Idee) geworben, aber Stalin blieb misstrauisch. Der sowjetische Staatschef sah in der amerikanischen Vorstellung von der „Einen Welt" nicht das Angebot zur partnerschaftlichen Zusammenarbeit. Für ihn war es vielmehr der raffinierte Plan des US-Kapitalismus, die europäischen Staaten eng an sich zu binden, neue Märkte zu öffnen und die Sowjetunion zur Demokratisierung zu zwingen. Die Bedrohung durch die deutsche Lebensraumpolitik wäre aus seiner Sicht damit nur durch den noch mächtigeren und gefährlicheren US-Imperialismus ersetzt worden.

Die Sowjetisierung Osteuropas
Um die erlangte Machtstellung zu sichern, wurden die Staaten im Herrschaftsgebiet der Roten Armee nach sowjetischem Muster umgeformt. Diese Sowjetisierung verlief überall ähnlich: Unterstützung sowjetfreundlicher Kräfte durch die Rote Armee, Bildung „provisorischer Regierungen" mit in Moskau

676

Konflikte und Friedensbemühungen in der Welt seit 1945

2 Die Ausdehnung des sowjetischen Machtbereichs seit dem Zweiten Weltkrieg. – Versuche mithilfe der Karten M2 und M3 die Vorstellungen beider Blöcke von der gegenseitigen Bedrohung zu erklären (dazu auch VT, M6, M8). Gehe dabei von zwei verschiedenen Ansätzen aus:
a) Stelle die möglichen Ängste des Westens dar, indem du nur die europäische Dimension betrachtest.
b) Stelle die möglichen Ängste aufseiten der Sowjetunion dar, indem du im Weltmaßstab urteilst.

geschulten Kommunisten in wichtigen Positionen, Bodenreformen und Verstaatlichung der Industrie, Einschüchterung bürgerlicher Politiker, Verfolgung von „Abweichlern" in der kommunistischen Partei, Gleichschaltung der Parteien, Ausschaltung jeglicher Opposition.

Am Ende hatte Stalin mit einem Gürtel von „befreundeten" Ländern eine Sicherheitszone vor der Westgrenze der UdSSR geschaffen. Die so genannten Satellitenstaaten waren durch Militär- und Wirtschaftsverträge von der Sowjetunion abhängig. Zusammen mit dieser werden sie oft auch als „Ostblock" bezeichnet. Lediglich Jugoslawien konnte als sozialistischer Staat einen von Moskau unabhängigen Weg einschlagen.

Der ungeheure Machtzuwachs der Sowjetunion erfüllte viele Menschen in Westeuropa mit Sorge und Angst. Winston Churchill sagte schon 1946: „Von Stettin an der Ostsee bis hinunter nach Triest an der Adria ist ein *Eiserner Vorhang* über den Kontinent gezogen. (…) Das ist nicht das befreite Europa, für das wir gekämpft haben."

Konfrontation der Siegermächte

1947 schien auch in Griechenland eine kommunistische Machtübernahme infolge eines Bürgerkrieges möglich. Die Westmächte griffen ein. Sie unterstützten die Regierung gegen die Kommunisten. US-Präsident Truman und seine Berater sahen in der sowjetischen Politik nicht länger ein Bedürfnis nach Sicherheit, sondern nach Ausdehnung und Vorherrschaft. Dem wollten sie eine Politik der Eindämmung (containment) entgegensetzen. Militärische Bündnisse und die wirtschaftliche Unterstützung befreundeter Staaten, z. B. durch den Marshallplan (s. M4, M5), waren die wichtigsten Maßnahmen. Die Beziehungen der beiden Supermächte wurden zunehmend von Misstrauen, Angst und Rivalität beherrscht. Es entwickelte sich ein Konflikt, der mehr als 40 Jahre einen großen Teil der Welt in zwei feindliche Lager – *NATO* und *Warschauer Pakt* – spaltete. Da zumindest die Supermächte angesichts der atomaren Drohung keinen direkten militärischen Konflikt riskierten, sprechen wir vom *Kalten Krieg*.

Eiserner Vorhang
Grenze zwischen Ost- und Westblock in Europa: mit Stacheldraht, Minenfeldern, Wachtürmen und Schießbefehl. Diese Grenze war zwischen den beiden deutschen Staaten am schärfsten bewacht.

NATO
1949 gegründetes Militärbündnis des Westens unter Führung der USA.

Warschauer Pakt
1955 gegründetes Militärbündnis des Ostblocks unter Führung der UdSSR.

Kalter Krieg
bezeichnet den Zeitraum von 1946/47 bis 1989/90. Er war geprägt von der Rivalität der Supermächte, regionalen Konflikten und der ständigen Bedrohung durch Atomwaffen.

677

Blockbildung in Ost und West

3 Militärische Zusammenschlüsse um 1960

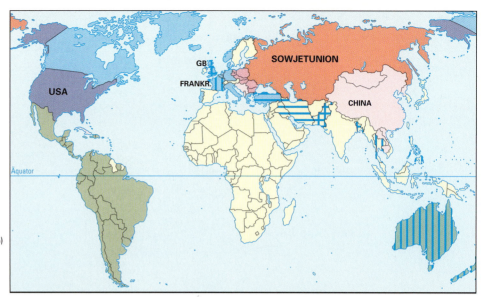

- USA
- NATO (Nordatlantikpakt, 1949)
- SEATO (Südostasienpakt, 1954)
- OAS (Organisation der amerikanischen Staaten, 1948)
- CENTO (Zentrale Paktorganisation, 1955/59)
- ANZUS-Pakt (Pazifikpakt, 1951)
- Sowjetunion und übrige Staaten des Warschauer Vertrages (1955)
- sonstige kommunistische Staaten

Stand der Grenzen: vor 1990

4 rechts: **Plakat zum Marshallplan (1948).** Auf Druck Moskaus lehnten die osteuropäischen Staaten die Marshallplanhilfe ab. Sie hätte den USA auch dort größeren politischen und wirtschaftlichen Einfluss ermöglicht;
unten: **Aus dem Wiederaufbauprogramm** erhielten von 1948 bis 1952 (Kredite in Milliarden Dollar):

Großbritannien	3,6
Frankreich	3,1
Italien	1,6
Westdeutschland	1,5
Niederlande	1,0
Belgien/Luxemburg	0,6
Österreich	0,7
Griechenland	0,8
verschiedene	1,9

5 **Für den Wiederaufbau Europas** kündigte US-Außenminister Marshall im Juni 1947 amerikanische Hilfe an:
Es ist nur logisch, dass die Vereinigten Staaten alles tun, was in ihrer Macht steht, um die Wiederherstellung gesunder wirtschaftlicher Verhältnisse in der
5 Welt zu fördern, ohne die es keine politische Stabilität und keinen sicheren Frieden geben kann.
Unsere Politik richtet sich nicht gegen irgendein Land oder irgendeine Doktrin,
10 sondern gegen Hunger, Armut, Verzweiflung und Chaos.

6 **Warum Kalter Krieg? – Version West**
US-Präsident Truman gibt in seinen Memoiren den Inhalt einer Rede wieder, die er im März 1947 vor dem Kongress hielt:
Anschließend charakterisierte ich die zwei großen Richtungen der Zeit: „Die eine Lebensform gründet sich auf den Willen der Mehrheit und ist gekenn-
5 zeichnet durch freiheitliche Einrichtungen; eine repräsentative Regierung, unbeeinflusste Wahlen, Rechtsgarantien für persönliche Freiheit, Rede- und Religionsfreiheit und Schutz vor politischer
10 Unterdrückung. Die andere Lebensform gründet sich auf den von einer Minderheit der Mehrheit gewaltsam aufgezwungenen Willen. Sie stützt sich auf Terror und Unterdrückung, auf die Gleichschal-
15 tung der Presse und des Rundfunks, auf vorgeschriebene Wahlen und auf den Entzug der persönlichen Freiheit. (…) Die totalitären Regierungen wurzeln in dem üblen Boden der Armut und des Bürger-
20 kriegs, saugen ihre Nahrung aus Elend und Not und erreichen ihr volles Wachstum dort, wo die Hoffnung auf ein besseres Dasein stirbt.
Diese Hoffnung aber gilt es lebendig zu
25 erhalten. Die freien Völker erhoffen von uns Hilfe für ihren Kampf um die Freiheit. Wenn wir Schwächen zeigen, gefährden wir den Frieden der Welt und schaden der Wohlfahrt des eigenen Landes." Als
30 ich endete, erhob sich der Kongress wie ein Mann und spendete Beifall.

Konflikte und Friedensbemühungen in der Welt seit 1945

7 Warum Kalter Krieg? – Version Ost
Georgi Malenkow, Sekretär des Zentralkomitees der KPdSU (Kommunistische Partei der Sowjetunion), einer der mächtigsten Männer nach Stalin, im September 1947 vor Vertretern ausländischer kommunistischer Parteien:

In den Verhältnissen, die durch Ausschaltung der Hauptkonkurrenten der USA, Deutschland und Japan, und durch die Schwächung Englands und Frank-
5 reichs entstanden, sind die USA zu einer neuen unverhüllten Expansionspolitik übergegangen, die auf die Herstellung der Weltherrschaft gerichtet ist. Unter diesen neuen Nachkriegsverhältnissen
10 vollzieht sich eine Wandlung in den Beziehungen zwischen den Kriegsverbündeten von gestern, die gemeinsam gegen das faschistische Deutschland und das imperialistische Japan gekämpft ha-
15 ben. (...)
Die eine Politik wird von der Sowjetunion getragen und den Ländern der neuen Demokratie verfolgt [Volksdemokratien des Ostblocks]. Die Außenpolitik der Sow-
20 jetunion und der demokratischen Länder ist auf die Untergrabung des Imperialismus, auf die Sicherstellung eines festen demokratischen Friedens zwischen den Völkern und auf den größtmöglichen
25 Ausbau der freundschaftlichen Zusammenarbeit der friedliebenden Völker gerichtet. (...)
In der anderen Richtung der internationalen Politik ist die herrschende Clique
30 der amerikanischen Imperialisten führend. In dem Bestreben, die Position zu

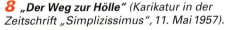

8 *„Der Weg zur Hölle"* (Karikatur in der Zeitschrift „Simplizissimus", 11. Mai 1957).

9 Die Tschechoslowakei war der einzige Staat Osteuropas, in dem die Kommunisten bei freien Wahlen (Mai 1946) mit 38% der Stimmen die stärkste Partei wurden. Der in Moskau geschulte Kommunist Klement Gottwald wurde Ministerpräsident in einer Koalitionsregierung. Das Foto von 1947 zeigt einen Umzug mit seiner Büste durch die Straßen Prags. – Überlege, welche Wirkung dies auf die Bevölkerung haben sollte. Gottwald drängte die bürgerlichen Minister zum Rücktritt, besetzte hohe Polizeiposten mit Kommunisten und ließ Presse, Rundfunk und Verwaltung kontrollieren. 200 000 Menschen kamen bei „Säuberungen" in Straflager. Nach Scheinwahlen – Oppositionsparteien waren nicht zugelassen – ließ er eine Verfassung nach sowjetischem Vorbild ausarbeiten.

festigen, die das amerikanische Monopolkapital während des Krieges in Europa und Asien erobert hat, hat diese Cli-
35 que nun den Weg der offenen Expansion betreten, den Weg der Versklavung der geschwächten kapitalistischen Länder Europas, der Versklavung der kolonialen und abhängigen Länder, den Weg der
40 Vorbereitung neuer Kriegspläne gegen die UdSSR und die Länder der neuen Demokratie, wobei sie sich des Vorwandes eines Kampfes gegen die „kommunistische Gefahr" bedient.

1 Erläutere die Sowjetisierung am Beispiel der Tschechoslowakei (VT, M 9).
2 Wie stellen Truman und Malenkow jeweils das eigene Lager dar und wie bewerten sie den Gegner (M 6, M 7)?
3 Beschreibe, wie die Vorstellungen Trumans und Malenkows umgesetzt wurden.

Der Ost-West-Konflikt

5 Die Guten und die Bösen – Feindbilder im Kalten Krieg

1 Öffentliche Auseinandersetzung um Julius und Ethel Rosenberg (Foto, 1953). Trotz internationaler Proteste wurde das Ehepaar am 20. Juni 1953 auf dem elektrischen Stuhl hingerichtet.

2 Amerikanisches Filmplakat (1963). In westlichen Spionagefilmen und -romanen war die Sowjetunion in der Regel das „Reich des Bösen", gegen das Geheimagenten wie Kreuzritter der Moderne die westliche Zivilisation verteidigten.

Wie mittelalterliche Hexenjagden

muten heute die Kommunistenverfolgungen unter Senator Joseph McCarthy in den frühen 1950er-Jahren in den USA an. Seine „Kommission für unamerikanische Umtriebe" setzte vor allem Schriftsteller, Künstler, Politiker und Wissenschaftler, etwa Nobelpreisträger Albert Einstein oder Atomphysiker Robert Oppenheimer, unter Druck, die im Verdacht standen den Sozialismus zu unterstützen. In dieser Atmosphäre fand ein Prozess gegen das Ehepaar Julius und Ethel Rosenberg statt, dem der Verrat amerikanischer Atomgeheimnisse an die Sowjets vorgeworfen wurde. Obwohl ihnen bestenfalls die Weitergabe geheimer Informationen nachzuweisen war, wurden beide zum Tode verurteilt – Ethel wegen „moralischer Unterstützung" ihres Mannes. Zwei Tage vor der Hinrichtung ordnete ein Richter des Obersten Gerichtshofes einen Aufschub an, damit das Gericht die Rechtmäßigkeit der Verurteilung noch einmal überdenken könne. Ein Abgeordneter verlangte daraufhin, der Richter selbst müsse wegen Hochverrats angeklagt werden.

Propagandaschlachten in West ...

Als sich die US-Regierung unter Präsident Truman entschlossen hatte mit der so genannten Containment- oder auch Eindämmungs-Politik überall in der Welt dem Einfluss des Kommunismus entgegenzutreten, galt es zunächst das eigene Volk für die neue Politik zu gewinnen. Wie nach dem Ersten Weltkrieg gab es auch jetzt viele Amerikaner, die meinten, die USA sollten sich möglichst bald wieder aus Europa zurückziehen. „Jagt ihnen kräftig Angst ein!", soll ein Minister empfohlen haben.

Kurzfilme, Plakate, Zeitungsgeschichten, Spionagefilme und Trickfilme des Zivilschutzes erzeugten in den 1950er- und 1960er-Jahren immer neue Alpträume vor der „roten Gefahr" und der Bedrohung amerikanischer Bürger durch einen sowjetischen Nuklearangriff. Zeitweise artete die Kommunistenfurcht in blanke Hysterie aus.

... und Ost

Wie ein Spiegelbild wirkte die östliche Propaganda, die mit großem Aufwand ein Zerrbild der westlichen Welt erzeugte. Die Menschen im sowjetischen Herrschaftsbereich sollten glauben, sie seien überall durch US-Imperialismus und wieder erwachten deutschen Faschismus und Militarismus bedroht. Einzig die kommunistischen Parteien und die Sowjetmacht könnten sie vor kapitalistischer Ausbeutung schützen. Größte Anstrengungen bei der Produktion von Wirtschafts- und Rüstungsgütern seien nötig um gegen den Westen bestehen zu können. Dies rechtfertigte die Einschränkung der persönlichen Freiheit: Wer es wagte, offen für eine abweichende Sicht der Lage einzutreten, setzte sich und seine Familie dem Terror der Geheimpolizei und der Straflager aus.

Konflikte und Friedensbemühungen in der Welt seit 1945

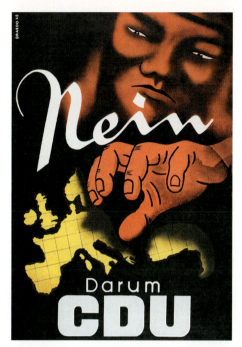

3 Plakat zur ersten Bundestagswahl, 1949. – Mit welchen Mitteln arbeitet dieses Plakat? An welche Erfahrungen der Menschen will es anknüpfen?

4 Plakat des Amts für Information der DDR, August 1952. RIAS (= Rundfunk im amerikanischen Sektor) ist ein Westberliner Radiosender, dessen Programm für die Menschen in der DDR gemacht wurde. – Was soll dem Betrachter durch das Plakat vermittelt werden?

5 Plakat der SED nach sowjetischer Vorlage, 1951. Legende links: „Marshallplan, Nordatlantikpakt, Westblock"; rechts: „Für den Frieden". – Nach welchen Gesichtspunkten unterteilt das Plakat die beiden Lager? Welche Symbolik geht von den Schiffen aus?

1 Schreibe einen Lexikonartikel zum Begriff „Feindbild".
2 Diskutiert, u. a. mithilfe der Materialien dieser Themenseite: Wie können sich Feindbilder auf das Denken der Menschen und die Politik auswirken?

Der Ost-West-Konflikt

6 Krisen im sozialistischen Lager

1 Dieses Foto gehört zu den bekanntesten Bilddokumenten des 20. Jahrhunderts. Es zeigt einen jungen Grenzsoldaten der DDR, der am 15. August 1961 mit einem gewagten Sprung die militärische Absperrung zwischen Ost und West in Berlin überwindet. Wenig später war dieser Sprung nicht mehr möglich: Eine Mauer aus Beton schloss hier die letzte Lücke im Eisernen Vorhang (s. S. 742).

Rat für gegenseitige Wirtschaftshilfe (RGW)
Dies war die von den Ostblockstaaten 1949 unter der Führung der Sowjetunion gegründete Wirtschaftsorganisation, gedacht als Gegenstück zum Marshallplan. Der RGW lenkte die Produktion und die Verteilung von Gütern im Ostblock, wobei er vor allem die Belange der UdSSR berücksichtigte (s. S. 776/777).

Grenzen der Freiheit

Die Regierenden aller Ostblockstaaten hinderten die Menschen nun verstärkt daran in westliche Länder zu reisen. Nirgendwo erlaubte die sowjetische Regierung größere Abweichungen von der eigenen ideologischen Linie. Der Austritt eines Staates aus dem Warschauer Pakt oder dem *Rat für gegenseitige Wirtschaftshilfe* war lange Zeit undenkbar.

Die kommunistischen Regierungen waren mithilfe der Sowjets an die Macht gekommen und ließen danach keine freien, demokratischen Wahlen mehr zu. In allen diesen Ländern kontrollierten Partei, Geheimpolizei und andere staatliche Behörden die Bevölkerung. Eine weitgehend verstaatlichte Wirtschaft arbeitete nach den Vorgaben einer zentralen Planbehörde. Diese musste sich wiederum an den Bedürfnissen der Sowjetunion orientieren. Vorzeigeprojekte der Schwerindustrie, des Maschinenbaus und der Energieversorgung hatten Vorrang. Dagegen blieb die Versorgung der Bevölkerung mit Nahrungsmitteln und Konsumgütern mangelhaft. Propagandalügen konnten die Unzufriedenheit vieler Menschen mit ihrer Lage auf Dauer nicht unterdrücken.

Aufstand in der DDR ...

Zum ersten offenen Ausbruch von Widerstand gegen ein kommunistisches Regime kam es in der DDR. Zehntausende streikten und protestierten gegen die Diktatur der Partei, die schlechte Versorgungslage und die Freiheitsbeschränkung in vielen Bereichen des Lebens. Nur mithilfe sowjetischer Truppen, die den Aufstand blutig niederschlugen, konnte sich die Führung gegen die eigene Bevölkerung behaupten (s. S. 757).

... in Polen ...

Im Juni 1956 streikten in Polen Arbeiter für eine bessere Versorgung. Zu Parolen wie „Mehr Brot" kamen bald andere: Als sich die Protestbewegung gegen die Kommunistische Partei Polens wandte und „Russen raus" auf ihre Plakate schrieb, griffen auch hier sowjetische Truppen gewaltsam ein.

Konflikte und Friedensbemühungen in der Welt seit 1945

... und Ungarn

Auch in Ungarn war das sozialistische System 1956 so verhasst, dass sogar Teile der kommunistischen Partei freie Wahlen mit einem Mehrparteiensystem, Pressefreiheit, Auflösung der Geheimpolizei und den Abzug der Roten Armee forderten. Nach einer Volkserhebung und ersten Kämpfen zogen sich die sowjetischen Truppen zurück. Der Reformpolitiker Imre Nagy wurde Ministerpräsident einer Mehrparteienregierung, die das Land zu Demokratie und staatlicher Unabhängigkeit führen wollte.

Daraufhin griffen russische Panzerdivisionen an. Die Sowjets setzten eine neue Regierung ein, ließen ungarische Politiker, Offiziere und Intellektuelle verhaften und verschleppten sie nach Sibirien. Andere wie Imre Nagy wurden nach Schauprozessen hingerichtet. Trotz verzweifelter Hilferufe der ungarischen Regierung war der Westen nicht bereit gewesen militärisch einzugreifen; wegen Ungarn wollte niemand einen Atomkrieg riskieren.

Panzer machen dem „Prager Frühling" ein Ende

Im Januar 1968 setzte sich innerhalb der kommunistischen Partei der Tschechoslowakei eine Mehrheit durch, die einen neuen „Sozialismus mit menschlichem Antlitz" schaffen wollte. Diese Reformer um Alexander Dubček versprachen zwar Wirtschaftsreformen sowie Meinungs-, Versammlungs- und Reisefreiheit, ließen aber keinen Zweifel daran, dass sie das kommunistische System beibehalten wollten. Das kurze Experiment des so genannten „Prager Frühlings" endete am 21. August 1968 mit dem Einmarsch von Soldaten des Warschauer Paktes – darunter Streitkräfte Polens, Bulgariens, Ungarns und der DDR – in die Tschechoslowakei. Der sowjetische Parteichef Leonid Breschnew begründete die Invasion mit der Führungsrolle der KPdSU. Keinem Land des Ostblocks sei ein eigener Weg zum Kommunismus erlaubt. Mit dieser Drohung gegenüber möglichen Abweichlern stabilisierte Breschnew das System des Ostblocks für die folgenden zwei Jahrzehnte, machte es aber gleichzeitig reformunfähig.

2 *Die Haltung des sowjetischen Parteichefs Breschnew* gegenüber den Prager Genossen notierte ein Mitarbeiter Alexander Dubčeks:

Breschnew war persönlich aufrichtig entrüstet darüber, dass Dubček sein Vertrauen enttäuscht hatte und nicht jeden seiner Schritte vom Kreml billigen ließ.
5 (...) Allein von dieser Todsünde (...) leitete Breschnew alle anderen Sünden ab: „Antisozialistische Tendenzen" nehmen überhand, die Presse schreibt, was sie will. (...) Breschnew sprach ausführlich
10 über die Opfer der Sowjetunion im Zweiten Weltkrieg. (...) Diesen Preis musste die Sowjetunion für ihre Sicherheit bezahlen, und eine der Garantien für diese Sicherheit ist die Teilung Europas nach
15 dem Krieg und dazu gehört auch, dass die Tschechoslowakei „für ewige Zeiten" mit der Sowjetunion verbunden ist. (...) Die Ergebnisse des Zweiten Weltkrieges – so Breschnew – sind für die Sowjetuni-
20 on unantastbar und darum werden sie auch auf die Gefahr eines neuen Krieges hin verteidigt werden. (...)
Er (...) hat bei [US-]Präsident Johnson angefragt, ob die amerikanische Regie-
25 rung auch heute noch die Ergebnisse der Konferenzen von Jalta und Potsdam voll anerkennt. Und am 18. August hat er folgende Antwort erhalten: In Bezug auf die Tschechoslowakei und Rumänien gilt die
30 vorbehaltlose Anerkennung.

3 *Sowjetischer Panzer* in Prag (Foto, 22. August 1968). – Beschreibe die vom Fotografen eingefangene Situation.

4 *„Sag, dass du mich gerufen hast."* (Karikatur aus dem Westen, 1968). – Erläutert Darstellung und Aussage der Karikatur.

Krisen im sozialistischen Lager

5 *Aufstand in der DDR* am 17. Juni 1953 (links) *und in Ungarn* im November 1956 (rechts). – Welche Einstellung der Menschen in der DDR und in Ungarn gegenüber der Sowjetunion zeigen diese Fotos?

6 Ungarn 1956

a) Der ungarische Sender Kossuth, 30. Oktober 1956, 14.28 Uhr:
Hier spricht Imre Nagy.
Ungarische Arbeiter, Soldaten, Bauern und Intellektuelle! Die Revolution (…) und die gewaltige Bewegung der demokratischen Kräfte haben es mit sich gebracht, dass unsere Nation jetzt am Scheidewege angelangt ist. Im Interesse einer weiteren Demokratisierung des politischen Lebens (…) hat das Kabinett das Einparteiensystem abgeschafft und beschlossen, zu einer Regierungsform zurückzukehren, die auf demokratischer Zusammenarbeit der Koalitionsparteien beruht. (…) Die vorläufige Regierung hat das sowjetische Oberkommando aufgefordert mit dem Abzug der sowjetischen Truppen aus Budapest unverzüglich zu beginnen. Gleichzeitig unterrichteten wir das ungarische Volk davon, dass wir die Sowjetunion ersuchen werden sämtliche Truppen aus Ungarn abzuziehen.

b) Radio Moskau, 1. November 1956:
Die Sowjetunion ist getreulich Lenins Prinzip der Achtung vor der Souveränität anderer Nationen gefolgt und der Gedanke liegt ihr fern, Ungarn seinen Willen aufzuzwingen oder sich in seine nationalen Angelegenheiten einzumischen.

c) Der Freie Sender Kossuth, 4. November 1956, 5.19 Uhr:
Hier spricht Ministerpräsident Nagy.
Sowjetische Truppen haben im Morgengrauen zu einem Angriff auf unsere Hauptstadt angesetzt, mit der eindeutigen Absicht die gesetzmäßige Regierung der Ungarischen Volksrepublik zu stürzen. Unsere Truppen stehen im Kampf. Die Regierung ist auf ihrem Platz. Ich bringe diese Tatsache unserem Land und der ganzen Welt zur Kenntnis.

d) Der ungarische Freie Sender Petöfi, 4. November 1956, 14.34 Uhr:
Völker der Welt! Hört uns – helft uns! Nicht mit Erklärungen, sondern mit Taten, mit Soldaten, mit Waffen! Vergesst nicht, dass es für die Sowjets bei ihrem brutalen Ansturm kein Halten gibt. Wenn wir untergegangen sind, werdet ihr das nächste Opfer sein. Rettet unsere Seelen! Rettet unsere Seelen! (…) Völker der Welt! Im Namen der Gerechtigkeit, der Freiheit und des verpflichtenden Prinzips der tatkräftigen Solidarität, helft uns! Das Schiff sinkt, das Licht schwindet, die Schatten werden von Stunde zu Stunde dunkler über der Erde Ungarns. Hört den Schrei, Völker der Welt, und handelt. Reicht uns eure brüderliche Hand.
SOS! SOS! Gott sei mit euch!

e) Radio Moskau, 4. November 1956, 21.05 Uhr:
Heute Morgen sind die Kräfte der reaktionären Verschwörung gegen das ungarische Volk zerschlagen worden. Eine neue ungarische Revolutionsregierung der Arbeiter und Bauern wurde von Ministerpräsident János Kádár gebildet. (…) Die Revolutionsregierung der Arbeiter und Bauern hat das Kommando der Sowjetstreitkräfte gebeten ihr bei der Unterdrückung der Aufständischen zu helfen.

f) Der Sender Kossuth, 6. November 1956:
Wir grüßen die Sowjetunion, die zum zweiten Mal das ungarische Volk befreit hat.

Konflikte und Friedensbemühungen in der Welt seit 1945

Erzählte Geschichte – Oral History

Im Bereich der Zeitgeschichte kann es sehr aufschlussreich sein, Menschen über ihr Leben erzählen zu lassen. Dadurch erfährt man zum Beispiel, wie sie bestimmte Ereignisse persönlich erlebt haben oder welche Veränderungen es in ihrem Alltag gegeben hat. Aus der Erinnerung wird eine historische Quelle, die uns einen neuen Zugang zur Geschichte erlaubt. Wenn du dein Geschichtsbild durch die Lebensgeschichte(n) anderer erweitern willst, solltest du einige Punkte beachten:

1. Verschaffe dir einen Überblick über die Zeitepoche. Nur so kannst du das Erzählte schnell einordnen und gezielt Fragen stellen. Erstelle eine erste Checkliste mit Fragen, auf die du Antworten suchst.
2. Suche dir Gesprächspartnerinnen oder -partner aus, von denen du annimmst, dass sie unterschiedliche Erfahrungen gemacht haben; so erhältst du ein möglichst vielschichtiges Bild der Epoche.
3. Lasse deine Gesprächspartner möglichst frei erzählen. Gib ihnen zu verstehen, dass du ihnen gerne zuhörst. Lenke sie durch gezielte Fragen zum Kern deines Interesses. Respektiere dabei ihre Gefühle, wenn sie über bestimmte Dinge nicht sprechen wollen.
4. Mach dir Notizen oder nimm das Gespräch auf Band auf. Dazu brauchst du aber in jedem Fall eine Erlaubnis der Interviewten.
5. Führe eine Analyse durch: Was war selbst Erlebtes, was bloß von anderen Gehörtes? Hat die Erzählerin/der Erzähler bewusst Dinge ausgelassen? Soll eigenes Handeln bloß gerechtfertigt werden? Wie lässt sich die Erzählung in das dir bekannte Geschehen einordnen?
6. Könnte das Gehörte auch für andere interessant sein? Wie willst du es weitergeben?

7 Der Generalsekretär der KPdSU, Nikita Chruschtschow, am 3. November 1956 zum Eingreifen der Roten Armee in Ungarn (Tagebucheintrag des jugoslawischen Botschafters):

Wenn wir nachgeben würden, hieße es im Westen, wir wären dumm und schwach, was das Gleiche ist. (…) Die Kapitalisten würden dann direkt an die
5 Grenze der UdSSR vorrücken. (…) [Chruschtschow sagte,] sie könnten eine Restauration des Kapitalismus in Ungarn auch aus internen Gründen der Sowjetunion nicht zulassen. Es ließen sich dort
10 Leute finden, die die ganze Angelegenheit wie folgt darstellen könnten: Solange Stalin regierte, habe jeder pariert und es habe keine Erschütterungen gegeben.

8 Die Zeitzeugin Eva Leinen, damals 27 Jahre alt, über die Ungarnkrise 1956:

Ich hatte schreckliche Angst vor einem neuen Weltkrieg. Gott sei Dank hatten wir die Kartoffeln im Keller. Eine Ziege und drei Schweine standen auch im
5 Stall. Mein Mann brachte nach Feierabend noch zwei Zentner Mehl und einen Sack Zucker nach Hause. Ich dachte auch an die armen Menschen im Osten, die im Winter 1945 vor den Russen hatten flie-
10 hen mussten. Also kaufte ich schnell noch zwei Wolldecken, mit denen ich wenigstens meine beiden Kinder vor der Kälte schützen könnte. Die Wolldecken besitze ich übrigens heute noch.

9 Ein Bürger der Tschechoslowakei, ehemaliger KZ-Häftling, leistete am 22. August 1968 Widerstand.

1 Wie begründet Breschnew die Führungsrolle der UdSSR (M 2)?
2 Die Bilder M 3 und M 9 zeigen Symbole aus der Zeit des Nationalsozialismus. Versuche zu erklären, warum sie in diesen Situationen verwendet wurden.
3 Welche Strategie verfolgte die sowjetische Führung in der Ungarn-Krise (M 6, M 7)?
4 Überlege, warum der Westen 1953, 1956, 1961 und 1968 nicht eingriff.
5 Befragt Zeitzeugen nach ihren Erinnerungen an eines der in diesem Kapitel behandelten Ereignisse (siehe Checkliste „Erzählte Geschichte").

Der Ost-West-Konflikt

7 Weltweite Konfrontation – die Stellvertreterkriege der Großen

1 Protestkundgebungen gegen den Vietnamkrieg (Foto: Washington, November 1969) fanden in den 1960er- und 1970er-Jahren in vielen Städten der westlichen Welt statt. Es war der erste Krieg, dessen Grausamkeiten täglich vor einem Millionenpublikum im Fernsehen unzensiert gezeigt wurden. Die militärischen Misserfolge der USA und die Brutalität, mit der dieser Krieg geführt wurde, machten vielen Amerikanern seine Sinnlosigkeit immer deutlicher.

Guerillakrieg nennt man einen Kampf ohne feste Fronten, bei dem Untergrundkämpfer einen überlegenen Feind an seinen schwächsten Stellen überraschend angreifen. Dazu brauchen die Guerillas die Unterstützung zumindest eines Teils der Bevölkerung.

USA: Kriege in Korea und Vietnam

Als Dwight D. Eisenhower 1953 Präsident wurde, bekannte er sich zur „world leadership" der USA. Dieser Anspruch seines Landes sei der einzige Garant von Freiheit auf der Erde. Die Verteidigung Vietnams erklärte er zu einem der wichtigsten Ziele seiner Regierung: „Wenn Indochina [Laos, Vietnam und Kambodscha] in die Hände der Kommunisten fällt, ist die Sicherheit der Vereinigten Staaten bedroht." Zu diesem Zeitpunkt beendeten die USA gerade einen Krieg um Korea, in dem es nicht gelungen war den Einfluss des Kommunismus zurückzudrängen. Südkorea wurde in der Folgezeit allerdings zu einem wichtigen Bündnispartner und Stützpunkt für amerikanische Truppen in Asien.

In Vietnam zeichnete sich 1953 eine Niederlage der Kolonialmacht Frankreich gegen überwiegend kommunistische Freiheitskämpfer ab, die China unterstützte. Die Kommunisten siegten trotz massiver amerikanischer Militär- und Finanzhilfe für Frankreich. Eine internationale Konferenz teilte Vietnam am 17. Breitengrad in ein kommunistisch regiertes Nordvietnam und ein westlich orientiertes Südvietnam.

Zu den geplanten freien Wahlen in ganz Vietnam kam es nicht mehr: Als die südvietnamesische Regierung eine Diktatur errichtete, führten die kommunistischen Vietcong einen *Guerillakrieg* gegen sie. Dies unterstützten Nordvietnam, die UdSSR und China. Südvietnam erhielt amerikanische Materiallieferungen und Finanzhilfen. Ab 1963 griffen die USA auch mit Truppen ein. Die US-Luftwaffe warf bis 1972 mehr als sieben Millionen Tonnen Bomben ab. Über eine Million Hektar Wald und Ackerland wurden aus der Luft durch Entlaubungsmittel vernichtet.

Bei Kriegsende waren eine Million Nordvietnamesen, 700 000 Südvietnamesen und 57 000 Amerikaner getötet worden. Vietnam wurde nach dem Sieg der Vietcong 1973 als kommunistischer Staat vereinigt. Auch in Laos und Kambodscha setzten sich kommunistische Systeme durch. Regimegegner wurden getötet oder in „Umerziehungslager" gebracht. Millionen flüchteten vor dem Terror als „Boatpeople" über das Meer.

In den USA wird der Friedensschluss in Vietnam als demütigende Niederlage empfunden. Der Krieg hat tiefe Spuren im Bewusstsein der Bürger hinterlassen, zumal noch heute Spätfolgen sichtbar sind: Viele Kriegsveteranen sind körperlich und psychisch gebrochen und finden keinen Halt in der Gesellschaft.

Sowjetische Expansionsversuche

Die Sowjetunion versuchte vor allem in den 1970er- und 1980er-Jahren ihre Position im weltweiten Wettbewerb mit den USA zu verbessern. In den schwach entwickelten jungen Staaten Asiens, Afrikas und Mittelamerikas unterstützte sie kommunistische „Befreiungsbewegungen" im Kampf gegen die jeweiligen Regierungen. Der Westen schützte diese Systeme solange es ging, auch wenn sie bestechlich und diktatorisch waren.

1978 hatten kommunistische Gruppen in Afghanistan mit sowjetischer Hilfe die Monarchie gestürzt. Als ihre Macht ein Jahr später durch islamische Widerstandsgruppen gefährdet schien, griff die UdSSR mit Truppen ein. Die andere Seite erhielt von den USA Waffen. Tausende von Panzerwagen und raketenbestückten Kampfhubschraubern konnten den erbitterten Widerstand der Freiheitskämpfer nicht brechen. 1988 mussten sich die sowjetischen Soldaten aus dem verwüsteten Land zurückziehen.

Trotz modernster Waffen waren beide Supermächte am Widerstandswillen fanatischer Guerillakämpfer gescheitert. Der Vietnamkrieg löste in den USA erbitterte Proteste der Bevölkerung aus und beschädigte das Ansehen Amerikas wie kein zweites Ereignis. Afghanistan zeigte, dass auch die UdSSR eine von ihr unterstützte Regierung nicht uneingeschränkt an der Macht halten konnte.

Konflikte und Friedensbemühungen in der Welt seit 1945

2 *Ohne Gerichtsverhandlung* erschießt der Polizeichef der südvietnamesischen Hauptstadt Saigon im Jahr 1968 einen gefangenen Vietcong. – Begründet, weshalb solche Fotos die US-Bürger schockiert haben, und beziehe dabei ihre Wertvorstellungen mit ein.

3 *Über den Sinn des Vietnamkrieges* äußerte sich US-Präsident (1963–1968) Johnson 1965:

Warum sind wir in Südvietnam? Wir sind dort, weil wir ein Versprechen zu halten haben. (…) Wir haben aufbauen und verteidigen geholfen. So haben wir (…) uns
5 verpflichtet Südvietnam bei der Verteidigung seiner Unabhängigkeit zu helfen. Dieses Versprechen zu brechen und dieses kleine tapfere Volk seinem Feind preiszugeben – und damit dem Terror,
10 der darauf folgen muss –, das wäre ein unverzeihliches Unrecht. Wir sind ferner in Südvietnam um die Ordnung der Welt zu stärken. Auf der ganzen Erde – von Berlin bis Thailand – leben Menschen,
15 deren Wohlergehen zum Teil auf dem Vertrauen beruht, dass sie auf uns zählen können, wenn sie angegriffen werden.

4 *Nordvietnams Staatschef Ho Chi Minh* 1967 in einem Brief an Präsident Johnson:
Die Regierung der USA hat ständig in Vietnam interveniert und ihre Aggressionen gegen Südvietnam begonnen und intensiviert um die Teilung Vietnams zu
5 verewigen und Südvietnam in eine amerikanische Kolonie und einen amerikanischen Militärstützpunkt umzuwandeln. (…) In Südvietnam haben sich eine halbe Million Soldaten der USA und ihrer Sa-
10 tellitenstaaten der unmenschlichsten Methoden der Kriegsführung wie Napalm, Chemikalien und Giftgase bedient um
15 unsere Landsleute zu morden, ihre Ernten zu vernichten und ihre Dörfer dem Erdboden gleichzumachen. In Nordvietnam haben Tausende amerikanischer Flugzeuge Hunderttausende Ton-
20 nen Bomben herabregnen lassen und Städte, Dörfer, Fabriken, Straßen, Brücken, Deiche, Dämme und sogar Kirchen, Pagoden, Krankenhäuser und Schulen zerstört.

5 *„Das einzige System, das sich im Felde bewährt hat"*, nennt der Italiener Paolo Baratella sein fotorealistisches Bild. Es zeigt Napalm-Opfer und Militärflugzeuge.

6 *Kinder retten sich vor US-Napalmbomben,* die ihr Dorf in Brand gesetzt haben (1972).

1 Überlegt, welchen Einfluss die US-Medien durch die Veröffentlichung der Fotos M 2 und M 6 auf die Einstellung der Bevölkerung zum Vietnam-Krieg nahmen.
2 Erläutere mithilfe des VT und der Materialien den Begriff und die Bedeutung von Stellvertreterkriegen.
3 Wie wirkten sich diese Stellvertreterkriege auf die Bevölkerung in den Kriegsgebieten aus?

Der Ost-West-Konflikt

8 Wie kann der Frieden bewahrt werden?

1 Chruschtschow und Kennedy in einer englischen Karikatur, 1962: „Einverstanden, Herr Präsident, wir wollen verhandeln ..."

Kuba
Der Inselstaat in der Karibik stand seit seiner Unabhängigkeit von Spanien 1898 unter politischem und wirtschaftlichem Einfluss der USA. Amerikanische Konzerne beherrschten die Zucker- und Tabakindustrie. 1959 stürzten Guerilleros unter Führung Fidel Castros den Diktator Batista. Castro ordnete die Verstaatlichung der Zuckerindustrie an und ließ alle US-Vermögen beschlagnahmen. Eine vom amerikanischen Geheimdienst gesteuerte Invasion von Exilkubanern scheiterte. Das sozialistische Regime auf Kuba bat die UdSSR um Hilfe und Schutz.

heißer Draht
Fernschreib- und Telefonverbindung zwischen den Regierungen der USA und der UdSSR.

2 „Was für eine Unverschämtheit mir Raketen vor die Haustür zu stellen!" (Karikatur, Der Spiegel, 31. 10. 1962) – Interpretiere die Karikatur, indem du Aussagen aus M4 heranziehst.

Am Rand eines Atomkrieges

Am Abend des 22. Oktober 1962 schreckte eine Rundfunk- und Fernsehbotschaft des US-Präsidenten Kennedy die ganze Welt auf. Er teilte mit, dass die USA nicht länger bereit seien den Aufbau russischer Atomraketen auf *Kuba* hinzunehmen. Chrutschow hatte Raketenabschussrampen aufbauen lassen – als Gegengewicht zu den US-Raketenstellungen in der Türkei. Amerikanische Kriegsschiffe sollten ab dem 24. Oktober alle Schiffe mit dem Ziel Kuba aufhalten, durchsuchen und, falls sie Angriffswaffen an Bord hätten, zurückschicken. Als äußerste Warnung an die Sowjets, die für den Fall eines amerikanischen Angriffs auf Kuba mit dem Einsatz von Atomwaffen gedroht hatten, fügte Kennedy hinzu: „Wir werden nicht verfrüht und unnötigerweise einen weltweiten Kernwaffenkrieg riskieren. (...) Aber wir werden vor diesem Risiko auch nicht zurückschrecken, wenn wir ihm gegenüberstehen."

Zu diesem Zeitpunkt waren die US-Truppen auf ihren Stützpunkten rund um die Erde schon in Alarmbereitschaft versetzt worden. Flugzeuge mit Atombomben an Bord befanden sich ständig in der Luft. Auf der Gegenseite ordnete Marschall Gretschko ebenfalls erhöhte Kampfbereitschaft an. Es folgten dramatische Tage des bangen Abwartens. Was würde geschehen, wenn die russischen Schiffe die Seeblockade durchbrechen wollten?

Kurz vor der Blockadezone drehten die russischen Schiffe ab. Radio Moskau meldete am 28. Oktober: „Die Raketen werden abmontiert und in die Sowjetunion zurückgebracht." Im Gegenzug baute die USA ihre Rakenstellungen in der Türkei ab. Die Krise war vorbei, ein Atomkrieg noch einmal abgewendet worden. Doch die Angst von Millionen Menschen vor einem Krieg im Atomzeitalter blieb.

Rüstungskontrolle durch Verträge

Noch im gleichen Jahr wurde zwischen dem Weißen Haus in Washington und dem Kreml in Moskau der so genannte *heiße Draht* installiert, der im Krisenfall zumindest einen ungewollten Kriegsausbruch verhindern helfen sollte. Es folgten erste Verträge zwischen den beiden Supermächten, die das unkontrollierte Wettrüsten einschränken sollten:
– 1963: Verbot von Kernwaffenversuchen in der Atmosphäre, im Weltraum und unter Wasser;
– 1968: Vertrag über die Nichtverbreitung von Kernwaffen (Atomwaffensperrvertrag);
– 1972: Vertrag über die Begrenzung der strategischen Rüstung (SALT-I).

1975 unterzeichneten 33 europäische Staaten, die USA und Kanada in Helsinki die Schlussakte der „Konferenz über Sicherheit und Zusammenarbeit in Europa" (KSZE). Bestehende Grenzen wurden garantiert, „vertrauensbildende Maßnahmen" im militärischen Bereich vereinbart und die Beachtung der Menschenrechte zugesichert. Diese Maßnahmen sollten ein Klima des gegenseitigen Vertrauens schaffen, in dem Krisen besser gemeistert und Kriege vielleicht ganz verhindert werden könnten.

Konflikte und Friedensbemühungen in der Welt seit 1945

Erneutes Wettrüsten

Trotz Helsinki versuchten die Supermächte außerhalb der Blockgrenzen ihre politischen und militärischen Positionen zu verbessern. 1979 begann ein neues Wettrüsten, das ungeheure Finanzmittel verschlang. Die UdSSR richtete moderne Mittelstreckenraketen auch auf Westeuropa; darauf antwortete die NATO mit dem so genannten Doppelbeschluss: Er bot Verhandlungen an mit dem Ziel die Raketenstellungen auf beiden Seiten abzubauen. Falls keine Übereinkunft erreicht würde, sollte die Zahl der Raketenbasen in Westeuropa erhöht werden. Trotz breiter Proteste gerade in der Bundesrepublik wurden auch hier neue Raketen stationiert.

Erst die Wahl Michail Gorbatschows zum Generalsekretär der KPdSU 1985 leitete eine neue Phase der Entspannung ein: Beide Seiten bauten ihre Mittelstreckenraketen in Europa ab und verschrotteten sie. Durch den gleichzeitigen Truppenabbau wurde der Frieden zumindest in Europa erheblich sicherer.

3 US-Präsident Kennedy in einer Rundfunk- und Fernsehansprache, 22. 10. 1962:
Jede dieser Raketen ist – kurz gesagt – in der Lage die Bundeshauptstadt Washington, den Panamakanal, Cape Canaveral, Mexiko-City oder irgendeine andere
5 Stadt im südöstlichen Teil der Vereinigten Staaten, in Mittelamerika oder im karibischen Gebiet zu treffen. (…) Diese plötzliche und heimliche Entscheidung, zum ersten Male außerhalb der Sowjet-
10 union strategische Waffen zu stationieren, ist eine absichtlich provokatorische und ungerechtfertigte Veränderung des Status quo, die von unserem Land nicht hingenommen werden kann, wenn un-
15 ser Mut und unsere Versprechen von Freund und Feind noch ernst genommen werden sollen.

4 Chruschtschow an Kennedy, 27. 10. 1962:
Sie sind beunruhigt über Kuba. Sie sagen, das beunruhigt Sie, weil es nur 150 Kilometer vor der Küste der Vereinigten Staaten von Amerika liegt. Aber
5 die Türkei grenzt an unser Land; unsere Wachtposten patrouillieren hin und her und können einander sehen. Meinen Sie,

Sie hätten das Recht Sicherheit für Ihr Land zu verlangen und Abzug der Waffen
10 zu fordern, die Sie offensiv nennen, uns aber dasselbe Recht nicht zuzugestehen? Sie haben vernichtende Raketenwaffen, die Sie offensiv nennen, in der Türkei stationiert.(…) Ich mache daher folgenden
15 Vorschlag: Wir sind bereit die Waffen, die Sie für offensiv halten, aus Kuba abzuziehen. Wir sind bereit dies durchzuführen und diese Zusage den Vereinten Nationen zu geben. Ihre Vertreter wer-
20 den eine Erklärung des Inhalts abgeben, dass die Vereinigten Staaten ihrerseits in Anbetracht der Besorgnis und des Unbehagens in der Sowjetunion ihre entsprechenden Waffen aus der Türkei abziehen.

5 Luftaufklärung durch Spionageflugzeuge, später auch durch Satelliten, machte im Kalten Krieg militärische Pläne der Gegenseite frühzeitig bekannt. Dadurch wurde es fast unmöglich einen Angriffskrieg unbemerkt vorzubereiten. Solche Luftaufnahmen lieferten Kennedy den Beweis für sein Ultimatum an Chruschtschow.
oben: **Raketenabschussbasis** auf Kuba;
links: **Der russische Frachter „Krasnograd"** mit Düsenjägern an Bord in der Karibik.

1 Beschreibe mithilfe des VT und der Materialien M 3, M 4 und M 5, wie der Weltfrieden durch die Kubakrise gefährdet wurde.
2 Nenne Gründe für das Einlenken der Sowjetunion.
3 Kennedy sagte 1963, ein totaler Krieg sei im Zeitalter der Atomwaffen sinnlos. Begründe diese Aussage.

Projekt

Die Angst war gesamtdeutsch

Der Zweite Weltkrieg brachte die Teilung Deutschlands, der Kalte Krieg zwei deutsche Staaten, die sich in feindlichen Lagern gegenüberstanden; das Ende des Ost-West-Konfliktes machte die Wiedervereinigung möglich. Dazwischen war manchmal die Angst, das unbewusste Gefühl, eines Tages zwischen den Blöcken zerrieben zu werden.

Wie gingen die Deutschen mit dieser Angst um? Welche Gedanken beschlichen Menschen in den großen Krisen des Kalten Krieges? Was konnten sie tun? Solche Fragen beschäftigten Schülerinnen und Schüler einer 10. Realschulklasse. Das Geschichtsbuch hatte für diesen Fall keine Antworten parat. Sicher, man könnte die Eltern fragen oder die Großeltern – aber wüssten die überhaupt noch etwas darüber?

Aus der Idee wurde ein tolles Projekt: Die Schülerinnen und Schüler aus Daun in der Eifel knüpften Kontakte zu einer Schule in Schmalkalden (Thüringen) und planten ein Seminar, das sie eine Woche lang ins hessische Gensungen führte. Höhepunkt wurde der Besuch einer 10. Klasse in Erfurt: Hier konnten sie erfahren, wie Menschen in Ostdeutschland die Zeit des Kalten Krieges erlebt hatten.

Interviews auswerten

Zeitzeugen befragen

Mutter (44) von Julia, 9d
Ich habe mich gefragt, warum Deutschland getrennt wird. Ich war froh, dass ich im Westen wohnte, und hatte Mitleid mit den Menschen im Osten. Mir wurde richtig bewusst, wie brutal der Kalte Krieg war.

Aus einem Interview von Marcus, 9b, aus Schmalkalden
An diesem 17. Juni 1953 fuhren meine Frau und ich von einem FDGB-Urlaub an der Ostsee nach Hause. Je mehr wir uns Berlin näherten, desto lebhafter erschien uns das Treiben entlang der Bahnlinie und auf den Bahnhöfen. Auffällig war das Schweigen der Mitreisenden. Keiner traute dem anderen, auch wir nicht! Das war sicher keine Angst, sondern unter diesen Umständen gebotene Vorsicht. Erst zu Hause erfuhren wir, was sich zutrug. Damit schien auch das letzte bisschen Hoffnung auf eine baldige Wiedervereinigung geschwunden.

Vater (damals 28) von Sandra, 10b
Als die Sowjets ihre veralteten SS-4 und SS-5 durch SS-20 ersetzten, musste die NATO angeblich nachrüsten – wohlwissend, dass ihre Raketen jetzt qualitativ besser waren. Angst hat man verdrängt, nur Ohnmacht verspürt angesichts der Arroganz und Ignoranz, mit der sich Politiker beider Seiten über die Ängste und Sorgen der „kleinen Leute" hinwegsetzten.

Vater (38) von Verena, 9d
Ich hielt die Nachrüstung für das Unvernünftigste, was man machen konnte. Sie gab der Gegenseite nur das Gefühl der Unsicherheit. Dadurch stieg die Gefahr eines Kriegsausbruchs.

aus einem Interview, das Peter, 10d, für
Lutzerath liegt Luftlinie genau zwischen dem Bundeswehr-Fliegerhorst Büchel und der amerikanischen Raketenstation Hontheim, deshalb war die Angst schon da, mittendrin zu sein, wenn's mal krachen würde.

Konflikte und Friedensbemühungen in der Welt seit 1945

Mit Zeitzeugen ins Gespräch kommen – eine Checkliste

1. Vorbereitung: Themen erarbeiten (z. B. Kuba-Krise, Mauerbau, Prager Frühling, Leben in Ost- und Westdeutschland …); Fragen formulieren; überlegen, wen man interviewen könnte (Verwandte, Passanten auf der Straße, Nachbarn …)
2. Methoden: frei erzählen lassen und gezielt nachfragen; zu zweit oder mehreren Gespräche führen; Notizen machen; Interviews auf Tonband aufnehmen
3. Auswertung: statistische Untersuchung (wie viele Interviews, Altersgruppen in Bezug auf die Aussagen, Geschlecht der Befragten …); Aussagen vergleichen; prüfen, ob Dinge bewusst ausgelassen wurden und was möglicherweise der eigenen Rechtfertigung dient
4. Präsentation der Ergebnisse: Wandzeitung; Artikel in der örtlichen Zeitung oder Schülerzeitung; eigenes Geschichtsbuch entwerfen …
5. Genauere Hilfen findet ihr im Methodenabschnitt auf Seite 677. Lasst euch außerdem von den Bildern auf diesen beiden Seiten anregen!

Der Ost-West-Konflikt

9 Niedergang einer Supermacht

1 *"Der Neue im Kreml: Konstantin Tschernenko, 74"* (Karikatur von Pepsch Gottscheber zur Wahl eines kranken alten Mannes als Generalsekretär der KPdSU, 1984). Die beiden Männer im Hintergrund sind Verteidigungsminister Ustinow und Außenminister Gromyko. – Wie sieht der Karikaturist die Rolle Tschernenkos?

Nomenklatura
Bezeichnung für die Führungsschicht der Sowjetunion aus Spitzenleuten der Partei, des Militärs, der Regierung, der Wirtschaft und der Wissenschaften. Mit Dienstwagen, eigenen Kliniken, Kaufhäusern und Ferienhäusern genoss diese Gruppe Annehmlichkeiten, zu denen die normalen Sowjetbürger keinen Zugang hatten.

Dissidenten
von lat. dissidere = nicht übereinstimmen, getrennt sein.
Bezeichnung für anders Denkende, die das Sowjetsystem kritisierten. Die Dissidentenbewegung begann unter Chruschtschow, indem zunächst Schriftsteller und Künstler mehr Freiheit für ihre Arbeit forderten.

Machterhaltung oder Neuerung?
Die obige Karikatur setzt sich mit einem System auseinander, das sich selbst überlebt hatte. Im Kreml gab in der ersten Hälfte der 1980er-Jahre eine Riege betagter Männer den Ton an, der jedes Mittel recht war das Alte und Morsche zu erhalten. Wie war es dazu gekommen?

Als Leonid Breschnew 1964 Chruschtschow als Parteichef der KPdSU ablöste, wollten viele hohe Funktionäre vor allem ihre Privilegien erhalten. Chruschtschows sprunghafte Neuerungen in der Wirtschaft, seine Ankündigung die Gesellschaft von stalinistischen Zwängen zu befreien, der Versuch die Kommunistische Partei zu reformieren und die Macht der Bürokraten einzuschränken – all das stieß bei der sowjetischen *Nomenklatura* auf Widerstand.

Industriegigant UdSSR?
Breschnews Politik schien zunächst erfolgreich zu sein: Die Wirtschaft produzierte mehr Güter, der Lebensstandard der Bevölkerung stieg langsam an. Vorzeigeprojekte wie der Bau von gewaltigen Staudämmen oder die Erschließung der sibirischen Ölfelder täuschten über die geringe Leistungsfähigkeit der Planwirtschaft hinweg. Ab Mitte der 1970er-Jahre war sie immer weniger in der Lage den schnellen Wandel der Weltwirtschaft mitzumachen.

Der Neuaufbau riesiger Produktionskomplexe zerstörte zudem die natürlichen Lebensräume und die Lebensqualität von vielen Millionen Menschen in der UdSSR. Eine der schlimmsten ökologischen Katastrophen ist das allmähliche Verschwinden des Aralsees: Die den See speisenden Flüsse sind durch zu hohe Wasserentnahme für die mittelasiatische Baumwollwirtschaft seit den 1950er-Jahren zu Rinnsalen geworden.

Zur gleichen Zeit beanspruchte das erneute Wettrüsten die knappen Ressourcen der Sowjetwirtschaft so sehr, dass die komplizierten Pläne immer weniger eingehalten werden konnten. Die Produktion stockte, dringende Investitionen blieben aus. Die veralteten Industrien konnten die Bevölkerung bald nicht mehr ausreichend mit Wohnungen und Konsumgütern versorgen.

Chance für Reformen?
Der allgemeine Mangel, außenpolitische Misserfolge und die Unterdrückung der Freiheit im Innern ließen immer weniger Menschen an den Erfolg des sozialistischen Modells glauben. Millionen reagierten mit Passivität und Teilnahmslosigkeit. Eine kleinere Gruppe, die so genannten *Dissidenten,* trat mutig für die Veränderung von Staat, Gesellschaft und Wirtschaft ein und forderte die Verwirklichung all der Menschenrechte, die die KSZE-Schlussakte von 1975 zusicherte (s. S. 688). Das Staatssystem behandelte diese Kritiker wie Verbrecher oder Geisteskranke: Sie wurden in Straflager oder „psychiatrische Kliniken" verbannt.

Nach dem Tode Breschnews und zwei Übergangskandidaten folgte 1985 der 54-jährige Michail Gorbatschow als Generalsekretär der KPdSU. Er versprach größere Freiheiten und umfassende Reformen.

Konflikte und Friedensbemühungen in der Welt seit 1945

2 *Aus dem Parteiprogramm der KPdSU von 1961:*

Der Kommunismus ist die lichte Zukunft der Menschheit. Der Aufbau der kommunistischen Gesellschaft ist zur unmittelbaren praktischen Aufgabe des Sowjet-
5 volkes geworden. (…) Kommunismus ist eine klassenlose Gesellschaftsordnung, in der die Produktionsmittel einheitliches Volkseigentum und sämtliche Mitglieder der Gesellschaft sozial völlig gleich sein
10 werden (…) und wo das große Prinzip herrschen wird: Jeder nach seinen Fähigkeiten, jedem nach seinen Bedürfnissen. (…) Im nächsten Jahrzehnt [1961 bis 1970] wird die Sowjetunion beim Auf-
15 bau der materiell-technischen Basis des Kommunismus die USA – das mächtigste und reichste Land des Kapitalismus – in der Produktion pro Kopf der Bevölkerung überflügeln.

3 *Die letzten Jahre der Ära Breschnew* beschrieb Hedrick Smith, Moskauer Redakteur der New York Times, 1991 so:

Arbeiter, Manager, jedermann tat pro forma so, als arbeite er in der offiziellen Wirtschaft, aber wenn der Konsument wirklich etwas benötigte, wandte er sich
5 an den Schwarzmarkt, und zwar in solchem Umfang, dass dieser das Ausmaß einer Gegenwirtschaft annahm. Was immer man brauchte – Fleisch, frisches Gemüse, Zahnpasta, Kaviar, Babyklei-
10 dung, Ballettkarten, Ersatzteile, Medikamente, Nachhilfestunden für die Kinder, eine anständige Wohnung –, man wandte sich an diese Gegenwirtschaft.

Ganze Untergrundindustrien blühten, il-
15 legale Fabriken innerhalb legaler: Sie arbeiteten mit denselben Arbeitskräften und Rohstoffen, doch diesmal effizient, da für privaten Gewinn. Hier investierten die Menschen ihre Energien, hier brach-
20 ten sie ihren ganzen Einfallsreichtum ein. Die Menschen verfolgten ihre privaten Ziele im Verborgenen und missachteten und umgingen die Strafandrohungen der Regierung. Diese Praxis war so sehr
25 Teil des täglichen Lebens eines jeden, dass die meisten Russen, die ich kannte, glaubten, Breschnew und seine Kumpane rechneten mit dem schwarzen Markt als einem Sicherheitsventil für die Frust-
30 rationen des Volkes.

4 **Der Aralsee,** viertgrößter Binnensee der Erde, wurde zwischen 1960 und 1990 um ein Drittel kleiner. Der ehemalige Hafen Mujnak liegt heute mehr als 100 km vom Seeufer entfernt. Jährlich trägt der Wind 75 Millionen Tonnen salzhaltigen Staub in die Region. Bis heute haben sich schon über zwei Millionen Hektar Ackerland in Wüstengebiet verwandelt.

5 **Solidarność** entstand 1980 als unabhängige Gewerkschaft aus einem Streik der Danziger Werftarbeiter. Unter Führung Lech Wałęsas strebte sie durch die Verbindung christlicher und sozialistischer Ideen eine humanere Gesellschaft an. Da Breschnew darin eine Gefährdung der östlichen Ordnung sah, drohte er mit dem Einmarsch sowjetischer Truppen in Polen. Daraufhin wurde Solidarność von der polnischen Regierung verboten, arbeitete aber im Untergrund weiter. 1989 trieb Solidarność die Demokratisierung Polens voran und ermutigte damit auch die übrigen Völker des Ostblocks zum Widerstand.

1 Erläutere die Widersprüche, die in M 2 und M 3 deutlich werden.
2 Sammle Literatur zu einem der folgenden Themen und halte ein Kurzreferat dazu: Dissidentenbewegung; Solidarność; Umweltprobleme und -katastrophen in der Sowjetunion; Auflösung der Sowjetunion.

Der Ost-West-Konflikt

10 Das Ende des Kalten Krieges – was kommt danach?

1 Hohe Funktionäre aus Partei, Militär und Geheimdienst hatten Gorbatschow durch einen Putsch im August 1991 für drei Tage entmachtet. Nur das entschlossene Eingreifen des russischen Präsidenten Jelzin, dem es gelang Teile des Militärs auf seine Seite zu ziehen, verhinderte eine Rückkehr zu Stalinismus und Kaltem Krieg. Jelzin drängte nun zu radikaleren Reformen: Verbot der KPdSU und Auflösung der Sowjetunion. Auf seine Initiative schlossen sich im Dezember 1991 zehn Nachfolgestaaten der UdSSR mit Russland zur „Gemeinschaft Unabhängiger Staaten" (GUS) zusammen.

Russisches Parlament, 23. August 1991: Zwei Staatsmänner streiten vor laufenden Kameras – also vor den Augen einer ungläubig staunenden Weltöffentlichkeit – um die Zukunft des Sowjetsystems. Boris Jelzin ist an das Rednerpult getreten und verlangt von Michail Gorbatschow, er solle ein vorbereitetes Papier unterschreiben und verlesen, das die Auflösung der KPdSU verfügt.

Das Ende einer Ära
Gorbatschow ist zu dieser Zeit noch einer der beiden mächtigsten Männer der Erde. Als Präsident der Sowjetunion gebietet er über die Mittel einer Supermacht. Vier Monate später gibt es die Supermacht nicht mehr: Die Sowjetunion löst sich in ihre 15 Teilrepubliken auf, die nun selbstständige Staaten werden. Gorbatschow selbst hatte diese revolutionäre Umgestaltung in Gang gesetzt – auch wenn er sie so nicht gewollt hatte.

Auslöser: Glasnost und Perestroika
Im März 1985 hatte Gorbatschow das Amt des Generalsekretärs der KPdSU übernommen und wenig später mit Perestroika und Glasnost eine radikale Wende angekündigt. Er wollte das sozialistische Modell menschenfreundlicher und erfolgreicher machen. Bald zeigte sich, dass das System von innen heraus mithilfe der alten Kräfte nicht zu reformieren war. Gorbatschows Politik bewirkte aber eine Atmosphäre der Offenheit – etwas ganz Neues in der Sowjetunion. Sie erlöste die Menschen erst von der lähmenden Angst der Vergangenheit und ermunterte sie zur Kritik an einzelnen Missständen. Dann machte sie denen Mut, die auch die Grundsätze des Marxismus-Leninismus infrage stellten. Am Ende forderten die Radikalsten die Abschaffung des gesamten Systems.

Eine Welt jenseits der Blöcke
Die Völker der UdSSR und die Staaten des Ostblocks wollten keinen neuen Weg zum Sozialismus. Es kam zu Aufständen, Bürgerkriegen und Abspaltungen. 1990 löste sich der Warschauer Pakt auf, 1991 die Sowjetunion. Besonders in Russland ist der Umbau von der Staats- zur Marktwirtschaft sehr schmerzlich verlaufen: Viele haben sich bei der Zerschlagung der Staatsbetriebe bereichert, Millionen sind aber auch arbeitslos geworden oder müssen mit Renten leben, die weit unter dem Existenzminimum liegen. Diese Menschen sind von der neuen Ordnung tief enttäuscht.

Zwar sind heute die USA die einzige Supermacht, während Russlands Weg zu politischer und wirtschaftlicher Stabilität noch weit ist. Ob man deshalb – wie US-Präsident George Bush 1991 – vom Sieg Amerikas im Kalten Krieg sprechen kann, ist bei vielen Historikern umstritten. Die Gefahr eines Atomkriegs scheint gebannt, dafür sind aber viele regionale Konflikte aufgebrochen: etwa in Georgien, in Bosnien oder im Kosovo.

Ein demokratisches, vielleicht auch politisch geeintes Europa vom Atlantik bis zum Ural ist an der Schwelle zum 21. Jahrhundert trotzdem keine Utopie mehr. Europa wird diese Stabilität brauchen, denn im Weltmaßstab werden neue Konflikte aufbrechen oder alte sich verschärfen – durch knappe Ressourcen, religiösen Fanatismus, ethnische Gegensätze oder wieder durch ideologische Frontstellungen.

Konflikte und Friedensbemühungen in der Welt seit 1945

2 Über „Perestroika" und „Glasnost"
sagte Gorbatschow 1990:
Während wir anfangs annahmen, dass es im Wesentlichen um (…) die Vervollkommnung dieses im Großen und Ganzen fest gefügten Systems geht, das sich in den vorangegangenen Jahrzehnten herausgebildet hatte, so sprechen wir jetzt von der Notwendigkeit eines radikalen Umbaus unseres gesamten Gesellschaftsgebäudes. (…) Und wir sprechen nicht nur davon, wir unternehmen auch praktische Schritte zur Reformierung der Eigentumsverhältnisse, des Wirtschaftsmechanismus, des politischen Systems, zur Veränderung des geistigen und moralischen Klimas der Gesellschaft. (…) Wir stehen heute vor der komplizierten Aufgabe das Ansehen des marxistischen Denkens, des marxistischen Herangehens an die Wirklichkeit wieder herzustellen. Bei der weiteren Ausarbeitung der Konzeption und der Politik der Perestroika, beim Erfassen der Probleme des sich entwickelnden Sozialismus brauchen wir die Weisheit und die Wertvorstellungen dieser Ideologie, die zu den einflussreichsten der Welt gehört.

3 Über das Ende des Ost-West-Konflikts
schrieb der Historiker Wilfried Loth im Jahre 1991:
Dass der Ost-West-Konflikt schließlich doch, für alle Beteiligten überraschend schnell, zu Ende ging, war – das muss gegen einen allzu durchsichtigen Versuch der Legendenbildung festgehalten werden – nicht ein Erfolg westlicher Politik der Stärke. (…) Entscheidend für die Überwindung des Sicherheitsdilemmas war vielmehr zunächst das geduldige Beharren all derjenigen, die sich um ein Durchlässigmachen der Blockgrenzen bemühten. Sie trugen damit dazu bei, dass die westlichen Prinzipien im sowjetischen Machtbereich Verbreitung fanden und bis zur Spitze des sowjetischen Imperiums vordrangen, und sie erleichterten mit ihrer Kooperationsbereitschaft der sowjetischen Führung den Abschied von den alten Einkreisungsängsten. Entscheidend war sodann und vor allem, dass Michail Gorbatschow und die Reformer, für die er steht, den Schritt aus der Festung des Kalten Krieges heraus tatsächlich gewagt haben. (…) Dieser Schritt folgte gewiss aus der Einsicht in die desolate Lage des Sowjetimperiums; er wurde mit dem Mut der Verzweiflung unternommen. Dennoch war er alles andere als selbstverständlich. Niemand konnte voraussagen, zu welchem Zeitpunkt er erfolgen würde.
Es ist darum ganz irreführend, zu behaupten, der Westen habe im Kalten Krieg gesiegt. Nicht der Westen hat gesiegt, sondern die westlichen Prinzipien sind im sowjetischen Machtbereich zum Programm geworden. Das ist etwas ganz anderes. Es ist neben und vor dem Erfolg westlicher Entspannungspolitik auch ein Erfolg der Sowjetunion selbst: Sie hat (…) Verbündete gewonnen, die ihr bei der Bewältigung ihrer Modernisierungsprobleme helfen können. Vor allem aber hat sie sich von den Lasten einer 45-jährigen Überspannung ihrer Kräfte befreit.

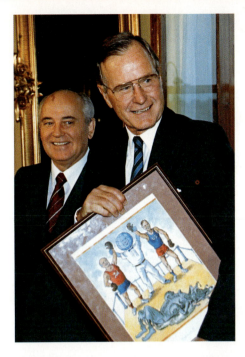

4 Eine Karikatur zum Ende des Kalten Krieges übergab Michail Gorbatschow dem US-Präsidenten George Bush auf dem KSZE-Gipfeltreffen in Helsinki im September 1990 (Foto). 1991 unterzeichneten sie einen Vertrag, der beide Seiten verpflichtete die Atomsprengköpfe auf Langstreckenraketen stark zu reduzieren. Wenig später wurde die ständige Alarmbereitschaft für strategische Bomber und Interkontinentalraketen aufgehoben. Der Vorgänger von George Bush, Ronald Reagan (Amtszeit 1980–1988), hatte noch eine sehr antikommunistische Außenpolitik und eine Politik der Rüstungserhöhungen (von 1980–1984 um 40 %) betrieben.

1 Überlege, warum die Ideen Gorbatschows auf die Bevölkerung der UdSSR revolutionär wirkten (M 2).
2 Der Präsident der USA sah sein Land als Sieger im Kalten Krieg. Kannst du diese Behauptung nachvollziehen?
3 Beschreibe das Ende der Sowjetunion. Was weißt du über die heutige Lage in Russland und den ehemaligen Sowjetrepubliken?

Der israelisch-arabische Konflikt

11 Wem gehört Palästina?

1 Jerusalem – heilige Stadt der Muslime: nach dem Freitagsgebet am Felsendom. Die Moschee wurde 691 n. Chr. an der Stelle erbaut, von der aus der Prophet Mohammed zum Himmel aufgefahren sein soll. Die gegenüberliegende El-Aksa-Moschee ist nach Mekka und Medina das drittwichtigste Heiligtum des Islam.

2 Jerusalem – heilige Stadt der Juden: Gebet an der Klagemauer. Sie besteht aus den Fundamenten des von den Römern 70 n. Chr. zerstörten Tempels des Herodes.

3 Jerusalem – heilige Stadt der Christen: Pilgerinnen in der Jerusalemer Altstadt

Kein Raum außerhalb Europas erscheint in unseren Nachrichtensendungen so oft wie der Nahe und Mittlere Osten. Nach dem Ende des Ost-West-Konflikts ist er der gefährlichste Krisenherd der Gegenwart. Seit Jahrzehnten wird hier ein Konflikt ausgetragen, bei dem es um Land, Öl, Macht und Einfluss geht. Er zeigt auf eindringliche Weise die zerstörerische Wirkung ideologischer, religiöser und kultureller Barrieren, die den Blick für friedliche Lösungen verstellen. Dass eine Mauer aus Hass und gegenseitigem Terror aber auch überwunden werden kann, lassen einige Entwicklungen der letzten Jahre hoffen.

Ihr könnt am Beispiel der Auseinandersetzungen zwischen Juden und Arabern selbst untersuchen, wie ein Konflikt entsteht, wie er sich ausweitet und wie er vielleicht gelöst werden kann. Dazu solltet ihr zunächst Fragestellungen entwickeln. Wie eine solche Fallstudie angelegt werden kann, seht ihr auf der folgenden Seite. Erste Fragen dazu könnt ihr euch bereits anhand der Materialien dieser Themenseite überlegen.

Erez Israel
heißt auf Hebräisch Land Israel. Dem Alten Testament zufolge wurde es dem „auserwählten Volk" von Gott geschenkt.

Diaspora
Gebiet, in dem eine religiöse Minderheit lebt. Nach der Vertreibung durch die Römer lebten die Juden überall in Europa, im Nahen Osten und in Nordafrika unter Andersgläubigen.

Konflikte und Friedensbemühungen in der Welt seit 1945

4 Muslimisches Jerusalem mit den Kuppeln der Omar-Moschee (Mitte) und der El-Aksa-Moschee (rechts), vom Berg Zion aus gesehen. Die für Christen wichtige Grabeskirche ist am linken Bildrand zu erkennen. Nach mehrfacher Zerstörung bauten Kreuzfahrer 1099 n. Chr. die Kirche wieder auf. Der Maler Burchard fertigte das Bild 1455 für Herzog Philipp von Burgund an. – Wie stellt der Maler die Stadt dar, wie das Zusammenleben verschiedener Religionen?

5 Die Proklamation des Staates Israel erfolgte am 14. Mai 1948 durch den Vorsitzenden des Jüdischen Nationalrates, David Ben Gurion. In der Urkunde heißt es:
In *Erez Israel* stand die Wiege des jüdischen Volkes; hier wurde sein geistiges, religiöses und politisches Antlitz geformt; hier lebte es ein Leben staatlicher
5 Selbstständigkeit; hier schuf es seine nationalen und universellen Kulturgüter und schenkte der Welt das unsterbliche „Buch der Bücher". Mit Gewalt aus seinem Lande vertrieben, bewahrte es ihm
10 in allen Ländern der *Diaspora* die Treue und hörte niemals auf um Rückkehr in sein Land und Erneuerung seiner politischen Freiheit in ihm zu beten und auf sie zu hoffen. (...) Wir (...) proklamieren hier-
15 mit kraft unseres natürlichen historischen Rechts und aufgrund des Beschlusses der Vollversammlung der Vereinten Nationen die Errichtung eines jüdischen Staates im Erez Israel, des
20 Staates Israel.

Wir bearbeiten einen Konflikt als Fallstudie
Eine Fallstudie untersucht ein zentrales historisches Ereignis, indem das Handeln der beteiligten Menschen, Gruppen oder Völker aus unterschiedlichen Perspektiven beleuchtet wird. Dabei gewinnt man Erkenntnisse über Interessen, Machtkonflikte oder rivalisierende Ideen. Es wird auch deutlich, dass die Akteure durchaus Handlungsalternativen haben; daran können Entscheidungen und Problemlösungen gemessen werden. Eine Fallstudie zum israelisch-arabischen Konflikt könnte so aussehen:
1. Recherche: Ausgangssituation und konkrete Ereignisse:
   – Was geschah wann und wo?
   – Welche Personen, Gruppen oder Völker waren/sind beteiligt?
   – Welche geografischen Bedingungen sind gegeben?
2. Analyse: Anlass, Ursachen, Verlauf, Lösungen:
   – Um welche Streitfragen geht es? Welche Vorgeschichte haben sie? Was war der Anlass des Streites?
   – Welche Interessen haben die beteiligten Gruppen? Von welchen Ideen lassen sie sich leiten? Über welche Machtmittel verfügen sie? Wie hoch ist ihre Kompromiss- bzw. Gewaltbereitschaft?
   – Welche Vorstellungen zur Lösung des Konflikts werden auf beiden Seiten entwickelt? Werden die Interessen der Gegenseite dabei ausreichend berücksichtigt?
3. Bewertung:
   – Erscheint die Problemlösung tragfähig? Wird mehr politische und soziale Gerechtigkeit erreicht oder gefährdet der gefundene Kompromiss lebenswichtige Interessen einer Seite?
   – Kann man aus dem konkreten Fall Erkenntnisse über menschliches Handeln gewinnen und auf andere Situationen übertragen?

6 Die Situation der Palästinenser am Abend vor der Proklamation des Staates Israel schildert Abu Jihad, späterer Mitbegründer der Widerstandsorganisation Fatah, in seinem Buch „Heimat und Tod":
Der 13. Mai 1948 wird unauslöschlich in meiner Erinnerung bleiben. An jenem Tag, weniger als 24 Stunden vor der Proklamation des Staates Israel, floh meine
5 Familie aus Jaffa um in Gaza Zuflucht zu suchen. (...) Hunderttausende von *Palästinensern* machten sich unter oft tragischen Umständen auf den Weg ins Exil. Für mich, der ich noch nicht einmal fünf-
10 zehn war, kam die Flucht einer Apokalypse [Weltuntergang] gleich. Tief erschütterte mich der Anblick der Männer, Frauen, Greise und Kinder, die sich, gebeugt unter der Last ihrer Koffer und
15 Bündel, mühsam zu den Kais von Jaffa drängten. Ihre Klageschreie und ihr Schluchzen wurden von ohrenbetäubenden Explosionen begleitet.

Palästinenser
Palästinensische Araber lebten lange vor der jüdischen Besiedlung und Staatsgründung im Gebiet des heutigen Israel. 1948 flohen die meisten in arabische Staaten. Seit 1994 entsteht ein palästinensischer Staat im Westjordanland.

1 Was bedeutet der 14. Mai 1948 für Israelis und Palästinenser (M5, M6)?
2 Entwickelt erste Fragestellungen für eure Fallstudie (M1–M6).

Der israelisch-arabische Konflikt

12 Die Entstehung des Staates Israel

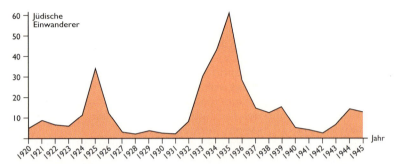

1 Jüdische Einwanderung nach Palästina (Angaben in Tausend)

Jahr	Bevölkerung		
	insgesamt	Araber	Juden
1895	ca. 500 000	90,6 %	9,4 %
1919	ca. 700 000	91,7 %	8,3 %
1931	858 708	83,1 %	16,9 %
1939	1 422 955	70,0 %	30,0 %
1944	1 739 624	69,5 %	30,5 %
1948	2 065 000	69,0 %	31,0 %

2 Juden und Araber in Palästina

Zionismus
Politisch-religiöse Bewegung des Judentums mit dem Ziel alle Juden in das „Land Israel" rückzuführen. Der Name leitet sich vom „Zion" (= Jerusalem) des Alten Testaments ab. Mit der Gründung des jüdischen Nationalstaates 1948 war das Hauptziel des Zionismus erreicht.

Mandatsgebiet
Gebiet, das einem Staat zur uneigennützigen Verwaltung übergeben wird. Dieser ist dem Völkerbund bzw. den Vereinten Nationen verantwortlich.

PLO
(Palestine Liberation Organization). 1964 zur Befreiung Palästinas gegründet. 1996 gewann die Organisation unter Führung Jasir Arafats die ersten demokratischen Wahlen in den Autonomiegebieten.

Forderung nach einem Judenstaat

Als David Ben Gurion am 14. Mai 1948 den Staat Israel proklamierte, setzte er einen vorläufigen Schlusspunkt unter eine Entwicklung, die fast genau ein halbes Jahrhundert zuvor begonnen hatte.

Gegen Ende des 19. Jahrhunderts war die jüdische Minderheit in den meisten Staaten Europas zunehmender Ablehnung ausgesetzt. In Osteuropa, wo die Mehrzahl der Juden lebte, kam es sogar zu Pogromen, sodass die Juden dort ihres Lebens nicht mehr sicher sein konnten.

Daraus entstand die politische Bewegung des *Zionismus*, die einen unabhängigen jüdischen Staat anstrebte. Er sollte dort wieder entstehen, wo schon im Altertum das Reich Israel mit der Hauptstadt Jerusalem gewesen war.

Türkische und britische Herrschaft

Während des Ersten Weltkriegs hatte die britische Regierung den Arabern zum Dank für die Unterstützung gegen die Türken die Gründung eines unabhängigen Reiches von Syrien bis zur Arabischen Halbinsel in Aussicht gestellt. Sie hatte aber auch den Zionisten Hoffnungen auf eine „Heimstatt" in Palästina gemacht.

Der Völkerbund erklärte den Nahen Osten 1919 zu *Mandatsgebieten* Frankreichs und Englands. Das Palästina-Mandat verpflichtete Großbritannien dazu eine jüdische „Heimstatt" zu verwirklichen „ohne die Rechte nicht-jüdischer Bevölkerungsgruppen zu beeinträchtigen".

Ein Teilungsplan

Zunächst unterstützte die britische Verwaltung den Aufbau der „Jewish Agency for Palestine", die um jüdische Einwanderer aus Europa warb. Nach blutigen Aufständen der arabischen Bevölkerung begrenzten die Briten 1939 die jüdische Einwanderung auf 75 000 Menschen in den folgenden fünf Jahren. Danach sollte es keine weitere jüdische Einwanderung ohne Zustimmung der Araber geben. Zugleich versprachen sie die Gründung eines unabhängigen Staates Palästina innerhalb von 10 Jahren.

Großbritanniens Wandel von einer pro-israelischen zu einer pro-arabischen Orientierung hatte in erster Linie strategische Gründe. Am Vorabend des Zweiten Weltkriegs wollten die Briten ihre Positionen im Nahen Osten absichern und dazu mussten sie versuchen die arabische Welt für sich einzunehmen.

Doch trotz zum Teil brutaler Methoden der Kolonialmacht gelang es jüdischen Untergrundorganisationen zwischen 1940 und 1948 etwa 100 000 Einwanderer nach Palästina einzuschleusen. Großbritannien gab 1947 sein Mandat an die neu gegründete UNO zurück.

Die UN-Vollversammlung beschloss am 29. November 1947 Palästina zu teilen. Ein arabischer und ein jüdischer Staat sollten gegründet werden, wirtschaftlich aber eng zusammenarbeiten. Jerusalem sollte unter internationale Kontrolle gestellt werden um Juden, Muslimen und Christen den freien Zugang zu ihren heiligen Stätten zu gewährleisten.

Konflikte und Friedensbemühungen in der Welt seit 1945

3 Die Idee vom jüdischen Nationalstaat fand bei den westeuropäischen Juden erst wenig Anhänger. Das änderte sich 1933. Schriftsteller Jakov Lind, der 1938 als Jugendlicher den „Anschluss" Österreichs erlebte, schrieb in seinem Buch „Selbstportrait":

Juden raus? Genau das verlangten die Zionisten lautstark, seit Theodor Herzl für die Juden einen eigenen Staat gefordert hatte. (…) Wir gehören nach Palästina,
5 wo das nun auch liegen mag. Wenn Ungarn, Polen, Slowenen und Tschechen, Slowaken und Serben einen eigenen Staat brauchen (…), dann brauchen die Juden ebenfalls einen. Längst vor den
10 Nazis gab es die zionistische Bewegung. Ein Jude hatte die Wahl entweder Opfer zu sein oder „Herr seines Geschickes". Entweder hatte er unablässig Erniedrigungen zu erdulden oder er musste
15 Selbstachtung lernen, so jedenfalls drückten es die Erwachsenen aus. (…) Wir lernten marschieren und Musik machen, wir konnten militärisch grüßen, konnten im Chor singen und sprechen
20 und kannten alle Lieder auswendig. Ich lernte sie geradeso mühelos wie die anderen. Ich wäre gerne Soldat gewesen, aber nur ein jüdischer.

4 Zum UN-Teilungsplan für Palästina von 1947 sagte PLO-Führer Jasir Arafat 1974 vor der UNO-Vollversammlung:

Obwohl der Teilungsplan den kolonialistischen Einwanderern 54% des palästinensischen Bodens schenkte, war ihnen dies noch nicht genug. Sie führten daher
5 einen Terrorkrieg gegen die arabische Zivilbevölkerung, besetzten 81% der Gesamtfläche Palästinas und vertrieben eine Million Araber. (…) Sie erbauten ihre Siedlungen und Kolonien (…) auf unse-
10 ren Feldern und Gärten. Hier liegen die Wurzeln des palästinensischen Problems, das heißt, dass die Grundlagen dieses Problems nicht in religiösen oder nationalistischen Widersprüchen zweier
15 Religionen oder zweier Nationalitäten zu suchen sind und nicht im Streit um Grenzen. Es ist das Problem eines Volkes, dessen Land gewaltsam geraubt, das von seinem Boden vertrieben wurde und
20 dessen Mehrheit in der Verbannung in Zelten lebt.

6 Palästina und Israel 1947/48. Der UN-Teilungsplan von 1947 wurde von den Juden begrüßt, von den Arabern aber strikt abgelehnt. Es kam zu kriegerischen Auseinandersetzungen und am 14. Mai 1948 zur einseitigen Ausrufung des Staates Israel durch die jüdischen Siedler. Am Tag darauf griffen arabische Anliegerstaaten den neu gegründeten israelischen Staat an. Es war der erste von mehreren Kriegen zwischen Israel und seinen Nachbarn. – Begründe, warum der UN-Teilungsplan von 1947 die wirtschaftliche Verflechtung der beiden Staaten vorsah. Welche Folgen hatte die jüdische Staatsgründung für die palästinensischen Araber?

5 Das „arabische Büro Palästina" zur massenhaften illegalen Einwanderung, 1947:

Die Juden werden versuchen in Zukunft ihren eigenen Staat zu errichten, indem sie die Bevölkerungsmehrheit erringen, denn das würde ihnen erleichtern die Er-
5 richtung des Judenstaates gegenüber der öffentlichen Meinung der demokratischen Länder zu rechtfertigen. (…)
Die Araber weisen darauf hin, (…) dass es ungerecht ist sie zu zwingen für die
10 Sünden der abendländischen Völker zu büßen, indem sie in ihrem Land Hunderttausende von Opfern des europäischen Antisemitismus aufnehmen müssen.

1 Nenne Gründe für die starke jüdische Einwanderung nach Palästina in den 1930er-Jahren (VT, M3).
2 Versuche herauszufinden, warum die jüdische Politik in Palästina so schwer umzusetzen war (M2).
3 Wie begründet Lind (M3) den jüdischen Anspruch auf Palästina, wie weist Arafat (M4) ihn zurück?

699

Der israelisch-arabische Konflikt

13 Ein Regionalkonflikt wird zum Weltkonflikt

1 „Arabische Einheit" (Karikatur aus Ägypten, 1967).

Autonomie
Recht einer Volksgruppe auf Selbstverwaltung eines Gebietes.

blockfreie Staaten
überwiegend Entwicklungsländer, die während des Ost-West-Konflikts weder dem östlichen noch dem westlichen Bündnissystem angehörten.

Arabische Liga
seit 1945 loser Zusammenschluss arabischer Staaten. Sie entstand aus der panarabischen (= alle arabischen Völker umfassenden) Bewegung, die seit der zweiten Hälfte des 19. Jahrhunderts zunächst in Auseinandersetzung mit dem Osmanenreich, dann mit den europäischen Kolonialmächten einen arabischen Nationalstaat anstrebte.

Ein Volk wird heimatlos
Israel siegte im so genannten Unabhängigkeitskrieg von 1948/49 und vergrößerte sein Staatsgebiet gegenüber dem UN-Teilungsvorschlag von 1947 beträchtlich. Doch kein arabischer Staat sah diese Grenzen als rechtmäßig an.

Die Palästinenser wollten weder im neuen Staat der Juden leben noch ihre angestammte Heimat verlieren. Viele flohen oder wurden vertrieben. Die meisten blieben für Jahrzehnte in Flüchtlingslagern. Dort bildeten sich in den 1960er-Jahren Widerstandsgruppen, die auch durch Flugzeugentführungen und Terroraktionen weltweit auf die palästinensische Sache aufmerksam machten.

Israelisch-arabische Kriege
Zwischen Israel und seinen arabischen Nachbarn kam es zu weiteren Kriegen. Am folgenreichsten war der Sechstagekrieg von 1967. Als die Truppen der arabischen Staaten an den Grenzen Israels aufmarschierten, gelang der israelischen Armee durch einen überraschenden Angriff ein schneller Sieg. In der Folgezeit glaubten viele Israelis sichere Grenzen nur durch dauerhafte Besetzung und jüdische Besiedlung der eroberten Gebiete gewinnen zu können. Das steigerte den Hass der arabischen Völker gegen Israel und seine Schutzmacht USA.

Land gegen Frieden?
Der ägyptische Präsident Anwar el-Sadat war der erste arabische Staatsmann, der Israel Frieden und staatliche Anerkennung anbot. Im Gegenzug sollte Israel die Sinai-Halbinsel räumen. Das entsprechende Abkommen, 1979 in Washington mit Unterstützung von US-Präsident Carter unterzeichnet, wurde in Israel gefeiert. In der arabischen Welt stieß es größtenteils auf Ablehnung: Man hatte den Palästinensern in den besetzten Gebieten zwar eine *autonome* Verwaltung in Aussicht gestellt, aber keinen eigenen Staat. Arabische Fanatiker nannten Sadat „Judas des 20. Jahrhunderts".

2 *Zur Rolle der Supermächte* im Nahen Osten schrieb der Politikwissenschaftler Helmut Hubel 1991:
Da der jüdische Staat seit den frühen Fünfzigerjahren als Partner des Westens anzusehen war, erschien die Sowjetunion aus arabischer Sicht lange Zeit als der
5 natürliche Verbündete. Zwar versuchte die sowjetische Führung ihre arabischen Partner in der Auseinandersetzung mit Israel zu stärken; sie ließ sich jedoch nie auf eine Hilfe festlegen, die einen arabi-
10 schen Vernichtungskrieg gegen den jüdischen Staat erlaubt hätte. Immerhin hatte die UdSSR dem UN-Plan zur Teilung Palästinas zugestimmt und Israel nach der Gründung anerkannt. Außerdem wa-
15 ren die annähernd zwei Millionen sowjetischen Juden ein politischer Faktor, der nicht nur das Verhältnis zu Israel, sondern auch zu den USA – dem Land mit der größten jüdischen Bevölkerung –
20 berührte. Vor und während der arabisch-israelischen Kriege von 1967 und 1973 unterstützte die Sowjetunion zwar die Araber, sie versuchte jedoch eine militärische Auseinandersetzung zunächst
25 zu verhindern und dann rasch zu beenden. Das überragende Motiv war dabei, es wegen eines Nahostkrieges nicht zur militärischen Konfrontation mit den USA kommen zu lassen. (…)
30 Den Vereinigten Staaten ging es im Nahen und Mittleren Osten stets um drei grundsätzliche Ziele: (…) eine Ausweitung der Macht und des ideologischen Einflusses der Sowjetunion zu verhin-
35 dern, (…) den Zugang zum strategischen Rohstoff Öl zu sichern (…) und das Eintreten für Israel. Erst seit den frühen Sechzigerjahren bildete sich das heute außerordentlich enge Verhältnis zwi-
40 schen dem jüdischen Staat und den USA heraus. Seither sind die USA militärisch und wirtschaftlich ein Garant für Israels Überleben. Für diese Ausrichtung bürgen die grundsätzlich israelfreundliche
45 Einstellung der amerikanischen Bevölkerung und insbesondere einflussreiche Kräfte im amerikanischen Kongress.

Konflikte und Friedensbemühungen in der Welt seit 1945

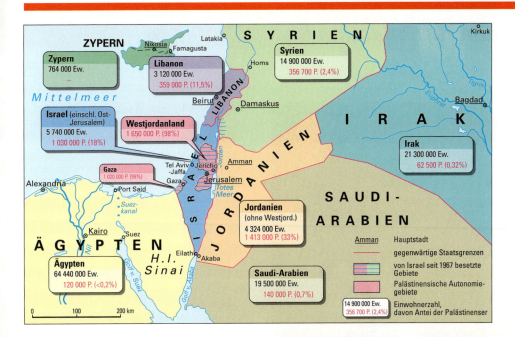

6 Der Nahe Osten 1995
Außer Israel sind alle Staaten Mitglieder der Arabischen Liga. – Schlage den Begriff in einem Lexikon nach. Welche weiteren Staaten gehören dazu?

3 Zum Friedensvertrag zwischen Israel und Ägypten äußerte sich PLO-Chef Jasir Arafat im März 1979 in einem Interview mit dem Nachrichtenmagazin „Der Spiegel" folgendermaßen:
Man kann den Frieden nicht erreichen, indem man uns Arabern israelische und amerikanische Bedingungen aufzwingt. (…) Wir werden den Carter-Sadat-Ver-
5 trag mit allen Mitteln bekämpfen. (…) Wir sind nicht so schwach, dass wir Diktate akzeptieren müssen.
Wir werden kämpfen und mit uns kämpfen die Araber, die Ägypter, die blockfrei-
10 en Länder, mit uns kämpft die islamische Welt, die sozialistische Welt, das Volk von Persien.

4 „Ist es Autonomie, die Kläranlagen zu kontrollieren?", fragte die palästinensische Journalistin Raymonda Tawil nach dem Camp-David-Abkommen:
Die „Autonomie" ist ein Schwindel. (…) Israelische Truppen werden als Besatzung bleiben; die Kontrolle über die innere Sicherheit wie auch über das
5 Kommen und Gehen unseres Volkes über die Jordanbrücken wird weiterhin in der Hand der Israelis liegen; die seit 1967 errichteten israelischen Siedlungen werden bestehen bleiben und neue wer-
10 den hinzukommen.
Ist das „palästinensische Unabhängigkeit"?

5 Friedensverhandlungen in Camp David, dem Landsitz des amerikanischen Präsidenten, auf dessen Initiative hin die Annäherung zwischen Israel und Ägypten zustande gekommen war: Israels Ministerpräsident Menachem Begin, US-Präsident Carter und Ägyptens Präsident Anwar el-Sadat (von links), 1978. Vertreter der Palästinenser waren nicht eingeladen worden.

1 Welche Rolle spielten die Supermächte im israelisch-arabischen Konflikt (M 2)?
2 Versuche die palästinensische Reaktion auf „Camp David" zu erklären (M 3, M 4, M 6).
3 Anwar el-Sadat hat 1978 zusammen mit Menachem Begin den Friedensnobelpreis bekommen; 1981 wurde er von islamischen Extremisten ermordet. Viele Menschen in der arabischen Welt haben seinen Tod begrüßt. Gibt es dafür eine Erklärung (VT, M 1, M 3, M 4, M 6)?

701

Der israelisch-arabische Konflikt

14 (K)ein Frieden für Palästina?

1 Intifada: „Krieg mit Steinen" (Foto aus dem Gaza-Streifen, 1987). – Israelische Soldaten hatten Gewehre und Panzer. Warum waren sie trotzdem oft hilflos in solchen Situationen?

Intifada
(arab. = abschütteln).
Die israelischen Besatzer sollten mit Demonstrationen, Steuerboykott, Hissen der verbotenen palästinensischen Flagge, Steinwürfen und einfachen Brandsätzen in eine Art Dauerstress versetzt werden.

Selbstbestimmungsrecht
Nach dem Völkerrecht der Anspruch eines Volkes auf politische Unabhängigkeit in einem eigenen Staat; von der UNO 1966 auf die wirtschaftlichen, sozialen und kulturellen Rechte eines Volkes erweitert.

Aufstand in den besetzten Gebieten

Bilder von Gewalt und Gegengewalt, Bombenterror und Kriegen prägten lange Zeit unsere Vorstellung vom israelisch-arabischen Verhältnis. Für uns war das vermittelte Wirklichkeit: über Fernsehen, Bücher oder Zeitungen; für die Betroffenen war es die tägliche Konfrontation mit Unverständnis, Hass, Angst und wirtschaftlichen Problemen.

Eine Gewaltwelle machte 1987 die Welt erneut auf die ungelöste Palästinenserfrage aufmerksam. Steine werfende Jugendliche griffen im Gaza-Streifen israelische Militärpatrouillen und Polizisten an. Bald brannten auch im Westjordanland die Autos der Besatzer. Ein jahrelanger Aufstand der Palästinenser zermürbte die israelischen Soldaten: Ihre Gegner waren nicht Männer, sondern Jugendliche, Kinder und Frauen. Der Aufstand schadete auch Israels Ansehen. Offenbar kämpfte hier nicht mehr ein kleiner Staat um sein Überleben. Vor den Augen der Weltöffentlichkeit unterdrückte die Militärmacht Israel vielmehr den Willen eines fast wehrlosen Volkes nach Unabhängigkeit und *Selbstbestimmung*. Gleichzeitige Siedlungsprogramme der Israelis in den besetzten Gebieten stießen nicht nur in der arabischen Welt auf Kritik. Das wirkte sich auch auf die öffentliche Meinung in Israel selbst aus.

Ein schwieriger Weg zum Frieden

Nach dem Ende des Ost-West-Konflikts wirkten auch die Supermächte stärker auf einen Abbau der Spannungen im Nahen Osten hin. Insbesondere die amerikanische Regierung übte Druck auf Israel aus, das Palästinenserproblem zu lösen. Auch innerhalb der PLO hatte ein Prozess des Umdenkens eingesetzt. Jasir Arafat, der Weltöffentlichkeit bisher als Befürworter terroristischer Aktionen gegen Israel bekannt, deutete Verhandlungsbereitschaft an.

Der Durchbruch im palästinensisch-israelischen Verhältnis wurde 1993 in Washington erreicht. In Anwesenheit des amerikanischen Präsidenten Clinton reichten sich – wenn auch noch zögernd – Jasir Arafat und der israelische Ministerpräsident Rabin die Hand. In ihrer Vereinbarung erkannte die PLO „das Recht des Staates Israel auf eine friedliche und sichere Existenz" an und verzichtete auf Gewalt. Israel dagegen erkannte die bis dahin als „terroristische Organisation" bezeichnete PLO als Vertretung des palästinensischen Volkes an.

In einem weiteren Abkommen gestand Israel 1994 zunächst für Gaza und Jericho eine palästinensische Selbstverwaltung mit eigener Polizei zu.

Schwierige Fragen wie der Status von Jerusalem oder die Heimkehr der Flüchtlinge sollten später geklärt werden, sind aber bis heute nicht gelöst. Außerdem versuchen jüdische wie palästinensische Extremisten mit Terroraktionen den Friedensprozess zu behindern und umzukehren. 1995 wurde Rabin von einem jüdischen Fanatiker erschossen. Dieser sagte, „Gott" habe ihm befohlen den „Verräter" zu beseitigen, der jüdisches Land verschenkt habe.

Unter Rabins Nachfolgern Netanjahu, Barak und Sharon ist der Friedensprozess ins Stocken geraten. In den Jahren 2000/2001 kam es immer häufiger zu Anschlägen von palästinensischer Seite und Gegenschlägen der israelischen Armee.

Konflikte und Friedensbemühungen in der Welt seit 1945

2 *Der Sprung über den eigenen Schatten* (Karikatur von Karl-Heinz Schoenfeld, 1993): links: Rabin, im Krieg von 1967 Führer der siegreichen israelischen Armee; rechts: Arafat, in jener Zeit für viele Terroranschläge der PLO verantwortlich. – Erläutere die Aussage der Karikatur.

3 *Programm der PLO von 1968* (Auszug): Die Teilung Palästinas 1947 und die Gründung Israels ist von Grund auf null und nichtig, wie viel Zeit seither auch immer vergangen sein mag, weil dies im Ge-
5 gensatz zum Willen des palästinensischen Volkes und seines natürlichen Rechtes auf sein Vaterland geschah und im Widerspruch zu den Prinzipien der UN-Charta steht, deren vornehmstes das
10 Recht auf Selbstbestimmung ist.

4 *Schreiben* Jasir Arafats an den israelischen Ministerpräsidenten Rabin, 1993: Die PLO erkennt das Recht des Staates Israel auf eine friedliche und sichere Existenz an.

5 *Der historische Händedruck* zwischen dem israelischen Ministerpräsidenten Jitzhak Rabin und dem PLO-Führer Jasir Arafat besiegelte am 13. September 1993 den Friedensschluss zwischen Palästinensern und Israelis (Foto). Beide Politiker erhielten 1994 den Friedensnobelpreis.

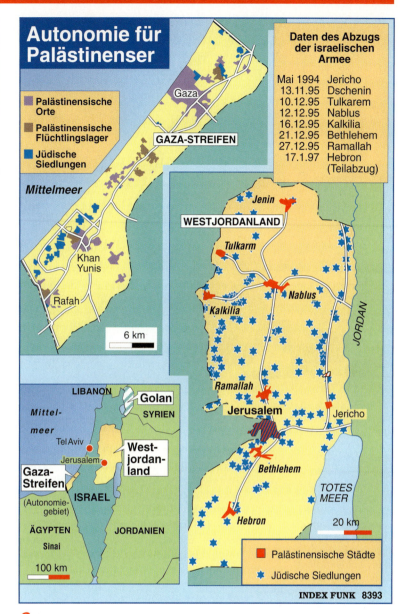

6 *Palästinensische Autonomie nach dem Gaza-Jericho-Abkommen.* Das Abkommen wurde 1994 zwischen Israel und der PLO unter Mitwirkung Russlands und der USA ausgehandelt. – Kann die autonome Selbstverwaltung den Palästinensern genügen? Was bedeutet es für sie, wenn das israelische Militär dauerhaft die Hauptverbindungsstraßen zu den israelischen Siedlungen sichern soll?

7 *Stimmen zur Intifada:*
a) Ein Palästinenser aus einem Flüchtlingslager im Gaza-Streifen am 15. Dezember 1987:
Wir gehen ihnen jetzt mit blanker Brust entgegen. Uns ist jetzt alles egal. Unser Leben ist nichts mehr wert. Vielleicht bringt es unserem Volk ein besseres
5 Leben, wenn wir getötet werden.

(K)ein Frieden für Palästina?

8 Symbole des palästinensischen Widerstandes während der Intifada: Die Kufija, das traditionelle Palästinensertuch, und die von Israel verbotene Palästinenserflagge. Die Kufija dient heute nicht nur als Schutz vor Sonne, Wind und Staub; sie ist auch Ausdruck neuen palästinensischen Selbstbewusstseins. Die Palästinenserflagge könnte einmal Hoheitszeichen eines unabhängigen Palästinenserstaates werden.

Kibbuz
hebräisch = Versammlung, Gemeinschaft. Ein Kibbuz ist eine Gemeinschaftssiedlung in Israel, in der alle zusammen leben und arbeiten. Der Ertrag soll gerecht verteilt werden. Der erste Kibbuz wurde 1909 im Jordantal gegründet.

b) Ein israelischer Soldat in der Sendung „ARD-Weltspiegel" am 17. Juli 1989:
Dem Menschen, den ich verhafte, sehe ich an seinen Händen an, dass er ein Arbeiter ist wie ich. Und obwohl ich weiß, dass er nichts getan hat, muss ich ihn zusammenschlagen um ihn einzuschüchtern. Ich fühle mich vor diesem Palästinenser erniedrigt. Als Mensch macht mich das kaputt. Das sind nicht die Werte, nach denen ich erzogen bin.

9 Der Palästinenser Tarik, 11 Jahre.
Ivesa Lübben und Käthe Jans berichten in ihrem Buch „Kinder der Steine" (1988) von einem Interview, das sie mit dem Palästinenserjungen Tarik geführt haben:
Tarik ist elf Jahre alt. Er wohnt nur ein paar Häuser weiter im dritten Stock eines heruntergekommenen Mietblocks. (…) Tarik erzählt uns bereitwillig, worin er seine Aufgabe im Aufstand sieht: „Wir werfen Steine auf die Juden." Für ihn besteht kein Unterschied zwischen Israelis, Juden und Soldaten. Er hat den Gazastreifen noch nie in seinem Leben verlassen und kennt Israelis und Juden nur als schwer bewaffnete Soldaten der Besatzungsmacht.

„Wir Kinder hier in der Straße sammeln uns, und wenn Soldaten kommen, bewerfen wir sie mit Steinen. Sie laufen hinter uns her und versuchen uns zu fassen. Aber wir laufen weg. Und dann hängen wir palästinensische Fahnen auf über den Stromleitungen. Wir nehmen ein rotes Stück Stoff und schneiden ein Dreieck daraus. Dann nehmen wir weißen, grünen und schwarzen Stoff, schneiden daraus drei gleich große Streifen und nähen daraus eine Fahne."
Dass seine Mutter ihm dabei helfen muss, verschweigt er geflissentlich. „Am oberen Ende befestigen wir Holzstäbchen, daran binden wir einen Faden und an dessen Ende einen Stein. Dann werfen wir das Ganze über die Leitungen." Tarik hat schon fünf solcher Fahnen aufgehängt. Er erklärt uns auch, warum er das macht: „Wir wollen in einem unabhängigen Staat leben, in einem freien, palästinensischen Staat, in dem wir machen können, was wir wollen."

10 „Letter to my enemy" lautete 1990 das Aufsatzthema für die Abiturientinnen des deutsch-arabischen Schmidt's-Girls-College in Ost-Jersusalem. Doch keines der arabischen Mädchen benutzte die Anrede „enemy" (= Feind).
a) An einen jungen Israeli schrieb die 17-jährige Lara Abu Shilbayek:
Es gibt einiges, was wir gemeinsam haben, du und ich: Jeder von uns hat seine eigenen Träume, seine eigenen Wünsche und Erwartungen an die Zukunft. Dennoch – uns trennen Welten. (…)
Du hast alle Möglichkeiten dir deine Wünsche zu erfüllen; alle Möglichkeiten dein Ziel zu erreichen. Du hast ein Zuhause, du gehst zur Schule und zur Universität, du hast Arbeit. Du hast einen Staat, eine Fahne, einen Pass … Du hast deine Freiheit: Du hast ein Leben! (…)
Ich habe kein Zuhause, keinen Staat, keine Freiheit, (…) nichts. (…)
Sag mir, wie soll ich es schaffen, meine Traumschlösser auf die Erde herunterzuholen, da doch meine Schule geschlossen ist und unsere Universitäten auch?! Wie kann ich in einer Atmosphäre härtester Spannung ein Leben führen wie du???
Du lebst, aber lässt andere nicht leben. Du lernst, aber lässt andere nicht lernen.

Konflikte und Friedensbemühungen in der Welt seit 1945

Du atmest reine Luft und erfüllst unsere Luft mit Tränengas und Giften.
Du feierst mit deiner Familie, mit deinen Freunden, und uns lässt du um unsere toten Freunde trauern.
Du stiehlst uns unser Zuhause und unsere Sicherheit. (…)
Ich kann nicht begreifen, dass ein Volk, das selbst gelitten hat, nun anderen Leid zufügt. (…)
Wurde denn die Welt nur für euch geschaffen??!
Auch wir haben unsere Rechte, und wir haben das Recht zu kämpfen!!

Die israelischen Jugendlichen reagierten nur zögernd. Niemand wollte in den veröffentlichten Antwortbriefen mit seinem vollen Namen genannt werden. Hier der Brief der 17-jährigen Ella:
b) An Lara
Auch ich bin deiner Meinung, es ist nicht richtig, dass ihr keinen Staat, keinen Ausweis, keine Fahne und keine Hymne haben dürft (obwohl eure Fahne und eure Hymne bereits existieren).
Doch was die geschlossenen Universitäten und Schulen betrifft, möchte ich dir sagen, dass es bei euch vor der israelischen Besatzung gar keine Universitäten gab, und heute habt ihr sechs Universitäten. Außerdem ist der Ausbildungsstand an den Grundschulen bei euch heute wesentlich höher als früher.
Die Universitäten sind geschlossen, da von dort aus gegen unseren Staat aufgewiegelt wird.
Ich will in meinem Staat leben, so wie du dir wünschst in deinem Staat zu leben. Es liegt also an mir dafür zu sorgen, dass nicht gegen meinen Staat gearbeitet wird, nicht von innen und nicht von außen. (…)
Zum Schluss möchte ich dir sagen, dass ich allen Palästinensern einen demokratischen Staat wünsche, der mit unserem Staat, dem Staat Israel, in Frieden lebt.

11 *Der Anspruch auf „Erez Israel"*
1969 wurde der spätere israelische Ministerpräsident Begin während einer Diskussion aus dem Publikum heraus gefragt, ob es nicht besser sei die Existenz des palästinensischen Volkes anzuerkennen.
Er antwortete:

12 *Israelische Siedler* demonstrieren in den besetzten Gebieten, hier Hebron, gegen die Verständigung zwischen Israel und der PLO (28. September 1995).

Passen Sie auf mein Freund: Wenn Sie Palästina anerkennen, zerstören Sie Ihr Recht in Ein Hakhoresch [Kibbuz Westjordanland] zu leben. Wenn hier Palästina ist, dann gehört das Land dem Volk, das hier lebte, bevor Sie gekommen sind. Nur wenn hier Erez Israel ist, haben Sie das Recht in Ein Hakhoresch (…) zu leben. Wenn es nicht ihr Land ist, das Land ihrer Vorväter und Söhne – was machen Sie dann hier? Sie sind in das Land eines anderen Volkes gekommen, wie die es ja auch behaupten.

1 Legt eine Zeitleiste für den Klassenraum an (z. B. auf der Rückseite einer Tapetenrolle). Tragt alle Ereignisse des Friedensprozesses zwischen Palästinensern und Israelis ein. Sammelt dazu aus Zeitschriften Bildmaterial und wertet Nachrichtensendungen und Tageszeitungen aus.
2 Versuche, die Bereitschaft zum Frieden aber auch zur Gewalt auf beiden Seiten zu erklären (VT, M 1–M 3, M 7–M 10).
3 Versetze dich in die Rolle der beiden Briefeschreiberinnen (M 10). Wie sehen sie ihre jeweilige Situation? Ist ein Kompromiss möglich?
4 Die jüdischen Siedlungen in den besetzten Gebieten bringen auch heute noch große Probleme für die Verständigung zwischen den Israelis und Palästinensern mit sich. Aus welchen Gründen (M 6, M 12)?

Der israelisch-arabische Konflikt

15 Brücken über Gräben bauen – Frieden jenseits des Hasses

1 *„Wir waren schon immer hier!"*, Karikatur von Fritz Behrendt. – Welche Symbole erkennst du? Was will die Karikatur verdeutlichen?

Seit dem Ende der 1970er-Jahre hat die Politik im Nahen Osten erstaunliche Fortschritte gemacht. Ein dauerhafter Frieden scheint greifbar nahe. Was aber meinen die Menschen dazu – gerade die Betroffenen: Juden und Palästinenser?

Auf den folgenden Seiten kommen Frauen und Männer zu Wort, die jeweils von ihrem Standpunkt urteilen. Sie teilen folglich ihre persönliche Meinung mit. Diese hängt stark von ihrer sozialen Stellung, dem Bildungsgrad, der politischen Einstellung, den persönlichen Erfahrungen und vielem mehr ab.

Eine gebildete Palästinenserin wie die Universitätsdozentin Raymonda Tawil hat wohl einen anderen Blickwinkel als eine Arbeiterin in Hebron oder eine Aktivistin der Intifada in den Flüchtlingslagern von Gaza; die Enkelin des ermordeten israelischen Ministerpräsidenten Rabin urteilt über dessen Politik sicher anders als eine Ingenieurin im Kibbuz oder eine Siedlerin im Westjordanland.

Die ausgewählten Texte vermitteln einen ersten Eindruck. Wer sich ein umfassendes Bild von den vielfältigen Meinungen und Interessen auf israelischer und palästinensischer Seite machen möchte, muss weitere Informationen heranziehen. Dazu findest du auf Seite 708 auch einige Internetadressen bzw. die Adressen von Organisationen.

Abkommen von Oslo
Da beide Seiten offiziell keine Kontakte unterhielten, kamen Vertreter der PLO und Israels zunächst in Norwegen zu Geheimverhandlungen zusammen. Dadurch wurde das Abkommen von Washington (13. September 1993) und der nachfolgende Friedensprozess möglich.

Vertrag mit Jordanien
Friedensvertrag zwischen Israel und Jordanien 1994.

2 *Der jüdische Schriftsteller Amos Oz ist Mitglied der israelischen Friedensbewegung „Peace now", die sich für die Aussöhnung mit den Palästinensern engagiert. Hier ein Auszug aus einem Interview mit ihm im Tages-Anzeiger vom 18. November 1994:*
Henrik Broder: Würden Sie eine Prognose für die nächsten Jahre wagen?
Oz: Es hängt alles von uns ab. Es gibt viele Uhren, die gleichzeitig ticken. Da ist die
5 Uhr des islamischen Fundamentalismus. Wenn der sich durchsetzt, wird Israel wieder isoliert und vom Rest der Region abgeschnitten sein. Dann kann alles über Nacht kollabieren, die Beziehungen mit
10 Ägypten, das Abkommen der PLO, der *Vertrag mit Jordanien*. Und dann wird Israel wieder eine Festung werden, von Feinden umgeben. Das wäre ein Katastrophen-Szenario. Aber wenn es uns
15 gelingt, die Herzen und die Köpfe der Palästinenser zu gewinnen, dann gibt es eine realistische Chance, dass sich die Dinge so entwickeln werden, wie sie sich in Westeuropa entwickelt haben im Lau-
20 fe der letzten 50 Jahre. Ein ökonomischer Hedonismus* würde sich durchsetzen, von dem alle profitieren. Wir müssen uns klar werden, wie wichtig die Palästinenser in diesem Spiel sind. Sie
25 sind nicht unsere gefährlichsten Feinde, das waren sie nie. Aber sie waren der Zünder für diesen Konflikt. Der muss jetzt vorsichtig entschärft werden.
Broder: Das heißt, Israel kann die Paläs-
30 tinenser nicht sich selbst überlassen. Es muss den Palästinensern helfen, nach 27 Jahren Besatzung auf eigenen Füßen zu stehen.
Oz: Ja, Israelis und Palästinenser sitzen
35 im selben Boot. Früher galt: Was für uns gut war, war für sie schlecht – und umgekehrt. Seit dem *Abkommen von Oslo* gilt eine neue Formel: Was Rabin nützt, das nützt auch Arafat, und was Arafat
40 schadet, schadet auch Rabin.

* Verhalten, das auf wirtschaftlichen Gewinn und Wachstum ausgerichtet ist.

Konflikte und Friedensbemühungen in der Welt seit 1945

3 *Die Enkelin des ermordeten israelischen Ministerpräsidenten Rabin,* Noa Ben Artzi-Pelossof, schildert 1996 in ihrem Buch „Trauer und Hoffnung" den Kondolenzbesuch des PLO-Führers Jasir Arafat im Haus seines früheren Gegners bei dessen Witwe Leah Rabin. Der Besuch fand unter größter Geheimhaltung statt:

Als Arafat die Wohnung betrat, küsste er alle – Großmama und Mama wurden dreimal auf den Kopf geküsst, Onkel Yuval erhielt drei Küsse auf den Kopf und
5 zwei auf die Wangen, und auch Jonathan und ich wurden dreimal auf den Kopf geküsst.
„Shalom", sagte ich.
Wir setzten uns alle und ich betrachtete
10 ihn genau, um mich zu vergewissern, dass er nicht etwa drei Augen, vier Ohren und kleine, aus dem Kopf hervorsprießende Antennen hatte. Wir hatten Arafat, „den Feind", in unserm Haus. Doch
15 der Mann vor mir war höflich, freundlich, plauderte ungezwungen, ja lächelnd. Seine Stimme war ruhig und sanft. Ich erinnerte mich, dass Großpapa uns erklärt hatte: „Er ist eigentlich richtig nett ..."
20 Wie gebannt saß ich da. Ich sagte kein einziges Wort außer „Guten Tag", „Shalom" und „Auf Wiedersehen". Fasziniert wurde ich Zeugin einer Fußnote der Geschichte Israels. In Großpapas eigenem
25 Wohnzimmer, inmitten von Fotografien von ihm in Uniform, seiner Büste und der Nobelpreis-Urkunde, saß der Führer der PLO, um seinen im Kampf gefallenen Friedenspartner zu ehren, um sein Wort
30 zu verpfänden, dass er das gemeinsame Werk vollenden werde. Für mich war Arafat nicht mehr das Ungeheuer. (...)
Im Nachwort ihres Buches heißt es:
Ich weiß in meinem Herzen, dass die meisten jungen Israelis in Frieden mit
35 ihren arabischen Nachbarn leben wollen. Aber können die Israelis untereinander in Frieden leben?
Wenn ich daran denke, dass es blanker Hass war, der Großvater ermordet hat,
40 gerät mein Optimismus ins Wanken. Aber dann denke ich daran, wie er an meiner Stelle wahrscheinlich reagiert hätte: „Noale, nichts ist unmöglich, wenn es das Richtige ist. Scheitern ist
45 ein zusätzlicher Grund es weiter zu versuchen ..."

4 *Jasir Arafat (links) und Leah Rabin* am 10. November 1995 im Haus der Familie Rabin.

5 *Ein Scheitern des Friedensprozesses* ist für Suha Arafat durchaus möglich. Dazu äußerte sich die Frau des Palästinenserpräsidenten Jasir Arafat im März 1998 in einem Interview mit Esther Schapira vom Hessischen Rundfunk:
Die israelische Regierung behandelt uns als drittklassiges Volk innerhalb ihres Staates. Deswegen bin ich nicht optimistisch, es gibt keinen Anlass dazu, und
5 wenn das so weitergeht, dann werden wir eine Generation von – ich nenne sie Freiheitskämpfer, Sie nennen sie Terroristen – bekommen, die dieses ständige Störfeuer seitens der israelischen Regie-
10 rung, die Ablehnung des Friedenspro-

6 *Tauben oder Falken?* Die Karikatur von Brigitte Schneider erschien am 9. September 1993 in der Süddeutschen Zeitung. – Welche beiden Politiker sind dargestellt? Beachte das Datum und die dargestellten Symbole.

Brücken über Gräben bauen – Frieden jenseits des Hasses

7 *Hanan Ashrawi* bei einer der vielen Pressekonferenzen während der Friedensgespräche. Sie war Sprecherin der Palästinenser-Delegation in Madrid (1991) und Washington (1993). Durch kluges und souveränes Eintreten für die Rechte ihres Volkes hat sie der palästinensischen Führung ein neues Image gegeben. Bis dahin war dieses vor allem im Westen durch den Terrorismus der 1960er- und 1970er-Jahre geprägt.
Hanan Ashrawi ist seit 1996 in Arafats Regierung („Palästinensische Autorität") Ministerin für höhere Bildung.

Arroganz der Macht
Hier: anmaßend harte Politik der israelischen Regierung gegenüber den Palästinensern. 1996 wurde Benjamin Netanjahu israelischer Ministerpräsident. Als Gegner der Formel „Land gegen Frieden" hatte er nationalistische und religiöse Parteien hinter sich versammelt. Insbesondere mit neuen Siedlungsprogrammen in Ostjerusalem provozierte er die Palästinenser.

zesses und die israelische *Arroganz der Macht* nicht akzeptieren wird. (…)
[Ich sehe], dass die junge Generation eine demokratische Gesellschaft braucht, eine aufgeschlossenere Gesellschaft, eine Gesellschaft, die uns näher steht und nicht so ist, wie in vielen Nachbarländern, von denen einige nicht demokratisch sind. Das brauchen wir. Wir müssen diese Generation verändern. Und wenn dieser Wandel nicht kommt und die Missachtung der Menschenrechte bleibt, dann werden wir Probleme bekommen.

8 *„Ich bin in Palästina geboren"* ist der Titel einer 1995 erschienenen Autobiografie von Hanan Ashrawi. Darin schildert sie den schwierigen Weg der palästinensischen Delegation bis zur Anerkennung der PLO als der offiziellen Vertretung der Palästinenser durch Israel im Jahre 1993:
Washington musste ein Erfolg werden, und die PLO musste die internationale Bühne in einem Glorienschein betreten, der der Größe und dem Schmerz des Volkes und der Sache, die die PLO vertrat, angemessen war. Dies versprach ein Augenblick der historischen Rechtfertigung zu werden, und nun war es an uns unsere Führung in einem Triumphzug und nicht als zur Schau gestellte Gefangene in diesen Augenblick eingehen zu lassen. Die Zeit war gekommen, dass die Waisen der Zeit zu Erben ihrer Geschichte wurden. Dies schuldete ich dem palästinensischen Volk. (…) Wir mussten die PLO einführen, sie als Organ und Symbol einer Nation annehmen und dann würdevoll abtreten.

9 *„Mein Gefängnis hat viele Mauern"* heißt ein 1979 erschienenes Buch der Palästinenserin Raymonda Tawil. Sie beschreibt, wie sich das Bild von der Rolle einer Frau in der palästinensischen Gesellschaft veränderte:
Ich war erst 18 und hatte alles, was ich mir wünschen konnte: einen wohlhabenden Ehemann, ein gemütliches Heim, (…) eine gesicherte gesellschaftliche

Informationsangebot zum Thema

a) Bundeszentrale für politische Bildung
– Informationen zur politischen Bildung Nr. 237: Israel. Geschichte, Wirtschaft, Gesellschaft (Best.-Nr. 5.237)
– Informationen zur Politischen Bildung Nr. 238: Der Islam im Nahen Osten (Best.-Nr. 5.238; Grundinformationen zum Verhältnis von Politik und Religion im Nahen und Mittleren Osten, aber auch in Nordafrika)
Die Hefte können kostenlos angefordert werden bei:
Franzis Druck GmbH, Postfach 15 07 40, 80045 München.

b) Organisationen
– Deutsch-palästinensische Gesellschaft, Karl-Marx-Str. 150, 12043 Berlin-Neukölln, Telefon: (030) 68 80 92 36
– Deutsch-israelische Gesellschaft, Martin-Buber-Str. 12, 14163 Berlin, Telefon: (030) 80 90 70 28

c) Adressen im Internet (Beispiel unten)

Stellung. (…) Aber mein Glück hatte seinen Preis: Ich musste meine Freiheit aufgeben. (…) Ich war in eine Gesellschaft eingetreten, in der die Männer alles beherrschten. (…) So wollte es das Diktat einer nie infrage gestellten Tradition. (…) Vor dem Juni-Krieg [1967] hatten wir geglaubt, der Fortschritt würde die arabische Welt mit der Industrialisierung und mit dem Sozialismus erreichen. Ohne es zu wollen, brachten uns aber auch die israelischen Besatzer einen beträchtlichen Fortschritt. Den sprunghaften Wandel ihres Status verdanken die Araberinnen vor allem der hervorragenden Rolle, die sie in den Widerstandsorganisationen spielten – aber man darf auch nicht die Frauen vergessen, die in israelischen Fabriken arbeiten gingen. Die Palästinenserinnen hatten nicht die vollen Rechte, die israelischen Arbeiterinnen zustanden; sie arbeiteten hart für niedrigen Lohn, und sie mussten es mit Feindseligkeit und sogar Verachtung aufnehmen. Immerhin, sie arbeiteten in einer Gesellschaft, die der Arbeit keine Geringschätzung entgegenbrachte; und so war es unausbleiblich, dass ihre Selbstachtung stieg. (…)

Jetzt aber, so sagten mir viele dieser Frauen, schenke ihnen die Arbeit in den israelischen Fabriken ein ganz neues Gefühl des eigenen Wertes. Vielfach waren sie die einzigen Lohnempfänger der Familie, und genau diese neue Rolle des Ernährers übertrug ihnen große Verantwortung und damit einen Rang, der zu den alten Klischees von der männlichen Herrschaft und der weiblichen Demut überhaupt nicht mehr passte. (…)

Früher sah ich die Männer dominierend und mächtig; aber die Niederlage von 1967 war eine Niederlage der arabischen Männer. (…) Männer beherrschen unsere Gesellschaft. Aber sie sollten daran denken, dass ihre Stärke aus dem Geld, der Macht, dem Ruhm kommt. Nun hatte die arabische Niederlage unsere Männer ihrer Macht entkleidet und damit manche Barriere zwischen den Geschlechtern niedergerissen. (…)

Die Kultur und Tradition, die wir mit der übrigen arabischen Welt teilten, wurde mit der israelischen Kultur konfrontiert, die wir als fremd ablehnten, die uns aber nichtsdestoweniger beeinflusste. (…) Das freie, unbeschwerte Auftreten der jungen Israelis, Männer und Frauen, [hinterließ] auf die Dauer in unseren sozialen Beziehungen einen tiefen und nachhaltigen Eindruck.

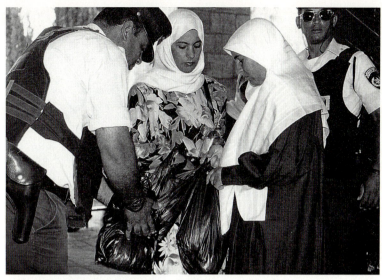

10 Bald ein Bild der Vergangenheit?
In der Jerusalemer Altstadt werden Palästinenserinnen am Eingang zum Tempelberg von israelischen Sicherheitskräften durchsucht (Foto). – Wonach suchen die Polizisten? Wie wirkt dieses Bild auf euch?

1 Erkläre anhand der Karikaturen M1 und M6 die Probleme zwischen den Israelis und Palästinensern. Inwiefern deutet sich ein Wandel an?
2 Worauf gründen sich die Friedenshoffnungen des israelischen Schriftstellers Amos Oz? Welche Gefahren sieht er (M2)?
3 Was kannst du aus dem Text der Enkelin Rabins erkennen? Verändern sich die Einstellungen der jungen Israelis (M3)? Wie beurteilst du die Meinung der Palästinenserin in M8?
4 Sammle Informationen über die aktuelle Lage in Palästina.
5 Für Hanan Ashrawi war die Anerkennung der PLO durch Israel von zentraler Bedeutung (M7, M8). Kannst du erklären, warum?
6 Die politische Lage in Palästina hat auch die Rolle der Frau verändert. Erläutere dies mithilfe von M9.

Der israelisch-arabische Konflikt

16 Wasser – eine Zeitbombe für den Nahen Osten?

1 *Bau einer Wasserleitung durch die Sahara. Etwa zwei Milliarden Menschen auf der Erde haben heute keinen Zugang zu sauberem Trinkwasser. Besonders die arabischen und afrikanischen Gebiete sind davon betroffen, dass das Grundnahrungsmittel Wasser zur Mangelware wird.*

Ohne Wasser kein Leben

Abdullah II., seit 1999 Jordaniens König, sagte einmal, der nächste Krieg in Nahost würde um Wasser geführt. Gut möglich, denn das Gebiet liegt in der größten Trockenzone der Erde, die vom Atlantik über die Saharastaaten, den Nahen und Mittleren Osten bis Zentralasien reicht. Wasser war dort immer knapp und umkämpft. Allein in Israel ist der Verbrauch etwa seit 1950 um das Vierfache gestiegen, besonders zur Bewässerung landwirtschaftlicher Nutzflächen, die ehemals Wüsten oder Steppen waren. So rechtfertigte man auch die Besiedlung von Land, das angeblich die Araber zuvor „ungenutzt" ließen. Heute werden 90 % des verfügbaren Süßwassers angezapft. Die natürlichen Bedingungen der Region erlauben keinen größeren Verbrauch aus eigenem Quell- oder Flusswasser. Entsalztes Meerwasser ist kaum bezahlbar. Wie soll man so den Bedarf für eine wachsende Bevölkerung, Industrie und Landwirtschaft decken?

Konflikt oder Kooperation

Israels Nachbarn haben ähnliche Probleme. Der Jordan könnte zum Zankapfel zwischen den Staaten werden. Alle könnten versucht sein, ihn zum eigenen Vorteil umzuleiten. Wasser war auch ständiger Konfliktstoff zwischen Juden und Palästinensern, in den besetzten Gebieten und innerhalb Israels. Ohne gerechte Wasserverteilung bleibt der Frieden bedroht. Vielleicht beginnt aber gerade hier eine Politik der Zusammenarbeit: Libanon, Syrien, Jordanien, Israel und ein zukünftiger Palästinenserstaat könnten gemeinsame Projekte zur sicheren Wasserversorgung aufbauen.

2 Wem gehört das Wasser?

Im ZEIT-Magazin vom 22. März 1996 erschien der Artikel „Wo die Macht des Wassers Frieden stiftet". Darin wird die Bedeutung der Wasserverteilung an einem Beispiel im Westjordanland verdeutlicht:

Die Staude trägt Bananen (…) und der palästinensische Bauer Saleh ist stolz auf die Früchte. Rund 35 Hektar besitzt Sa-
5 lehs Familie. Auf einem Teil davon baut sie Bananen an. So wie Salehs Vater, sein Großvater und viele Generationen davor. Bananen sind keine Wüstenpflanzen, sie brauchen viel Wasser. (…) Für Salehs Vater war Wasser noch kein Thema: Aus
10 den judäischen Bergen oberhalb des Dorfes floss der al-Auscha, im Winter ein reißender Wildbach und selbst im Sommer noch ergiebig. Die Clans, denen das Land um al-Auscha gehörte, teilten sich
15 sein Wasser. Und Bananen verkauften sich gut auf den Märkten von Jericho, Amman und Ostjerusalem. 1967 eroberte Israel das Westjordanland, damit war das Dorf vom Markt in Amman und dem
20 übrigen Jordanien abgeschnitten. Bald darauf begann die Katastrophe für Saleh und die anderen Palästinenser: Die Besatzer bohrten drei tiefe Brunnen (…) und zweigten einen großen Teil des Was-
25 sers für die neuen jüdischen Siedlungen im Jordantal ab. Seitdem fließt im besten Fall die Hälfte ins Bewässerungssystem von al-Auscha, im Sommer versiegt es manchmal ganz (…). Wenn er
30 jetzt mehr Wasser braucht, muss er es von der israelischen Staatsgesellschaft Mekorot kaufen. (…) Die Menschen in al-Auscha werden immer ärmer.
Auch Jacob Choen, der acht Kilometer
35 vom Dorf al-Auscha entfernt wohnt, kauft sich sein Wasser von Mekorot. Aber er zahlt lediglich die Hälfte für den Kubikmeter: Er ist kein Palästinenser [sondern Israeli]. (…) Seit einer Stunde
40 sind wir [im jüdischen Kibbuz] unterwegs, waren bei den Dattelpalmen, die zweieinhalb Kubikmeter Wasser pro Kilo Datteln [verbrauchen], bei den Mangobäumen und Weinstöcken, die einen Ku-
45 bikmeter Wasser pro Kilo Trauben verbrauchen. (…) Zum Schluss zeigt mir Jacob den jüngsten Erwerbszweig des Kibbuz: die Zierfischzucht.

3 Eine „Friedens-Pipeline"?

Am 26. Mai 1993 berichtete die Frankfurter Rundschau über ein gewaltiges Wasserprojekt der Türkei, das über eine so genannte „Friedens-Pipeline" auch die Menschen des Nahen und Mittleren Ostens mit Wasser versorgen soll:

[Das Projekt] sieht bis zum Jahre 2005 den Bau von 22 Staudämmen und 19 Wasserkraftwerken vor. (…) Dank der Bewässerungssysteme soll der heute weit-
5 gehend brach liegende Südosten Anatoliens zum Brotkorb des Nahen Ostens werden. Die Türkei will ihre Agrarexporte verdoppeln. (…) Nur dreißig Kilometer südlich des geplanten vierten Euphrat-
10 Dammes überquert der Fluss die Grenze nach Syrien. Hier ist man, wie auch im weiter stromabwärts gelegenen Irak, auf das Euphratwasser für die Landwirtschaft, aber auch zur Energiegewinnung
15 angewiesen. Schon jetzt kann die Türkei (…) den Nachbarn monatelang den Hahn zudrehen.

4 Sprinklerbewässerung
verschwendet Wasser durch Verdunstung und Streuung. Mit Tropfbewässerung, die das Wasser direkt zu den Wurzeln leitet, spart man etwa die Hälfte.

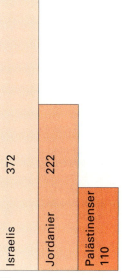

5 Wasserverbrauch pro Einwohner (1990) in Kubikmetern

1 Wenn arabisches Land in den besetzten Gebieten, etwa wegen Austrocknung, nicht mehr bewirtschaftet werden konnte, enteigneten es die israelischen Behörden häufig zur Vergrößerung jüdischer Siedlungen. Den Bau neuer Brunnen erlaubten sie den Palästinensern aber nur in Ausnahmefällen. Vergleiche mit M 2.

2 Jordanien, Israel und ein zukünftiger Palästinenserstaat im Westjordanland liegen im Verhältnis zu ihren Nachbarn an Flüssen. Unter welchen Voraussetzungen kann daraus
a) ein Krieg entstehen?
b) der Frieden gestärkt werden?

3 Beurteilt die Staudammprojekte der Türkei und ihren Vorschlag der so genannten „Friedens-Pipeline" (M 3):
a) aus türkischer Sicht;
b) aus der Sicht Syriens und des Irak.

4 Prognosen gehen davon aus, dass sich die Bevölkerungszahl im Nahen Osten bis zum Ende des 21. Jahrhunderst verdreifachen könnte. Wo müsste dann vor allem Wasser gespart werden? Welche Folgen hätte das?

Der Nord-Süd-Konflikt

17 Armut und Unterentwicklung – Konfliktfelder der Weltpolitik

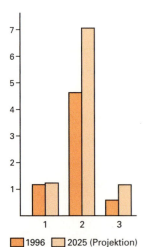

1 Entwicklung der Weltbevölkerung nach UN-Berechnungen (in Milliarden)
1 = entwickelte Länder
2 = weniger entwickelte Länder
3 = am wenigsten entwickelte Länder

2 Computer im Kindergarten sind für japanische Kinder oft eine Selbstverständlichkeit. Die Eltern dieser vierjährigen Mädchen bezahlen im Monat für den Kurs umgerechnet 250 DM. – Warum sind Eltern bereit so hohe Kosten für die Ausbildung von Kleinkindern aufzubringen?

3 Hirseanbau in der Sahelzone. Diese Bauern sind traditionell Selbstversorger. Sie erwirtschaften nur wenig Überschuss, den sie auf dem Markt verkaufen können. Höherwertige Produkte der Industrie sind für sie fast unerschwinglich.

Schwellenländer sind Länder, die wirtschaftlich auf der Schwelle zum Industrieland stehen – auch NIC (engl. = Newly Industrializing Countries) genannt. Die UNO spricht von einem Schwellenland, wenn das jährliche Bruttoinlandsprodukt (Gesamtheit aller im Inland geschaffenen Waren und Dienstleistungen) je Einwohner 2000 US-Dollar erreicht und ein Drittel davon aus industrieller Produktion erwirtschaftet wird.

Erste, Zweite und Dritte Welt

Bis zur epochalen Wende von 1989/90 teilte man den Globus nach politischen, sozialen und wirtschaftlichen Gesichtspunkten grob in drei Teilwelten: Man sprach von der „Ersten Welt", wenn man die marktwirtschaftlichen Industriestaaten in Europa, Nordamerika, Asien (Japan) und Australien-Ozeanien (Australien und Neuseeland) meinte; „Zweite Welt" nannte man die sozialistischen Staaten des Ostblocks; als „Dritte Welt" bezeichnete man Entwicklungsländer, die arm, politisch instabil und wirtschaftlich rückständig waren und deren Geschichte zumeist von der Kolonialherrschaft der Europäer, US-Amerikaner oder der Japaner geprägt war. Spätestens seit dem Zusammenbruch des östlichen Blocks sind diese Begriffe fragwürdig geworden.

Ein Konflikt zwischen Arm und Reich

Die Kluft zwischen den reichsten und den ärmsten Ländern ist in den vergangenen Jahrzehnten weiter gewachsen. Grob betrachtet ist ein dramatisches Wohlstandsgefälle zwischen den Ländern, die auf der Nordhalbkugel der Erde liegen, und denen auf der Südhalbkugel nicht zu leugnen. Solche Entwicklungsunterschiede führen natürlich zu Interessenkonflikten, deren Ausmaße wir heute noch kaum abschätzen können; man verwendet dafür oft den Begriff „Nord-Süd-Konflikt".

Doch auch dieser Begriff ist inzwischen in die Kritik geraten: Längst nicht alle Länder des „Nordens" sind reich und nicht alle Staaten oder Regionen des „Südens" haben auch nur annähernd den gleichen Entwicklungsstand. Wie ordnet man die GUS-Staaten ein? Wohin gehören *Schwellenländer* wie Südkorea oder Taiwan? Ist ein Mensch im Süden Italiens reicher als der Durchschnittsverdiener in Singapur? Was ist mit Saudis oder Kuwaitis? Sind die Mitglieder der reichen Oberschicht und die Bewohner der Slums, sind aufstrebende städtische Industriegebiete und zurückgebliebene ländliche Regionen eines Entwicklungslandes überhaupt noch Teil „einer Welt"?

Die folgenden Seiten können nur Problemfelder anreißen und erste Lösungsansätze aufzeigen. Vielleicht leisten sie einen Beitrag zum Nachdenken: Sind wir selbst bereit Verantwortung für die Weltgesellschaft von morgen zu übernehmen?

Konflikte und Friedensbemühungen in der Welt seit 1945

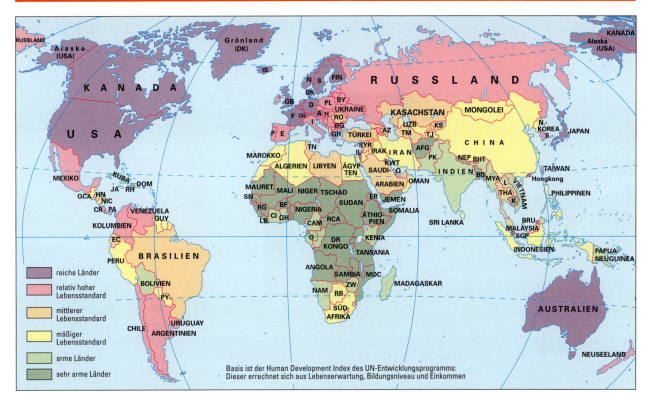

4 Was macht einen Staat zum „Dritte-Welt-Land"? Der Politikwissenschaftler Hans Wassmund nannte 1985 u. a. folgende Merkmale:
- ein extrem niedriges Pro-Kopf-Einkommen (...);
- eine wachsende soziale Kluft innerhalb eines Landes (im Durchschnitt von 44 Entwicklungsländern verhält sich die Einkommensverteilung zwischen den 20% Reichsten und den 20% Ärmsten der Bevölkerung wie 10:1);
- eine dualistische Wirtschaftsstruktur mit einem traditionellen landwirtschaftlichen Sektor, in dem die große Mehrheit der Menschen lebt, und einem davon weit gehend losgelösten, dynamischen Industriesektor (...);
- eine hohe offene und vor allem latente Arbeitslosigkeit;
- eine hohe Analphabetenquote und unzureichend qualifizierte Arbeitskräfte;
- immenser Mangel an Kapital (...) und technischem „Know-how" (...);
- eine hohe äußere Verschuldung;
- Vorherrschen von Monokulturen; fast ausschließlicher Export von Landwirtschaftsgütern oder mineralischen Rohstoffen (...);
- eine „Bevölkerungsexplosion", die u. a. durch religiöse, stammesmäßige Erfordernisse und durch das Motiv der sozialen Sicherung verursacht wird. (...)
- starke Orientierung auf Primärgruppen (Großfamilie und Stamm) und mangelnde Identifikation mit übergeordneten, gesamtgesellschaftlichen Organisationen und Institutionen (Parteien, Gewerkschaften, Staat, Regierung).

5 Globale Entwicklungsstandards. Dieses Modell ist eine von vielen Möglichkeiten. – Warum ist es schwierig die Grundbedürfnisse der Menschen in unterschiedlichen Kulturräumen zu vergleichen?

1 Eine Gruppe der Entwicklungsländer wird gelegentlich auch als „Vierte Welt" bezeichnet. Was ist damit gemeint? Welche Staaten auf der Karte M 5 könnten dies sein und welche sind möglicherweise „Schwellenländer"?
2 Findet reiche Länder ohne bedeutende Rohstoffvorkommen.
3 Sucht nach Merkmalen von Ländern der „Dritten Welt" (M 4). Sammelt Material und stellt in Gruppenarbeit die Probleme einiger dieser Länder zusammen.

Der Nord-Süd-Konflikt

18 Probleme des „Nordens" – Probleme des „Südens"

1 *Gegensätze auf engstem Raum* (Foto aus Bandung, Indonesien, 1998). Im Bildhintergrund: Wohnsiedlung, durch eine Mauer abgetrennt.

Nach dem Ende ihrer Kolonialzeit waren die meisten der heutigen Entwicklungsländer in ein politisches und wirtschaftliches Weltsystem eingebunden, das sie selbst nicht bestimmen konnten. Hier sehen Viele die Hauptursache für Armut und Unterentwicklung und fordern, z B. in der Generalversammlung der UNO, eine *neue Weltwirtschaftsordnung*. Andere weisen den Ländern der Dritten Welt selbst die Hauptverantwortung für Entwicklungsdefizite zu. Die folgenden Materialien sollen euch anregen über Ursachen der Probleme von „Norden" und „Süden" nachzudenken und Lösungen als globales Anliegen zu verstehen.

neue Weltwirtschaftsordnung
Im Kern werden in UN-Institutionen wie der Welthandelskonferenz UNCTAD (s. S. 673, M 3) neue „Terms of Trade" (Handelsbedingungen) gefordert, die das Einkommensgefälle zwischen „Nord" und „Süd" verringern sollen. Dazu gehören in erster Linie „faire" (Garantie-)Preise für Produkte wie Kaffee, Kakao oder Bananen sowie für mineralische Rohstoffe.

2 *Über Ursachen globaler Wanderungsströme* schrieb der Journalist Rudolph Chimelli 1992 in der Süddeutschen Zeitung:
Der Einkommensunterschied zwischen Europa und Afrika ist doppelt so groß wie zwischen Nord- und Südamerika. Mitten hinein in Elend, Staub und Hitze
5 projizieren elektronische Traumfabriken bunte Fernsehbilder von Leuten, die Autos fahren, die essen, so viel sie wollen und ihre freie Zeit an türkisfarbenen Schwimmbassins verbringen. Jedes
10 Schulbuch, jede Zeitung und jede Politikerrede liefert die frohe Botschaft, dass die Menschen gleich geboren sind und gleiche Ansprüche haben. Flugtickets sind billig geworden. Die Verlockung ist
15 riesig – und Wege gibt es viele.

3 *„Eine Welt für alle"* lautet der Titel eines Buches aus dem Jahr 1990. Es enthält Texte von Wortführern der Befreiungsbewegungen in der Dritten Welt und von Menschen des „Nordens", die sich für Probleme des „Südens" engagieren. Im Vorwort heißt es:
Der Eiserne Vorhang hat sich gehoben, die Gräben werden zugeschüttet, der Ost-West-Konflikt weicht einer neuen Entspannung. Doch während sich unser
5 Blick auf die Auf- und Umbrüche in Osteuropa richtet (…), übersehen wir leicht, dass eine andere globale Auseinandersetzung sich mehr und mehr verschärft. Längst hat sich ein neuer Eiserner Vor-
10 hang gesenkt: zwischen die reichen, industrialisierten Länder des Nordens und den geplünderten Süden. (…)
Dritte Welt – dieser Begriff steht heute mehr denn je für Elend, Hunger und Ab-
15 hängigkeit. Armut ist zum größten Wachstumssektor der südlichen Hemisphäre geworden – trauriges Gegenstück zu den steigenden Aktienkursen des Nordens. Viele der Ursachen von Hunger
20 und Not in der Dritten Welt liegen bei uns, in den Industriestaaten. Die Zerstörung der traditionellen Landwirtschaft etwa oder die ungerechten Rohstoffpreise – beides sind Resultate einer vom Nor-
25 den forcierten, falschen „Entwicklung". Wir sind direkt beteiligt an der Armut der anderen, denn sie „verschönert" unser Leben. Mit jedem Pfund Kaffee, jedem Kilo Bananen, das wir kaufen, profitieren
30 wir von der Ausbeutung der Menschen in der Dritten Welt.
Was müsste der Kaffee kosten, damit die Arbeiter auf den Plantagen in Afrika oder Südamerika ein menschenwürdiges Le-
35 ben führen könnten? Wie wäre es, wenn auf diesen Plantagen überhaupt kein Kaffee, keine Blumen, Apfelsinen oder Bananen wachsen würden, die unsere Supermarktregale füllen, sondern Nah-
40 rungsmittel, die die Ernährung der einheimischen Bevölkerung sichern? Können wir es uns leisten, solche Fragen zu stellen?

714

Konflikte und Friedensbemühungen in der Welt seit 1945

4 *Wie viele Menschen trägt die Erde?*
Bevölkerungswachstum und weltweite Industrialisierung ziehen unabsehbare Folgen nach sich. Wie hier in Brasilien werden Urwälder auf der Suche nach Ackerland abgebrannt. – Überlegt euch mögliche Konsequenzen für Menschen und Umwelt.

5 Konfrontation statt Dialog?
Ein hoher UN-Mitarbeiter äußerte sich 1995 zum Nord-Süd-Dialog der vergangenen Jahrzehnte:
Die Diplomaten aus den Entwicklungsländern [prangerten] den Kolonialismus der Vergangenheit bzw. den gegenwärtigen Neokolonialismus an und legten
5 sich eine Argumentation zurecht, die die Forderungen ihrer Regierungen und nicht etwa die ihrer Völker unterstützten. Diese Forderungen führten dazu, dass zu Beginn der Siebzigerjahre umfangreiche
10 und ehrgeizige Resolutionen verabschiedet wurden, unter anderem über die Errichtung einer *neuen Weltwirtschaftsordnung* und über die wirtschaftlichen Rechte und Pflichten der Staaten. Sie al-
15 le sind vom Winde verweht. (…)
Dieser Dialog hätte nur dann in eine neue Politik münden können, wenn die Öffentlichkeit in den reichen Ländern durch ihn angesprochen und sensibilisiert wor-
20 den wäre, was nur ganz ansatzweise geschah. Und das Plädoyer der Entwicklungsländer ging allzu offenkundig von größtenteils undemokratischen Regierungen aus, die sich kaum für die wirkli-
25 chen Belange ihrer Völker einsetzten, sich wenig für soziale Probleme interessierten und im Ruch der Korruption standen.

6 *Kinder in „Nord" und „Süd":* In Entwicklungsländern (Foto aus Sierra Leone) gibt es extrem viele Kinder: 45% aller Afrikaner sind z. B. 15 Jahre und jünger – Hunger ist nur eines der Probleme. Die reichen Industriestaaten sind arm an Kindern: Ihnen droht die Überalterung – der Zusammenbruch der sozialen Systeme könnte eine Folge sein.

7 „Süden" ist nicht gleich „Süden"
Der Wirtschaftswissenschaftler Dieter Weiss schrieb 1995:
Beispielhaft ist auch der Vergleich zwischen [Süd-]Korea und Ägypten: 1958 mit Pro-Kopf-Einkommen von 104 bzw. 116 US-Dollar, beide mit annähernd glei-
5 cher Bevölkerungszahl (44 bzw. 55 Millionen Einwohner), beide Frontstaaten mit kalten und heißen militärischen Phasen, beide industriell führend in ihrer jeweiligen Ländergruppe.
10 Heute ist Korea mit einem jährlichen Pro-Kopf-Einkommen von 6790 US-Dollar ein Industrieland, das knapp hinter Griechenland und Portugal rangiert, während Ägypten weiterhin bei 630 US-
15 Dollar mit den notorischen Schwachstellen eines typischen Entwicklungslandes ringt.

1 Beschreibt mithilfe des VT und der Materialien die Ursachen für „Unterentwicklung". Lasst euch dabei von folgenden Behauptungen leiten: „Die Industriestaaten haben eine historische Schuld", „Die Industriestaaten beuten die armen Länder aus", „Naturgegebenheiten benachteiligen viele Staaten dieser Erde", „Die Oberschicht vieler Staaten der Dritten Welt trägt die Hauptverantwortung für Fehlentwicklungen".
2 Ägypten und Südkorea werden in M7 als „Frontstaaten" bezeichnet. Stelle eine Verbindung her zu den beiden anderen Konflikten, die in dieser Themeneinheit behandelt werden.

Der Nord-Süd-Konflikt

19 Agenda 21 – ein Überlebensprogramm für „Nord" und „Süd"?

	in Deutschland		in einem Entwicklungsland
Energieverbrauch (TJ)	158	22	Ägypten
Treibhausgas (t)	13 700	1 300	Ägypten
Ozonschichtkiller (kg)	450	18	Philippinen
Straßen (km)	8	0,7	Ägypten
Gütertransporte (tkm)	4 391 000	776 000	Ägypten
Personentransporte (pkm)	9 126 000	904 000	Ägypten
PKWs	443	6	Philippinen
Aluminiumverbrauch (t)	28	2	Argentinien
Zementverbrauch (t)	413	56	Philippinen
Stahlverbrauch (t)	655	5	Philippinen
Hausmüll (t)	400	ca. 120	*
Sondermüll (t)	187	ca. 2	*

*Durchschnittszahlen

1 Wie jeweils 1000 Menschen die Umwelt belasten, machte das Wuppertaler Institut für Klima, Umwelt und Energie den Konferenzteilnehmern von Rio in dieser Grafik deutlich. Die Angaben beziehen sich jeweils auf den Verbrauch oder die Verunreinigungen eines Jahres. Bei Straßenkilometern und Pkws ist der jeweilige Bestand erfasst.

2 „Interessengegensätze" (Karikatur von Gerhard Mester, Wiesbaden, 1992).

Agenda 21 ist der Name für ein Aktionsprogramm, das die größte diplomatische Versammlung der Geschichte in Rio de Janeiro 1992 verabschiedet hat. „Agenda" ist ein lateinischer Begriff und bedeutet „Dinge, die zu tun sind". „21" weist auf das 21. Jahrhundert hin.

Rapides Bevölkerungswachstum

Dass die Erdbevölkerung ständig zunimmt, ist eine allgemein bekannte Tatsache. Wie dramatisch diese Entwicklung verläuft, ist weniger bekannt: Für die erste Milliarde brauchte die Menschheit vom Beginn ihrer Geschichte bis zum Jahr 1805, die zweite war 1926 erreicht, die dritte 1960, die vierte 1974, die fünfte 1987, die sechste 1999. Was bedeutet das für knappe Güter wie Wasser, Wald, Nahrungsmittel oder Energie? Steuern wir unaufhaltsam in eine Katastrophe?

Der „Erdgipfel" von Rio

Diesen Zukunftsfragen stellte sich die Konferenz der Vereinten Nationen für Umwelt und Entwicklung, die 1992 in Rio de Janeiro stattfand. Dort wollten Minister, Beamte und Organisationen aus 178 Staaten der Erde Grundsätze darüber vereinbaren, wie die künftige Entwicklung der Welt mit der Erhaltung bzw. der Wiederherstellung einer gesunden Umwelt verbunden werden kann.

Der Gipfel von Rio endete mit zwei verpflichtenden Konventionen zum Schutz des Klimas und zum Schutz bedrohter Tier- und Pflanzenarten. Daneben verabschiedeten die Delegierten ein unverbindliches Aktionsprogramm, die *Agenda 21*.

Agenda 21 und Entwicklungspolitik

Die Agenda 21 gibt allen Staaten detaillierte Handlungsanweisungen für wesentliche Bereiche der Entwicklungs- und Umweltpolitik; dazu gehören: der Gesundheitsschutz, die Bekämpfung der Armut in der Welt, die Bevölkerungspolitik, die Bekämpfung der Wüstenbildung, der Klimaschutz, der Schutz der Wälder, der Schutz der Meere und Wasserreserven sowie der Umgang mit gefährlichen Abfällen. Weder Einzelnen noch Staaten soll es in Zukunft erlaubt sein, etwas zu tun, was der Menschheit schadet.

Die Kosten der in Rio de Janeiro beschlossenen Maßnahmen sind grundsätzlich von den jeweiligen Ländern aufzubringen. In der Praxis müssen die Industriestaaten allerdings arme Entwicklungsländer unterstützen – auch weil sie als Hauptverursacher von Umweltschäden angesehen werden. Entwicklungshilfe wird in Zukunft vor allem umweltverträgliche Projekte fördern müssen.

Kann jede und jeder Einzelne, insbesondere in den Industrieländern, einen Beitrag dazu leisten die globale Katastrophe zu vermeiden? Haben wir nicht alle lieb gewonnene Gewohnheiten, die wir vor diesem Hintergrund kritisch überprüfen müssten?

Konflikte und Friedensbemühungen in der Welt seit 1945

3 Umwelt als globale Verantwortung. *In einer Schrift der Deutschen Stiftung für internationale Entwicklung hieß es 1988 zur Abhängigkeit von „Nord" und „Süd":*
Die Zerstörung der tropischen Regenwälder, Abholzung, Versteppung und Wüstenbildung in Afrika, Asien und Lateinamerika bedrohen nicht nur die direkt betroffenen Länder, sondern führen zu globalen Veränderungen des Klimas mit unkalkulierbaren Folgen. Die rasch fortschreitende Vernichtung der Artenvielfalt in den genetisch wichtigen Zonen der Erde, die meist in den Entwicklungsländern liegen, hat gravierende Auswirkungen auf die landwirtschaftliche und medizinische Forschung in den Industrieländern mit negativen Rückwirkungen auf die Dritte Welt. Die alarmierende Abnahme der schützenden Ozonschicht, ausgelöst durch Industrieemissionen in den Ländern des Nordens, macht sich zuerst auf der südlichen Halbkugel bemerkbar. Von der Verschmutzung der Meere und der davon ausgehenden Gefährdung der Fischbestände sind die Menschen überall in der Welt betroffen – unabhängig davon, ob sie zu der Verschmutzung beigetragen haben oder nicht. (…) Umweltprobleme sind daher auch nicht mehr durch nationale Maßnahmen allein zu lösen.

4 Die Journalisten H.-P. Martin und H. Schumann *über den Rio-Gipfel, 1996:*
Die Weltgemeinschaft hatte sich am Stadtrand der schönsten Metropole des Erdballs wortreich zu einer „nachhaltigen Entwicklung" bekannt, zu einem Wirtschaftskurs, der nachfolgenden Generationen die Umwelt und Ressourcen nicht in verschlechtertem Zustand überlassen werde. Der Ausstoß an Kohlendioxid sollte bis zur Jahrtausendwende zumindest in den Industriestaaten auf das Niveau von 1990 zurückgeführt werden, Deutschland wollte bis 2005 seine Werte um 25 Prozent senken. Die papiernen Versprechen sind Makulatur, vermutlich wird sich der weltweite Energieverbrauch bis zum Jahr 2020 sogar verdoppeln. Die Treibhausgase werden um 45 bis 90 Prozent zunehmen. (…) Der Klimawandel ist nicht mehr aufzuhalten, allenfalls zu mildern.

5 Das rasche Bevölkerungswachstum wird heute von den meisten Entwicklungsländern als Hauptrisiko erkannt (Foto aus Ghana, 1992).
– Wie wird in Ghana versucht diesen Gedanken zu vermitteln? Warum hat die Fotografin bzw. der Fotograf gerade diese Einstellung gewählt?

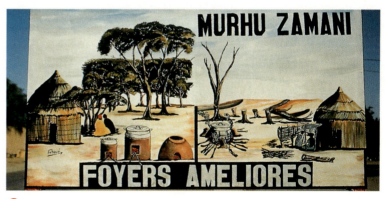

6 „Verbesserungen der Feuerstätten" (Plakat aus Nigeria, 1995). – Mit welchen Mitteln fordert das Plakat die Bevölkerung zu Umwelt schonendem Verhalten auf?

1 Erläutere den Begriff „nachhaltige Entwicklung" (VT, M3).
2 Erstellt eine Informationsschrift zum Thema „Global denken – lokal handeln". Bearbeitet dazu Einzelaspekte des „Nord-Süd-Konfliktes" in Arbeitsgruppen (Bildmaterial und Informationen über Entwicklungsprojekte z. B. kostenlos bei: Bundesministerium für wirtschaftliche Zusammenarbeit, Stresemannstaße. 92, 10963 Berlin, http://www.bmz.de).

Der Nord-Süd-Konflikt

20 Eine neue Weltgesellschaft?

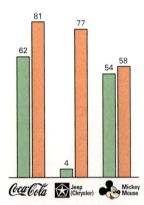

1 Bekanntheitsgrad amerikanischer Waren unter den 1,2 Milliarden Konsumenten in China in Prozent (grüner Balken: 1994, roter Balken: 1997).

Globalisierung
meint den weltweiten Austausch der Produktionsfaktoren Arbeit, Kapital und Wissen.

dritte industrielle Revolution
ist vor allem geprägt durch Fortschritte bei Mikroelektronik, Automatisierung und Kommunikation.

Protektionismus
von lat. protegere = schützen bezeichnet die Abwehr ausländischer Konkurrenz vom nationalen Markt, z. B. durch hohe Zölle auf Fertigwaren oder die Vorschrift international nicht üblicher Normen.

Arbeit – eine internationale Ware?

1995 fand in San Francisco eine Konferenz von 500 führenden Politikern, Wirtschaftsführern und Wissenschaftlern statt, die den Weg ins 21. Jahrhundert aufzeigen wollte. Ein zentrales Thema war die Frage nach dem Stellenwert der Arbeit in einer globalen Wirtschaft. John Gage, Topmanager bei der US-Computerfirma Sun Microsystems, beantwortete sie so: „Jeder kann bei uns so lange arbeiten, wie er will, wir brauchen auch keine Visa für unsere Leute aus dem Ausland"; Regierungen und deren Vorschriften für die Arbeitswelt seien bedeutungslos geworden, fuhr er fort, man beschäftige, wen man gerade brauche, derzeit seien „gute Gehirne in Indien" bevorzugt, die so lange arbeiten, wie sie können; aus allen Erdteilen kämen Bewerbungen per Computer: „Wir stellen Leute per Computer ein, sie arbeiten am Computer und sie werden auch per Computer gefeuert." – Eine zynische Bemerkung oder die Realität zukünftiger Arbeitsmärkte?

Eine 20:80-Gesellschaft?

Teilnehmer dieser Konferenz hielten es für wahrscheinlich, dass im kommenden Jahrhundert nur noch 20 Prozent der arbeitsfähigen Bevölkerung gebraucht würden um die Weltwirtschaft in Schwung zu halten. Nur diesem Fünftel seien gut bezahlte Jobs in der Industrie und in florierenden Dienstleistungsbereichen zugänglich und damit die volle Teilhabe am aktiven Leben und Konsumieren – gleichgültig, in welchem Land.

Angenommen, die düstere Prognose wäre wahr, welche Arbeiten bleiben dann für den „Rest" der Bevölkerung? Wird fair bezahlte Arbeit weltweit zu einem knappen Gut werden? Wer wird zu den Gewinnern, wer zu den Verlierern der *Globalisierung* gehören? Wie wirkt sich der unglaublich beschleunigte Fluss von Kapital, Waren, Dienstleistungen und Wissen auf die *dritte industrielle Revolution* aus, die wir gerade erleben?

Ein neuer „Nord-Süd-Konflikt"?

Die ersten beiden industriellen Revolutionen machten vor allem Europa und Nordamerika reich, weil es gelang den wissenschaftlich-technischen Vorsprung ständig zu vergrößern und mit immer billigeren Waren den Weltmarkt zu beherrschen. Nach neueren Berechnungen dürfte das Pro-Kopf-Einkommen der Europäer vor 200 Jahren höchstens 30 Prozent über dem der Inder und Chinesen gelegen haben. 1870 war es in den reichsten Ländern etwa elfmal so hoch wie in den ärmsten; 1995 war der Abstand auf das Fünfzigfache gewachsen.

Noch zu Beginn der 1980er-Jahre ging man davon aus, dass sich die Schere zwischen reichen und armen Ländern weiter öffnen würde. In vielen Fällen hat sich aber gezeigt, dass arme Nationen die reichen einholen können. Hongkong, Südkorea, Singapur und Taiwan sind die Paradebeispiele. Vereinfachend wird ihr Erfolg mit wenigen Bedingungen erklärt: hohe Lern-, Arbeits- und Sparbereitschaft der Bevölkerung; eine hohe Motivation der Unternehmer, Gewinne wieder in den weiteren Aufbau der heimischen Wirtschaft zu investieren; ein umfassender Ausbau des Bildungssystems und die wirtschaftliche Öffnung nach außen. Billigarbeit müssen ausländische Investoren schon an anderen Standorten suchen. Hier fließt Kapital in anspruchsvollere Produktionen, mit gut ausgebildeten und besser bezahlten Ingenieuren und Facharbeitern.

Die Warenflut aus Fernost füllte erst die Spielzeug- und Textilabteilungen unserer Kaufhäuser, dann die Märkte für Elektroartikel, Autos und Computer. Das billige Warenangebot führte aber dazu, dass ähnliche Industrien in den Industriestaaten „starben"; Massenarbeitslosigkeit war die Folge. Durch Zölle und Einfuhrkontingente versuchten sich Europäer und Amerikaner zu schützen. Statt Entwicklungshilfe fordern viele Entwicklungsländer daher heute freien Zugang zu den Märkten der Reichen.

Konflikte und Friedensbemühungen in der Welt seit 1945

2 Die Folgen der Globalisierung beschreiben die Journalisten Hans-Peter Martin und Harald Schumann in ihrem Buch „Die Globalisierungsfalle" von 1996:
High-Tech-Kommunikation, niedrige Transportkosten und grenzenloser Freihandel lassen die ganze Welt zu einem einzigen Markt verschmelzen, lautet die
5 stets wiederkehrende These. Dies schaffe harte globale Konkurrenz, auch auf dem Arbeitsmarkt. Deutsche Unternehmen würden neue Arbeitplätze nur noch im billigeren Ausland schaffen. (...)
10 Weltweit spielen über 40 000 transnationale Unternehmen aller Größenordnungen ihre Beschäftigten ebenso wie die Staaten gegeneinander aus. (...) Weltweit sinkt der Anteil, den Kapitaleigner
15 und Vermögensbesitzer zur Finanzierung staatlicher Aufgaben beitragen. Auf der anderen Seite fahren die Lenker der globalen Kapitalströme das Lohnniveau ihrer Steuern zahlenden Beschäftigten
20 kontinuierlich nach unten. (...)
Nicht wir sind es gewesen, die ausländische Konkurrenz ist schuld, erfährt der Bürger in jeder zweiten Nachrichtensendung. (...) Von diesem – ökonomisch
25 falschen – Argument ist es nur ein kleiner Schritt zur offenen Feindschaft gegen alles Fremde.

3 Die Gefahr des Protektionismus sieht der französische Wirtschaftswissenschaftler Daniel Cohen in seinem Buch „Fehldiagnose Globalisierung" von 1998 so:
Die falsche Erklärung der aktuellen Krise aus der Globalisierung birgt die Gefahr, (...) einem neuen *Protektionismus* Vorschub zu leisten, der die Erwartungen
5 der armen Länder zunichte machen würde. Welthandel [bedeutet] für diese Länder (...) das Versprechen einen Zustand abzuschaffen, der vielleicht einmal als Zwischenspiel der Menschheitsgeschich-
10 te erscheinen wird – jene zweihundert Jahre währende Epoche, in der die Nationen der Welt die Herausbildung weltgeschichtlich beispielloser Wohlstands- und Machtunterschiede zuließen. Die
15 „große Hoffnung des 21. Jahrhunderts" bestünde zunächst einmal in der Reduzierung der ungleichen Einkommensverteilung zwischen den Nationen, eine begründete Hoffnung.

4 Globalisierung als Job-Maschine?
Die Auswirkungen der Globalisierung auf die Arbeitsmärkte der Industriestaaten werden hier anders gesehen als in M1. – Diskutiert: Kann die Gleichung aufgehen? Für welche Gruppen werden in den Industriestaaten bevorzugt neue Jobs entstehen? Welche Konsequenzen ergeben sich für euch persönlich?

1 Finde heraus welche Staaten Verlierer oder Gewinner in der Globalisierung sein könnten (VT, M1, M2, M3 und M4).
2 Berichte über neue Chancen, die sich Entwicklungsländern heute bieten (VT, M3).

Der Nord-Süd-Konflikt

21 Blauhelm-Soldaten in den Krisengebieten der Erde

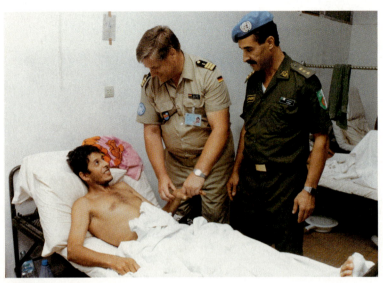

1 *Medizinische Versorgung durch die UNO im Bosnien-Konflikt. – Welchen Nationen gehören die Soldaten an?*

Blauhelme
UN-Friedenstruppen, die an ihren hellblauen Baretten bzw. Helmen zu erkennen sind. Sie sind leicht bewaffnet um sich selbst verteidigen zu können.

UN-Einsatz
Aktivität nationaler Kräfte im Auftrag der UNO. Im Rahmen von UN-Missionen wurde die Bundeswehr u. a. eingesetzt:
1992/93 zur Einrichtung eines Feldhospitals in Kambodscha,
1993/94 zur humanitären Unterstützung in Somalia,
1994 zur Einrichtung einer Luftbrücke nach Ruanda.

Militärbeobachter in Georgien
Die 16 Mädchen und 15 Jungen einer zehnten Realschulklasse sind betroffen. Sie haben Dias von einem *UN-Einsatz* gesehen und von Menschen verachtenden Aktionen zweier Bürgerkriegsparteien gehört: Ermordung unschuldiger Menschen, Vergewaltigung, Bedrohung der Zivilbevölkerung durch Minen …

Der Vortragende ist Jugendoffizier der Bundeswehr und war 1997 als Militärbeobachter der UNO in Georgien um ein Friedensabkommen zwischen Abchasen und Georgiern zu überwachen und Streitigkeiten vor Ort zu schlichten. An dieser UN-Mission beteiligen sich Soldaten aus 23 Staaten – darunter Koreaner, Pakistani, Ägypter, Russen, Polen und Kubaner. Alle tragen Blau: blaue Stahlhelme oder Barette.

Die UNO hat keine eigenen Truppen
1997 stellten rund 80 Staaten der Erde Soldaten, Sanitäter und Zivilisten für *Blauhelm*-Aktionen der UNO. Diese UN-Truppen werden bei Bedarf von den Mitgliedern der Weltgemeinschaft angefordert, z. B. um internationale Hilfsaktionen wie in Somalia (1992–1995) zu schützen oder bis zum Abschluss eines Friedensvertrages eine Pufferzone zwischen die militärischen Fronten zu legen. Die erste Aktion dieser Art in der Geschichte war letztlich nicht erfolgreich. Nach einem Krieg zwischen Israel und Ägypten 1956 auf der Halbinsel Sinai überwachten UN-Truppen eine neutrale Zone zwischen den verfeindeten Staaten. Auf Druck Ägyptens mussten sich die Blauhelme 1967 zurückziehen. Wenig später brach ein neuer Krieg zwischen Israel und Ägypten aus.

Frieden sichernde Maßnahmen
Friedenstruppen der UNO dürfen nur unter bestimmten Voraussetzungen zum Einsatz kommen:
– Alle Konfliktparteien müssen einverstanden sein.
– Die Entsendung erfolgt auf Beschluss des UN-Sicherheitsrates.
– Die Vereinten Nationen sind in der Lage den Einsatz zu finanzieren.
– UN-Mitgliedsstaaten stellen je nach Bedarf Streitkräfte, Polizisten oder Verwaltungspersonal zur Verfügung.
– Der UN-Generalsekretär leitet die Operation.
– Die UN-Truppen sind zu strikter Unparteilichkeit verpflichtet.
– Waffen dürfen nur zur Selbstverteidigung eingesetzt werden.

Frieden schaffende Maßnahmen
Den Einsatz von UN-Kampftruppen unter dem Oberkommando der UNO hat es bisher noch nicht gegeben. Aber zweimal hat der UN-Sicherheitsrat den Militäreinsatz einer internationalen Truppe erlaubt: 1950 bis 1953 zur Befreiung Südkoreas nach einem Überfall des kommunistischen Nordkorea (s. S. 678) und 1991 zur Befreiung Kuwaits nach einem irakischen Überfall. Beide Male übernahmen die USA den Oberbefehl. 1950 wurde der UN-Auftrag möglich, weil der Vertreter der UdSSR bei der entscheidenden Sitzung des Sicherheitsrates fehlte; 1991 war die Konfrontation der Supermächte durch die neue Politik Gorbatschows gerade beendet worden.

Konflikte und Friedensbemühungen in der Welt seit 1945

2 *Kontrolle der entmilitarisierten Zone* durch einen deutschen Militärbeobachter 1997. Der Fluss Iguri bildet die Waffenstillstandslinie zwischen georgischen und abchasischen Truppen.

3 *Die Grenzen der UN-Friedenspolitik* beschreiben die Politikwissenschaftler Rittberger, Mogler und Zangl 1997 in ihrem Buch „Vereinte Nationen und Weltordnung" folgendermaßen:

Die Wiederentdeckung der VN [= UN] als Entscheidungszentrum der internationalen Sicherheitspolitik [nach dem Ende des Ost-West-Konflikts] enthüllte jedoch
5 auch eine Kehrseite, die sich in einer raschen Überbeanspruchung ihrer Fähigkeiten niederschlug, bewaffnete Konflikte einzudämmen, zu beenden oder gar zu lösen.
10 Insbesondere für die Bearbeitung innerstaatlicher Konflikte, deren Zahl und Opfer die der zwischenstaatlichen bei weitem übertrifft, waren die VN weder konzeptionell noch materiell gerüstet.
15 Entgegen allen zum Teil viel versprechenden Verlautbarungen stellte sich bald heraus, dass die meisten Mitgliedstaaten, darunter auch die ständigen Mitglieder des Sicherheitsrats und allen vor-
20 an die USA, nicht bereit waren dieser Überbeanspruchung durch substanzielle Aufstockung der VN-Ressourcen [= Mittel] abzuhelfen. (…)
Anfang 1995 musste der Generalsekretär
25 der VN denn auch erkennen, dass Regierungen auch künftig nur von Fall zu Fall Streitkräfte für VN-Einsätze zur Verfügung stellen werden.
Es ist daher wahrscheinlich, dass sich die
30 Lähmung der VN und die kollektive Untätigkeit der Staatengemeinschaft, die sich z.B. angesichts des Völkermords in Ruanda zeigte, wiederholen wird.

4 *Agenda für den Frieden.* Reformprogramm von 1992, mit dem die Handlungsfähigkeit der UNO gestärkt werden sollte.

1 „Das Ende des Ost-West-Konflikts hat auch die Handlungsfähigkeit der UNO verbessert." Untersuche, ob diese Behauptung stimmt.
2 Erläutere die einzelnen Punkte der Agenda für den Frieden (M 4).
3 Sucht Materialien zu einem aktuellen Konflikt. Bildet Arbeitsgruppen, die sich in Positionen der Konfliktparteien einarbeiten bzw. die Möglichkeiten der UNO zur Konfliktlösung beurteilen. In einem Planspiel könnt ihr verschiedene Strategien erproben.

Auf einen Blick

1945
Konferenzen von Jalta und Potsdam, Gründung der UNO

1946–1949
im sowjetischen Machtbereich entstehen Satellitenstaaten

1948
der Staat Israel wird gegründet

1955
die Bundesrepublik Deutschland wird in die NATO, die DDR in den Warschauer Pakt aufgenommen

1989/90
Revolutionen im Ostblock: Fall der Berliner Mauer; der Warschauer Pakt löst sich auf

1992
„Umweltgipfel" der UNO in Rio de Janeiro

1993
Israel und die PLO erkennen sich gegenseitig an

Januar 2001: Das Space Shuttle Atlantis versorgt die Internationale Raum-Station (ISS) im Weltraum mit wichtigen Bauteilen, Materialien und Nachschub. Mittlerweile beteiligen sich neben den USA und Russland 13 weitere Staaten an diesem Projekt, dessen Ausbau wahrscheinlich 2004 abgeschlossen sein soll. Noch vor wenigen Jahren wäre das unmöglich gewesen, denn die Weltraumfahrt wurde lange Zeit zwischen der UdSSR und den USA als eine Art Wettkampf der Systeme betrieben.

Der Ost-West-Konflikt

Mit dem Sieg über Deutschland zerbrach die Siegerkoalition zwischen den westlichen Demokratien und dem Sowjetkommunismus.

Überall dort, wo die Rote Armee als Sieger oder Befreier gekommen war, entstanden bis 1949 kommunistische Volksdemokratien als Satellitenstaaten Moskaus. Der Westen sah diesen Block sozialistischer Staaten als Bedrohung seiner Sicherheit an. Umgekehrt fühlte sich die Sowjetunion durch Militär- und Wirtschaftsbündnisse des Westens bedroht. 1949 schlossen sich westliche Staaten unter Führung der USA zur NATO zusammen. Dem setzte die UdSSR ein Bündnis der sozialistischen Staaten, den Warschauer Pakt, entgegen.

Die Kubakrise führte 1962 die Supermächte an den Rand eines Atomkrieges. Dies förderte auf beiden Seiten die Einsicht, dass hemmungsloses Wettrüsten unkalkulierbare Risiken mit sich bringen musste. Abkommen zur Rüstungsbegrenzung folgten. Michail Gorbatschows Wahl zum Generalsekretär der KPdSU machte den Weg frei für eine Demokratisierung des sozialistischen Systems, für eine Zusammenarbeit mit dem Westen und für militärische Abrüstung. Die Auflösung des Ostblocks und des Warschauer Paktes 1990 brachte das Ende des Kalten Krieges.

Der israelisch-arabische Konflikt

Palästina liegt im Schnittpunkt dreier Weltreligionen. Juden, Moslems und Christen lebten hier jahrhundertelang friedlich miteinander, lieferten sich aber auch erbitterte Kämpfe. Seit 1948 gibt es in Palästina wieder einen jüdischen Staat. Schon seine Gründung war mit Krieg, Flucht und Vertreibung verbunden. Seither leben Palästinenser in Israel, in den 1967 von Israel besetzten Gebieten und in den arabischen Staaten. Erstmals führten israelisch-ägyptische Verhandlungen 1979 zu einem Friedensvertrag. 1993 und 1994 wurden zwischen Israel und den Palästinensern Abkommen geschlossen, die den Palästinensern in den besetzten Gebieten zwar Autonomie, aber nicht das volle Selbstbestimmungsrecht als Volk gaben.

Der „Nord-Süd-Konflikt"

Mit der Gründung der UNO (1945) hofften Menschen in aller Welt auf eine lange Friedensepoche. Der Kalte Krieg und die beginnende Entkolonisierung erhöhten aber die Zahl der Konflikte. Zunehmend kam es innerhalb von Staaten der Dritten Welt zu Kriegen. Die Ursachen: Armut, Bevölkerungsdruck oder Stammesrivalitäten. Besonders die reichen Industriestaaten sind aufgefordert zur Beseitigung von Armut und Unterentwicklung einen größeren Beitrag zu leisten.

Konflikte und Friedensbemühungen in der Welt seit 1945

„Als die erste Atombombe fiel ... Kinder aus Hiroshima berichten" heißt ein von Hermann Vinke herausgegebenes Buch, das Einblicke in die unmittelbaren Folgen des ersten Atombombenabwurfs für die betroffenen Kinder gibt. Unter dem Titel „Bonbons mit in den Sarg" berichtet Toshihiko Kondo, ein Schüler der 7. Klasse, der 1945 in die 1. Klasse ging:

Im August hatte ich Schulferien, und am Sechsten war der Himmel klar und blau. Mutter und mein großer Bruder mussten Arbeitsdienst leisten und waren zum Rathaus gegangen, Vater zur Bank. Ich war allein zu Hause und spielte mit meinen Freunden beim Luftschutzunterstand in der Nähe. Plötzlich blitzte es grell auf, und gleich darauf waren wir von schwarzem Rauch umgeben. Während ich verwirrt dastand und nachdachte, was ich tun sollte, begann sich das Haus vor uns in unsere Richtung zu neigen. Wir konnten uns gerade noch in Sicherheit bringen. Auf dem Weg nach Hause sah ich Kinder, die nach ihren Müttern riefen, und Leute, die ihre Wunden mit den Händen zusammenpressten (...). [Vater und ich] machten uns auf den Weg zum Rathaus. Dabei sahen wir einen Mann, dessen Unterkörper von einem eingestürzten Haus eingeklemmt war. Er rief ununterbrochen: „Hilfe! Hilfe!" Wir konnten nicht vorübergehen und tun, als hätten wir seine Rufe nicht gehört, also halfen wir ihm. (...) Ein paar Häuser entfernt von uns hörte ich ein Baby weinen. Man hörte, dass das Baby vor Angst zitterte. Wir wollten es retten, aber wir konnten nichts tun, weil das Haus davor schon in Flammen stand. Wir hörten das Baby hinter uns weinen, während wir zum Rathaus weitergingen. Als wir dort ankamen, lagen viele Menschen auf dem Boden. Wir suchten nach Mutter und meinem Bruder, aber wir fanden sie nicht. Enttäuscht und müde machten wir uns auf den Rückweg; da es aber gefährlich war, auf der Straße zu gehen, nahmen wir wieder den Weg über die Dächer. Wir machten einen langen Umweg, um das Feuer in der Nähe der Miyuki-Brücke zu meiden. Nach kurzer Zeit sahen wir einen Jungen, der uns entgegengestolpert kam. Es war mein Bruder. Er schien den Verstand verloren zu haben. „Wo ist Mutter?", fragte ich ihn. „Ich weiß nicht", antwortete er. Schließlich erfuhren wir, dass sie auf Ninoshima, einer Insel südlich von Hiroshima, war, und Vater entschloss sich, dorthin zu gehen. Ich blieb allein zurück mit meinem Bruder, der immer noch nicht ganz richtig im Kopf war. Wie sollte ich ganz allein für ihn sorgen? Ich ging erst in die erste Klasse. In der Nacht zündete ich eine Kerze an und hielt sie nahe an sein Gesicht. Es war geschwollen und voller Brandblasen. Er murmelte etwas, als ob er im Schlaf spräche, dann stand er plötzlich auf und rief: „Hurra! Hurra!" Vielleicht träumte er von einem Sportwettbewerb. Ich hielt ihn fest und rief immer wieder seinen Namen, aber er wollte sich nicht beruhigen. Schließlich lief ich zu unserm nächsten Nachbarn, und er beruhigte meinen Bruder. (...) Am Morgen war Vater zurück. „Was ist mit Mama?", fragte ich. Er sagte nur: „Sie war tot. Sie haben ihren Leichnam auf der Insel verbrannt." Sie sagten, dass Mutter am ganzen Körper schwarz verbrannt war und im Laufe des Tages gestorben sei. Vater forderte mich auf, eine Schachtel zu öffnen. In der Schachtel war ihre Asche. Einen Augenblick lang war mir, als sei ich auf den Boden des Meeres gesunken. Um etwa 12.30 Uhr in derselben Nacht tat mein Bruder seinen letzten Atemzug. Wir legten seinen Leichnam in einen Sarg, und wir gaben ihm Bonbons mit in den Sarg. Am nächsten Morgen brachten wir den Sarg zur Uferböschung, aber ich wollte nicht, dass sein Körper verbrannt wurde. Warum? Weil er neun Jahre lang ein so guter Bruder gewesen war. Und als ich daran dachte, wie nett er immer zu mir gewesen war, begann ich diejenigen zu hassen, die ihm das angetan hatten. Der Sarg wurde angezündet, und in dem Rauch und den Flammen sah ich die Gesichter meiner Mutter und meines Bruders erscheinen und wieder verschwinden. Ich sah Vater an. Tränen liefen ihm über die Wangen. Als wir am Abend die Asche meines Bruders holten, sagte Vater: „Toshi, deine Mutter und dein Bruder haben uns verlassen. Von jetzt an müssen wir allein weitergehen. Verstehst du mich?"

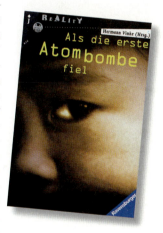

Deutschland und Europa –

Aufwändige Paraden: Unter der Herrschaft der Nationalsozialisten dienen die Berliner Prachtstraßen der Selbstdarstellung des Regimes.

Nach der bedingungslosen Kapitulation im Mai 1945 sind Berlin und viele andere Großstädte Deutschlands zerstört.

Entwicklungen seit 1945

Der britische Militärgouverneur Montgomery (Mitte) und der russische Militärgouverneur Schukow (links daneben) nach Kriegsende im zerstörten Berlin. Nach der Wiedervereinigung der Bundesrepublik und der DDR im Jahre 1990 ziehen 1994 die Besatzungsmächte, die Alliierten des Zweiten Weltkrieges, endgültig aus Berlin ab.

Leuchtende Zukunft? 1990 beschloss der Bundestag den Regierungssitz des wiedervereinten Deutschland in die alte Hauptstadt Berlin zu verlegen. Der Reichstag wurde renoviert und modernisiert. Im neuem Gewand des alten Parlamentsgebäudes sollen die historische Tradition und die moderne Umsetzung der deutschen Demokratie zum Ausdruck kommen.

Die Deutschen und ihr Staat

1 Der Fall der Mauer

1 Montagsdemonstration in Leipzig am 9. Oktober 1989.

„Wir wollen raus!", riefen am 4. September 1989 einige hundert Bürgerinnen und Bürger der Deutschen Demokratischen Republik (DDR). Sie hatten sich im Anschluss an ein Friedensgebet auf dem Platz neben der Leipziger Nikolaikirche versammelt.

Vom Bau der Mauer …

Die Menschen in der DDR waren sozusagen eingesperrt, seit ihre Regierung 1961 die *Berliner Mauer* errichtet hatte. Diese befestigte und scharf bewachte Grenzanlage sollte die Bürger daran hindern den Staat Richtung Westen zu verlassen. Etwa drei Millionen Menschen waren bis zum Bau der Mauer bereits geflohen.

28 Jahre lang stand die Mauer nun, ein steinernes Symbol der Teilung – der Teilung Berlins, der Teilung Deutschlands und auch der Teilung der Welt in Ost und West. Die meisten Menschen in der DDR durften nur in die „sozialistischen Bruderstaaten" reisen, und auch dort versperrte der Eiserne Vorhang den Weg nach Westen. Die Unfreiheit schien für alle Zeiten besiegelt.

Doch an die Reformpolitik Gorbatschows in der Sowjetunion seit Mitte der 1980er-Jahre knüpften sich neue Hoffnungen: Und tatsächlich hob sich in Ungarn im Sommer 1989 der Eiserne Vorhang: Hier ließ die Reformregierung die Grenzanlagen abbauen und machte damit den Weg in den Westen frei. Dies nutzten im August und September zahlreiche DDR-Bürger, die in Ungarn ihren Urlaub verbrachten, zur Flucht über Österreich in die Bundesrepublik. Der Damm war an einer Stelle gebrochen. Bald besetzten DDR-Bürger die westdeutschen Botschaftsgebäude in Prag und Warschau um so ihre Ausreise in die Bundesrepublik zu erzwingen.

Auch in der DDR selbst gerieten die Menschen in Bewegung. Auf vielen Demonstrationen bekundeten sie ihren Freiheitswillen. Sie stellten Forderungen an die Sozialistische Einheitspartei Deutschlands (SED), die seit vier Jahrzehnten über das Leben in ihrem Land bestimmt hatte und behauptete „im Namen des Volkes" zu handeln. „Wir sind das Volk!", riefen die Demonstranten – das war der Beginn der friedlichen Revolution der Menschen in der DDR.

… zur Wende

Die Regierung stand mit dem Rücken zur Wand: Sollte sie gewaltsam gegen die Demonstranten vorgehen oder deren Forderungen nachgeben? Beim 40-jährigen Staatsjubiläum am 7. Oktober ging sie noch brutal gegen Demonstranten vor. Zwei Tage später, als 50 000 Menschen in Leipzig demonstrierten, stand die Situation auf Messers Schneide: Jetzt griffen die zahlreich aufgebotenen Volkspolizisten nicht ein – und das war die Wende: Der Untergang des DDR-Regimes war nun nicht mehr aufzuhalten. In Berlin mussten am 9. November die völlig überraschten Grenzbeamten um 21 Uhr dem Druck der Massen nachgeben und die Tore der Sperranlagen öffnen. Auf der anderen Seite warteten jubelnde Westberliner. Ein neues Kapitel der immer wieder gestellten *deutschen Frage* hatte begonnen. Seit etwa 200 Jahren trieb der Wunsch nach Freiheit und Einheit die Deutschen auf der Suche nach ihrem Nationalstaat an.

Berliner Mauer
In der Nacht zum 13. August 1961 wurde auf Befehl der SED-Regierung in Berlin mit dem Bau der Mauer begonnen. Dieser scharf bewachte Grenzstreifen ging mitten durch die Stadt und wurde auf die gesamte Grenze der DDR zum Westen (1378 km) hin ausgeweitet.

deutsche Frage
Dies bezeichnet die Frage nach der deutschen Staatlichkeit. Vor der Gründung des deutschen Kaiserreichs 1871 ging es darum aus den vielen deutschen Einzelstaaten einen Nationalstaat zu schaffen. Nach dem Zweiten Weltkrieg verstand man darunter die Vereinigung der beiden deutschen Staaten.

Deutschland und Europa – Entwicklungen seit 1945

2 *Über die Ereignisse am Abend des 9. Oktober 1989 in Leipzig berichtete der „Spiegel":*
An zentralen Punkten warteten (…) Hunderte von Bereitschaftspolizisten auf mit Planen zugehängten Lkws auf ihren Einsatz, neben dem Hotel „Stadt Leipzig"
5 waren mindestens eine Hundertschaft der SED-Betriebskampfgruppen aufgefahren; Vopos [Volkspolizisten] mit Helm und Schilden sicherten den Hauptbahnhof und die Bezirksverwaltung des Mi-
10 nisteriums für Staatssicherheit. Die Rüpel der örtlichen Stasi waren überall, in den Kirchen und davor, in Gebüschen am Straßenrand und unter den Passanten in der Innenstadt. Am Rande der Stadt, so
15 berichteten Leipziger Pfarrer, standen Panzer der Nationalen Volksarmee auf Abruf. Und Piloten der Hubschrauberstaffel aus der Albert-Zimmermann-Kaserne im 150 km von Leipzig entfernten
20 Cottbus erzählten, sie hätten am 9. Oktober vorsorglich „Führungsbereitschaft" gehabt. (…) In den Krankenhäusern von Leipzig waren am Nachmittag ganze Abteilungen frei geräumt worden. Blutkon-
25 serven standen bereit. (…) Über der Stadt lag Stunden vor der Demo eine seltsame Spannung, wilde Gerüchte schwirrten, das wildeste: Die Betriebskampfgruppen hätten für den Abend Schießbefehl er-
30 halten.

3 *Ein Offizier des DDR-Grenzkommandos berichtet 1995 in einem Gespräch über den 9. November am Brandenburger Tor:*
Der Versuch der Leute, nur einmal das Brandenburger Tor anzufassen, nur einmal durchzugehen, war nicht zu bremsen. Es waren keine Randalierer wie spä-
5 ter, das war die „echte" Bevölkerung Berlins, die wollte nur mal durchs Brandenburger Tor gehen. Ich habe das nicht verstanden, ich habe es nicht begriffen. Aber es waren keine Jugendlichen, es
10 waren wirklich Leute im mittleren Alter, in unserem eigenen Alter, die kannten das von früher, die wollten da mal durch und einmal anfassen. Ich habe selbst eine Frau im Rollstuhl einmal durch das
15 Tor geschoben und dann wieder zurückgebracht. Es war für mich als völlig außen stehenden Militär, der konsequent bis zuletzt war, echt bewegend.

4 *Die Mauer trennt nicht mehr.* Freudenszenen spielten sich in der Nacht der Grenzöffnung an der Mauer in Berlin ab. – Wie erklärst du diesen Jubel?

1 Stelle eine Chronik der Ereignisse seit Sommer 1989 bis zum Fall der Mauer zusammen (VT).
2 Versetze dich in die Lage von Teilnehmern an der Demonstration des 9. Oktober 1989 in Leipzig. Welche Gedanken könnten euch durch den Kopf gegangen sein, welche Gefühle könnten euch bewegt haben (VT, M 2)?
3 Überlegt, warum es für viele Menschen nach der Wende so wichtig war, einmal durchs Brandenburger Tor zu gehen (VT, M 3).

Die Deutschen und ihr Staat

2 Nach der Kapitulation – Leben in Trümmern

1 Berlin im „Jahr Null", Blick vom alten Stadthaus am Molkemarkt über das Zentrum der Stadt, in der Mitte die Trümmer der Nikolaikirche (Foto, 1946).

2 Lebensmittelkarte (Ausschnitt), mit der den Menschen genau fest gelegte Portionen von Lebensmitteln zugeteilt wurden.

Der Krieg ist zu Ende

Am 8. Mai, dem Tag der deutschen Kapitulation, war der größte Teil Deutschlands bereits von den Alliierten besetzt. Für einen großen Teil der deutschen Zivilbevölkerung war der Krieg schon Wochen oder Monate zuvor beendet, nämlich mit dem Tag, an dem ihre Stadt oder ihr Dorf den Alliierten übergeben wurde.

Mit dem Eintreffen der Alliierten endete für die Bevölkerung die alltägliche Angst vor den Bombenangriffen. Viele Menschen waren erleichtert, viele hatten jedoch auch Angst vor möglichen Racheakten der Sieger. Die Alliierten übernahmen die oberste Regierungsgewalt und teilten das Land in vier Besatzungszonen auf.

Überleben in Trümmern

Für die deutsche Zivilbevölkerung ging der Kampf ums Überleben nach Kriegsende unvermindert hart weiter. Die Not war überall sicht- und spürbar. Die meisten Städte lagen in Trümmern. Schätzungsweise ein Viertel des gesamten Wohnraums und fast die Hälfte der Eisenbahnstrecken, Straßen und Brücken in Deutschland waren zerstört. Zudem wurden die Städte fast völlig von der Lebensmittelversorgung abgeschnitten. Viele Industrie- und Produktionsanlagen waren zwar noch funktionstüchtig, aber es fehlten Energie und Rohstoffe.

Familien waren ausgebombt, entwurzelt und auseinander gerissen. Flüchtlinge und Ausgesiedelte aus den ehemals deutschen Ostgebieten irrten durch die Straßen und suchten nach Verwandten und Obdach. Überall herrschte Chaos und Mangel: Um jede Mahlzeit, um Kleidung, um ein Dach über dem Kopf, um Brennstoff und Wasser musste gekämpft werden. „Die Ordnung der Dinge hat aufgehört", schrieb eine Zeitzeugin in ihr Tagebuch.

Deutschland und Europa – Entwicklungen seit 1945

Nach den Bomben kam der Hunger

1946 wurde die Bevölkerungszahl in Deutschland auf 66,5 Millionen geschätzt. Fast vier Millionen Männer waren im Krieg gefallen und zwölf Millionen befanden sich 1945 in Kriegsgefangenschaft. So stellten Frauen die große Mehrheit der Bevölkerung. Sie waren diejenigen, die die katastrophale Lebenssituation bewältigen mussten.

In den Städten war die Hälfte der Wohnungen zerstört, sodass allein stehende Frauen mit ihren Kindern und Hinterbliebenen nicht selten Wohngemeinschaften auf kleinstem Raum bilden mussten. Das Allernötigste fehlte: Essen, Betten, Schuhe, warme Kleidung. Kinder mussten in den Trümmern auf Holzsuche gehen. Frauen sammelten heruntergefallene Kohlen von den Eisenbahnschienen und stahlen sie von den Waggons. Dennoch starben viele Menschen durch Unterkühlung und Unterernährung. Lebensmittel waren nach Beruf und Alter rationiert, der tägliche Kalorienwert der zugeteilten Lebensmittel war viel zu gering.

Erweiterte Hausarbeit

Traditionell gehörte die Hausarbeit zu den Aufgaben von Frauen. Als Überlebensarbeit wurde sie nun umfangreicher und mühsamer als je zuvor. Um Lebensmittel zu organisieren mussten zumeist Frauen und Kinder stundenlang Schlange stehen; sie tauschten auf dem Schwarzmarkt ihre geretteten Besitztümer gegen Butter und Eier und organisierten „Hamsterfahrten" aufs Land. Auch war es schwierig und sehr zeitaufwändig aus den wenigen vorhandenen Nahrungsmitteln wie Kartoffeln, Graupen oder Rüben eine schmackhafte Mahlzeit herzustellen. Dennoch bekamen die Frauen als „nichtberufstätige Hausfrauen" von den Militärbehörden nur die Lebensmittelkarte V mit der niedrigsten Kalorienmenge. Nur wer Trümmer beseitigen half, bekam die Lebensmittelkarte I für schwere Arbeit und hatte damit Anspruch auf die doppelte Brot- und Fettmenge. In Berlin arbeiteten im Sommer 1945 schätzungsweise zwischen 40 000 und 60 000 Trümmerfrauen.

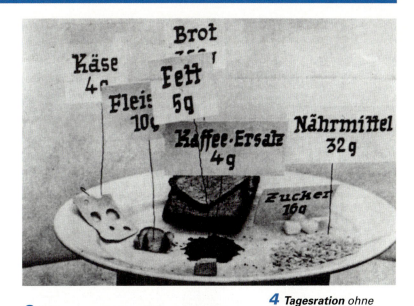

3 Erinnerungen eines Trümmerkindes:
Als das Ausgehverbot aufgehoben wurde, räuberten wir auch in der Höhe, in den zerbombten Häuserresten. In Küchen und Küchenteilen zwischen den
5 schwankenden, brüchigen Wänden sah man noch Kochtöpfe, Geschirr und sogar volle Einmachgläser. Wir Trümmerkinder wagten den gefährlichen Weg durch zerstörte Treppenhäuser und über die Reste
10 der Deckenbalken. Jeder Schritt war begleitet von der Angst zu stürzen und unter Mörtel und Schutt umzukommen. Als einer von uns unter einer zusammenbrechenden Wand begraben wurde, haben
15 wir zwar geschrien, aber den Mut ihn auszugraben hatten wir nicht. Dann kam die Arbeit auf den Trümmerfeldern. Wie Tausende von Kindern meines Alters musste ich Steine klopfen. Auch in der
20 Schule, wo wir jeden Tag eine Schulstunde für den Wiederaufbau unserer Lernanstalt opferten.

4 Tagesration ohne Sonderzulagen in der US-Zone. – Beschreibt, was auf dem Teller zu sehen ist.

5 Kinder auf dem Schulweg, 1945. Die Schulspeisung war Garantie dafür, dass die Kinder wirklich zur Schule gingen.

Nach der Kapitulation – Leben in Trümmern

6 oben und unten: **Frauen beseitigen Trümmer** in Berlin (Fotos von 1945).

7 Eine Überlebensgemeinschaft in Berlin 1945. Helene, 35 Jahre alt, ein Sohn, hat Karla, eine Flüchtlingsfrau aus Ostpreußen, mit ihren zwei Kindern in ihre Wohnung aufgenommen:

»Karla und ick hatten uns die Arbeit eingeteilt. Wenn ick für die Essensbeschaffung zuständig war, musste sie Wasser holen. Dat hört sich nun nach gar nischt
5 an, aber für zwei Eimer Wasser musste se oft Stunden anstehn und dann waren ihre beiden Kinder immer bei Oma Polten. Also haben wir für die mitgesorgt und der wat mitgebracht und abends,
10 nachdem wir unsere herrliche Wassersuppe mit Aromastoff runtergeschlürft hatten, sind Karla und ick los und haben auf den Trümmern nach Baumaterial gesucht, denn wir sollten unsere Wohnung
15 noch winterfest machen. Wir hatten zwar ne Tür, aber die Fenster waren noch nich so richtig dicht.«

Der Hunger wurde so schlimm, dass [sie] ihre Wertgegenstände auf den Tisch
20 packten um sie auf dem Schwarzmarkt gegen Lebensmittel zu tauschen. (…) Mit ihren Habseligkeiten marschierten sie zur Friedrichstraße, wo sie mit Russen und Händlern tauschen konnten. Da sie
25 sich auf diesem Sektor überhaupt nicht auskannten, war ihre Ausbeute mehr als dürftig: 100 g Butter, Möhren, Kaffee, Brot und Speck. Dafür hatten die beiden Frauen einen goldnen Ring, ein Kleid und
30 zwei Röcke verhökert. Von dem teuer erkauften Essen mussten drei Erwachsene und fünf Kinder einige Tage leben.

Der Winter 1945/46 wurde kalt, sehr kalt. In Berlin starben 60 000 Menschen an
35 Unterernährung oder durch Erfrierungen. Die Lebensmittelrationen für den Normalverbraucher wurden von 1500 auf 1000 Kalorien gekürzt. Fett und Eiweiß gab es nur in winzigen Mengen. Im
40 Frühjahr gab der Magistrat die öffentlichen Grünanlagen als landwirtschaftliche Nutzfläche frei.

8 Trümmerleben in Hamburg 1945/46. *Frieda Martens, Mutter von zwei Kindern und früher Sparkassenangestellte, muss eine Stelle als Trümmerfrau annehmen:*

72 Pfennig verdient [sie] in der Stunde. Auch wenn es – außer auf die Lebensmittelkarten – fast nichts zu kaufen gibt, viel Geld kommt da bei 48 Stunden in der
5 Woche nicht zusammen. Und die Miete kostet weiterhin 69 Mark 40. Klar, dass die Kinder mithelfen müssen. (…) Hannelore [die Tochter] ist für Einkäufe zuständig, das heißt, sie muss ständig die
10 Augen offen halten, was es gerade auf Lebensmittelmarken zu kaufen gibt. Ständig steht sie irgendwo in Schlangen und wartet auf Milch, Brot oder Fleisch, was immer besonders schnell ausver-
15 kauft ist. Außerdem zieht sie zusammen

Deutschland und Europa – Entwicklungen seit 1945

mit Wolfgang [ihrem Bruder] durch die Ruinen und sammelt Holz. Denn ihr Keller ist leer und mit einer Kohlenzuteilung ist nicht zu rechnen. (…) Bis Wolfgang eines Tages ins wirklich große Geschäft kommt. Auf einer seiner Touren sieht er, wie nicht weit vom Bahnhof Sternschanze ein Kohlenzug vor einem Haltesignal wartet. Von den Wagen werfen Jungen seines Alters Säcke, in die sie Kohlen gefüllt haben, nach unten, wo andere sie in Empfang nehmen. (…) Natürlich, wendig muss man sein, schneller als die Polizisten, und man muss sie eher sehen.

9 *Schulalltag* für Hannelore und Wolfgang in Hamburg 1945/46:
Im Winter fällt die Schule öfter aus, je nachdem, wie die Brennstoffversorgung ist. (…) Aber das stört eigentlich keinen. Viel wichtiger dagegen ist die Frage: Wie bekommt man an diesen Tagen seine Schulspeisung? Denn die Schulspeisung ist ja längst das eigentlich Wichtige in der Schule geworden. Die Besatzungsmächte spendieren sie aus ihren eigenen Verpflegungslagern. (…) Wo gibt es so etwas heute schon: Essen ohne Marken? Und die Lehrer muss man dabei beobachten. Sie geben die Suppe aus und kriegen selber nichts. Ganz hungrige Augen haben sie.

10 *Schwarzmarktgeschäfte*. In einem Zeitungsartikel von 1947 heißt es:
Einem hungrigen Freunde wurde ein Pfund Butter für 320 RM angeboten. Er nahm sie auf Kredit, weil er so viel Geld nicht hatte. Er wollte sie morgen bezahlen. Ein halbes Pfund bekam seine Frau. Mit dem Rest gingen wir „kompensieren": In einem Tabakladen gab es für das halbe Pfund 50 Zigaretten. Zehn Stück behielten wir für uns. Mit dem Rest gingen wir in eine Kneipe. Wir rauchten eine Zigarette, und das Geschäft war perfekt: Für 40 Zigaretten erhielten wir eine Flasche Wein und eine Flasche Schnaps. Den Wein brachten wir nach Hause. Mit dem Schnaps fuhren wir auf das Land. Bald fand sich ein Bauer, der uns für den Schnaps zwei Pfund Butter eintauschte. Am nächsten Morgen brachte mein Freund dem ersten Butterlieferanten sein Pfund zurück, weil es zu teuer war.

11 *„Hamsterfahrt" aufs Land*

12 *Kinder beim „Kohlenklau"*. Diebstahl nannte man auch „fringsen", weil der Kölner Kardinal Frings 1946 gepredigt hatte, dass jeder Mensch, „was [er] zur Erhaltung seines Lebens und seiner Gesundheit notwendig hat", nehmen darf, „wenn er es durch seine Arbeit oder Bitten nicht erlangen kann".

1 Erkundige dich bei Zeitzeuginnen und Zeitzeugen über Kriegszerstörungen in eurem Ort. Fragt nach, wie die Wohnsituation war und wie die Einheimischen Flüchtlingen begegneten.
2 Beschreibe in Stichworten die Ernährungssituation 1945. Unterscheide dabei nach Bevölkerungsgruppen (VT).
3 Liste auf, was heute zur Hausarbeit gehört, und vergleiche mit der „erweiterten Hausarbeit" nach dem Krieg (VT, M7).
4 Versetze dich in die damalige Zeit. Welche Möglichkeiten gab es, Kleidung, Schuhe oder Nahrung zu beschaffen, wenn es in den Geschäften nichts zu kaufen gab (VT, M5, M7–M12)?
5 Entwickelt ein Rollenspiel: „Auf dem Schwarzmarkt" oder „Tauschgeschäfte auf dem Land".
6 Erkläre den Begriff „Trümmerfrauen" und „Trümmerkinder" (VT, M3, M5, M6, M8).

Die Deutschen und ihr Staat

3 Flucht, Vertreibung und Zwangsumsiedlung

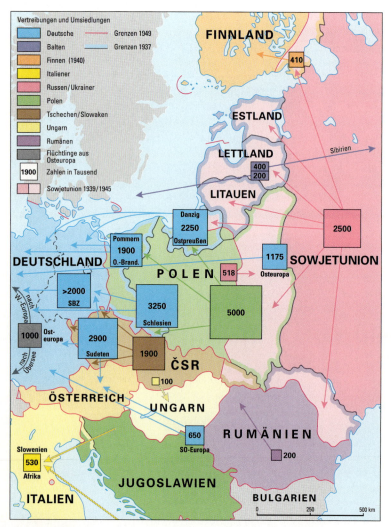

1 Flucht und Vertreibung in Europa 1945–1950

Eine gewaltige Bevölkerungsbewegung in Ost-West-Richtung ist eine der Folgen des Zweiten Weltkrieges. Bereits seit Herbst 1944 strömten endlose Flüchtlingskolonnen vor allem aus Ostpreußen und aus Schlesien nach Westen. Sie flohen vor der heranrückenden sowjetischen Armee. Auf der Potsdamer Konferenz stimmten die englischen und amerikanischen Alliierten rückwirkend der Aneignung Königsbergs und der nördlichen Teile Ostpreußens durch die Sowjetunion zu. Ebenso legten sie fest die deutschen Gebiete östlich der Oder-Neiße-Linie unter polnische Verwaltung zu stellen. Und es wurde beschlossen die Deutschen aus diesen Gebieten und aus Teilen Ungarns und der Tschechoslowakei „in geordneter und humaner Weise" umzusiedeln. Die meisten Umsiedelungen hatten jedoch bereits vor der Potsdamer Konferenz begonnen und verliefen oftmals nicht in „humaner" Weise.

Fremd im eigenen Land

Im Mai 1945 waren durchschnittlich von fünf Deutschen zwei irgendwie irgendwohin unterwegs. An eine systematische Verteilung der Flüchtlinge und Vertriebenen war im Chaos der Jahre 1945/1946 nicht zu denken. Einheimische sahen die körperlich und seelisch Erschöpften als Fremde an und nahmen sie oft nur widerwillig auf. Im Umland von Großstädten trafen Flüchtlinge und Vertriebene auf die dort bereits untergebrachten Ausgebombten der Städte. Es kam zu Rivalitäten zwischen beiden Gruppen, aber auch zu selbstloser Hilfe.

Die Flüchtlinge verteilten sich nicht gleichmäßig über das Gebiet einer Zone. Es bildeten sich Schwerpunkte, in denen der Vertriebenenanteil nicht selten bis zu 50 % der einheimischen Bevölkerung betrug. Rund zwei Millionen Deutsche verloren bei Flucht und Vertreibung ihr Leben. Dazu gehörten auch die Opfer von Rache- und Mordaktionen derer, die unter deutscher Herrschaft während des Nationalsozialismus gelitten hatten. Jahrelang aufgestauter Hass entlud sich. Der polnischen Armee hatte man befohlen, „mit den Deutschen so zu verfahren, wie sie mit uns verfuhren".

Zwangsumsiedlungen von Polen

Vertriebene gab es zu dieser Zeit nicht nur in der deutschen Bevölkerung. So wurden etwa Polen aus Gebieten umgesiedelt, die nach dem Kriege der Sowjetunion zugesprochen worden waren. Auch sie verließen ihre Heimat nicht freiwillig, auch sie kamen jetzt in eine fremde Umgebung und wussten nicht, wie lange sie dort bleiben konnten.

2 *Die Vertreibung der Sudetendeutschen.* Bericht einer Frau aus Freiwaldau (Frývaldóv, Tschechische Republik):
Am 26. Juli 1945 kamen plötzlich drei bewaffnete tschechische Soldaten und ein Polizist in meine Wohnung, und ich musste dieselbe binnen einer Stunde verlassen. Ich durfte gar nichts mitnehmen. Wir wurden auf einen Sammelplatz getrieben. (…) Unter starker Bewachung mussten wir (…) viele Stunden warten, gegen Abend wurden wir unter grässlichen Beschimpfungen und Peitschenschlägen aus dem Heimatort fortgeführt. (…) Es wurde uns (…) nicht gesagt, was mit uns geschehen soll, bis wir am 2.8.45 zum Bahnhof mussten und auf offene Kohlenwagen (…) verladen wurden. Während der Fahrt regnete es in Strömen. (…) Die Kinder wurden krank und ich wusste mir vor Verzweiflung keinen Rat. Nach zwei Tagen wurden wir in Teschen ausgeladen.

3 *Wladyslaw Gomulka, Generalsekratär der polnischen Arbeiterpartei,* auf einer Sitzung am 21./22. Mai 1945:
An der Grenze ist ein Grenzschutz aufzustellen und die Deutschen sind hinauszuwerfen. Denen, die dort sind, sind solche Bedingungen zu schaffen, dass sie nicht bleiben wollen. (…) Der Grundsatz, von dem wir uns leiten lassen sollen, ist die Säuberung des Terrains von den Deutschen, der Aufbau eines Nationalstaates.

4 *Der Zweite Weltkrieg und die Westverschiebung Polens* führte auch zur Vertreibung polnischer Bürger. Ein Pole aus Lemberg berichtet, wie er in Danzig ein Haus zugewiesen bekam, in dem sich die deutsche Besitzerin noch aufhielt:
Ich wollte etwas zu der Deutschen sagen, aber die Sprache versagte mir ihren Dienst. Ich bemerkte, dass die Deutsche weinte, etwas zu mir oder auch zu sich selbst sagte und ihre Sachen packte. Ich sah ihr zu, wie sie von der Wand kleine Porträts von Jungen und Mädchen und eines älteren Mannes abnahm. Sie wischte sie ab, sprach etwas zu ihnen und presste sie an ihre Brust. In diesem Moment brauchte ich kein Deutsch zu verstehen, denn ich empfand ihr Weinen und Tun sehr deutlich. Niemand musste mir erklären, was ich sah. Ich fühlte, was diese unbekannte Frau durchmachte. Sie erlebte das, was ich schon hinter mir hatte.

5 *Aus dem Verwaltungsbericht* der Stadt Fulda für das Haushaltsjahr 1947:
Von den 5636 Flüchtlingen sind 986 Familien mit Ernährer, 643 Familien ohne Ernährer und 932 Personen allein stehend. (…) Das enge Zusammenwohnen, der verschiedenartige landsmannschaftliche Charakter führen schon ohnehin, von allen anderen Schwierigkeiten abgesehen, zu Spannungen zwischen Alt- und Neubürgern. (…) Soweit Klagen von Flüchtlingen geltend gemacht wurden, hatten sie häufig folgende Beweggründe als Ursache: Hinausekeln des Zwangsmieters, Entzug von geliehenen Gegenständen, Verweigern der notwendigen Schlüssel, Sperrung von Kellern, Boden, Klosett und Waschküche.

6 *Flüchtlingstreck aus Ostpreußen* auf der Flucht vor der sowjetischen Armee im Januar 1945. Eine Volkszählung Ende 1946 erfasste 9,6 Millionen aus ihrer Heimat vertriebene Deutsche.

1 Erkundige dich in deinem Bekanntenkreis nach Zeitzeugen und befrage sie über ihre Vertreibung, die Bedingungen, unter denen sie flohen, und wie sie in der neuen Heimat aufgenommen wurden.
2 Versetze dich in die Rolle eines Bürgermeisters, der für die ankommenden Flüchtlinge Wohnraum sucht. Mit welchen Reaktionen der Einheimischen wird er sich auseinander setzen müssen?
3 Versetze dich in die Lage von deutschen und polnischen Vertriebenen. Erkläre ihre Reaktionen und Gefühle bei einer Begegnung (M 4, M 5, VT).
4 Flucht und Vertreibung ist nicht nur das Schicksal der Deutschen. Begründe diese Aussage anhand des VT und der Karte (M 1).
5 Schildere die wirtschaftliche und soziale Lage der Vertriebenen (VT, M 4, M 5).

4 Die Siegermächte behandeln die Deutschen verschieden

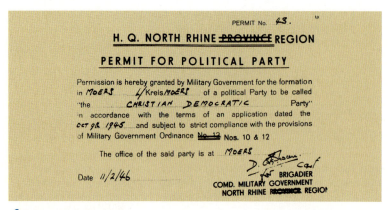

1 Zulassung der CDU in Moers. – Übersetze das Formular der britischen Militärregierung.

Kommunisten an die Macht?
Die Sowjetische Militärverwaltung (SMAD) förderte in ihrer Besatzungszone (SBZ) die Kommunisten (s. S. 574). Zu ihnen gehörte Walter Ulbricht, der im Moskauer Exil zum Gefolgsmann Stalins geworden war und in Deutschland, zumindest in der SBZ, eine politisch-wirtschaftliche Ordnung nach sowjetischem Vorbild durchsetzen wollte. Zwar wurden mehrere Parteien gegründet, was dem demokratischen Aufbau zu dienen schien. Zur entscheidenden politischen Kraft sollten aber die Kommunisten werden. Sie nahmen sofort Schlüsselstellungen ein. KPD und SPD schlossen sich 1946 auf Veranlassung der SMAD zur Sozialistischen Einheitspartei Deutschlands (SED) zusammen. Die SPD sollte so als Konkurrenz der KPD ausgeschaltet werden. 1945 hatten Mitglieder beider Parteien die Vereinigung noch selbst gewünscht um die Spaltung der Arbeiterbewegung zu überwinden. Bald aber wurden unliebsame Sozialdemokraten in der SED und die Mitglieder anderer Parteien unter dem Vorwand des antifaschistischen Kampfes verfolgt.

Große Veränderungen in der SBZ
Zu den antifaschistischen und anti*kapi*talistischen Maßnahmen gehörte die Enteignung aller Landgüter über 100 ha. Die Entmachtung der alten ländlichen Führungsschicht, aber auch die in Sachsen durch eine Volksbefragung beschlossene Verstaatlichung von Banken, Versicherungen, Bergwerken und Industriebetrieben waren populär – nicht so die Demontage von Industrieanlagen, da sie die ostdeutsche Wirtschaft schwächte. 25 % der Betriebe mussten direkt für die Sowjetunion produzieren um deren zerstörte Städte und Industrien wieder aufzubauen. 75 % der Beamten des Bildungs- und Rechtswesens wurden durch rasch geschulte, kommunistisch eingestellte Volksrichter und -lehrer ersetzt. So nutzten SMAD und SED auch die Entnazifizierung um in der SBZ nach sowjetischem Vorbild eine sozialistische (s. S. 580) Ordnung umzusetzen.

Keine Wirtschaftsreform im Westen
Die West-Siegermächte hatten erst keine gemeinsamen Ziele für die Verwaltung ihrer Gebiete. Besitzverhältnisse und Wirtschaftsordnung blieben bestehen, obwohl viele Deutsche für sozialistische Reformen waren. Die Demontage, gegen die die Bevölkerung protestierte, wurde nicht wie geplant durchgeführt.

Neue und alte Parteien
Im Westen wurden 1945 demokratische Parteien erlaubt, die 1946 durch freie und geheime Wahlen ein gewisses Maß an Selbstverwaltung und politischer Verantwortung erhielten. Stärkste Kraft schien zunächst die SPD zu sein, die für Demokratie und eine sozialistische, staatliche gelenkte Wirtschaft eintrat und die Kommunisten bekämpfte. Die neu entstandene CDU und ihre bayerische Schwesterpartei CSU sammelten die demokratischen Kräfte der christlichen, bürgerlich-konservativen Richtungen in einer Volkspartei, die mit einem christlichen Weltbild alle Schichten der Bevölkerung ansprechen wollte. Sie zogen mit der SPD in den Wahlen gleich. Als dritte Partei bildete sich die liberale FDP, die sich für freie Marktwirtschaft, Demokratie und einen Bundesstaat einsetzte. Die Kommunisten verloren wegen der Politik der KPD in der SBZ stark an Ansehen.

Kapitalismus
Wirtschaftsordnung, in der Privateigentümer Kapital investieren. Um höhere Gewinne zu erzielen wollen sie Löhne und Kosten niedrig halten. Wettbewerb zwingt zu technischem Fortschritt und Wachstum, führt aber auch zu Bankrotten und Arbeitslosigkeit.

Deutschland und Europa – Entwicklungen seit 1945

2 Wie kamen die Kommunisten an die Macht? Wolfgang Leonhard arbeitete 1945 in der „Kommunistischen Gruppe" mit. 1949 floh er als Gegner der kommunistischen Herrschaft nach Westdeutschland:
Ulbricht gab uns neue Direktiven [Anweisungen]: (…) „Ihr kennt jetzt schon genug Leute. Gleich morgen kann man mit der Zusammensetzung der Verwal-
5 tung beginnen. Sucht euch zunächst einmal den Bürgermeister. Wenn ihr erst einen Bürgerlichen oder Sozialdemokraten habt, dann werdet ihr auch schon an andere herankommen. Und nun zu un-
10 seren Genossen. Der erste stellvertretende Bürgermeister, der Dezernent für Personalfragen und der Dezernent für Volksbildung – das müssen unsere Leute sein. Dann müsst ihr noch einen ganz zuverlässigen Genossen in jedem Bezirk ausfindig machen, den wir für den Auf-
5 bau der Polizei brauchen." (…) Etwa nach einer halben Stunde brach Ulbricht die Diskussion ab. In klassischem Sächsisch gab er uns die abschließende Direktive: „Es ist doch ganz klar: Es muss
10 demokratisch aussehen, aber wir müssen alles in der Hand haben."

3 Wie soll die deutsche Schule sein?
a) Kölner Leitsätze der CDU 1945:
Das natürliche Recht der Eltern auf die Erziehung ihrer Kinder ist die Grundlage der Schule. Diese gewährleistet die Bekenntnisschule für alle vom Staat an-
5 erkannten Religionsgemeinschaften wie auch die christliche Gemeinschaftsschule mit konfessionellem Religionsunterricht als ordentlichem Lehrfach. Das kulturelle Schaffen muss frei von
10 staatlichem Zwang sein.

b) FDP-Richtlinien der britischen Zone 1948:
Ein demokratischer Volksstaat ist nur fähig bei einem hohen Stand geistiger und moralischer Bildung des Volkes. (…) So kann auch die Volksbildung nur auf
5 dem Boden der Freiheit und Wahrhaftigkeit gedeihen. Nur so wird eine freie Jugend den Weg finden zur alten Höhe der deutschen Kultur und darüber hinaus. Wir fordern daher die Gemeinschafts-
10 schule, in der die von ihrer Kirche anerkannten Lehrkräfte konfessionellen Religionsunterricht erteilen.

c) „Forderungen und Ziele" der SPD 1946:
Das allgemeine Schulwesen ist öffentlich. Die Schulen sollen die Jugendlichen frei von totalitären und intoleranten Anschauungen erziehen im Geist der Hu-
5 manität, der Demokratie, der sozialen Verantwortung und der Völkerverständigung. Allen Deutschen stehen die Bildungsmöglichkeiten allein entsprechend ihrer Befähigung offen. Sie sind unab-
10 hängig von Bekenntnis, Staat und Besitz.

d) Aufruf der KPD 1945:
Die unmittelbarsten und dringendsten Aufgaben (…) sind (…) Säuberung des gesamten Erziehungs- und Bildungswesens von dem faschistischen und reak-
5 tionären Unrat. Pflege eines wahrhaft demokratischen und freiheitlichen Geistes in allen Schulen und Lehranstalten. Systematische Aufklärung über den barbarischen Charakter der Nazi-Rassentheorie,
10 über die Verlogenheit der „Lehre vom Lebensraum", über die katastrophalen Folgen der Hitlerpolitik für das deutsche Volk.

4 „*Junkerland in Bauernhand*" *war eines der Mottos (neben denen auf dem Foto) der Bodenreform 1945 in der SBZ. – Welche Hoffnungen verknüpften die Menschen damit?*

5 *Bodenreform. Diese Briefmarke gab Mecklenburg-Vorpommern im Dezember 1945 heraus.*

1 Beschreibe das Vorgehen der Kommunisten in der SBZ (VT, M 2).
2 Vergleicht die unterschiedlichen Aussagen der Parteien und sucht nach den grundlegenden Prinzipien (M 3). Welche Ziele haltet ihr für aktuell und begründet?
3 Stellt in einer Tabelle die gegensätzliche Entwicklung in Ost- und Westdeutschland dar (VT).

Die Deutschen und ihr Staat

5 Ist die Teilung Deutschlands noch aufzuhalten?

1 Planerfüllung ohne den Marshallplan
rechts: **SED-Plakat von 1948.** Die SED forderte die Arbeiter auf als „Aktivisten" eine höhere Produktivität zu erzielen. Als Vorbild diente der Kumpel Adolf Hennecke, der am 13. Oktober sein „Tagessoll" im Steinkohlenbergbau zu 380 % erfüllte.
links: **„Von dem Onkel dürft ihr nichts annehmen!"** (Karikatur von M. Szewczuk, Die Zeit, 17. Juli 1947).

Truman-Doktrin
US-Präsident Truman versprach allen Völkern die amerikanische Unterstützung für ihre Unabhängigkeit und Freiheit. Gemeint war Hilfe für die Regierungen, die sich gegen einen kommunistischen Umsturz wehrten.

Die Bizone – eine Initiative der USA

Die Hungersnot 1946 veränderte die US-Politik: Weil die Deutschen sich wieder selbst ernähren können sollten, verweigerten die USA der Sowjetunion Abgaben aus dem Ruhrgebiet und legten ihre Zone am 1. Januar 1947 mit der britischen zur Bizone zusammen. Die Russen lehnten einen Anschluss ab, aber die französische Zone kam 1948 dazu. Gerade im wirtschaftlichen Bereich entstanden deutsche Verwaltungen, die der Wirtschaftsrat in Frankfurt überwachte, gebildet aus Mitgliedern der Länderparlamente. Er erließ auch in eingeschränktem Maß Gesetze. Wie weit deutsche Politiker in Ost und West bereits getrennt waren, zeigte im Juni 1947 die Konferenz der Ministerpräsidenten in München. Man wollte über eine gesamtdeutsche Versammlung beraten, konnte sich aber nicht auf die Tagesordnung einigen. Die SBZ-Politiker fuhren vor Beginn der Verhandlungen ab. Frankreich und die Sowjetunion hatten „ihren" deutschen Politikern keinen Spielraum gelassen.

Vom Marshallplan zum neuen Geld

Die wachsende Feindschaft zwischen den Westmächten und der Sowjetunion verhinderte eine gemeinsame Deutschlandpolitik. Daher wollte die US-Regierung die Westzonen in ihr Programm zum Wiederaufbau Europas (ERP, Marshallplan) einbeziehen. Amerikanische Kredite sollten die Wirtschaft ankurbeln. Mehr Wohlstand könne die Ausdehnung des Kommunismus verhindern und die freiheitlichen Demokratien festigen, so die Idee von US-Präsident *Truman*. Die Westzonen erhielten eine neue Währung. In den USA gedruckt, wurde die Deutsche Mark am 20. Juni 1948 eingeführt. Alle in den Westzonen lebenden Deutschen erhielten insgesamt 60 DM als Startgeld; ihre Spareinlagen wurden stark abgewertet. Damit verbunden war die Rückkehr zur freien Marktwirtschaft. Schnell belebten sich Handel und Produktion. Ludwig Erhard, der Wirtschaftsdirektor der Bizone, war verantwortlich für diesen erfolgreichen Schritt.

Konflikt um Westberlin

Als die Westmächte am 26. Juni die D-Mark auch in Berlins Westsektoren einführten, sperrten die Russen alle Zufahrtswege nach Berlin. Lucius D. Clay, der Gouverneur der US-Zone, veranlasste die Versorgung von 2,5 Millionen Westberlinern über den Luftweg. Der riskante Einsatz der Amerikaner und Briten in der „Luftbrücke" veränderte das Verhältnis zu den Westdeutschen: Aus „Besatzern" wurden „Freunde". Die Währungsreform vertiefte aber die wirtschaftliche Teilung Deutschlands.

Deutschland und Europa – Entwicklungen seit 1945

2 Schwarzmärkte verschwanden, als die D-Mark eingeführt wurde. Die SBZ erhielt eine eigene Währung, die auch „Mark" hieß, aber geringeren Kaufwert hatte.

3 Deutsche Politiker äußerten sich 1947 zur Zukunft ihres Landes:
a) Jakob Kaiser (CDU, Berlin, SBZ), Januar:
Wer die Gesundung Deutschlands will, kann nur von der Tatsache ausgehen, dass Deutschland zwischen Ost und West gelagert ist. Die Konsequenzen die-
5 ser schicksalhaften, aber auch aufgabenreichen Lage ist nicht das Entweder-oder eines West- oder Ostblocks, sondern das Sowohl-als-auch der Verständigung und der Ausgleich zwischen den Völkern und
10 die Gesundung aus eigenem Geist heraus.

b) Kurt Schumacher (SPD-West), August:
Die Prosperität [Wohlstand] der Westzonen, der sich auf Grundlage der Konzentrierung der bizonalen Wirtschaftspolitik erreichen lässt, kann den Westen zum
5 ökonomischen Magneten werden lassen. Es ist realpolitisch vom deutschen Gesichtspunkt aus kein anderer Weg zur Erringung der deutschen Einheit möglich als diese ökonomische Magnetisierung
10 des Westens.

4 General Clay begründet die Luftbrücke:
Wenn Berlin fällt, folgt Westdeutschland als nächstes. Wenn wir beabsichtigen, Europa gegen den Kommunismus zu halten, dürfen wir uns nicht von der Stel-
5 le rühren. Wir können Demütigungen und Druck, die nicht zum Krieg führen, in Berlin einstecken ohne das Gesicht zu verlieren. Wenn wir fortgehen, gefährden wir unsere europäische Position. Falls Amerika dies jetzt nicht versteht,
10 wenn es nicht begreift, dass die Würfel gefallen sind, wird es nie zu dieser Erkenntnis kommen und der Kommunismus wird alles überrennen.

5 Die Folgen der neuen Währung beschreibt A. Hahn in der Süddeutschen Zeitung vom 26. August 1948:
Die neue Deutsche Mark wirkt Wunder. Sie öffnet die (gehorteten) Lager und füllt viele Schaufenster. Die neue Mark hat auch über Nacht das „Wachstum" sehr
5 gefördert. (...) Jetzt auf einmal gibt es Aktenmappen (15 bis 28,75 Mark), Bürsten, Druckknöpfe, Thermosflaschen, Schuhbänder, Wäscheknöpfe, Werkzeug, feuerfeste Milchtöpfe, Pfannen für Elekt-
10 roherde, Taschenmesser, Nadeln aller Art, Gummibänder, „prima Bohnerwachs", Lederhandschuhe, Krawatten – alles frei und in erheblichen Mengen. Plötzlich ist (nach vielen Jahren!) „Baby-
15 wäsche eingetroffen!", man sieht Damenkleider und -stoffe, Hemden und Herrenanzüge.

6 Rosinenbomber über Westberlin. Ehemalige Bomber und Transportflugzeuge, jetzt „Rosinenbomber" getauft, flogen täglich in mehreren hundert Flügen 4500 Tonnen Lebensmittel und Heizmaterial nach Westberlin. Bei zahlreichen Abstürzen starben 78 Amerikaner, Briten und Deutsche.

1 Warum veränderten die USA ihre Politik in Deutschland und Europa? Welche Folgen hatte das für Deutschland (VT, M 4)?
2 Erläutere die unterschiedlichen Auffassungen, die zwischen den deutschen Politikern über die deutsche Zukunft bestanden. Warum gab es diese Gegensätze (VT, M 3)?
3 Benenne Ursachen und Folgen der Blockade Berlins und der Währungsreform (VT, M 4, M 5).
4 Versuche dir vorzustellen, wie die Berliner die Blockade und die Währungsreform empfanden.

6 Die doppelte Staatsgründung

1 *Briefmarken mit den Staatsemblemen*, herausgegeben aus Anlass des 20-jährigen Bestehens der beiden deutschen Staaten. Die Bundesrepublik übernahm den leicht veränderten Reichsadler, die DDR schuf ein neues Zeichen: Hammer, Zirkel und Ährenkranz sollten das Bündnis von Arbeitern, Bauern und Intelligenz verdeutlichen. – Vergleiche das jeweilige Staatsverständnis.

Für einen westdeutschen Teilstaat
1. Juli 1948: Die drei westlichen Militärgouverneure fordern in den Frankfurter Dokumenten die Ministerpräsidenten der Länder auf eine Verfassunggebende Versammlung für einen westdeutschen Staat einzuberufen und die Ländergrenzen zu überprüfen. Die West-Politiker fürchten, damit die deutsche Teilung zu zementieren. Schließlich gestehen die Militärgouverneure zu die Versammlung Parlamentarischen Rat und die Verfassung Grundgesetz zu nennen. Dies sollte nicht das Volk, sondern die Länderparlamente beschließen. So wurden der vorläufige Charakter der Bundesrepublik und das weiter bestehende Recht auf die deutsche Einheit betont.

Lehren aus der Vergangenheit
Am 1. September begann der Parlamentarische Rat unter dem Vorsitz des 72-jährigen Konrad Adenauer mit der Arbeit. Das Grundgesetz wurde am 8. Mai 1949 beschlossen. Die Vorgabe der USA, eine parlamentarische Demokratie und einen Bundesstaat zu errichten, bildete den Rahmen. Die Menschenrechte galten als bindende Grundrechte und unveränderbare Basis der Demokratie. Nach den Erfahrungen der jüngsten Geschichte wurde Artikel 20 im Grundgesetz verankert. Er erkennt den Bürgern ein Widerstandsrecht zu gegen Versuche die Demokratie abzuschaffen. Auch wollte man die Fehler der Weimarer Verfassung vermeiden. Die Macht des Reichspräsidenten wurde auf den Bundeskanzler und den Bundestag verteilt. Der Kanzler gibt die Richtlinien der Politik vor und ist von der Zustimmung des Parlamentes abhängig. Der Bundestag muss den Kanzler mit absoluter Mehrheit wählen und kann ihn nur stürzen, wenn er einen neuen Kanzler wählt (konstruktives Misstrauensvotum). Volksbegehren und Volksentscheid wurden abgeschafft. Über die Einhaltung des Grundgesetzes wacht das unabhängige Bundesverfassungsgericht.

Bundeskanzler Adenauer
Nachdem alle Länder mit Ausnahme von Bayern, das die Länderrechte für zu gering hielt, das Grundgesetz verabschiedet hatten, trat dieses am 23. Mai 1949 in Kraft. Mitte August erreichten bei den ersten Bundestagswahlen die CDU/CSU 31 %, die SPD 29 %, die FDP 12 % und die KPD 5,7 % der Stimmen. Eine Koalition von CDU/CSU und FDP wählte am 15. September 1949 mit einer Stimme Mehrheit Konrad Adenauer zum ersten Bundeskanzler, Theodor Heuss (FDP) wurde Bundespräsident.

Gründung der DDR
Vom zeitlichen Ablauf her gesehen wurde der westdeutsche vor dem ostdeutschen Staat gegründet. Seit 1947 gab es allerdings eine deutsche Zentralverwaltung für die SBZ. Die SED setzte im gleichen Jahr eine von ihr gesteuerte Bewegung für einen Volkskongress „für Einheit und gerechten Frieden" in Gang. Alle anderen Parteien und Interessenorganisationen mussten sich einordnen und mitarbeiten. Die Delegierten wurden nicht demokratisch gewählt. Ein vom Volkskongress gebildeter Volksrat legte am 22. Oktober 1948 einen Verfassungsentwurf vor. Für den 3. Volkskongress 1949 konnte man in der SBZ nur über eine Einheitsliste mit Ja oder Nein abstimmen. Darin waren für alle Parteien und Organisationen die Anteile ihrer Kandidaten schon im Voraus festgelegt. Fast 40 % lehnten die Liste ab.

Schließlich ging aus dem 3. Volkskongress als Parlament die Volkskammer hervor, die Wilhelm Pieck zum Präsidenten und Otto Grotewohl zum Ministerpräsidenten der DDR (Deutsche Demokratische Republik) wählte. Das Verhältnis von Parlament und Regierung sah in der Verfassung demokratisch aus. Die Einheitsliste, die Zusammenarbeit aller Parteien und Verbände unter der SED-Vorherrschaft ließen aber keine demokratische Opposition, Meinungsvielfalt oder Machtwechsel zu.

2 Carlo Schmid (SPD) über die Frankfurter Dokumente in seinen Erinnerungen:
Das deutsche Volk aller Besatzungszonen habe den Willen, in Einigkeit, Recht und Freiheit in einem gemeinsamen Haus zu leben. (…) Auf jeden Fall müsse, was immer wir [die westdeutschen Ministerpräsidenten] schaffen, den Charakter des Provisorischen haben, das nur so lange in Geltung bleiben solle, als nicht das ganze Volk die Möglichkeit habe, gemeinsam den Staat aller Deutschen zu errichten.

3 Aus den deutschen Verfassungen:
a) aus der DDR-Verfassung von 1949:
Präambel: Von dem Willen erfüllt, die Freiheit und die Rechte des Menschen zu verbürgen, das Gemeinschafts- und das Wirtschaftsleben in sozialer Gerechtigkeit zu gestalten, dem gesellschaftlichen Fortschritt zu dienen, die Freundschaft mit allen Völkern zu fördern und den Frieden zu sichern, hat sich das deutsche Volk diese Verfassung gegeben.
Artikel 1: (1) Deutschland ist eine unteilbare demokratische Republik.

b) Präambel des Grundgesetzes von 1949:
Im Bewusstsein seiner Verantwortung vor Gott und den Menschen, von dem Willen beseelt, seine nationale und staatliche Einheit zu wahren und als gleichberechtigtes Glied in einem vereinten Europa dem Frieden der Welt zu dienen, hat das deutsche Volk in den Ländern (…) kraft seiner verfassunggebenden Gewalt dieses Grundgesetz der Bundesrepublik Deutschland beschlossen. Es hat auch für jene Deutsche gehandelt, denen mitzuwirken versagt war. Das gesamte deutsche Volk bleibt aufgefordert, in freier Selbstbestimmung die Einheit und Freiheit Deutschlands zu vollenden.

4 „Die DDR – der erste deutsche Friedensstaat"
a) Auszug aus dem DDR-Lehrbuch Geschichte von 1977 zur Staatsgründung:
Die Staatsmacht (…) befand sich zum ersten Mal (…) in den Händen des von der Arbeiterklasse und ihrer revolutionären Partei geführten Volkes. Die Errungenschaften der antifaschistisch-demokratischen Revolution hatten die realen Grundlagen geschaffen, um den Verfassungsgrundsatz „Alle Macht geht vom Volke aus" lebendige Wirklichkeit werden zu lassen. (…) An die Stelle der alten Macht war die revolutionär-demokratische Diktatur der Arbeiter und Bauern getreten, die auf dem Volkseigentum an den wichtigsten Produktionsmitteln und auf der führenden Rolle der Arbeiterklasse in Staat und Wirtschaft beruht. (…) Das bürgerliche Prinzip der Gewaltenteilung war aufgehoben.

b) Aus der SED-Zeitung „Neues Deutschland":
Demokratie herrscht nicht dort, wo verschiedene Parteien gegeneinander auftreten. Im Gegenteil, Opposition ist nur der Beweis dafür, dass die Volksmassen für ihr Recht gegen die herrschende Klasse kämpfen müssen. Es gibt keinen Gegensatz zwischen der Politik unserer Regierung und den Interessen der gesamten Bevölkerung.

5 Wahlplakate zur Bundestagswahl 1949.
– Vergleiche Schlagworte und Ziele von CDU und SPD miteinander.

1 Vergleicht die jeweiligen Vorgänge, die zur Bildung zweier deutscher Staaten führten (VT). Legt eine Tabelle an, in der ihr die Ereignisse gegenüberstellt.
2 Wie interpretierten westdeutsche Politiker und Parteien die Gründung der Bundesrepublik und die damit verbundene deutsche Teilung (VT, M 2)?
3 Untersucht die beiden Verfassungstexte. Was wird demnach jeweils unter „Deutschland" verstanden? Bezieht auch die Wahlplakate mit ein (M 5). Überlegt, warum beide Seiten dennoch die Teilung hinnahmen.
4 Erarbeite aus M 4a und b die Vorstellung von Demokratie in der DDR. Formuliere dein Verständnis von Demokratie.

Die Deutschen und ihr Staat

7 Deutschland im Westen – die Bundesrepublik

1 rechts: *„Vereinte Abwehr"* (westdeutsches Plakat, 1952).

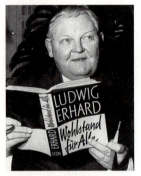

2 Ludwig Erhard, „Vater" des Wirtschaftswunders. – Beachte den Titel seines Bestsellers.

Souveränität
Ein Staat ist souverän, wenn er seine Angelegenheiten selbst entscheidet, also Gesetze erlassen und Recht sprechen kann, aber auch die Größe und Ausstattung seiner Armee selbst bestimmt.

soziale Marktwirtschaft
Freier Wettbewerb, freie Preisbildung und Lohnvereinbarungen zwischen den Gewerkschaften und Arbeitgeberverbänden sind die Grundlagen der Marktwirtschaft. Ludwig Erhardts Konzept der sozialen Marktwirtschaft beinhaltete dazu, dass der Staat den Rahmen dafür schafft, dass möglichst viele Bürger am wirtschaftlichen Aufschwung teilhaben, z.B. durch Steuergesetze, finanzielle Zuwendungen und Sozialleistungen.

Einbindung ins westliche Lager

Adenauers Politik zielte darauf die Bundesrepublik als souveränen Staat in das westliche Lager einzubinden. 1952 erhielt die Bundesrepublik von den Besatzungsmächten weitgehend innere und außenpolitische Handlungsfreiheit zurück. Die Westmächte behielten die Verantwortung für das gesamte Deutschland und Berlin. Angesichts der militärischen Überlegenheit des Ostens bot Adenauer deutsche Verbände für ein gemeinsames europäisches Heer an. Als Frankreich dem eigenen Vorschlag einer Europäischen Verteidigungsgemeinschaft nicht zustimmte, wurde die Bundesrepublik 1954 in die NATO aufgenommen und erhielt am 5. Mai 1955 staatliche *Souveränität*.

„Ohne mich!", antworteten aber viele Deutsche auf Adenauers Politik der Wiederaufrüstung. Männer konnten sich wenige Jahre nach dem Krieg nicht vorstellen wieder Uniform zu tragen. Auch befürchteten viele eine ungünstige Auswirkung auf die Wiedervereinigung.

Adenauer war die Kooperation mit Frankreich besonders wichtig. 1950 einigte sich die Bundesregierung mit Frankreich auf eine gemeinsame Wirtschaftspolitik für Bergbau und Schwerindustrie. Damit begann die wirtschaftliche Einigung Westeuropas (siehe S. 774).

Wohlstand und soziale Sicherheit

Die 1950er-Jahre waren die Zeit des „Wirtschaftswunders". Es herrschte Vollbeschäftigung und großes Wachstum, vor allem in der Auto- und Bauindustrie. Die Menschen arbeiteten sehr viel bei geringen Löhnen. Bald konnten sie sich wieder etwas leisten und holten nach, was sie entbehrt hatten. Mitte der 1960er-Jahre war der Wiederaufbau der zerstörten Städte abgeschlossen. Längst wollten die Westdeutschen nicht mehr nur Konsumgüter wie Radio, Kühlschrank, Waschmaschine, Staubsauger, Fernseher, Moped und Pkw sondern auch ein Eigenheim besitzen und Reisen unternehmen.

Ludwig Erhards Politik der *sozialen Marktwirtschaft* förderte den freien Wettbewerb und verhinderte gleichzeitig die Entstehung großer sozialer Gegensätze zwischen Arm und Reich. Das Lastenausgleichsgesetz etwa entschädigte Ausgebombte und Vertriebene mit besonders hohen Verlusten. Die Arbeitnehmer waren gegen Krankheit und Arbeitsunfähigkeit versichert, die Renten wurden erhöht.

Die Eingliederung der Millionen Vertriebenen war zunächst schwierig. Letztlich wirkten sie und die Flüchtlinge aus der DDR sowie die aus Südeuropa angeworbenen „Gastarbeiter" (siehe S. 746) nachhaltig am „Wirtschaftswunder" mit.

Zufriedenheit und Opposition

Wirtschaftsaufschwung und Westintegration sorgten für Zufriedenheit in der Bevölkerung. Als die Bundesregierung 1956 die allgemeine Wehrpflicht einführte, stieß sie zwar auf Ablehnung. Aber die schlechten Wahlergebnisse der SPD, die für eine sozialistische Gemeinwirtschaft und Neutralität eintrat, verdeutlichen die Zustimmung der Menschen mit der Richtung ihrer Regierung. Schließlich vollzog die SPD 1958 mit dem Godesberger Programm einen Kurswechsel: Sie befürwortete nun wie die CDU Wiederbewaffnung, soziale Marktwirtschaft und Westintegration.

Deutschland und Europa – Entwicklungen seit 1945

4 links: **Weihnachtsgruß 1945** (Postkarte); oben: **Wohnzimmer 1955** (Foto). – Vergleiche die Bilder und zeige daran, wie sich das Leben in der Bundesrepublik entwickelt hat. Wie ging es den Menschen jeweils, was war ihnen wichtig?

3 Pro und kontra zur Wiederbewaffnung
a) Regierungserklärung vom 3. 12. 1952:
An alle Deutschen!
Wir alle erstreben die Wiedervereinigung Deutschlands in Frieden und Freiheit. Wir wissen, dass wir allein auf uns gestellt dieses Ziel gegen den Willen Sowjetrusslands nicht erreichen können. Im Deutschlandvertrag aber übernehmen die drei Westmächte vertraglich die Verpflichtung, mit der Bundesrepublik zusammen die Wiedervereinigung Deutschlands auf friedlichem Wege unter einer demokratischen Verfassung herbeizuführen. Schon allein das verpflichtet uns gegenüber den Deutschen hinter dem Eisernen Vorhang den Verträgen mit dem Westen zuzustimmen.

b) Aus dem „Deutschen Manifest", 1955:
Die Aufstellung deutscher Streitkräfte in der Bundesrepublik und in der Sowjetzone muss die Chancen der Wiedervereinigung für unabsehbare Zeiten auslöschen und die Spannung zwischen Ost und West verstärken. Eine solche Maßnahme würde die Gewissensnot großer Teile unseres Volkes unerträglich steigern. Das furchtbare Schicksal, dass sich die Geschwister einer Familie in verschiedenen Armeen mit der Waffe in der Hand gegenüberstehen, würde Wirklichkeit werden.

5 Aus Protest gegen die Wiederaufrüstung verbrennen Jugendliche symbolisch einen Gestellungsbefehl (Foto, 1955/56).

6 Bundestagswahl 1957: die CDU gewann die absolute Mehrheit. – Was sagt das Plakat über die politische Stimmung aus?

1. Beschreibe das Plakat M1 und seine Aussage. Welche Rolle kam demnach der Bundesrepublik im westlichen Bündnissystem zu?
2. Diskutiert Adenauers politische Ziele und Ergebnisse (VT, M2, M3). Waren Westintegration und Wiedervereinigung vereinbar?
3. Erkläre die Argumente für und gegen die Wiederbewaffnung und die jeweiligen politischen Hintergründe (VT, M3, M5).
4. Welche Auswirkungen hatte das „Wirtschaftswunder" auf das Leben und die Einstellungen der Bundesbürger (VT, M2, M3)?
5. Nimm Stellung zu der Aussage: „Das Wirtschaftswunder festigte die Bonner Demokratie."

Die Deutschen und ihr Staat

8 Deutschland im Osten – die DDR

1 Zum „Monat der Deutsch-Sowjetischen Freundschaft 1952" (Plakat von der „Gesellschaft für Deutsch-Sowjetische Freundschaft" vom November 1952).

2 Am 17. August 1962 verblutet Peter Fechter an der Mauer, nachdem er bei seinem Fluchtversuch von DDR-Grenzposten angeschossen worden ist.

Die Sowjetunion als Vorbild
Außenpolitische Anerkennung fand die DDR nur bei der Sowjetunion und den Ostblockstaaten. Sie trat dem „Rat für gegenseitige Wirtschaftshilfe" (s. S. 682) und dem Warschauer Pakt bei. 1952 verkündete Walter Ulbricht den „planmäßigen Aufbau des Sozialismus", wobei die UdSSR als Vorbild diente. Parolen wie „von der Sowjetunion lernen heißt siegen lernen" sollten die Bevölkerung anspornen. Mitte der 1950er-Jahre befanden sich durch Enteignungen 83 % der Industriebetriebe als „Volkseigene Betriebe" (VEB) in staatlicher Hand. Bauern und Handwerker wurden ebenfalls enteignet, teilweise unter Zwang und Erpressung. Ab 1961 gab es keine Privatbauern mehr, alle arbeiteten in „Landwirtschaftlichen Produktionsgenossenschaften" (LPG).

Mängel der Planwirtschaft
Mit Fünfjahresplänen sollte eine staatliche Planungskommission das Wirtschaftsleben regeln. Allerdings wurde großer Wert auf den Ausbau der Schwerindustrie gelegt, andere Industriezweige vernachlässigt. Es fehlte häufig an Rohstoffen und Ersatzteilen, Konsumgüter waren knapp, Engpässe hemmten Produktion und Versorgung. Die staatlichen Pläne schrieben den Betrieben meist ein Wachstum vor, das unerreichbar war.

Anfang der 1950er-Jahre verschlechterten sich die Lebensverhältnisse spürbar. Als die Regierung außerdem die Arbeitsnormen erhöhte, brach am 17. Juni 1953 ein Aufstand aus, der von Panzern niedergeschlagen wurde (s. S. 749).

Die Mauer teilt Berlin
Wegen der politischen Unfreiheit und der schlechten wirtschaftlichen Lage flohen bis 1961 mehr als 2,5 Millionen Deutsche aus der DDR. Der Staat drohte auszubluten. In Berlin gelangten die Menschen noch ziemlich leicht vom Ostteil in den Westen der Stadt. Als täglich mehr als 2000 Flüchtlinge in West-Berlin ankamen, riegelten am Morgen des 13. August 1961 Soldaten der Volksarmee und bewaffnete Arbeiter die Übergänge ab. Bautrupps errichteten eine unüberwindbare Mauer, die Berlin vollständig teilte. Mit Grenzzäunen, Todesstreifen und Wachtürmen wurde dann die gesamte Grenze zur Bundesrepublik undurchdringlich gemacht. Der „Schießbefehl" verlangte von den Grenzsoldaten Fluchtversuche durch gezielte Schüsse zu stoppen.

Fortschritte – aber keine Wende
Nach dem Mauerbau festigte sich die Wirtschaft, brauchte dafür aber jede Arbeitskraft. Der Staat richtete Kinderkrippen und Horte ein, sodass fast alle Frauen berufstätig sein konnten. Daneben gab es weitere soziale Vorteile für die Bevölkerung wie niedrige Kosten für Grundnahrungsmittel, Mieten, öffentliche Verkehrsmittel und Krankenhäuser. In den 1970er-Jahren nahm die DDR-Wirtschaft einen führenden Platz innerhalb der sozialistischen Staaten ein, aber Engpässe und Mängel blieben. Zwar konnten sich die Familien nun Konsumgüter leisten, doch mussten sie auf den „Trabi", das Kunststoffauto mit 23 PS, zehn Jahre warten und etwa 11 000 Mark bezahlen – ein Jahresgehalt.

3 Zum Schießbefehl äußerte sich ein Mitglied des SED-Zentralkomitees vor Grenzsoldaten 1963:

Jeder Schuss aus der Maschinenpistole eines unserer Grenzsicherungspolizisten zur Abwehr solcher Verbrechen [Republikflucht] rettet in der Konsequenz Hunderte von Kameraden, rettet Tausenden Bürgern der DDR das Leben und sichert Millionenwerte an Volksvermögen. Ihr schießt nicht auf Brüder und Schwestern, wenn ihr mit der Waffe den Grenzverletzer zum Halten bringt. Wie kann das euer Bruder sein, der die Republik verrät, der die Macht des Volkes verrät, der die Macht des Volkes antastet?

4 Über die Wahlen in der DDR steht in einem DDR-Schulbuch von 1961:

Der Wahltag – ein Festtag. Viele Männer und Frauen kommen nicht mit leeren Händen zur Wahlurne. Sie haben aus Anlass der Volkswahlen besondere Produktionsverpflichtungen übernommen. Damit stärken sie unseren Arbeiter- und Bauern-Staat und beweisen dadurch ihr Vertrauen und ihre Verbundenheit mit ihm. (…) Jeder Wahlberechtigte erhält einen Stimmzettel. Viele Bürger wählen offen – das heißt, ohne die Wahlkabine zu benutzen. Auf diese Weise bekunden sie ihr Vertrauen zu den Kandidaten. (…) Oft gehen Haus- und Hofgemeinschaften geschlossen zur Wahl. (…) Wahlhelfer erinnern säumige Bürger an ihre Wahlpflicht.

5 Der Kunde war nicht König:

Am Eingang des Restaurants ein Schild: „Bitte warten Sie, Sie werden platziert." Vor dem Schild die Gäste, sie ordnen sich diszipliniert zur Schlange. Hinter dem Schild ein gähnend leeres Lokal. Kein Gast wagt, sich an einen Tisch zu setzen, er würde nicht bedient. (…) Es gilt das ungeschriebene Gesetz, nicht der Kunde, sondern der Arbeitende ist König. (…) In einem Fahrradladen in Halle verkaufte eine Verkäuferin jahrelang grundsätzlich nichts aus dem Lagerraum. Sie hatte keine Lust nach hinten zu gehen. (…) Die Kunden verwunderte das kaum, sie sind daran gewöhnt die einfachsten Dinge nicht zu bekommen. Nach zwei Jahren fiel der HO-Zentrale [Handelsorganisation] der überhöhte Lagerbestand und der niedrige Umsatz auf. Die Verkäuferin wurde – ein seltener Fall in der DDR – fristlos entlassen. (…) Langjährige Erfahrung lehrt, dass es in der zentral geleiteten Wirtschaft vollkommen sinnlos ist sich bei der Arbeit „zu überschlagen". Arbeitet man schnell, ist das Material schnell verbraucht, es stoppt die Zulieferung, es entstehen Wartezeiten. Schafft man sein Pensum vorfristig, muss man dennoch die Arbeitszeit absitzen.

	DDR	Bundesrepublik
Monatliches Nettoeinkommen		
Arbeitnehmer	969 M	2100 DM
Rentner	398 M	1505 DM
Zum Kauf erforderliche Arbeitszeit		
Herrenschuhe	27:53 h	5:55 h
Damenkleid	40:23 h	5:02 h
Kühlschrank	293:16 h	40:00 h
Pkw	3807:12 h	607:24 h
Eisenbahn-Wochenkarte	0:29 h	1:47 h
Herren-Haarschnitt	0:21 h	0:47 h
Roggenbrot	0:06 h	0:13 h
Wohnung		
Durchschnittsgröße	58 qm	98 qm
mit Zentralheizung	36 %	70 %
mit Bad/Dusche	68 %	92 %

6 oben: **Lebensmitteleinkauf in Bitterfeld.** – Was erzählt das Foto über das Warenangebot und die Lebensverhältnisse der Menschen?

7 links: **Einkommen und Lebensstandard** im Ost-West-Vergleich, 1982/83.

8 Wappen von Eisenhüttenstadt, einer sozialistischen Planstadt, wo ein riesiges Stahlwerk errichtet wurde.

1 Stelle die eigentlichen Ziele der Planwirtschaft und die Probleme in der DDR zusammen (VT, M 5, M 6). Nenne soziale Leistungen, die die Menschen in der DDR begrüßten.
2 Welches Bild vermittelt der Schulbuchtext (M 4) und was sollte dies bei den Schülerinnen und Schüler bewirken?
3 Werte M 7 aus und versuche die Unterschiede zu erklären. Beschreibe weitere Gründe für Menschen die DDR zu verlassen.

Die Deutschen und ihr Staat

9 Zwei Staaten – eine Nation?

1 Deutschlands Zukunft stellte Erich Köhler 1948 in dieser Karikatur dar. Zu Beginn der 1950er-Jahre traten die Bundesrepublik und die DDR – jedenfalls in ihren Verfassungen – für die deutsche Einheit ein. Beide Regierungen gaben der anderen Seite die Schuld an der Teilung. Und beide wollten für ganz Deutschland sprechen. 1973 strich die DDR diesen Anspruch aus der Verfassung. – Überprüfe, inwiefern Köhlers Befürchtungen zutreffen. Beachte auch das Entstehungsdatum der Karikatur.

Hallstein-Doktrin
1955 erklärte die Bundesrepublik, dass jegliche völkerrechtliche Anerkennung der DDR ein unfreundlicher Akt gegenüber der Bundesrepublik sei.

Wandel durch Annäherung
Die Formulierung beschreibt Willy Brandts Ostpolitik, mit der ein entspannteres Verhältnis zu osteuropäischen Staaten erreicht werden sollte. Danach konnte die kommunistische Herrschaft in Osteuropa und der DDR nicht beseitigt, sondern nur verändert, somit die deutsche Spaltung nur erträglicher gemacht, nicht aber überwunden werden. Ziel war es, die Auswirkung der Teilung für die Menschen zu mildern.

Alleinvertretungsanspruch?
Der Mauerbau zeigte die Ohnmacht des Westens gegenüber der Entwicklung in der DDR. Bisher galt der Alleinvertretungsanspruch: Nur die Bundesrepublik beruhe als Demokratie auf freiem Volkswillen und gelte deshalb allein als rechtmäßiger deutscher Staat. Zu Staaten, die die DDR als souverän anerkannten, wurden nach der *Hallstein-Doktrin* die diplomatischen Beziehungen abgebrochen.

Willy Brandt (SPD), Bürgermeister von Berlin, forderte eine andere Ostpolitik. Sein Mitarbeiter Egon Bahr prägte 1963 die Formel *„Wandel durch Annäherung"*. Beide setzten auf eine „Politik der kleinen Schritte". Durch Verhandlungen gelang es Brandt 1964 immerhin den Berlinern Verwandtenbesuche im Ostteil der Stadt zu ermöglichen.

In der DDR verbesserte sich in den 1960er-Jahren langsam die wirtschaftliche Lage. Durch ihre Außen- und Handelspolitik unterlief sie die Bemühungen der Bundesregierung, den zweiten deutschen Staat zu isolieren. Als Erich Honecker 1971 Staats- und Parteichef wurde, besaß die DDR ein gewachsenes Selbstvertrauen.

Deutsch-deutsche Normalität?
Nach den Wahlen 1969 suchten Brandt als Kanzler einer SPD/FDP-Regierung und sein Außenminister Scheel (FDP) direkte Kontakte mit der DDR-Regierung. In Erfurt trafen sich 1970 Brandt und Willi Stoph, Vorsitzender des DDR-Ministerrats, erreichten aber keine Annäherung. Erst nach dem Vertrag der Bundesrepublik mit der UdSSR über die Anerkennung aller bestehenden europäischen Grenzen, also auch der DDR, und einen Gewaltverzicht einigten sich die deutschen Regierungen. Im Grundlagenvertrag von 1973 wurde die DDR als gleichberechtigter Staat, aber nicht als „Ausland" anerkannt. Die Bundesregierung konnte zwischen den deutschen Staaten „besondere Beziehungen" durchsetzen. Man entsandte keine Botschafter, sondern „ständige Vertreter". Tatsächlich ergaben sich Vorteile für die Menschen. Im „kleinen Grenzverkehr" wurde rund sechs Millionen Menschen in grenznahen Gebieten der Besuch in der DDR erleichtert.

Eine Nation in zwei Staaten
Die CDU/CSU-Opposition kritisierte an dem Vertrag, dass er die deutsche Teilung anerkenne und gegen das Wiedervereinigungsgebot des Grundgesetzes verstoße. Die bayerische Landesregierung klagte sogar vor dem Bundesverfassungsgericht, das die Kritik zurückwies: Zwar müsse die Bundesregierung auf die deutsche Einheit hinwirken, aber die Wahl der politischen Mittel stehe ihr frei. So konnte die Bundesregierung davon ausgehen, dass die deutsche Nation weiter bestand, obwohl es zwei deutsche Staaten gab. Die Wiedervereinigung als politisches Ziel verlor zunehmend an Bedeutung. Auch die Bundesregierung unter Kohl, eine Koalition von CDU/CSU und FDP, setzte nach 1982 die Verständigungspolitik fort. 1987 empfing Helmut Kohl Honecker zu einem offiziellen Besuch in Bonn. Die deutsche Teilung war nun Gewohnheit.

2 Aus dem Gespräch in Erfurt 1970 zwischen Bundeskanzler Willy Brandt und dem Ministerratsvorsitzenden der DDR Willi Stoph:

Brandt: Dabei gehe ich aus von der fortdauernden und lebendigen Wirklichkeit einer deutschen Nation. (…) Die starken Bande der gemeinsam erlebten und gemeinsam zu verantwortenden Geschichte, der keiner entfliehen kann, die Bande der Geschichte, der Sprache, der Kultur und all jener Unwägbarkeiten, die uns Zusammengehörigkeit fühlen lassen, sind eine Realität.

Stoph: Wie die Geschichte zeigt, sind die eigensüchtigen Klasseninteressen der Großbourgeoisie stets als nationale Interessen ausgegeben worden. (…) Was der Großbourgeoisie von Nutzen war, erwies sich jedoch letztlich immer als schädlich und verhängnisvoll für das schaffende Volk. Die politischen und sozialen Interessen der Arbeiterklasse und des ganzen Volkes, die Interessen stehen über allen vermeintlichen nationalen Gemeinsamkeiten.

3 Zwei Staaten – ein Volk? Ein 19-jähriges Mädchen sagte 1988 in Dresden:

Die deutsche Einheit, darüber diskutieren die Jugendlichen hier kaum. Die Teilung wird als Tatsache hingenommen. Zu einem Gesprächsthema wird „Deutschland" erst, wenn man „Bundis" – so bezeichnen wir die Westdeutschen – trifft. Das geschieht vor allem im Ausland, wo wir hinkönnen. Also in Polen, Ungarn, in der Tschechoslowakei, in Rumänien oder in Bulgarien. Zuerst hatten wir dabei das Gefühl, dass es große Unterschiede gibt: Die „Bundis" treten oft viel freier und selbstbewusster, aber auch arroganter als wir „Zonis" auf. Bei näherem Kennenlernen entsteht dann doch ein Gefühl der Verbundenheit, wir entdecken viele Gemeinsamkeiten. Die gemeinsame Sprache spielt dabei eine große Rolle. Das ist fast eine Art Solidaritätsgefühl: Bei den Fußballspielen, beim Sport überhaupt, sind wir natürlich für „Deutschland" – wenn die DDR nicht beteiligt ist. Eine Art deutsches Nationalgefühl stellt sich auch bei Reisen in die ehemaligen deutschen Gebiete ein: Das war alles mal deutsch!

4 Menschliche Erleichterungen. – Was kritisiert die Karikatur von 1973 an der neuen Ostpolitik?

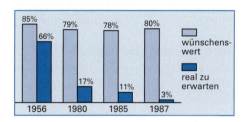

5 Umfragen in der BRD über die Wiedervereinigung.

6 „Deutsch-deutsches Klima" (Karikatur von 1984). In diesem Jahr war das Verhältnis zwischen den USA (rechts Präsident Reagan) und der UdSSR (links: Parteichef Breschnew) schlecht. – Was sagt die Karikatur über das Verhältnis der deutschen Staaten (im Vordergrund Kohl und Honecker)?

1 Zeige die Veränderungen in der DDR-Politik der Bundesrepublik nach dem Bau der Berliner Mauer auf und begründe sie (VT).
2 Vergleiche die Standpunkte von Brandt und Stoph zum Thema „nationale Gemeinsamkeit" (M2). Überlege, warum die DDR 1968 in ihrer Verfassung den Begriff „deutsche Nation" durch „sozialistische Nation" ersetzte.
3 Untersuche die Haltung der Jugendlichen gegen Ende der 1980er-Jahre. Befragt Eltern und Verwandte zum Thema „Leben in zwei deutschen Staaten", „Glauben und Hoffnung" auf Wiedervereinigung. Vergleicht mit der Statistik und den Aussagen der Jugendlichen (M3, M5).

Die Deutschen und ihr Staat

10 „Gastarbeiter", „Vertragsarbeiter", Aussiedler – Fremde in Deutschland?

1 *„Willkommen deutsche Aussiedler"* (Karikatur von Gerhard Mester). – Auf welche Hürden für Aussiedler aus Osteuropa und der ehemaligen Sowjetunion macht der Zeichner aufmerksam?

Aussiedler
Ab 1763 warb die russische Zarin Katharina II. Bauern und Handwerker aus Süddeutschland und Hessen an, die helfen sollten vor allem die Wolgaregion zu besiedeln und zu bebauen. Die Zarin versprach dafür Religions- und Steuerfreiheit sowie die Befreiung vom Militärdienst. Die deutschen Einwanderer und auch ihre Nachkommen behielten in Russland über zwei Jahrhunderte hinweg ihre deutsche Kultur bei: in der Sprache, der Kleidung und ihren Festen.

Von „Gästen", die blieben

Schon Mitte der 1950er-Jahre war die westdeutsche Wirtschaft so stark gewachsen, dass Arbeitskräfte fehlten. Deshalb wurden zusätzliche Arbeiter angeworben, erst aus Italien, später aus Spanien, Griechenland, dem ehemaligen Jugoslawien und vor allem der Türkei. In der Bundesrepublik sprach man von „Gastarbeitern" und dachte dabei vor allem an jüngere und unverheiratete Männer, die nach wenigen Jahren in ihre Heimatländer zurück gehen würden.

Auch die DDR warb so genannte „Vertragsarbeiter" aus sozialistischen Ländern wie Polen, Vietnam, Kuba, Chile oder Mosambik an. Im Gegensatz zur Bundesrepublik lebten diese Arbeiter abgeschottet von der übrigen Bevölkerung in eigenen Wohnheimen. Im täglichen Leben, beim Einkaufen oder in der Freizeit, kamen die DDR-Bürger kaum mit ihnen zusammen. Nach der Wende wurden viele ehemalige „Vertragsarbeiter" entlassen und häufig gegen ihren Willen in ihre Heimat zurück geschickt.

In der Bundesrepublik machten viele der ausländischen Arbeiter einen Neuanfang: Sie lernten die deutsche Sprache, arbeiteten sich in ihre Berufe ein, holten ihre Familien nach und sahen hier für sich und ihre Kinder bessere Lebens- und Zukunftschancen als in ihren Herkunftsländern. So haben beispielsweise viele italienische und türkische Familien eigene Restaurants, Geschäfte und Unternehmen gegründet und damit Arbeits- und Ausbildungsplätze geschaffen. Die ersten „Gastarbeiter" sind heute bereits im Rentenalter und ihre in Deutschland geborenen Kinder und Enkel kennen das Herkunftsland ihrer Großeltern häufig nur aus den Ferien.

Rückkehr in eine fremde Heimat

Von 1950 bis 1998 kamen etwa 3,9 Millionen *Aussiedler* in die Bundesrepublik. Die meisten von ihnen waren Russlanddeutsche – Deutschstämmige, deren Familien seit dem 18. Jahrhundert in Russland gelebt hatten. Während des Zweiten Weltkriegs wurden sie jedoch von Stalin als Spione verdächtigt und nach Sibirien und Zentralasien, vor allem Kasachstan, verschleppt. Dort mussten sie sich unter harten Bedingungen eine neue Existenz aufbauen. Doch das Leben blieb auch in den folgenden Jahrzehnten schwierig: Zum einen war die allgemeine wirtschaftliche Lage in der Region unsicher und zum anderen wurde die deutsche Minderheit benachteiligt und unterdrückt.

Durch die politischen Veränderungen in Osteuropa seit 1988 wurde es zunehmend einfacher in die Bundesrepublik auszureisen und die Zahl der Aussiedler stieg. Für sie war Deutschland die Heimat ihrer Vorfahren und das Land, wo sie sich eine bessere Zukunft erhofften. Anders als andere Einwanderer gelten Aussiedler aus Osteuropa und der ehemaligen Sowjetunion als deutsche Staatsbürger und können sofort nach ihrer Ankunft die deutsche Staatsbürgerschaft beantragen. Voraussetzung für die Aufnahme in Deutschland ist die Abstammung von Deutschen und die Beherrschung der deutschen Sprache. Gerade in Kasachstan ist Deutsch aber nur noch wenig verbreitet, weil in den Schulen russisch oder kasachisch gesprochen wird. So werden Aussiedlungsanträge nicht selten abgelehnt.

Deutschland und Europa – Entwicklungen seit 1945

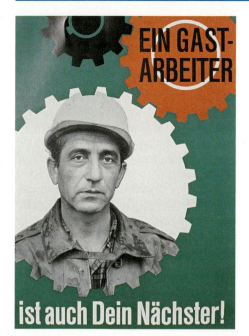

2 *Dieses Plakat wurde Ende der 1960er-Jahre* in der Bundesrepublik verbreitet. In ihrer Nachbarschaft und in den Betrieben stießen die „Gastarbeiter" und ihre Kinder oft auf Ablehnung und Vorurteile, besonders als die Zeit des „Wirtschaftswunders" vorbei war. – Was sollte dieses Plakat bewirken?

3 *Nach erneuten ausländerfeindlichen Anschlägen* beschloss die Bundesregierung im November 2000 ein Verbot der rechts gerichteten NPD beim Bundesverfassungsgericht zu beantragen.

4 *Als 1991 die Gewalttaten gegen ausländische Personen und Familien zunahmen,* bezog auch der Deutsche Industrie- und Handelstag Stellung dazu:

Seit vielen Jahrzehnten wohnen Millionen von Menschen aus vielen Ländern in Deutschland und tragen mit ihrer Arbeitskraft erheblich zum Wohlstand und
5 zur hohen internationalen Wettbewerbsfähigkeit der deutschen Wirtschaft bei. Über 90 000 ausländische Jugendliche absolvieren derzeit eine betriebliche Berufsausbildung. Ohne sie wäre die
10 Knappheit an qualifizierten Arbeitnehmern unerträglich hoch. Wir brauchen die ausländischen Mitbürger.

5 *„Typisch Deutsch. Vorfahren aus Warschau, Brazzavile und Istanbul"* (Plakat der Bundesbeauftragten für Ausländerfragen, 2000). Dieses Plakat wirbt für das neue Staatsbürgerrecht, nach dem seit dem 1. Januar 2000 alle in Deutschland geborenen Kinder ausländischer Eltern die deutsche Staatsbürgerschaft erhalten können.

6 *Am Denkmal für Alberto Adriano* in Dessau legt Bundeskanzler Schröder einen Kranz nieder (Foto, 2000). Der Mosambikaner war von rechtsextremen Gewalttätern ermordet worden. – Was wollte der Kanzler mit dieser Geste ausdrücken? Beziehe auch M 3 in deine Antwort ein.

1 Erkläre die Bedeutung, die ausländische Arbeitskräfte für die Bundesrepublik und die DDR hatten (VT, M 2, M 4).
2 Verfolge in den Nachrichten die Debatte über die Zuwanderung von ausländischen Arbeitnehmern und Familien. Welche Argumente werden für eine Zuwanderung angeführt?
3 Diskutiert das Plakat M 5. Worauf bezieht sich die Überschrift? Wer sind nach dem Plakat und dem Lexikon-Text „Deutsche"?

Die Deutschen und ihr Staat

11 Frauen in Ost und West

1 *Plakat von 1946. – Wie versucht die Partei hier gerade die Frauen anzusprechen?*

Staatlich verordnete Emanzipation

Die Verfassung der DDR schrieb im Artikel 20 die Förderung der Frauen als „gesellschaftliche und staatliche Aufgabe" fest. Die Frauen sollten gleichgestellt sein und ihre Kraft für das große Ganze, den sozialistischen Staat, einbringen. Sie hatten in Schule, Hochschule und Berufsausbildung die gleichen Chancen wie Männer.

Dass Frauen berufstätig waren, hatte aber nicht nur ideologische Gründe. Die DDR-Wirtschaft brauchte jede Kraft um in Schwung zu kommen. Die Löhne waren oft so niedrig, dass viele Familien ein Zusatzeinkommen benötigten. In Ehe und Familie galt allerdings die übliche Rollenverteilung – die Frau kümmerte sich um den Haushalt. Es entstand das Leitbild der „berufstätigen Mutti". Die Regierung ergriff Maßnahmen um die Mütter zu entlasten. Kinderkrippen, Betriebskindergärten und Schulhorte wurden eingerichtet und langer bezahlter Mutterschaftsurlaub gewährt. War ein Kind krank, konnte die Frau ohne Lohnverlust zu Hause bleiben.

Das Familiengesetzbuch bezog auch den Mann ein und legte fest die Ehe so zu führen, dass „die Frau ihre berufliche und gesellschaftliche Tätigkeit mit der Mutterschaft vereinbaren" konnte. Doch es gab auch viele Scheidungen und außereheliche Kinder. Viele Mütter waren allein erziehend.

Seit Ende der 1960er-Jahre war allen Frauen die Anti-Baby-Pille, in der DDR „Wunschkindpille" genannt, zugänglich. Seit 1972 waren Schwangerschaftsabbrüche gesetzlich erlaubt.

Frauenbewegung?

Frauen schlossen sich in der DDR nur selten zusammen um über ihre gesellschaftliche Rolle nachzudenken und mögliche Veränderungen durchzusetzen. Zwar richtete der 1947 gegründete „Demokratische Frauenbund Deutschlands" Beratungszentren „für Haushalt und Familie" ein. Doch letztlich sollte er vor allem die SED-Politik bei den Frauen und in den Familien verankern.

Die Menschen in der DDR antworteten auf die ständige Bevormundung durch die Regierung mit einem Rückzug ins Private. Diese „Nischengesellschaft" spiegelte sich auch bei den Frauen wider: Ende der 1970er-Jahre fanden sich abseits der offiziellen Parteilinie kleine Gruppen um über Friedenssicherung und Umweltschutz, über Geschlechterrollen und Gewalt gegen Frauen zu sprechen. Sie hatten auch Kontakte zu Gleichgesinnten außerhalb der DDR. Innerhalb des SED-Staates konnten sie nicht öffentlich tätig werden – dies gelang erst mit der Wende.

Die Probleme der Existenzsicherung und der Alltagsbewältigung verhinderten, dass die Frage der Gleichberechtigung eine ähnlich starke Kraft hervorgerufen hätte wie die feministische Bewegung in der Bundesrepublik.

3 *Das Plakat (Ost) aus den 1950er-Jahren wirbt für Produkte, indem es auf die Situation vieler Frauen in der DDR eingeht. – Erläutert dies.*

2 *Gleichstellung der Frauen? – Was kritisiert der Zeichner dieser Karikatur von 1996 rückblickend an der DDR?*

Das westliche Frauenbild

Auf dem westdeutschen Arbeitsmarkt drängten Kriegsheimkehrer die Frauen in schlechter qualifizierte und bezahlte Berufe ab. Zugleich kam ein traditionelles Frauenbild neu auf: Die Frau sollte sich Haushalt und Familie widmen. Berufstätigkeit von Ehefrauen prangerte man als „Doppelverdienertum" an und hob ihre Rolle als Mutter hervor. „Eine Mutter daheim ersetzt vielfach Autos, Musiktruhen und Auslandsreisen", sagte Franz-Josef Wuermeling, erster Familienminister der Bundesrepublik. Er malte Schreckensbilder, wie Frauenarbeit den Kommunismus heraufbeschwöre. Ende der 1960er-Jahre setzte eine von Jugendlichen und Studenten getragene Bewegung ein, die auch die Rolle der Frau neu bestimmte. Wirtschaftsaufschwung und der amerikanisch-westliche Einfluss hatten Mode- und Konsumverhalten verändert. Der Wunsch nach mehr Freiheit und Selbstverwirklichung wurde zu einer Protestwelle gegen die bürgerlichen, „spießigen" Verhältnisse. Man verurteilte die übliche Rollenverteilung und die idealisierten Werte Ehe und lebenslange Treue. Neue Lebensformen in Wohngemeinschaften und *Kommunen* kamen auf, die Anti-Baby-Pille erlaubte ein freieres Sexualleben. Dies hatte auch politische Folgen: 1969 wurde die rechtliche Gleichstellung ehelicher und unehelicher Kinder durchgesetzt, 1977 die so genannte „Hausfrauenehe" als gesetzliche Norm abgeschafft.

Frauenbewegung

Alte Rollenmuster aufbrechen und aktiv für gleiche Rechte in Gesellschaft, Beruf und Familie kämpfen – das wollten in den 1970er-Jahren viele Frauen in der Bundesrepublik. Die neue feministische Bewegung wollte sich in allen Bereichen gegen Unterdrückung durch Männer wehren. Dies bewirkte unter anderem, dass heute körperlich und seelisch misshandelte Frauen und Mädchen in hunderten von Frauenhäusern und Selbsthilfegruppen Hilfe finden können. Die „Vergewaltigung in der Ehe", vor nicht allzu langer Zeit noch ein Tabu-Thema, wurde zum Straftatbestand erhoben. Über die Abtreibungs-Frage stritt man heftig. Trotz einiger Lösungsansätze konnte die Frauenbewegung ihre Ziele hier bisher nicht durchsetzen. Aber dadurch, dass Frauen deutlich und öffentlich auf ihre Situation aufmerksam machten, stieg ihr Selbstbewusstsein.

Auch im Berufsleben änderte sich etwas: Dass eine Frau eine qualifizierte Berufsausbildung und „Karriere" anstrebt, ist nicht mehr verpönt; ebenso wenig die Vorstellung, dass der Mann Haushalt und Kindererziehung übernimmt und die Frau für den Unterhalt sorgt. Das geschieht jedoch eher selten. Frauen fassen im Berufsleben immer mehr Fuß, auch in leitenden Positionen, aber es ist weitgehend immer noch eine „Männerwelt". Frauen können Karriere und Familie nur schwer kombinieren. Zwar wird um die Einrichtung von weiteren Kindergärten gestritten, zwar ermöglichen manche Betriebe ihren Mitarbeiterinnen Teilzeit- oder Heimarbeit, zwar gibt es den Mutterschaftsurlaub, den sich die Eltern aufteilen können – aber insgesamt ist die Situation für berufstätige Mütter schwierig.

4 *Auch das Plakat (West), 1950er-Jahre,* thematisiert die Rolle der Frau. – Erklärt dies anhand der Details und des Textes und vergleicht mit dem DDR-Plakat.

5 *Wahlplakat von 1946.* – Vergleicht das Wahlplakat mit dem der SED.

Kommune
von lat. communis = gemeinsam, allgemein. Schüler und Studenten bildeten seit den späten 1960er-Jahren in Kommunen Wohn- und Lebensgemeinschaften. Sie wollten ein freieres, selbst bestimmtes Leben führen und nicht in der Familie isoliert sein. Besonderen Wert legten sie auf gemeinsames Eigentum und eine antiautoritäre Kindererziehung.

6 *Der Alltag von Männern und Frauen* – sieht er so aus? (Karikatur aus dem „Vorwärts", 1979).

Frauen in Ost und West

7 Leipziger Innenstadt zur Messezeit.

8 rechts: **Frauen in der DDR** in Spitzenpositionen in den 1980er-Jahren.

9 unten: **Beschäftigungsgrad** der Frauen und Männer in Ost und West in %.

	Frauen	Männer
Minister	1	44
Bezirksrats-Vorsitzende	1	14
Oberbürgermeister der Großstädte	3	25
Mitglieder der Akademie der Wissenschaften	6	ca. 200
Funktionäre in der SED		
Vollmitglieder/Politbüro	0	22
Kandidaten/Politbüro	2	3
Abteilungsleiter im ZK	2	26

Jahr	1950	1980	1989	1990	1991	1993	1994
Frauen Ost	44,0	78,0	80,7	78,0	77,2	73,3	73,7
Männer Ost	–	–	89,9	86,0	86,0	78,6	79,2
Frauen West	44,0	52,9	55,5	58,5	58,4	59,6	60,0
Männer West	93,5	86,4	82,9	82,7	82,2	81,9	81,8

10 Karikaturen von H.-J. Starke in „Für Dich" (Illustrierte Zeitschrift für die Frau, DDR, Heft 12/1974). – Welche Meinung hat der Zeichner über Anspruch und Wirklichkeit der gesellschaftlichen Rolle der Frau?

11 Politische Grundsätze
a) Grundsätze und Ziele der SED, 1946:
1. Gegenwartsforderungen: (…) Gleichheit aller Bürger vor dem Gesetz ohne Unterschied von Rasse und Geschlecht. Gleichberechtigung der Frau im öffentlichen Leben und im Beruf. (…)
10. (…) Ausbau des gesetzlichen Arbeitsschutzes, besonders für Frauen und Jugendliche. Ausbau einer einheitlichen Sozialversicherung unter Einbeziehung aller Werktätigen. Neuordnung der Sozialfürsorge, des Mutter-, Kinder- und Jugendschutzes.

b) Aus der Entschließung zur politischen Lage, 2. Parteitag der SED (20.–24. 9.1947):
Zur Sicherung der Demokratie ist die aktive Mitarbeit der Frauen von entscheidender Bedeutung. Darum ist es eine vordringliche Aufgabe der Partei, in wachsendem Maße Frauen mit politischen Funktionen zu betrauen und dafür einzutreten, dass die Frauen im gesamten öffentlichen Leben zu verantwortlicher Arbeit herangezogen werden. Die SED wird alles tun um diese Entwicklung zu fördern und die Frauen für ihre Aufgaben zu schulen.

c) Aus den Grundrechten der DDR:
Artikel 7: Mann und Frau sind gleichberechtigt. Alle Gesetze und Bestimmungen, die der Gleichberechtigung der Frau entgegenstehen, sind aufgehoben.

12 Ute G. (24), Facharbeiterin, ledig:
Dann hab ick angefangen im Betrieb. In zwee Betrieben bin ick nich anjekommen: Schwangere können nicht Schicht arbeiten, demzufolge tuts uns Leid. Det hat mich mächtig geschockt, det manche Betriebe es sich so leicht machen. Als ledige Mutter ist man ganz schön benachteiligt. Vor vier Jahren hab ick mich für eine Wohnung angemeldet, weil es steht im Gesetzbuch, det ledige Mütter mit Kind als Familie gelten und eine angemessene Wohnung beanspruchen können. Obwohl sich viele Ehepaare später beworben haben als ick, haben die schon eine Wohnung, ick nich. Ick hab also Jens uff die Welt gebracht, und nach zwee Monaten hab ick ihn in die Wochenkrippe gebracht und bin Schicht gefahren.

13 Franz-Josef Wuermeling äußerte sich 1959 über den „Beruf" der Frau:
Endlich ist es mit in die Verantwortung der Mutter gelegt, dem vielfältig an sie herangetragenen Angebot zu außerhäuslicher Erwerbsarbeit mit dem rechten inneren und äußeren Maß zu begegnen. Gesellschaft und Staat sind nicht befugt die persönliche Entscheidung einer Frau, ob sie erwerbstätig sein will oder nicht, zu bestimmen oder gar Urteile über einen solchen Entschluss zu fällen, der ihr ja oft sehr schwer fällt. Staat und Gesellschaft haben aber die Pflicht der Frau und Mutter den Verzicht auf familienfremde Tätigkeit so weit wie möglich zu erleichtern. (...) Da wird heute so viel von der Gleichberechtigung der Frau geredet, aber so wenig von dem höchsten und schönsten Beruf der Frau und Mutter in der Familie. Dazu müssen wir klar und weithin hörbar aussprechen: Mutterberuf ist Hauptberuf wie jeder andere Beruf und hat höheren Wert als jeder Erwerbsberuf. Und niemand kann zwei Hauptberufe gleichzeitig voll ausfüllen.

14 Frauen unter sich? (Karikatur von Freimut Wössner, 1991). Die feministische Bewegung in der Bundesrepublik kritisiert oft die männlich orientierte Sprache. – Diskutiert, weshalb zwischen Frauen in West und Ost Probleme auftreten können. Können sie sich auch ergänzen?

15 WGs und Kommunen:
Wir zahlten alles Geld, das wir vorwiegend aus Stipendien oder aus dem Nachdruck vergriffener Bücher bezogen, in eine gemeinsame Kasse. Alle Ausgaben wurden aus dieser Kasse bestritten. Reihum waren jeweils für einen Tag zwei Kommunarden verpflichtet einzukaufen, Essen zu kochen und abzuwaschen. Wir hatten außerdem die Vorstellung die Kinder gemeinsam zu erziehen und an politischen Projekten zu arbeiten. (...) Da Männer und Frauen im Haushalt und in der Kindererziehung die gleichen Betätigungen hatten, konnte in der Kommune ein Teil der gesellschaftlich bedingten Arbeitsteilung zwischen Mann und Frau aufgehoben werden.

16 Erinnerungen an die Studienzeit:
All die neu erkämpften Rechte und Freiheiten an den Universitäten, die Vielfalt der politischen Aktionen und vor allem auch die viel gepriesene sexuelle Freiheit bürdeten uns nur neue Lasten auf: Die Männer hatten noch weniger Zeit und Lust zu Hause zu bleiben, Kinder und Haushalt zu teilen. Wir tippten ihre Reden, versuchten auf den Versammlungen ihnen zu folgen, machten uns nach wie vor schön für sie, stopften täglich die Pille in uns rein oder ertrugen die Abtreibung. Unsere Ausbeutung im Haus, unser Problem mit ihrer ausgelebten Sexualität sollte unser Privatproblem sein. Wir sollten uns von unseren veralteten Verhaltensweisen lösen. Sie machten indessen die große Politik, bemitleideten und verhöhnten uns, da wir „noch nicht so weit wären". Inzwischen wollen wir nicht mehr „so weit kommen wie sie". Wir wollen ihnen nicht mehr nacheifern, wir haben andere Ziele.

17 Ratschläge zur richtigen Lebensführung sollten auch Bücher den Frauen geben. – Wie spiegelt sich hier die Entwicklung der Frauenbewegung? (oberer Titel von 1956, unterer von 1975)

1 Erarbeitet aus den Materialien und dem VT, möglicherweise in zwei Gruppen für Ost und West, die Stellung der Frau unter folgenden Gesichtspunkten:
 a) geschichtliche Entwicklung seit der Nachkriegszeit,
 b) Widersprüche bei Zielen und ihrer Umsetzung.
2 Was wollten Frauen in der Bundesrepublik ab den späten 1960er-Jahren verändern? Vergleicht M 13 und M 15 und nehmt den VT zuhilfe. Hatten sie Erfolg (M 16)?
3 Untersuche, ob die Gleichstellung der Frau in der DDR besser gelungen war als in der Bundesrepublik (M 8, M 10–M 12).

Rock in Ost und West – wie Rockmusik die Zeiten spiegelt

> „Mit Musik kann man alle Lebensgefühle ausdrücken, das finde ich schön." (Monika, 15)

> „Mit Musik kann ich Dinge sagen, für die mir die Worte fehlen." (Tanja, 16)

> „Außerdem behindern lange Haare den Blick dafür, wie sich die Welt entwickelt." (Erich Honecker)

Was in den USA in den 1950er-Jahren als eine Verbindung von Blues, Rhythm & Blues und der Country & Western-Musik begann, bestimmte das Lebensgefühl ganzer Generationen. Rockmusik spiegelte daher immer auch wider, welche Themen oder auch Konflikte die meist jungen Menschen bewegten, welche Träume oder Utopien „in der Luft lagen". Rock war immer mehr als Musik: Die Geschichte des Rock ist auch eine Geschichte des Aufbegehrens, der Provokation oder Verweigerung – eine Geschichte der Jugendkultur.

Und darum kann auch die Rockmusik als eine geschichtliche Quelle eine ganze Menge erzählen: über das Leben in der Bundesrepublik und der DDR, über die Denkweisen und Ausdrucksformen der Jugendlichen, aber auch über die Erwachsenen: Wie stand die ältere Generation zur Musik der Heranwachsenden?

Für ein Projekt über Rockmusik in Ost- und Westdeutschland empfiehlt sich eine Aufteilung in mindestens zwei Gruppen. Nach Bedarf könnt ihr die Gruppen auch noch einmal unterteilen.

Je nachdem, wie viele Spezialistinnen und Spezialisten sich in eurer Klasse befinden, könnt ihr das Projekt auch aktualisieren (Punk …, Rap …).

Gruppe 1: Rock im Westen
In der alten Bundesrepublik war Rockmusik mit deutschen Texten lange „out". Man orientierte sich an den Vorbildern in den USA oder in England, wo die Rolling Stones oder die Beatles den Ton angaben. Dies änderte sich erst mit dem Erfolg von Udo Lindenberg, der seit den 1970er-Jahren mit Stücken in deutscher Sprache großen Erfolg hatte und damit den Weg für viele andere freimachte.

Gruppe 2: Rockmusik im Osten
Im Osten Deutschlands entwickelte sich schon früh eine deutschsprachige Rockszene, oft unter dem Deckmantel von „Tanzmusikfesten". Eine Vorstellung von der Wirkung dieser Musik vermittelt euch der Roman von Dieter Eue, „Ketzers Jugend". Es gab einige Rockmusiker aus dem Westen, die in der DDR auftreten durften, und einige DDR-Gruppen, die auch im Westen Konzerte geben konnten. Es ist interessant zu erforschen, wer dieses Privileg erhielt und wer nicht.

Eine Reihe von Samplern mit dem Titel: „Die DT 64 Story" ist auf CD bei Amiga erschienen.

(Erste Informationen zum West-Rock findet ihr zum Beispiel bei Michael Rauhut, Schalmei und Lederjacke, Schwarzkopf und Schwarzkopf 1996; zum Ost-Rock bei Christoph Dieckmann, My Generation. Cocker, Dylan, Lindenberg und die verlorene Zeit, Berlin: Chr. Links Verlag, 1991.

Das Buch „Rockmusik und Politik", hg. v. Peter Wicke, Berlin: Chr. Links Verlag 1996, informiert euch über das Verhältnis von Staat und Musik in der DDR).

Nina Hagen, geb. 1955, verbrachte ihre Jugend in Ost-Berlin. Nach der Ausbürgerung des Liedermachers und DDR-Kritikers Wolf Biermann ging die ausgebildete Opernsängerin in den Westen, wo sie mit Punkrock, auffälligem Outfit und frechen, kritischen Texten schnell Erfolg hatte.

Deutschland und Europa – Entwicklungen seit 1945

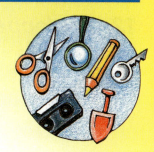

Aus dem Brief Udo Lindenbergs an Erich Honecker, 11. Juni 1987:
Hallöchen, Honey!
Sag mal Honey, von Rock-Freak zu Rock-Freak: Hörst du deine Dröhnung eigentlich noch immer heimlich auf dem Klo? Geh´ doch endlich raus auf die Straße, zieh dir die Lederjacke an und treff die bunten Kiddys und skandier´ mit ihnen „Urbi et Gorbi".

Antwort Erich Honeckers, 19. Juni 1987:
Lieber Udo Lindenberg!
Wenn ich es recht verstehe, ist [die Lederjacke] ein Symbol rockiger Musik für ein sinnvolles Leben der Jugend ohne Krieg und Kriegsgefahr, ohne Ausbildungsmisere und Antikommunismus, Neofaschismus und Ausländerfeindlichkeit. (...) Dieser Auffassung sind wir auch. (...) Sie wissen ja aus eigenem Erleben, dass die DDR ein sehr jugend- und deshalb auch sehr rockfreudiges Land ist. (...) Wie sollte man angesichts dieser Tatsachen nicht unumwunden sagen: Ja, die Jacke passt.

„Abendzeitung", München, 11. Juni 1987.

Eine Rock-Zeit-Reise ...

... kann eine spannende Sache sein. Einige Anregungen dazu:
1. Plant für die Rockmusik in Ost und West je eine Stelltafel/Ausstellungswand ein. Für den Kopf jeder Tafel gestaltet ihr zur zeitlichen Orientierung einen Zeitstrahl, der oben links mit dem Jahr 1950 beginnt und sich dann nach rechts in Zehnjahresschritten bis in unsere Gegenwart fortsetzt.
2. Darunter reserviert ihr zunächst einmal Platz für die Ereignisse, Themen oder Personen der Geschichte, die ihr für besonders wichtig haltet. An die zeitlich passenden Stellen klebt, pinnt oder zeichnet ihr z. B. Bilder von Politikern oder auch zeittypische, gerade moderne Möbel oder Kleidungsstücke, Automodelle oder Ähnliches. Es kann sehr interessant sein darüber zu diskutieren, was und warum etwas besonders wichtig war.
3. Den größten Raum auf der Stelltafel reserviert ihr für die Geschichte der Rockmusik. Fundstücke dazu bieten sich in Hülle und Fülle. Erste Infos findet ihr in Lexika oder Rockgeschichten. Schreibt die wichtigsten Gruppen heraus, die populärsten Lieder, sucht Bilder, Plattencover und ordnet alles auf eurer Zeitleiste an.
4. Geht noch einen Schritt weiter: Fragt eure Eltern oder andere Zeitzeugen aus der älteren Generation nach ihren Erinnerungen: ihren Lieblingsgruppen, danach, was und warum sie etwas besonders toll fanden, welche Konzerterlebnisse ihnen unvergesslich geblieben sind, wie ihre Eltern auf ihre Musik reagiert haben ... Ihr könnt besonders interessante Zitate in Sprechblasen stellen und ganz unten auf der Stellwand befestigen ...
5. Versucht auch herauszufinden, ob es zu den verschiedenen Zeiten besonders beliebte Themen in den Rocksongs gab (z. B. Frieden, Liebe ...). Vielleicht zeichnet ihr Bilder zu einzelnen Themen.
6. Die „Krönung" eurer Rockgeschichte ist es, wenn ihr nun noch aus vorliegenden Plattenaufnahmen Lieder in zeitlicher Reihenfolge zu einer klingenden Rockgeschichte zusammenstellt. Eine Idee für eine Schulfete ... ?

Beim Pfingsttreffen der FDJ 1964 in Berlin wurde eine Sendestation für englischsprachige Unterhaltungsmusik eingerichtet. Aus dem Provisorium wurde eine feste Einrichtung: Ohne Radio „DT 64" (DT = Deutschland-Treffen) war Rockmusik in der DDR nicht vorstellbar. Die nach der Wiedervereinigung geplante Auflösung des Senders konnte durch massive Proteste von Jugendlichen und Rockmusikern verhindert werden (zu empfangen über TV-Sat2 und Kopernikus).

Die Deutschen und ihr Staat

12 Die doppelten Deutschen – Ost gegen West im Sport

1 *Einmarsch der Nationen im Münchner Olympiastadion 1972. In den westdeutschen Medien hatte zuvor eine regelrechte Kampagne gegen die „Spalterflagge" stattgefunden. – Was war damit gemeint?*

David siegt über Goliath

Fußballweltmeisterschaft 1974. Die hoch favorisierte westdeutsche Elf mit Kapitän Franz Beckenbauer spielt im Hamburger Volksparkstadion gegen den „Fußballzwerg" DDR. Am Ende ist die Sensation perfekt: Durch ein Tor von Jürgen Sparwasser siegt die Mannschaft der DDR im „Bruderkampf" mit 1:0. Während sie in der nächsten Runde aber scheitert, wird die Bundesrepublik nach 1954 zum zweiten Mal Weltmeister.

„Die bauen die Stadien, …

1974 waren Wettkämpfe zwischen zwei deutschen Mannschaften schon fast normal. Anders noch in den 1960erahren: Bis 1964 durften auf Drängen Westdeutschlands nur gesamtdeutsche Mannschaften an Olympischen Spielen teilnehmen – mit schwarz-rot-goldener Fahne. Die DDR wollte aber über den Sport internationale Anerkennung und Prestige gewinnen. In Mexiko 1968 gab es erstmals getrennte Mannschaften – aber noch ohne eigene nationale Symbole. Die Ausrichtung der Spiele von 1972 in München wollte die DDR verhindern. Erfolglos prophezeiten ihre Diplomaten und Sportfunktionäre eine Wiederholung der nationalsozialistischen Spiele von Berlin 1936.

… wir holen die Medaillen"

Nachdem das Internationale Olympische Komitee eigene nationale Symbole für die DDR anerkannt hatte, ergaben sich neue Ziele: „Die sportfeindlichen Kräfte in der Bundesrepublik (…) sind es, die erstmals bei Olympischen Sommerspielen die Flagge der DDR hissen, unsere Hymne einstudieren und spielen müssen." Intern galt die Devise: „Die bauen die Stadien, wir holen die Medaillen." Die DDR war in den 1970er- und 1980er-Jahren eine sportliche Großmacht. Ihre Erfolge erzielte sie, indem man Talente frühzeitig entdeckte und gezielt förderte, Trainingspläne nach wissenschaftlichen Erkenntnissen aufbaute und die Athleten intensiv medizinisch betreute. Dazu gehörte auch ausgeklügeltes Doping, das die Funktionäre massiv zur Leistungssteigerung einsetzten. Doping im Westen war eine private Entscheidung ohne staatliche Förderung.

Medaillenspiegel gibt die Rangfolge der teilnehmenden Länder nach Gold-, Silber- und Bronzemedaillen an.

2 *4 x 100 m-Staffel der Frauen bei der Olympiade 1972 in München: Die Bundesrepublik mit Heide Rosendahl als Schlussläuferin gewann knapp vor der DDR mit Renate Stecher. Im Medaillenspiegel belegte die DDR aber am Ende mit 20 Goldmedaillen klar den dritten Rang vor der Bundesrepublik Deutschland (13 Goldmedaillen).*

Deutschland und Europa – Entwicklungen seit 1945

3 *Interview mit Roland Matthes, 1996:*
Matthes war u. a. 1972 Doppel-Olympiasieger im Rückenschwimmen für die DDR.
Frage: Verordnet war Abgrenzung …
Matthes: … in der Öffentlichkeit. Unter der Dusche gabs die nicht. Da kam kein Funktionär hin. Da wurde auch mit den bundesdeutschen Athleten gesprochen, sehr viel über Privates, da wurden Einladungen ausgesprochen, Geschenke ausgetauscht. Jeder wusste, dass es in der Öffentlichkeit andere Regeln gab. Allerdings muss ich auch dazu sagen: Es hat sich niemand Gedanken gemacht, warum das so ist. Keiner hat nachgefragt, warum darf es draußen nur ein kurzes „Hallo" geben.
Frage: Hat Sie das, was dann daraus gemacht wurde – der klassenbewusste Athlet, der seine Siege für den Sozialismus erringt – gestört?
Matthes: Wir wussten, wo wir lebten. Dieses Tamtam gehörte zur Daseinsberechtigung des Apparates. In Erfurt kam beispielsweise der Parteisekretär in die Schwimmhalle und sagte: „Denkt daran, was wir hier betreiben, ist Klassenkampf!" (…) Was natürlich absurd war. Ich hab im Wasser meine Leistung für mich und dann für meinen Trainer und dann für meinen Verein gebracht. (…)
Frage: (…) Sie sagten, es störe Sie, dass man den DDR-Leistungssport über das Thema Doping abhandele (…)?
Matthes: (…) Ich habe auch nicht glauben wollen, wie massiv mit diesen so genannten unterstützenden Mitteln gearbeitet worden ist. (…) Ich denke, oft lief es im kleinen Kämmerlein in den einzelnen Klubs zwischen dem verantwortlichen Mediziner und dem Trainer unter der Hand. Das Ausmaß hat mich schon erschüttert. (…) Es ist aber Schwarzweiß-Malerei, wenn nun gleich jeder DDR-Leistungssportler für eine wandelnde Apotheke gehalten wird. (…) Dass Doping nun eine DDR-Erfindung gewesen sein soll – da lachen die Amerikaner sich krank. (…) [Meine Trainerin] hat gesagt, unterstützende Mittel braucht er nicht. Das Einzige, was er braucht, ist mal 'ne Banane oder ein Stück Fleisch und viel Kuchen, eine warme Dusche. Es war mein Glück, dass sie mich mit ihrem breiten Rücken [vor Doping] bewahrt hat.

4 *Über einen Dopingprozess* gegen DDR-Trainer und -Sportärzte berichtete „Der Spiegel" 1997:
Gerade bei diesen Mädchendopern sieht Staatsanwalt Hillebrand „keine Schwierigkeiten" den Nachweis der Körperverletzung zu führen. So berichten einige Schwimmer, dass Kolleginnen in kurzer Zeit zu „Mannweibern" geworden seien. Andere Opfer erzählten den Beamten, dass sie eine „tiefe, rauchige Stimme" bekommen hätten; einige klagten über extreme Körperbehaarung, die sich nicht oder nur teilweise nach Karriereende zurückgebildet hätte. Erschwerend wird den Beschuldigten angelastet, dass sie Substanzen an Kinder und Jugendliche meist ohne deren Wissen verabreichten und die Eltern belogen („Das sind Vitaminpräparate").

5 *Die sowjetische Parteizeitung „Prawda"* am 17. September 1972:
Die großartigen Siege der Sowjetunion und ihrer Bruderländer sind ein klarer Beweis dafür, dass der Sozialismus das zur körperlichen und geistigen Vollendung bestgeeignete System darstellt.

6 *Die Olympiasiegerin* im Eiskunstlauf 1980 bei den Winterspielen in Lake Placid (USA): Anett Pötzsch (Foto). Im Medaillenspiegel landete die DDR 1980 auf Platz 1. – Warum waren sportliche Erfolge gerade für die DDR so wichtig? Was erhoffte sich die Parteispitze von solchen (Fernseh-)Bildern: nach innen, nach außen?

7 *DDR-Superstar* Kornelia Ender (Foto) erschwamm 1976 in Montreal 6 Goldmedaillen. Die Schwimmerinnen der DDR gewannen 11 von 13 olympischen Wettbewerben.
Der Medaillenspiegel:

1. UdSSR: 49 41 35
2. DDR: 40 25 25
3. USA: 34 35 25
4. BRD: 10 12 17

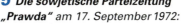

1 Vergleiche die Aussagen zum Doping-Missbrauch (M 3, M 4).
2 Beschreibe anhand des VT und M 1–M 7 die Ziele und die Erfolge des Sports im Sozialismus.
3 In den 1960er-Jahren wurden in Ost- („Kinder- und Jugendspartakiade") und Westdeutschland („Jugend trainiert für Olympia") Wettbewerbe geschaffen. Überlegt mögliche Zielrichtungen.
4 Diskutiert: Förderung des Breitensports oder des Spitzensports?

Die Deutschen und ihr Staat

13 Herausforderung der Systeme – Opposition in Ost und West

1 Gegen den Vietnamkrieg protestierten diese Studenten 1968 in West-Berlin. Auf den Transparenten sieht man (von links nach rechts) die Porträts von Ho Chi Minh, Rosa Luxemburg (halb verdeckt) und Karl Liebknecht. – Informiert euch (Lexikon und Register dieses Buches) über diese drei Personen. An welche politischen Traditionen knüpfen die Demonstranten an?

Opposition
Die parlamentarische Opposition besteht aus den Abgeordneten, deren Parteien nicht die Regierung bilden. Sie haben die Aufgabe die Arbeit der Regierung zu kontrollieren und Gegenvorschläge zu machen.

autoritär
unbedingten Gehorsam fordernd.

Beide deutsche Staaten verstanden sich als Demokratien: die Bundesrepublik als parlamentarische Demokratie, die DDR als sozialistische „Volksdemokratie". Hatten sie aber auch die Zustimmung des Volkes? Wie gingen sie mit Kritik und Opposition um?

Bundesrepublik – Maßnahmen zur Sicherung der Demokratie

Zahlreiche Maßnahmen des Grundgesetzes sollen dem Schutz der Demokratie dienen. So kann das Bundesverfassungsgericht Parteien verbieten, denen es verfassungsfeindliche Ziele nachgewiesen hat. 1952 wurde die rechtsextremistische Sozialistische Reichspartei verboten, 1956 die KPD. Die Mehrheit der Bürgerinnen und Bürger hat der demokratischen Regierungsform immer zugestimmt.

Von der APO zu Bürgerinitiativen

In den 1960er-Jahren bildeten sich überwiegend studentische Gruppen, die sich als „außerparlamentarische *Opposition*" (APO) verstanden. Der APO ging die bisherige Demokratisierung der Gesellschaft nicht weit genug. Sie sahen in den politischen Verhältnissen einengende *autoritäre* Strukturen und wollten ein Wirtschaftssystem abschaffen, das auf Konkurrenz und Leistungsdruck basierte. Manche, wie etwa der APO-Führer Rudi Dutschke, wollten auch das parlamentarische System durch eine sozialistische Demokratie ersetzen – politische Unfreiheiten wie in der DDR wollten sie jedoch vermeiden. Nachdem 1966 in Bonn eine große Koalition aus SPD und CDU gebildet worden und die parlamentarische Opposition nur noch sehr schwach war, erreichte der Protest der APO seinen Höhepunkt.

Ihre Ziele konnte die APO nicht durchsetzen. Die Bewegung war zu klein und zu sehr auf Universitäten beschränkt. Trotzdem hat sie etwas in den Köpfen der Menschen bewegt: Immer mehr Bürger beschränkten ihr politisches Handeln nicht mehr darauf alle vier Jahre bei Wahlen „ein Kreuzchen zu machen". Nach der Frauenbewegung Ende der 1960er-Jahre entstanden in den 1970er-Jahren zahlreiche Bürgerinitiativen: Millionen Menschen engagierten sich gegen Kernkraftwerke oder gegen militärische Aufrüstung. Vor allem aus diesen sozialen Protestbewegungen – Umwelt-, Friedens- und Frauenbewegung – ging 1980 die Partei der „Grünen" hervor. Sie entsandte 1983 erstmals Abgeordnete in den Bundestag.

Gefahr durch Terrorismus

Zu einer Bewährungsprobe für den Staat wurde der Terror der Rote-Armee-Fraktion (RAF). Diese kleine Gruppe von Terroristen hielt Brandstiftungen, Entführungen oder Mord für legitime Mittel gegen den verhassten Staat. Als sie den Arbeitgeberpräsidenten Schleyer entführten um inhaftierte Terroristen freizupressen, blieb die Regierung hart und nahm sogar in Kauf, dass Schleyer ermordet wurde. 1998 verkündete die RAF ihre Auflösung.

Eine neue ernste Gefahr ist der gewalttätige Rechtsextremismus, den es bereits in der „alten" Bundesrepublik gab und der seit 1990 in Gesamtdeutschland zugenommen hat (s. S. 664).

Deutschland und Europa – Entwicklungen seit 1945

DDR – Opposition war nicht vorgesehen

Die SED-Regierung hatte es von Anfang an wesentlich schwerer, die Zustimmung ihrer Bürgerinnen und Bürger zu finden. Denn anders als in Westdeutschland kam es hier nicht zu einem „Wirtschaftswunder". Das lag nicht nur an den Mängeln der staatlichen Planwirtschaft, sondern auch daran, dass die DDR noch lange unter Demontagen durch die Sowjetunion zu leiden hatte.

Schon aus wirtschaftlichen Gründen waren viele Menschen mit den Lebensverhältnissen in Ostdeutschland unzufrieden. Dazu kam politische Unfreiheit: Die Partei duldete keine Auffassungen, die außerhalb der offiziellen politischen Linie lagen. Die Bevölkerung hatte nie die Möglichkeit in freier Abstimmung über ihre politische Führung zu entscheiden. Eine Form von Opposition war nicht vorgesehen.

Überwachung, Spitzel …

Die Parteiführung traute den Bürgern nicht. Zur Absicherung ihrer Herrschaft schuf sie einen Überwachungsapparat: das „Ministerium für Staatssicherheit" (Stasi), bei dem 1989 zwischen 80 000 und 100 000 Menschen hauptamtlich beschäftigt waren; dazu kamen noch einmal 150 000 inoffizielle Mitarbeiter (IM). Die Stasi ließ das Volk bespitzeln und überwachen. Jede Regung von Kritik und Opposition sollte sofort erkannt und ausgeschaltet werden. Die Strafmaßnahmen waren vielfältig: Schulische Laufbahnen oder berufliche Karrieren konnten sehr schnell beendet, Künstler durch Berufsverbote mundtot gemacht werden. Zahlreiche Kritiker wurden eingesperrt.

… und Panzer

Vor 1989 begehrten die Menschen nur einmal gegen das Regime auf: In Ostberlin zogen am Morgen des 16. Juni 1953 streikende Bauarbeiter zum Haus der Ministerien um gegen die Erhöhung der Arbeitsnormen zu protestieren. Unterwegs schlossen sich ihnen zehntausende Unzufriedene an. In 272 Orten und Städten kam es am folgenden Tag zu Arbeitsniederlegungen und Demonstrationen. Der Protest richtete sich gegen die Diktatur der SED, die schlechte Versorgungslage bei zunehmendem Leistungsdruck und schwindenden Freiheiten in vielen Lebensbereichen. Einige Demonstranten setzten Parteibüros und Kioske mit kommunistischen Zeitungen in Brand, zerrissen rote Fahnen und befreiten politische Häftlinge.

Doch der Aufstand wurde von sowjetischen Panzern blutig niedergeschlagen. Die verhängten Strafen waren so abschreckend, dass es danach kaum jemand wagte, offen das Regime zu kritisieren. Viele DDR-Bürger verließen in darauf folgenden Jahrzehnten ihr Land und reisten nach Westdeutschland aus.

Kritische Stimmen fordern Reformen und Meinungsfreiheit

Dennoch gab es Mutige, die immer wieder Reformen forderten. So setzten sich beispielsweise Dissidenten wie der Physiker Robert Havemann oder der Liedermacher Wolf Biermann für Rede- und Meinungsfreiheit im sozialistischen Staat ein. Spektakulär wurde die „Ausbürgerung" Biermanns 1976: Nachdem die DDR-Regierung ihm erlaubt hatte zu Konzerten in die Bundesrepublik zu reisen, gab sie bekannt, dass er nicht wieder in die DDR – zu seiner Familie – zurückkommen dürfe.

Einen gewissen Spielraum für kritische Opposition bot die evangelische Kirche. Sie unterstützte etwa Wehrdienstverweigerer oder Menschen, die sich in Menschenrechts-, Umwelt- oder Friedensgruppen engagierten.

2 *Die Folgen des Aufstandes vom 17. Juni 1953:* Mindestens 50 Menschen kamen ums Leben, 20 Menschen wurden standrechtlich erschossen, 10 000 Verdächtige verhaftet. In nichtöffentlichen Prozessen wurden etwa 1300 Freiheits- und sechs Todesstrafen verhängt.

3 *Dieses Emblem der Friedensbewegung* in der DDR fand zu Beginn der 1980er-Jahre weite Verbreitung, obwohl es behördlich verboten wurde.

Herausforderung der Systeme – Oppostition in Ost und West

4 Demonstration gegen die Notstandsgesetze am 11. Mai 1968. – Informiert euch über die historischen Hintergründe des Spruchbandes und erläutert seine Kritik. Haltet ihr sie für angemessen?

Notstandsgesetze
Das Grundgesetz hatte zunächst noch nicht festgelegt, was im Falle einer Bedrohung der Bundesrepublik durch einen Angriff von außen oder durch einen Umsturz im Inneren geschehen solle. 1969 verabschiedete der Bundestag schließlich mit einer Zweidrittelmehrheit eine Notstandsverfassung. Sie enthält Gesetze, die lebenswichtige Leistungen wie die Versorgung der Zivilbevölkerung und der Streitkräfte sichern sollen, und solche, die dem zivilen Bevölkerungsschutz dienen. In den wesentlichen Punkten bleiben die demokratischen Grundrechte unberührt. Die Notstandsgesetze wurden seit ihrer Verabschiedung noch nicht angewendet.

5 Die Notstandsgesetze waren jahrelang Ausgangspunkt einer heftigen Diskussion. Zum Teil gab es sogar gewalttätige Auseinandersetzungen. Zwei Stimmen aus der öffentlichen Diskussion:

a) Jürgen Krahl, Vorstandsmitglied des Sozialistischen Deutschen Studentenbundes, äußerte sich 1968 auf einer Kundgebung des DGB:
Die Demokratie in Deutschland ist am Ende; die Notstandsgesetze stehen vor ihrer endgültigen Verabschiedung. Trotz der massiven Proteste aus den Reihen
5 der Arbeiter, Studenten und Schüler, trotz der massiven Demonstrationen der APO in den letzten Jahren sind dieser Staat und seine Bundestagsabgeordneten entschlossen unsere letzten spärli-
10 chen demokratischen Rechtsansprüche in diesem Land auszulöschen. Gegen all diejenigen – Arbeiter oder Studenten –, die es künftig wagen werden ihre Ziele selbst zu vertreten, werden Zwang und
15 Terror das legale Gesetz des Handelns der Staatsgewalt bestimmen. (...) die Geschichte, nicht zuletzt die der Deutschen, hat uns mehrfach gelehrt, dass der einzige Ausweg der kapitalistischen Wirt-
20 schaftsordnung aus der Krise in der offenen Gewalt des Faschismus besteht.

b) Der Bundesminister Heinemann sagte am 15. Mai 1968 im Bundestag:
Die Demonstranten (...) bestreiten die Notwendigkeit jeglicher Vorsorge für den Notfall. Sie deuten die geplante Vorsorge in einen heimtückischen Angriff
5 auf unser aller Freiheit um. (...) Die Älteren unter uns erinnern sich daran, dass in der Weimarer Zeit das Parlament mehr und mehr durch den Reichspräsidenten überspielt wurde. An die Stelle parla-
10 mentarisch beschlossener Gesetze traten Notverordnungen des Reichspräsidenten. Dafür wurde der berühmte – oder soll ich sagen berüchtigte – Artikel 48 der Weimarer Verfassung in Anspruch
15 genommen. (...) Ein Kernpunkt der jetzigen Vorlage ist es, die Mitwirkung des Parlaments zumindest in der Form des gemeinsamen Ausschusses als Notparlament zu erhalten und die Grundrechte
20 dem Zugriff der Exekutive zu entziehen. Deshalb ist es unsinnig, diese Vorlage als „Abmarsch in die Diktatur" zu charakterisieren. (...) Womit wollen diese Gegner aus Grundsatz eigentlich ihre Rechte ver-
25 teidigen, wenn alles auf ungeschriebenes Notstandshandeln der Regierung zurückfällt? (...) Auch der deutsche Bürger will wissen, was in guten und was in bösen Zeiten recht oder unrecht ist.

6 Der 17. Juni 1953 in Quellen

a) Telegramm einer zentralen Streikleitung an die Regierung:

Wir Werktätigen des Kreises Bitterfeld fordern von Ihnen: 1. Rücktritt der so genannten Deutschen Demokratischen Regierung, die sich durch Wahlmanöver an die Macht gebracht hat; 2. Bildung einer provisorischen Regierung aus den fortschrittlichen Werktätigen; 3. Zulassung sämtlicher großen demokratischen Parteien Westdeutschlands; 4. freie, geheime, direkte Wahlen in vier Monaten; 5. Freilassung sämtlicher politischen Gefangenen; 6. sofortige Abschaffung der Zonengrenze und Zurückziehung der Vopo; 7. sofortige Normalisierung des sozialen Lebensstandards.

b) Der Schriftsteller Kurt Barthel, bekannt unter dem Autorennamen Kuba, erster Sekretär des Schriftstellerverbandes der DDR:

Wie ich mich schäme! Maurer – Maler – Zimmerleute. Sonnengebräunte Gesichter unter weißleinenen Mützen, muskulöse Arme: Nacken – gut durchwachsen, nicht schlecht habt ihr euch in eurer Republik ernährt, man konnte es sehen. (…) Es gibt keine Ursache dafür, dass ihr an jenem, für euch – für die allermeisten – schändlichen Mittwoch nicht Häuser bautet. (…) Schämt ihr euch so, wie ich mich schäme? Da werdet ihr sehr viel und sehr gut mauern und künftig sehr klug handeln müssen, ehe euch diese Schmach vergessen wird. Zerstörte Häuser reparieren, das ist leicht. Zerstörtes Vertrauen wieder aufrichten, das ist sehr, sehr schwer.

c) Der Schriftsteller Bertolt Brecht, der aus dem Exil in die DDR gezogen war:

Die Lösung

Nach dem Aufstand des 17. Juni
Ließ der Sekretär des Schriftstellerverbandes
In der Stalinallee Flugblätter verteilen,
Auf denen zu lesen war, daß das Volk
Das Vertrauen der Regierung verscherzt habe
Und es nur durch verdoppelte Arbeit
Zurückerobern könne. Wäre es da
Nicht doch einfacher, die Regierung
Löste das Volk auf und
Wählte ein anderes?

7 Im DDR-Schulbuch verwendete Illustration zu den Ereignissen am 17. Juni; in der Bildunterschrift heißt es: „Unmittelbar nach dem 17. Juni 1953 bekennen sich Werktätige offen zu ihrem Staat."
Eine Aufgabe des DDR-Schulbuches lautet: „Widerlegen Sie die Behauptung der imperialistischen Massenmedien, der 17. Juni wäre ein ‚Volksaufstand' gewesen!" – Was sollte Schülerinnen und Schülern in der DDR dadurch vermittelt werden?

d) Aus der SED-Zeitung „Neues Deutschland" vom 18. Juni 1953:

Im Verlaufe des 17. Juni 1953 versuchten bezahlte verbrecherische Elemente aus Westberlin die Bevölkerung des Demokratischen Sektors [gemeint ist Ostberlin] zu Gewalttaten gegen demokratische Einrichtungen, Betriebe, Läden und Geschäftshäuser und gegen die Volkspolizei aufzuhetzen.
Die Westberliner Provokateure zogen plündernd und raubend durch einzelne Straßenzüge, wobei sie zu hinterhältigen bewaffneten Überfällen gegen die Volkspolizei und fortschrittlich eingestellte Bevölkerungsteile übergingen. (…) Die Bevölkerung distanzierte sich von den Provokateuren (…) und trug mit zur Festnahme einer großen Anzahl der Täter durch die Volkspolizei bei.

1 Ermittelt mithilfe von M 4 und M 5 aus welchen Gründen die Notstandsgesetze so umstritten waren.
2 Tragt alle Informationen, die ihr zum 17. Juni 1953 finden könnt, zusammen (s. auch S. 682 und S. 763). Welche grundsätzlich verschiedenen Bewertungen des Aufstandes könnt ihr unterscheiden?
3 Beschreibe die Unterschiede zwischen Oppositionsmöglichkeiten in der DDR und der Bundesrepublik.

14 Westdeutsche Außenpolitik im Zeichen der Versöhnung

1 *links:* **Charles de Gaulle und Konrad Adenauer** am 4. September 1962 in Bonn. Der französische Staatspräsident war der erste ausländische Staatsmann, der die Bundesrepublik besuchte.
rechts: **Willy Brandt** vor dem Mahnmal für die Opfer der nationalsozialistischen Gewaltherrschaft im ehemaligen Warschauer Getto am 7. Dezember 1970. Seine Geste erregte weltweites Aufsehen; in der deutschen Öffentlichkeit war sie sehr umstritten. – Welche Argumente könnten Gegner, welche Befürworter vorbringen?

Aussöhnung mit Frankreich ...

Der NATO-Beitritt 1955 stellte für die Bundesrepublik endgültig die außenpolitischen Weichen Richtung Westen (s. S. 677; 740). Die Regierung Adenauer (CDU) bemühte sich nun besonders um bessere Beziehungen zu Frankreich.

Jahrhundertelang hatte die „Erbfeindschaft" zwischen den beiden Ländern immer wieder zu blutigen Auseinandersetzungen geführt. Schon nach dem Ersten Weltkrieg hatten daher deutsche und französische Politiker nicht ohne Erfolg nach einer Entspannung des Verhältnisses gesucht (s. S. 604). Die nationalsozialistische Kriegspolitik machte ihre Pläne jedoch endgültig zunichte.

Nach dem Zweiten Weltkrieg waren sich die neuen Regierungen in beiden Ländern ihrer Verantwortung für einen dauerhaften Frieden in Europa bewusst. Deshalb suchten sie die Verständigung. Der sich verschärfende Kalte Krieg förderte diese Entwicklung, die 1963 in den deutsch-französischen Freundschaftsvertrag mündete. In der Folgezeit wurde dieses Bündnis zum Motor des europäischen Einigungsprozesses.

.... und Osteuropa

Während sich die Zusammenarbeit und Verständigung mit den westlichen Ländern gut entwickelte, bestand zwischen der Bundesrepublik und dem östlichen Europa bis zum Ende der 1960er-Jahre eine tiefe Kluft. Diplomatische Beziehungen gab es nur mit der Sowjetunion, aber auch diese Kontakte blieben frostig.

Als 1969 die sozial-liberale Koalition die Regierung übernahm, verkündete Bundeskanzler Willy Brandt (SPD) noch in der Wahlnacht sein wichtigstes außenpolitisches Ziel: Verständigung mit den osteuropäischen Nachbarn und der DDR. Für dieses Konzept bestanden gute Chancen, weil die Supermächte ebenfalls um Entspannung bemüht waren.

Zwischen 1970 und 1973 entstanden nach zähen Verhandlungen Verträge mit der UdSSR, Polen und der Tschechoslowakei. Das wichtigste Ergebnis war die Anerkennung der seit 1945 bestehenden Grenzen in Osteuropa. Wie Adenauers Westpolitik sollten diese Verträge eine Ära der Verständigung und Zusammenarbeit einleiten. Sie bedeuteten aber auch den endgültigen Verzicht auf die ehemals deutschen Ostgebiete; deshalb lösten sie bei vielen Vertriebenen, aber auch bei der CDU/CSU Proteste aus. Nach heftigen Auseinandersetzungen im Bundestag und vorgezogenen Neuwahlen erhielt 1972 die Regierung Brandt/Scheel erneut das Votum der Bürgerinnen und Bürger. Viele werteten dies als Zustimmung zur neuen Ostpolitik.

2 Deutsche und Polen

a) *Aus dem Warschauer Vertrag, unterzeichnet am 7. Dezember 1970:*
Die Bundesrepublik Deutschland und die Volksrepublik Polen, in der Erwägung, dass mehr als 25 Jahre seit Ende des Zweiten Weltkrieges vergangen sind, dessen erstes Opfer Polen wurde und der über die Völker Europas schweres Leid gebracht hat, eingedenk dessen, dass in beiden Ländern inzwischen eine neue Generation herangewachsen ist, der eine friedliche Zukunft gesichert werden soll, (…) sind wie folgt übereingekommen:
Art. I (1): [Sie] stellen übereinstimmend fest, dass die bestehende Grenzlinie, deren Verlauf in Kapitel IX der Beschlüsse der Potsdamer Konferenz vom 2. August 1945 von der Ostsee unmittelbar westlich von Swinemünde und von dort die Oder entlang bis zur Einmündung der Lausitzer Neiße entlang bis zur Grenze mit der Tschechoslowakei festgelegt worden ist, die westliche Staatsgrenze Polens bildet. [Die Oder-Neiße-Grenze wurde von der DDR 1950 anerkannt.]
(2) Sie bekräftigen die Unverletzlichkeit ihrer bestehenden Grenzen jetzt und in der Zukunft. (…)
(3) Sie erklären, dass sie gegeneinander keinerlei Gebietsansprüche haben und solche auch in Zukunft nicht erheben werden.
Art. II (2): Demgemäß werden sie (…) alle ihre Streitfragen ausschließlich mit friedlichen Mitteln lösen.

b) *Bundeskanzler Brandt in einer Fernsehrede aus Warschau am 7. Dezember 1970:*
Ich bin für den Vertrag mit der Volksrepublik Polen, weil er das Fundament für eine friedliche Zukunft schafft. Er gibt uns die Möglichkeit der Verständigung und Zusammenarbeit. Dem polnischen Volk gibt der Vertrag die Gewissheit, dass es in gesicherten Grenzen leben kann. (…) Der Vertrag bedeutet selbstverständlich nicht, dass Unrecht nachträglich legitimiert wird. Er bedeutet also auch keine Rechtfertigung der Vertreibung. Worum es geht, ist der ernste Versuch, ein Vierteljahrhundert nach dem Krieg der Kette des Unrechts politisch ein Ende zu setzen. Auch für die Westgrenze Polens gilt: Es gibt weder Entspannung noch gesicherten Frieden in Europa, wenn wir nicht ausgehen von der Lage, wie sie ist. (…) Unserem Volk wird nicht heute, aus heiterem Himmel, ein Opfer abverlangt. Dies hat längst gebracht werden müssen als Ergebnis der Verbrechen Hitlers.

c) *Die CDU/CSU-Fraktion 1970 in einem Entschließungsantrag für den Bundestag:*
Der Deutsche Bundestag bittet das polnische Volk und alle europäischen Nachbarn um Verständnis für seine Pflicht und Entschlossenheit uneingeschränkt an dem Recht des deutschen Volkes auf freie Selbstbestimmung und auf eine frei vereinbarte friedensvertragliche Regelung für ganz Deutschland festzuhalten. Die endgültige Festlegung der deutschen Grenzen kann nur im Zusammenhang mit dieser friedensvertraglichen Regelung geschehen. Ihre Grundlage muss das Recht der Polen auf gesicherte Grenzen und das Recht der Deutschen auf gesicherte Freiheit und Einheit sein.

3 *„Auf ein Neues"* (Karikatur von Walter Hanel). – Versuche mit eigenen Worten zu erklären, was die Karikatur ausdrücken will.

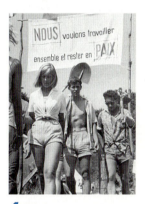

4 *Deutsche und französische Jugendliche* arbeiten 1962 auf einem französischen Soldatenfriedhof (Foto).

1 Verschaffe dir mithilfe einer Atlaskarte einen Überblick über den Verlauf der Oder-Neiße-Linie (M 2a). Überlege, wie der Warschauer Vertrag auf Vertriebene gewirkt haben könnte (M 2a, M 2b; siehe dazu auch S. 732 f.).
2 Erläutere die Auffassungen von Bundesregierung und Opposition zum Warschauer Vertrag (M 2a–M 2c). Arbeite jeweils die Hauptargumente heraus und nimm aus heutiger Sicht Stellung.
3 Erläutere den Zusammenhang zwischen der weltpolitischen Entwicklung und der deutschen Außenpolitik im Kalten Krieg.
4 Wenn ihr die ersten zehn Zeilen von M 2a betrachtet, könnt ihr Vermutungen zu Brandts Verhalten am Mahnmal (M 1) äußern.

Die Deutschen und ihr Staat

15 Berlin – Brennpunkt der Geschichte

1 *links:* **Nach dem Sieg über Frankreich** *ziehen am 16. Juni 1871 die deutschen Truppen durch das Brandenburger Tor. Berlin wird Hauptstadt des Kaiserreiches, des ersten deutschen Nationalstaates.*

2 *rechts:* **1933: Berlin wird zur Machtzentrale der Nationalsozialisten.** *Auf den großen Prachtstraßen präsentiert sich das neue Regime in pompösen Umzügen.*

Schlaglichter der Geschichte

Hauptstadt des Kaiserreichs, der Weimarer Republik, des NS-Staates, geteilt und wiedervereint – keine andere Stadt spiegelt die Geschichte Deutschlands seit der Reichsgründung 1871 so deutlich wider wie Berlin.

In der Kaiserzeit erlebt die Stadt einen wirtschaftlichen und kulturellen Aufschwung. Universitäten, Straßenbahnen, Kaufhäuser und unzählige Mietskasernen prägen ihr Bild. 1894 wird der *Reichstag* fertig gestellt. Doch nach dem Ersten Weltkrieg ist die Monarchie am Ende. Der Sozialdemokrat Philipp Scheidemann ruft am 9. November 1918 vom Balkon des Reichstags die „Deutsche Republik" aus, Karl Liebknecht proklamiert die „Freie Sozialistische Republik". Berlin wird Hauptstadt der ersten deutschen Demokratie.

27. Februar 1933: Der Reichstag brennt. Das dient den Nationalsozialisten als Vorwand für die brutale Verfolgung ihrer Gegner. Von Berlin aus wird die Ermordung der europäischen Juden organisiert, hier befindet sich die militärische Schaltzentrale der Nationalsozialisten während des Zweiten Weltkrieges. Aber Berlin wird auch zum Symbol des Widerstandes: Im Bendlerblock, dem Sitz des Oberkommandos des Heeres, wird das Attentat vom 20. Juli 1944 geplant. Heute erinnert hier die „Gedenkstätte Deutscher Widerstand" an jene, die sich gegen die Diktatur auflehnten.

Blockierte Stadt

Kriegsende: Berlin wird von sowjetischen Truppen besetzt und verwaltet. Nach zwei Monaten teilen die Siegermächte die Stadt – wie das übrige Deutschland – in vier Sektoren. Sie soll gemeinsamer Kontrolle unterstehen. Damit wird Berlin zur „Frontstadt" des Kalten Krieges, schon wegen seiner Lage – mitten in der SBZ, abgeschnitten von den Westzonen. Alle Zufahrtswege sind in sowjetischer Hand. Den Westalliierten werden nur drei Luftkorridore vertraglich zugesichert. Erst bleiben die Grenzen zwischen den Sektoren durchlässig. Doch der Einfluss der Westmächte ist der sowjetischen Besatzungsmacht ein Dorn im Auge. Sie beabsichtigt nämlich, Berlin der SBZ einzuverleiben. Als in West-Berlin 1948 die DM eingeführt wird, antworten die Sowjets mit einer

3 *Als Berlin am 2. Mai* **1945** *vor der Roten Armee kapituliert (s. S. 660), zeigt die Stadt dasselbe Gesicht wie andere Großstädte Deutschlands: Trümmer, Zerstörung, Menschen ohne Dach und Brot.*

Deutschland und Europa – Entwicklungen seit 1945

totalen Blockade der Zufahrtswege und der Stromversorgung. Die Lebensmittelvorräte West-Berlins reichen für gerade 36 Tage. Die Lage ist verzweifelt, jede Verbindung zum Westen abgeschnitten. Die amerikanischen Besatzer organisieren eine „Luftbrücke" und versorgen bis zum Ende der Blockade im Mai 1949 zwei Millionen Menschen durch Lebensmitteltransporte per Flugzeug.

Geteilte Stadt
Im Konflikt der Systeme wird Berlin immer mehr zum Brennpunkt des Geschehens. Den westlichen, vor allem wirtschaftlichen Aufschwung haben die Ostberliner direkt vor Augen – und so den Kontrast zur eigenen Situation. Die Flüchtlingszahlen steigen. Von 1945 bis 1961 verlassen 3,6 Millionen Menschen die SBZ bzw. die DDR, rund 20 % ihrer Einwohnerzahl von 1959. Der SED-Staat gerät besonders wirtschaftlich in eine schwere Krise – er droht auszubluten. Die Führung weiß sich nicht mehr zu helfen: In der Nacht zum 13. August 1961 beginnt in Berlin der Bau der „Mauer" mit der Unterbrechung des S- und U-Bahnverkehrs, der Errichtung von Straßensperren, dem Zumauern von Häusern. Die DDR-Grenze wird zu einem undurchlässigen Sperrsystem. Die Teilung des Landes ist hier für jeden sichtbar: West-Berlin wird rundherum eingemauert. Die Westalliierten protestieren zwar, greifen aber nicht ein, weil sie um den Weltfrieden fürchten.

Auch harte Strafen für „Republikflucht" können in der Zukunft nicht verhindern, dass mehr als 5 000 DDR-Bürgern die Flucht gelingt, oft in das „Schlupfloch" West-Berlin – durch die Kanalisation, verborgen in Autos, verkleidet als sowjetische Militärs … Mindestens 200 Menschen verlieren dabei zwischen 1949 und 1989 ihr Leben, meist durch Schüsse der Grenztruppen.

Wiedervereint
In der Folgezeit wird Ost-Berlin zur Hauptstadt der DDR ausgebaut, während West-Berlin Gelder von der Bundesrepublik erhält, weil viele Firmen ihre Zentralen von der „Insel" weg in den Süden und Westen des Landes verlegen. Die Menschen leiden besonders unter den großen Beschränkungen der Reisemöglichkeiten zwischen Ost und West. Auf politischer Ebene ist der Status West-Berlins umstritten: Gehört es als elftes Bundesland zur Bundesrepublik? Gerade über diese Punkte kommen die so gegensätzlichen beiden deutschen Staaten ins Gespräch.

Nach etwa vierzig Jahren staatlicher Teilung fordern die Menschen in der DDR vor allem Demokratie und Meinungsfreiheit, das Ende der Bespitzelung durch die Stasi, aber auch uneingeschränkte Reisefreiheit in den Westen – die Mauer fällt. Berlin wird Hauptstadt des wiedervereinigten Deutschland. Der Reichstag, seit dem Brand leer stehend und von 1961 bis 1971 restauriert, erhält als Sitz des Deutschen Bundestages seine ursprüngliche Funktion zurück – als Symbol parlamentarisch-demokratischer Tradition und nationaler Einheit.

4 links: **Der Aufstand vom 17. Juni 1953,** der als Arbeitsniederlegung begonnen hatte, gerät zum Protest gegen das Regime (s. S. 674, 735, 759).

5 rechts: **Die Mauer zerschneidet seit 1961 Berlin** und ist bis 1989 Symbol der deutschen Teilung. Am Brandenburger Tor wird das besonders sichtbar.

Reichstag
Im deutschen Kaiserreich wird zwischen 1884 und 1894 das Reichstagsgebäude als Sitz des nationalen Parlaments errichtet. Zur Zeit des Nationalsozialismus und auch nach dem Zweiten Weltkrieg, in der Zeit der deutschen Teilung, steht das Gebäude leer. Erst Ende der 1990er-Jahre, etwa zehn Jahre nach der Wiedervereinigung, wird es erneut zum Sitz des deutschen Parlaments, des Bundestages.

Berlin – Brennpunkt der Geschichte

7 *Oberbürgermeister Ernst Reuter über die Berlin-Blockade,* Auszug aus seiner Rede vom 9. September 1948:

Wenn wir darum heute in dieser Stunde die Welt rufen, so tun wir es, weil wir wissen, dass die Kraft unseres Volkes der Boden ist, auf dem wir groß geworden
5 sind und größer und stärker werden, bis die Macht der Finsternis zerbrochen und zerschlagen sein wird. Und diesen Tag werden wir an dieser Stelle, vor unserem alten Reichstag mit seiner stolzen
10 Inschrift „Dem deutschen Volke", erleben und werden ihn feiern mit dem stolzen Bewusstsein, dass wir ihn in Kümmernissen und Nöten, in Mühsal und Elend, aber mit standhafter Ausdauer
15 herbeigeführt haben.

Das Volk von Berlin hat gesprochen. Wir haben unsere Pflicht getan, und wir werden unsere Pflicht weiter tun. Völker der Welt! Tut auch ihr eure Pflicht und helft
20 uns in der Zeit, die vor uns steht, nicht nur mit dem Dröhnen eurer Flugzeuge, (…), sondern mit dem standhaften und unzerstörbaren Einstehen für die gemeinsamen Ideale, die allein unsere Zu-
25 kunft und die auch allein eure Zukunft sichern können. Völker der Welt, schaut auf Berlin! Und Volk von Berlin, sei dessen gewiss, diesen Kampf, den wollen, diesen Kampf, den werden wir gewinnen.

8 *„Der antifaschistische Schutzwall".* Ein DDR-Lehrbuch von 1971 begründet den Mauerbau folgendermaßen (Auszug):

Im Frühjahr und Sommer 1961 nahmen die Vorbereitungen des westdeutschen Imperialismus auf die gewaltsame Eroberung der DDR immer bedrohlichere
5 Formen an. (…) Die Verbündeten vereinbarten, dass die DDR an der Staatsgrenze zu Westberlin die notwendigen Sicherheitsmaßnahmen trifft, um die weitere Wühltätigkeit gegen die Länder
10 des sozialistischen Lagers endgültig zu unterbinden. (…)

Am 13. August 1961 nahmen in den frühen Morgenstunden bewaffnete Organe (…) die Grenze gegenüber dem ge-
15 fährlichen Kriegsbrandherd Westberlin unter zuverlässige Kontrolle und errichteten den anitfaschistischen Schutzwall. Damit war der abenteuerlichen imperialistischen Provokationspolitik der Weg
20 versperrt. Die Gefahr der Auslösung eines Weltkrieges in Mitteleuropa war entscheidend gebannt worden. (…)

Die Maßnahmen (…) festigten die staatliche Souveränität der DDR entschei-
25 dend. Durch sie wurde der ökonomischen Ausplünderung der DDR durch den westdeutschen Imperialismus ein Ende gesetzt. (…)

Mit den Maßnahmen vom 13. August
30 war der Beweis erbracht, dass der Sozialismus in der Deutschen Demokratischen Republik unwiderruflich war.

9 *Der Bau der Mauer:* Der „Südkurier" berichtet am 26. August 1961 über die Folgen des Mauerbaus:

Lindenstraße:
Die Betonwand ist zur Klagemauer geworden. Auf Westberliner Seite weinen eine Frau und ihr Kind. Sie können nicht
5 zur Großmutter, die im Sterben liegt.

An einer anderen Stelle steht ein Brautpaar vor der Mauer. Die beiden haben gerade geheiratet. Die Eltern konnten an der Feier nicht teilnehmen. Sie winken
10 über die Grenze hinweg. (…)

Die menschlichen Kontakte über die Frontlinie bestehen noch.

Man winkt und ruft. Manchmal fliegen ein Päckchen Zigaretten, ein halbes
15 Pfund Kaffee, ein paar Apfelsinen über die Betonmauer.

6 *Westliches Plakat, Oktober 1961,* zur Information der DDR-Bürger jenseits der Mauer. – Das Zitat entstammt der Parteizeitung der SED, „Neues Deutschland". Was soll die Botschaft bewirken? Beachtet das Datum des Zitats und das des Mauerbaus.

10 Berlin wird Hauptstadt des vereinigten Deutschland. Das entschied am 20. Juni 1990 der Bundestag mit 338 gegen 320 Stimmen.

a) Bundeskanzler Helmut Kohl (CDU/CSU): 1947 bin ich mit 17 Jahren zum ersten Mal in Berlin gewesen. Es war eine zerstörte Stadt. Wenn mich damals jemand gefragt hätte: Was ist die deutsche
5 Hauptstadt?, wäre die Antwort keine Überlegung wert gewesen; ich hätte gesagt: Das ist selbstverständlich Berlin. (...) Ich war wenige Tage nach dem 17. Juni 1953 dort. Wenn mich am 20. Ju-
10 ni 1953 jemand gefragt hätte: Was ist die deutsche Hauptstadt, und zwar im vollen Sinne des Wortes?, hätte ich gesagt: Berlin. (...) Ich stand mit den meisten von Ihnen in jener unvergesslichen Nacht vom
15 2. auf den 3. Oktober 1990, als der Tag der deutschen Einheit um 0 Uhr gefeiert wurde, vor dem Reichstag, und mir war natürlich klar, dass ich für Berlin bin, (...) das ist die Erkenntnis, dass Berlin Brenn-
20 punkt deutscher Teilung und der Sehnsucht nach deutscher Einheit war.

b) Gregor Gysi (PDS/Linke Liste):
Dann bitte ich Sie, doch auch noch über etwas ganz Spezifisches nachzudenken: Seit der Herstellung der Einheit am 3. Oktober 1990 gibt es nur eine Stadt, in der
5 sich diese Vereinigung tatsächlich unmittelbar vollzieht, weil es nun einmal die einzige geteilte Stadt war. Das heißt, westliche und östliche Probleme stoßen dort direkt aufeinander; dort findet die
10 Vereinigung sozusagen in kompensierter, vielleicht auch zum Teil in verschärfter, vielleicht auch zum Teil in schnellerer Form statt. Ich finde, deshalb ist das Bekenntnis gerade zu dieser Stadt so unge-
15 heuer bedeutungsvoll: Denn es ist die einzige Ost-West-Stadt, die wir zu bieten haben. Damit können wir, glaube ich, national und international Signale setzen.

c) Norbert Blüm (CDU/CSU):
Mit dem Namen Bonn verbindet sich der längste freiheitliche und friedliche Zeitabschnitt unserer Geschichte. Es war eine gute Zeit – es ist eine gute Zeit –, die
5 mit Bonn verbunden ist. (...) Die Geschichte bleibt nie stehen. „Man steigt nicht zweimal in denselben Fluss", wuss-

11 Projektzeichnung des Künstlers Christo von 1994, der den Reichstag verhüllen wollte. „Die Geschichte wird enthüllt, wenn der Reichstag verhüllt wird", sagte ein Abgeordneter, bevor der Bundestag dem Projekt zustimmte und die Reichstagsverhüllung im Jahr 1995 erlaubte. Oder wird hier, wie Gegner behaupteten, ein ehrwürdiges Symbol der deutschen Geschichte entweiht? – Nehmt Stellung.

ten schon die griechischen Philosophen. (...) Es hat der Demokratie in Deutsch-
10 land nach all den Wirren der Hitler-Zeit und dem aufgeblasenen Pomp und den Paraden der Stalin-Zeit gut getan, in einer kleinen bescheidenen Stadt Demokratie in Regierung und Parlament vor-
15 geführt zu haben. Es hat unserer Demokratie in der Welt gut getan. (...) Mit Bonn verbindet sich der demokratische Neuanfang unserer Geschichte. Mit Bonn verbindet sich die friedlichste und frei-
20 heitlichste Epoche unserer Geschichte. Sie soll nie zu Ende gehen. (...) Bonn hat nicht seine Schuldigkeit getan und kann gehen.

1 Das Brandenburger Tor und das Reichstagsgebäude standen oft im Brennpunkt der deutschen Geschichte. Erkläre dies anhand der Fotos und Quellen auf diesen Doppelseiten.
2 Klärt den Inhalt und die Wirkung der Rede auf die Zuhörer (M 7).
3 Vergleicht die privaten Folgen für die Menschen von M 9 mit den Grenzerfahrungen in euren Familien.
4 Erläutere, warum die Entscheidung für Berlin als Hauptstadt des wiedervereinigten Deutschlands umstritten war (M 10).

Die Deutschen und ihr Staat

16 Die Wiedervereinigung

1 Bundeskanzler Kohl am 19. Dezember 1989 in Dresden: Diese Reise in die DDR zeigte Kohl den Wunsch von vielen Ostdeutschen nach staatlicher Einheit. – Welche Hoffnungen der Menschen sprach er mit dem Versprechen von „blühenden Landschaften" wohl an?

Reformregierung

Der am 13. November gewählte Ministerpräsident Hans Modrow wollte die DDR in eine sozialistische Demokratie umwandeln. Die SED, die alten Kräfte der DDR und die Gruppen der Bürgerbewegung wie die SDP und das Neue Forum fanden sich am „Runden Tisch" zusammen um über eine gemeinsame, friedliche Reform zu beraten. Modrow schlug wegen des wachsenden Wunsches nach Einheit eine „Vertragsgemeinschaft" und einen Staatenbund mit der Bundesrepublik vor. Der Zusammenbruch der DDR-Wirtschaft machte die Unterstützung des Westens nötig. Bundeskanzler Kohl antwortete am 29. November mit einem Zehn-Punkte-Programm, das verschiedene Stufen verstärkter Zusammenarbeit bis hin zur Wiedervereinigung vorsah.

Freie Wahlen für die Einheit

Der innere Zerfall der DDR beschleunigte die Wiedervereinigung enorm. Die SED verlor die Hälfte ihrer Mitglieder, die umfassende Bespitzelung der Stasi wurde aufgedeckt, immer mehr Ostdeutsche zogen in die Bundesrepublik. So wurden die freien Wahlen zur Volkskammer auf den 18. März 1990 vorverlegt. Den Wahlkampf bestimmten bereits die westdeutschen Politiker. Sicherlich verhalf Kohls Versprechen, dass die deutsche Einheit schnellen Wohlstand bringe und wenig koste, der CDU und ihrer „Allianz für Deutschland" zur großen Mehrheit.

Die Siegermächte für die Einheit

Schon im Februar 1990 hatte Gorbatschow diese Entwicklung akzeptiert. Immerhin bedeutete die Auflösung der DDR einen deutlichen Machtverlust für die UdSSR. Die Westmächte stimmten im Grundsatz auch der Wiedervereinigung zu. Im 2-plus-4-Vertrag vom 12. September 1990 einigten sich die vier Siegermächte von 1945 und die beiden deutschen Staaten, dass das wiedervereinigte Deutschland Mitglied der NATO bleibe, abrüste und seine völlige staatliche Hoheit erhalte. Die Grenzen zu den Nachbarstaaten, besonders Polen, wurden als endgültig anerkannt. Die Zugeständnisse der UdSSR wurden durch deutsche Wirtschaftshilfe erleichtert.

Der innere Weg zur Einheit

Die beiden deutschen Regierungen mussten die Vereinigungsverträge aushandeln. Umstritten war, inwieweit wirtschaftliche und soziale Verhältnisse der DDR weiter bestehen sollten. Mit der Wirtschafts-, Währungs- und Sozialunion vom 1. Juli 1990 führte die DDR die soziale Marktwirtschaft und das westdeutsche Sozialversicherungssystem ein. Ostdeutsche konnten die Ostmark bis zu einer gewissen Höhe im Verhältnis 1 zu 1, ansonsten 1 zu 2 in DM umtauschen. Staatliche Betriebe sollten privatisiert und einer eigenen Einrichtung, der „Treuhand-Anstalt", unterstellt werden. Für den 3. Oktober wurde die staatliche Vereinigung beschlossen. Die wiedergegründeten fünf Bundesländer traten dem Grundgesetz bei. Somit vermied man die Ausarbeitung einer neuen Verfassung und eine Volksabstimmung über die Wiedervereinigung. Die erste gesamtdeutsche Bundestagswahl 1990 brachte der Regierung Kohl eine große Mehrheit und bestätigte die Vereinigung.

Deutschland und Europa – Entwicklungen seit 1945

2 *Transparent eines Demonstranten* aus Leipzig vom Dezember 1989.

3 *Leserbrief in einer Leipziger Zeitung* zum Aufruf „Für unser Land" (siehe M5):
Dem Aufruf „Für unser Land" kann ich nicht zustimmen. Ich sehe hier bereits, wie sich gewisse Leute bestehende Privilegien sichern wollen. In der Frage von Wiedervereinigung bzw. Konföderation sollte es zu einem Volksentscheid kommen. (…) 40 Jahre wurden die Vorzüge des Sozialismus in allen Tönen gepriesen, aber die traurige Realität sehen wir heute. (…) Noch einmal Versuche eines Sozialismus, welche Jahre oder Jahrzehnte andauern, um am Ende noch tiefer zu stehen? Bedenkt, wir Menschen haben nur ein Leben! (…) Nehmen wir also das Angebot vom deutschen Nachbarstaat an, denn der Preis dafür ist nicht zu hoch. Ein Volk, das „noch" die gleiche Sprache spricht, gehört zusammen.

4 *Aus einer Wahlkampf-Zeitung der CDU Ost 1990.* Sie wurde von der CDU in Bonn für die Allianz für Deutschland im DDR-Wahlkampf herausgegeben.
Das will die Allianz für Deutschland: Für den Aufbau unseres Landes haben wir ein Modell vor Augen: die soziale Marktwirtschaft ohne Wenn und Aber. Sie hat in der Bundesrepublik Freiheit, Wohlstand und soziale Sicherung gebracht. Wir wollen keine Experimente mehr, keinen „dritten Weg", keinen Versuch auf unsere Kosten. Die Bundesrepublik hat es uns 1945 vorgemacht, wie mit Leistung und Initiative ein Land aufgebaut werden kann. Die Partei, die dies zustande gebracht hat, unterstützt uns. (…) Wie die CDU der Bundesrepublik, wie Bundeskanzler Kohl wollen wir: Wohlstand für alle und die Einheit unseres Vaterlandes.

FÜR UNSER LAND

Unser Land steckt in einer tiefen Krise. Wie wir bisher gelebt haben, können und wollen wir nicht mehr leben. Die Führung einer Partei hatte sich die Herrschaft über das Volk und seine Vertretungen angemaßt, vom Stalinismus geprägte Strukturen hatten alle Lebensbereiche durchdrungen. Gewaltfrei, durch Massendemonstrationen hat das Volk den Prozeß der revolutionären Erneuerung erzwungen, der sich in atemberaubender Geschwindigkeit vollzieht. Uns bleibt nur wenig Zeit, auf die verschiedenen Möglichkeiten Einfluß zu nehmen, die sich als Auswege aus der Krise anbieten.

Entweder
können wir auf der Eigenständigkeit der DDR bestehen und versuchen, mit allen unseren Kräften und in Zusammenarbeit mit denjenigen Staaten und Interessengruppen, die dazu bereit sind, in unserem Land eine solidarische Gesellschaft zu entwickeln, in der Frieden und soziale Gerechtigkeit, Freiheit des einzelnen, Freizügigkeit aller und die Bewahrung der Umwelt gewährleistet sind.

Oder
wir müssen dulden, daß, veranlaßt durch starke ökonomische Zwänge und durch unzumutbare Bedingungen, an die einflußreiche Kreise aus Wirtschaft und Politik in der Bundesrepublik ihre Hilfe für die DDR knüpfen, ein Ausverkauf unserer materiellen und moralischen Werte beginnt und über kurz oder lang die Deutsche Demokratische Republik durch die Bundesrepublik Deutschland vereinnahmt wird.

Laßt uns den ersten Weg gehen. N o c h haben wir die Chance, in gleichberechtigter Nachbarschaft zu allen Staaten Europas eine sozialistische Alternative zur Bundesrepublik zu entwickeln. N o c h können wir uns besinnen auf die antifaschistischen und humanistischen Ideale, von denen wir einst ausgegangen sind.

Alle Bürgerinnen und Bürger, die unsere Hoffnung und unsere Sorge teilen, rufen wir auf, sich diesem Appell durch ihre Unterschrift anzuschließen.

5 *Aus dem Aufruf „Für unser Land"* vom 29. November 1989 aus der Zeitung „Neues Deutschland". Unterzeichner des Aufrufs waren zahlreiche prominente Personen aus der DDR.

1. Vergleicht die Positionen zur politischen Entwicklung nach dem Fall der Mauer (VT, M3–M5). Diskutiert mögliche Alternativen zur historischen Entwicklung.
2. Stelle die Ergebnisse des Einigungsprozesses – der 4-plus-2-Verhandlungen und des Einigungsvertrags – zusammen (VT). Beschreibt auch die Rollen von Helmut Kohl, Hans Modrow und Michail Gorbatschow für die deutsche Einigung.
3. Diskutiert: War es eine Vereinigung von zwei deutschen Staaten oder die Eingliederung der DDR in die Bundesrepublik?

17 Deutschland nach der Wende

1 *„Aufschwung Ost"*
links: **Plakat der Bundesregierung**;
rechts: **Demonstration im Juli 1992** von Beschäftigten eines Schwermaschinenbaukombinats, die gegen Entlassungen durch die Treuhand-Anstalt protestieren.

2 Nach 16 Jahren als Bundeskanzler wählten die Deutschen Helmut Kohl 1998 ab. In der neuen Regierung von SPD und Bündnis 90/Die Grünen übernahm Gerhard Schröder (links) das Amt des Bundeskanzlers und Joschka Fischer das des Außenministers.

Die Einheit bringt Belastungen

Die Einheit änderte die Lebensverhältnisse der Ostdeutschen fast vollständig. Die westdeutsche Wirtschaft fand im Osten neue Märkte, auch in der Verwaltung standen Westdeutschen Führungsstellen offen. Die meisten großen DDR-Betriebe brachen zusammen. Bis 1994 verkaufte die Treuhand-Anstalt insgesamt 15 000 Produktionsstätten, 3 000 wurden geschlossen. Zwei Millionen Menschen verloren den Arbeitsplatz. Frühe Verrentung, Sozial- und Arbeitslosenhilfe konnten die hohe Arbeitslosigkeit in den neuen Bundesländern nicht verhindern. Statt Wohlstand stellte sich, gerade für berufstätige Frauen, Arbeitslosigkeit ein. Soziale Vorteile wie Kinderkrippen und billige Mieten gingen verloren.

Der schnelle gesellschaftliche Wandel hinterließ Spuren. So konnte sich die SED-Nachfolgepartei PDS in den neuen Ländern neben SPD und CDU als dritte Kraft festigen. Die Jugendlichen mussten sich neu orientieren: Die bisherige ideologische Erziehung verlor ihre Gültigkeit, ohne dass die neuen Verhältnisse überzeugten. Dies förderte rechtsradikale und ausländerfeindliche Tendenzen.

Aufarbeitung der Diktatur

Nach 1990 wurde der staatliche Machtmissbrauch in der DDR bekannt. Die nach ihrem Leiter benannte Gauck-Behörde bewahrt einen Aktenbestand von 180 km Länge mit Stasi-Berichten über sechs Millionen Menschen. Freunde, Verwandte und Nachbarn, aber auch angesehene Politiker waren unter den Spitzeln. Als führende SED-Politiker wie Honecker vor Gericht standen, forderten manche härtere Bestrafungen. Andere lehnten die Prozesse als „Siegerjustiz" ab. Auch gegen ehemalige Grenzsoldaten, die auf Flüchtlinge geschossen hatten, begannen Prozesse.

Aufbau Ost

Die Entscheidung Berlin als neuen Regierungssitz auszubauen, sollte ein politisches und wirtschaftliches Zeichen für die neuen Bundesländer sein. Der Aufbau in Ostdeutschland erforderte insgesamt Aufwendungen von mehr als einer Billion D-Mark. Für diese Hilfe richtete die Bundesregierung den Sonderfonds Deutsche Einheit ein, in den Bund, Länder und Gemeinden einzahlten. Alle steuerpflichtigen Deutschen mussten einen Solidaritätsbeitrag als Zuschlag auf ihre Steuern leisten. Dies führte zur Modernisierung von Verkehrsnetz und Betrieben, zur Sanierung vieler Städte und zur Gründung neuer Betriebe. Der Lebensstandard wurde verbessert, aber nicht an den Westen angeglichen. Allerdings bedingte die Einigung auch eine enorme Staatsverschuldung, hohe Arbeitslosigkeit und die Belastung der Sozialversicherungen.

Das souveräne Deutschland

Manche europäischen Politiker fürchteten, das vereinte Deutschland würde seine Machtstellung in Europa ausbauen. Diesen Sorgen wirkte die Regierung Kohl durch die Förderung der europäischen Einigung entgegen. Außerdem beteiligte sich Deutschland stark an der Lösung internationaler Aufgaben: Seit 1992 nehmen Einheiten der Bundeswehr an Friedenseinsätzen der UNO teil und 1994 ließ das Bundesverfassungsgericht Bundeswehr-Einsätze außerhalb des NATO-Gebiets zu.

Deutschland und Europa – Entwicklungen seit 1945

3 *„Die neue Mauer"* (Karikatur von 1992). – Diskutiert, ob diese Zeichnung die tatsächlichen Verhältnisse darstellt.

5 *„Rattenschwanz Stasi"* (Karikatur von 1990). Manche Oppositionelle der ehemaligen DDR forderten eine „Entstalinisierung", vergleichbar der Entnazifizierung. – Erläutert das dargestellte Problem. Sammelt Gründe für und gegen die Aufdeckung der Stasi-Tätigkeiten und die Verurteilung von DDR-Tätern. Diskutiert aus der Position eines ehemaligen Opfers, eines SED-Anhängers und eines „Wessis".

4 Gibt es typische Ost- und Westdeutsche?

a) Bundespräsident von Weizsäcker sagte beim Staatsakt am 3. Oktober 1990:
Von der DDR aus gesehen begegnen sich in der Stunde der Vereinigung Notstände auf der einen und Wohlstand auf der anderen Seite. Es wäre aber ebenso unsin-
5 nig wie unmenschlich, würden wir uns einbilden, dass wir zwischen Ost und West als misslungene und gelungene Existenzen aufeinandertreffen oder gar als Böse und Gute. Es sind die Sympto-
10 me, die sich in ihrem Erfolg unterscheiden, nicht die Menschen. Und das wird sich noch sehr deutlich zeigen, wenn die Deutschen in der bisherigen DDR endlich die gleichen Chancen bekommen,
15 die es im Westen seit Jahrzehnten gibt.

b) Der ostdeutsche SPD-Politiker Wolfgang Thierse äußerte sich 1994 so:
Ich glaube – das sind meine Beobachtungen –, dass wir jetzt erst wirklich begreifen, dass wir uns fremd geworden sind (…) in den 40 Jahren unterschiedli-
5 cher Entwicklung. (…)

Die Unterschiede werden nicht wahrgenommen als erfreuliche Bereicherung, sondern als belästigende Zumutung – vielleicht sogar als Bedrohung. (…)
10 Natürlich gibt es auch immer ganz andere Geschichten. Es gibt weder nur den faulen oder den jammernden oder den beleidigten Ossi, genauso wenig, wie es nur den besserwisserischen Wessi gibt.
15 Es gibt auch jeweils das andere – den verständnisvollen (…) für die Entwicklung im Osten engagierten Wessi wie auch den selbstbewussten, demokratischen und engagierten Ossi. Aber die At-
20 mosphäre, das Urteilsklima ist vor allem von den Klischees beherrscht.

1 Welche Folgen zeigte die Einigung in den ostdeutschen, welche in den westdeutschen Ländern? Welche Maßnahmen ergriff die Regierung, welche Erfolge hatte sie (VT, M1, M3, M5)?
2 Vergleiche die beiden Bilder zum „Aufschwung Ost" (M1). Welche Sichtweisen zeigen sie?
3 Wie veränderte sich die internationale Stellung Deutschlands nach der Wiedervereinigung (VT)?
4 Untersucht die beiden Aussagen zur inneren Vereinigung der Deutschen (M4). Berichtet von eigenen Erfahrungen mit Jugendlichen aus dem ehemalig anderen Teil Berlins und Deutschlands.

Die Deutschen und ihr Staat

18 Für mich bedeutet die Einheit ...

1 *"Jetzt wächst zusammen, was zusammen gehört,"* sagte Alt-Bundeskanzler Willy Brandt bei der Wiedervereinigung (Karikatur von Nel, 1990/91).
– Welche Sichtweise auf die Einheit vermitteln diese Zeichnung und die Karikatur M 2?

2 *Vorher – nachher* (Karikatur von Karl-Heinz Schoenfeld, Anfang der 90er-Jahre).

Träume – und was aus ihnen wurde
Als die SED-Diktatur gestürzt und die Marktwirtschaft eingeführt war, eröffneten sich für viele in Ostdeutschland ganz neue Wege um ihr Leben nach den eigenen Wünschen zu gestalten. Es war jetzt möglich, die Ausbildungsstelle, den Studienort oder den Arbeitsplatz frei zu wählen oder sich zumindest darum zu bewerben. Viele sanierte Wohnungen sowie neu gebaute Einzelhäuser und Grundstücke im Grünen wurden angeboten. Viele junge Leute sind in die Großstädte Leipzig, Köln, Dresden, Hamburg oder natürlich Berlin gezogen und bilden dort „gesamtdeutsche" Freundeskreise, Paare und Familien.

Es gibt aber auch andere, deren Träume nicht in Erfüllung gingen: die ihren vormals sicheren Arbeitsplatz verloren oder deren Familien an der neuen Situation zerbrachen – und die sich nun an die „guten" Seiten der DDR erinnern. Auch haben sich Vorurteile in einigen Köpfen über „Wessis" und „Ossis" festgesetzt. Doch viele Leute und gerade Jugendliche wollen von diesem „Ost-West-Gerede" nichts mehr hören, sondern die Verbesserungen und Chancen nutzen, die ihnen die Wiedervereinigung gebracht hat.

3 *Klaus von Dohnanyi, ehemaliger Bürgermeister von Hamburg* und danach Manager in Leipzig, sagte 1999 zur Lage in Ostdeutschland:
Wer kaum zehn Jahre nach dem Fall der Mauer durch die neuen Länder fährt, der kann sogar „blühende Landschaften"
5 entdecken. Seit 1989/90 war ich ständig in Ostdeutschland unterwegs und noch immer erstaune ich jedes Mal über die neuen Fortschritte: Moderne Betriebe, hellrot frisch gedeckte Dächer in Dörfern und Städten; erkennbar erneuerte Wohn-
10 häuser; der Bahnbetrieb ist zuverlässig und zügig geworden; es gibt ein modernisiertes Schienensystem, Straßen und Autobahnen sind ausgebaut oder ausgebessert. Die Telefonverbindung, 1990
15 noch ein Glücksspiel, wurde zur Selbstverständlichkeit.
Dann aber wieder diese Ungleichzeitigkeiten: Modernste Tankstellen neben noch immer verfallenen Häusern; Glitz-
20 zergeschäfte umgeben von Arbeitslosen; die produktivsten Autofabriken Europas neben Altbetrieben, die offenbar noch um das Überleben ringen. Überall Fortschritt, aber – überall auch noch sehr viel
25 zu tun.

4 *Eine 16-Jährige aus Sachsen-Anhalt* beschreibt in einer Untersuchung aus dem Jahr 2000 die Situation in ihrer Familie:
Da meine Eltern jetzt auf Kurzarbeit oder auf Null gesetzt werden, ist es für mich eine große Belastung. Ich bin es seit acht Jahren gewohnt aus der Schule zu kom-
5 men und es ist keiner zu Hause. Nun sitzen alle zwei in der Stube. (...) Dann haben meine Eltern immer schlechte Laune wegen der Arbeit und weil das Geld nicht reicht, da bekomme ich auch nur noch
10 die Hälfte Taschengeld wie früher. Äußere ich einen Wunsch, dann heißt es: „Das Geld reicht nicht." Durch die Kürzung des Taschengeldes ist meine Freizeit auch eingeengt. Die Diskotheken sind
15 teurer geworden und der Kinoeintritt ist ein echter Hammer.

Deutschland und Europa – Entwicklungen seit 1945

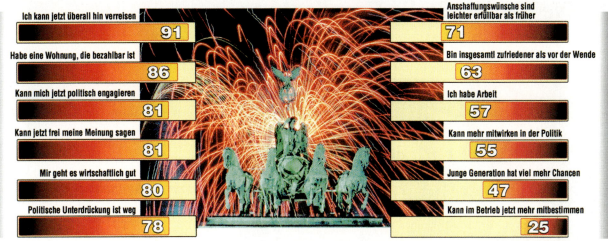

- Ich kann jetzt überall hin verreisen: 91
- Habe eine Wohnung, die bezahlbar ist: 86
- Kann mich jetzt politisch engagieren: 81
- Kann jetzt frei meine Meinung sagen: 81
- Mir geht es wirtschaftlich gut: 80
- Politische Unterdrückung ist weg: 78
- Anschaffungswünsche sind leichter erfüllbar als früher: 71
- Bin insgesamt zufriedener als vor der Wende: 63
- Ich habe Arbeit: 57
- Kann mehr mitwirken in der Politik: 55
- Junge Generation hat viel mehr Chancen: 47
- Kann im Betrieb jetzt mehr mitbestimmen: 25

5 Ein Lehrer aus Thüringen berichtet in einem Interview im Jahr 2000:
Ich bin seit über 20 Jahren Lehrer für Deutsch und Musik. (…) Die Wende von 1989 war ein großer Einschnitt in meinem Leben. Es hat mich früher schon
5 manchmal bedrückt, wenn ich im Unterricht mit meinen Schülern Texte durchnehmen musste, die keinen interessierten – vom Sieg des Sozialismus,
10 sowjetischen Helden und so. Mit einem Male musste ich umlernen. Das war nicht immer einfach: neue Unterrichtskonzepte, neue Lehrpläne, neue Schulbücher. (…) Heute bin ich froh, dass alles so
15 gekommen ist. Klar, es gibt auch jetzt Probleme. Nicht wenige Jungen und Mädchen haben keinen Bock auf Schule. Na ja, viele kriegen auch keinen Ausbildungsplatz. Wozu sich dann anstrengen?
20 Aber trotzdem macht mir heute meine Arbeit viel mehr Spaß als in der DDR. Alles ist offener, lockerer, freier geworden. Ich verdiene jetzt auch mehr und endlich kann ich reisen, wohin ich will.

6 Gerhard Schröder, 9. November 1999 zum zehnten Jahrestag des Mauerfalls:
Viele Ostdeutsche schmerzt das als zu gering empfundene Interesse der Westdeutschen an ihrer Geschichte und auch an ihrer Heimat. Sicher ist: Mehr Neu-
5 gier auf Ostdeutschland, seine Geschichte und seine Menschen würde das Verständnis zwischen Ost und West fördern. (…)
Viel ist gerade in den letzten Monaten
10 vom Auseinanderdriften der Ost- und Westdeutschen geredet und in den Medien national wie international verbreitet worden. Dazu stelle ich zunächst einmal fest, dass es so etwas wie einen ein-
15 heitlichen deutschen Nationalcharakter glücklicherweise immer nur als Klischee (…) gegeben hat. Deutschland war immer von verschiedenen Kulturen geprägt und hat seinen Reiz gerade in den regio-
20 nalen Besonderheiten.

7 Interview mit einem Westberliner, der seit 1993 ein Weinlokal in einem kleinen Dorf im Berliner Umland betreibt:
Frage: Wie sind Sie von den Bewohnern des Dorfes aufgenommen worden?
K.: Als die Dorfbewohner merkten, dass ich kein „Besserwessi" bin, haben sie
5 mir auch beim Wiederaufbau geholfen. (Das spätere Lokal war die Ruine einer Dorfschmiede.)
Frage: Welche Vorschläge können Sie machen, damit sich das Verhältnis von
10 „Ossis" und „Wessis" verbessert?
K.: In meinem Lokal verkehren Menschen aus Ost und West, Dorfbewohner und Leute aus Westberlin wie selbstverständlich. Ich glaube, dass das Verständ-
15 nis füreinander durch Gespräche miteinander verbessert wird.

8 „Was hat sich in Ihrem Leben seit der Maueröffnung verändert?", Umfrage der Leipziger Volkszeitung im Jahr 1999 unter Bürgerinnen und Bürgern in Ostdeutschland (Angaben in Prozent).

1 Vergleiche die Sichtweisen in M 3–M 5. Welche positiven sowie belastenden Folgen der Einheit werden darin beschrieben?
2 Werte M 8 aus und überlege, welchen Aussagen du persönlich zustimmen kannst. Befrage auch deine Familie und Bekannte.
3 Gerhard Schröder (M 6) und der Westberliner in M 7 sprechen über die „innere Einheit". Wie empfindest du das Verhältnis zwischen Ost- und Westdeutschen, besonders den Jugendlichen?

Die Deutschen und ihr Staat

19 Die Region Berlin-Brandenburg

1 *Manfred Stolpe, Brandenburgs Ministerpräsident (links)* **und** *Eberhard Diepken, ehemaliger Regierender Bürgermeister von Berlin (Mitte) mit den Maskottchen vom Berliner Bären und dem Brandenburger Adler vor dem Schöneberger Rathaus. (Foto, 1996). – Überlegt, was die Politiker mit solchen Auftritten wohl bewirken wollten.*

Eine gemeinsame Geschichte

Am 5. Mai 1996 scheiterte die Volksabstimmung über einen Zusammenschluss von Berlin und Brandenburg zu einem Bundesland. Dabei blicken beide Länder auf eine gemeinsame Vergangenheit zurück, denn Berlin ist kein Stadtstaat wie Bremen oder Hamburg: Über 700 Jahre seiner nunmehr 750-jährigen Geschichte war Berlin eine Stadt inmitten der Mark bzw. Provinz Brandenburg und seit 1451 Residenzstadt der Kurfürsten und Könige.

In den Jahrzehnten der Abgeschlossenheit Westberlins durch den Mauerbau sind jedoch die gewachsenen Beziehungen mit dem Umland zerrissen. Allerdings hatte dies auch zur Folge, dass das Berliner Umland nicht zersiedelt wurde: Hier leben nur 20 % der Gesamtbevölkerung, während es in München und Hamburg ca. 50 % sind. Nach der Wiedervereinigung ist aber auch hier eine Wanderungsbewegung aus der Stadt ins Umland festzustellen.

Kein Zusammenschluss …

Trotz des gescheiterten Volksentscheids gehen die Bemühungen zur Zusammenarbeit weiter, denn zum einen wird die Region Berlin-Brandenburg in einem „Europa der Regionen" an Bedeutung gewinnen und zum anderen macht die Lage Berlins mitten im Land Brandenburg eine gute Abstimmung der beiden Bundesländer aufeinander zwingend notwendig.

… aber Zusammenarbeit

Im November 1996 wurde ein gemeinsamer Koordinationsrat der Länder Berlin und Brandenburg gegründet, der vor allem akute Probleme im Zusammenwachsen der beiden Länder behandelt. Zum Beispiel sollen so Schwierigkeiten mit der Genehmigung neuer Einkaufszentren im „Speckgürtel" und der Sicherung von Einzelhandelsbetrieben gelöst werden.

Daneben stehen auch Themen wie „Verkehr und Mobilität in Berlin/Brandenburg" an. Immerhin sind täglich 123 000 Berufspendler, Schüler und Studenten auf eine gute öffentliche Verkehrsanbindung zwischen Brandenburg und Berlin angewiesen. Und auch die Schulverwaltungen beider Länder müssen schon wegen der vielen Schüler, die in Brandenburg wohnen und in Berlin zur Schule gehen – oder umgekehrt – eng zusammenarbeiten.

Zukunftsaussichten

Der politische Zusammenschluss beider Länder ist zurzeit nicht durchsetzbar, auch wenn Politiker aus Brandenburg und Berlin immer mal wieder darüber sprechen. Einmal wird befürchtet, dass die Bevölkerung in Brandenburg mehrheitlich immer noch gegen einen Zusammenschluss eingestellt ist, zum anderen sind sich auch die Politiker in den Landesregierungen nicht einig.

Die zukünftige Entwicklung der Europäischen Union hin zu einem „Europa der Regionen" wird daher von den Regierungen beider Länder zurzeit als wichtigere Perspektive gesehen. Das Ziel heißt nun vorerst nicht mehr „Bundesland", sondern „europäische Region Berlin-Brandenburg".

Deutschland und Europa – Entwicklungen seit 1945

2 *Wohnen in Berlin-Brandenburg (Fotos, 2000). Links: Plattenbauten aus DDR-Zeiten; rechts: neue Wohnsiedlung im „Speckgürtel". – Was versteht man unter diesem Begriff?*

	Berlin	Brandenburg
Bevölkerung	3 399 000	2 590 000
Veränderung 1996–1998	– 1,7 %	+ 1,4 %
nichtdeutsche Bevölkerung	12,7 %	2,3 %

Wanderung	
Berlin –> Brandenburg	43 908
Brandenburg –> Berlin	20 816
Plus für Brandenburg	23 092

3 *Bevölkerung in Berlin und Brandenburg und Wanderungsbewegungen (1998)*

	Land Berlin absolut	in %	Land Brandenburg absolut	in %
Abstimmungsberechtigte	2 475 724		1 957 424	
Abstimmungsteilnehmer	1 428 268	57,7	1 299 424	66,4
Gültige Ja-Stimmen	765 602	53,6	475 208	36,6
Gültige Nein-Stimmen	654 840	45,8	814 936	62,7
Ungültige Stimmen	7 826	0,6	9 280	0,7
Ja-Stimmen Berlin West	529 585	58,9		
Ja-Stimmen Berlin Ost	236 017	44,6		
erforderliche Stimmen für einen Zusammenschluss	714 135		649 713	

4 *Ergebnisse der Volksabstimmung vom 5. Mai 1996 über einen Zusammenschluss der Länder Berlin und Brandenburg. – Wie lassen sich die Unterschiede im Abstimmungsverhalten der Berliner und Brandenburger erklären?*

Bezirke/Kreise mit hoher Zustimmung für einen Zusammenschluss

Berlin	Zehlendorf (West)	67,9 %
	Köpenick (Ost)	51,3 %
Brandenburg	Potsdam-Mittelmark	39,5 %

Bezirke/Kreise mit geringer Zustimmung für einen Zusammenschluss

Berlin	Hohenschönh. (Ost)	36,8 %
	Kreuzberg (West)	51,2 %*
Brandenburg	Frankfurt/Oder	32,4 %

* für einen Westberliner Bezirk ein relativ niedriges Ergebnis.

1 Erläutere, warum die Zusammenarbeit der Länder Berlin und Brandenburg notwendig ist (VT).
2 Welche Erkenntnisse lassen sich aus den Angaben der Bevölkerung und zu den Wanderungsbewegungen (M 3, M 4) gewinnen? Nenne Gründe für Berliner ins Umland zu ziehen.
3 Versucht den Begriff „Europa der Regionen" anhand der „europäischen Region Berlin-Brandenburg" zu veranschaulichen. Informiert euch über weitere Europaregionen und stellt sie auf einer Karte zusammen.

Europa auf dem Weg zur Einigung

20 Westeuropa – Stationen der Einigung

1 „Europa lässt sich nicht mit einem Schlag herstellen", hatte Robert Schuman 1950 bemerkt. – Fertige eine Zeitleiste an und zeichne ein, in welchen Schritten sich die europäische Einigung vollzogen hat.

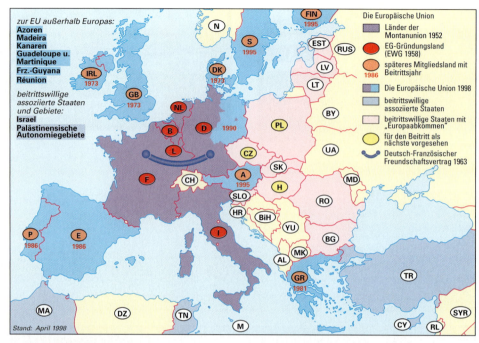

2 Schuman und Adenauer. – Wie stellt der Karikaturist die angestrebte Aussöhnung zwischen Deutschland und Frankreich 1950 dar?

Ein erster Schritt...

Nach dem Zweiten Weltkrieg gab es einige europäische Politiker, die konkrete Maßnahmen zur Schaffung eines geeinten Europas forderten. Wenn sie von „Europa" sprachen, meinten sie jedoch nur Westeuropa. Eine Vereinigung aller Länder des Kontinents war unmöglich, weil der Eiserne Vorhang Europa teilte.

Der französische Außenminister Robert Schuman schlug 1950 vor, die deutsche und französische Kohle- und Stahlproduktion unter eine gemeinsame „Hohe Behörde" zu stellen. Diese sollte die Schwerindustrie ihrer Mitgliedsländer kontrollieren und eine gegenseitige Aufrüstung verhindern.

1952 wurde der Plan verwirklicht: Neben Frankreich und der Bundesrepublik gehörten Belgien, Luxemburg, die Niederlande und Italien zu der „Europäischen Gemeinschaft für Kohle und Stahl" (EGKS oder auch „Montanunion"). Erstmals nach dem Krieg entschieden europäische Staaten gemeinsam über wichtige wirtschaftspolitische Fragen und verzichteten auf einen Teil ihrer Souveränität.

...zur Europäischen Union

Nach dem Erfolg der Montanunion dehnten die sechs Staaten 1957 ihre Zusammenarbeit auf die gesamte Wirtschaft aus und gründeten die Europäischen Wirtschaftsgemeinschaft (EWG). In ihr sollte ein gemeinsamer Markt für alle Waren und Dienstleistungen entstehen sowie die freie Wahl des Arbeitsplatzes und ein freier Kapitalverkehr möglich sein. Dafür mussten zunächst die Zollschranken abgebaut werden. Gleichzeitig bildeten die sechs Länder die Europäische Atomgemeinschaft (Euratom).

1967 wurden Montanunion, EWG und Euratom zur Europäischen Gemeinschaft (EG) vereinigt, zu der mit den Jahren weitere Länder hinzukamen (siehe M1). Die Mitgliedsländer wollten einen gemeinsamen Binnenmarkt schaffen, der 1993 erreicht war.

Seit 1993 gibt es die „Europäische Union" (EU), die neben wirtschaftlichen auch politische Ziele verfolgt: eine gemeinsame Außen- und Sicherheitspolitik, engere Zusammenarbeit in der Innen- und Rechtspolitik sowie eine einheitliche europäische Währung.

Deutschland und Europa – Entwicklungen seit 1945

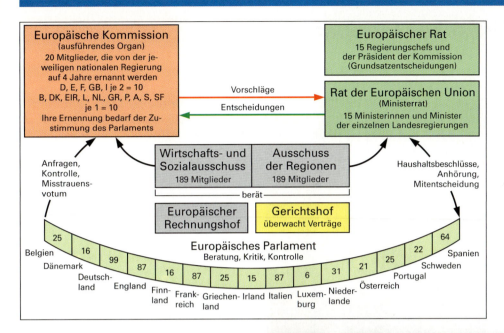

6 *Die Einrichtungen der Europäischen Union.* Bereits 1957 wurde die Direktwahl eines europäischen Parlaments in allen Mitgliedsländern beschlossen. Doch erst seit 1979 werden alle fünf Jahre die Abgeordneten des Europäischen Parlaments gewählt. – Untersucht das Schaubild unter dem Gesichtspunkt der Gewaltenteilung. Vergleicht die Befugnisse dieses Parlamentes mit denen des Bundestages. Diskutiert, warum Kritiker der EU ein „Demokratiedefizit" vorwerfen.

3 *Aus den Rechtsvorschriften* des Europarates 1949:
Der Europarat hat die Aufgabe, eine engere Verbindung zwischen seinen Mitgliedern zum Schutze und zur Förderung der Ideale und Grundsätze, die ihr gemeinsames Erbe bilden, herzustellen und ihren wirtschaftlichen und sozialen Fortschritt zu fördern.

4 *Der Belgier Henri Spaak* begründet Ende 1951 seinen Rücktritt als Präsident der Beratenden Versammlung des Europarats:
Meine Damen und Herren, von der Höhe des Präsidentenstuhles (…) habe ich eine Feststellung machen müssen, die mich oft mit großer Traurigkeit erfüllt hat. (…) Da gibt es Deutsche, die Europa erst schaffen wollen, wenn sie die Einheit Deutschlands wieder hergestellt haben. Da gibt es Belgier, die Europa erst verwirklichen wollen, wenn England mittut. Da gibt es Franzosen, die Europa nicht schaffen wollen, wenn sie dabei den Deutschen in einem Dialog gegenüberstehen. Die Engländer wollen Europa so lange nicht schaffen, bis sie eine Lösung mit dem Commonwealth gefunden haben. (…) Wenn wir in dieser Versammlung (…) ein Viertel der Energie, die hier aufgewandt wurde, um „nein" zu sagen, daran gesetzt hätten, um „ja" zu sagen, dann wären wir nicht mehr in dem Zustand, in dem wir uns heute befinden.

5 *„Europa ist gegenwärtig!"*, steht auf dem Plakat der Studentinnen und Studenten, die am 8. August 1950 bei St. Germannshof an der deutsch-französischen Grenze die Grenzpfähle verbrennen und Schlagbäume niedergerissen haben. Insgesamt 300 junge Franzosen, Italienerinnen, Deutsche, Schweizer, Holländerinnen und Belgier hatten sich an dieser Aktion beteiligt. Sie meinten, dass zwar viel über Europa geredet werde, es dabei aber auch geblieben sei.

1 Untersuche, welche Faktoren bei der Gründung der Montanunion eine Rolle spielten (VT, M2). Stelle dabei die geschichtliche Bedeutung dieses Zusammenschlusses heraus.
2 Welche Ziele aber auch welche Schwierigkeiten waren mit der europäischen Einigung verbunden (VT, M3, M4)?
3 Verfolgt die Zeitungsnachrichten über die Europäische Union in einem bestimmten Zeitraum (1–2 Wochen). Welche Meinungsverschiedenheiten gibt es heute zwischen den einzelnen Staaten? Wie wirken sie sich aus? Wodurch erzielen sie eine Einigung? Erklärt eure Ergebnisse auch mithilfe des Schaubildes (M 6).

Europa auf dem Weg zur Einigung

21 Ein sozialistisches Europa?

1 *Das RGW-Gebäude* in Moskau, errichtet 1967 (Plakat der DDR von 1984). – Untersuche das Plakat: Welches Bild vom Zusammenschluss soll es vermitteln? Welche Gestaltungsmittel werden verwendet?

Hinter dem Eisernen Vorhang

Nachdem viele westeuropäische Länder den Marshall-Plan angenommen hatten (siehe S. 736), drängte Stalin auf die Gründung eines Wirtschaftsbundes der sozialistischen Länder. Die Satellitenstaaten sollten auch wirtschaftlich an die Sowjetunion gebunden und von einer Beteiligung am Marshall-Plan abgehalten werden.

1949 schlossen sich die Staaten im Einflussbereich der UdSSR zum „Rat für gegenseitige Wirtschaftshilfe" zusammen (RGW, im Westen auch COMECON genannt). Ihm gehörten zunächst neben der UdSSR auch Polen, Ungarn, die Tschechoslowakei, Bulgarien, Rumänien und Albanien an. 1950 wurde die DDR Vollmitglied.

Später wurden auch nicht-europäische Länder aufgenommen: Kuba, die Mongolei und Nordvietnam traten dem Zusammenschluss 1962 bei. Diesen wirtschaftlich schwachen Ländern wurden erhebliche Wirtschaftshilfen gezahlt, was den RGW schwächte.

Hegemonie
von griech. hegemonía = das Anführen bezeichnet die Vorherrschaft oder das Übergewicht eines Staates über andere auf politischem, wirtschaftlichem oder kulturellem Gebiet.

Ein geschlossener Markt entsteht

Der Zusammenschluss litt von Anfang an unter der *Hegemonie* der Sowjetunion, die für sich selbst den größten Nutzen aus dem RGW zog. Die einzelnen Mitgliedsländer sollten ihre Produktion aufeinander abstimmen und sich auf die Herstellung weniger Güter spezialisieren. So war Ungarn für die Fertigung von Bussen und Bulgarien für die Pkw-Produktion zuständig. In der DDR wurde unter hohen Kosten eine Grundstoff- und Schwerindustrie aufgebaut. Drei Viertel der hier produzierten Güter musste die DDR in die Partnerländer liefern, davon fast die Hälfte in die Sowjetunion. Mit einem solchen Warenexport erzielte die DDR-Wirtschaft aber deutlich schlechtere Gewinne als auf dem Weltmarkt.

Problematisch war vor allem, dass auch traditionelle landwirtschaftliche Länder industrialisiert werden sollten. Zudem wurden für den Ausbau einer Schwerindustrie häufig falsche Standorte gewählt. Die Preise letztlich richteten sich nicht nach dem Markt, also nach Angebot und Nachfrage, sondern wurden von den Regierungen festgelegt.

Die Länder des RGW blieben vom Weltmarkt weitgehend abgeschottet und verloren den Anschluss an die technologische Entwicklung. So arbeitete man bis 1989 kaum mit Computern und auch Industrieroboter fanden in den Betrieben kaum Anwendung. Die sozialistische Wirtschaft geriet immer mehr in Rückstand gegenüber dem Westen.

Orientierung nach Westen

Als der Ostblock Ende der 1990er-Jahre vom revolutionären Wandel erfasst wurde, löste sich 1991 auch der RGW auf. Das bedeutete für die einzelnen Länder die Befreiung von Bevormundung und Benachteiligungen, aber auch den Verlust schwer ersetzbarer Exportmärkte. Die meisten der betroffenen Staaten arbeiten seitdem darauf hin, Anschluss an den Westen zu finden.

2 Zur Zukunft der sozialistischen Staatengemeinschaft *äußerte sich der sowjetische Regierungschef Chruschtschow am 7. März 1959 in Leipzig:*

Wenn man von der Zukunft sprechen will, so stelle ich mir vor, dass die weitere Entwicklung der sozialistischen Länder aller Wahrscheinlichkeit nach auf der
5 Linie der Festigung eines einheitlichen Weltsystems der sozialistischen Wirtschaft verlaufen wird. Die Wirtschaftsbarrieren, die unsere Länder unter dem Kapitalismus trennten, werden eine nach
10 der anderen beseitigt werden. Es wird eine gemeinsame wirtschaftliche Basis des Weltsozialismus gefestigt werden, die die Frage der Grenzen letzten Endes gegenstandslos machen wird.

3 Die Ziele des RGW *hielten Vertreter der Mitgliedsländer 1959 in einem Statut fest:*
Der Rat für gegenseitige Wirtschaftshilfe hat zum Ziel, durch Vereinigung und Koordination der Bemühungen der Mitgliedsländer des Rates zur planmäßigen
5 Entwicklung der Volkswirtschaft, zur Beschleunigung des wirtschaftlichen und technischen Fortschritts in diesen Ländern, zur Hebung des Standes der Industrialisierung in den Ländern mit einer
10 weniger entwickelten Industrie, zur ununterbrochenen Steigerung der Arbeitsproduktivität und ständigen Hebung des Wohlstandes der Völker der Mitgliedsländer beizutragen.

4 Ursachen für das Scheitern *des RGW versucht der Historiker Curt Gasteyger 1997 zu finden:*
[Die] grundlegenden Mängel des RGW sind wohl in erster Linie auf die von einem zentralistischen Plansystem manipulierten Preise zurückzuführen.
5 Dazu kommt, dass der RGW trotz seiner sich ständig vermehrenden Organe nicht – wie die EWG – über ein mehr oder weniger selbstständiges Exekutivorgan verfügte, das seine Entscheidungen un-
10 abhängig von den nationalstaatlichen Interessen allein im Sinne gesamtstaatlicher Erwägungen getroffen hätte. (…) Gerade das aber wäre die Voraussetzung für eine ausgewogene Durchführung der
15 „internationalen Arbeitsteilung" gewesen.

5 „Fahnenflucht" (Karikatur von Peter Bensch, Dezember 1989). – Vergleicht die Aussage der Karikatur mit der des RGW-Plakats.

Land	1937	1948	1949	1950
Albanien	4,8	38,3	100	100
Bulgarien	9,6	47,5	82,3	88,2
Ungarn	13,3	34,1	46,5	61,4
Polen	7,1	34,4	43,3	59,2
Rumänien	17,7	70,6	81,8	83,3
Tschechoslowakei	11,2	30,2	45,5	53
Durchschnitt	11,7	38,5	51,5	62,2

6 Wie hoch der Exportanteil war, den ein Land in die seit 1949 zum RGW gehörenden Länder ausführte, zeigt diese Tabelle (Angaben in Prozent). – Vergleicht die Werte mit ihrem jeweiligen Gegenwert, also dem Anteil des Außenhandels mit Nicht-RGW-Ländern.

1950	Tieffrieren	USA
1953	Farbfernseher	USA
1955	Ultraschallabtastgerät	Großbritannien
1957	Satellit	Sowjetunion
1960	Laser	Sowjetunion/USA
1964	Textverarbeitung	USA
1975	Personal-Computer	USA
1980	Montageroboter	USA
1982	gentechnisches Insulin	USA

7 Wichtige technische Erfindungen und die Länder, in denen sie zuerst aufkamen.

1 Vergleiche die tatsächliche Stellung der Sowjetunion im RGW mit Chruschtschows Worten und dem Statut von 1959 (VT, M2, M3).
2 Stelle die Ziele des RGW und die der EG und der späteren EU gegenüber. Welches weit reichende Ziel verfolgten beide und inwieweit sind diese verwirklicht worden?
3 Zeige die Ursachen für das wirtschaftliche Scheitern des RGW auf (VT, M4, M6, M7).

Europa auf dem Weg zur Einigung

22 Wie groß soll das „Haus Europa" werden?

1 *Der geteilte Stier* (Karikatur von Pielert, 1989). „Europa ist unser gemeinsames Haus (...), nur zusammen können die Europäer ihr Haus bewahren", sagte der damalige sowjetische Präsident Gorbatschow (in der Zeichnung links dargestellt) 1987.

Wer soll aufgenommen werden?

Seit der Gründung hat sich die EWG ständig erweitert (s. S. 774). Manche Länder wurden bereitwillig aufgenommen, vor allem jene, die wirtschaftlich und politisch als stabil angesehen waren wie Dänemark, Finnland, Großbritannien, Österreich oder Schweden. Spanien, Portugal und Griechenland dagegen hatten sich von Diktaturen befreit; ihnen wurde auch deshalb die Mitgliedschaft ermöglicht, um ihre noch jungen Demokratien zu unterstützen. Anderen Ländern, etwa der Türkei, wurde bisher der Beitritt mit der Begründung verwehrt, dass in ihnen Demokratie und die Einhaltung der Menschenrechte noch nicht genügend verankert seien.

Osteuropa wartet auf den Beitritt

Mit besonderem Nachdruck haben die ehemaligen Ostblockstaaten und einige Nachfolgestaaten der Sowjetunion einen Beitrittsantrag gestellt. Diese Länder versprechen sich von einer EU-Mitgliedschaft vor allem eine Steigerung ihrer Wirtschaft aber auch mehr internationale Sicherheit und die Festigung ihrer jungen Demokratien.

Polen, Ungarn, Tschechien, Slowenien und Estland gehören zu den ersten Staaten, mit denen die EU konkrete Gespräche über einen Beitritt führt. In einer zweiten Runde wird dann mit der Slowakischen Republik, Lettland, Litauen, Rumänien und Bulgarien beraten. Als Voraussetzungen für einen EU-Beitritt gelten vor allem eine stabile Demokratie, die Wahrung der Menschenrechte, Schutz von Minderheiten sowie eine funktionsfähige Marktwirtschaft. Ein fester Termin für ihre Aufnahme wird von den Kandidaten zwar gefordert, die EU will sich hier aber noch nicht genau festlegen.

Für die Zukunft ...

... sind noch manche Fragen offen:
Hat die Europäische Union das Recht, anderen Staaten Europas den Beitritt zu verweigern? Der Chef der Londoner Osteuropabank forderte 1993, die EU solle „endlich erkennen, dass Europa nicht aus zwölf sondern aus 40 Staaten besteht." Viele Kritiker werfen der Europäischen Union auch vor, die Einigung habe sich zu sehr auf den wirtschaftlichen Bereich beschränkt und dabei die politische Union vernachlässigt. Manche warnen davor, dass Europa zu einem „Wohlstandsverein" verkomme.

Aber ist die EU überhaupt für eine Erweiterung gerüstet; oder müsste sie sich zunächst selbst gründlichen Reformen unterziehen?

2 *„Doppelhaus mit Brandmauer"* (Karikatur von Luis Murschetz, 1991).

Deutschland und Europa – Entwicklungen seit 1945

3 *Zum Beispiel Polen:*

a) Der polnische Ministerpräsident Mazowiecki vor dem Europarat 1990:

Die Polen sind eine Nation, die sich ihrer Zugehörigkeit zu Europa und ihrer europäischen Identität bewusst ist. (…) Wir werfen Europa immer noch vor das Abkommen von Jalta, die Teilung Europas und die Zuweisung Polens zur anderen Seite des Eisernen Vorhangs hingenommen zu haben. (…) Wenn wir als Gemeinschaft zu überleben vermochten, dann (…) verdanken [wir] dieses Überleben dem Glauben und der Kirche, dem Bekenntnis zur Demokratie und zum Pluralismus, den Menschenrechten und bürgerlichen Freiheiten, der Idee der Solidarität. (…) Die Mauer zwischen dem freien und dem unterdrückten Europa wurde bereits beseitigt. Jetzt bleibt die Lücke zwischen dem armen und dem reichen Europa zu füllen. Wenn Europa ein „gemeinsames Haus" werden soll, in dem die einen den anderen nicht die Tür verschließen dürfen, dann dürfen auch solche großen Unterschiede nicht lange bestehen.

b) Christian Wernicke, Europakorrespondent der „Zeit", schrieb 1997:

Um nur die EU-Standards für sauberes Trinkwasser zu erreichen muss Warschau nach Berechnungen der Weltbank umgerechnet etwa siebzig Milliarden Mark in neue Rohre und Kläranlagen stecken. Derzeit hat der polnische Staat dafür pro Jahr ganze zwei Milliarden Mark übrig.

Detlev Samland, der Vorsitzende des Haushaltsausschusses im EU-Parlament, zitiert Studien, wonach „die Osteuropäer über Jahre satte 2–3% ihres Sozialproduktes für den Umweltschutz verwenden müssen; obendrein würden noch einmal jährlich 1,5% aller Wirtschaftskraft gebraucht um „wenigstens irgendwann" die arbeits- und sozialrechtlichen EU-Standards einzuhalten. Ohne diese milliardenteure Nachrüstung, das hat Brüssel signalisiert, verbauen sich die Osteuropäer ihre Exportchancen auf dem lukrativen EU-Binnenmarkt: Westliche Unternehmer wie Gewerkschafter warnen schon vor „ökologischem und sozialem Dumping" der neuen Konkurrenz.

4 *Stahlwerk Nova Huta in Polen.* Im RGW wurden keine Bestimmungen zum Umweltschutz in den Mitgliedsländern erlassen.

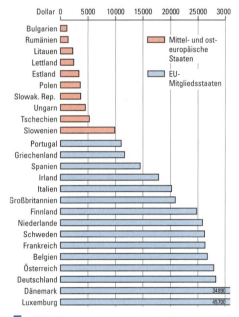

5 *Wie reich sind die Europäer?*
Bruttoinlandsprodukt pro Kopf 1997.

6 *Lohnkosten im Vergleich.* – Überlegt, was in M 3b mit „sozialem Dumping" gemeint ist.

1 Orientiere dich mithilfe der Karte auf S. 774 über die Länder, die der EU beitreten möchten.
2 Untersuche die Karikaturen M 1 und M 2 und erläutere jeweils auf welche Schwierigkeiten und Kritikpunkte der Zeichner hinweist.
3 Erarbeite die Hoffnungen seitens der osteuropäischen Länder und die Probleme, die gesehen werden (VT, M 3–M 6).
4 Untersuche, wie sich die Osterweiterung auf die politischen Organe der EU auswirkt (s. S. 775, M 6). Welche Reformen könnten notwendig sein?

Europa auf dem Weg zur Einigung

23 Europa – eine gute Sache?

1 Europa aus der Sicht seiner Bürgerinnen und Bürger: Die Zustimmung der Bevölkerung zur EU wird im Auftrag der Europäischen Kommission in Brüssel mithilfe des „Eurobarometers" regelmäßig erforscht.

2 Umfrage des Magazins „Der Spiegel" von 1994.

Staatenbund
In einem Staatenbund besitzt jeder Staat die volle Souveränität. Der Zusammenschluss dient nur der Verwirklichung gemeinsamer Ziele.

Bundesstaat
In einem Bundesstaat werden die Aufgaben zwischen einer zentralen Regierung und den Länderregierungen geteilt.

Europa im Alltag

Seit dem 1. Januar 1993 können Bürgerinnen und Bürger der Europäischen Union in jedem Mitgliedsland wohnen und arbeiten. Dies ermöglichte der Maastrichter Vertrag von 1992, mit dem der *Staatenbund* der EU gegründet wurde.

Die Mitgliedsländer führten zudem die Unionsbürgerschaft ein: Alle Bürgerinnen und Bürger jedes EU-Landes können an den Kommunalwahlen und bei den Wahlen zum Europäischen Parlament des Landes teilnehmen, in dem sie ihren Wohnsitz haben. Nur von der Wahl des nationalen Parlaments bleiben sie ausgeschlossen.

Um den gemeinsamen europäischen Wirtschaftsraum zu vollenden, beschlossen die Minister in Maastricht auch die Einführung einer einheitlichen Währung. Der Euro war einer der umstrittensten Punkte im Vertragswerk von Maastricht. Ziel war es, den Zahlungsverkehr innerhalb der EU zu vereinfachen. Für die Bürgerinnen und Bürger bedeutet der Euro z. B. große Erleichterungen bei Reisen in das europäische Ausland. Doch sind die Risiken offenkundig: Gegenüber dem US-Dollar verlor der Euro seit 1999 immer mehr an Wert und schwächte die europäische Wirtschaft.

Die Meinung der Bevölkerung

Eine Umfrage aus dem Gründungsjahr der EU zeigt, dass 71 % der befragten Bürger meinten, keinen ausreichenden Einfluss auf die Entscheidungen in der Europäischen Gemeinschaft zu haben.

Manche EU-Bürger sagen, Europa solle zu einem *Bundesstaat* vereinigt werden, ähnlich wie die USA. Die Politik der Europäischen Union würde dadurch überschaubarer und die Bürgerinnen und Bürger könnten eher direkten Einfluss auf die Europa-Politik ausüben. Andere vertreten die Ansicht, in einem Bundesstaat Europa könnten die Interessen der heutigen Nationalstaaten nicht ausreichend vertreten werden.

Immer noch haben viele Menschen Zweifel gegenüber einer „europäischen" Zukunft. Sie fragen beispielsweise, ob die EU wirklich demokratisch sei, wo doch die Entscheidungen nicht vom Parlament sondern vom Ministerrat getroffen werden (s. S. 775). Auch fürchten einige, dass die gemeinsame Währung nicht stabil genug sei oder dass die durchlässigen Grenzen den Kampf gegen die Kriminalität erschweren. Dazu kommt die Angst der Arbeitnehmerinnen und Arbeitnehmer vor der Konkurrenz aus anderen Staaten, vor allem aus Osteuropa.

Demoskopie kann über die Meinung von Zeitzeugen Auskunft geben.

Die Erforschung der öffentlichen Meinung ist in einer „Massengesellschaft" wichtig geworden. Ob in Politik, Wirtschaft, Medien, Werbung – wer den Zeitgeist erkennen will, ist auf Umfragen angewiesen, um die Meinung der Menschen zu erfahren und darauf reagieren zu können. Unternehmen erhoffen sich davon, mehr verkaufen zu können, Politiker möchten die Wünsche und Befürchtungen der Menschen erfahren. Meinungsumfragen vergangener Jahre können uns darüber Auskunft geben, wie die meisten Menschen damals dachten und wie bestimmte Meinungen Entscheidungen verhinderten oder Veränderungen bewirkten. An eine Meinungsumfrage können wir selbst Fragen stellen:

1. Zu den Grunddaten der Meinungsumfrage:
   Über welchen Sachverhalt sollten die Menschen ihre Meinung äußern?
   Wann wurde die Umfrage durchgeführt?
   Wer ist der Auftraggeber der Umfrage?
   Welche Bevölkerungsgruppen wurden befragt?
2. Zu den Aufgaben/Fragen, die den Menschen gestellt wurden:
   Auf welche Bereiche beziehen sie sich?
   Überschneiden sie sich?
   Geben die Fragen bzw. die Antworten bereits eine Meinung vor? Begründe.
3. Zu den Ergebnissen der Umfrage:
   Welche Einstellung zeigen die Befragten?
   Ist das Meinungsbild eindeutig? Begründe deine Antwort.
4. Zur Beurteilung der Meinungsumfrage:
   Gibt es Anzeichen dafür, dass das Ergebnis manipuliert wurde?
   Betrachte hierbei Auftraggeber, befragte Bevölkerungsgruppen und die gestellten Fragen bzw. die Art der Fragestellung.
   Welche Fragen hättest du zu dem Sachverhalt gestellt? Vergleiche.

Einstellung	Großbritannien	Frankreich	Deutschland	EU
Selbstwahrnehmung als Europäer				
häufig	10	16	8	14
manchmal	18	36	29	32
niemals	71	47	59	51
weiß nicht	1	1	4	2
Identifikation in der Zukunft mit				
Nation allein	54	31	41	38
Nation und Europa	35	55	43	48
Europa und Nation	4	6	9	7
Europa allein	4	6	3	4
weiß nicht	3	2	4	4
Passives EU-Kommunalwahlrecht für Ausländer	(Bürger eines anderen EU-Landes dürfen in den Gemeinderat gewählt werden)			
dafür	47	46	41	47
dagegen	49	49	54	46
weiß nicht	4	5	5	7
Aktives EU-Kommunalwahlrecht für Ausländer	(Bürger eines anderen EU-Landes dürfen den Gemeinderat mitwählen)			
dafür	38	36	29	38
dagegen	57	59	65	55
weiß nicht	4	5	7	7

3 Einstellungen zu Nation, Europa und Menschen anderer Nationen (Umfrage im Auftrag der EU-Kommission).

4 „Irgendwie finde ich, dass die Statik zu wünschen übrig lässt!" (Karikatur von Walter Hanel, 1992).

1 Welche strittigen Themen könntest du M 3 heute hinzufügen? Begründe deine Entscheidung.
2 Wie sehen Bürgerinnen und Bürger Europa? Untersucht M 1 und M 3 mithilfe der Checkliste.
3 Überlegt, mit welchen Fragen ihr selbst ein Stimmungsbild erstellen könnt. Führt eine kleine Umfrage durch und wertet sie aus. Welche Themen bewegen eure Mitschüler, Freunde und Familien? Welche Hoffnungen und Befürchtungen haben sie? Ist euer Ergebnis repräsentativ, d. h. lässt es sich für die gesamte Bevölkerung Deutschlands verallgemeinern?

Auf einen Blick

1945
Ende des Zweiten Weltkriegs

1948
Luftbrücke nach Westberlin

1949
Gründung der Bundesrepublik und der DDR sowie des RGW

1953
in der DDR wird der Aufstand gegen das Regime niedergeschlagen

1957
Europäische Wirtschaftsgemeinschaft

1961
Bau der Berliner Mauer

1989/1990
Fall der Mauer/ Wiedervereinigung

1993
Gründung der Europäischen Union

1999/2002
Einführung des Euro

Umschwung der Gefühle (Karikatur des Österreichers Horst Haitzinger, 1990).

Von der Teilung zur Einheit

Der Beschluss, den Regierungssitz von Bonn nach Berlin zu verlegen, stieß auf Kritik. Von der Hauptstadt Berlin war in der Geschichte eine kriegsbereite Großmacht, der Obrigkeitsstaat und der Nationalismus ausgegangen. Würde das vereinte Deutschland daran anknüpfen?

Nach der Niederlage der NS-Diktatur 1945 sollte Deutschland vor allem demokratisch werden. Die Westmächte und Stalin hatten aber unterschiedliche Auffassungen von „Demokratie". In der SBZ wurde ein diktatorisches System nach sowjetischem Vorbild aufgebaut, im Westen eine parlamentarische Demokratie. Der Kalte Krieg führte auch zur Teilung Deutschlands und Berlins. Der erste Bundeskanzler Adenauer, der das westdeutsche Bonn zur Hauptstadt machte, setzte auf Westintegration. Mit dem Wirtschaftswunder brachte dies Wohlstand und eine starke Demokratie.

In der DDR war von Demokratie nicht viel zu spüren: Stasi-Bespitzelung, Planwirtschaft, Knappheit. Der Mauerbau 1961 unterband die Massenflucht.

Allmählich wurde die Teilung Gewohnheit. Die Ostpolitik der Regierung Brandt führte zu geregelten Beziehungen mit dem anderen deutschen Staat. In der Bundesrepublik sorgte die Jugendrebellion 1968 für Reformen und größere Freiheit in der Gesellschaft. Das tat der Demokratie, trotz des Terrorismus in den 1970er-Jahren, gut. Nun setzten sich mehr Bürger selbst für ihre Anliegen ein.

Die Menschen in Ostdeutschland kannten die westliche Lebensweise von Besuchen und aus dem Fernsehen. Trotz Verbesserungen erlebten sie unter der Planwirtschaft Mangel und Knappheit. Regimekritiker wurden eingesperrt oder abgeschoben. 1989 setzten sich Demokratie- und Fluchtbewegung durch, ermuntert von Glasnost und Perestroika. Die DDR-Bevölkerung wehrte sich gegen die Diktatur und wollte bald die Wiedervereinigung. 1990 wurde die DDR in die Bundesrepublik und damit auch in die EG eingegliedert.

Europa – Hoffnung und Skepsis

Am Ende des Zweiten Weltkriegs hofften viele Menschen darauf, dass die Aussöhnung und der Zusammenschluss der Völker in Europa einen dauerhaften Frieden schaffen würde. Doch der Eiserne Vorhang trennte bald Ost und West. Die Ostblockstaaten schlossen sich zum „Rat für gegenseitige Wirtschaftshilfe" zusammen. In Westeuropa kam es zur Gründung des Europarates, der Montanunion, der Europäischen Wirtschaftsgemeinschaft und der EG mit einem gemeinsamen Binnenmarkt. 1990 löste sich der RGW auf und dessen ehemaligen Mitgliedsländer orientierten sich nach Westen. Die meisten dieser Staaten möchten auch der EU beitreten.

Die Europäische Union war 1993 gegründet worden mit dem Ziel einer engeren politischen Zusammenzuarbeit und einer einheitlichen Währung – dem Euro.

Deutschland und Europa – Entwicklungen seit 1945

LeseEcke

Von AA, der Abkürzung für Auswärtiges Amt, bis Zweizonenwirtschaftsrat kann man im „Lexikon Deutschland nach 1945" von Friedemann Bedürftig alles über die deutsche Geschichte zwischen 1945 und 1995 erfahren. Und dies nicht in einem geschlossenen Text, sondern unter den jeweiligen alphabetisch angeordneten Stichwörtern, die gezielt informieren, durch Querverweise aber auch das Erarbeiten von Hintergründen ermöglichen. Dabei hat sich der Autor, der bereits ein Lexikon über das Dritte Reich verfasst hat, bewusst auf Jugendliche und junge Erwachsene eingestellt. Jeder Benutzer kann sich nach eigenen Fragestellungen informieren – und dies umfassend und schnell. Sicherlich gibt es Stichwörter und Personen, die ihr jetzt nicht benötigt. Aber ihr könnt das Lexikon auch noch in ein paar Jahren sinnvoll und mit Gewinn verwenden. Beim Durchblättern entdeckt man Biografien von Politikern wie Adenauer, Sachbegriffe wie Auschwitzlüge, Brandenburger Tor, Berliner Mauer, Demontage, Establishment oder Frauenbewegung und stößt dann auf Seite 166 auf Fußballweltmeisterschaft 1974:

Fußballweltmeisterschaft
War schon 1972 bei den Olympischen Spielen die DDR mit der als „Spalterflagge" im Westen angefeindeten Fahne mit
5 dem Hammer-und-Zirkel-Emblem präsent gewesen, so war ihr Auftritt bei der Fußballweltmeisterschaft 1974 in der Bundesrepublik bereits ein Stück Normalität. Spannung kam dennoch durch
10 die Tatsache auf, dass sie mit der Bundesrepublik in eine Gruppe gelost wurde, sodass es am 22.6.1974 zum „Bruderkampf" kam. Die hoch favorisierte westdeutsche Elf mit Kapitän Franz
15 Beckenbauer unterlag – „schmählich", wie viele es sahen – in Hamburg den ostdeutschen Kickern um den Schützen des einzigen Tores Jürgen Sparwasser. Doch während die DDR in der nächsten Runde
20 scheiterte, gewann die bundesdeutsche Auswahl im Münchener Endspiel mit 2:1 über die Niederlande zum zweiten Mal nach 1954 den Weltmeistertitel.

Viele von euch interessieren sich für ihre berufliche Zukunft. Auf Seite 228 des Lexikons findet ihr das Stichwort Jugendarbeitslosigkeit. Darunter folgt das Stichwort Jugendprotest. Das wurde schon in einem Kapitel hier behandelt. Jetzt könnt ihr selbst über den Artikel urteilen.

Jugendprotest
Der Generationenkonflikt ist so alt wie die Menschheit, wird aber in ganz unterschiedlicher Form ausgetragen. Nach
5 der Zeit des Wiederaufbaus wurde er erstmals Ende der 1950er-Jahre in der Bundesrepublik deutlich in der Bewegung der sog. Halbstarken, die durch betont flegelhaftes Benehmen, Vandalis-
10 mus, Bandenbildung u. a. die Erwachsenen provozierten, deren Leitbilder noch Drill, Disziplin, Fleiß und Gehorsam waren; Erkennungsmusik: Rock'n'Roll. Mitte der 1960er-Jahre setzte eine neue
15 Welle des Jugendprotests ein, der sich durch Übernahme von Verweigerungshaltungen der sog. Hippies („die Karrieren den gescheiterten Existenzen überlassen"), neue Spiritualität (Jesus People
20 u.a.) und Bruch mit Konventionen und Kleiderordnung (Langhaarigkeit u.a.) auszeichnete; Erkennungsmusik: Beat. Das mündete schließlich in die bis in die Politik wirkende Studentenbewegung
25 mit ihren neuen Lebensformen (Kommunen, Kinderläden u.a.), der Renaissance des Marxismus-Leninismus und dem grundsätzlichen Infragestellen jeglicher Autorität.
30 Dieser „linke" Protest wurde in den 1980er-Jahren abgelöst durch „rechte" Aggression (Skinheads, Faschos u.a.), die sich bis zu Neonazismus steigerten. Daneben steht ein inhaltsloser Protest
35 der Konsumjugend der 1990er-Jahre; Erkennungsmusik: Techno.

Friedemann Bedürftig
Taschenlexikon
Deutschland nach 1945
PIPER

Verzeichnis der Namen, Sachen und Begriffe

Verwendete Abkürzungen:
afri. = afrikanisch; ägypt. = ägyptisch; amerik. = amerikanisch; arab. = arabisch; brit. = britisch; dt. = deutsch; Dtl. = Deutschland; engl. = englisch; europ. = europäisch; frz. = französisch; israel. = israelisch; ital. = italienisch; jap. = japanisch; jüd. = jüdisch; Kg./Kgn. = König/in; Ks./Ksn. = Kaiser/in; kuban. = kubanisch; österr. = österreichisch; poln. = polnisch; Präs. = Präsident; röm. = römisch; russ. = russisch; schwed. = schwedisch; sowj. = sowjetisch; soz. = sozialistisch; span. = spanisch; tschech. = tschechoslowakisch; ungar. = ungarisch

Hinweise:
▷ Verweis auf ein Stichwort
~ ersetzt das Stichwort bei Wiederholung
hier wird der Umgang mit bestimmten Materialien besonders geübt.
Halbfett gesetzt sind historische Grundbegriffe, die im Mini-Lexikon des Buches erläutert werden. Die halbfette Seitenzahl gibt den Fundort an.
Bei Herrschern und kirchlichen Amtsträgern werden Regierungs-,(Amts-)daten, bei anderen Personen Lebensdaten angegeben.

Abkommen von Oslo 706
Abrüstung 548, 562, 676, 722; ~skonferenz 549; ~sverhandlungen 546
Adel 506, 516
Adenauer, Konrad (1876–1967), erster dt. Bundeskanzler (1949–1963) 738, 740, 760, 774, 782f. ▷ Bundesrepublik Deutschland
Adriano, Alberto (gest. August 2000), Opfer rechtsextremer Gewalttäter 747
Afrika 526f., 530ff., 534f., 538ff.
Aldrin, Edwin (*1930), amerik. Astronaut 570 ▷ Mondlandung
Ägypten 700f., 706, 715, 720
Afghanistan 686
Afrika 672, 714, 717; Nord~ 696, 708
Agenda 21 716 ▷ Nord-Süd-Konflikt
Alexander II. (1818–1881), russ. Zar (1855–1881) 576
Allianz 544, 767 ▷ Alliierte, Bündnis
Alliierte 544f., 556f., 566, 588, 592, 594, 600f., 620, 648, 651, 657, 660, 662, 670, 675ff., 725, 728, 732, 762f.
Alphabetisierung 583
Amerika, Amerikaner 566ff., 593, 618, 670, 680, 686, 689, 717f., 737 ▷ USA
„American Way of Life" 564; ~ – ein Modell für die Welt? (Projekt) 574f.
Amnestie 578
Analyse 655
Die Angst war gesamtdeutsch (Projekt) 690f.
Annexion 546
Anti-Baby-Pille 748f.
Antisemitismus 504, **643**, 655, 699 ▷ Judenverfolgung, Pogrom
APO (außerparlamentarische Opposition) 756, 758 ▷ Opposition
Apartheid 537
Appeasement-Politik 648f.
Arabische Liga 700
Arafat, Jassir (*1929), PLO-Führer 699, 701ff., 706f. ▷ israel.-arab. Konflikt

Aralsee 692f.
Arbeit 502, 506, 508f., 541, 595, 602, 605, 608, 614, 620, 670, 692, 704, 709, 718, 729ff., 738, 743, 749f.; ~sbedingungen 605; ~skräfte 536, 540; ~splatz 507, 522; ~szeit 743
Arbeiter/Arbeiterinnen 502, 515, 519, 526, 548, 559, 565, 569f., 577ff. 583, 588, 594f., 597, 602, 605, 609, 614, 624, 628f., 635, 661, 669, 675, 682, 684, 693, 704, 714, 736, 739, 742f., 746; ~aufstand 742, 757, 759, 763, 782; ~bewegung 548, 595, 624, 628, 734; ~klasse 501, 547, 618, 739, 745; ~viertel 506
Arbeitslosigkeit 568, 588, 624, 632ff., 640, 713, 734, 768; ~ in Dtl. 618, 632ff., 640, 768; ~ in den USA 568, 588; Massen~ 549, 612, 614, 618, 718
Arier 642 ▷ Rassenlehre
Armee 496, 506, 510, 547, 554, 566, 579ff., 588, 596, 613, 624, 628, 650f., 660, 676, 670, 683, 685, 702f., 722, 732f., 740, 756, 762; amerik. ~ 566; dt. ~ 554, 596, 613, 628, 651, 660; frz. ~ 554; israel. ~ 670, 702f.; russ. ~ 579ff., 588, 660, 676, 683, 685, 722, 732f., 762
Armstrong, Neil (*1930), amerik. Astronaut 570 ▷ Mondlandung
Armut, Arme 678, 722
Arroganz der Macht 708
Artikel 48 598, 758
Atlantik-Charta 675f.
Atommacht 670; ~bombe 670, 723; ~krieg 683, 688; ~ waffen 688f.
Aufbau Ost 768 ▷ Wiedervereinigung
Aufschwung Ost 768
Aufstand, Aufständische 524, 532, 540, 578f., 616, 657, 702, 704, 742, 757, 759, 763, 782; ~ der Hereros 528, 540; ~ in Ungarn 683; ~ in Dtl. 657, 682, 684, 742, 757, 763, 782; ~ in Russland 578f.
Auschwitz 652ff. ▷ Völkermord
Aussiedler 746
Auswanderung, Auswanderer 642
Auto 550, 568ff., 740; ~mobil 516f.
Autonomie 700f., 703, 722 ▷ israel.-arab. Konflikt
autoritär 756

Bahr, Egon (*1922), dt. Politiker 744 ▷ Wandel durch Annäherung
Balkan 544, 546, 551, 562
Barak, Ehud (*1942), israel. Politiker und Ministerpräs. (1999–2001) 702
Barbarossa-Sage 521
Batista, Fulgenico (1901–1973), kuban. Diktator 688
Bauhaus 606f.
Bauern 504, 506, 712, 739; ital. ~ 624; russ./sowj. ~ 576ff., 580, 582f., 588; ~befreiung in Russland 574, 588
Beamte, 506, 518, 530, 532, dt. ~ 617, 624f., 629, 636, 642, 650, 656
Bebel, August (1840–1913), dt. Sozialist 499, 549
Beck, Ludwig (1880–1944), dt. Widerstandskämpfer 656 ▷ Widerstand
Befragung – Demokratie in Deutschland auf dem Prüfstand (Projekt) 610f.
Begin, Menachem (1913–1992), israel. Ministerpräsident (1977–1983) 701, 705
Bekennende Kirche 657
Belgien 550ff., 557, 560, 562, 678

Ben Gurion, David (1886–1973), israel. Politiker 697f. ▷ Israel
Benz, Carl Friedrich (1844–1912), dt. Ingenieur 517
Berlin 494, 511, 513f., 516ff., 526, 530, 542, 551, 563, 566, 591ff., 602ff., 616f., 620, 631, 635, 642, 648ff., 656, 658f. 664, 666, 670, 674, 676, 682, 687, 690, 708, 717, 724ff., 736f., 740, 742, 744, 752ff., 762ff., 768, 770, 772f., 782; ~ Blockade 763f.; ~-Brandenburg 772
Berliner Mauer 674, 692, 696, 714, 722, **726f.**, 742, 745, 763f., 767, 769f., 779, 782f. ▷ Ost-West-Konflikt, Wiedervereinigung
Bevölkerung 504, 518, 527, 532f., 538, 546, 552, 562, 718, 780; arab. ~ 698; ~ der USA 566, 566f., 570ff., 588, 670, 686, 693, 700; dt. ~ 542, 550, 592ff., 602, 609, 611, 613, 618, 628, 632ff., 644f., 649, 660, 662, 727, 729, 742, 757, 759, 782; engl. ~ 545; jüd. ~ 643, 650, 666, 700; poln. ~ 651; span. ~ 626f.; ~sexplosion 713; ~ Russlands 578f., 581f., 584f., 588; Welt~ 526, 540, 712; Zivil~ 558, 592, 699, 720, 728, 758
Biermann, Wolf (*1936), DDR-Liedermacher und -Dissident 752, 756
Bilder machen Geschichte 587
Bildungsbürgertum 500
Binnenmarkt 774, 782
Bismarck, Otto v. (1815–1898), preuß. Ministerpräs. und Reichskanzler (1871–1890) 502, 544, 562 ▷ Deutsches Reich
Bizone 736
Black-Power 573 ▷ Bürgerrechtsbewegung
Blauhelme 720 ▷ UN-Einsatz
blockfreie Staaten 700
Boatpeople 686 ▷ Vietnamkrieg
Bolschewiki (radikaler Flügel der russ. Arbeiterpartei) 578, **579f.**, 588 ▷ Menschewiki
Bonhoeffer, Dietrich (1906–1945), dt. Theologe und Widerstandskämpfer 657 ▷ Widerstand
Bosnien 694, 720
Brandenburger Tor 727, 762f., 765, 783
Brandt, Willy (1913–1992), dt. Bundeskanzler (1969–1974) 744f., 760f., 770, 782 ▷ Ostpolitik
Braun, Karl Ferdinand (1850–1915), dt. Physiker, Braunsche Röhre 516
Breschnew, Leonid (1906–1982), sowj. Politiker (1964–1982) 584, 683, 685, 692f.
Briand, Aristide (1862–1932), frz. Politiker 604
British Union of Fascists 626
Brüning, Heinrich (1885–1970), dt. Reichskanzler (1930–1932) 613 ▷ Notverordnung
Bubikopf 608, 640
Bücherverbrennung 635
Bulgarien 778
Bundesrepublik Deutschland 498, 610f., 662, 672, 689, 722, 725f., 738ff., 754, 756ff., 766f., 774, 782f.
Bundestag 725, 738f. 741, 756, 758, 760f., 763, 766, 775
Bundesstaat 780
Bündnis/~se 544f., 562; ~partner 550; ~systeme 502, 544ff., 560, 700; Offensiv~ 544f.; Verteidigungs~ 544f.
Bürger 498, 504, 510f., 516, 518, 520, 522; ~initiativen 756; ~krieg 538, 548, 580ff., 587f., 613, 624, 626f. 672, 677f., 694, 720; ~rechtler 564, 572; ~rechtsbewegung 573, 588

Verzeichnis der Namen, Sachen und Begriffe

Bürgerliches Gesetzbuch (BGB) 520, 522
Bush, George (*1924) US-Präs. (1989–1993) 694f.

Carter, James Earl (*1924), US-Präs. (1977–1981) 700f.
Castro, Fidel (*1926), kuban. Revolutionär und Diktator (1959–) 688 ▷ Kubakrise
CDU (Christlich Demokratische Union) 734ff., 739ff., 744, 756, 760f., 765ff.
China, Chinesen 670, 686
Cholera 516
Christen 534, 696ff., 722
Chruschtschow, Nikita Sergejewitsch (1894–1971), sowj. Staatschef (1953–1964) 584f., 588, 685, 688f., 962
Churchill, Sir Winston (1874–1965), brit. Premierminister (1940–1945, 1951–1955) 674ff.
Clay, Lucius D. (1897–1978), Gouverneur der US-Zone (1947–1949) 736f.
Clemenceau, Georges (1841–1929), frz. Politiker 529
Clinton, Bill (*1946), US-Präs. (1993–2001) 736
Computer 712, 718, 776f.
Containment-Politik 677, 680
CSU (Christlich Soziale Union) 734, 738, 744, 760, 763, 765

Dampfmaschine 516
Dänemark, Dänen 496, 500, 504, 515
DDP (Deutsche Demokratische Partei) 598, 620
DDR (Deutsche Demokratische Republik) 658, 662, 672, 681ff., 722, 725ff., 738ff.
Demokratie, Demokraten 496, 498, 500, 567, 579, 581, 590ff., 624, 656, 666, 674, 679, 683, 722, 725, 734ff., 741, 744, 750, 756, 758, 762f., 765f., 777f., 782
Demonstration 592, 596, 613, 626, 644f., 663f., 668, 673, 702, 726f., 757f., 768
Demoskopie kann Auskunft über die Meinung von Zeitzeugen geben 781
Denkmäler als Zeitzeugen 761
Depression 568
Dessau 606f., 747 ▷ Bauhaus
Deutsch(e)/land 496f., 502f., 510f., 515f., 520ff., 526, 529ff., 540, 546ff., 550ff., 592f., 600f., 610ff., 628ff., 648ff., 690f., 724ff., 774, 782f.; ~lied 520
Deutsche Arbeitsfront (DAF) 628, 637
Deutsche Christen 657
Deutsche Frage 649, **726** ▷ Wiedervereinigung
Deutsches Reich 496ff., 503, 520ff., 527, 530ff., 540, 544, 553, 599ff., 635f., 649ff, 660
Diaspora 696f.
Dienstmädchen 507f., 514
Diepgen, Eberhard (*1914), dt. Politiker und Regierender Bürgermeister von Berlin (1991–2001) 772 ▷ Berlin-Brandenburg
Diktatur 602, 607, 613, 616, 618, 620, 622ff., 675, 682, 686, 739, 757f., 762, 768, 770, 778, 782; stalinistische ~ 586
Diskriminierung 504
Disneyland 570
Dissidenten 692, 757
DM (Deutsche Mark) ▷ Währungsreform
DNVP (Deutschnationale Volkspartei) 597, 610, 612
Dohnanyi, Klaus von (*1928), dt. Politiker u. Erster Bürgermeister von Hamburg 770
Dolchstoßlegende 596, 620
dritte industrielle Revolution 718

Dreibund 503
Dreiklassenwahlrecht 498, 500
Dritte Welt 538, 712ff., 717, 722
Drogenkonsum 570
Dualismus 469
Dubček, Alexander (*1921), tschech. Reformpolitiker (1963–1968) 683 ▷ Prager Frühling
Dutschke, Rudi (1940–1979), APO-Führer 756 ▷ Opposition
DVP (Deutsche Volkspartei) 612, 619

Ebert, Friedrich (1871–1925), erster dt. Reichspräs. (1919–1925) 594f., 597ff., 621
Edelweißpiraten 636 ▷ Widerstand
Eichmann-Prozess 662
Eingeborene 545
Einheit, deutsche 770
Einstein, Albert (1879–1955), dt. Physiker und Nobelpreisträger 604, 670, 680
Einwanderung, Einwanderer 699f.; ~ in die USA 674 ▷ Auswanderung
Eisenbahn/~bau 524, 526, 544, 550, 576f., 582;
Eisenhower, Dwight D. (1890–1969), US-Präs. (1953–1961) 570, 686
Eiserner Vorhang 674, **677,** 682, 714, 726, 741, 774, 776f., 782 ▷ Ost-West-Konflikt
Elektrifizierung 583
Elektromotor 516
Elsass-Lothringen 496f., 520, 553
Emanzipation 748
England, Engländer 526f., 530, 536f., 544f., 551, 553ff., 566, 576, 621, 626, 648ff., 660, 679, 689, 752, 775
Enola Gay 670 ▷ Atombombe
entartete Kunst 606
Entente cordiale 544
Entnazifizierung 662, 734
Entstalinisierung 584 ▷ Chruschtschow
Entwicklungshilfe 716, 718
Entwicklungsländer/unterentwickelte Länder 538, 670, 700, 712ff.; ~ politik 716 ▷ Nord-Süd-Konflikt
Erez Israel 696f., 705
Erhard, Ludwig (1897–1977), dt. Wirtschaftsminister (1949–1963) 736, 740 ▷ Wirtschaftswunder
Erfindung 516
Erfurter Programm (SPD) 501
Ermächtigungsgesetz 616, 628
Erste Welt 712
Estland 778
Erzählte Geschichte – Oral History 685
EU-Beitritt 778
Euro 780, 782
Eurobarometer 780
Europa, Europäer 496, 504, 516, 520, 522, 526ff., 530, 533, 536, 540, 544ff., 552, 650f., 670ff., 676ff., 688f., 694, 774ff.; ~ der Regionen 772
Europäisch; ~e Atomgemeinschaft (Euratom) 774; ~ e Gemeinschaft (EG) 774, 782; ~ e Kommission 775; ~ e Union (EU) 774; ~ e Verteidigungsgemeinschaft (EVG) 740; ~ e Wirtschaftsgemeinschaft (EWG) 774, 778, 782; ~er Rat 775; ~es Parlament 774, 780
Euthanasie 646f.
Expansion 544

Faire Preise ▷ Nord-Süd-Konflikt
Falange (Stoßtrupp), spanische Faschistengruppe 626 ▷ Faschismus
Wir bearbeiten einen Konflikt als Fallstudie 697

Faschismus, Faschisten 624, **625ff.,** 636, 660, 662, 666, 680, 758
FDP (Freie Demokratische Partei) 734ff., 744
23. Februar 1917 576
Fechter, Peter (gest. 17.8.1962), Maueropfer 742
Feininger, Lyonell (1871–1856), amerik. Maler dt. Herkunft 607 ▷ Bauhaus
Fischer, Joschka (*1948), dt. Außenminister 768
Flotte 526f., 535, 546f., 550, 562, 594; ~npolitik 547; ~nvorlage 547; ~n-Wettrüsten 546f.; Kriegs~ 546, 556, 594
Flucht, Flüchtlinge 655f., 662, 669, 697, 702, 722, 726, 728, 731ff., 740, 742, 763, 768
Fortschrittliche Volkspartei 501
Franco Bahamonde, Francisco (1892–1975), span. General und Diktator (1936–1973) 626, 666 ▷ Faschismus
Frankreich 496, 502, 520f., 526f., 529, 532f., 536, 540, 544ff., 560, 566, 576, 600, 604, 648ff., 669f., 679, 686, 698, 736, 740, 760, 774
Frauen 501, 513ff., 518, 522, 528, 558, 608, 627; ~arbeit 568, 609, 749; ~bewegung 501, 513ff., 748f., 756, 783; ~tag 515 ~wahlrecht 500, 514, 597ff., 605, 609; ~zeitung 514f.; Allgemeiner dt. ~verein 501, 513f.; amerik. ~ 556; dt. ~ 563, 597f., 601, 605, 608f., 620f., 640f., 646, 650ff., 657ff, 697, 702, 709, 729f., 742f., 748ff., 768; russ. ~ 576f., 580, 582, 585
Freiheit/~en 496, 499f., 520, 540, 557, 569, 573, 581, 584, 675, 678, 680, 684, 692, 726, 735f., 739f., 758; ~sstatue 564, 674; politische ~ 569, 579, 697; ~ und Gleichheit 572, 578; Rede~ 578, 678; Versammlungs~ 578, 683 ▷ Grundrechte, Menschenrechte, Pressefreiheit
Freikorps 596f.
Frieden 548f., 551, 556f., 566f., 592, 600, 648f., 666, 672f., 678f., 688f., 700ff., 720f., 738ff., 760f.; ~sbedingungen 592, 600; ~sbewegung 543, 548, 562, 706, 756f.; ~snobelpreis 543, 548, 588, 701, 703; ~s-Pipeline 711; ~spolitik 548, 672, 721; ~sverhandlungen 556f., 566, 701; ~svertrag 556, 590, 600f., 620, 701, 706, 720, 722; Sieg~ 556f.; Verständigungs~ 556
Frieden sichernde Maßnahmen 720 ▷ UN-Einsatz
Friedenstruppe 720
Führerprinzip 628 ▷ Hitler
Fünfjahresplan 584

Gastarbeiter 740, 746f.
Gauck-Behörde 768
Gaulle, Charles de (1880–1970), frz. Staatspräs. (1958–1969) 760
Gaza-Jericho-Abkommen 703 ▷ israel.-arab. Konflikt
Gaza-Streifen 702ff.
Geheimpolizei 584
Geschichtsdenkmal 560
Gesellschaft/~en 494, 501ff., 506, 511, 516ff., 522, 535, 608, 620, 626ff., 632, 662, 675, 686, 692f., 708f., 718, 749, 756, 782; ~sordnung 535, 580, 693; Aktien~ 559; gerechte ~ 580
Gestapo (Geheime Staatspolizei) 630f., 638, 644f., 653 ▷ Nationalsozialismus
Getto 570, 652ff., 760
Gipfel von Rio 716f., 722 ▷ Agenda 21
Glasnost 692, 782
Gleich; ~berechtigung 504, 514, 598, 609, 634, 642, 648, 672, 748, 750f.; ~gewicht der Mächte 544, 600; ~schaltung 628f. ▷ NS-

785

Verzeichnis der Namen, Sachen und Begriffe

Staat; ~stellung 748f.
Globalisierung 718f.
Godesberger Programm 740 ▷ SPD
Goebbels, Joseph (1897–1945), NSDAP-Funktionär und Propagandaminister (1933–1945) 615, 633, 635, 660, 662
Goerdeler, Carl Friedrich (1884–1945), dt. Widerstandskämpfer 656 ▷ Widerstand
Gorbatschow, Michail (*1931), Generalsekretär der KPdSU (1985–1991) 689, 692, 694f., 720, 722, 726, 766, 778 ▷ Glasnost, Perestroika
Griechenland, Griechen 557, 650, 657, 677f., 715, 746, 778
Großbritannien 544f., 556f., 562, 566, 570, 645, 649, 660, 670f., 698, 778 ▷ England
Große Koalition 612f.
Gropius, Walter (1883–1969), dt. Architekt 606 ▷ Bauhaus
Grotewohl, Otto (1894–1964) DDR-Ministerpräs. 738
Grundgesetz 610f., 738f., 744, 756, 758, 766 ▷ Bundesrepublik Deutschland
Grundlagenvertrag 744 ▷ Ostpolitik
Grundrechte 576, 598, 616, 738, 750, 758 ▷ Menschenrechte
Grüne 756, 768, 770
Guerillakrieg 688
Guernica 623, 627, 661
Gulag 585 ▷ stalinistischer Terror
GUS (Gemeinschaft Unabhängiger Staaten) 694, 712
Guter Ton 515
Gutsherr 499

Hagen, Nina (*1955), Rocksängerin 752
Hahn, Otto (1879–1968), dt. Chemiker 670
Hallstein-Doktrin 744
Handel 526f., 530f., 533, 535, 604, 736; ~sgesellschaft 537; Welt~ 719
Haus Europa 778
Havemann, Robert (1910–1982), DDR-Dissident 757
Hegemonie 776
Heimarbeit 514, 517
heißer Draht 688 ▷ Ost-West-Konflikt
Herzl, Theodor (1860–1904), österr. jüd. Politiker 699 ▷ Zionismus
Heuss, Theodor (1884–1963), dt. Bundespräs. (1949–1938) 738
Himmler, Heinrich (1900–1945), „SS"-Führer der NSDAP 628, 630, 659, 662 ▷ SS
Hindenburg, Paul v. (1847–1934), dt. General und Reichspräs. (1925–1934) 552, 556, 558, 592, 612f., 620, 628 ▷ Dolchstoßlegende
Hippies 570
Hirohito (1901–1989), jap. Ks. (1926–1989) 670
Hiroshima 660, 670f., 723 ▷ Atombombe
Hitler, Adolf (1889–1945), dt. Reichskanzler u. Diktator (1933–1945) 590, 602f., 613, 616ff., 620, 622, 625, 628ff., 632, 634, 636ff., 641, 644, 646, 648ff., 656f., 659ff., 666 ▷ NSDAP
Hitler-Jugend (HJ), Jugendverband der NSDAP 636ff., 659
Holocaust 652, 654, 666 ▷ Judenverfolgung
Honecker, Erich (1912–1994), DDR-Staats- und Parteichef (1976–1989) 744f., 752f., 768
Hoover, Herbert Clark (1874–1964), Präs. der USA (1929–1933) 569
Hunger/~snot 549, 562, 593, 601, 736; in Dtl. 562, 592, 662, 729f.; ~ in der Sowjetunion 579, 585

Ideologie 635f., 641, 678, 695

IM (Inoffizielle Mitarbeiter) ▷ Stasi
Imperialismus 524f., **526ff.**, 546, 548, 668, 676, 679f., 764
Indianer, indianische Bevölkerung 573
Industrie 516, 522, 526, 528f., 531, 540, 559, 566, 576, 582ff., 588, 594, 613, 692, 710, 718; ~länder/~staaten 522, 526, 538, 576, 582ff., 588, 612, 626, 712, 714ff., 722 ▷ Nord-Süd-Konflikt; Kriegs~ 559; Rüstungs~ 632, 634, 640, 660
Inflation 602f., 620
Informationen sammeln und auswerten 665
Internationale Brigaden 627
Intifada 702ff., 706 ▷ israel.-arab.-Konflikt
Irak 711
Israel 696ff., 720, 722
Israelisch-arabischer Konflikt 696ff., 722
Italien, Italiener 544f., 557, 562, 624, 626, 649f., 660, 666, 673, 678, 746, 774

Japan 553, 557, 660, 666, 672f., 679, 712
Jazz 604
Jelzin, Boris (1931), russ. Reformpolitiker und Präs. (1991–2000) 694
Jerusalem 694, 696ff., 698, 702, 708f., 711
Jewish Agency for Palestine 698
Johannesburg 524
Jordan 710
Juden 504f., 523, 626, 639, 642ff., 650, 652f., 663, 696, 698ff., 704, 706, 710, 722, 762
Judenverfolgung 633, 644; ~vernichtung 654 ▷ Pogrom
Jugendkultur 752; ~protest 783 ▷ Rockmusik

Kaiser 496ff., 502, 504, 510, 512f., 518, 520ff., 531f.; ~reich 494ff., 506, 510, 512f., 518ff.
Kalter Krieg 570, **677ff.**, 689f., 694, 722, 760, 762, 782 ▷ Ost-West-Konflikt
Kamarilla 613
Kamenew, Leo (1883–1936), sowj. Politiker 586f.
Kandinsky, Wassily (1866–1944), russ. Maler 607 ▷ Bauhaus
Kapitalismus/~isten 548, 580, 583, 595, 626, 676, 685, 693, **734**, 777
Kapitulation 650f., 660, 666, 670, 724, 728, 730
Karikatur 497, 502, 506, 511, 513, 518, 524, 544, 547, 564, 585, 590, 599, 604, 608, 613, 616ff., 624, 649, 665, 670, 672, 674, 679, 683, 688, 692, 695, 700, 703, 706f., 709, 716, 736, 744ff., 748ff., 761, 769f., 774, 779ff.
Kasachstan 746
Katholiken 502
katholische Kirche 502
Kennedy, John F. (1917–1963), US-Präs. (1961–1963) 573, 688f. ▷ Kubakrise
Kibbuz, Kibbuzim **704ff.**, 711
King, Martin Luther (1929–1968), amerik. Bürgerrechtler 564, 572, 588
Klagemauer 696
Klassenfeinde 580, 582
Klee, Paul (1879–1940), dt. Maler 607 ▷ Bauhaus
Kleinbürger 507
Kleiner Grenzverkehr 744 ▷ Ost-Politik
Koch, Robert (1843–1910), dt. Wissenschaftler und Nobelpreisträger 516
Kohl, Helmut (*1930). dt. Bundeskanzler (1982–1998) 744f., 763, 766ff. ▷ Wiedervereinigung
Kolchos (Genossenschaften in der Sowjetunion) **582**, 584
Kollektivierung 582f.; Zwangs~ in der Sowjetunion 588

Kollwitz, Käthe (1867–1945), dt. Künstlerin 560f.
Kolonial, ~macht 530, 532, 686, 698, 700; ~politik 528ff., 535, 544; ~reiche 626; ~zeit 714
Kolonie/~n, Kolonisten 524ff., 540, 626, 660, 699; amerik. ~ 687; dt. ~ 544, 547, 552f.
Kombinat 582
Kommission für unamerikanische Umtriebe 680 ▷ Kommunistenverfolgung
Kommune 749, 751
Kommunismus/Kommunisten 570, 572, **580**, 582ff., 613, 616f., 626, 629ff., 650, 656, 666, 676ff., 683, 686, 693, 734ff., 749
Kommunistenverfolgung 680
Kommunistische Partei der Sowjetunion (KPdSU) 584f., 679, 683, 685, 689, 692f., 694
Konferenz von Teheran 675; ~ von Jalta 675f., 683, 722 ▷ Ost-West-Konflikt
Kongo 528, 530, 532; ~frage 530
Konvention 716
Konzentrationslager (KZ) 630f., 642, 644, 650, 652f., 657, 662f., 665
Kopelew, Lew (1912–1997), russ. Schriftsteller 585
Korea 686, 712, 714, 718, 720
Kosovo 694
KPD (Kommunistische Partei Deutschlands) 515, 596f., 619, 734f, 738, 756
Kraft durch Freude (KdF) 633
Kreml (Sitz der russ. Regierung in Moskau) 584, 683, 688, 692
Krieg 496f., 502, 510, 520f., 529, 537, 540, 542ff., 548ff., 566f., 570f., 578f., 580, 592, 600, 605, 608, 618, 621, 627, 633f., 636, 639, 648ff., 666, 670f., 676, 686ff., 699ff., 710, 720, 722, 737, 740, 777; ~sgefahr 548; ~smaterial 552, 556, 562, 582; ~sschauplatz 552; ~szustand 550; Angriffs~ 548, 689; Bewegungs~ 552; dt-frz. ~ 494; Krim~ 576; Stellungs~ 552, 562; U-Boot~ 556, 562, 566; Unabhängigkeits~ 566, 675, 700 ▷ Bürgerkrieg
Kriegsrecht 558
Krise/~nherde 544, 546, 562, 588, 612, 682, 688, 690, 696, 719, 758, 763
KSZE (Konferenz über Sicherheit und Zusammenarbeit in Europa) 688, 695; ~-Schlussakte 692
Kuba 688f., 746, 776; ~krise 619, 722
Kufija 704 ▷ Palästinenser
Ku-Klux-Klan 572
Kulaken 582
Kultur 566, 575, 644, 709, 735, 745f., 771; ~kampf ▷ Bismarck

Leibeigenschaft 576
Lenin, Wladimir Iljitsch Uljanow (1870–1924), russ. Revolutionär u. Staatsmann (1917–1924) 576, 578ff., 669, 684
Lettland 778
Liberalismus/Liberale 497, 500f., 569
Liebknecht, Karl (1871–1919), dt. Sozialist 594ff., 631, 756, 762
Liebknecht, Wilhelm (1826–1900), dt. Politiker 533
Lindenberg, Udo (*1946), dt. Rocksänger 752f.
Linke/~ Politiker 500
Litauen 778
Locarno 604
London 568, 626, 661
Ludendorff, Erich von (1865–1937), dt. General 552, 556, 592f., 602

Verzeichnis der Namen, Sachen und Begriffe

Luftbrücke 736f., 763, 780 ▷ Berlin
Luftschiff 516ff.
Luxemburg, Rosa (1870–1919), dt. Sozialistin 535, 596, 631, 756

Maastricht 780
Mägde 518
Mandatsgebiet 698 ▷ israel.-arab. Konflikt
Manhattan-Projekt 670
Markt/Märkte 568, 674, 676, 693, 712, 718f., 768, 774, 776; Welt~ 568, 604
Marktwirtschaft 694, 734, 736, **740**, 766f., 770, 778
Marschallplan 677, **678**, 681f., 736
Marsch auf Washington 564
Marx, Karl (1818–1883), dt. Philosoph u. soz. Theoretiker 501 ▷ Kommunismus
Marsch auf Washington 564
Mauerfall 771
Maueröffnung 771
McCarthy, Joseph (1909–1957), US-Senator (1947–1954) 570 ▷ Kommunistenverfolgung
McDonalds 570
Medaillenspiegel 754f.
Medizin 516
Mehrheitswahlrecht 498
Menschenrechte 656, 672, 674, 688, 692, 708, 738, 778f.
Menschewiki (gemäßigter Flügel der russ. Arbeiterpartei) 578, **579** ▷ Bolschewiki
Mies van der Rohe, Ludwig (1886–1969), amerik. Architekt dt. Herkunft 606f. ▷ Bauhaus
Militär 499, 510f., 516, 522, 576, 592f., 595, 600, 613, 626, 660, 692, 694, 703, 763 ▷ Armee
Militarismus 511, 514; dt. ~ 566, 680; europ. ~ 548
Minderheiten 504, 572
Mittelschicht/~stand 499ff., 506, 514, 518, 522
Mittelstreckenraketen 689
Mittlerer Osten 696, 700, 708, 710f.
Mobilmachung 542, **550f.**, 562
Modrow, Hans (*1928) DDR-Ministerpräsident (1989–1990) 766
Moltke, Helmut Graf von (1800–1891), preuß. Generalfeldmarschall 496f., 520
Monarchie 499f.; konstitutionelle ~ 496, 498
Mondlandung 570
Monokultur 538, **539**
Montagsdemonstration 726 ▷ Wende
Montanunion 774, 782
Moskau 565, 576, 584, 586, 626, 670, 676ff., 688, 722, 776
Mosley, Sir Oswald Ernald (1896–1980), brit. Politiker 626 ▷ Faschismus
Mutterkreuz 640 ▷ NS-Ideologie
Mussolini, Benito (1883–1945), ital. Diktator (1922–1943) 622, 624f., 666

nachhaltige Entwicklung 717 ▷ Agenda 21
Nagasaki 660, 670 ▷ Atombombe
Nagy, Imre (1896–1958), ungar. Reformpolitiker u. Ministerpräs. (1953–1955; 1956) 683f.
Naher Osten 696, 698, 700ff., 706, 708, 710f.
Napalmbombe 687
Napoleon I. (Bonaparte) (1769–1821), Ks. der Franzosen (1804–1814/15) 544
Nationalismus 520ff., 782; großserbischer ~ 551
Nationalliberale 501
Nationalsozialismus, ~sozialisten 606f., 613, 616, 618, 620, 626, 628ff., 670, 732, 762f. ▷ NSDAP

Nationalstaat 698, 700, 726, 733, 762, 780
Nationalversammlung 595ff.; Frankfurter ~ 500; russ ~ 579
NATO 677, 689, 722, 740, 760, 766; ~-Doppelbeschluss 689
Neofaschismus 753
Netanjahu, Benjamin (*1949), israel. Politiker und Ministerpräsident (1996–) 702
Neue Sachlichkeit 606f.
Neue Welt 674
neue Weltwirtschaftsordnung 714f.
Neues Forum 766 ▷ Wende
New Deal 570, **568ff.**, 588
New York 564, 612, 674
NIC (Newly Industrializing Countries) 712 ▷ Schwellenländer
Nichtangriffspakt 649f.
Niederlande 678, 774
Nikolaikirche 726 ▷ Wende
Nikolaus II. (1868–1918), russ. Zar (1894–1917) 549, 576, 578, 588
Nischengesellschaft 748 ▷ Opposition
Nobel, Alfred (1833–1896), schwed. Chemiker u. Industrieller, Gründer der Nobelstiftung 548f.; ~preis 516, 604
Nomenklatura 692
Norddeutscher Bund 496
Nord-Süd-Konflikt 712ff
Notstandsgesetze 758
Notverordnung 598, 610, 613, 616, 628
NPD (Nationaldemokratische Partei Deutschlands) 747
NSDAP (Nationalsozialistische Deutsche Arbeiterpartei) 590, 602, 605, 610f., 613ff., 619, 628, 635f., 644, 652, 656, 666
Nürnberger Gesetze 642 ▷ Rassenlehre, ~ Prozesse 662

Obdachlose 495
Obrigkeit 510, 518
Oder-Neiße-Linie 732, 761
Offizier 510f.
One-World-Idee 676
Opel 517
Oppenheimer, Robert (1904–1967), amerik. Physiker 680
Opposition 628, 658, 677, 738ff. **756f.**
Ostblock 677, 682f. 693f., 712, 722, 776 ▷ Warschauer Pakt
Ostdeutschland 770
Österreich 496f., 504, 522, 544ff., 551, 553, 562f., 649f., 678, 726, 778; ~-Ungarn 544ff., 550f., 556f., 562
Osteuropa 746, 778
Ostpolitik 744, 760, 782 ▷ Brandt, Willy
Ost-West-Konflikt 674ff., 694, 696, 700, 702, 714, 721f.
Otto-Peters, Luise (1819–1895), Schriftstellerin und Journalistin 501, 514f.

Palästina, Palästinenser 696, **697f.**, 722 ▷ israel.-arab. Konflikt
Paris 550, 552, 562, 592, 666
Parlament 498f.
parlamentarische Demokratie 590, 610, 612f., 620, 624, 738, 756, 782
Parlamentarischer Rat 736
Partei/~en ▷ CDU, CSU, DDP, DNVP, DVP, FDP, Grüne, KPD, KPdSU, NPD, NSDAP, PDS, SED, SPD, USPD, Zentrum
Partisanen 651, 657
passiver Widerstand 656

Patriotismus 518
Pazifismus 548
PDS (Partei des Demokratischen Sozialismus) 765, 768 ▷ Wiedervereinigung
Pearl Harbor 660
Perestroika 694f., 782
Persilschein 662 ▷ Entnazifizierung
Peters, Carl (1865–1918), dt. Politiker 528, 531, 533
Pfalz 553
Pieck, Wilhelm (1876–1960), DDR-Präs. (1949–1960) 738
==Plakate als ein Mittel der politischen Auseinandersetzung 619==
Planwirtschaft 584, 588, 692, 742, 757, 782
PLO (Palestine Liberation Organization) **698**, 701ff., 705ff., 722 ▷ Arafat
Pogrom 642, **644**, 698
Polen 500, 504, 553, 644, 649f., 652, 666, 675f., 682f., 693, 732f., 745f., 760f., 766, 776ff.
polnische Teilungen 504
Politik 497f., 501, 504, 511, 520, 522, 526, 537, 544, 550, 580, 649, 692, 706, 708, 734, 739, 750, 780ff.; Außen~ 604, 648f., 695, 760, 774; Wirtschafts~ 632f., 737, 740; Welt~ 566, 588, 712
Polizei 576, 624, 628, 630, 658, 702; russ. ~ 576, 579; ~gewalt 630; Geheim~ 580, 584, 680, 682f.; Volks~ 759 ▷ Gestapo
Potsdam 632; ~er Konferenz 675, 683, 722, 732, 760; ~er Platz 517
Prager Frühling 691
Presse 602, 634, 678f., 683; ~freiheit 578, 683
Preußen 5496ff., 503f., 512, 514, 520, 522, 44; Ost~ 732; Rhein~ 553
preußische Grundordnung 507
Produktion 566, 604f., 640, 680, 682, 692, 718, 736; ~smittel 693, 730 ▷ Industrie
Proletariat/Proletarier 573, 575f., 579f., 589, 591
Propaganda 566, 609, 613, 617, 620, 626, 632, 640, 657, 666, 680
Protektionismus 718f.

Rabin, Jitzhak (1922–1995), israel. Ministerpräs. (1974–1977, 1992–1995) 702f., 706 ▷ israel.- arab. Konflikt
Räte 576, 578, **594ff.**
RAF (Rote Armee Fraktion) 756 ▷ Terrorismus
Rasse 504, 511, 529, 537, 640, 642, 650, 750; ~ndiskriminierung 570; ~nlehre 504, 636; ~trennung 572
Rassismus 536f., 652
Rat der Europäischen Union 774
Rat für gegenseitige Wirtschaftshilfe (RWG) 682, 776f., 782
Rechte (Parteien) 500
Rechtsradikalismus heute (Projekt) 664f.
Reich 520; ~sarbeitsdienst (RAD) 633, 635; ~sfeinde 498, 519; ~sgründung 496f., 502, 504, 522; ~skanzler 497ff., 522, 532, 535, 544, 546, 553, 594f., 599f., 613, 617f., 620, 628, 666f.; ~sspräsident 598, 610, 612ff., 620, 628, 738, 758
Reichskristallnacht 644
Reichskulturkammer 632
Reichspropagandaamt 633 ▷ Goebbels
Reichstag 547, 556, 594, 598f., 610, 612, 616f., 620, 676, 725, 762, **763ff.**
Remilitarisierung 648
Reparationen 600ff., 610, 648, 674
Revolution 496, 500, 514, 540, 576, 580f., 586,

Verzeichnis der Namen, Sachen und Begriffe

594, 620, 626, 629, 666, 718, 722, 726; russ. ~ 576, 586; russ. Februar~ 556, 586; russ. Oktober- 578; Sozialist. ~ 548, 578, 624
Rhodes, Cecil (1853–1902), brit.-südafri. Kolonialpolitiker 537
Rockmusik 752f. ▷ Jugendkultur
Rock in Ost und West – wie Rockmusik die Zeiten spiegelt (Projekt) 752f.
Roma 652
Röntgen, Wilhelm Conrad (1845–1923), dt. Physiker und Nobelpreisträger 516
Roosevelt, Franklin Delano (1882–1945), Präs. der USA (1933–1945) 568, 588, 670, 672, 674ff.
Rosenberg, Ethel und Julius 680
Rote Armee 580, 588, 660, 676, 683, 685, 722, 762
Rumänien 778
Runder Tisch 766 ▷ Wende
Russland, Russen 503f., 526, 544ff., 550ff., 556f., 561f., 576ff., 580, 588, 594f., 685, 694, 703, 720, 722, 736, 746; ~deutsche 746
Rüstung 546f., 549, 567, 570; ~sausgaben 547; ~swettlauf 546, 550 ▷ Abrüstung

SA (Sturmabteilung) **616,** 628, 630, 632, 637, 642, 644
Sachsen-Anhalt 770
Sadat, Anwar el (1918–1981), ägypt. Präsident (1970–1981) 700f.
Sahara 710
Satellitenstaaten 677, 687, 722 ▷ Ostblock
SBZ (Sowjetische Besatzungszone) 734ff., 762f., 782
Scharon, Ariel (*1928), israel. Politiker und Ministerpräs. (seit 2001) 702
Schauprozess(e) 584, 683
Scheel, Walter (*1919), dt. Außenminister (1969–1974) 744, 760
Scheidemann, Philipp (1865–1939), dt. Sozialist und erster Reichskanzler (Febr.–Juni 1919) 560, 594f., 598, 762
Schießbefehl 727, 742f. ▷ Berliner Mauer
Schindler, Oskar (1908–1974), dt. Unternehmer 654f.
„Schindlers Liste" – ein Film zum Holocaust (Projekt) 654f.
Schlemmer, Oskar (1888–1943), dt. Maler und Bildhauer 607 ▷ Bauhaus
Scholl, Hans (1918–1943), dt. Widerstandskämpfer 656 ▷ Weiße Rose
Scholl, Sophie (1921–1943), dt. Widerstandskämpferin 656f. ▷ Weiße Rose
Schriftsteller schreiben Geschichte(n) – wie man Jugendbücher befragt 509
Schröder, Gerhard (*1944), dt. Bundeskanzler (1998–) 768, 771
Schule 503f., 510f.; ~ in Preußen 512; ~ wie zu Kaisers Zeiten (Projekt) 512f.
Schumann, Robert (1886–1963), frz. Politiker 774 ▷ Montanunion
Schutzhaft 630f.
Schwarzer Freitag 612 ▷ Weltwirtschaftskrise
Schwarzmarkt 693, 729ff.
Schweiz 548, 552
Schwellenländer 712
Sechstagekrieg 700
SED (Sozialistische Einheitspartei Deutschlands) 726, 734, 736, 738, 742, 748, 750, 757, 763, 766 ▷DDR
Sedan 513
Selbstbestimmungsrecht 566, 592, 649, 676, **702f.,** 761

Serbien 546, 550f., 557
Shoa 652 ▷ Judenverfolgung
Sibirien 566, 746
Sicherheitsrat 672f. ▷ UNO
Siegermächte 544, 600, 604, 624, 662, 674, 677, 734, 762, 766
Siemens 516
Simplicissimus (Zeitschrift) 506
Sinti 652
Sit-in 570
Slowakische Republik 778
Slum 570
SMAD (Sowjetische Militärverwaltung) 734
Soldaten 528, 530, 532, 546, 548f., 552ff., 560, 592, 594ff., 656, 660, 662, 683f., 720, 733, 742f., 768; amerik. ~ 572, 653, 687; dt. ~ 546, 552f., 566, 592, 595, 650, 658, 660; frz. ~ 602; israel. ~ 702f.; russ. ~ 577f., 583, 587; sowjet. ~ 686
Solidarność 693
Souveränität 740
Sowjetisierung 676
Sowjets (Räte) 576, **578ff.,** 594
Sowjetunion (UdSSR) 564ff., 570, 580ff., 586, 588, 649f., 660, 668, 672, 674ff., 682ff., 692ff., 700, 720, 722, 726, 732, 736, 742ff., 746, 755, 766, 776ff.
Sozialdemokratie, Sozialdemokraten 502, 519, 522, 551, 596, 612, 630, 634, 656, 734, 762
soziale Marktwirtschaft 740, 766f.; ~ **Schichtung 506;** ~ Frage 533; ~Spannungen 540; ~r aufsieg 506, 518 ▷ Bismarck
Sozialgesetze 502 ▷ Bismarck
Sozialversicherung 502
Sozialismus, Sozialisten 580, 592, 595, 616, 624, 626, 666, 680, 683, 695, 709, 742, 755, 764, 767
Sozialistengesetz 502f., 522 ▷ Bismarck
sozialistische Bruderländer/~staaten 726, 755 ▷ Ostblock
Spanien 626f., 666, 746, 778
SPD (Sozialdemokratische Partei Deutschlands) 500ff., 552, 590, 594, 596ff., 612f., 619ff., 628, 634, 734f., 738, 740, 744, 756, 768
Spiel/Spielzeug 519
Spielfilme mit historischen Themen – genauer besehen 655
SS (Schutzstaffel) **628,** 630, 637, 653, 657
Staat/~en 494, 496, 501ff., 510ff., 520, 522, 538, 628f., 640, 698f., 738, 744, 756f.; National~ 522, 526
Staatenbund 780
Staatsbürgerrecht, neues 747
Staatsbürgerschaft, deutsche 747
Stalin, Josef (1879–1953), Generalsekretär des Zentralkomitees der KPdSU (1922–1953) 565, 582ff., 586ff., 650, 675ff., 734, 746, 776, 782; ~ schreibt seine eigene Geschichte (Projekt) 586f.
Stalingrad 660
Stasi (Ministerium für Staatssicherheit) 727, 757, 763, 766, 769 ▷ DDR
Stauffenberg, Berthold Graf Schenk von (1905–1944), dt. Widerstandskämpfer 634, 657 ▷ Widerstand
Stolpe, Manfred (*1936), dt. Politiker und Ministerpräs. von Brandenburg 772 ▷ Berlin-Brandenburg
Stoph, Willi (*1914) DDR-Ministerpräs. (1964–1973, 1976–1989) 744f.
Straßenbahn 516
Straßenkämpfe 596, 613
Strategie 554
Streik 578, 588, 592, 596, 614, 620, 693

Stresemann, Gustav (1878–1929), dt. Außenminister (Aug.–Nov. 1923) 604
Sudetendeutsche 649 ▷ Vertreibung
Supermächte 671, 677, 686, 688f., 692, 694, 700, 702, 720, 722, 760
Suttner, Bertha von (1843–1914), österr. Pazifistin u. Schriftstellerin 543, 548
Swing-Jugend 636 ▷ Widerstand
Synagoge 644

Tauwetter 584, 588
Technik 494, 526
Telefon 516f.
Terms of Trade 714
Terror 580f., 584, 588, 624f., 630, 636, 678, 680, 686f., 696, 756, 758; ~ismus 708, 756, 782; ~isten 707, 756; stalinistischer ~ 582, 584, 588
Togo 524, 530f.
totaler Krieg 660 ▷ Zweiter Weltkrieg
totalitär 625, **636,** 657, 678, 735
Treuhand 766, 768 ▷ Wiedervereinigung
Trotzki, Leo (1879–1941), russ. Revolutionär 580, 584, 587
Truman, Harry Spencer (1884–1972) US-Präs. (1945–1953) 670, 675f., 678, 680, 736
Truman-Doktrin 736
Trümmer; ~frauen 729f.; ~ kind 729
Tschechien 778
Tscheka 580 ▷ Terror in der Sowjetunion
Tuberkolose 516
Türkei/Türken 544, 552, 557, 688, 698, 711, 746, 778

UdSSR (Union der Sozialistischen Sowjetrepubliken) ▷ Sowjetunion
Ulbricht, Walter (1893–1973), SED-Generalsekretär (1950–1973) 734f., 742
Ultimatum, dt. 551; österr. ~ 551
Unabhängigkeit 683, 687f., 702, 736
UN-Charta 673, 703
UNCTAD (UN-Welthandelskonferenz) 714 ▷ Terms of Trade
UN-Einsatz 720
UN-Friedenstruppen 720
UN-Generalsekretär 720
UNO (United Nations Organization) 672f. ▷ Vereinte Nationen
UN-Sicherheitsrat **672,** 720
UN-Teilungsplan 699f. ▷ israel.- arab. Konflikt
Ungarn 676, 683ff., 726, 732, 745, 776ff.
Untergrundkämpfer ▷ Guerilla
Unternehmen 506, 516
Untertanen 504, 526
USA (United States of America) 546, 548, 556f., 562, 564ff., 588, 612, 648, 660, 670, 672f., 686ff., 690, 694, 700, 720ff., 736ff., 755, 777
US-Imperialismus 668, 676, 680
USPD (unabhängige Sozialdemokratische Partei) 590, 594, 596

Varietés 604
Verdun 542, 554f., 562
Schauplatz der Geschichte – Verdun (Projekt) 554f.
Vereinigte Staaten von Amerika ▷ USA
Vereinte Nationen 672f., 689, 697f., 716, 720f. ▷ UNO
Verfassung 498ff., 513, 522, 576, 598f., 609ff., 617, 620, 628, 656, 679, 738f., 744, 748, 758, 766; ~gebende Versammlung 595ff., 738
Vergangenheitsbewältigung 662
Verhältniswahlrecht 498

Verzeichnis der Namen, Sachen und Begriffe

Versailles 496f.; ~r Vertrag 590, 600f., 620, 648f., 666
Versicherung, Arbeitslosen~ 605, 612; Sozial~ 568, 750, 766, 768
Vertrag mit Jordanien 706
Vertrag von Locarno 604
Vertragsarbeiter 746
Vertreibung 662, 696, 722, 732f., 761
Veto 672, ~ recht 672
Vielvölkerstaat 546, 551
Vietcong 686f.
Vietnam 570, 686f., 746; ~ krieg 570ff., 588, 668, 686f., 756
Völkerbund 566, 604, 648f., 672, 698
Völkermord 653, 666
Volkseigener Betrieb (VEB) 742 ▷ Planwirtschaft
Volksempfänger 632
Volksgemeinschaft 632f., 656
Volkskammer 738
Waffenstillstand 556, 562, 592f.; ~sbedingungen 592f., 620; ~skommission 557, 593; ~sverhandlungen 556; ~svertrag 557, 562
Wahlrecht 564, 579; ~ in Dtschl. 598, 609, 620; ~ in Russland 573
Währungsreform 602, 604, 620, 736
Wałęsa, Lech (*1943) poln. Gewerkschaftsführer (1980–1990) und Ministerpräs. (1990–1995) 693 ▷ Solidarność
Wandel durch Annäherung 744 ▷ Ostpolitik
Warschauer Pakt 677, 682f., 688, 694, 722, 742 ▷ Ostblock
Warschauer Vertrag 761
Wehrmacht 637f., 650, 657, 660, 662f.
Weimar 606; ~er Republik 598ff., 640, 648, 666, 672; ~er Verfassung 598f., 610, 620, 628, 738, 758
Weiße Rose 656 ▷ Widerstand
Weißes Haus (Sitz der US-Regierung in Washington D. C.) 688
Weißgardisten 580
Welt 668, ~ausstellung 565, 675; ~frieden 672f., 763; ~macht 520, 532, 546, 565ff., 588, 668f., 674
Weltkrieg 562, 660, 671, 685, 764; Erster ~ 501, 522, 540, 542, 552, 555, 557f., 560, 562f., 566, 568, 576, 588, 593, 602, 620, 666; Zweiter ~ 520, 538, 570, 572, 649, 652, 658, 660, 666, 670, 674, 676f., 690, 725, 733, 782
Weltwirtschaftskrise 588, 612, 620, 666
Wende 726, 748, 768, 771
Werner, Anton v. (1843–1915), dt. Maler 497
Westjordanland ▷ israel.-arab. Konflikt
Wettrüsten 670, 688f., 692, 722
Widerstand 581, 584, 594, 602, 624, 630, 647, 649, **656ff.,** 682, 686, 692f., 704, 762
Wiederaufrüstung 740f.
Wiederbewaffnung 740f.
Wiedervereinigung 690, 740f., 744f., 763, 766f., 770, 772, 782
Wiener Kongress 544
Wilhelm I. (1797–1888), dt. Ks. (1871–1888) u. Kg. v. Preußen (1861–1888) 496f., 513, 520ff.
Wilhelm II. (1859–1941), dt. Ks. u. Kg. von Preußen (1888–1918) 504, 510, 513, 520, 522, 532. 544, 556, 558
wilhelminisches Zeitalter 506, 511
Wilson, Thomas Woodrow (1856–1924), Präs. der USA (1913–1921) 556, 566f., 592f., 600
Wirtschaft; ~saufschwung 494, 516, 535, 604, 740, 749; ~skrise 504, 566ff., 570, 588, 608f., 612f., 618, 674; Welt~ 526, 536, 612, 690, 718
Wirtschaftswunder 662, 740, 747, 757, 782 ▷ Bundesrepublik Deutschland
Wissenschaft 516
Wohlstandskommunismus 584
Woodstock 571

Zar/Zarismus 549, **576ff.,** 588
Zehn-Punkte-Programm 766 ▷ Wiedervereinigung
Zeitschrift 518, 524
Zensur 518
Zentrum 500ff., 597f., 613, 617, 619f.
Zeppelin, Ferdinand Graf von (1838–1917) 517 ▷ Luftschiff
Zetkin, Clara (1857–1933), dt. Politikerin 514f.
ZK (Zentralkomitee) 585
Zionismus 698
Zwangsumsiedlung 732
Zweibund 503
2-plus-4-Vertrag 766 ▷ Wiedervereinigung
Zweite Welt 712

Verzeichnis der Textquellen

Wirtschaft, Staat und Gesellschaft im deutschen Kaiserreich
S. 497: (2) Otto v. Bismarck, Die gesammelten Werke, Bd. 2, Berlin 1924, S. 142, (3) a. a. O., Bd. 10, S. 140, (4) Rudolf Eucken, Lebenserinnerungen, Ein Stück deutschen Lebens, Leipzig 1922, S. 36f., zit. nach: Geschichte in Quellen, Bd. 5, München 1980, S. 346f.; *S. 499:* (2a) Hans-Ulrich Wehler, Das Deutsche Kaiserreich 1871–1918, in: Reinhard Rürup/Hans-Ulrich Wehler/Gerhard Schulz (Hg.), Deutsche Geschichte, Bd. 3, Göttingen 1985, S. 248, (2b) Thomas Nipperdey, Deutsche Geschichte 1866–1918, Bd. II: Machtstaat vor der Demokratie, München 1992, S. 99f., (3) August Bebel, Die Sozialdemokratie im deutschen Reichstag, Bd. 1, Berlin 1909, S. 3f., (4) Geschichte und Geschehen II A/B, Stuttgart 1995, S. 81; *S. 501:* (3) zit. nach: Wilhelm Mommsen (Hg.), Deutsche Parteiprogramme, München 1960, S. 217f., 350f., 78, 174, 178 u. Helene Lange, Die Frauenbewegung in ihren modernen Problemen, Leipzig 1908, S. 121ff.; *S. 503:* (3) zs.gest. vom Autor; *S. 505:* (2) zit. nach: Bernhard Pollmann (Hg.), Lesebuch der deutschen Geschichte, Bd. 3, Dortmund 1984, S. 82, (3) zit. nach: Chaim Schatzker, Jüdische Jugend im zweiten Kaiserreich, Frankfurt/M. 1988, S. 41, (4) zit. nach: Enno Meyer, Deutschland und Polen 1772–1914, Stuttgart 1979, S. 61; *S. 507:* (2) zit. nach: Violet Schultz, In Berlin in Stellung. Dienstmädchen im Berlin der Jahrhundertwende, Berlin 1989, S. 20f., (3) zit. nach: Gerhard A. Ritter/Jürgen Kocka (Hg.), Deutsche Sozialgeschichte, Bd. II, München 1974, S. 259; *S. 508:* (3) Els Pelgrom, Umsonst geht nur die Sonne auf, München 1999, S. 19ff., (2) Stenographische Berichte über die Verhandlungen des Deutschen Reichstages, 13. Legislaturperiode, 1. Session 1914, Bd. 294, Berlin 1914, S. 8091, (3) zit. nach: Karl H. Höfele, Geist und Gesellschaft der Bismarckzeit, Göttingen 1967, S. 74f., (4) Max Menzel, Der Infanterie-Einjährige und Offizier des Beurlaubtenstandes, Berlin 1911, zit. nach: Heinrich Pleticha (Hg.), Deutsche Geschichte, Bd. 10, Gütersloh 1984, S. 98; *S. 512:* (Tabelle) zs.gest. aus: Statistisches Jahrbuch für den Preußischen Staat, hg. v. Königlichen Statistischen Landesamt, Berlin 1912, S. 379, (Unterricht um 1800) Jann Berghaus erzählt, Lebenserinnerungen, hg. v. Siever Johanna, Meyer-Abrich, Aurich 1967, S. 30. (Erziehung zur Ordnung) Der christliche Schulbote aus Hessen, Bd. 1, 1863, S. 150f., zit. nach: Gerhard Petrat, Schulerziehung: Ihre Sozialgeschichte in Deutschland bis 1945, München 1987, S. 143/46, (Disziplin) zit. nach: Geschichte lernen 54 / 1996, S. 24; *S. 516:* (3) Gertrud Hanna, Die Arbeiterin in der Gewerkschaftsbewegung, Sozialistische Monatshefte, Jg. 1913/III, S. 1336f., zit. nach: Klaus Saul u. a. (Hg.), Arbeiterfamilien im Kaiserreich, Düsseldorf 1982, S. 191, (4) zit. nach: Franz Albrecht, Der Ratgeber für den guten Ton in jeder Lebenslage, Berlin 1900, S. 42ff.; *S. 519:* (2) zit. nach: Gerhard A. Ritter/Jürgen Kocka (Hg.), Deutsche Sozialgeschichte, Bd. II, München 1974, S. 262, (3) Bürgerliches Gesetzbuch, Fassung v. 18.8.1896, §1354–1356; *S. 521:* (2) Max Schneckenburger, „Die Wacht am Rhein", in: Wolffs Poetischer Hausschatz des Deutschen Volkes, Leipzig 1908, S. 49; *S. 523:* (Leseecke) Willi Fährmann, Es geschah im Nachbarhaus, Würzburg 1980, S. 5ff.

Imperialismus –
Europäische Staaten und ihre Kolonien
S. 527: (2) Alfred von Tirpitz, Erinnerungen, Leipzig 1920, S. 61 (3) Gottfried Guggenbühl, Quellen zur Allgemeinen Geschichte, Bd. IV, Zürich 1954, S. 303ff., (4) Peter Alter (Hg.), Imperialismus, Stuttgart 1989, S. 25f., (6b) zit. nach: Heinz Dieter Schmid (Hg.), Fragen an die Geschichte, Bd. 3, Frankfurt/M. 1981, S. 302, (6c) Wolfgang J. Mommsen, Das Zeitalter des Imperialismus (Fischer Weltgeschichte, Bd. 28), Frankfurt 1969, S. 63; *S. 529:* (3) Ludwig Zimmermann, Der Imperialismus, Stuttgart 1971, S. 27, (4) zit. nach: Klaus Wohlt, „Gloire à la plus grande France". Imperialismus – das französische Beispiel, in: Praxis Geschichte, 1/1993, S. 22; *S. 531:* (2a) Carl Peters, Wie Deutsch-Ostafrika entstand, Leipzig 1912, S. 27f., zit. nach: Der Imperialismus, Quellen zur Geschichte u. Politik, Stuttgart 1985, S. 54f., (2b) Ruth Slade, King Leopold's Congo, London 1962, S. 55, zit. nach: Franz Ansprenger, Kolonisierung und Entkolonisierung in Afrika, Stuttgart 1979, S. 7; *S. 533:* (3) Hermann Krätschell, Carl Peters 1856–1918, Ein Beitrag zur Publizistik des imperialistischen Nationalismus in Deutschland, Berlin 1959, S. 16ff., (4) Stenographische Berichte über die Verhandlungen des Reichstages, VI. Legislaturperiode, 1. Session, Bd. 3, Berlin 1885, S. 1540ff., (5) Ploetz, Das deutsche Kaiserreich, Freiburg / Würzburg 1984, S. 98 (bearb. v. Verf.); *S. 534:* (8) zit. nach: Hendrik Witbooi, Afrika den Afrikanern!, hg. v. Wolfgang Reinhard, Berlin 1982, S. 132ff., (9) Kinderschaukel, hg. u. eingel. v. Marie-Luise Könnecker, Darmstadt 1975, S. 56, (10) Heide Buhmann/ Hanspeter Haescher, Das kleine dicke Liederbuch. Lieder und Tänze bis in unsere Zeit, Darmstadt 1981, S. 512; *S. 535:* (11) Rosa Luxemburg, Gesammelte Werke, Bd. 1, Berlin 1970, S. 642f., (12a) Hans-Ulrich Wehler, Sozialimperialismus, in: Hans-Ulrich Wehler (Hg.), Imperialismus, Neue Wissenschaftliche Bibliothek, Bd. 37, Köln/ Berlin 1970, S. 85f., (12b) David K. Fieldhouse, Die Kolonialreiche seit dem 18. Jh., Fischer Weltgeschichte, Bd. 29, Frankfurt/M. 1987, S. 179f.; *S. 537:* (2) Heinz Dieter Schmid (Hg.), Fragen an die Geschichte, Bd. 3, Frankfurt/M. 1981, S. 302, (3) Imanuel Geiss, Geschichte des Rassismus, Frankfurt/M. 1988, S. 323f.; *S. 539:* (2a) Ulrich Menzel in Frankfurter Rundschau, 3.6.1991, (2b) Dirk Hansohm/Robert Kappel, Schwarz-weiße Mythen, Münster 1994, S. 16, (2c) Axelle Kabon, in: Weder arm noch ohnmächtig, Basel 1993, S. 43; *S. 541:* (Leseecke) Jean-Paul Nozière, Ein algerischer Sommer, Wuppertal 1993, S. 72ff.

Schlachtfeld Europa – der Erste Weltkrieg
S. 545: (3) Friedrich Shere, Deutschland und Europa 1890–1914, Berlin 1928, S. 180ff., (4) zit. nach: William L. Langer, The Diplomacy of Imperialism 1890–1902, New York 1935, S. 437; *S. 547:* (3) Heinrich Herold, in: Lesebuch für die katholischen Volksschulen der Rheinprovinz, 2. Teil, Dortmund 1917, S. 139f., (4) Die Britischen Amtlichen Dokumente über den Ursprung des Weltkrieges 1898–1914, Bd. 7/2, Berlin und Leipzig 1932, S. 1199, (5) Dieter Fricke (Hg.), Dokumente zur deutschen Geschichte 1897/98 bis 1904, Frankfurt/M. 1977, S. 54f.; *S. 549:* (2) Heinrich Schulthess (Hg.), Europäischer Geschichtskalender, Nördlingen 1898, S. 326ff., (3) Maurice Paledogne, Tagebuch der Affäre Dreyfuß, Stuttgart 1957, S. 94f., (4) Stenographische Berichte des Reichstages 1911, I, 7730, (5) Bertha v. Suttner, Memoiren, hg. v. Lieselotte v. Reinken, Bremen 1965, S. 271; *S. 551:* (3) Kölnische Zeitung Nr. 862, 29. Juli 1914, (4) Karl Dietrich Erdmann, „Hat Deutschland auch den Ersten Weltkrieg entfesselt?", in: Europa 1914 – Krieg oder Frieden, hg. v. Kultusminister des Landes Schleswig-Holstein, Kiel 1985, S. 45ff.; *S. 553:* (4) Gunther Mai, Das Ende des Kaiserreichs, München 1993, S. 201, (6) Asmut Brückmann, Die europäische Expansion, Stuttgart 1993, S. 151; *S. 555:* Verdun, Seine Schlachtfelder, Fleurry devant Douaumont 1987; *S. 557:* (3) Geschichte in Quellen, Bd. 5, München 1980, S. 49, (4) Geschichte in Quellen, Bd. 5, München 1980, S. 49f., (5) Hans Dollinger, Der Erste Weltkrieg, München 1965, S. 423; *S. 559:* (3) Familienarchiv des Autors, (4) Journal für Geschichte, 1980/5, Braunschweig, S. 28 u. 34, (6/7) PLOETZ, Das deutsche Kaiserreich, Freiburg/Würzburg 1984, S. 113; *S. 561:* (3) Catherine Krahmer, Käthe Kollwitz, Hamburg 1992, S. 181; *S. 563:* (Leseecke) Klaus Kordon, Die roten Matrosen, Weinheim 1984, S. 29/30 und 37/38 (Auszüge).

USA und Sowjetunion – die neuen Weltmächte
S. 567: (2a) Johannes Hohlfeld (Hg.), Dokumente der Deutschen Politik und Geschichte von 1848 bis zur Gegenwart, Bd. II, Nr. 144c, Berlin o. J., S. 343ff., (2b) Richard Hofstadter, Great Issues in American History, Bd. 2, New York 1961, S. 219ff., übers. v. Joachim Rohlfes, in: Diethelm Düsterloh und Joachim Rohlfes, Politische Weltkunde II, Die Vereinigten Staaten von Amerika, Stuttgart 1980, S. 59, (3) Johannes Hohlfeld (Hg.), Verfassung des Deutschen Reiches v. 28. März 1849, Amtliche Ausgabe, zit. nach: Dokumente der Deutschen Politik und Geschichte von 1848 bis zur Gegenwart, Bd. II, Nr. 165, Berlin und München 1951, S. 393ff.; *S. 569:* (2) E. H. Merill, Responses to Economic Collapse, Boston 1964, S. 85ff., (3) F. Freidel (Hg.), The New Deal and the American People, Englewood Cliffs 1964, S. 41; *S. 571:* (5) Arthur M. Schlesinger, Das bittere Erbe. Vietnam – Prüfstein der Demokratie, Bern/München/Wien 1967, S. 64f.; *S. 573:* (4) Archiv der Gegenwart, XXXIII. Jg., 1963, S. 10685; *S. 577:* (2) Sigrid Wegner-Korfes, Blutsonntag 1905, Fanal der Revolution, in: Illustrierte historische Hefte, 5, Berlin (Ost) 1976, S. 3, (4) Berthold Krapp, Bauernnot in Russland, Stuttgart 1973, S. 33f.; *S. 579:* (2) zit. nach: Manfred Hellmann, Die russische Revolution 1917, München 1964, S. 129, (3) Lenin, Werke, Bd. 24, Berlin 1959, S. 1–5; *S. 581:* (2) Oskar Anweiler, Die russische Revolution 1905–1920, Stuttgart 1971, S. 48f., (3a) Richard Pipes, Die Russische Revolution, Bd. 2, Berlin o. J., S. 800f., (3b) William Henry Chamberlain, Die Russische Revolution 1917–1921, 2. Bd., Frankfurt/M. 1958, S. 464; *S. 583:* (4) Georg v. Rauch, Machtkämpfe und soziale Wandlung in der Sowjetunion seit 1923, Stuttgart, 3. Aufl. 1979, S. 15f., (5) Viktor A. Kravchenko, Ich wählte die Freiheit, Zürich 1947, S. 113f.; *S. 585:* (3) Lew Koplew, Und schuf mir einen Götzen, Lehrjahre eines Kommunisten, Hamburg 1979, S. 151f., (4, Z. 1–13) Roy Medwedew u. a., Entstalinierung der KPdSU und seine Folgen, Frankfurt/M. 1977, S. 487–537, (4, Z. 14–22) Die Geheimrede Chruschtschows. Über den Personenkult und seine Folgen, Berlin 1990, S. 14; *S. 586:* (Lenins „Testament") Brief an den Parteitag 24. 12. 1922 und Ergänzung hierzu 4. 1. 1923, aus: W. I. Lenin, Werke, Bd. 36: 1900–1923, Berlin (Ost) 1962, S. 579f., (Wie Stalin ...) Hermann Weber, Bildpropaganda und Bildfälschung im Stalinismus, in: Bilder die Lügen, Begleitbuch zur Ausstellung, hg. v. Haus der Geschichte, Bonn 1988, S. 84; *S. 589:* (Leseecke) Anatoli Pristawkin, Wir Kuckuckskinder, Frankfurt/M. 1993, S. 29ff.

Die Weimarer Republik – Demokratie ohne Demokraten?
S. 593: (2) Jürgen Kuzynski, Geschichte des Alltags des deutschen Volkes, Bd. 4, Berlin 1981, S. 451, (3a) Gerhard A. Ritter/Susanne Miller (Hg.), Die deutsche Revolution 1918–19, Frankfurt/M. 1983, S. 26, (3b) Amtliche Urkunden zur Vorgeschichte des Waffenstillstandes 1918, hg. v. Auswärtigen Amt, Berlin 1924, S. 263, (3c) Paul v. Hindenburg, Aus meinem Leben, zit. nach: Geschichte in Quellen, Bd. V, München 1970, S. 110, (3d) Wilhelm Groener, Lebenserinnerungen, Göttingen 1957, S. 466, zit. nach: Geschichte in Quellen, Bd. V, München 1970, S. 110, (5) Jürgen Kuzynski, Geschichte des Alltags des deutschen Volkes, Bd. 4, Berlin 1981, S. 450; *S. 595:* (2/3) Gerhard A. Ritter/Susanne Miller (Hg.), Die deutsche Revolution 1918–19, Frankfurt/M. 1983, S. 77f.; *S. 597:* (3/4) Gerhard A. Ritter/Susanne Miller (Hg.), Die deutsche Revolution 1918–19, Frankfurt/M. 1983, S. 184f. u. 190f.; *S. 599:* (4) Stenographische Berichte des Reichstages Bd. 427, S. 4728; *S. 601:* (3) Wolfgang Michalka/Gottfried Niedhart (Hg.), Die ungeliebte Republik. Dokumentation zur Innen- und Außenpolitik Weimars 1918–1933, München 1980, S. 124ff.; *S. 603:* (2) Peter Longerich, Die erste Republik, Dokumente zur Geschichte des Weimarer Staates, München 1992, S. 169f.; *S. 605:* (4/5) Peter Longerich, Die erste Republik, Dokumente zur Geschichte des Weimarer Staates, München 1992, S. 266f.; *S. 607:* (3) Leonardo Benevolo, Geschichte der Architektur des 19. und 20. Jahrhunderts, München o. J., S. 43, (4) Meyers Jugendlexikon, 1938; *S. 609:* (4a) Lida Gustava Heymann/ Annita Augspurg, Erlebtes – Erschautes, Deutsche Frauen kämpfen für Freiheit, Recht und Frieden, zit. nach: Ute Gerhard, Unerhört, Die Geschichte der deutschen Frauenbewegung, Reinbek 1990, S. 336, (4b) Regine Deutsch, Die politische Tat der Frau, Gotha 1920, S. 1, zit. nach: Hanna Vollmer-Heitmann, Wir sind von Kopf bis Fuß auf Liebe eingestellt, Hamburg 1993, S. 241, (5) Peter Longerich, Die erste Republik, Dokumente zur Geschichte des Weimarer Staates, München 1992, S. 224f.; *S. 614:* (8a) zit. nach: „Der Tag" vom 22. September 1932, (8b) Petsina u. a. (Hg.), Sozialgeschichtliches Arbeitsbuch, Bd. 3, München 1978, (8c) zit. nach: Arbeiter-Illustrierte Zeitung, Nr. 5, 1930; *S. 615:* (9) zit. nach: Horst Möller, Weimar, Die unvollendete Demokratie, München 1985, S. 192, (10) zit. nach: Wolfgang Michalka/Gottfried Niedhart (Hg.), Die ungeliebte Republik, Dokumentation zur Innen- und Außenpolitik Weimars 1918–1933, München 1980, S. 340ff., (12) zit. nach: Wolfgang Michalka/Gottfried Niedhart, Die ungeliebte Republik. Dokumentation zur Innen- und Außenpolitik Weimars 1918–1933, München 1980, S. 251; *S. 617:* (4a) zit. nach: Vierteljahreshefte für Zeitgeschichte, 4. Jahrgang, 1956, S. 306f., (4b) zit. nach: Werner Conze, Der Nationalsozialismus 1919–1933, Stuttgart/Düsseldorf/Berlin/Leipzig 1995, S. 72; *S. 618:* (3a) Sebastian Haffner, Anmerkungen zu Hitler, München 1978, S. 78f., (3b) Hagen Schulze, Weimar, Deutschland 1917–1933, Berlin 1982, S. 425, (3c) Allan Bullock, Hitler und Stalin, Berlin 1991, S. 353f.; *S. 621:* (Leseecke) Klaus Kordon, Die roten Matrosen, Weinheim 1984.

Europa brennt: Faschistische Diktaturen – nationalsozialistische Herrschaft
S. 625: (3) zit. nach: Ernst Nolte, Der Faschismus, Von Mussolini zu Hitler, Bilder, Texte, Dokumente, München 1968, S. 51, (4) zit. nach: Ernst Nolte, Theorien über den Faschismus, Köln 1967, S. 210ff.; *S. 627:* (2) zit. nach: Ernst Nolte, Der Faschismus, Von Mussolini zu Hitler, Texte, Bilder, Dokumente, München 1968, S. 261, (3) zit. nach: Hans-Christian Kirsch (Hg.), Der spanische Bürgerkrieg in Augenzeugenberichten, Düsseldorf 1967, S. 268f.; *S. 629:* (2a) zit. nach: Regionales Pädagogisches Zentrum Rheinland-Pfalz, erg. Quellenband zum RPZ-Unterrichtsmodell 1/1983 „Der 30. Januar 1933", Mainzer Anzeiger, 3. Mai 1933, (2b) Ernst Niekisch, Das Reich der niederen Dämonen, Hamburg 1953, S. 131ff., (3) Wolfgang Schäfer, NSDAP, Entwicklung und Struktur der Staatspartei des Dritten Reiches, Hannover/Frankfurt/M. 1957, S. 26; *S. 631:* (3) zit. nach: Exil-Literatur 1933–1945, Eine Ausstellung aus Beständen der Deutschen Bibliothek, Ausstellung und Katalog, W. Berthold, Frankfurt/M. 1967, S. 168, (4) Eugen Kogon, Der NS-Staat, München 1974, S. 92f., (5) zit. nach: Hanna Elling, Frauen im deutschen Widerstand 1933–1945, Frankfurt/M. 1978, S. 26; *S. 634:* (7) Seewald, Stuttgart, (8a) zit. nach: Deutschland-Berichte der Sopade, 2. Jg., 1935, Salzhausen/ Frankfurt/M. 1980, S. 413f., (8b) zit. nach: Sopade, 1936, S. 308; *S. 635:* (11) zit. nach: Kurt Zentner, Illustrierte Geschichte des Dritten Reiches, München 1965, S. 296, (12) zs.gest. vom Autor; *S. 637:* (4) zit. nach: Erika Martin in: „Glauben und rein sein ..." – Mädchen im BDM, WDR-Schulfernsehen, Oktober 1994, (5) Adolf Hitler, Rede in Reichenberg, 2. Dez. 1938, in: Völkischer Beobachter, 4. Dez. 1938; *S. 638:* (9) zit. nach: Fritz Langour, Anschleichen, Tarnen, Melden, Ein Pimpf erinnert sich, in: Ein Volk, ein Reich, ein Führer, Bd. 2, bearb. von Christian Zentner, Hamburg 1975, S. 406ff., (10) Karl-Heinz Schnibbe, Jugendliche unter Hitler, Die Hellmuth Hübener Gruppe in Hamburg 1940/41, Berg am See 1991, S. 22f.; *S. 639:* (11) zit. nach: Georg L. Mosse, Der nationalsozialistische Alltag, Königstein 1964, S. 268, (12) zit. nach: Hans-Jochen Gamm, Der braune Kult, Hamburg 1962, S. 39, (13) Interview des Verf., 10. 2. 1998, (14) Stadtarchiv Duisburg, Duisburg im Nationalsozialismus – Eine Dokumentation zur Ausstellung des Stadtarchivs, DEK 1982/83; *S. 641:* (3) Gertrud Scholtz-Klink, Einsatz der Frau in der Nation, Berlin 1937, S. 124, (4) Mitschrift des Verf. bei einer Veranstaltung: „Frauen unter dem Hakenkreuz", Hamburg 1980, (5) zit. nach: Der deutschen Frauen Leid und Glück, Paris 1939, S. 47; *S. 643:* (3) zit. nach: Kurt Zentner, Illustrierte Geschichte des Dritten Reiches, München 1965, S. 178, (4) zit. nach: Bayern in der NS-Zeit, München 1977, S. 479, (5) zit. nach: Inge Marßolek/René Ott, Bremen im 3. Reich, Anpassung – Widerstand – Verfolgung, Bremen 1986, S. 175; *S. 644:* (3) NRW Hauptstaatsarchiv Düsseldorf, RW 36, Bl. 2, (4) Anselm Faust, Die Kristallnacht im Rheinland, Düsseldorf 1988, S. 72; *S. 645:* (5) Rheinisch-Westfälische Zeitung, 10. Nov. 1938, (6/7) Alte Synagoge Essen (Hg.), Stationen jüdischen Lebens, Essen 1995, S. 112; *S. 646:* (2) Ausstellungsband „Verlegt nach Hadamar", Kassel 1994, S. 89; *S. 647:* (3) Ernst Klee, Euthanasie im NS-Staat, Frankfurt/M. 1989, S. 335, (4) Märkische Allgemeine Zeitung, 26. März 1997, (5) Ausstellungsband „Verlegt nach Hadamar", Kassel 1994, S. 99; *S. 649:* (2a/b) zit. nach: Günter Schönbrunn, Weltkriege und Revolutionen 1914–1945, Geschichte in Quellen, Bd. V, München 1961, S. 349f., 367ff.; *S. 651:* (4) Wolfgang Michalka (Hg.), Deutsche Geschichte 1933–1945, Frankfurt/M. o. J., S. 235, (6) zit. nach: Der Prozess gegen die Hauptkriegsverbrecher, Bd. 35, S. 81ff.; *S. 653:* (2) Leon W. Wells, Ein Sohn Hiobs, München/Wien 1993, S. 168ff.; *S. 655:* (Buchkommentar) Berliner Morgenpost, 19. März 1997; *S. 661:* (3a/b) zit. nach: Geschichte in Quellen, Bd. 6, München 1970, S. 542f., (4) zit. nach: Klaus Bergmann/Gerhard Schneider (Hg.), 1945 – ein Lesebuch, Hannover 1985, S. 39; *S. 658:* (6) zit. nach: Richard Löwenthal/Patrik v. zur Mühlen (Hg.), Widerstand und Verweigerung in Deutschland 1933 bis 1945, Berlin 1982, S. 78ff., (7) zit. nach: „Im Namen des Volkes", S. 238; *S. 659:* (10) Detlev

Peukert, Die Edelweißpiraten, Protestbewegungen jugendlicher Arbeiter im Dritten Reich., Eine Dokumentation, Köln 1980, S. 124ff., (11) Ruth Andreas-Friedrich, Der Schattenmann, Tagebuchaufzeichnungen 1938–1945, Berlin 1947, S. 109f.; *S. 663:* (2) Heinrich Böll, Aufsätze, Kritiken, Reden, Köln/Berlin 1967, S. 113ff., (3) Eberhard Jäckel, Umgang mit Geschichte, o. O. 1982, S. 92ff.; *S. 667:* Hans-Georg Noack, Die Webers – eine deutsche Familie 1932–1945, Ravensburg 1980.

Konflikte und Friedensbemühungen in der Welt seit 1945

S. 671: (4) Carl Friedrich von Weizsäcker, Erste, Zweite und Dritte Welt, Stuttgart 1974, S. 102; *S. 673:* (2) zit. nach: Günther Unser, Die UNO, München 1986, S. 206, 214ff., (4) Volker Rittberger, Martin Mogler, Bernhard Zangl, Vereinte Nationen und Weltordnung, Zivilisierung der internationale Politik?, S. 128ff.; *S. 675:* (5) zs.gest. v. Verf.; *S. 678:* (4) Kurt Schmücker, Hilfe für Deutschland, in: Das Parlament, B22/67, S. 5, (5) zit. nach: Frank Niess, Amerikanische Außenpolitik, Düsseldorf 1977, S. 92, (6) Harry S. Truman, Memoiren, Bd. 2, Stuttgart 1956, S. 110ff., 114f.; *S. 679:* (7) Boris Meissner (Hg.), Das Ostpaktsystem, Dokumentensammlung, Bd. XVII, Frankfurt/ Berlin 1955, S. 87f.; *S. 684:* (6) Melvin J. Lasky (Hg.), Die ungarische Revolution, Berlin 1959, zit. nach: Information zur politischen Bildung 225, Bonn 1989, S. 28f.; *S. 685:* (7) zit. nach: Politische Weltkunde II, Die Sowjetunion, Stuttgart 1985, S. 122, (8) Klaus Leinen, Private Aufzeichnungen, Beilingen, unveröffentlicht; *S. 687:* (3) zit. nach: Hans Ulrich Luther, Der Vietnamkonflikt, Berlin 1969, S. 138ff., (4) zit. nach: Lyndon Baines Johnson, Meine Jahre im Weißen Haus, München 1972, S. 481; *S. 689:* (3) Klaus Schoenthal (Hg.), Der neue Kurs, Amerikas Außenpolitik unter Kennedy 1961–1963, München 1964, S. 231ff., (4) Bernd Greiner, Kuba-Krise, 13 Tage im Oktober, Analysen, Dokumente, Zeitzeugen, Nördlingen 1988, S. 326f.; *S. 693:* (2) Boris Meissner, Das Parteiprogramm der KPdSU 1903–1961, Köln 1962, S. 186ff., (3) Hedrick Smith, Die neuen Russen, Reinbek 1991, S. 51ff.; *S. 695:* (2) Wilfried v. Bredow/ Th. Jäger, Konflikte und globale Kooperation am Ende des 20. Jh., in: Aus Politik und Zeitgeschichte, Beilage zur Wochenzeitung Das Parlament, Bonn, 1. Juli 1994, Bd. 26–24/94, S. 3f., (3) zit. nach: Wochenschau, 41. Jg., Heft 4/5, Bad Schwalbach 1990, S. 160; *S. 697:* (5/6) Susann Heenen-Wolff, Erez Palästina, Juden und Palästinenser im Konflikt um ein Land, Frankfurt/M. 1990, S. 76ff.; *S. 698:* (2) Sami Hadawi, Brennpunkt Palästina, Rastatt 1969, S. 13; *S. 699:* (3/4/5) zit. nach: Susann Heenen-Wolff, Erez Palästina, Juden und Palästinenser im Konflikt um ein Land, Frankfurt/M. 1990, S. 52ff., 72; *S. 700:* (2) Helmut Hubel, Die Rolle der Supermächte: Der Nahe und der Mittlere Osten im Ost-West-Konflikt; in: Gert Krell/Bernd W. Kubbig (Hg.), Krieg und Frieden am Golf, Ursachen und Perspektiven, Frankfurt/M. 1991, S. 53f.; *S. 701:* (3) Der Spiegel Nr. 12, 19. März 1979, S. 132f., (4) Susann Heenen-Wolff, Erez Palästina, Juden und Palästinenser im Konflikt um ein Land, Frankfurt/M. 1990, S. 194; *S. 703:* (3) Hans Jendges, Der israelisch-arabische Konflikt, Bonn 1980, S. 50f.; (4) zit. nach: Süddeutsche Zeitung, 11./12. September 1993, S. 7, (7a/b) zit. nach: Friedrich Schreiber, Aufstand der Palästinenser – die Intifada, Opladen 1990, S. 16, 75; *S. 704:* (9) Ivesa Lübben/ Käthe Jans, Kinder der Steine, Vom Aufstand der Palästinenser, Reinbek 1988, S. 49f., (10) Roswitha v. Benda, ... dann werden die Steine schreien. Die Kinder der Intifada, München 1990, S. 153ff.; *S. 705:* (11) zit. nach: Dan Diner, Israel: Nationalstaatsproblem und Nahostkonflikt, in: Fischer Weltgeschichte, Bd. 36, Frankfurt/M. 1981, S. 175f.; *S. 706:* (2) Tages-Anzeiger, 18. November 1994; *S. 707:* (3) Noa Ben Artzi-Pelossof, Trauer und Hoffnung, Hamburg 1997, S. 105f., 188, (5) Interview des Hessischen Rundfunks, März 1998; *S. 708:* (8) Hanan M. Ashrawi, Ich bin in Palästina geboren, München 1997, S. 346, (9) Raymonda Tawil, Mein Gefängnis hat viele Mauern, Bonn 1979; *S. 711:* (2) Magazin der Wochenzeitung „Die Zeit", 22. März 1996, (3) Frankfurter Rundschau, 26. Mai 1993; *S. 713:* (4) Hans Wassmund, Grundzüge der Weltpolitik, München 1985, S. 57f.; *S. 714:* (2) zit. nach: Reymer Klüver (Hg.), Zeitbombe Mensch, Übervölkerung und Überlebenschance, München 1993, S. 136f., (3) Thomas Becker u. a. (Hg.), Eine Welt für alle, Lesebuch Dritte Welt, Reinbek 1998, S. 11f.; *S. 715:* (5) Maurice Bertrand, UNO, Geschichte und Bilanz, Frankfurt/M. 1995, S. 100, (6) Dieter Weiss, Entwicklung als Wettbewerb der Kulturen, in: Beilage der Zeitschrift Das Parlament, Heft 29/1995, S. 3; *S. 717:* (3) Dietmar Brauner, Global denken – lokal handeln, in: Entwicklung und Zusammenarbeit, Heft 4/1988, S. 11, (4) Hans-Peter Martin/ Harald Schumann, Die Globalisierungsfalle, Reinbek 1996, S. 48f.; *S. 719:* (2) Hans-Peter Martin/ Harald Schumann, Die Globalisierungsfalle, Reinbek 1996, S. 15ff., (3) Daniel Cohen, Fehldiagnose Globalisierung, Frankfurt/M. 1997, S. 173; *S. 721:* (3) Volker Rittberger, Martin Mogler, Bernahrd Zangl, Vereinte Nationen und Weltordnung. Zivilisierung der internationalen Politik?, Opladen 1997, S. 9–10, (4) Erich Schmidt Verlag, Zahlenbild Nr. 615 500; *S. 723:* (Leseecke) Hermann Vinke (Hg.), Als die erste Atombombe fiel, Ravensburg 1998, S. 56ff.

Deutschland und Europa – Entwicklungen seit 1945

S. 727: (2) zit. nach: Andreas Grünberg, „Wir sind das Volk!", Der Weg der DDR zur deutschen Einheit, Stuttgart 1990, S. 34; (3) Hans-Hermann Hertle, Der Fall der Mauer, Opladen 1996, S. 201; *S. 729:* (3) Walter Buller, Die zerbrochenen Ruinen waren unser Zuhause, aus: Rheinischer Merkur/Christ und die Welt, Nr. 13, 13. März 1989; *S. 730:* (7) Gabriele Jenk, Steine gegen Brot, München 1989, S. 16, (8) zit. nach: Eckart Thurich, Zeitlupe 20 – Jugendliche in der Nachkriegszeit, S. 10; *S. 731:* (9) zit. nach: Eckart Thurich, Zeitlupe 20 – Jugendliche in der Nachkriegszeit, S. 12, (10) aus: Telegraf, 24. Juli 1947; *S. 733:* (2) A. Harasko, Die Vertreibung der Sudetendeutschen, aus: Wolfgang Benz (Hg.), Die Vertreibung der Deutschen aus dem Osten, Frankfurt/M. 1995, S. 138, (3) Philipp Ther, Deutsche und polnische Vertriebene, Göttingen 1998, S. 56, (4) zit. nach: B. Nitschke, Die Polen gegenüber den Deutschen – Die Verantwortung der Deutschen für die Kriegsverbrechen, in: Zeszyty Historyczne (Histor. Hefte) Nr. 123, S. 18, (5) G. Sagan, Flüchtlinge in Osthessen am Ende des Zweiten Weltkrieges, Hessisches Institut für Lehrerfortbildung, 1990, S. 24f., *S. 735:* (2) Wolfgang Leonhard, Die Revolution entlässt ihre Kinder, Köln 1955, S. 356, (3) zit. nach: Klaus-Jörg Ruhl (Hg.), Neubeginn u. Restauration, München 1982, S. 196, 217, 231, 184; *S. 737:* (3) zit. nach: Die Deutsche Frage, Informationen zur politischen Bildung, Nr. 203, Bonn 1984, S. 19, (4) Lucius D. Clay, Entscheidung in Deutschland, Frankfurt 1950, S. 400, (5) A. Hahn, Was es alles zu kaufen gibt, in: Süddeutsche Zeitung, 26. 6. 1948; *S. 739:* (2) Carlo Schmid, Erinnerungen, Bonn 1979, S. 327ff., (3) zit. nach: Ursachen und Folgen, Bd. 26, Berlin o. J., S. 280, 500, (4a) Geschichte 10, Volk u. Wissen-Verlag, Berlin 1973, S. 158, (4b) Hermann Weber (Hg.), DDR, Hannover 1991, S. 229f.; *S. 741:* (3b) Archiv der Gegenwart, Essen/Wien/Zürich 1955, S. 4984; *S. 743:* (3) zit. nach: „Volksarmee" Nr. 41/1963, (4) Lehrbuch für Staatsbürgerkunde der 9. Klasse d. Oberschule, Berlin-Ost 1961, S. 139ff., (5) zit. nach: Irene Böhme, Die da drüben, Berlin 1986, S. 28ff., (7) zit. nach: Zahlenspiegel, Bonn 1986; *S. 745:* (2) zit. nach: Ingo v. Münch, Dokumente des geteilten Deutschland, Bd. 2, Stuttgart 1974, S. 175, (3) zit. nach: K. Sturm, Gesprächsaufzeichnungen in Dresden 1988; *S. 747:* (4) Frankfurter Rundschau, 19. 10. 1991; *S. 750:* (8) zit. nach: Hermann Weber, DDR, Grundriss der Geschichte 1945–1990, o. O. 1991, S. 199f., (9) Egon Hölder (Hg.), Im Trabi durch die Zeit – 40 Jahre Leben in der DDR, Wiesbaden 1992, S. 78, (11a) zit. nach: Dokumente zur Geschichte der SED, Bd. 2: 1945–1971, Berlin 1989, S. 35, (11b) zit. nach: Dokumente zur Geschichte der SED, Bd. 2: 1945–1971, Berlin 1989, S. 74, (11c) zit. nach: Bundesministerium für gesamtdeutsche Fragen (Hg.), Aktuelle Materialien zur Deutschland-Frage, Nr. 133, S. 2, (12) Maxie Wander, Guten Morgen, du Schöne, Frauen in der DDR, Protokolle, Darmstadt/Neuwied 1978, S. 42; *S. 751:* (13) zit. nach: Angela Delille/Andrea Grohn, Blick zurück aufs Glück, Frauenleben und Familienpolitik in den 50er-Jahren, Berlin 1985, S. 67f., (15) zit. nach: Deutscher Werkbund (Hg.), Schock und Schöpfung, Darmstadt 1986, S. 210, (16) Ute Frevert, Frauen-Geschichte, Zwischen bürgerlicher Verbesserung u. neuer Weiblichkeit, Frankfurt/M. 1986, S. 278; *S. 755:* (3) zit. nach: Grit Hartmann, Goldkinder, Die DDR im Spiegel ihres Spitzensports, Leipzig 1997, S. 98ff., (4) Der Spiegel 34/1997, S. 128, (5) zit. nach: Pierre Marchand, Kapitalismus u. Kommunismus, Gütersloh/München 1994, S. 20; *S. 758:* (5a) zit. nach: Ruprecht Kampe/Reinhard Neebe, Die Bundesrepublik Deutschland 1966–1990, Stuttgart 1992, S. 18f., (5b) Verhandlungen des Deutschen Bundestages, Stenografische Berichte, Bd. 67, 5. Wahlperiode, Bonn 1968, 173. Sitzung, 15. 5. 1968, S. 9265ff.; *S. 759:* (6a) zit. nach: Ilse Spittmann/ Karl Wilhelm Fricke (Hg.), 17. Juni 1953, Arbeiteraufstand in der DDR, Köln 1982, S. 15, (6b) zit. nach: Ilse Spittmann/Karl Wilhelm Fricke (Hg.), 17. Juni 1953, Arbeiteraufstand in der DDR, Köln 1982, S. 90f., (6c) Bertold Brecht, Gesammelte Werke, Bd. 10, Frankfurt/M. 1967, S. 1009f., (6d) Geschichte, Lehrbuch f. Klasse 10, Berlin 1989, S. 64f.; *S. 761:* (2) Texte zur Deutschlandpolitik, Bd. VI, Bonn 1972, S. 214ff.; *S. 764:* (7) Ernst Reuter, Artikel, Briefe, Reden 1946–1949, Berlin 1971, S. 478f., (8) Geschichte 10, Volk u. Wissen-Verlag, Berlin 1973, S. 196f., (9) zit. nach: „Südkurier", 26. Aug. 1961, S. 3; *S. 765:* (10) Die Debatte vom 20. Juni, Homepage des Deutschen Bundestages: http://www.bundestag.de/berlin, Verzeichis der Reden in chronologischer Reihenfolge (Auszüge); *S. 767:* (3) zit. nach: Gerhart Maier (Hg.), Die Wende in der DDR, Bonn 1991, S. 53ff., (4) zit. nach: Andreas Grünberg, „Wir sind das Volk", Stuttgart 1990, S. 113, (5) in: Bernd Lindner, Die demokratische Revolution in der DDR, Bundeszentrale für politische Bildung (Hg.), Bonn 1998, S. 118; *S. 769:* (4a) Redetext, Bundeszentrale für politische Bildung (Hg.), Bonn 1990, S. 8f., (4b) zit. nach: Wolfgang Hardwig/Heinrich A. Winkler (Hg.), Deutsche Entfremdung, München 1994, S. 24; *S. 770:* (3) Klaus von Dohnanyi, Über Nacht im scharfen Wind, in: Spiegel special „Deutsche Jahre", 9/1998, S. 164, (4) zit. nach: Jugendwerk der Deutschen Shell (Hg.), 2000; *S. 771:* (5) Autoreninterview, Mai 2000, (6) Bulletin des Presse- und Informationsamtes der Bundesregierung, Nr. 79 vom 18. November 1999, S. 759, (7) Interview des Autors vom 20. August 2000; *S. 773:* (3) Statistische Informationen Heft 7, Statistisches Landesamt Berlin 1998, S. 11, 13, (4) Landesamt für Datenverarbeitung und Statistik Brandenburg 1996, Volksabstimmung 1996, S. 7f.; *S. 775:* (3) zit. nach: Gerhard Brunn, Die Europäische Einigung im 20. Jh., Stuttgart 1997, S. 28, (4) zit. nach: Gerhard Brunn, Die Europäische Einigung im 20. Jahrhundert, Stuttgart 1997, S. 36; *S. 777:* (2) Alexander Uschakow (Hg.), Der Rat für gegenseitige Wirtschaftshilfe, Dokumente für Ostrecht, Köln 1962, S. 73, (3) Alexander Uschakow (Hg.), Der Rat für gegenseitige Wirtschaftshilfe, Dokumente für Ostrecht, Köln 1962, S. 20, (4) Curt Gasteyger, Europa von der Spaltung zur Einigung, Darstellung und Dokumentation 1945–1997, Bonn 1997, S. 202f., (6) Statistisches Jahrbuch der DDR 1971, S. 34; *S. 779:* (3a) Curt Gasteyger, Europa zwischen Spaltung und Einigung 1945 bis 1993, Bonn 1994, S. 426f., (3b) Christian Wernicke, Aufbruch ins Ungewisse, in: Zeitpunkte 1998, Heft 6/97, Der Ausblick auf das kommende Jahr, S. 17ff.; *S. 783:* (Leseecke) Friedemann Bedürftig, Deutschland nach 1945, Hamburg 1996.

Verzeichnis der Textquellen

Verzeichnis der Bildquellen

Action Press, Hamburg (663.4, 668/669, 694.1, 701.5)
Konrad-Adenauer-Stiftung, ACDP, St. Augustin (734.1, 739.5 re, 741.6, 747.2, 749.5)
AKG, Berlin (495 o, 495 u, 515.2 re, 515.5, 516.1, 521.3, 522, 524 Mi, 532.1, 542/543, 544.1 re, 553.7, 565 o, 577.4, 583.6 o, 586 u, 590 u re, 593.4, 596.2, 603.6, 624.1, 649.3, 728.2, 731.12, 764.6, © VG Bild-Kunst, Bonn 1996/513 o)
Alpha Press, Berlin (773.2 re)
Alvensleben, Roehr v., München (590 u li)
AP, Frankfurt/M. (524 u, 668 o, 687.2, 687.6, 705.12, 707.4, 754.1 re)
Archiv der sozialen Demokratie der Friedrich-Ebert-Stiftung, Bonn (595.4, 596.1 re, 630.1)
Archiv des Landeswohlfahrtsverbandes Hessen, Fotosammlung (647.6)
Archiv Gerstenberg, Wietze (526.1, 536.1, 548.1 re, 551.5, 616.1, 617.5, 678.4 re, 519.4)
Archiv Schulisches Wandbild, Uni. Duisburg (512)
Archiv Zentner, Dr. Christian Zentner, München (638.8 li, 650.3)
Argus Fotoarchiv, Hamburg (662.1, 665 Mi li)
Baaske Cartoon Agentur, München (748.2)
Ballhausen, Rolf, Plauen (614.6)
BMZ-Presse, Bonn (717.5, 717.6)
Barlach, Ernst u. Hans, Lizenzverwaltung Ratzeburg (542 u)
Bauhaus-Archiv Berlin (Lepkowski, Gunter/© VG Bild-Kunst, Bonn 2000/607.5 re, Photothek, Berlin/606.1 li)
Bavaria, Gauting (564 hi)
Beauftragte d. Bundesregierung f. Ausländerfragen, Berlin/Hansen Kommunikation, Köln (747.5)
Bensch, Peter, Köln (777.5)
Berliner Zeitung, Bildarchiv (741.5)
Bertelsmann Lexikon Verlag, Gütersloh (634.9)
Bibliothèque Nationale, Paris (580.1)
Bilderberg, Hamburg (750. 7, Burkhard, Hans-Jürgen/565 u)
Blum, Dieter, Esslingen (712.2)
BPK, Berlin (494 o, 496.1, 497.5, 497.6, 499.5, 502.2, 505.1 u, 507.4 li u, 510.1, 514.1, 515.2 li, 517.3, 524 o, 544.1 li, 547.5, 548.1 li, 556.1, 579.4, 581.4, 581.6, 583.4, 587 Mi, 590 o, 592.1, 596.1 li, 599.5, 600.1, 604.1, 605.7, 609.6, 612.2, 618.2, 619.4 o re, 622/623, 622 Mi, 635.13, 636.3, 638.8 re, 638 u, 640.1 li, 642.1, 644.1, 644.2, 648.1, 650.1, 653.3, 661.5, 670.1, 730.6 o, 735.4, 737.2, 762.1, APN/587 o, Katz, D./679.8, Lichte, H., Berlin 1907/507.4 re u, Telligmann, August 1914/553.3, Thomann/494/495 Mi, © VG Bild-Kunst, Bonn 1997/506.1)
Bundesarchiv Koblenz (598.1, 602.1 li, 613.3, 614.5, 619.4 o li, 619.4 u li, 626.1, 629.4, 637.6, 641.7, 755.4, 759.7, 762.2, 571.4/Bild 183/L831/339)
Bundesbilstelle Bonn (764.1, 763.4)
Bundesministerium der Verteidigung, Bonn (720.1)
Wilhelm-Busch-Gesellschaft e.V., Hannover (744.1)
Castner, Thilo, Kalchreuth (606.1 re)
CCC, München, www.c5.net (692.1, Behrendt, F./706.1, Blaumeister, J./745.4, Gottscheber, P./745.6, Haitzinger, H./782, Hanel, W./761.3, 781.4, Kohlbrenner, J./769.3, Mester, G./746.1, Mohr, B./665 o, Murschetz, L./778.2, Nel/761.1, Pielert, K./778.1, Schneider, B./707.6, Schoenfeld, K.-H./ 703.2, 770.2, Striepecke, K. G./672.1 re)
Christo und Jeanne-Claude, New York (765.11)
Chronik Verlag, Gütersloh (749.4, 751.17)
Cosmos, Paris/© Gerald Buthaud (715.6)
Costa, Giancarlo, Mailand (625.6)
Deutsches Historisches Museum, Berlin (603.3, 657.2, 681.3, 681.4, 681.5, 742.1, 748.1, 521.4, Psille, Anre/501.4)
Deutsches Institut f. Filmkunde e.V., Frankfurt/M. (609.3)
Deutsches Literaturarchiv, Marbach (631.7)
Deutsches Schifffahrtsmuseum, Bremerhaven (527.5)
Karl Dietz Verlag, Berlin (503.5)
dpa, Stuttgart (520.1, 537.5, 571.6, 573.3, 588, 623 u, 645.8, 665 Mi re, 669, 669 o, 674.2, 683.3, 693.4,
702.1, 708.7, 724/725, 754.1 li, 754.2, Kumm, Wolfgang/703.5, 766.1, 768.1 re)
Elefanten Press, Berlin (608.1)
Ernst Kabel Verlag GmbH, München (608.2)
Erich Schmidt Verlag, Berlin (721.4)
FAZ (29.08.1994/Heumann, Thomas/573.6 o)
FOCUS, Hamburg (710.1, 715.4, 779.4)
Fouad, Prof. Dr. Ibrahim, Wunstorf (712.3)
Friedrich-Naumann-Stiftung, Archiv des deutschen Liberalismus, Gummersbach (663.5)
Glaser, Paul, Berlin (747.3)
Globus, Hamburg (539.3)
Graffenried, Michael von, Paris (696.1, 696.3, 709.10)
Harenberg Kommunikation Verlags- und Medien GmbH, Dortmund (679.9)
Hauptstaatsarchiv Stuttgart (610, 611)
Haus der Geschichte, Bonn (Leger, Peter/672.1 li, 683.4, 736.1, 749.6)
Heeresgeschichtliches Museum Arsenal Wien (550.2)
Henn, Rolf, Hennweiler (769.5)
Hulton Getty Picture Collection, London (684.5 re)
Imperial War Museum, London (566.1, 653.4, 671.5)
Index Funk 2013, Statistisches Bundesamt (573.7)
Info. z. politischen Bildung, Heft 211, S. 2 (573.6 u)
Jürgens Ost + Europa Foto, Berlin (576.1, 577.5, 726.1)
Käthe Kollwitz Museum, Köln; Träger Kreissparkasse Köln (561.2)
Keystone, Hamburg (660.1, 783 li)
© Kharbine/Tapabor, Paris (526.5)
Kinoarchiv Peter W. Engelmeier, Hamburg (654, 680.2)
Kiskalt, Ulrich, Trier (721.2)
Klee, Ernst, Frankfurt/M. (650.2)
Klimek, Gabriele, Hildesheim (561.4)
KNA, Frankfurt/M. (668 u)
Kühne, Armin, Leipzig (767.2)
KZ-Gedenkstätte Dachau (665 u)
laenderpress, Düsseldorf (696.2)
Landesbildstelle Berlin (658.5, 507.5)
Landesmedienzentrum Hamburg (729.5)
Langewiesche-Brandt, Ebenhausen bei München (615.13, 619.4 o Mi, 619.4 u re, 633.4)
Leinen, Klaus, Beilingen (574/575, 690/691, 714.1)
Leipziger Messe (750.7 re)
Leiwig, Heinz – Archiv für neueste Mainzer Zeitgeschichte (631.6)
Life Magazine, Time Warner Inc., New York (569.4)
Lindenmuseum, Stuttgart (534.7 li)
Mester, Gerhard, Wiesbaden (716.2)
MDR, Leipzig (753 u)
Muhs, Andreas, Berlin (725 u)
Müller, Lutz-Erich, Leipzig (517.5, 517.6)
Museum für Kunst- und Kulturgeschichte der Stadt Dortmund/Deutsches Kochbuchmuseum (508.2)
The Museum of Modern Art, New York (569.5)
Museum Okrogowe, Thorn (504.1)
Music & Show, Hamburg (752)
Moro, Rom (583.2)
Münchner Abendzeitung (753 o)
Münchner Stadtmuseum (740.1)
Musée des Arts décoratifs, Paris/Photo Laurent-Sully, Jaulmes (607.5 o)
NASA, Washington/USA (722)
Nowosti, Berlin (565 hi, 582.1, 583.6 o li, 587 u, 675.7)
Oldenburg Verlag, München (776.1)
Opel AG, Öffentlichkeitsarbeit (517.7)
Pfeil, Rudolf, Schwäbisch Hall (735.5, 738.1, 507.4 re o)
Pickalkiewicz, J.: Der Erste Weltkrieg. © Econ Verlag, Düsseldorf (552.2)
Picture Press/Corbis/Bettmann, Hamburg (571.7, 573.5, 594.1)
Raeithel, Gert: Geschichte der Nordamerikanischen Kultur, Bd. 2. Weinheim 1989 (567.5)
Reichart, Stefan, Meersburg (658.8)
Reuters, Bonn (747.6)
Sandig, Christoph, Leipzig/Stadtgeschichtliches Museum Leipzig (748.3)
Sauer, Sabine, Berlin (669 u)
Schoenberner, Gerhard, Der gelbe Stern, München 1978, TB-Ausgabe Frankfurt 1982 (652.1)

Schmid, Hans-Dieter, Hannover (555 beide Bilder)
© 2001 Oskar Schlemmer, Archiv und Sekretariat, I-28824 Oggebbio (607.6)
s.e.t. Photo, München (575 li u)
Silvestris, Kastl (572.1)
Simon, Sven, Essen/ Presse- und Informationsdienst der Bundesregierung (760.1 re)
DER SPIEGEL, Hamburg (768.2, 780.2, 31.10.1962/688.2)
Staatsarchiv Detmold (636.2, 640.2)
Stadt Eisenhüttenstadt (743.8)
Stadtmuseum Düsseldorf (605.3)
Staisch, Erich, Heikendorf (731.11)
Starke, Hans-Jürgen, Arnstadt (750.10)
Stehle, Karl, München (562)
Steininger, Prof. Dr., Institut für Zeitgeschichte, Innsbruck (725 o)
Stiftung Akademie der Künste, Berlin (620)
Stöckle, Wilhelm, Stuttgart (505.5 o, 511.5, 511.7, 518.1, 528.1)
Tony Stone, München/Hulton Getty Picture Collection, London (567.4)
Studio X/Gamma, Paris (693.5)
Stuttgarter Zeitung Verlagsgesellschaft (Meinhard, Fritz/585.5)
Succession Picasso/© VG Bild-Kunst, Bonn 1998 (Artothek, Peissenberg/623 o)
Süddeutscher Verlag Bilderdienst, München (519.5, 557.2, 564 u, 572.2, 586 o, 602.1 re, 617.6, 622 u, 632.2, 655, 657.4, 671.3, 689.5, 733.6, 740.2, 741.4 o, 742.2, 760.1 li, 763.2, 775.5)
Superbild, München (Bach, Eric/570.1)
Superstock, München (571.3)
Sygma, Paris (704.8)
Teske, Heidi, Leipzig (771.8)
Transglobe Agency, Hamburg (711.4)
Tucholka, Eva C., New York (564 o)
Ullstein Bilderdiens, Berlin (517.4, 528.2, 531.3 li, 542 o, 549.6, 550.1, 558.1, 559.5, 590/591, 603.5, 627.4, 632.1, 641.6, 653.5, 656.1, 661.2, 661.6, 664 u, 666, 674.1, 684.5 li, 685.9, 724 o, 724.4, 727.4, 728.1, 730.6 u, 737.6, 755.7, 757.2, 763.5, 772.1, Ropp, Waltraud von der/553.6)
Verlag für Regionalgeschichte, Bielefeld (640.1 re)
© VG Bild-Kunst, Bonn 2001 (591, 597.6, 606.2, Grosz, Georg/612.1, Heine, Thomas Theodor/618.1, Nussbaum, F./643.6, Weber, A. P./616.3)
Volz, Berthold Dr., Unsere Kolonien, Brockhaus, Leipzig 1891, Titelbild (533.2)
VW-Stiftung, Wolfsburg (634.5)
Westermann Bildarchiv, Braunschweig (687.5)
Wilmes, Klaus, Fresdorf (773.2 li)
Wössner, Freimut, Berlin (751.14)
Die Zeit, Hamburg (780.1)
Zeitgeschichtliches Forum Leipzig (768.1 li)
Zenit/© Paul Langrock, Berlin (743.6)

Nicht in allen Fällen war es uns möglich den Rechteinhaber der Abbildungen ausfindig zu machen. Berechtigte Ansprüche werden selbstverständlich im Rahmen der üblichen Vereinbarungen abgegolten.

Buchcover:
Bedürftig, Friedemann: Taschenlexikon Deutschland nach 1945, Piper, München 1998 (783)
Fährmann, W.: Es geschah im Nachbarhaus, © 1968 by Arena Verlag GmbH, Würzburg 1999 (523)
Kordon, K.: Die roten Matrosen, Beltz&Gelberg, Weinheim 1984 (563, 621)
Noack, H. G.: Die Webers – eine deutsche Familie 1932–1945, Ravensburger Buchverlag, Ravensburg 1980 (667)
Noziere, J.-P.: Ein algerischer Sommer, Peter Hammer Verlag, Wuppertal 1993 (541)
Pelgrom, E.: Umsonst geht nur die Sonne auf, dtv junior, München 1999 (508.1)
Pristawkin, A.: Wir Kuckuckskinder, Fischer Taschenbuch Verlag, Frankfurt/M. 1993 (589)
Vinke, H. (Hg.): Als die erste Atombombe fiel, Ravensburger Buchverlag, Ravensburg 1998 (723)